Kohlhammer

Denkanstöße
herausgegeben von Rainer Völker

Hans-Peter Klös

Die betreute Marktwirtschaft

Für eine neue Balance zwischen
Bürger und Staat

Verlag W. Kohlhammer

Dieses Werk einschließlich aller seiner Teile ist urheberrechtlich geschützt. Jede Verwendung außerhalb der engen Grenzen des Urheberrechts ist ohne Zustimmung des Verlags unzulässig und strafbar. Das gilt insbesondere für Vervielfältigungen, Übersetzungen, Mikroverfilmungen und für die Einspeicherung und Verarbeitung in elektronischen Systemen.

1. Auflage 2024

Alle Rechte vorbehalten
© W. Kohlhammer GmbH, Stuttgart
Gesamtherstellung: W. Kohlhammer GmbH, Stuttgart

Print:
ISBN 978-3-17-044447-8

E-Book-Formate:
pdf: ISBN 978-3-17-044448-5
epub: ISBN 978-3-17-044449-2

Für den Inhalt abgedruckter oder verlinkter Websites ist ausschließlich der jeweilige Betreiber verantwortlich. Die W. Kohlhammer GmbH hat keinen Einfluss auf die verknüpften Seiten und übernimmt hierfür keinerlei Haftung.

Inhalt

	Vorwort	7
1	Die »Zeitenwende«: Stresstest für Wirtschaft und Gesellschaft	11
2	Zur Lage der Nation: ein »Landzustandsbericht«...................	18
	Geschäftsmodell Deutschland	19
	Bevölkerungsentwicklung und Arbeitsangebot........................	26
	Finanzierung der sozialen Sicherung	30
	Innovationsfähigkeit...	34
	Unternehmensgründungen und Gründungsfinanzierung	38
	Digitalisierung der öffentlichen Verwaltung........................	42
	Schulische Bildung und Integration.................................	44
	Zuwanderung...	48
	Gesundheits- und Wohnungswesen	52
	Infrastruktur und Kapitalstock	58
	Naturkapital und Klimawende..	62
	Äußere und innere Sicherheit..	66
	Zwischenfazit: Die Rückkehr der Knappheit	68
3	Leitplanken für eine neue Politik: Vier »Reiter der Ertüchtigung« ..	72
	Reiter 1: Eigenverantwortung und Subsidiarität	73
	Reiter 2: Produktivität und Effizienz.................................	83
	Reiter 3: Priorisierung und De-Priorisierung........................	91
	Reiter 4: Strategische Autonomie und Resilienz.....................	98
	Zwischenfazit: Ertüchtigung für eine neue Wohlstandsbasis	111
4	Die »10 Gebote«: Auswege aus der Krise	113
	Der fähige Staat: Dienstleister seiner Bürger	113
	Staatsfinanzen: Politik auch ohne mehr Geld.......................	126
	Industriepolitik: Ordnungskonform statt interventionistisch..........	138
	Innovation: Schöpferische Zerstörung statt Zukunftsangst	153

Klimapolitik: Technologie und Preise 165
Der befähigende Staat: Daseinsvorsorge statt Daseinsfürsorge 179
Arbeit und Bildung: Aufstieg durch Anstrengung 187
Sozialpolitik: Investiv statt konsumtiv 202
Zuwanderung: Steuerung und Integration 215
Gesellschaftsvertrag: Gemeinsinn statt Anspruchsindividualismus 228
Zwischenfazit: Krisen als Chance zur Veränderung 236

5 Starke Demokratie: »mit Bürgern Staat machen« **239**

Dank **246**

Anmerkungen **247**

Vorwort

2024 ist ein Schaltjahr: es schenkt uns einen zusätzlichen Tag, mit dem wir etwas hoffentlich Sinnvolles anfangen konnten. Nachdenken z. B. – über Deutschland und die Welt, den Staat und seine Bürger und den Zustand von Gesellschaft und Wirtschaft. Das wäre doch einmal etwas für ein Land »auf der Couch«, auf das uns der Sozialpsychologe Stephan Grünwald schon vor inzwischen 18 Jahren gebettet hat. Seither ist viel passiert – doch nur wenige Zeitgenossen sehen eine Veränderung zum Besseren. Ganz im Gegenteil: Das Ausland rätselt darüber, wohin sich Deutschland seither entwickelt hat. Manche Beobachter bescheinigen uns noch eher mild, »vom Weg abgekommen« zu sein, sehen einen »standstill« und verordnen uns angesichts der Formschwäche nur ein »Fitnessprogramm«. Andere sehen uns wahlweise als »Comicfigur« oder schon wieder als den »kranken Mann Europas«. Noch weniger Höfliche bescheinigen uns bereits eine »Depression« und sehen uns schon auf der »Intensivstation«. Und maximal kritisch fielen schließlich die Urteile des Auslandes zum verteidigungspolitischen Zustand Deutschlands aus, nachdem der »German air force spying scandal« von russischen Staatsmedien genüsslich vor den Augen der Welt ausgebreitet worden ist.

»Mitleid bekommt man geschenkt, Neid muss man sich erarbeiten«, weiß der Volksmund. Schluss mit dem Mitleid also, fangen wir an mit der Arbeit. Dieses Buch möchte Hoffnung machen und dazu in drei Schritten einen Beitrag leisten: Machen wir nach einem kurzen Einstieg erstens ganz nüchtern eine Inventur, was schiefgelaufen und liegen geblieben ist in den beiden letzten Jahrzehnten. Fragen wir uns zweitens selbstkritisch, was an den Fundamenten unseres deutschen Wohlstands-Volksheims porös geworden ist und warum wir dabei vor allem zwei Eckpfeiler des gemeinsamen Hauses – den der Leistungsbewährung für uns alle und jenen der Ertüchtigung des Staates – sanieren müssen. Zeichnen wir dann drittens eine Skizze, mit welchen grundlegenden Reformen der Staat und seine Bürger auf die multiplen und gleichzeitigen Herausforderungen einer Dekarbonisierung unseres Wirtschaftssystems, der Alterung der Gesellschaft, der Digitalisierung unseres Lebens und Arbeitens und einer auf mehr geopolitische Resilienz zielenden weltweiten Arbeitsteilung reagieren können, damit das Land wieder auf einen Wachstums- und Prosperitätspfad einbiegen kann. Das ist auch dringend erforderlich, um Schaden von unserer Demokratie abzuwenden.

Wir sollten das in der historisch begründeten Überzeugung tun, dass in jeder Krise auch eine Chance zur Erneuerung steckt. Trendwenden erfolgen meist nicht aus Einsicht, sondern aus einem Druck zur Veränderung. Auch die früheren Arbeitsmarktreformen, die Rente mit 67 und die Schuldenbremse wurden von der Wirklichkeit ertrotzt und haben sich sehr positiv ausgewirkt. Seien wir deshalb ehrlich darin, dass uns die vielbeschworene Zeitenwende erneut Dinge abverlangen wird, die Wohlfahrtsstaaten im Allgemeinen und Deutschland im Besonderen stets gern vermeiden wollen: Die Zeiten des sicherheits-, zins-, klima-, energie- und schuldenpolitischen Schwarzfahrens sind definitiv vorbei. Wir müssen mehr zahlen für unsere Sicherheit, für Geld und Kredit, für die Nutzung der Umweltressourcen und die ökologische Generationengerechtigkeit, für Energie, für unsere Staatsverschuldung und für die demografische Generationengerechtigkeit. Die Rückkehr der Knappheit ist unbequem und stresst das Verhältnis der Bürger zu ihrem Staat. Aber der »All-inclusive-Staat« ist an seine Grenzen gelangt. Das narkotisierende »You'll never walk alone«-Versprechen lässt sich so nicht mehr länger einlösen.

Gute Erfolgsbedingungen für Wege aus der Krise bietet das immer wieder in seine Zeit zu stellende Ordnungsmodell der Sozialen Marktwirtschaft. Von diesem Leitbild ist – insbesondere in der dichten Folge wirklicher Großkrisen, aber nicht erst seitdem – zu lange und zu massiv abgewichen worden. Aus der Sozialen Marktwirtschaft wurde dadurch nach und nach eine »Betreute Marktwirtschaft«. Gut 20 Jahre nach der letzten großen Reform in Deutschland – der »Agenda 2010« von Gerhard Schröder – ist es deshalb Zeit für eine »Agenda 2030«: für einen fähigen und befähigenden statt eines bürokratisierten und alimentierenden Staates, für eine Arbeitsmarkt- und Bildungspolitik, die Anstrengung durch Chancen belohnt und Gegenleistungen einfordert, eine Steuer- und Sozialpolitik für Leistungs- statt Verteilungsgerechtigkeit, eine arbeitsmarktorientierte Zuwanderungspolitik, die besser steuert, begrenzt und integriert, für eine Innovationspolitik mit schöpferischer Zerstörung und lösungsorientierter Industriepolitik, für eine Klimapolitik, die mehr auf Preise und Technologie als auf Ge- und Verbote setzt, und für mehr Wehrhaftigkeit unseres Gemeinwesens nach innen und außen.

Bei seinem Aufbruch in wieder bessere Zeiten kann sich das Land auch auf zwei noch intakte Eckpfeiler stützen: 2024 feiern wir den 75. Geburtstag unseres Grundgesetzes und eine alles in allem geglückte Demokratie. Sie zu stärken ist wichtiger denn je, sie vor Verunglimpfung und Bedrohung von Radikalen jeglicher Couleur zu schützen eine Gemeinwohlverpflichtung für uns Bürger. Für den Schutz vor äußeren Feinden gilt das Beistandsversprechen der NATO, die in diesem Jahr ebenfalls 75 Jahre alt wird. Deren Unterstützung muss für Deutschland und auch Europa mehr denn je Staatsräson sein. Der andere Eckpfeiler sollte unser aller Vernunft sein. 2024 ist nämlich auch das Jahr des 300. Geburtstages von Immanuel Kant, des Gründungsvaters der Aufklärung. Aufklärung, Rationalität und Vernunft, gepaart mit gesundem Menschenverstand, Vertrauen in die Wissenschaft und einer konstruktiven statt einer destruktiven Grundhaltung – das alles sind praktische Grundsätze für Reformen. Eine Neubesinnung wird umso besser gelingen, je mehr wir als Bürger verstehen, dass wir alle der Staat sind, den wir nicht mit stets neuen Forderungen überziehen können. Denn dann muss die Politik auch nicht laufend eine Erwartungshaltung nähren, die sie letztlich nur enttäuschen kann. Es ist Zeit für ein neues »Rendezvous mit der Realität«.

1   Die »Zeitenwende«: Stresstest für Wirtschaft und Gesellschaft

»Die Eroberung ist in unsere Welt zurückgekehrt«
(Noah Smith)

»Wir erleben eine ›Zeitenwende‹. Und das bedeutet: Die Welt danach ist nicht mehr die gleiche wie die Welt davor. In ihrem Kern geht es um die Frage, ob Macht Recht brechen kann. [...] Die Zeitenwende betrifft nicht nur unser Land. Sie betrifft ganz Europa. Und auch darin liegt sowohl eine Herausforderung als auch eine Chance«[1]. Bundeskanzler Scholz hat mit dieser Rede am 27. Februar 2022 nur wenige Tage nach dem russischen Überfall auf die Ukraine nicht nur die bisher bedeutsamste Rede seiner Kanzlerschaft gehalten, sondern gleichzeitig auch einen Begriff popularisiert, der sich seither als außerordentlich wirkmächtig erwiesen hat: Bei Google findet der Begriff mehr als 4,4 Mio. Treffer (Stand 18. März), der ebenfalls im Kriegsumfeld geprägte Begriff des Epochenbruchs dagegen weniger als 20.000. »Zeitenwende« ist von der Gesellschaft für deutsche Sprache zum Wort des Jahres 2022 gewählt worden[2]. Eine steilere Karriere eines einzelnen Begriffs dürfte es zuvor wohl kaum gegeben haben. Zudem war – so viel Krise war selten – auch noch »Krisenmodus« das Wort des Jahres 2023.

Die außerordentliche Konjunktur des ursprünglich einmal für den Beginn einer neuen Ära – auch der christlichen Zeitrechnung – geprägten Begriffs ist ein untrüglicher Beleg dafür, dass sich offenbar etwas Grundlegendes in unserer eingeübten Denkungsart verändert haben könnte. Solche »Epochenbrüche« und »tipping points« hat es aber auch schon früher gegeben, wie einige der nachhaltig wirkmächtigen und bahnbrechenden Werke in den Sozial- und Wirtschaftswissenschaften zeigen. Diese reichen von großen Strukturwandeltheorien von Karl Marx »Das Kapital. Kritik der politischen Ökonomie« (1867) über Joseph Schumpeters »Theorie der wirtschaftlichen Entwicklung« (1912) und Max Webers »Wirtschaft und Gesellschaft« (1922) bis zur »Großen Transformation« von Karl Polanyi aus dem Jahr 1944. Im gleichen Jahr 1944 erschienen auch »Die offene Gesellschaft und ihre Feinde« (Karl Popper), »Der Weg zur Knechtschaft« (Friedrich August von Hayek) und »Die Dialektik der Aufklärung« (Theodor W. Adorno und Max Horkheimer). Offenbar war das Jahr 1944, das bereits im Zeichen der Niederlage des nationalsozialistischen Regimes stand, auch ein solches besonderes Zeitenwende-Jahr.

Nun ist sicherlich die Zeit seit 2022 nicht mit jener zwischen zwei weltumspannenden Weltkriegen von vor rund einhundert Jahren und mit der Agonie des Zweiten Weltkrieges zu vergleichen. Aber es darf doch als einigermaßen plausibel gelten, dass sich seit einigen Jahren größere Krisen und mächtige Megatrends so miteinander verwoben haben, dass sich eingeübte Routinen politischen, wirtschaftlichen und gesellschaftlichen Handelns nicht mehr als ausreichend erweisen, um den multiplen Herausforderungen gerecht werden zu können. Es gibt nicht nur eine dichte Abfolge von größeren Krisen mit damit einhergehenden tiefgreifenden Veränderungen. Um nur die wichtigsten zu nennen: Finanzmarktkrise 2008/2009, Flüchtlingskrise 2015/2016, Covid-Pandemie 2020/2021, Ukrainekrieg und Energiekrise seit Februar 2022, Israel-Gaza-Krieg seit Oktober 2023. Hinzu kommen auch noch im linearen Trend zunehmende Verluste durch natürliche Katastrophen und eine hohe Inflation, die sich im Gefolge des Ukrainekrieges ohnehin zu einem Stressfaktor ganz eigener und über lange Zeit vernachlässigten Art entwickelt hat.

Alles zusammen trägt dazu bei, dass der Economic Policy Uncertainty Index für Deutschland ein im Trend deutlich höheres Verunsicherungsniveau mit höheren Ausschlägen als früher ausweist (▶ Dar. 1)[3]. Die Umrisse der Zeitenwende werden immer deutlicher, weil sie in einer Gleichzeitigkeit großer Megatrends wirkt, die man als **8D**-Veränderung bezeichnen könnte: die **D**emografische Alterung der Gesellschaft, die **D**ekarbonisierung unserer Art, zu leben und zu wirtschaften, und die **D**igitalisierung unseres Lebens und Arbeitens. Zudem hat die Pandemie einen Prozess zu einer partiellen **D**eglobalisierung und Neusortierung der weltweiten Arbeitsteilung durch unterbrochene oder veränderte Lieferketten verstärkt. Sie setzt sich im Zuge einer sich auch durch den Ukrainekrieg verändernden geopolitischen Gemengelage auch in nachpandemischen Zeiten fort. Diese vier Trends alleine schon bergen die Gefahr einer **D**eindustrialisierung in Deutschland in sich, wenn angesichts der Gleichzeitigkeit dieser Trends die industrielle Basis des deutschen Geschäftsmodells weiter geschwächt werden sollte.

Hinzu kommen die Gefahren eines macht- und industriepolitisch unterlegten möglichen **D**ecoupling etwa zwischen den USA und China[4]. Erfreulicherweise scheint sich aber beim G7-Gipfel in Hiroshima im Mai 2023 auf Drängen der Europäer doch wieder eine etwas weniger polarisierende Perspektive zur Kooperation des Westens mit China durchgesetzt zu haben[5]. Auch deshalb wäre der Befund einer »peak globalisation« wohl etwas voreilig. Vielmehr dürften die Vorzüge der Globalisierung zukünftig noch stärker im Handel mit zwischengeschalteten Dienstleistungen und Rohstoffen als im Handel mit Gütern allein liegen[6]. Aber dies kann ein durchaus ein zeitintensiver Prozess sein, der auch erst einmal zu einer geopolitisch überwölbten Verlangsamung der Globalisierung (»Slowbalisation«) führen dürfte. Auch Überlegungen zu einer Verlagerung von Aktivitäten in näher gelegene (»Nearshoring«) oder befreundete Länder (»Friendshoring«) deuten in der Summe doch darauf hin, dass das Tempo der Globalisierung zumindest eine Atempause einlegen oder sogar etwas nachlassen könnte.

Umso bedeutsamer ist die Revitalisierung von Bemühungen um multinationale Handelsabkommen, z. B. das Comprehensive Economic and Trade Agreement (CETA), die Transatlantic Trade and Investment Partnership (TTIP) und das Regional Comprehensive Economic Partnership Agreement (RCEP). Diese können im

1 Die »Zeitenwende«: Stresstest für Wirtschaft und Gesellschaft

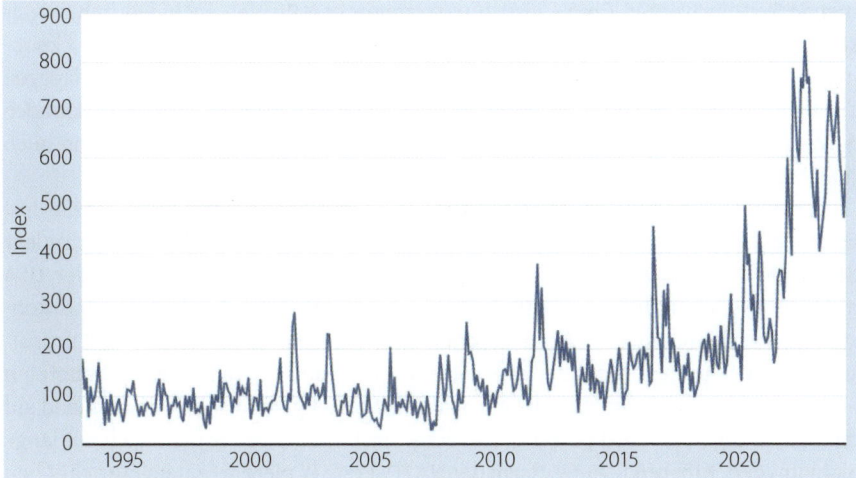

Dar. 1: Economic Policy World Uncertainty Index für Deutschland (Quelle: Baker, Scott R., Bloom, Nick and Davis, Stephen J., Economic Policy Uncertainty Index for Germany [DEEPUINDXM], retrieved from FRED, Federal Reserve Bank of St. Louis; https://fred.stlouisfed.org/series/DEEPUINDXM , 5. Juni 2024)

Ergebnis eher das Gegenteil von Deglobalisierung und Decoupling bewirken. Wie mühselig das aber ist, zeigen die mehr als 20 Jahre währenden und noch nicht erfolgreichen Versuche, ein Mercosur-Abkommen zwischen Europa und den südamerikanischen Staaten abzuschließen. Gleichzeitig versuchen die G20-Staaten, untereinander eigene Abkommen abzuschließen. Umso mehr ist bei den multilateralen Beziehungen aber viel stärker als bisher auf eine wirtschaftliche Risikominderung (**D**e-Risking) zu achten, um »ein klares Bild davon zu haben, was die Risiken sind«. Wirtschaftlich ist vor allem die EU dabei, ihre Beziehungen zu China »neu ausbalancieren«, ihre Abhängigkeit zu verringern, die EU-Mitgliedstaaten dabei zu unterstützen, neue wirtschaftliche Instrumente gegen China »mutiger und schneller« einzusetzen. Das schließt auch die Überprüfung ausländischer Subventionen und eine neue Politik gegenüber wirtschaftlichem Zwang ein. Nicht zuletzt geht es auch um die Sanktionen gegen Russland, deren wirtschaftliche Bedeutung für Russland aber durch den kompensierenden Handel der Schwellenländer fast vollständig neutralisiert wird[7].

Dass dies dann schließlich auch noch einem Kontext einer **D**epazifizierung der internationalen Ordnung einzubetten ist, wird uns nach fast acht überwiegend friedlichen Jahrzehnten in Europa derzeit schmerzhaft bewusst. Immer deutlicher wird auch für die Bürger das Ende der Friedensdividende, die der Westen seit dem Ende des Zweiten Weltkrieges einstreichen konnte. Wir erleben das Heraufziehen einer neuen bipolaren Statik einerseits (USA versus China), aber auch einer stärker multipolaren Weltordnung andererseits (G-20, Globaler Süden). Die Geopolitik entwickelt zunehmend auch eine Dominanz über die Geoökonomie. Die Hauptakteure sind die USA und China, aber statt einer Systemkonkurrenz gibt es eine zunehmende Systemrivalität. China wird zum strategischen Rivalen auch dadurch, wie es sich gegenüber dem technologisch schwächeren Russland politisch und ökonomisch positioniert. Die USA versuchen sich technologisch und militärisch dagegen zu wehren, auch indem sie im Indopazifik neue Allianzen schmieden. Dennoch wird ihr Status als einzig verbliebener Weltmacht durch China zunehmend auch militärisch herausgefordert[8].

Darin liegt auch eine große Herausforderung und Bewährungsprobe für Europa: Es ist vielleicht die historisch letzte Chance, mit einem Transatlantiker wie Präsident Biden noch einmal Zeit zu bekommen, dass »der Westen« auch jenseits der USA militärisch stärker und ökonomisch resilienter (namentlich bei Energie und Rohstoffen) werden kann. Dies ist insbesondere eine Herausforderung für die Europäische Union: Statt der oft reklamierten »soft power« mit seinem vielfach behaupteten »Brussels effect«[9] besinnt sich die europäische Staatengemeinschaft zunehmend auf die Bedeutung von »hard power«, allerdings noch immer unter dem auch auf lange Sicht unverzichtbaren Schutzschirm der NATO. Erste Papiere zu einem Europäischen Verteidigungsfonds, viel mehr aber noch der unter dem Eindruck des Ukraine-Krieges erfolgte Beitritt von Finnland und Schweden zur NATO stellen einen »Hamilton-Moment« in der europäischen Geschichte dar, weil sich beide traditionell neutralen Länder in der zugespitzten Frage: »Gilt das Recht des Stärkeren oder die Stärke des Rechts?« eindeutig für das Letztere entschieden haben. Die Verhandlungen über die finanzielle und militärische Unterstützung der Ukraine und die Eröffnung einer Beitrittsperspektive zur EU im Dezember 2023 zeigen aber auch, dass und wie Europa unter einer widersinnigen Einstimmigkeitsregel in elementaren Dingen oft nur handlungsverzögert und wirkungsgemindert agieren kann.

Ob sich gerade wegen des brutalen Realitätsschocks durch den Überfall Russlands auf die Ukraine und der Hamas auf Israel eine Renaissance regelgebundener, aber auch auf »hard power« gestützter liberaler Ordnungen abzeichnen könnte, ist angesichts der westlichen Meinungsverschiedenheiten alles andere als sicher. Zwar sind heute etwa rund die Hälfte der Länder der Welt Demokratien, also Wahldemokratien oder liberale Demokratien, die sich im 20. Jahrhundert ausgebreitet haben. Heute ist die Welt daher etwa zu gleichen Teilen zwischen Autokratien und Demokratien aufgeteilt. Die meisten Nicht-Demokratien sind Wahlautokratien. Mehr als ein Drittel aller Demokratien verfügt über die zusätzlichen Individual- und Minderheitenrechte, die liberale Demokratien auszeichnen. Aber insgesamt ist der Anteil der liberalen Demokratien an der Weltbevölkerung seit etwa 2010 wieder auf dem Rückzug, auch wenn sie untereinander enger zusammenarbeiten mögen als früher[10]. Zudem zeichnet sich für die 29 Nationen in der eurasischen Region, die sich von Mitteleuropa bis Zentralasien erstreckt, eine vertiefte Kluft durch die russische Invasion in der Ukraine und ein seit fast 20 aufeinanderfolgenden Jahren zu messender Rückgang der demokratischen Regierungsführung in dieser großen Region ab. Das Vorgehen des Kremls in der Ukraine stellt daher die größte Herausforderung für Frieden, Freiheit und Demokratie in Europa seit dem Ende des Kalten Krieges dar[11].

Es bedarf daher insgesamt schon eines gewissen Optimismus, um sich der liberalen Grundüberzeugung zu erinnern, wonach zwar Macht die Voraussetzung für internationale Ordnungen, aber nicht deren einzige Währung ist. Auch weil der Charakter von Ordnungen gerade durch ein Zusammenspiel von Macht und Ideen geprägt ist, markiert der 19. Mai 2023 eine bedeutsame Koinzidenz gleich dreier Gipfel unterschiedlicher Blöcke an unterschiedlichen Orten in einer neuen multipolaren Welt: In Hiroshima tagten die G7-Staaten einschließlich der EU. In Xi-an fand ein China-Zentralasien-Gipfel mit fünf zentralasiatischen GUS-Nachfolgestaaten statt, und beim Gipfel der Arabischen Liga in Dschidda wurde Syrien wieder in den Kreis der arabischen Staaten aufgenommen. Die Neupositionierung des Globalen Südens auf der Weltbühne beim G20-Gipfel in Delhi im September ist ebenso wie einige irritierende Positionierungen zahlreicher nicht westlicher Staaten bezüglich der beiden aktuellen Kriege in der Ukraine und im Gazastreifen Teil der neuen Realität und der neuen Unübersichtlichkeit.

Die »Pax Americana« scheint an ihrem Ende angekommen zu sein. Einen deutlicheren Beleg für das Herausschälen einer neuen multipolaren Weltordnung kann es kaum geben. Damit drängt auch das zeitüberdauernde Thema des Aufstiegs und Niedergangs von Nationen wieder stärker denn je auf die Tagesordnung der Politik. Die Bücher etwa von Mancur Olson »The Rise and Decline of Nations« (1982), Paul Kennedy »The Rise and Fall of the Great Powers« (1989) und von Daron Acemoglou und James Robinson »Why Nations Fail« (2012) kommen in den Sinn, um besser die längeren Linien der wirtschaftlichen und gesellschaftlichen Entwicklungen zu verstehen. Hinzu kommt für den Westen, dass in diesem Kräftemessen mit anderen Machtpolen der neuen Ordnung die Einbeziehung des Globalen Südens sowohl politisch wie ökonomisch zu einem zunehmend relevanten geopolitischen Faktor wird. Dabei wird auch der sog. »Washington Consensus« als die im Kern ökonomische Fundierung der westlichen Entwicklungspolitik kritisch zu hinterfragen sein, auch wenn dessen Ende noch keineswegs ausgemacht ist[12].

Mit dieser Zeitenwende hin zu einer neuen Multipolarität und den damit einhergehenden Bedrohungslagen für den Westen und seine Bürger steigt auch die Notwendigkeit, mehr systematische Risikovorschau zu betreiben und mehr Anstrengungen in Richtung einer strategischen Autonomie Deutschlands wie auch Europas zu unternehmen. Bereits im Jahr 2016 befand Nikolaus von Blomhard: »Sci es die Finanzkrise, der Terrorismus oder der drohende Zerfall der EU: Wir brauchen einen schonungslosen und umfassenden Blick auf die Risiken in Politik, Wirtschaft und Natur in Staaten und Unternehmen«[13]. Die Debatten um »Open Strategic Autonomy« in Brüssel und den anderen Hauptstädten des Westens sind daher nicht nur auf der Überschriftenebene mehr als berechtigt. Bei der konkreten Ausbuchstabierung landet man aber schnell in sehr grundsätzlichen Debatten darüber, was strategische Autonomie und Souveränität eigentlich bedeuten und wie weit staatliches Handeln in die Sphären von Bürgern und Wirtschaft hineinreichen soll und darf, um dieses Ziel zu erreichen. Solche Debatten sind in demokratischen Systemen im Gegensatz zu autokratischen Systemen unbedingt zu führen. Dies begründet aber eine unaufhebbare Systemasymmetrie, die in komplexen strategischen Fragen eine große Herausforderung darstellt.

In dem beschriebenen zunehmend wettbewerbsintensiven und unsicheren internationalen Kontext und im Angesicht der verschiedenen Megatrends kann Europa und kann auch Deutschland seine Sicherheit und seine strategische Unabhängigkeit nicht auf unbestimmte Zeit an Dritte auslagern. Die Stärkung der strategischen Autonomie der EU und die Bereitstellung konkreter Mittel zur Bewältigung eines breiten Spektrums von Bedrohungen sind die beiden Pfeiler auf dem Weg zu einem unabhängigeren Europa. So gesehen heißt Zeitenwende auch ganz konkret: Europa und Deutschland werden dauerhaft höhere Anteile ihres Sozialprodukts für militärische Sicherheit und energiepolitische Unabhängigkeit aufwenden müssen. Die alte Debatte »Kanonen oder Butter« ist wieder neu zu führen. Die nationalen und europäischen Verteilungskämpfe nehmen – auch mit Blick auf die Europawahlen – an Schärfe zu.

Die derzeitigen Debatten in der deutschen Ampelkoalition spiegeln dies eindrücklich wider – erst recht seit dem Urteil des Bundesverfassungsgerichts am 15. November 2023: »Wäre das Wort nicht mittlerweile so verbraucht, müsste man von einer Zeitenwende sprechen. Finanzpolitisch wird nach diesem Urteil nichts mehr sein, wie es war«. Harold James diagnostizierte ein Ende der Zeiten eines »free lunch«[14]. Auch das schuldenpolitische Schwarzfahren ist damit vorerst an ein Ende gekommen und löst größten Stress in einer Koalition mit ihren zum Teil sehr unterschiedlichen wirtschafts- und gesellschaftspolitischen Präferenzen aus. Dies ließ sich exemplarisch schon an den Reaktionen auf den Haushaltsbeschluss der Koalition mit flächendeckenden Protesten einzelner Berufsgruppen genau vier Wochen nach dem Verfassungsgerichtsurteil gut beobachten. Mit jedem weiteren Haushaltsbeschluss wird die öffentliche Debatte erneut befeuert. Dies trägt auch zu einer sinkenden Akzeptanz der Regierung in den Umfragen bei: Wäre heute eine Bundestagswahl, hätte die heutige Koalition rund ein Drittel ihrer seinerzeitigen Stimmen verloren.

Aber: »Never let a good crisis go to waste«, rief uns Winston Churchill im Sinne des früher noch etwas höher entwickelten angelsächsischen Common Sense einmal zu. In jeder Krise liegt auch eine Chance: Im besten Fall – der sehr voraussetzungsvoll, aber nicht unerreichbar ist – führt die Zeitenwende zu mittelfristigen Sicherheitsgewinnen, einer deutlich größeren Resilienz des Gemeinwesens und einer erneuerten wirtschaftlichen Leistungsfähigkeit Deutschlands. Innere und äußere Wehrhaftigkeit – nicht nur im militärischen Sinn – ist kein Bellizismus, sondern notwendige Bedingung für staatliche, wirtschaftliche, soziale und auch ökologische Souveränität. Deutschlands Position innerhalb eines sich neu aufstellenden Westens ist dabei nicht zu unterschätzen: »Deutschland als verspäteter Nation kommt innerhalb der europäischen Statik eine besondere Bedeutung zu, auch als Verteidiger des westlichen Modells der Organisation internationaler Beziehungen, die auf Freiheit, Souveränität und Gleichheit beruhen«[15].

Jenseits der tektonischen geopolitischen und auch geoökonomischen Veränderungen für Deutschland liegt in der Zeitwende aber auch eine Chance und ein Auftrag zu einer Neubestimmung des Verhältnisses zwischen den Bürgern und ihrem Staat im Rahmen der demokratischen, liberalen und regelgebundenen Ordnung der Sozialen Marktwirtschaft. Dieses Buch zeigt auf, wie eine Neuvermessung des Spielfeldes für eine Marktwirtschaft unter den Bedingungen einer krisenbedingt zunehmenden staatlichen Hegemonie und eines gleichermaßen ausgeprägten persönlichen Anspruchsindividualismus einer im Kern immer noch wohlhabenden Gesellschaft gelingen kann. Primär wird dabei eine volkswirtschaftliche Perspektive eingenommen, denn: »Das Interesse an möglichen Verbesserungen gesellschaftlicher Zustände hat viele Ökonomen veranlasst, sich gerade diesem Fach zuzuwenden« (James Meade)[16]. Aber auch Erkenntnisse aus Soziologie, Politikwissenschaften und Psychologie werden zu Rate gezogen, um tiefgreifende Veränderungen besser verstehen und Reformvorschläge besser begründen zu können.

Das Buch besteht aus drei Kernkapiteln. Das nächste Kapitel 2 legt ein empirisches Fundament, wie Deutschland bei zentralen Performance-Indikatoren derzeit aufgestellt ist. Ziel ist ein breiter »Landzustandsbericht«, der auf der Basis aussagekräftiger Daten ein realistisches Bild der beträchtlichen Herausforderungen zeichnet, vor denen Deutschland derzeit und zukünftig steht. Kapitel 3 definiert einige ganz grundsätzliche Leitplanken, innerhalb derer sich Politik, Wirtschaft und Bürger bewegen sollten, damit sich das zuvor dargelegte Stärken-Schwächen-Profil Deutschlands wieder verbessern kann. Als Leitplanken für politische Reformen sollen vier »Reiter der Ertüchtigung« dienen, die Grundsätze für eine neue Balance zwischen Bürger und Staat entwickeln. Auf dieser Basis diskutiert Kapitel 4 eine Zehn-Punkte-Agenda (»10 Gebote«), wie und wo durch mehr Eigenverantwortung, eine größere Effektivität staatlichen Handelns, den Mut zur Priorisierung staatlicher Maßnahmen und durch die Steigerung der allgemeinen Resilienz das aus der Balance geratene Verhältnis zwischen den Bürgern und ihrem Staat wieder nachhaltiger und zukunftsfester gemacht werden kann. Das abschließende Kapitel 5 schließlich nimmt in den Blick, wie wichtig diese neue Balance zwischen Bürger und Staat auch für die Stärkung unseres demokratischen Gemeinwesens ist.

2   Zur Lage der Nation: ein »Landzustandsbericht«

»Economic growth is not a cure-all, but lack of growth is a kill-all.«
(Paul Collier)

Am Sonntag, den 20. Juni 1948, trat die damals lang erwartete Währungsreform in Kraft, mit der die neue Deutsche Mark die alte inflationäre Reichsmark-Währung ablöste. Jeder Bürger konnte zunächst 40 Reichsmark gegen 40 Deutsche Mark eintauschen. Diese anfänglich umstrittene Währungsreform bildete die wichtigste Grundlage für die darauffolgende wirtschaftliche Entwicklung Westdeutschlands. Für den damaligen Direktor der Verwaltung für Wirtschaft, Ludwig Erhard, war zudem klar, dass die neue Währung nur in einer Marktwirtschaft Vertrauen gewinnen könne, ohne Bezugsscheinsysteme und bei freier Preisbildung. Mit dem »Gesetz über Leitsätze für die Bewirtschaftung und Preispolitik nach der Geldreform« vom 24. Juni 1948 legte Ludwig Erhard gleichsam eine Art Grundgesetz der Marktwirtschaft vor.

Das ist nun mehr als 75 Jahre her. Die Soziale Marktwirtschaft hat sich seither als konkurrierendes Ordnungsmodell zum angelsächsischen Kapitalismus und zum chinesischen Staatskapitalismus bewährt. Sie verbindet die Leistungsfähigkeit der Marktwirtschaft mit einem sozialstaatlichen Ausgleich und schafft dadurch möglichst viel Chancengerechtigkeit und »Wohlstand für alle« (Ludwig Erhard). Die Soziale Marktwirtschaft ist aber kein starres Konzept, sondern ist laufend an sich verändernde Fragestellungen – wie Digitalisierung, demografischer Wandel, Klimawandel – anzupassen, wie dies auch in den Jahrzehnten zuvor gut gelungen ist. Dies schließt zunehmend auch die Betonung von Nachhaltigkeitskonzepten mit ein. Dieses Kapitel nimmt eine empirische Standortbestimmung vor, wie Deutschland nach einem dreiviertel Jahrhundert Erfahrung mit seiner international beachteten Wirtschaftsordnung einer Sozialen Marktwirtschaft in einem turbulenten geopolitischen und geoökonomischen Umfeld derzeit positioniert ist. Es zeigt auf, welche alten und neuen Herausforderungen, aber auch welche Perspektiven für die weitere Entwicklung sich dabei abzeichnen, und verdichtet das zu einer aktuellen Stärke-Schwäche-Analyse des Landes.

Ein genaueres Bild über den ökonomischen Zustand Deutschlands etwa zur Halbzeit der Ampelregierung ist hilfreich, um die im Trend stabile, aber volatile Akzeptanz der deutschen Wirtschafts- und Gesellschaftsordnung besser einordnen zu können. Die persönliche ökonomische Alltagserfahrung wird stark vom Nahbereich seiner Bürger geprägt, und der Rückhalt für die gesellschaftliche Ordnung wird entscheidend von der materiellen Situation der Bevölkerung bestimmt. Die Zustimmung zur Sozialen Marktwirtschaft ist daher nicht »enttäuschungsfest«, der Rückhalt beruht »nur begrenzt auf der grundsätzlichen Zustimmung zu den Prinzipien des Systems«[17]. Diese grundsätzliche Fragilität in der Akzeptanz bestimmter Prinzipien einer Wirtschafts- und Gesellschaftsordnung gilt es im Weiteren stets zu bedenken. Dies gilt besonders in Zeiten multipler und gleichzeitiger Veränderungen, die auch die Gefahr einer politischen Polarisierung in sich bergen.

Geschäftsmodell Deutschland

Wenn es um den ökonomischen Status quo Deutschlands geht, ist zunächst ein vertiefter Blick auf einige stilisierte Fakten des sog. »Geschäftsmodells Deutschland« erforderlich, das eine zentrale Wohlstandsgrundlage für das Land ist. Der vielleicht sichtbarste Ausdruck dieses deutschen Modells sind die jahrzehntelangen Überschüsse im Außenhandel und damit einhergehenden Defizite im Kapitalverkehr. Am deutlichsten kommt dieses Spezialisierungsmuster in der Außenhandelsquote – dem Anteil der Exporte und Importe am Bruttoinlandsprodukt (BIP) – zum Ausdruck, die in Deutschland unter den großen Wirtschaftsnationen mit Abstand am höchsten sind[18]. Dahinter steht eine Reihe von Besonderheiten der deutschen Volkswirtschaft:

- Dem Land wird ein enges Zusammenspiel von leistungsfähigen Klein-, Mittel- und Großbetrieben attestiert, häufig familiengeführt mit dezentralen Standorten – oft in starken Wirtschaftszentren – und mit Weltmarktführerschaften in nicht wenigen Marktsegmenten[19]. Die Wertschöpfungsketten sind tief gestaffelt, der Verbund aus Industrie und Dienstleistungen führt zu engen Kooperationen zwischen Industrie, industrienahen Dienstleistungen und produzierendem Handwerk, die intensiv in die Weltwirtschaft eingebunden sind.
- Deutschland besitzt einen starken Mittelstand, zu dem mehr als 90 Prozent der Unternehmen gehören. Mit einer Spezialisierung in Nischen, einer hohen Qualität und einer starken Internationalisierung entstanden zahlreiche »Hidden Champions«. Rund 90 Prozent aller deutschen Unternehmen sind familienkontrollierte oder eigentümergeführte Unternehmen. Sie erzielen rund 52 Prozent der Umsätze und stellen mehr als die Hälfte aller sozialversicherungspflichtigen Beschäftigungsverhältnisse in Deutschland.
- Ein wesentliches Element der deutschen Wirtschaft ist ihr industrieller Kern. Der Industrieanteil an der gesamtwirtschaftlichen Bruttowertschöpfung ist mit 27 Prozent der höchste innerhalb der G7-Staaten. Mit rund sieben Mio. sozialversicherungspflichtig Beschäftigten, rund 60 Prozent der gesamten Forschungs- und Entwicklungsausgaben und über 80 Prozent aller Patentanmeldungen juristischer Personen tragen die Industrieunternehmen maßgeblich zum Wohlstand in

Deutschland bei. Viele der international tätigen Unternehmen fokussieren sich auf Forschung und Innovation. Zahlreiche Branchen zeichnen sich durch eine hohe Innovationskraft aus. Deutschland verfügt über eine hohe industrielle Produktivität und einen überdurchschnittlich hohen Automatisierungsgrad, insbesondere in der Industrie. Die Roboterdichte zählt zu den höchsten in der Welt.

- Die Sozial- und Tarifpartnerschaft hat zu einem Ausgleich zwischen Arbeitnehmer- und Arbeitgeberinteressen und damit sozialem Frieden geführt, der die Produktivität im Auge behielt und bis in die Coronazeit hinein die Lohnkosten moderat steigen ließ und vergleichsweise wenige Streiktage und damit Planungssicherheit für die Unternehmen mit sich brachte. Die Beschäftigten in Deutschland haben ein vergleichsweise hohes Bildungsniveau. Die sozialpartnerschaftlich geregelte duale Ausbildung ist seit vielen Jahrzehnten die Basis für hochproduktive industrielle und handwerkliche Facharbeit, auch wenn ihre Bedeutung am aktuellen Rand zurückgeht. Schließlich haben sich auch die politische Stabilität und die Rechtssicherheit in Deutschland für ausländische Investoren bislang noch als Standortvorteil und Attraktor bei ihren Standortentscheidungen erwiesen.

Dieser insgesamt positive Blick zurück wird aber gegenwärtig stark und zunehmend herausgefordert durch einen beschleunigten Strukturwandel für einen bedeutenden Teil der Wirtschaft in Deutschland. Die Gleichzeitigkeit der multiplen Trends und Krisen setzt insbesondere die weltmarktorientierten, aber zunehmend auch die binnenmarktorientierten Unternehmen der gesamten Industrie einschließlich des industriellen Mittelstandes unter Druck. Insbesondere der Schock des Ukrainekrieges war international stark asymmetrisch, weil er vor allem Länder wie Deutschland und andere Länder betrifft, die stark von russischem Gas abhängig waren. Zudem ist Deutschland auch im Handel mit China besonders exponiert, der sich aber neu sortiert und für den Hochlohn- und Hochtechnologiestandort Deutschland nicht nur die Überprüfung und auch Revision zahlreicher Lieferketten, sondern vielfach auch eine Anpassung und Weiterentwicklung der bisherigen Geschäftsmodelle erzwingt. Dies betrifft namentlich das Vordringen Chinas in klassische Kernmärkte Deutschlands wie den Automobilbau, für den ein regelrechter »China-Schock« droht[20].

Diese Herausforderungen treffen zusammen mit den ökonomischen und fiskalischen Folgen der noch nicht vollständig ausgeheilten Corona-Pandemie und den Auswirkungen des Krieges in der Ukraine und im Nahen Osten. Insbesondere der Krieg zerstört langfristig gewachsene Liefer- und Wertschöpfungsketten, gefährdet die Versorgung mit wirtschaftsrelevanten Rohstoffen und Energieträgern und hat Rohstoff- und Energiepreise vorübergehend drastisch steigen lassen. Er führt zu wachstumsdämpfenden geopolitischen Verwerfungen einerseits, aber auch zu verstärkten Anstrengungen von Unternehmen für mehr Diversifizierung, Risikovorsorge und strategischer Autonomie andererseits. Damit befinden sich zahlreiche Unternehmen derzeit in einer erlös- und kostenseitigen Multi-Krise, welche die Herausforderungen des disruptiven Strukturwandels noch verstärken. Angesichts der Wucht und der Geschwindigkeit, in der sich Unternehmen verändern und anpassen müssen, stellt sich die Standortfrage in neuer Dringlichkeit. Stellvertretend sei der ZF-Chef Holger Klein zitiert: »Wir sind bereit, kräftig in Deutschland zu investieren, wenn die Rahmenbedingungen stimmen und wir hier unsere Kostenbasis verbessern«[21].

Die hochentwickelte Arbeitsteilung über Ländergrenzen hinweg, die Abhängigkeit von Vorprodukten und eine effiziente Just-in-time-Produktion stoßen durch die derzeitigen Krisen – zumindest temporär – an ihre Grenzen. Die Abhängigkeiten von Energieträgern (u. a. Russland) oder Rohstoffen (u. a. China, Taiwan) sind nicht nur für die Unternehmen, sondern auch für die Entwicklung neuer Technologien (u. a. Elektromobilität) problematisch. Insbesondere die Produktion von Schlüsseltechnologien, u. a. für die Energiewende, ist häufig von importierten Rohstoffen abhängig. Im Durchschnitt ist dabei der Technologiegehalt der Importe aus China deutlich höher als bei Importen aus Russland, so dass hier eine weitere strategische Abhängigkeit besteht. Hinzu kommen auch eine generell zunehmend kritische Haltung zu Wirtschaftswachstum und Internationalisierung in der Bevölkerung, eine skeptische Diskussion über Freihandel (z. B. TTIP), protektionistische Tendenzen und die Pandemie- bzw. Kriegsfolgen bei Rohstoffen und Lieferketten.

Der ausgeprägte Anpassungsbedarf verläuft dabei unter der Randbedingung eines verbreiteten Fach- und Arbeitskräftemangels. Dieser führt schon jetzt zu Wachstumsverlusten infolge des Auseinanderklaffens von Produktion und Auftragsbeständen, und er wird sich demografisch bedingt noch weiter zuspitzen. Dies gilt trotz der außerordentlich hohen Zuwanderung, die aber nur zu geringeren Teilen eine Fachkräftezuwanderung ist. Weil aber insbesondere die Energiewende und die ökologische Transformation zu einer bis dahin nicht gekannten Geschwindigkeit bei der Umsetzung von Maßnahmen führt, entwickelt sich die Verfügbarkeit einer ausreichenden Zahl an qualifizierten Arbeitskräften zu einem zentralen Erfolgsfaktor. Die Kräfteengpässe haben strukturell neue Höchststände erreicht, auch wenn sich konjunkturell bedingt erstmals auch wieder Wolken am Arbeitsmarkthimmel abzuzeichnen beginnen. Damit geraten viele der ehrgeizigen Ausbaupläne – etwa im Bereich der Energiewende – massiv unter Druck oder müssen jetzt schon als unrealistisch bezeichnet werden.

Entsprechend groß sind derzeit die konjunkturellen Unsicherheiten und mittelfristigen Entwicklungsszenarien für die deutsche Wirtschaft. Eine zweifelsfreie Diagnose über die ökonomische »State of the Union« fällt ausgesprochen schwer. Gelegentlich ist daher eine Perspektive von außen hilfreich, um die Dinge in Deutschland etwas deutlicher zu sehen als in der nationalen Selbstbespiegelung. Noch 2014 schrieb der Italiener Angelo Bolaffi: »Zu Beginn dieses Jahrhunderts war Deutschland der kranke Mann Europas. [...] Heute, kaum mehr als zehn Jahre später, wird Deutschland in ganz Europa bewundert und beneidet«[22]. Wiederum knappe zehn Jahre nach diesem internationalen Lob aber schwingt das Pendel deutlich wieder in die entgegengesetzte Richtung. So verlautbarte schon zu Beginn des Jahres 2023 aus einer österreichischen Denkfabrik: »Der kranke Mann Europas ist zurück. Namhafte Unternehmen verlassen Deutschland. Verlagert werden nicht etwa Stellen in der Fertigung, sondern in der Forschung. Höchste Zeit, den Kopf aus dem Sand zu ziehen«. Und bereits seit Längerem werden in der ausländischen wie in der deutschen Presse auch wieder neue »Sick man of Europe«-Geschichten erzählt[23].

Das Mindeste, was diese Beobachtungen aus dem Ausland indizieren, ist eine bemerkenswerte Verschiebung in der Wahrnehmung Deutschlands binnen nur eines Jahrzehnts. Unstreitig ist, dass die Symptomatik der gleichzeitigen Großkrisen an der nominal drittgrößten Wirtschaftsnation der Welt nicht spurlos vorbeizieht. In seiner längerfristigen Wachstumsbilanz zeigt Deutschland wie auch zahlreiche andere europäische Länder eine deutliche Abschwächung (▶ Dar. 2). Hinzu kommt aber, dass Deutschland inzwischen faktisch bereits eine mehrjährige Wachstumspause einlegt und zumindest innerhalb Europas bei den aktuellen Wachstumsprognosen am untersten Rand des Geleitzuges rangiert. Dahinter steht auch die Frage, ob der asymmetrische Schock der Energiepreiswende und der Klimatransformation das relativ primärenergiebedürftige »deutsche Geschäftsmodell« mit einer überdurchschnittlich stark industriebasierten Wertschöpfung Deutschland nicht doch stärker und nachhaltiger trifft als die meisten anderen westlichen Volkswirtschaften.

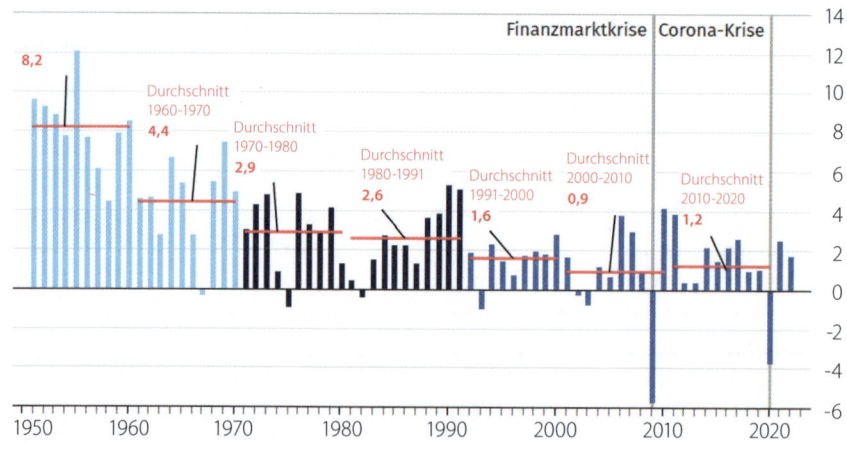

Dar. 2: Wirtschaftswachstum in Deutschland: Bruttoinlandsprodukt, preisbereinigt, Veränderung gegenüber dem Vorjahr in Prozent (Quelle: Statistisches Bundesamt, Pressemitteilung Nr. N 032 vom 1. Juni 2023 https://www.destatis.de/DE/Presse/Pressemitteilungen/2023/06/PD23_N032_81.html)

Wie berechtigt die eher pessimistischen Einschätzungen schon vor der Mitte Februar 2024 erneut nach unten korrigierten Prognose der Bundesregierung waren, fasste schon der letzte OECD-Deutschlandbericht vom Mai 2023 gut zusammen: Danach weise Deutschland im Gefolge von Pandemie und Energiekrise »strukturelle Schwachstellen« auf und müsse »seine ökologische und digitale Transformation unbedingt beschleunigen«. Hinzu komme die rasche Bevölkerungsalterung, der daraus resultierende Druck auf die öffentlichen Finanzen und die Verschärfung des bereits bestehenden Fachkräftemangels. Dringend erforderlich sei eine »modernisierte Verwaltung« mit weniger Bürokratie und »besseren öffentlichen Dienstleistungen«. Zur Bedienung des »hohen Investitionsbedarfs« bei Wahrung der Tragfähigkeit der öffentlichen Finanzen seien die »Ausgabeneffizienz im öffentlichen Sektor zu erhöhen und die Ausgaben besser zu priorisieren«. Das Ziel der Klimaneutralität bis 2045 erfordere kosteneffiziente Maßnahmen, um weder die Wettbewerbsfähigkeit noch die soziale Stabilität zu schwächen[24].

Zwar sind die Unternehmen in Deutschland Zeiten des Strukturwandels gewohnt. Sie haben sich in der Vergangenheit als anpassungsfähig und innovativ erwiesen. Angesichts der massiven exogenen Schocks allerdings hat sich aber das Verhältnis von endogener Krisentragfähigkeit von Unternehmen und ihren Belegschaften und exogener Politikgestaltung möglicherweise mehr als nur inkrementell verschoben. Selten, vielleicht sogar niemals zuvor war durch exogene Schocks politisches Krisenmanagement auf allen staatlichen Ebenen und in einer solchen Intensität erforderlich. Es ist daher ausdrücklich anzuerkennen, wie viel Verständnis die Politik in der Breite und Tiefe der Maßnahmen für wirtschaftliche Notwendigkeiten aufgebracht hat. Doch die beschriebenen Herausforderungen erfordern auch jenseits des erfolgreichen akuten Krisenmanagements eine grundsätzliche Neubewertung und Repriorisierung politischer Rahmensetzungen. Dies gilt namentlich auch mit Blick auf den Koalitionsvertrag, der in einer »Vor-Zeitenwende-Zeit« geschrieben wurde. Aber auch laufende europäische Initiativen müssen im Lichte der neueren Entwicklungen überprüft und gegebenenfalls revidiert werden. Weder für Unternehmen noch für die Politik kann es in Zukunft ein »business as usual« geben.

Wenn angesichts der veränderten geopolitischen und geoökonomischen Rahmenbedingungen das Wohlstandsniveau in Deutschland auch für zukünftige Generationen annähernd gehalten werden soll, bedarf es eines Rahmens, dessen Ziel eine Vorfahrtsregel für transformationsverträgliche Wertschöpfungsprozesse sein muss. Dieser Rahmen setzt ein evidenzbasiertes Lagebild voraus, das sich auf zahlreiche einschlägige Berichtssysteme stützen kann. Der letzte umfassende Standortvergleich für Deutschland mit einer Analyse der industrierelevanten wirtschaftlichen Rahmenbedingungen im internationalen Vergleich für das Bundeswirtschaftsministerium stammt aus dem Jahr 2020. Darin heißt es u. a.: »Insgesamt zeigt sich der Industriestandort Deutschland hinsichtlich der meisten Standortfaktoren nach wie vor recht wettbewerbsfähig. Gerade in jüngerer Zeit drohen allerdings einige der bisher gewichtigen Standortvorteile zu erodieren. Die Erosion wichtiger Standortvorteile hängt dabei auch mit einer – in Deutschland besonders stark ausgeprägten, aber auch in anderen Ländern zu beobachtenden – gesellschaftlichen Präferenz für Sicherheit und Besitzstandswahrung zusammen«[25].

Dieser Befund ist inzwischen rund vier Jahre alt. Seither ist eine ganze Reihe weiterer Studien entstanden und es sind zusätzliche Indikatoren zusammengetragen worden. Je nach Ländersample, Indikatorenauswahl und Untersuchungsdesign werden dabei in Niveau und Verlauf unterschiedliche Positionierungen für Deutschland sichtbar. In der Mehrzahl der verwendeten Rankings und Indizes verzeichnet Deutschland aber einen zum Teil deutlichen Positionsverlust. Diese Verschlechterung ist am ausgeprägtesten beim Index der wirtschaftlichen Freiheit des Fraser-Instituts, beim Wettbewerbsfähigkeitsindex des International Institute for Management Devolopment (IMD) und beim Länderindex für Familienunternehmen[26]. Insgesamt fällt ins Auge, dass Deutschland nicht nur bei harten industriellen Standortfaktoren wie Arbeitskosten, Unternehmensbesteuerung und Energiekosten nicht günstig positioniert ist, sondern auch noch bei innovationsrelevanten Parametern wie Unternehmensgründungen, Zugang zu Wagniskapital und bei der digitalen Infrastruktur Schwächen aufweist. Andere Standortqualitätsindizes fügen diesem Bild weitere Facetten hinzu, die insbesondere im Bereich der Digitalisierung ein wenig erfreuliches Bild zeichnen. Danach ist Deutschlands Abstand zu den internationalen digitalen »first movern« in der Digitalisierung deutlich größer als kleiner geworden[27].

Bei aller Zurückhaltung gegenüber Rankings rückt daher zu Recht die Standortdebatte wieder stärker in das Zentrum politischen Handelns. Dies gilt gerade auch vor dem Hintergrund einer möglichen Verlagerung wirtschaftlicher Aktivitäten ins Ausland, die unter Umständen auch durch stark veränderte Subventionsregimes im Ausland (z. B. den Inflation Reduction Act in den USA) verstärkt werden. Zudem sind neue Lieferkettengesetze auf nationaler wie europäischer Ebene ebenso zu berücksichtigen wie das Bestreben von Unternehmen, ihre Resilienz in ihren globalen Lieferketten durch eine bessere Auswahl zu erhöhen[28]. Risikostreuung und -diversifizierung gewinnen spätestens seit der Pandemie und erst recht seit dem Ukrainekrieg neben reinen Kostenmotiven an Bedeutung bei der Standortwahl. Schließlich gibt es auch Indizien dafür, dass die Standortqualität Deutschlands ausweislich deutlich sinkender Zuflüsse von Direktinvestitionen und stark steigende Abflüsse ins Ausland deutlich negativer als früher bewertet wird: In den beiden vergangenen Jahren flossen rund 220 Mrd. US-Dollar mehr an Direktinvestitionen ab als in Deutschland investiert wurden. Unter 46 untersuchten Staaten war dies der stärkste Nettoabfluss[29].

Erste Ausschläge der Krise zeigen sich auch am Arbeitsmarkt als wichtigstem Fieberthermometer: »Die Richtung stimmt seit einer ganzen Weile nicht mehr«, sagte die BA-Chefin Andrea Nahles bei der Bekanntgabe der Arbeitsmarktzahlen für März 2024. Zwar hat das Beschäftigungswachstum noch bis weit in das Jahr 2023 hinein angehalten und zu einem Höchststand an Beschäftigung geführt. Doch das Wachstum entfiel – Vorbote der Demografie – nur noch auf Beschäftigte aus dem Ausland, während die Zahl der erwerbstätigen Deutschen bereits rückläufig war. Noch ist der Arbeitsmarkt von verbreiteten Engpässen gekennzeichnet, doch die Zahl der gemeldeten Stellen ist gegenüber dem Vorjahr ebenso wie die Einstellungsbereitschaft der Unternehmen bereits deutlich rückläufig. Arbeitslosigkeit, auch Langzeitarbeitslosigkeit, und Unterbeschäftigung (ohne Kurzarbeit) sind im Jahresdurchschnitt 2023 deutlich gestiegen, die Abgänge aus Arbeitslosigkeit in eine Beschäftigung deutlich zurückgegangen. Auch die Zahl der Insolvenzen steigt inzwischen stark an. Alles in allem mehren sich im Zuge der anhaltenden wirtschaftlichen Rezession und der politischen Verunsicherung die strukturellen Indizien dafür, dass die besten Zeiten am Arbeitsmarkt erst einmal vorbei sind[30].

Es mehren sich auch die Zeichen dafür, dass sich die expansive Lohnpolitik zu einer Lohn-Preis-Spirale zu entwickeln droht. Die bereits vereinbarten und noch zu erwartenden Lohnsteigerungen werden die Preissteigerungen bei Dienstleistungen und damit auch die Kerninflation hochhalten. Die deutlich intensivierte Streikhäufigkeit mit außerordentlich hohen Lohnforderungen wird diesen Effekt verstärken. Amtliche Daten der Statistikbehörde Eurostat zeigen, dass Unternehmen schon Ende 2023 um ein Fünftel höhere Kosten für Arbeitnehmer zu zahlen hatten als Anfang 2022. In Deutschland stiegen die Einkommen auf Mindestlohnbasis in vier Jahren um ein Drittel von 1.544 auf 2.054 Euro. Auch die EZB beobachtet mit ihrem »Wage Tracker« einen ansteigenden Lohndruck. Zwar wird von der Bundesregierung noch immer keine Gefahr einer Lohn-Preis-Spirale gesehen. Doch die Bundesbank hat in ihrer letzten systematischen Analyse des Zusammenhangs zwischen Löhnen und Preisen im September 2019 festgehalten: »Demnach führt ein Anstieg der Lohnkosten um 1 Prozent dazu, dass sich die Verbraucherpreise letztlich um rund 0,3 Prozent erhöhen. [...]. Insgesamt deuten die Analysen darauf hin, dass der zyklische Einfluss von Löhnen auf die Preise nach wie vor intakt ist«[31].

Hinter den genannten Daten steht das größere Bild eines tiefgreifenden Strukturwandels des deutschen industriellen Geschäftsmodells und seines Arbeitsmarktfundaments im Gefolge der gleichzeitigen 3D-Trends Digitalisierung, Dekarbonisierung und Demografie[32]. Die Investitionsschwäche und ein zunehmender struktureller Arbeitsplatzabbaudruck in bestimmten von der Transformation besonders betroffenen Branchen und Regionen (z. B. Kohleverstromung, Stahl, Automobilindustrie und deren Zulieferer) gehen einher mit Arbeitsplatzzuwachspotenzialen in Boombranchen (z. B. Künstliche Intelligenz). Manche Trends laufen auch gegeneinander: Auf der einen Seite gibt es durch Digitalisierung und Dekarbonisierung einen deutlichen Restrukturierungsbedarf für Beschäftigte in unter Druck geratenden Unternehmen. Gleichzeitig entsteht ein damit verbundener qualifikatorischer Zusatzbedarf, etwa im Bereich von Digitalisierungsberufen und beim »Green Engineering«. Auf der anderen Seite führt das Ausscheiden der ersten geburtenstarken Jahrgänge zu einem wachsenden demografischen Ersatzbedarf, der aus dem heimischen Erwerbspersonenpotenzial nicht mehr vollständig bedient werden kann.

Insbesondere Digitalisierung und Demografie beeinflussen direkt auch die Arbeitsbeziehungen zwischen Unternehmen und ihren Beschäftigten: Die Digitalisierung und der zunehmende Einsatz von Künstlicher Intelligenz (KI) führen zu einer Neuauflage der Automatisierungsdebatte der 1960er Jahre mit der Sorge vor negativen Beschäftigungseffekten des technischen Fortschritts. In den 2010er Jahren war die Rede vom »zweiten Maschinenzeitalter« und von »Automatisierungswahrscheinlichkeiten« der bestehenden Arbeitsplätze von bis zu 70 Prozent. Inzwischen erscheinen erste Studien zu den arbeitsmarktbezogenen Effekten der Digitalisierung im Allgemeinen und zu den vermuteten Beschäftigungseffekten der KI im Besonderen. Schon machen auch wieder Szenarien die Runde, wonach etwa bis zu 80 Prozent der Arbeitsplätze für Frauen durch eine automatisierte KI disruptiert werden könnten[33].

Zudem verschiebt die Demografie mit ihren immer klarer zutage tretenden Arbeitskräfteengpässen die Kräfteverhältnisse zwischen Beschäftigten und ihren Unternehmen zugunsten der Beschäftigten. Vorstellungen einer sinnstiftenden Tätigkeit mit ausreichenden Freiräumen und Entfaltungsmöglichkeiten gewinnen an Bedeutung. Besonders anschaulich wird dies an den veränderten Arbeitszeit- und Arbeitsortpräferenzen der Generation Z (»GenZ«): Sie befindet sich deutlich stärker als alle anderen demografischen Gruppen auf einer aktiven Jobsuche, weist eine ausgeprägte Wechselbereitschaft auf und hat höhere Ansprüche an Flexibilität und Agilität. Die Wechselbereitschaft von jüngeren Beschäftigten wird beeinflusst vom Gehalt und dem empfundenen Stresslevel, der Führungskultur, einer flexiblen Arbeitszeiteinteilung, einem guten Zusammenhalt im Team, einer sinnerfüllenden Tätigkeit, von Angeboten zum ortunabhängigen Arbeiten, allerdings in Verbindung mit einem attraktiven Standort des Büros, und der Lust auf Abwechslung sowie den Möglichkeiten von Sabbaticals oder von 4-Tage-Wochen[34].

Im Folgenden wird tiefer in verschiedene Nuancen der Standortqualität Deutschlands und der grundsätzlichen Herausforderungen für sein Geschäftsmodell hineingezoomt. Es wird in der Regel ein empirisch fundiertes Bild gezeichnet, das gelegentlich auch um journalistisch- anekdotische Evidenz ergänzt wird. Die einzelnen Abschnitte gehen auf Schwerpunkte der aktuellen Debatte ein, bei denen ein unmittelbarer Zusammenhang zur ökonomischen Situation des Landes besteht. Diese Tiefenbohrungen gelten den Themenblöcken Bevölkerungsentwicklung und Arbeitsangebot, Finanzierung des Sozialstaats, Innovationsfähigkeit, Unternehmensgründung und Gründungsfinanzierung, Bildungssystem, Digitalisierung der öffentlichen Verwaltung, Zuwanderung, Gesundheits- und Wohnungswesen, Infrastruktur- und Kapitalstock, auch mit Blick auf das Naturkapital, sowie der äußeren und inneren Sicherheit. In der Gesamtschau entsteht dabei ein breit angelegtes Stärke-Schwächen-Profil eines Landes, das vor essenziellen und potenziell wohlstandsgefährdenden Herausforderungen steht, die in der Summe jenseits eines populären Alarmismus eine sehr selbstkritische Reformdebatte angezeigt erscheinen lassen[35].

Bevölkerungsentwicklung und Arbeitsangebot

Ein erster vertiefender Blick unter dem Standortsignet gebührt der Demografie, die in ihrer Bedeutung für die längerfristige Zukunftsfähigkeit Deutschlands von großer Bedeutung ist. Die Fakten sind eindeutig und seien kurz umrissen[36]:

- Die Altersstruktur der Bevölkerung hat sich in den vergangenen sieben Jahrzehnten stark geändert: War 1950 noch jede zehnte Person (10 Prozent) auf dem Gebiet der heutigen Bundesrepublik Deutschland 65 Jahre und älter, so ist dieser Anteil bis 2021 auf mehr als ein Fünftel (22 Prozent) gestiegen. Der Anteil der jüngeren Bevölkerungsgruppen im Alter von unter 15 Jahren nahm im selben Zeitraum von 23 Prozent im Jahr 1950 auf 14 Prozent im Jahr 2021 ab. Die starke Zuwanderung seither allerdings wird diese Proportionen in Richtung einer Verjüngung verschieben.

- Ein Grund für die veränderte Altersstruktur der Bevölkerung ist die steigende Lebenserwartung, die bei Jungen von durchschnittlich 64,6 Lebensjahre (1950) auf 78,5 Jahre (2020), bei den Mädchen von 68,5 Jahren (1950) auf 83,4 Jahre (2020) gestiegen ist. Nachdem die Lebenserwartung bis Ende der 2000er Jahre für beide Geschlechter deutlich zugenommen hat, hat sich der Anstieg seitdem aber verlangsamt.
- Wenig Veränderung gab es dagegen in der Gruppe der Menschen im erwerbsfähigen Alter von 15 bis einschließlich 64 Jahren: Sie stellten auch 2021 den größten Anteil an der Bevölkerung mit 64 Prozent, 1950 hatte ihr Anteil mit 67 Prozent nur wenig höher gelegen.
- Insgesamt ist die Bevölkerung hierzulande zuwanderungsbedingt stark gewachsen: 1950 lebten auf dem Gebiet der heutigen Bundesrepublik Deutschland gut 69,3 Mio. Menschen, zur Jahresmitte 2023 war es mit rund 84,5 Mio. über ein Fünftel mehr als 1950.
- Neben der steigenden Lebenserwartung trägt auch der starke Geburtenrückgang zur Alterung der deutschen Gesellschaft bei: 1950 wurden auf dem Gebiet der heutigen Bundesrepublik Deutschland gut 1,1 Mio. Kinder geboren, 2022 waren es noch rund 739 000. Nach dem Babyboom Ende der 1950er Jahre und einem Geburtenhöchststand von knapp 1,4 Mio. Neugeborenen im Jahr 1964 folgte ein starker Rückgang der Geburten. Die Geburtenrate ist mit 1,36 im Herbst 2023 auf den niedrigsten Stand seit 2009 gesunken.
- Auch die Zahl der Gestorbenen stieg auf dem Gebiet der heutigen Bundesrepublik zwischen 1950 und 1970 von rund 750 000 auf knapp eine Million. Deutschland verzeichnet seit 1972 ein Geburtendefizit, weil jährlich mehr Menschen sterben als Kinder geboren wurden.

Einen besonderen Blick verdient das aktuelle Migrationsgeschehen. Der überwiegend positive Wanderungssaldo glich die negative Differenz zwischen Geburten und Sterbefällen seit 1972 mehr als aus und bremste aufgrund des im Schnitt jüngeren Alters der Zugewanderten die Alterung. In den 1950er bis frühen 1970er Jahren war es vor allem der Zuzug von Gastarbeitern aus Staaten mit einem Anwerbeabkommen. In den 1990er Jahren zogen vor allem Spätaussiedler aus der ehemaligen Sowjetunion sowie Asylsuchende zu. Seit Mitte der 2010er Jahre kam es zu einem zunehmenden Zuzug von Geflüchteten mit einem ersten Höchststand im Jahr 2015/2016. Im Jahr 2022 verzeichnete Deutschland vor allem wegen der Fluchtmigration aus der Ukraine mit einem Wanderungssaldo von knapp 1,5 Mio. Personen die höchste Nettozuwanderung seit Beginn der Zeitreihe[37].

Demografie und Migration, als die beiden zentralen Bestimmungsgrößen für die Größe und die Struktur der Wohnbevölkerung, sind gleichzeitig von nicht zu überschätzender Bedeutung für die wirtschaftliche und finanzielle Entwicklung des Landes. Dies gilt namentlich für die Entwicklung des angebotsseitigen Wachstumspfades der Volkswirtschaft, denn aus den genannten demografischen Gründen dürfte die Anzahl der Erwerbspersonen in Deutschland vorerst einen Höhepunkt erreicht haben. Mit einer weiteren größeren Steigerung der Erwerbstätigkeit kann angesichts der aus dem Erwerbsleben ausscheidenden Babyboomer kaum mehr gerechnet werden. Seit 1991 ist die Anzahl der Erwerbspersonen in Deutschland um über 5 Mio. angestiegen. Die parallele Entwicklung von Erwerbspersonen und der Bevölkerung legt den Schluss nahe, dass der altersaufbaubedingte Rückgang der Erwerbsbevölkerung immer weniger mit einer Erhöhung der Erwerbsneigung kompensiert werden kann.

Bis zum Jahr 2035 wird die Bevölkerung im Erwerbsalter von 15 bis 64 Jahren um weitere drei Mio. schrumpfen, selbst wenn man von einer vergleichsweise hohen Nettozuwanderung von 420.000 Personen pro Jahr bis 2023 und 320.000 in den Jahren bis 2035 ausgeht[38]. Dies wird gravierende Auswirkungen auf das zur Verfügung stehende Arbeitsangebot haben. Aber auch schon ohne Annahmen über die zukünftige Wanderungsbilanz kann auf der Basis der jetzt lebenden Wohnbevölkerung und ihres Altersaufbaus der Umfang der zu erwartenden qualifikatorischen Lücke abgeschätzt werden: Wenn man eine Dekaden-Kohorten-Betrachtung der Wohnbevölkerung vornimmt und ein 40-jähriges Erwerbsleben annimmt, dann werden über vier Mio. Personen fehlen, um die heute jeweils 55- bis 64-Jährigen durch die heute jeweils 15- bis 24-Jährigen nach und nach auf dem Arbeitsmarkt zu ersetzen. Die durchschnittliche Dauer der Erwerbstätigkeit liegt derzeit bei rund 39 Jahren und ist im letzten Jahrzehnt um knapp zwei Jahre gestiegen. Ein weiterer Anstieg auf 40 Jahre ist damit realistisch.

Zudem sind weitere Kompositionseffekte bezüglich der Qualifikationsstruktur zu erwarten, denn die Entwicklung hin zu akademischen Abschlüssen ist im Kern ungebrochen, so dass sich die Anspannung im Bereich der beruflich Qualifizierten weiter erhöhen dürfte. Schon derzeit gibt es in diesem Bereich beträchtliche Arbeitskräfteengpässe: Die Zahl der Engpassberufe stieg 2022 auf einen Höchstwert von rund 200. Gut die Hälfte dieser Berufsgattungen mit einem Engpass sind Berufe auf Fachkräfteebene. Es zeigen sich Engpässe vor allem in Pflegeberufen, im Bereich der medizinischen Berufe, in Bau- und Handwerksberufen und in IT-Berufen, aber auch Berufskraftfahrer sowie Erzieherinnen und Erzieher werden stark gesucht[39]. Im Jahresdurchschnitt 2022 betrug die Fachkräftelücke – also die Zahl der offenen Stellen, für die es rechnerisch bundesweit keine passend qualifizierten Arbeitslosen gibt – mehr als 630.000, darunter mehr als die Hälfte Fachkräfte mit einer abgeschlossenen Berufsausbildung (355.000). Besonders im Handwerk hat sich die Fachkräftelücke im vergangenen Jahrzehnt deutlich vergrößert, u. a. auch deswegen, weil vielfach die Ausbildungsplatznachfrage rückläufig war und damit die Nachwuchsgewinnung deutlich schwieriger geworden ist[40].

Bei aller Unsicherheit bezüglich der zukünftigen Wanderungseffekte scheint deshalb im Kern eines klar zu sein: Der Arbeitsmarkt wird anders als in den letzten beiden Dekaden seit den Hartz-Reformen als Quelle für weitere Wohlstandszuwächse in der mittleren Frist nicht mehr zur Verfügung stehen. In der sog. »Wachstumsbuchhaltung« lässt sich vielmehr zeigen, dass sich das Potenzialwachstum deutlich verlangsamen wird. Alles in allem wächst das Produktionspotenzial bis 2028 nur noch um jahresdurchschnittlich 0,5 Prozent. Die Wachstumsrate liegt damit gut 0,7 Prozentpunkte unter dem langjährigen Mittel und hat sich faktisch halbiert. Während mithin das rückläufige Arbeitsvolumen im Durchschnitt das Wachstum des Produktionspotenzials dämpft, ist das Land für die Sicherung seiner Realeinkommensbasis umso stärker auf die Wachstumsbeiträge des Sachkapitalstocks – vereinfacht Maschinen, Anlagen, Infrastruktur – und der sog. Totalen Faktorproduktivität oder Multifaktorproduktivität – vereinfacht: technischer Fortschritt – angewiesen, deren Wachstumsbeiträge mit jeweils 0,3 Prozentpunkten weiterhin positiv sein dürften (▶ Dar. 3[41]). Produktivität wird damit in Zeiten eines schrumpfenden Arbeitsvolumens zum entscheidenden Wohlstandsfaktor.

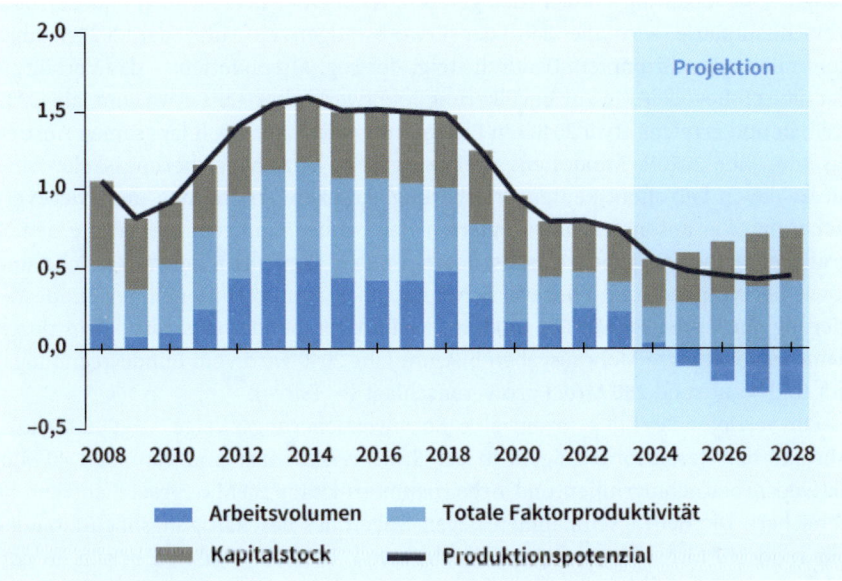

Dar. 3: Produktionspotenzial und Wachstumsfaktoren: Veränderung gegenüber Vorjahr in Prozent (Produktionspotenzial) bzw. Beiträge in Prozentpunkten (Komponenten) (Quelle: Statistisches Bundesamt; Berechnungen der Projektgruppe Gemeinschaftsdiagnose, Frühjahr 2024)

Weil die Babyboomer ab Mitte 2025 verstärkt in den Ruhestand gehen werden, wird die mittelfristige Wachstumsbilanz noch stärker als bisher von den negativen Effekten eines rückläufigen Arbeitsangebots bestimmt. Zudem nimmt die Arbeitszeit je Arbeitnehmer bereits seit Jahren deutlich ab und hat sich von knapp 2.000 Stunden im Jahr 1970 auf noch rund 1.350 Stunden im Jahr 2023 vermindert. Die derzeitigen Tendenzen zu Arbeitszeitverkürzungen und Vier-Tage-Wochen verstärken diesen wachstumsdämpfenden Effekt noch. Auch die Zuwächse bei der Arbeitsproduktivität sind in Deutschland und anderen Industrieländern im Trend seit Langem rückläufig. Die Kombination dieser Faktoren wird das Potenzialwachstum bis 2035 weiter erheblich nach unten drücken. Damit verbunden wird schon völlig unabhängig von den Auswirkungen der multiplen exogenen Krisen auch der Lebensstandard nicht mehr wie gewohnt steigen oder sogar sinken können, wenn nicht energisch gegengesteuert wird[42].

Finanzierung der sozialen Sicherung

Die demografischen Begrenzungen für das Realeinkommen der Bevölkerung und das gesamtwirtschaftliche Wachstum haben zudem weitreichende Folgen für die überwiegend beitragsfinanzierten Sozialversicherungssysteme, die durch die Alterung der Bevölkerung unter Druck geraten. Nach einer derzeit noch andauernden Verschnaufpause wird die Zahl der Erwerbstätigen ab Mitte der 2020er-Jahre kontinuierlich schrumpfen. Dadurch steigt der sog. Altenquotient – das Verhältnis der älteren Bevölkerung zur Bevölkerung im Erwerbsalter – bis etwa zum Jahr 2037 steil an und erreicht etwa 2040 ein Plateau mit einem nur noch langsamen Anstieg bis zum Jahr 2070[43]. Mindestens drei der großen Sozialversicherungssäulen sind direkt davon betroffen: Rentenversicherung, Krankenversicherung und Pflegeversicherung. Bei ansonsten unveränderten Rahmenbedingungen werden die demografiebedingten Ausgaben, insbesondere in den Bereichen der Alterssicherung sowie der Kranken- und Pflegeversicherung, nach den Projektionen der Bundesregierung stark ansteigen[44]. Die Bindung zukünftiger Bundeshaushalte allein durch demografiebedingte Mehrausgaben bis zum Jahr 2040 wird vom Bundesrechnungshof (BRH) auf rund 280 Mrd. Euro veranschlagt (▶ Dar. 4).

Ein vertiefender Blick in einzelne Sozialversicherungszweige zeigt das ganze Ausmaß der Herausforderungen: In der *Rentenversicherung* sind von rund 40 Mio. aktiven Arbeitnehmerinnen und Arbeitnehmern knapp 33 Mio. gesetzlich rentenversichert. Die Beitragseinnahmen liegen wegen des Beschäftigungshöchststandes mit rund 357 Mrd. Euro auf einem Höchststand. Dennoch mussten bereits in den Jahren 2016 bis 2023 die jährlichen Zahlungen des Bundes an die Haushalte der Rentenversicherungsträger von 86,8 Mrd. auf 112,4 Mrd. Euro erhöht werden. Damit wird bereits etwa ein Drittel der Ausgaben der Rentenversicherung durch Steuern finanziert. Wird wie geplant ab dem Jahr 2026 ein Mindestrentenniveau von 48 Prozent dauerhaft festgelegt (Rentenanpassung nach Mindestrentenniveau), würden auch der vorübergehend ausgesetzte Nachholfaktor und der Nachhaltigkeitsfaktor nicht mehr als Dämpfungsmechanismen gegen noch stärker steigende Rentenausgaben ausreichen. Schon ohne den bevorstehenden Effekt des Ausscheidens der Babyboomer aus dem Arbeitsmarkt würde damit der bisher positive Effekt konterkariert, dass trotz einer höheren Lebenserwartung der Beitragssatz derzeit mit 18,6 Prozent um 1,7 Prozentpunkte niedriger liegt als im Jahr 1999.

In der *Krankenversicherung* ist der durchschnittliche Beitragssatz der gesetzlichen Krankenversicherung (GKV) zum 1. Juli 2023 auf 16,2 Prozent gestiegen und

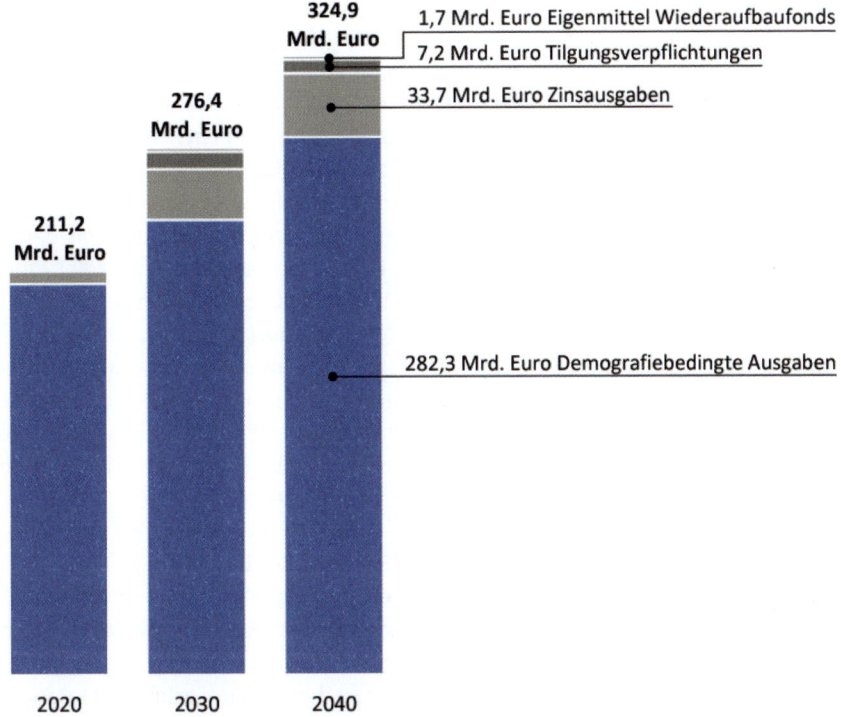

Dar. 4: Demografiebedingte Belastungen für künftige Bundeshaushalte (Quelle: Bundesrechnungshof, Bericht nach § 88 Absatz 2 BHO an den Haushaltsausschuss des Deutschen Bundestages über die Grundbedingungen zur Sicherung nachhaltiger Staatsfinanzen, Bonn, August 2022, S. 37)[45]

liegt damit so hoch wie nie zuvor. Sollte die Politik nicht rechtzeitig gegensteuern, droht bereits der nächste Beitragssatzsprung[46]. Die Ausgaben der Krankenkassen werden zum einen durch den technischen Fortschritt, zum anderen durch den demografischen Wandel nach oben getrieben. Dadurch rücken die geburtenstarken Jahrgänge der späten 1950er- und der 1960er Jahre in die Altersstufen vor, in denen in der Regel höhere Gesundheitskosten anfallen. Die Pro-Kopf-Ausgaben für Ältere sind zudem deutlich stärker gestiegen als jene für Jüngere. Nach einer früheren Faustformel steigen die Gesundheitsausgaben um 8 Prozent, wenn der Anteil der über 65-Jährigen an der Gesamtbevölkerung um einen Prozentpunkt steigt[47]. Diese Kennziffer ist bereits seit 1991 von 15 auf derzeit 22 Prozent gestiegen und wird nach der 15. Koordinierten Bevölkerungsvorausberechnung bis zum Jahr 2040 weiter auf etwa 23 bis 26 Prozent steigen. Die Ausgaben für Gesundheit in Deutschland betrugen nach Angaben des Statistischen Bundesamtes 2021 insgesamt 474 Mrd. Euro, das entspricht 13,2 Prozent des Bruttoinlandsproduktes. Binnen nur eines Jahrzehnts ist dies ein Anstieg um zwei Prozentpunkte. Deutschland weist damit den höchsten Gesundheitsausgabenanteil in Europa auf.

In der *Pflegeversicherung* ist es zu einem massiven Kostenschub vor allem in der stationären Pflege gekommen. Eine wesentliche Ursache dafür sind neben der verstärkten allgemeinen Teuerung auch umfangreiche kostenwirksame Reformschritte in der Pflege, wie die tarifgebundene bzw. an einen Tarif angelehnte Entlohnung, die zweite Stufe der Einführung eines einheitlichen Personalbemessungsverfahrens und die Integration von bisher extrabudgetär finanzierten Personalstellen in den Pflegesatz. Die Ausgaben für die Soziale Pflegeversicherung (SPV) haben sich damit innerhalb von nur sieben Jahren verdoppelt und sind damit deutlich stärker gewachsen als die Zahl der SPV-Leistungsempfänger. Die Beitragssätze zur SPV sind schon zum 1. Januar 2022 um 0,1 auf 3,05 Prozent (3,4 Prozent für Kinderlose) angehoben worden, eine weitere Erhöhung um gleich 0,35 Prozentpunkte erfolgte zum 1. Juli 2023. Aber auch diese Einnahmenverbesserung verhindert nicht, dass auch die pflegebedingten Eigenanteile steigen. In der Folge dürfte trotz deutlich gestiegener Alterseinkünfte der Anteil der Pflegeheimbewohner, die Sozialhilfe in Anspruch nehmen müssen, im Laufe dieses Jahres wieder auf ein Drittel anwachsen und bis 2026 voraussichtlich 36 Prozent betragen[48].

Die als politisches Ziel im Koalitionsvertrag angestrebte Stabilisierung der Sozialversicherungsbeiträge auf höchstens 40 Prozent ist damit bereits Makulatur. Der Gesamtsozialversicherungsbeitragssatz betrug schon zum 1. Januar 2023 40,45 Prozent und stieg im Juli 2023 auf 40,8 Prozent. Die Ausgabenentwicklung in den Sozialversicherungen verläuft im Kern ungebremst weiter. Die Sozialausgaben wachsen deutlich stärker als das Sozialprodukt. Daher ist die Sozialleistungsquote (Sozialleistungen in Prozent des BIP) allein seit 1991 von 24,9 auf 30,6 Prozent im Jahr 2022 (vorläufiger Wert) gestiegen. Im gleichen Zeitraum ist die gesamtstaatliche Investitionsquote (Bruttoanlageinvestitionen in Prozent des BIP) in Deutschland von 24,9 auf 22,1 Prozent zurückgegangen. Das Verhältnis zwischen Sozialausgaben und Investitionen gerät damit weiter aus der Balance. Die ohnehin international außerordentlich hohe Abgabenbelastung von Löhnen und Gehältern in Deutschland droht weiter zu steigen und zusätzliche Steuereinnahmen werden erforderlich. Beides verteuert Arbeit und gefährdet damit per Saldo die zukünftige Beschäftigungsentwicklung.

Diese Entwicklung in den Sozialversicherungen ist auch deswegen so beunruhigend, weil das Land nach zwei Jahrzehnten der Prosperität und einer in jeder Hinsicht bemerkenswert günstigen Arbeitsmarktentwicklung erst jetzt nach und nach in die demografisch gesehen akute Phase eintritt. Dies führt bei dem derzeit geltenden Recht zu großen finanziellen Anspannungen in den gesetzlichen Sozialversicherungen und birgt dadurch mittelbar auch massive Risiken für die Entwicklung des Bundeshaushalts. »Die demografische Alterung setzt die Finanzen der Sozialversicherungen und den gesamtstaatlichen Haushalt in den nächsten zwanzig Jahren unter wachsenden Druck, der auch anschließend nicht wieder zurückgeht«[49]. Die demografische Wetterfestigkeit der sozialen Sicherungssysteme ist auch deshalb nicht gewährleistet, weil in den Schönwetterperioden keine strukturellen Reformen auf der Ausgabenseite der Sozialversicherungen vorgenommen worden sind, sondern zusätzliche Lasten wie etwa die Mütterrente und die »Rente mit 63« hinzugekommen sind.

Wegen der fehlenden Demografievorsorge in den Sozialversicherungen kommen auf die Finanzpolitik große Herausforderungen zu. Demografiebedingt ist eine weitere markante Verschlechterung bei den sog. Tragfähigkeitsbilanzen zu erwarten. Die Verschuldung ist seit 2020 – auch durch Gegenmaßnahmen gegen die Folgen der Pandemie und die Folgen des Krieges – um rund 850 Mrd. Euro oder rund 60 Prozent auf einen neuen Höchststand von rund 2,1 Billionen gestiegen[50]. Zum Vergleich: In über 70 Jahren Bundesrepublik sind Bundesschulden von rund 1,3 Billionen Euro aufgebaut worden, mit allen Krisen dieser sieben Jahrzehnte und auch der Wiedervereinigung. Nach Berechnungen des Sachverständigenrates für Wirtschaft (SVR) war bereits für das Jahr 2021 von einer Tragfähigkeitslücke von 3,9 Prozent des BIP auszugehen: Dieser Anteil des BIP müsste jährlich aufgewendet werden, um ohne Anpassung der Einnahmequote einen nachhaltigen Staatshaushalt sicherzustellen. Mit einem Beitrag von 1,6 Prozentpunkten entfällt der größte Anteil davon auf die Gesetzliche Rentenversicherung (GRV), danach folgen die Gesetzliche Krankenversicherung (GKV) und die Beamtenversorgung[51].

Faktisch haben die eigens etablierten Frühwarnsysteme empfindlich versagt. Noch im letzten Tragfähigkeitsbericht des Bundesfinanzministeriums (BMF) aus dem Jahr 2020 hieß es: »Seit Erscheinen des letzten Berichts im Jahr 2016 haben sich die öffentlichen Finanzen nicht zuletzt als Folge der hohen Erwerbstätigkeit und gesunkener öffentlicher Zinsausgaben sehr günstig entwickelt. [...] Die projizierte Entwicklung der Schuldenstände zeigt, dass die Staatsfinanzen und sozialen Sicherungssysteme auch längerfristig solide aufgestellt sind«. Diese Einschätzung ist noch keine drei Jahre alt, könnte aber derzeit unzutreffender kaum sein. Dies liegt naturgemäß auch an den beiden außerordentlich ausgabeintensiven exogenen Schocks (Pandemie und Krieg). Aber vor allem zwei endogenen Faktoren, nämlich die demografische Wende und auch die Zinswende, haben zu stark steigenden Ausgaben für die Bedienung der Staatsschuld geführt. Die Zinsausgabenquote dürfte sich 2023 gegenüber dem Vorjahr auf über 8 Prozent mehr als verdoppelt haben[52].

Im neuesten Tragfähigkeitsbericht 2024 wird das Bild deutlich realistischer: »Die Projektionen der Ausgabenentwicklung legen die unzureichende Zukunftsfestigkeit der gegenwärtigen Regelungen offen. [...] In einem ungünstigen Szenario führen die steigenden Finanzierungsdefizite langfristig zu einem sich beschleunigenden Anstieg der Schuldenstandsquote auf rund 365 Prozent des BIP, in einem günstigen Szenario steigt die Quote bis zum Jahr 2070 immerhin noch auf rund 140 Prozent des BIP«[53]. Dabei handelt es sich aber nur um die sog. explizite Schuldenstandsquote. Der allgemeine Befund einer bis zum Jahr 2019 rückläufigen Verschuldung gilt nämlich nur dann, wenn nicht auch die in einer sog. Generationenbilanz zu ermittelnde implizite Staatsschuld[54] einbezogen wird. Dabei werden neben den offiziell ausgewiesenen Staatsschulden auch die Belastungen der künftigen Generationen einbezogen, die durch die sozialen Sicherungssysteme und namentlich durch die Ansprüche aus der Rentenversicherung und der Beamtenpensionen schon bisher entstanden sind. Insbesondere die Pensionslasten des öffentlichen

Dienstes nehmen stark zu und dürften nach dem letztverfügbaren Sozialbericht der Bundesregierung aus dem Jahr 2021 bis zum Jahr 2025 von 68 auf 81 Mrd. Euro steigen.

Die Generationenbilanz spiegelt das wachsende Missverhältnis zwischen der langfristigen Einnahmen- und Ausgabenentwicklung des Staates wider. Die Nachhaltigkeitslücke der öffentlichen Haushalte beträgt derzeit knapp 400 Prozent des BIP, von der aber nur rund ein knappes Fünftel als explizite Schulden ausgewiesen werden. Der überwiegende Teil der Nachhaltigkeitslücke umfasst implizite und u. a. in den sozialen Sicherungssystemen enthaltene Belastungen für die nächsten Generationen[55]. Die beschriebene demografische Entwicklung macht wenig Hoffnung, dass diese Lücke kleiner werden wird. Daher hat der Wissenschaftliche Beirat des Bundesministeriums für Wirtschaft und Klimaschutz auch zu einer dringlichen Reform der Alterssicherung in Deutschland geraten[56]. Der Druck auf die öffentlichen Finanzen wächst, und damit auch der politische Druck zur Prioritätensetzung im politischen Handeln: »Neben dem makroökonomischen Umfeld verlangt auch der Koalitionsvertrag eine haushälterische Prioritätensetzung. [...] Vor diesem Hintergrund müssen wir ab 2024 auch die Zeitenwende in der Finanzpolitik konsequent umsetzen«, kündigte der Bundesfinanzminister bereits am 3. Januar 2023 an, also noch deutlich vor dem Schuldenbremsen-Urteil des Bundesverfassungsgerichts[57].

Innovationsfähigkeit

Eine weitere zentrale Zukunftsgröße neben der Bewältigung der demografischen Entwicklung ist die Innovationsfähigkeit des Landes. Deutschland erfüllt derzeit das EU-Ziel einer gesamtwirtschaftlichen Quote von Ausgaben für Forschung und Entwicklung (FuE) von über 3 Prozent des BIP. Das Innovationsökosystem Deutschlands zählt nach dem Global Innovation Index mit Position 8 von 132 untersuchten Ländern noch zu den leistungsstärksten der Welt[58]. Die Stärken Deutschlands liegen in einem gut ausgebauten Wissenschaftssektor und ausgeprägten FuE-Aktivitäten in Großunternehmen, denen auch ein entsprechend hoher Output – z. B. bei Zitierungen, Patenten und Exporterfolgen – gegenübersteht. Die noch gute Position Deutschlands steht im Einklang mit anderen Innovationsrankings wie beispielsweise dem »European Innovation Scoreboard« der EU-Kommission oder dem Innovationsindikator des BDI, in denen Deutschland die Ränge 9 (unter den EU-Staaten) bzw. 4 (unter 35 Vergleichsländern) belegt. Auch der unlängst veröffentliche OECD-Länderbericht bewertet das deutsche Innovationsökosystem noch als eines der leistungsfähigsten weltweit.

Hinsichtlich der Entwicklung von Schlüsseltechnologien und der Fähigkeit zum Hervorbringen von Innovationen liegt Deutschland im gehobenen Mittelfeld, aber mit deutlichem Abstand zur jeweiligen Spitze. Diese wird vor allem von kleineren Volkswirtschaften gebildet, die sich stark auf das Thema Innovation spezialisiert haben. Deutschlands Stärken zeigen sich bei den FuE-Aktivitäten in Wirtschaft und Wissenschaft und bei der Ausrichtung auf forschungsintensive Güter, namentlich im Bereich von Produktionstechnologien[59]. Bei der Nachhaltigkeit des Wirtschaftens wird Deutschland bereits ein Spitzenplatz attestiert, vor allem bei der staatlichen Förderung für umweltrelevante FuE, bei den Umwelteinstellungen sowie bei grünen Frühphasen-Investitionen. Erfreulich ist auch der starke Zuwachs bei Patenten in Technikklassen mit starkem KI-Bezug[60]. Alles in allem zeichnen die Indikatoren und Rankings ein Bild der deutschen Innovationslandschaft, die noch immer eine tragfähige Grundlage für die Bewältigung der anstehenden technologischen Herausforderungen bieten kann.

Letztlich entscheidet die technologische Entwicklung maßgeblich über die ökonomische Prosperität von Gesellschaften, gerade in Zeiten geopolitischer Veränderungen: »The ability to innovate faster and better – the foundation on which military, economic, and cultural power now rest – will determine the outcome of the great-power competition« between the United States and China«[61]. In einer längeren Perspektive gab es meist eine exponentiell verlaufende technologische Entwicklung. Deshalb bereitet die im Trend ungünstige Patentierungsbilanz Deutschland Sorge, denn die Zahl der Anmeldungen mit inländischem Wohn- oder Firmensitz ist längerfristig rückläufig. Das hängt auch mit dem Wechsel des Antriebsstranges in der Automobilindustrie zusammen: Die Zahl der Patentanmeldungen aus dem Bereich Elektrotechnik steigt, während jene aus dem Maschinenbau und der Automobilindustrie stark zurückgeht. Zudem aber verlor Deutschland bei den Patenten nicht nur bei Computertechnik, digitaler Kommunikationstechnik, audiovisueller Technik, Halbleitern und DV-Verfahren absolut und noch deutlicher relativ zu den Wettbewerbern an Boden, sondern auch auf dem als Leitmarkt apostrophierten Gebieten der erneuerbaren Energien gibt es im Trend rückläufige Anmeldungszahlen (▶ Dar. 5).

Unstrittig ist auch, dass sich die laufenden Transformationen ohne Schlüsseltechnologien nicht bewältigen lassen. »Alleinstellungsmerkmale und Innovationen bei den Schlüsseltechnologien tragen zur Wettbewerbsfähigkeit der Unternehmen [...] bei. [...] Verliert eine Volkswirtschaft hierbei international den Anschluss und damit an Souveränität, können sich Abhängigkeiten ergeben, die wohlfahrtsmindernd und kurz- bzw. mittelfristig nur schwer zu beheben sind«[62]. Insgesamt 13 Einzeltechnologien lassen sich zu vier übergeordneten Schlüsseltechnologiebereichen zusammenfassen: Produktionstechnologien, Materialtechnologien, Bio- und Lebenswissenschaften sowie Digitale Technologien. Bei diesen vier Technologiefeldern nimmt Deutschland eine seiner Größe entsprechende Position im Mittelfeld ein, fällt aber im Vergleich zu den höheren Wachstumsraten in Südkorea und China relativ zurück. Bei den Digitaltechnologien hat Deutschland die technologische Führung gegenüber China, Südkorea und teilweise auch Japan verloren, der Abstand zu diesen Ländern hat sich vergrößert. Auffällig ist in diesem Zusammenhang der rasche Aufstieg Chinas. Dies gilt insbesondere auch für die sog. standardessenziellen Patente, mit denen Technologien geschützt werden, die industrielle und sonstige Standards setzen.

Zoomt man etwas näher an dieses vorstehende Big Picture heran, so wird das Bild von Deutschlands Innovationsfähigkeit etwas facettierter, aber nicht unbe-

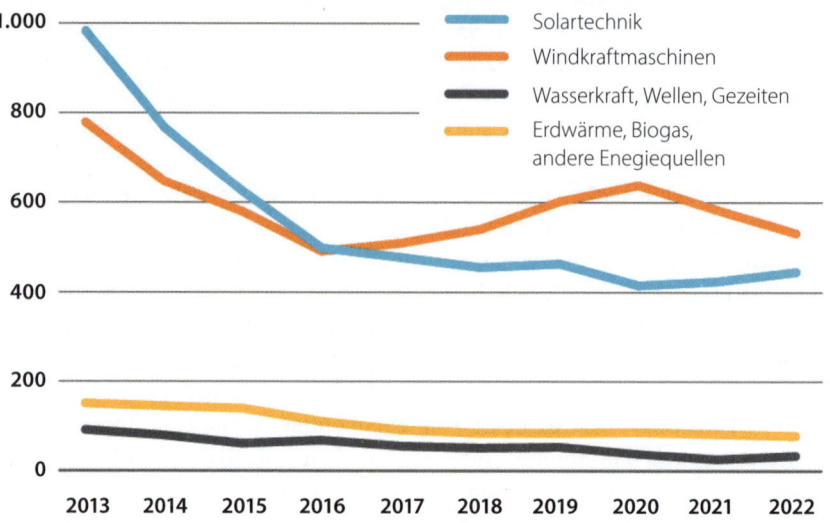

Dar. 5: Entwicklung der Patentanmeldungen mit Wirkung für Deutschland in ausgewählten Gebieten der erneuerbaren Energien (Quelle: Deutsches Patent- und Markenamt, Jahresbericht 2022, München 2023, S. 9; von DPMA und EPA veröffentlichte Anmeldungen unter Vermeidung von Doppelzählungen.[63])

dingt leuchtender. Es zeichnet sich nämlich auch ein rückläufiger Handelsbilanzsaldo bei Hochtechnologiewaren ab. In wichtigen Technologiefeldern (Hardware/Infrastruktur, Software/Anwendungen, Künstliche Intelligenz, IT-Sicherheit, Digitale Plattformen, Daten) zeigen sich teilweise erhebliche Abhängigkeiten zu nichteuropäischen Staaten, insbesondere gegenüber den USA und China. Cloud-Betreiber mit Sitz in der EU haben nur einen geringen Anteil am Cloud-Markt, was die EU und damit auch Deutschland in hohem Maße von externen Anbietern abhängig macht und das Investitionspotenzial der deutschen und europäischen Digitalindustrie auf dem Datenverarbeitungsmarkt schmälert. Besonders ausgeprägt sind die komparativen Nachteile in den Einzeltechnologien Digitale Sicherheit, Big Data, Mikroelektronik sowie künstliche Intelligenz[64].

Deutlich wird damit, dass ein innovationspolitisches »All-in« erforderlich ist. Der Ansatz einer missionsorientierten, aber marktbezogenen und technologieoffenen Forschungsförderung ist richtig. Die nach langen Geburtswehen erfolgte Gründung einer Deutschen Agentur für Transfer und Innovation (DATI) und eine Verbesserung der rechtlichen Rahmenbedingungen für Sprunginnovationen durch die Bundesagentur für Sprunginnovationen (SPRIND) sind wichtige neue Säulen einer breiten Innovationsförderung. Weitere Bausteine sind die Zukunftsstrategie Forschung und Innovation, eine Start-up-Strategie, eine Digitalstrategie, die Fachkräftestrategie und eine Weiterbildungsstrategie. Allerdings fällt eine erste Bilanz durch die Innovationsspezialisten des Bundeskanzleramtes – die Expertenkommission Forschung und Innovation – bisher eher ernüchternd aus: »Nach dem ambitionierten Start kehrt heute – über ein Jahr später – eine gewisse Ernüchterung ein. [...] Angesichts der großen gesellschaftlichen Herausforderungen wäre eine Aufbruchsstimmung in der Breite der Gesellschaft dringend notwendig. Diese Aufbruchsstimmung hat die deutsche F&I-Politik allerdings noch nicht ausgelöst. [...] Es bedarf auch in der F&I-Politik einer Zeitenwende«[65].

Verknüpft man die Befunde zur Innovationsfähigkeit mit den demografischen Trends, gilt es auch noch einen weiteren Zusammenhang zu berücksichtigen: Eine alternde Gesellschaft und damit im Schnitt ältere Belegschaften stellen nicht nur höhere Anforderungen an die sozialen Sicherungssysteme und betriebliche Qualifizierungsprozesse. Sie werfen auch die Frage auf, inwiefern alternde Gesellschaften ein verändertes Innovationsverhalten gegenüber demografisch gesehen jüngeren Gesellschaften aufweisen und was das für Deutschlands Position im internationalen Innovationswettbewerb bedeutet. »Die demografische Alterung stellt eine Gefahr für den Erhalt der Innovationsstärke Deutschlands dar. Zukünftig wird es daher von wachsender Bedeutung sein, dass Ältere als Beschäftigte und durch Unternehmensgründungen Beiträge zum Innovationsgeschehen leisten können«, so befindet dazu lapidar die Expertenkommission Forschung und Innovation.

Dieser delikate Befund erfordert eine kleine empirische Vertiefung mit nach Altersgruppen differenzierbaren innovationsrelevanten Indikatoren. Der stärkste Befund stützt sich auf die Auswertung einschlägiger Patentstatistiken in den USA, wonach Männer im Alter von Anfang 40 mit einem Patent in vier Jahren und Frauen im Alter von Ende 30 mit einem Patent in sechs Jahren die höchsten Patentierungsaktivitäten aufweisen. Mit weiter zunehmendem Alter lassen die Patentierungsaktivitäten nach. Zudem sind Patente Älterer tendenziell weniger disruptiv. Die Wahrscheinlichkeit, dass Ältere einen Beitrag zu radikal neuen Ideen leisten, ist daher deutlich geringer. Ältere Daten für sozialversicherungspflichtig beschäftigte Erfinder in Deutschland zeigen ebenfalls einen mit höherem Alter sinkenden Beitrag zur Technologieentwicklung, gemessen an den Patentanmeldungen. Werden Daten zu Gründungen mit Informationen zu Patenten kombiniert, so zeigt sich aber immerhin, dass Gründungen durch Ältere häufiger patentbasiert sind als Gründungen durch Jüngere.

Insgesamt folgt das geschätzte Alters-Innovationsprofil einem umgekehrt U-förmigen Verlauf und erreicht sein Maximum bei einem Alter von ca. 40 Jahren. Insbesondere das Alter der Ingenieure ist hier von Relevanz[66], aber ganz generell nimmt die Risikobereitschaft mit dem Alter deutlich und relativ gleichmäßig ab. Daraus ergeben sich auch Konsequenzen für die gesamte Gesellschaft, denn der Mut zum Risiko wirkt sich insbesondere auf Investitionsentscheidungen und Unternehmensgründungen aus: »Erhöht sich das Medianalter einer Gesellschaft um 10 Jahre, könnten die privaten Aktieninvestitionen um 2,5 Prozent und die berufliche Selbstständigkeit um 6 Prozent zurückgehen«[67]. Zudem sind demografisch gesehen ältere Gesellschaften fortschrittsskeptischer als jüngere Gesellschaften. Deutschland ist unter fünf bevölkerungsstarken Nationen (China, Indien, USA und UK) sogar am technologieskeptischsten[68]. Der jährliche Technikradar der Körber-

Stiftung zeigt exemplarisch insgesamt niedrige Akzeptanzwerte etwa für Fleischersatz durch Laborfleisch oder Mutagenese und Gentechnik in der Pflanzenzucht, die mit zunehmendem Alter auch noch niedriger ausfallen[69].

Unternehmensgründungen und Gründungsfinanzierung

Innovationstätigkeit wird maßgeblich vom Gründungsgeschehen beeinflusst. Es ist daher nicht befriedigend, dass die Anzahl der Unternehmensgründungen in Deutschland bereits seit zwei Jahrzehnten rückläufig ist und sich bezogen auf alle Gründungen um fast zwei Drittel verringert hat (▶ Dar. 6). Die Gründungstätigkeit ist sowohl im Voll- als auch im Nebenerwerb gesunken. Die gewerblichen Gründungen sind von einem Maximum von 573.000 im Jahr 2004 auf nur noch rund 239.000 (2022) zurückgegangen. Die meisten Existenzgründungen sind Neugründungen. Dazu passt ein hoher Anteil von Sologründungen, deren Anteil im langjährigen Durchschnitt 79 Prozent beträgt und der aktuell mit 83 Prozent sogar am oberen Rand der bisherigen Spanne liegt[70]. Zu berücksichtigen ist bei dieser Entwicklung allerdings, dass es zumindest vorübergehend auch einen Corona-Effekt und so etwas wie eine Covid-19-Spaltung unter den Tech-Start-ups mit Gewinnern und Verlierern der Krise gegeben hat. Aber eine schon seit etwa zwei Dekaden und nicht erst seit den Krisen deutlich schwächere Unternehmensdynamik bei Gründungen und Schließungen in Deutschland kann sich negativ auf die Allokationseffizienz zwischen Unternehmen und auch auf das Produktivitätswachstum auswirken. Zur verminderten Unternehmensdynamik können auch die konjunkturstützenden Maßnahmen der Regierung und die langen Jahre expansiver Geldpolitik beigetragen haben[71].

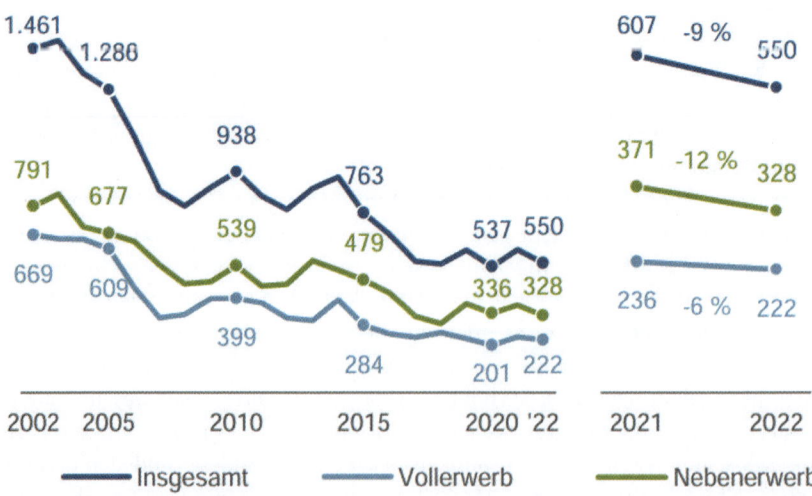

Dar. 6: Unternehmensgründungen in 1.000 und Veränderung 2021/2022 (Quelle: KfW-Gründungsmonitor 2023, Frankfurt 2023, S. 1)

Die Stärken und Schwächen am Gründungsstandort sind in Deutschland seit Jahren sehr stabil und verändern sich nur langsam. »Charakteristisch sind ein wirkungsvoller Patent- und Markenschutz, ein attraktives Marktumfeld für neue Produkte und Dienstleistungen sowie ein breites Angebot an öffentlichen Förderprogrammen«[72]. Als hemmende Faktoren gelten insbesondere die schulische Gründungsausbildung, die digitale Infrastruktur, Steuern und Bürokratie sowie soziale und kulturelle Normen gegenüber unternehmerischen Aktivitäten. Die bürokratischen Hürden gehören seit Jahren zu den am häufigsten genannten Gründungshemmnissen. 2022 berichteten 45 Prozent der Gründer von bürokratischen Verzögerungen – das ist mit Abstand die häufigste Nennung und auch im langjährigen Vergleich ein hoher Wert.

Das Thema Gründungen und Geschwindigkeit beim Anbahnen von Neuem ist ein Dauerthema für Deutschland. Beim internationalen Vergleich »Ease of doing business« wird Deutschland insgesamt auf Rang 22 von 190 verglichenen Länder geführt, beim Teilindikator »Starting a Business« aber nur auf Rang 125[73]. Mit mehr als 120 Tagen für die Erlangung einer Betriebserlaubnis weist Deutschland den internationalen Höchstwert auf. Auch bei der Anzahl der Tage für die Erlangung einer Baugenehmigung liegt das Land im oberen Drittel[74]. Ganz generell ist die Dauer von Planungs- und Genehmigungsverfahren eine Hypothek für die wirtschaftliche Transformation. So dauern z. B. Planung, Genehmigung und Bau einer Schienenstrecke von über 30 Kilometern Länge insgesamt etwa 23 Jahre, davon allein die Genehmigung etwa 14 Jahre. Die Vergleichswerte für eine Bundesfernstraße mit einer Länge von über 20 Kilometern betragen 19 und 15 Jahre.

Eine besondere Bedeutung für das Gründungsgeschehen kommt dessen Finanzierung zu. Deutschland hat mit KfW-Capital, der neuen KfW-Green Transition Facility, den EXIST- und ZIM-Programmen des BMWK, dem High Tech-Gründerfonds, dem Coparion-Venture Capital-Fonds sowie den Programmen der Europäischen Investitionsbank (EIB) und des European Recovery Program (ERP) bereits eine leistungsfähige öffentliche Förderinfrastruktur aufzuweisen. Die 2020 eingeführte Forschungszulage gewinnt unter den forschungsaktiven Unternehmen, namentlich im Maschinen- und Anlagenbau, mehr und mehr an Akzeptanz[75]. Zusätzlich wurde während der Pandemie ein »Start-up Booster« im Umfang von 2 Mrd. Euro für Start-ups, junge Technologieunternehmen und kleine Mittelständler mit Beteiligungskapital zur Verfügung gestellt, um eine zusätzliche Wagniskapitalfinanzierung über öffentliche Dachfonds und private Investitionen abzusichern. Ganz offensichtlich scheint also die Dringlichkeit des Gründungsthemas in der wirtschaftspolitischen Förderkulisse angekommen zu sein.

Dieser Eindruck wird von Praktikern auch für Europa geteilt: »There's never been a better time to launch or scale a startup in Europe: digital adoption is accelerating, the ecosystem is wellcapitalised, and government institutions are in place to provide further support where needed«[76]. Auch in Deutschland regt sich diesbezüglich etwas: Während die Anzahl der Gründungen in Deutschland seit Jahren rückläufig ist, hat sich in den Metropolregionen mit Berlin an der Spitze eine wachsende Start-up-Szene aus innovativen Gründungen und jungen Unternehmen etabliert. Dies gilt insbesondere im Bereich der Green Start-ups: Eine KfW-Analyse von Transaktionsdaten zum Venture Capital (VC)-Markt zeigt, dass 2022 in 118 Finanzierungsrunden über 1,5 Mrd. Euro in Climate-Tech-Start-ups investiert wurden. Das Investorenengagement bei Climate-Tech-Start-ups wurde über die Jahre sogar deutlich stärker ausgebaut als im Rest des gesamten VC-Marktes. Im internationalen Vergleich spielen Climate-Tech-Investitionen in Deutschland sogar eine besonders wichtige Rolle und machten zwischen 2019 und 2022 über 13 Prozent des gesamten Investitionsvolumens im Markt aus[77].

Doch die Finanzierung von Start-ups stellt trotz diverser Programme zur Förderung von Wagniskapital noch immer eine Hürde dar. In den USA oder dem Vereinigten Königreich lassen sich Investitionen in Start-ups leichter realisieren als in Deutschland. Bei den Zugängen zu Entrepreneurial Finance nimmt Deutschland nach dem German Enterprise Monitor (GEM) nur eine mittlere Position ein. Nach allgemeiner Einschätzung hat sich zwar der deutsche Markt für Wagniskapital vor allem in der Frühphasenfinanzierung zuletzt positiv entwickelt. Bei der Realisierung großvolumiger Finanzierungsrunden für die anschließende Wachstumsphasen hingegen gilt der Markt aber im internationalen Vergleich noch als unterentwickelt. Vor allem wegen der geringeren Bedeutung großer institutioneller Anleger, wie beispielsweise Pensionsfonds und Versicherungen, fehlen in Deutschland vielfach noch Ankerinvestoren, die eine Signalwirkung für private und internationale Geldgeber erzeugen könnten[78]. Das Finanzierungsökosystem ist noch nicht ausreichend entwickelt, um eine mögliche Technologieführerschaft Deutschlands im Green-Tech-Bereich zu skalieren.

Gerade die Finanzierung größerer Wachstumsschritte in den Jahren nach der Gründungsphase ist essenziell, da Start-ups in dieser Later-Stage-Phase oft einen höheren Kapitalbedarf aufweisen. Dies gilt namentlich für KI-Start-ups, bei denen Deutschland insgesamt und auch die deutschen Metropolregionen international nur im Mittelfeld liegen. Aber angesichts des großen Kapitalbedarfs der wirtschaftlichen und ökologischen Transformation Deutschlands gilt es hier auch noch eine wirtschaftspolitische Lücke zu schließen: Die Umweltökonomie begann sich vor mehr als fünf Jahrzehnten zu entwickeln, aber lange Zeit gab es eine fast vollständige Trennung zwischen Klimaökonomie und makroökonomischer Politik. Erst vor kurzem haben die wirtschaftspolitischen Berichte – wie etwa des Internationalen Währungsfonds (IWF), der Organisation für wirtschaftliche Zusammenarbeit und Entwicklung (OECD) und der Europäischen Kommission sowie von Banken oder der nationalen Finanzministerien – damit begonnen, sich ernsthaft mit den makroökonomischen Effekten der Dekarbonisierung zu beschäftigen[79].

Aufgrund seines Geschäftsmodells steht insbesondere Deutschland vor einer längeren Investitionsperiode, um den im internationalen Vergleich stark industriegeprägten Kapitalstock zu modernisieren. Dies setzt auch eine deutlich stärkere Kapitalmarktfinanzierung von Unternehmensinvestitionen als bisher voraus und stellt eine Querschnittsaufgabe für Realwirtschaft und Kreditwirtschaft dar. Nach Einschätzung der Kreditanstalt für Wiederaufbau (KfW) erfordert allein die Transformation zur Klimaneutralität in Deutschland klimafreundliche Investitionen in

Höhe von 5 Bio. Euro[80]. Allerdings wird bei den Finanzierungsbedarfen in Studien bisher nicht danach differenziert, welche Anteile an den Ausgaben privat und welche öffentlich zu tätigen sind. »Diese Zuordnung ist auch nicht ohne weiteres möglich, da insbesondere das Ausmaß an notwendigen öffentlichen Ausgaben mit Bezug auf den Klimaschutz wesentlich von den wirtschaftlichen und politischen Rahmenbedingungen abhängig ist«[81]. Unstrittig ist aber, dass angesichts dieser Volumina nur ein veränderter Finanzierungsmix von passiven Kapitalgebern, wie etwa Banken oder Anleihekäufern, und von aktiven Kapitalgebern, wie etwa Wagniskapitalgebern oder Investmentfonds, eine ausreichende Basis für die Finanzierung dieser industriellen Transformation darstellen kann.

Öffentliche Investitionen in Deutschland nehmen – anders als in der derzeitigen öffentlichen Diskussion beklagt – bereits seit einiger Zeit wieder leicht zu. Die Investitionsquote nichtstaatlicher Sektoren, auf die im Durchschnitt der vergangenen zehn Jahre rund 90 Prozent der gesamtwirtschaftlichen Bruttoanlageinvestitionen in Deutschland entfallen sind, ist seit dem Tiefstand von rund 17 Prozent im Jahr 2010 wieder auf zuletzt 22 Prozent des BIP gestiegen. Offenbar kommt hier einiges in Bewegung, vor allem bei den Investitionen in grüne Technologien. Hier hat es nach Auffassung der Internationalen Energieagentur (IEA) nach der Covid-19-Pandemie eine deutliche Hinwendung zu Investitionen in saubere Energien gegeben. Nach IEA-Schätzungen für 2023 sind die jährlichen Investitionen in saubere Energie gegenüber dem Jahr 2021 deutlich schneller als Investitionen in fossile Brennstoffe gestiegen (24 Prozent gegenüber 15 Prozent). Nicht zuletzt wegen der intensiven kriegsbedingten Volatilität auf den Märkten für fossile Brennstoffe hat die Dynamik beim Einsatz einer Reihe sauberer Energietechnologien deutlich zugenommen. Dabei führten erneuerbare Energien, angeführt von Solarenergie, und Elektrofahrzeuge den erwarteten Anstieg der Investitionen in saubere Energie im Jahr 2023 an[82].

Allerdings steht die weitere Entwicklung privater Investitionen stark unter dem Vorbehalt der sog. EU-Taxonomie-Regulierung. Diese wurde 2020 in der EU eingeführt, um klare Vorgaben zu machen, welche Wirtschaftsaktivitäten mit den Zielen des EU-Green Deals vereinbar sind, damit sie in der EU das Label »grün« tragen dürfen. Was und wie grün und damit taxonomiekonform ein Unternehmen ist, wird anhand aktivitätsspezifischer Kriterien am Umsatz, an den Investitionsausgaben und den Betriebskosten gemessen. Dadurch soll über Kennzahlen sichtbar werden, wie weit ein Unternehmen im Transformationsprozess fortgeschritten ist. Ziel der EU-Taxonomie ist es, auf diesem Weg nachhaltigkeitsorientierten Investoren und dem Kapitalmarkt einen Katalog an die Hand zu geben, um Nachhaltigkeitsinformationen zuverlässig beurteilen und vergleichen zu können. Auf diese Weise soll mehr Kapital für klimaschutzwirksame Investitionen mobilisiert werden. Faktisch wird damit aber eine verdeckte Form der Investitionslenkung betrieben, weil wünschenswerte gegenüber weniger wünschenswerten Investitionen bevorzugt werden[83]. Wie schnell diese Wissensanmaßung revidiert werden musste, zeigt der Umgang mit militärischen Investitionen, die seit der Zeitenwende nun plötzlich doch verteidigungspolitisch erforderlich und taxonomiekonform sind.

Digitalisierung der öffentlichen Verwaltung

Ein zunehmend als gravierende Innovations- und Investitionsbremse erkannter Faktor ist der Zustand der öffentlichen Verwaltung, genauer deren Digitalisierungsgrad. Eine auch digital funktionierende Verwaltung ist ein zentraler Enabler eines gesamtstaatlichen Innovationsprozesses. Die diesbezüglichen Befunde für Deutschland sind aber mehr oder weniger desaströs. Nach Auffassung der OECD führen schon bestehende Kapazitätsengpässe beim Personal und die übermäßig komplexen und uneinheitlichen Vorschriften in den verschiedenen Gemeinden zu einem hohen Verwaltungsaufwand bei Infrastrukturvorhaben. Aber als noch bedeutsamer wird die strukturelle Unterdigitalisierung der öffentlichen Verwaltung eingestuft: »Die Digitalisierung und die nutzerfreundlichere Gestaltung von Verwaltungsleistungen und Verwaltungsverfahren könnten die Wohlfahrt deutlich steigern und den Bürokratieaufwand für junge und innovative Unternehmen verringern, was die Unternehmensdynamik und die Produktivität erhöhen würde«[84].

Der öffentliche Sektor in der Bundesrepublik ist deutlich weniger digitalisiert als in anderen Ländern und erweist sich als eine Transformationsbremse sui generis. Die Befundlage ist – insbesondere von außen betrachtet – eindeutig negativ und markiert ein gravierendes Staatsversagen[85]. Defizite in der Digitalisierung tangieren nicht nur Schulen, Gesundheitsämter, Krankenhäuser und Pflegeheime, sondern auch die staatliche Verwaltung in ihrer gesamten föderalen Struktur. »Funktioniert das?«, fragt der Nationale Normenkontrollrat (▶ Dar. 7). In der Corona-Krise, aber auch in der Flutkatastrophe im Sommer 2021, bei nahezu allen regionalen oder überregionalen Infrastrukturprozessen und aktuell in der Migrationsbearbeitung zeigt sich, dass Verwaltungen auf allen föderalen Ebenen zum Teil überfordert waren und die Geschwindigkeit von Entscheidungen und ihrer Umsetzung unangemessen lang ist. Die Defizite sind dadurch deutlicher zutage getreten: »Das Bild eines gut organisierten und gut regierten Landes hat sichtbar Risse bekommen«[86].

Die Strukturen der öffentlichen Verwaltung hatten sich aber bereits vor der Pandemie als wesentliche Hemmnisse für eine effektive Digitalisierung erwiesen: »Das Koordinations- und Organisationsversagen der öffentlichen Hand in Deutschland ist mehrfach in internationalen Vergleichen aufgezeigt worden«[87]. Ein empirischer Vergleich bestätigt diese Einschätzung: Trotz des Potenzials von E-Government liegt Deutschland im europaweiten Vergleich bei der Digitalisierung der Verwaltung nach dem Digital Economy and Society Index (DESI) 2022 der EU nur auf Platz 18 in Europa, bei der Einführung und Nutzbarmachung von E-Government-Angeboten sogar nur auf dem viertletzten Platz[88]. Das einschlägige Fazit des unter der Schirmherrschaft des Bundesinnenministeriums veröffentlichten eGovernment-Monitors fällt sehr ernüchternd aus: »Der moderne Staat lässt aus Sicht der Bürger*innen weiter auf sich warten. [...] Die beabsichtigte Wirkung einer digitalen Verwaltung, die nicht nur schneller, sondern zugleich auch unkompliziert ist und damit das Leben der Menschen einfacher macht, wird bisher nicht erzielt«[89].

Digitalisierung der öffentlichen Verwaltung

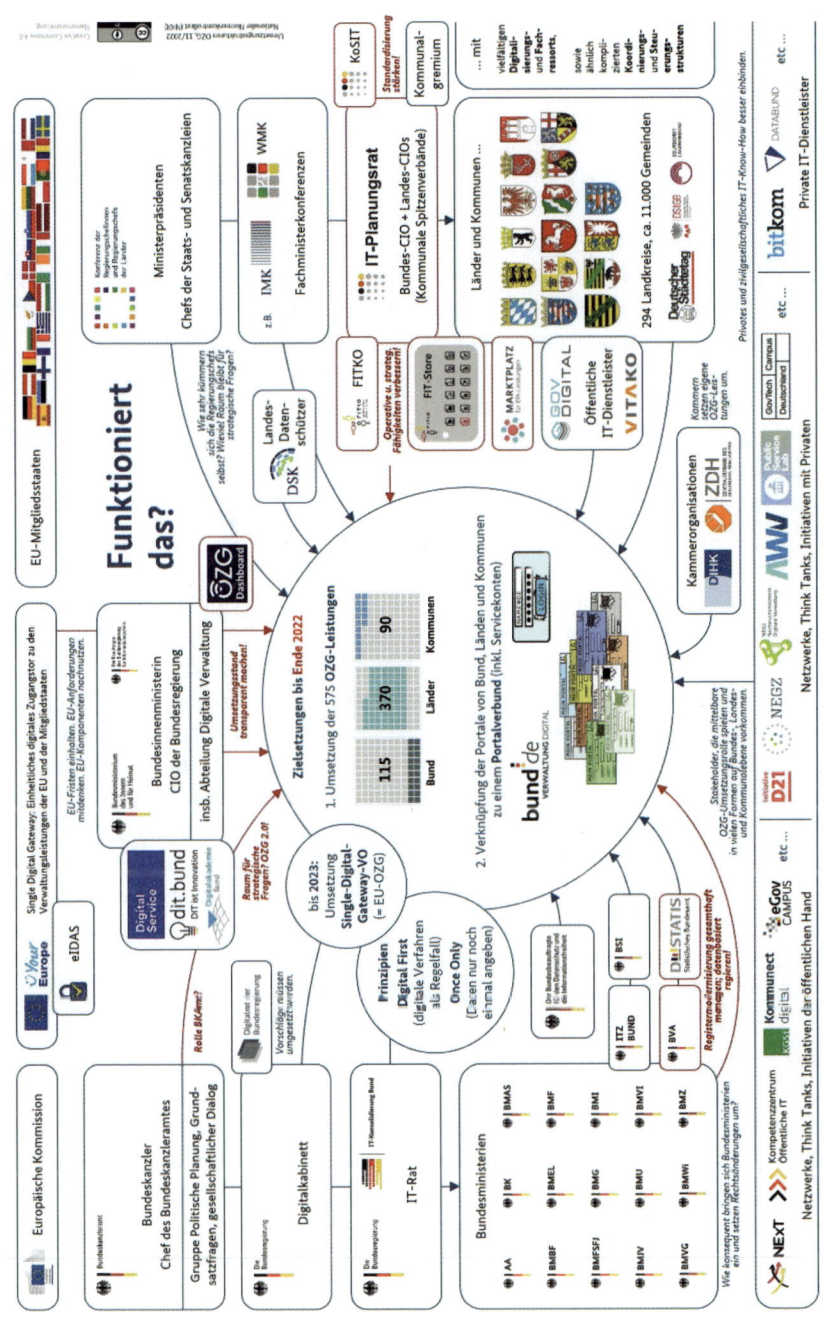

Dar. 7: Föderale digitale Infrastruktur (Quelle: Nationaler Normenkontrollrat, Berlin 2023l)

Der Kontrast zu den selbst gesteckten Zielen könnte größer kaum sein. Nach der aktualisierten Digitalstrategie der Bundesregierung ist die »technologische und digitale Souveränität Deutschlands Leitmotiv der Digital- und Innovationspolitik der Bundesregierung«[90]. Deutschland brauche einen »umfassenden digitalen Aufbruch«. Allerdings wird die Strategie nicht mit quantifizierbaren Zielen unterlegt. Eine belastbare Fortschrittsmessung für den breiten Zielkatalog enthält die 54-seitige Strategie bisher nicht. Lediglich für einen Teilbereich ist so etwas entwickelt worden: Bereits im August 2017 ist ein Onlinezugangsgesetz (OZG) verabschiedet worden, das allen deutschen Bundes- und Landesbehörden vorschreibt, ihre Dienste für natürliche Personen und Unternehmen online über Websites der öffentlichen Verwaltung bereitzustellen. Auf Grundlage des Gesetzes sollten bis Ende 2022 alle (!) öffentlichen Dienste online verfügbar sein.

Doch das Ziel ist zu fast 80 Prozent verfehlt worden: Mit dem Dashboard Digitale Verwaltung ist eine fortschreibbare Evidenz geschaffen worden, anhand derer der Fortschritt im Bereich Onlinezugang konkret überprüft werden kann. Nach einer Auswertung sind im Dezember 2023 erst 126 der in dem Gesetz definierten Leistungen – wie etwa die Beantragung von BAföG oder die Gründung eines Unternehmens – in ganz Deutschland flächendeckend verfügbar. Nur 81 Leistungen können komplett online genutzt werden. Bezogen auf den im Gesetz formulierten Zielwert von 581 staatlichen Leistungen bedeutet dies fünfeinhalb Jahre nach Start des OZG lediglich eine Zielerreichung von gut einem Fünftel. Bund und Länder konnten lediglich 4 Prozent ihrer digitalisierbaren Verwaltungsleistungen gemäß den Vorgaben des Onlinezugangsgesetzes anbieten, weitere 15 Prozent waren online verfügbar. Zudem werteten Bund und Länder eine Verwaltungsleistung schon dann als online verfügbar, wenn diese in nur einer Kommune online verfügbar ist. Der tatsächliche Digitalisierungsgrad ist daher noch deutlich niedriger[91]. Zudem steht eine systematische Evaluation dieses in seiner Bedeutung für eine leistungsfähige öffentliche Verwaltung zentralen Gesetzes bisher noch aus. Damit verfestigt sich insgesamt das Bild eines tendenziell überforderten Staates, dessen Akzeptanz bei den Bürgern dadurch erheblich leidet[92].

Schulische Bildung und Integration

Das Lagebild des digitalen Schulunterrichts ist aus Sicht der Eltern trotz deutlicher Fortschritte noch nicht vollständig auf der Höhe der Zeit[93]. Das Internet als Grundvoraussetzung für die digitale Welt ist immer noch nicht flächendeckend an allen deutschen Schulen verfügbar. Nur etwa die Hälfte der Eltern war vor zwei Jahren zufrieden mit der schulischen Geräteausstattung. Die Ausstattung für das Lernen mit digitalen Medien kommt vielfach noch aus dem Elternhaus. Damit entscheiden die Haushaltsnettoeinkommen der Eltern auch über Zugangsvoraussetzungen zu digitaler Schulbildung. Noch bieten nicht alle Bundesländer flächendeckend mobile Geräte an. Digitale Geräte und Anwendungen spielen noch nicht immer eine angemessene didaktische Rolle im Unterricht. Die Digitalkompetenzen der Lehrkräfte stellen dabei aus Sicht der Eltern weiterhin eine Hürde dar. Die Nutzung von Ganztagsangeboten für Inhalte statt für Betreuung bleibt noch unter seinen Möglichkeiten.

Ohne Zweifel hat die Corona-Pandemie in der schulischen Bildung einen deutlichen Digitalisierungsschub ausgelöst. Bereits seit 2019 unterstützt der Bund die Länder und Kommunen mit dem »DigitalPakt Schule« bei den Investitionen in die digitale Bildungsinfrastruktur. Es ist ein Erfolg des Digitalpakts Schule, dass inzwischen 90 Prozent der Schulen zumindest für einen Teil der Schülerinnen und Schüler Klassensätze an Laptops, Tablet-PCs oder Smartphones zur Verfügung stehen. Bemängelt wird noch, dass es bei der administrativen Abwicklung des Digitalpakts Schule an adäquaten personellen, zeitlichen und finanziellen Ressourcen mangelt, sodass innerhalb der jeweiligen Behördenstruktur insgesamt nur sehr wenige Personen mit entsprechendem (verwaltungs-)technischem Knowhow mitwirken[94]. Auf der anderen Seite kritisierte der Bundesrechnungshof, dass die Finanzhilfen des Bundes nicht bedarfsgerecht zugeteilt werden. In den Ländern fehlten zentrale Angebote, die das digitale Lernen in den Schulen unterstützen. Insgesamt gleich 38 Behörden bzw. Investitionsbanken, deren Verfahren sich unterscheiden und die überwiegend kleinteilig sind, verwalteten die Mittel. Die Nachweisverfahren seien lückenhaft und wirkungslos[95].

Dabei könnte der schulpolitische Handlungsbedarf aus mindestens drei Gründen kaum größer sein: *Erstens* zeigte schon die internationale Schulleistungsstudie ICILS (International Computer and Information Literacy Study) von 2018, dass etwa ein Drittel der Schülerinnen und Schüler in Deutschland nur »rudimentäre und basale computer- und informationsbezogene Kompetenzen« hat. Dies führe zu Schwierigkeiten, Informationen und Daten online zu recherchieren, technische Probleme zu lösen und online angemessen zu kommunizieren[96]. Zudem zeigt sich, dass dieser Anteil gegenüber der Vorgängerstudie 2013 tendenziell sogar leicht zugenommen hat und dass der Anteil der Jugendlichen in den höheren Kompetenzstufen III und IV etwas gesunken ist. Zudem hinkte seinerzeit Deutschland in vielen Punkten bei der technischen Ausstattung der Schulen hinterher. Trotz des zunehmenden Bewusstseins für die Bedeutung digitaler Bildung trat die Förderung der digitalen Kompetenzen von Schülerinnen und Schülern in Deutschland vor der Coronakrise offenbar auf der Stelle.

Zweitens dürften mit den durch die Coronakrise verbundenen Schulschließungen dauerhafte Kompetenzverluste der Schülerinnen und Schüler verbunden sein, die durch die Fernbeschulung vermutlich nur zu einem Teil kompensiert werden konnten. Die Ergebnisse der neuesten IQB-Studie für das Jahr 2022 bestätigen das: Der Kompetenzrückgang von Grundschülern im Lesen beträgt im Vergleich zum Jahr 2016 etwa ein Drittel eines Schuljahres. Beim Zuhören ist der Rückstand um ein halbes Schuljahr gewachsen, bei Rechtschreibung und Rechnen sind es jeweils ein Viertel eines Schuljahres. Gemessen an den Mindeststandards, die die Kultusministerkonferenz (KMK) für das Ende der vierten Klasse eingeführt hat, scheitern immer mehr Schülerinnen und Schüler: Im Lesen und Zuhören schaffen gut 18 Prozent der Viertklässler diesen Lernstand nicht, in der Rechtschreibung 30 Prozent und beim

Rechnen 22 Prozent[97]. Der IQB-Bildungstrend 2023 stellt sogar fest, dass Neuntklässler in Deutsch so schlecht wie noch nie abschneiden, aber dafür besser denn je Englisch verstehen.

Die Befunde werden noch ungünstiger, wenn man einen kohortenbezogenen Dekadenvergleich vornimmt (▶ Dar. 8): Im Vergleich zu den Jahren 2016 beziehungsweise 2011 sind sowohl für Kinder ohne Zuwanderungshintergrund als auch für Kinder aus zugewanderten Familien im Jahr 2021 in allen Kompetenzbereichen signifikant negative Entwicklungen zu beobachten. Am stärksten sind die negativen Veränderungen für Kinder der ersten Zuwanderergeneration ausgeprägt. Da

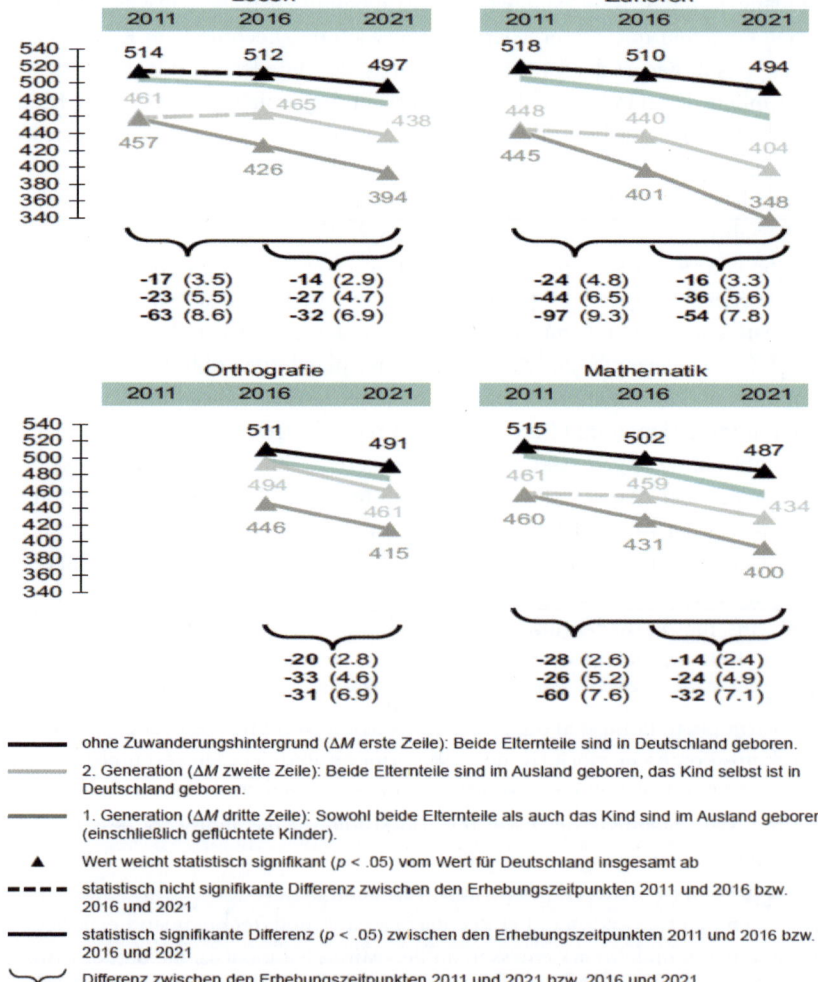

Dar. 8: Mittelwerte der erreichten Kompetenzen in den Fächern Deutsch und Mathematik (Quelle: IQB-Bildungstrend 2021, Münster / New York 2022, S. 190.)

für Kinder mit Zuwanderungshintergrund zwischen den Erhebungszeitpunkten in den meisten Kompetenzbereichen größere Kompetenzeinbußen zu beobachten sind als für Kinder ohne Zuwanderungshintergrund, haben sich auch die zuwanderungsbezogenen Disparitäten für Kinder aus zugewanderten Familien in fast allen Kompetenzbereichen im Trend signifikant verstärkt.

Nicht günstiger sind *drittens* die Ergebnisse der letzten PISA-Studie im Dezember 2023 ausgefallen: Insgesamt kam es in der PISA-Erhebung 2022 zu einem beispiellosen Rückgang des OECD-Leistungsdurchschnitts. Jugendliche in Deutschland liegen 2022 in Mathematik und beim Lesen im OECD-Durchschnitt, in den Naturwissenschaften noch leicht über dem OECD-Durchschnitt. Aber die Leistungseinbußen sind in allen drei Bereichen überdurchschnittlich groß: Mathematik minus 25 Punkte, Lesen minus 18 Punkte und Naturwissenschaften minus 11 Punkte. Der OECD-Durchschnitt verringerte sich ebenfalls, aber weniger stark als in Deutschland. Nach einem zwischenzeitlichen Anstieg der Kompetenzen in Mathematik und Naturwissenschaften bis 2012 und im Lesen bis 2015 sind seitdem Leistungsrückgänge zu verzeichnen: Das aktuelle Ergebnis in Mathematik (475 Punkte) liegt sehr deutlich unter dem Wert von 2003 (503 Punkte). In Mathematik gelten 30 Prozent (OECD: 31 Prozent) als leistungsschwach (unter Kompetenzstufe 2), in Lesen 26 Prozent (OECD: 26 Prozent) und in den Naturwissenschaften 23 Prozent (OECD: 25 Prozent). Die Anteile sind im Vergleich zu 2018 national und auch auf OECD-Ebene in allen drei Domänen mehr oder weniger stark gestiegen[98].

Aufgrund der Anlage des Bildungsmonitorings kann nicht mit letzter Sicherheit festgestellt werden, worauf die ausgesprochen ungünstigen Entwicklungen zurückzuführen sind. Dennoch spricht einiges dafür, dass neben den pandemiebedingten Einschränkungen des Schulbetriebs auch die starke Veränderung der Schülerpopulation im Gefolge der starken Fluchtmigration des Jahres 2015/2016 eine bedeutsame Rolle gespielt hat. In fast allen europäischen Staaten zeigt sich bei PISA eine geringere mathematische Kompetenz bei Jugendlichen aus zugewanderten Familien im Vergleich zu Jugendlichen ohne Zuwanderungshintergrund. Besonders starke Disparitäten zeigen sich in Deutschland. Vor allem zugewanderte Jugendliche der ersten Generation, die selbst nach Deutschland zugewandert sind, weisen im Durchschnitt eine deutlich niedrigere mathematische Kompetenz auf. Für die zweite Generation der zugewanderten Jugendlichen, deren Eltern im Ausland geboren sind, sind 2022 Kompetenzrückstände zu großen Teilen auf sozioökonomische Effekte und den häuslichen Sprachgebrauch zurückzuführen. Nur noch knapp über die Hälfte der Jugendlichen mit Zuwanderungshintergrund sprechen zu Hause Deutsch (2012: 72 Prozent).

Viertens verstärkten eine schulische Unterdigitalisierung während der Pandemie den Zusammenhang zwischen sozialer Herkunft und Bildungserfolg. Besonders von Lernrückständen betroffen sind Schüler aus sozial schwachen Familien oder mit Migrationshintergrund. Nur mit zusätzlichem Unterricht an Nachmittagen und Wochenenden kann die Lücke noch geschlossen werden. Kinder, die aus sozial benachteiligten Familien stammen, hatten und haben große Nachteile beim Distanzunterricht: Es fehlen eigene Computer und die Unterstützung der Eltern.

Auch ein Migrationshintergrund gilt als Risikofaktor. Zudem war es während der Pandemie auch vom Wohnort abhängig, wieviel Präsenzunterricht stattfinden konnte. So waren durch die Bundesnotbremse in einzelnen Kreisen die Schulen fünf Wochen länger geschlossen als in anderen Kreisen[99]. Zudem wurde der Unterrichtsausfall regional und auch kreisscharf unterschiedlich gut kompensiert.

Vor diesem Hintergrund ist zu kritisieren, dass es keine aktuellen Lernstandserhebungen in allen Bundesländern und in allen Jahrgängen gibt. Es wurde zwar ein bundesweites Aufholprogramm im Umfang von zwei Mrd. Euro zur Schließung der Lernlücken auf den Weg gebracht. Bei der Umsetzung wurde jedoch wie in einem statistischen Blindflug vorgegangen, da es keine Daten zu tatsächlich entstandenen Lücken gab und gibt, die nach Schulen, Schülergruppen, Kompetenzbereichen, Jahrgängen, Leistungsstand und weiteren sozioökonomischen Faktoren der Schülerinnen und Schüler differenziert werden könnten. Daher wäre es eher Zufall als systematische Steuerung, wenn die Förder-Milliarden tatsächlich dort gezielt ankommen würden, wo die Lücken am größten und Bildungschancen am stärksten eingebrochen sind. Hilfreich dafür gewesen wären Lernstandserhebungen an allen Schulen, wie etwa die Vergleichsarbeiten in der Grundschule (VERA), und die vollständige Veröffentlichung bereits erhobener Tests aus dem Jahr 2022.

Noch nie war eine aktuelle Datenlage zur gezielten Sicherung der Zukunftschancen aller Schülerinnen und Schüler so wichtig wie nach einer Pandemie und in Zeiten einer starken Zuwanderung, wie dies auch jüngst wieder der Fall ist. Ein Preis für das Nichtwissen ist auch in Form hoher Schul- und Ausbildungsabbrecherquoten und späterer Erwerbslosigkeit zu zahlen. Deutschland hatte 2022 in der Altersgruppe von 18 bis 24 Jahren mit 12,2 Prozent die vierthöchste Quote »frühzeitiger Schul- und Ausbildungsabgänger« in Europa. Diese Quote umfasst Schüler, die einen Hauptschulabschluss haben, danach aber keine weitere schulische oder berufliche Bildung genossen haben. Unter ihnen sind rund 50.000 junge Menschen, die ihre Schule ohne einen Schulabschluss verlassen. Dies entspricht einem Anteil von etwas mehr als sechs Prozent an allen gleichaltrigen Jugendlichen. Die Quote der Jugendlichen ohne Schulabschluss verharrt seit 2011 etwa auf diesem Niveau. Inzwischen brechen vor allem Jugendliche mit Migrationshintergrund die Schule ab. Das führt u. a. dazu, dass von 4,8 Mio. erwerbsfähigen Menschen mit Bezug von Arbeitslosengeld oder staatlicher Grundsicherung mehr als die Hälfte auch keine abgeschlossene Berufsausbildung vorweisen kann, denn ohne Schulabschluss kommt es auch selten zu einem Berufsabschluss[100].

Zuwanderung

Die Zuwanderung nach Deutschland hat im Jahr 2022 einen neuen Höchststand erreicht: Rund 2,67 Mio. Zuzügen standen rund 1,2 Mio. Fortzüge gegenüber. Der Wanderungsüberschuss fiel mit 1,46 Mio. mehr Zuzügen nach als Fortzügen aus Deutschland mehr als viermal so hoch wie im Vorjahr aus (▶ Dar. 9). Der Anstieg gegenüber 2021 ist vor allem auf die starke Zuwanderung aus der Ukraine zurück-

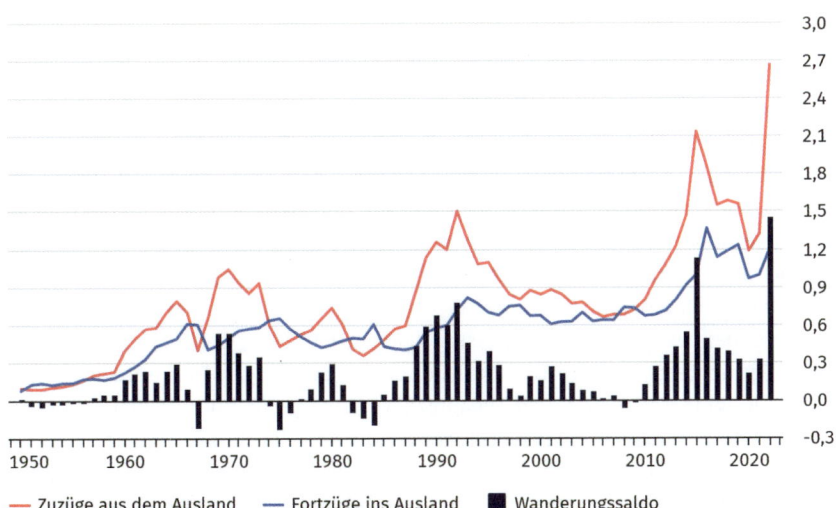

Dar. 9: Wanderungen zwischen Deutschland und dem Ausland in Mio. bis 1990 in das frühere Bundesgebiet, für 1950 bis 1957 ohne Saarland (Quelle: Statistisches Bundesamt, Pressemitteilung Nr. 249 vom 27. Juni 2023; https://www.destatis.de/DE/Presse/Pressemitteilungen/2023/06/PD23_249_12411.html)

zuführen. Mit 1,1 Mio. Zuzügen und 138.000 Fortzügen von Menschen aus der Ukraine war dies die größte Zunahme gegenüber dem Vorjahr. Sie fand vor allem zwischen März und Mai 2022 statt. Mitte März 2024 lebten rund 1,65 Mio. Ukrainer in Deutschland. Deutliche Anstiege der Nettozuwanderung verzeichnete die Statistik aber auch aus Syrien, Afghanistan und der Türkei. Auch diese Entwicklungen stehen im Kontext von Fluchtmigration und steigenden Asylantragszahlen. Die Zuwanderung aus der Europäischen Union (EU) stieg demgegenüber nur moderat. Die größten EU-Wanderungsgewinne entfielen im Jahr 2022 auf die Herkunftsländer Rumänien, Polen und Bulgarien. Für das Jahr 2023 wird mit einem Wanderungsüberschuss von rund 650.000 gerechnet. Die Bevölkerungszahl in Deutschland erreicht 2024 mit etwa 84,7 Mio. ebenfalls einen Höchststand.

Auf das Thema der Zuwanderung wird noch verschiedentlich zurückzukommen sein. Wegen der aktuell sehr hohen Zahl von Geflüchteten ist aber zunächst ein Blick auf die Implikationen für das deutsche Schulsystem zu werfen, das durch den rasch wachsenden Beschulungsbedarf vor weiteren fundamentalen Herausforderungen steht, die sich ohne Zweifel auch noch in zukünftigen Ergebnissen von Schulleistungstests niederschlagen werden. Zur Beschulung schutzsuchender Kinder und Jugendlicher aus der Ukraine beschloss die KMK am 23. Juni 2022: »Die Kinder und Jugendlichen sollen in das deutsche Schulsystem integriert werden. Dabei nutzen die Länder die bestehenden länderspezifischen Förderprogramme zur Beschulung von neu zugewanderten und schutzsuchenden Kindern und Jugendlichen. Der Erwerb der Bildungssprache Deutsch wird durch systematische Angebote in Deutsch als Zweitsprache ermöglicht«[101]. Da gleichzeitig zur Fluchtmigration aus der Ukraine auch die Fluchtmigration aus anderen Herkunftsländern deutlich angestiegen ist, erweist sich der KMK-Beschluss im Licht der tatsächlichen Situation in zahlreichen Kommunen als – um es höflich zu formulieren – sehr voraussetzungsvoll und als zusätzliche Belastung für Schulen.

Der Deutsche Städtetag urteilte daher schon am 25. April 2023: »Die kommunalen Aufnahmekapazitäten für Geflüchtete aus der Ukraine und anderen Ländern sind vielerorts erschöpft. Es fehlt an Wohnraum, Kita- und Schulplätzen sowie an kommunalem Personal. Eine Integration der zu uns kommenden Menschen ist unter diesen Bedingungen immer weniger möglich«[102]. Mit der »Richtlinie zum vorübergehenden Schutz« (sog. Massenzustromrichtlinie) wurde auf europäischer Ebene Geflüchteten aus der Ukraine anders als den übrigen Herkunftsländern ein sofortiger Schutzstatus mit dem Zugang zu allgemeiner und beruflicher Bildung, zu Beschäftigung, zu Gesundheitsversorgung und Sozialleistungen sowie zu Unterkünften und Wohnraum gewährt. Zwei Drittel der ukrainischen Geflüchteten haben aufgrund dieser Richtlinie eine zunächst bis März 2024 befristete Aufenthaltserlaubnis erhalten, rund ein Fünftel eine sog. Fiktionsbescheinigung bis zur Erteilung der Aufenthaltserlaubnis. Ukrainischen Geflüchteten ist es somit möglich, eine Erwerbstätigkeit aufzunehmen oder Leistungen vom Jobcenter zu beziehen. Seit dem 1. Juni 2022 wurden zudem mit der Übernahme in das Grundsicherungssystem des Sozialgesetzbuchs II die Leistungen zum Lebensunterhalt schnell in die Förderstruktur der Jobcenter integriert.

Laut Weltflüchtlingsorganisation UNHCR sind schätzungsweise mehr als ein Drittel der Personen, die aus der Ukraine fliehen mussten, Kinder und Jugendliche. Die Beschulung von ukrainischen Kindern und Jugendlichen stellt daher das deutsche Schul- und Kinderbetreuungssystem vor quantitative und qualitative Herausforderungen: Mitte März 2024 befanden sich dem Ausländerzentralregister (AZR) zufolge rund 350.000 Kinder und Jugendliche unter 18 Jahre als Kriegsflüchtlinge aus der Ukraine in Deutschland, rund 132.000 davon im Grundschulalter (6 bis 11 Jahre) und weitere rund 135.000 im Alter zwischen 12 und 17 Jahren. Rund 218.000 Kinder und Jugendliche aus der Ukraine wurden im Februar 2024 an deutschen allgemein- und berufsbildenden Schulen unterrichtet[103]. Die Versorgung erfolgte zunächst zum Teil in Willkommensklassen und Brückenklassen, zunehmend aber auch in Regelklassen. Das Erlernen der deutschen Sprache ist dabei eine der wichtigsten Aufgaben, denn rund 80 Prozent der ukrainischen Geflüchteten verfügten zunächst über keine oder eher schlechte Deutschkenntnisse. Dieses Bild hat sich nach und nach aber deutlich aufgehellt. Dies ist deswegen zentral, weil mit jedem zusätzlichen Punkt auf einer 5-stufigen Skala, auf der die Deutschsprachkenntnisse eingeschätzt werden, die Wahrscheinlichkeit der Erwerbstätigkeit um etwa 5 Prozentpunkte steigt[104].

Die Integration von Flüchtlingen in das Bildungssystem und in den Arbeitsmarkt ist wiederum von größter Bedeutung für die Akzeptanz von Fluchtmigration in der Bevölkerung. Wegen des besonderen Status der Flüchtlinge aus der Ukraine ist dabei ein differenziertes Integrationsbild zu zeichnen: Die meisten Geflüchteten aus der

Ukraine hatten bis zum 4. März 2024 eine befristete Aufenthaltserlaubnis und somit Rechts- und Planungssicherheit für diesen Zeitraum. Die Daten der BA über die Arbeitsmarktintegration sind noch spärlich und signalisieren einen langsamen Anstieg der Beschäftigungsquote auf rund 25 Prozent. Für die BA ist aber eine weitere »kurzfristige Erhöhung der Beschäftigungsaufnahme nicht wahrscheinlich«. Damit bleibt die Arbeitsmarktintegration ukrainischer Geflüchteter in Deutschland zum Teil deutlich hinter dem Niveau in den meisten Nachbarländern zurück[105]. Nach einem etwas anderen Lagebild auf der Basis wiederholter repräsentativer Befragungen ist aber die Erwerbstätigenquote der ukrainischen Geflüchteten im erwerbsfähigen Alter von zunächst 16 (August/Oktober 2022) auf 23 Prozent (Juni/Juli 2023) gestiegen. Knapp die Hälfte der in Deutschland erwerbstätigen ukrainischen Geflüchteten übt dabei eine Tätigkeit aus, die ihrem beruflichen Status vor der Flucht entspricht[106].

Etwas detaillierter ist das Bild bei der Arbeitsmarktintegration von Geflüchteten aus anderen Herkunftsstaaten, namentlich aus den acht nichteuropäischen Asylherkunftsländern Afghanistan, Eritrea, Irak, Iran, Nigeria, Pakistan, Somalia und Syrien. Nach BA-Daten ist von folgendem Befund auszugehen[107]: Im Dezember 2023 waren 566.000 Menschen aus den TOP8-Asylherkunftsländern sozialversicherungspflichtig und weitere etwa 94.000 Personen ausschließlich geringfügig beschäftigt. Die Beschäftigungsquote liegt bei 42,5 Prozent, hat sich aber in den beiden letzten Jahren nicht verändert. Die Zahl der Beschäftigten ist aber um über ein Fünftel gestiegen. Rund 70 Prozent der rund 500.000 Arbeitsuchenden mit einer Staatsbürgerschaft eines der acht Asylherkunftsländer suchen eine Stelle auf Helferniveau, nur 20 Prozent eine qualifizierte Tätigkeit[108]. Der aufnahmefähige deutsche Arbeitsmarkt hat dazu beigetragen, dass die Beschäftigung der Geflüchteten aus anderen Herkunftsstaaten deutlich stärker gewachsen ist als deren Arbeitslosigkeit.

Die bisher insgesamt gute Arbeitsmarktsituation in Deutschland hat auch dazu beigetragen, dass die Integrationsbilanz der seit 2013 nach Deutschland zugezogenen Geflüchteten besser ausfällt als bei früheren Phasen der Fluchtmigration: Mehr als die Hälfte der Geflüchteten, die sich bis zum Jahresende 2019 fünf Jahre und länger in Deutschland aufgehalten haben, waren beschäftigt. Eine Evaluation der bisherigen integrationsfördernden Maßnahmen zeigt, dass die Wirkungen etwa des Eingliederungszuschusses positiv sind und dieser ein geeignetes Förderinstrument sein kann, um arbeitslose Geflüchtete bei ihrer Integration in den deutschen Arbeitsmarkt zu unterstützen. Vor allem aber scheint eine stärkere Förderung der Sprachkenntnisse während oder ergänzend zur Maßnahme erforderlich zu sein, insbesondere eine frühzeitige Verzahnung von Spracherwerb, Ausbildung und Berufspraxis in Form von berufsbegleitenden Sprachkursen[109]. Die Bedeutung der Integration durch praxis- und betriebsnahe Angebote tritt damit deutlich hervor und unterstreicht die Bedeutung der Beschäftigung als zentrales Integrationsinstrument auch im Bereich der Flucht- und Asylmigration.

Die aktuellen Migrationsdebatten kontrastieren erheblich mit einigen überwiegend positiven Befunden zu den bisherigen Integrationsfortschritten, die sich aber stärker auf die Arbeitsmigration stützen. Nach dem letztverfügbaren Integrationsklimaindex des Sachverständigenrats Migration für das Jahr 2021/2022 habe sich das Integrationsklima im Vergleich zur letzten Erhebung verbessert und den höchsten Wert seit dem Erhebungsbeginn im Jahr 2015 erreicht. Insbesondere Personen ohne Migrationshintergrund nähmen das Integrationsklima positiver wahr als in den Vorjahren[110]. Auch OECD und EU-Kommission kommen noch im letzten Settling in-Report 2023 zum Ergebnis, dass der Anteil der hochqualifizierten Zugewanderten über die letzten zehn Jahre überall gestiegen sei. Besonders Neuankömmlinge seien gut ausgebildet. Der Anteil von Erwerbstätigen in hochqualifizierten Berufen besonders bei Zugewanderten in Deutschland sei gestiegen. Im Inland geborene Kinder von Zugewanderten holen bei schulischen Kompetenzen etwas auf. Die Erwerbstätigenquoten für die Nachkommen der Zugewanderten hätten sich verbessert. Diese Fortschritte in der Beschäftigung von Zugewanderten seien bisher jedoch in der öffentlichen Wahrnehmung noch nicht ausreichend angekommen[111].

Gesundheits- und Wohnungswesen

Auch für das Gesundheits- und Wohnungswesen stellt die stark gestiegene Zuwanderung eine zusätzliche Belastung dar. Dieser Punkt soll hier aber nicht im Vordergrund stehen. Vielmehr soll eine nüchterne Bestandsaufnahme für diese beiden großen Bereiche der Volkswirtschaft vorgenommen werden. Ihnen kommt auch eine überaus gewichtige Rolle bei der Akzeptanz unserer Wirtschafts- und Gesellschaftsordnung im Urteil der Bevölkerung zu. Bei beiden Bereichen handelt es sich um basale Bedürfnisse von Menschen, denn Gesundheit und Wohnen zählen zu den wichtigsten Bereichen der Daseinsvorsorge und rangieren auf den elementaren Stufen der Maslow'schen Bedürfnispyramide. Deren Nichtbefriedigung oder deren Verfügbarkeitsmängel bergen deshalb ein erhebliches Unzufriedenheits- und Polarisierungspotenzial und auch Verteilungskonflikte in sich. In beiden Politikbereichen gibt es aber auch einen sehr hohen Grad an staatlichen Interventionen und einen hohen Regulierungsgrad bei der Leistungserstellung. Deshalb werden diese beiden Bereiche in diesem Abschnitt auch gemeinsam betrachtet.

Eine Zustandsbeschreibung für das deutsche *Gesundheitssystem* im Jahr 2023 fällt gelegentlich drastisch aus. Auch wenn dieses Bild hier so zugespitzt nicht geteilt wird, sei einmal eine journalistische Einschätzung etwas breiter zitiert: »Volle Hausarztpraxen, die keine Patienten mehr aufnehmen, überfüllte Notaufnahmen in Krankenhäusern, zum Teil monatelanges Warten auf Facharzttermine und Therapieplätze, Engpässe bei Schmerzmitteln, Antibiotika und Fieberzäpfchen in Apotheken, immer weniger Ärzte außerhalb der Städte, was für ältere oder in der Mobilität eingeschränkte Menschen auf dem Land ein massives Problem ist, immer teurere Plätze in Pflegeheimen, wo der selbst zu zahlende Anteil im bundesweiten Schnitt mittlerweile bei 2411 Euro pro Monat liegt, überforderte, ausgebrannte Ärzte, die dem Alltagsstress kaum noch gewachsen sind und selbst Hilfe brauchen, überlastete und schlecht bezahlte Pfleger und Krankenschwestern, die neben ihrer eigentlichen Arbeit unter Bürokratiewahn und Dokumentationspflichten leiden, drohender Kollaps des Pflegesystems, in dem Experten zufolge derzeit 200.000 Vollzeitkräfte fehlen«[112].

Diese Zustandsbeschreibung ist auch deswegen interessant, weil Deutschland im Jahr 2020 innerhalb der EU mit 4.831 Euro die mit Abstand höchsten Pro-Kopf-Ausgaben für Gesundheit aufwies (▶ Dar. 10). Nur die Schweiz gibt international gesehen noch rund 150 Euro pro Jahr und Person mehr für Gesundheit aus als Deutschland. Auch beim BIP-Anteil der Gesundheitsausgaben liegt Deutschland mit 13,2 Prozent ganz an der Spitze, ebenso beim Aufwand für die jährliche Erneuerung des Kapitalstocks. Dies gilt auch bei Zahl der Krankenhausbetten und der Zahl der Hüftoperationen, bei Knieoperationen ist es Rang 3. Die Kennziffern für die Versorgung der Bevölkerung mit Personal (»practicing nurses« und »practising doctors«) sehen Deutschland ebenfalls auf den vorderen Rängen. Auch bei dem sog. Verdienstvielfachen gegenüber dem Durchschnittsverdienst schneiden medizinische Spezialisten außerordentlich gut ab. Bei der Finanzierung aller Teilbereiche des Gesundheitssystems (ambulante und stationäre Versorgung, Zahnbehandlung, Pharmazeutika und therapeutische Anwendungen) liegt dabei der Anteil der staatlichen Finanzierung an den gesamten Gesundheitsausgaben in Deutschland jeweils deutlich über den europäischen Durchschnittswerten und meist auf ganz vorderen Rängen[113].

Ein Teil dieser markanten Diskrepanz zwischen wahrgenommener Qualität und finanziellem Aufwand geht sicherlich auf zwei Besonderheiten im deutschen Gesundheitswesen zurück. Zum einen gibt es infolge seiner komplexen Organisation massive Steuerungsdefizite: »Die vorstehenden Analysen lassen erkennen, dass es in unserem Gesundheitswesen weiterhin Über-, Unter- und Fehlversorgung gibt und insofern ›Steuerungsdefizite‹ bestehen. Solche Defizite müssen nicht notwendig durch mehr, sondern können auch durch gezieltere Steuerung ausgeglichen werden«[114]. Dies betreffe sowohl die Angebotsstrukturen, insbesondere bei der Krankenhausplanung und -finanzierung, andererseits aber auch die Inanspruchnahme des Gesundheitssystems durch die Patienten. Zum anderen liegt Deutschland bei der »Digitalisierung des Gesundheitssystems weit hinter anderen Ländern zurück. Es zeigt sich ein dringlicher Bedarf an strukturellen, informationstechnologischen, organisatorischen und rechtlichen Verbesserungen im Hinblick auf Fehlerfreiheit und Effizienz in der Versorgung, auf flächendeckende Implementierung des medizinischen Fortschritts einschließlich der Verarbeitung von Informationen sowie auf sektorenübergreifende Kommunikation«[115].

Die Steuerungsprobleme im Gesundheitswesen wurzeln tief. Mindestens 450 (!) überregionale Akteure im Public Health-Sektor gibt es in Deutschland. Dabei sind Akteure der kommunalen Ebene wie Gesundheitsämter und lokale Gesundheitseinrichtungen noch gar nicht mitgezählt[116]. Allein 60 Fachverbände und 37 Berufsverbände nehmen die standesrechtlichen Interessen ihrer Mitglieder in diesem gesetzlich hoch regulierten Markt wahr. Hinzu kommen 49 zivilgesellschaftliche und 40 staatliche Player. Bereits im Jahr 1987 diagnostizierte ein volkswirtschaftlicher

2 Zur Lage der Nation: ein »Landzustandsbericht«

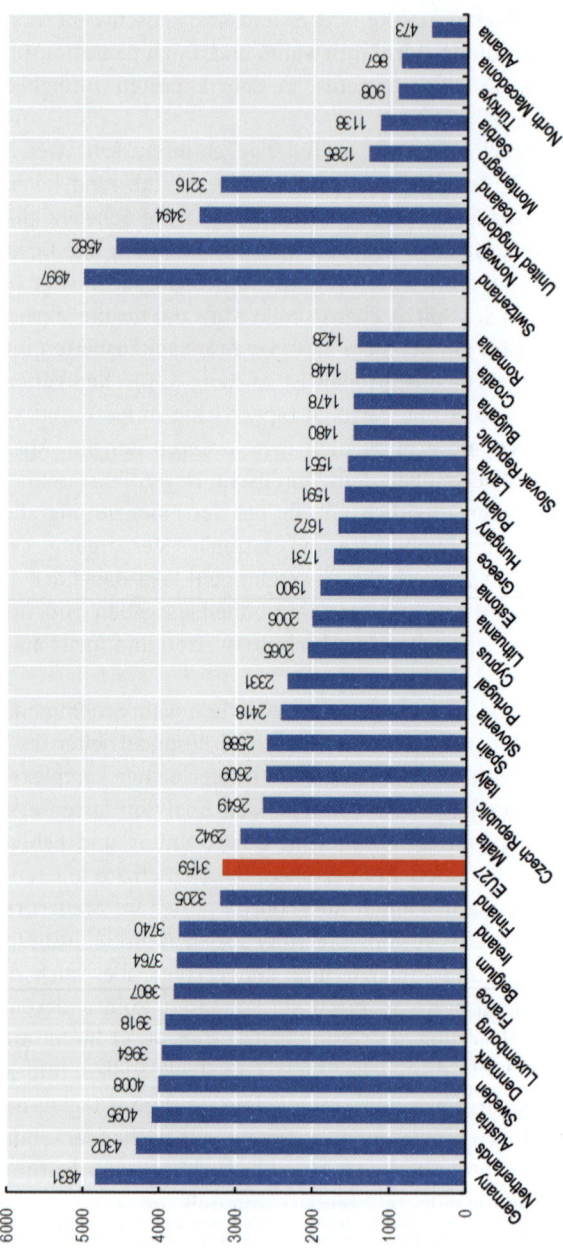

Dar. 10: Gesundheitsausgaben pro Kopf in Kaufkraft-Euro 2020 (Quelle: OECD / European Union, Health at a Glance; Europe 2022, Paris 2022, S. 129; gewogener EU-Durchschnitt)

Fachaufsatz: »Generelle Faktoren für Unwirtschaftlichkeit bilden zum einen das individuelle Eigeninteresse, das [...] zur verschwenderischen Nachfrage und zu überhöhten Kosten im Angebot führt. Zum anderen sorgt der fehlende Verbund zwischen Anbietern, Nachfragern, Nutzern und Zahlern dafür, dass der Konkurrenzdruck vermindert wird sowie das Informations- und Steuerungspotential von Knappheitspreisen verlorengeht. Trittbrettfahrer-Verhalten, Fehlallokation und überhöhte Kosten sind die Folge«[117]. Angesichts eines für dieses Jahr zu erwartenden Ausgabevolumens von rund 500 Mrd. Euro hat sich an diesem Befund bis heute nichts geändert.

Die Befunde für den deutschen *Wohnungsmarkt* sind zwar am aktuellen Rand etwas widersprüchlich, aber in der Summe deuten sie auf einen nach wie vor angespannten Markt mit viel unbefriedigter Nachfrage hin. Nicht zuletzt bedingt durch die starke Zuwanderung ist die Leerstandsquote bei Geschosswohnungen auf nur noch 2,5 Prozent gesunken. Die Struktur und Zusammensetzung der Haushalte in Deutschland hat sich auch dadurch weiter verändert: Machten Einpersonenhaushalte 1950 noch knapp ein Fünftel aller 16,7 Mio. Haushalte in der Bundesrepublik aus, so hat sich ihr Anteil in gut sieben Jahrzehnten mehr als verdoppelt. Lebten 1950 lediglich gut 6 Prozent der Bundesbürgerinnen und Bürger allein, so waren es im vergangenen Jahr bereits gut 20 Prozent. Davon entfällt auf die ledigen Alleinlebenden schon etwas mehr als die Hälfte. Auf Haushalte mit mindestens fünf Personen, die klassische Großfamilie also, entfielen 2022 dagegen nur noch knapp 4 Prozent. Die durchschnittliche Zahl der Haushaltsmitglieder sank von rund drei auf nur noch rund zwei Personen. Vielfach sind auch die finanziellen Möglichkeiten der Haushalte gewachsen. Im Jahr 2021 hatten private Haushalte in Deutschland im Durchschnitt ein nominales monatliches Nettoeinkommen von 3.813 Euro zur Verfügung, gut acht Mal so viel wie knapp 60 Jahre zuvor[118].

Gleichzeitig ist auch trotz der Zuwanderung die Wohnfläche pro Kopf weiter gestiegen, zwischen 2011 und 2021 von 46,1 Quadratmetern (m²) auf 47,7 m². Dahinter steht eine wachsende Zahl von Eigenheimen und großen Wohnungen, obwohl die Haushalte kleiner und vor allem Ein-Personen-Haushalte zahlreicher werden. Der Trend zu Haushalten mit weniger Personen führt mithin dazu, dass die Bevölkerung insgesamt mehr Wohnfläche beansprucht. Im Jahr 2018 lag die Wohnfläche pro Kopf in Ein-Personen-Haushalten mit 68 Quadratmetern (m²) um mehr als ein Drittel höher als die Wohnfläche pro Kopf in Zwei-Personen-Haushalten mit 49 m². Hinzu kommt, dass Eltern nach Auszug der Kinder oft in der großen Familienwohnung bleiben, was vor allem bei Wohnungseigentümern der Fall ist. Zudem ist der Anteil älterer Haushalte, die im Eigentum wohnen, in den letzten Jahren stetig gestiegen[119]. Diese Daten signalisieren auch einen verdeckten Wohlstandszuwachs, der aber nicht in den allgemeinen, häufig skandalisierten Armuts- und Reichtumsberichten verschiedenster Provenienz aufscheint.

Diese langfristigen Verschiebungen in der Nachfrage nach Wohnraum gilt es zu berücksichtigen, wenn die aktuellen Angebots- und Nachfragerelationen am Wohnungsmarkt diskutiert werden. Vereinfacht formuliert: Wohnraum bleibt knapp[120]. Alles andere wäre angesichts des zuwanderungsinduzierten starken Bevölkerungswachstums und auch wegen der vorübergehend stark gestiegenen Zinsen überraschend. Verschiedene Erschwinglichkeitsindizes (Preis-zu-Einkommen und Preis-zu-Miete) signalisieren aber immerhin einen zwar weiterhin angespannten Markt, aber keine zunehmende Anspannung mehr. Die Zahl der Baugenehmigungen und Fertigstellungen bleibt indessen weit hinter den selbstgesteckten Zielen der Bundesregierung von 400.000 Wohnungen jährlich zurück. Das Ifo-Institut erwartet, dass 2023 noch 275.000 Wohnungen fertiggestellt werden, nach 295.000 im vergangenen Jahr. Mit 260.000 Baugenehmigungen – mehr als ein Viertel weniger als im Vorjahr – wurde 2023 der niedrigste Stand seit 2012 erreicht. Auch wenn die große Zahl von rund 885.000 Bauüberhängen bei Wohnungen (Ende 2022 genehmigt, aber noch nicht gebaut) zu bedenken ist, dürfte in den Folgejahren der Wohnungsbau weiter schrumpfen.

Dazu tragen verschiedene Faktoren bei. Aktuell wird die Nachfrage nach Immobilienkrediten noch durch die Zinsentwicklung, vor allem aber auch durch die Inflation gedämpft. Im Neubau machen sich der Zinsanstieg und teure Materialien bemerkbar, viele Projekte wurden abgesagt. Die Zinssätze für Immobilienkredite hatten vorübergehend im Schnitt die Marke von 4 Prozent erreicht, was aber historisch nicht als besonders hoch gilt. Dies ist auch ein Grund dafür, dass Immobilien auch gegenwärtig nicht weniger erschwinglich sind als noch zu Beginn des Jahrhunderts[121]. Klar ist aber auch, dass die heutigen Parameter von 4.000 Euro/m² Baukosten, 400 Euro/m² Grundstückskosten, 14 Euro/m² für Neubaumieten und 4 Prozent Zinsen bei einer Refinanzierung über 30 Jahre nicht mehr zueinander passen. Die Folgen für den Wohnungsbau sind eindeutig: »Bevor die vier Parameter nicht wieder in angemessenen Relationen zueinander stehen, können (Miet-)Wohnungen nicht wirtschaftlich gebaut werden. Entsprechendes gilt für den Kauf von Wohnungen«[122]. Deshalb ist eine Debatte um die Kosteneffekte der hohen DIN-Standards des Bauens, der energetischen Sanierung sowie anderer administrativ bedingter Baukosten, wie etwa bei den unterschiedlichen Hebesätzen bei der Grunderwerbsteuer, überfällig.

Der Wohnungsmarkt in Deutschland ist aber nicht nur bei den Baunormen hoch reguliert. Bereits seit längerem wird das Wohnen auch als »neue soziale Frage« bezeichnet und ist damit stets ein Politikum. Jüngstes Beispiel dafür ist der Volksentscheid in Berlin vom September 2021, bei dem knapp 60 Prozent der Wählerinnen und Wähler in Berlin für eine Enteignung großer Wohnungskonzerne in der Hauptstadt stimmten. Eine daraufhin vom Senat eingesetzte Expertenkommission kam am 28. Juni 2023 zu dem Ergebnis, dass eine Enteignung großer Wohnungskonzerne in Berlin möglich sei. Das Land könne mit einem einfachen Vergesellschaftungsgesetz die Überführung der Bestände von mehr als einem Dutzend privater Konzerne – insgesamt etwa 240.000 Wohnungen – in Gemeineigentum gegen eine Entschädigung regeln. Es gebe kein milderes Mittel, wenn man dauerhaft leistbare Mieten für einkommensschwächere Schichten garantieren wolle. »Nach Auffassung der Kommissionsmehrheit steht das Gebot der Verhältnismäßigkeit der Vergesellschaftung in Berlin belegener Immobilienbestände großer Wohnungsunternehmen nicht entgegen«[123].

Die in der Kommission zum Ausdruck kommende negative Grundhaltung gegenüber der Eigentumsgarantie des Artikels 15 Grundgesetz hatte schon vorher in abgeschwächter Form zu einer Mietpreisbremse in über 200 Gemeinden geführt. In Berlin gab es sogar vorübergehend einen Mietendeckel, der aber vom Verfassungsgericht im April 2021 für verfassungswidrig erklärt wurde. Eine erste Evaluation des Mietendeckels zeigt, dass die Mieten der regulierten Wohnungen im Vergleich zu den unregulierten Wohnungen um rund elf Prozent sanken, dass sich aber die Zahl der annoncierten Mietwohnungen in Berlin halbierte. Zudem machten sich die Beschränkungen in Berlin auch im Umland bemerkbar. Die Mietpreise in Potsdam stiegen um rund zwölf Prozent und der fluide Wohnungsmarkt wurde dadurch gehemmt[124]. Aus international vergleichenden Studien ist überdies bekannt, dass eine Regulierung des Mietwohnungsmarktes per Saldo den Bau von Eigenheimen fördert, weil sich das Vermieten nicht mehr lohnt. Es werden Mietwohnungen zum Verkauf angeboten, die Mieter bleiben in Wohnungen mit regulierten Mieten, die unregulierten Mieten gehen nach oben, Wohnungssuchende müssen auf Eigentumswohnungen ausweichen[125]. Zudem weist Deutschland in Europa ohnehin die geringste Wohneigentumsquote auf. Daher lastet ein besonderer Druck auf dem Mietwohnungsmarkt.

Aber auch aus einer klimapolitischen Perspektive nimmt eine Debatte über die Zulässigkeit von Einfamilienhäusern angesichts von zunehmenden Baulandengpässen und ihres ökologischen Fußabdrucks Fahrt auf. Es gibt erste kommunale Einschränkungen durch sog. klimagerechte Bauleitplanungen beim Ausweis von Grundstücken von Eigenheimen, etwa in Hamburg und Münster. In Wiesbaden werden Mindestwohndichten je Hektar neu ausgewiesenen Baulandes vorgegeben. Es mehren sich auch die Stimmen für weitere wohnungspolitische Eingriffe im politischen Raum. Zwar werden direkte Forderungen nach einem Verbot von Eigenheimen bisher noch stets vermieden, aber die Verhinderung einer weitergehenden Flächenversiegelung ist längst integraler Bestandteil grüner Programmatik[126]. Und aus dem wissenschaftlichen Diskurs heraus werden Beiträge popularisiert, nach denen 25 qm Wohnfläche pro Kopf als ausreichend erachtet werden und jeder darüberhinausgehende Platzbedarf eine »Wohnscham« auslösen müsse[127].

Schließlich ist aber der Wohnungsmarkt neben diesen und anderen gesellschafts- und verteilungspolitischen Bezügen auch noch als eigene Assetklasse und als wichtigster Bestandteil des Bauvolumens von großer makroökonomischer Bedeutung. Das Baugewerbe trug 2022 rund 6 Prozent zur gesamtwirtschaftlichen Wertschöpfung bei. Der Anteil an den gesamtwirtschaftlichen Investitionen ist gut doppelt so hoch. Bei der Immobilienwirtschaft insgesamt liegen die Werte sogar noch einmal doppelt so hoch. Der Anteil des Wohnungsbaus am gesamten Kapitalstock (Nettoanlagevermögen zu Wiederbeschaffungspreisen) beträgt etwa 52 Prozent. Allerdings lag die Arbeitsproduktivität im gesamten Baugewerbe zuletzt unter dem Niveau des Jahres 1991, was auf Schwierigkeiten bei der Umsetzung des technischen Fortschritts in der Branche hindeutet. Die Investitionstätigkeit im Bausektor ordnet sich damit auch in eine übergeordnete Debatte um den Zustand der Infrastruktur und des Modernitätsgrades des Sachkapitalstocks ein.

Infrastruktur und Kapitalstock

Die Klagen über den unbefriedigenden Zustand der Infrastruktur sind verbreitet, begründet und auch statistisch gut belegbar: Nach der jährlich aktualisierten Publikation des Verkehrsministeriums »Verkehr in Zahlen«[128] kann der Modernitätsgrad des infrastrukturellen Kapitalstocks über den Verlauf von fast zwei Dekaden nachvollzogen werden. Danach ist das Verhältnis des Netto-Anlagevermögens zum Brutto-Anlagevermögen zwischen 2003 und 2020 im Verkehrssektor insgesamt von 66 auf 62 Prozent zurückgegangen. Die stärksten »investiven Modernitätsverluste« gab es in der Seeschifffahrt (-18 Prozentpunkte, PP), im öffentlichen Straßenpersonenverkehr (-10 PP), bei Fluggesellschaften (-7 PP) sowie bei nichtbundeseigenen Eisenbahnen (-6 PP). Die Verschlechterung im staatlichen Verkehrsbereich bei Straßen und Brücken sowie bei der Deutschen Bahn war mit jeweils 3 PP noch unterdurchschnittlich, bei den Verkehrswegen allerdings mit 6 PP überdurchschnittlich. Nennenswerte Verbesserungen gab es allein bei der Binnenschifffahrt (+6 PP).

Die Aussagekraft der genannten Sachkapitalkennziffern ist aus zwei Gründen konzeptionell begrenzt. Zum einen sind Nettoanlagen und Nettoinvestitionen für eine Bewertung des staatlichen Produktionskapitals und der staatlichen Investitionstätigkeit nicht gedacht und auch nicht geeignet. Vielmehr kommt es auf das Bruttoanlagevermögen an, also den im Produktionsprozess nutzbaren Bestand an Anlagegütern, und zwar unabhängig von seinem heutigen Verkaufswert. Auf Basis des realen Bruttoanlagevermögens findet in Deutschland noch kein Verzehr des staatlichen Kapitalstocks statt. Dem stagnierenden Kapitalstock der Kommunen stehen durchgehende Anstiege beim Kapitalstock von Bund und Ländern gegenüber. Eine Stagnation zeigt sich aber vor allem beim dominierenden Nichtwohnungsbau, zu dem auch die staatliche Verkehrsinfrastruktur gehört. Die Stagnation ist ausschließlich ein Bauphänomen. Der durchgehende Rückgang des Modernitätsgrads beim staatlichen Kapitalstock gilt in erster Linie für den kommunalen Nichtwohnungsbau[129].

Zum anderen ist für die gesamtwirtschaftliche Produktivität neben dem Sachkapitalstock zunehmend die Abgrenzung und Erfassung sog. intangibler Kapitalgüter – sozusagen des Digitalisierungskapitalstocks – bedeutsam. Ein Teil der immateriellen Vermögenswerte, die der Kategorie »Geistiges Eigentum« zugeordnet werden können, wird bereits in den Volkswirtschaftlichen Gesamtrechnungen (VGR) berücksichtigt, wie z. B. Software und Datenbanken. Darüber hinaus wird aber eine Reihe von modernen »Intangibles« noch nicht adäquat erfasst, wie z. B. Patente. Da aber das Konto des »Geistigen Eigentums« die stärksten Zuwächse in der VGR aufweist, hat es in den beiden letzten Jahrzehnten eine deutliche Strukturverschiebung von den klassischen Infrastrukturen zum »Geistigen Eigentum« gegeben. Dieser Effekt kann aber bisher die Schwächung der sachkapitalgebundenen Infrastrukturinvestitionen nicht wettmachen.

Insgesamt fällt das Gesamtbild für den Modernitätsgrad des Kapitalstocks nicht günstig aus. Zum einen weist Deutschland im internationalen Vergleich den stärksten Rückgang des Modernitätsgrades des gesamtwirtschaftlichen Anlagevermögens zwischen 1991 und 2018 auf. Zum anderen betrifft dieser Rückgang vor allem das Anlagevermögen aus Bauten und Sachanlagen, während er sich bei Ausrüstungen und »Geistiges Eigentum« zuletzt wieder etwas verbessert hat (▶ Dar. 11). Dies betrifft auch die Industrie, die gesamtwirtschaftlich gut ein Fünftel der direkten Wertschöpfung im Land generiert. Allerdings ist sie ein klarer Vorleistungsbezieher der öffentlichen Infrastruktur, denn nur ein Fünfzigstel der gebauten Infrastruktur ist im Eigentum der Unternehmen des Verarbeitenden Gewerbes. Hingegen stellt sie rund ein Viertel aller Fahrzeuge, Maschinen und Anlagen und ist mit rund 60 Prozent der mit Abstand bedeutendste Sektor für die Entwicklung des »Geistigen Eigentums«. Dieser Kapitalstock aus Forschungs- und Entwicklungsaktivitäten ist für die Zukunft der wirtschaftlichen Transformation von essenzieller Bedeutung. »An der Industrie führt daher kein Weg vorbei, wenn diese Investitionen in wirtschaftlich verwertbares geistiges Eigentum überführt werden sollen«[130].

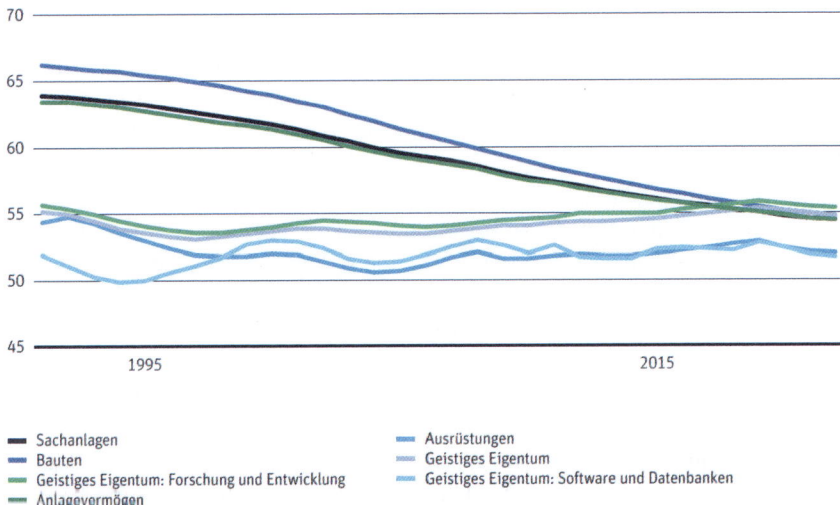

Dar. 11: Modernitätsgrad des Kapitalstocks in Deutschland: Nettoanlagevermögen in Prozent des Bruttoanlagevermögens (Quelle: Statistisches Bundesamt, Berechnungen des vfa)

Das in den vergangenen Jahren stagnierende reale Anlagevermögen geht zu erheblichen Teilen auf das Investitionsverhalten der Gemeinden zurück, die zuletzt generell ein stagnierendes Bruttoanlagevermögen aufweisen und deren seit 25 Jahren laufende strukturelle Verschlechterung über sog. »Konsolidierungsschäden« die Verkehrsinvestitionen nachhaltig belastet hat. Ein näherer Blick auf die kommunalen Investitionen ist aus mehreren Gründen lohnend. Zum ersten ist der Hebel der Kommunen für die gesamtwirtschaftliche Investitionstätigkeit von herausragender Bedeutung: Auf die Kommunen entfallen 55 Prozent des staatlichen

Anlagevermögens. Knapp 40 Prozent aller öffentlichen Investitionen jährlich werden von Kommunen getätigt. Zum zweiten hat sich im Jahr 2022 nach Berechnungen des KfW-Kommunalpanels der »wahrgenommene Investitionsrückstand« aller Kommunen mit mehr als 2.000 Einwohnern auf nunmehr rund 165 Mrd. Euro erhöht. Zum dritten schließlich verlangen gerade die aktuellen transformationsbezogenen Reformen (Klima, Energie, Mobilität) besondere investive Anstrengungen auch der Kommunen, die gleichzeitig noch durch starke Preisanstiege im Bausektor und durch die erheblich steigenden Zinsaufwendungen erschwert werden. Hinzu kommen schließlich viertens auch noch die Folgekosten der stark gestiegenen Zuwanderung, die zunächst zu erheblichen Teilen von den Kommunen geschultert werden müssen.

Ein besonderes Augenmerk im Abschnitt Infrastruktur verdient der Zustand der Deutschen Bahn (DB). Leider fällt der empirische Befund der DB-Performance verheerend aus, denn die Bahn ist bei nahezu allen selbst gesteckten Zielen gescheitert. Zwar ist bereits seit dem Jahr 1994 das Wachstum des Eisenbahnverkehrs als politisches Ziel formuliert worden. Bisher aber konnten keine wesentlichen Verkehrsanteile im Personenverkehr und Güterverkehr auf die Eisenbahn verlagert werden. In den letzten Jahren ist sogar ein Rückschritt feststellbar. Dies gilt auch für die Pünktlichkeitsquote im Fernverkehr, die 2023 auf nur noch 63 Prozent eingebrochen ist. Nach Auffassung des Bundesrechnungshofes befindet sich die DB AG »in einer sich verschärfenden Dauerkrise«. In einem Sondergutachten, das in weiten Teilen einer Generalabrechnung mit der Performance der Deutschen Bahn gleichkommt, kritisiert der Hof daher ungewohnt scharf: »Der Bund hat es seit drei Jahrzehnten versäumt, wichtige eisenbahnpolitische Fragen zu beantworten. [...] Sind keine kurz- und langfristigen Ziele definiert, kann auf deren Umsetzung nicht hingearbeitet werden. [...] Der Bund hat als Alleineigentümer weiterhin keine Strategie zur Entwicklung der DB AG«[131].

Zuvor hatte schon im Dezember 2022 die Beschleunigungskommission Schiene ihren Abschlussbericht vorgelegt. Danach sollte u.a. bis zum Jahr 2030 die Verkehrsleistung im Personenverkehr auf der Schiene verdoppelt und der Anteil des Schienengüterverkehrs auf 25 Prozent steigen. Damit das gelingt, müsse das Tempo bei der Steigerung der Infrastrukturkapazität überaus stark erhöht werden. Für die Umsetzung von insgesamt 73 dazu als notwendig erachteten Maßnahmen liegt die Federführungen in 53 Fällen beim Bund, für 20 Maßnahmen bei der Branche selbst. In einem ersten Fortschrittsbericht aus dem Juni 2023 wurde betont, dass mit dem Genehmigungsbeschleunigungsgesetz und der Novelle des Bundesschienenwegeausbaugesetzes schon bedeutsame Gesetzesvorhaben in das Bundeskabinett eingebracht worden seien. Schon im März 2023 sei zudem ein Digitalisierungspaket Schiene beschlossen worden[132].

Aber schon die Dauer und das Ergebnis der Tarifauseinandersetzungen zwischen Bahngewerkschaften und DB haben deutlich gemacht, vor welchen Umsetzungsschwierigkeiten der Konzern steht. Eine Verdopplung der Verkehrsleistung in Personen-Kilometern bis 2030 erscheint derzeit völlig illusorisch. Der Finanzstatuts des Konzerns ist prekär: Seit dem Beschluss des Haushaltsausschusses des Deutschen Bundestages zur Verschuldungsbegrenzung der DB AG sind die Nettofinanzschulden und Hybridanleihen des Konzerns um mehr als 40 Prozent auf aktuell rund 33 Mrd. Euro gestiegen. Im Durchschnitt der Jahre 2019 bis 2021 flossen der DB AG in Eisenbahninfrastruktur und -verkehr mehr Mittel aus der öffentlichen Hand zu, als sie insgesamt mit Infrastrukturentgelten von Dritten, Fahrgast- und Transportumsätzen erzielte. Die Eisenbahninfrastruktur ist in vielen Bereichen überaltert. Ein neuer Schienenkilometer ist aber mit 40 Mio. Euro nur in Großbritannien teurer. Gleichzeitig wollte die Bahn allein im Jahr 2023 25.000 Neueinstellungen bei derzeit etwa 325.000 Konzernbeschäftigten vornehmen.

Der Bahn kommt für die klimafreundliche Mobilität zweifelsohne eine herausgehobene Bedeutung zu. Die Versuche, mit 9-Euro-Tickets und 49-Euro-Tickets nachhaltige Veränderungen im Mobilitätsverhalten der Wohnbevölkerung anzustoßen, sind noch nicht abschließend zu bewerten, stellen aber mit Sicherheit noch keinen mobilitätspolitischen Durchbruch dar. Sicher ist aber, dass ohne eine grundlegende Priorisierung des Auftrages der Deutschen Bahn auch eine weitere fiskalische Beteiligung des Bundes in der jetzigen Größenordnung nur schwerlich zu begründen ist. Der Bundesrechnungshof stellt zurecht klar: »Der Bund darf sich nur dann an einem Unternehmen beteiligen, wenn dies für ein wichtiges Interesse des Bundes erforderlich ist. Bei der DB AG ist dies der grundgesetzliche Gewährleistungsauftrag insbesondere für Eisenbahninfrastruktur und bestimmte Verkehrsangebote«[133]. Die Trennung von Netz und Betrieb muss dabei eine der Optionen sein, wie dieses Ziel erreicht werden kann, die Aufgabe der erwerbswirtschaftlichen Aktivitäten im Ausland eine andere.

Bahnfinanzen und Kommunalfinanzen sind mithin infrastrukturelle Achillesfersen für den Zustand der staatlichen Infrastruktur. Als Besonderheit für die Kommunalfinanzen muss dabei zusätzlich im Blick behalten werden, dass die Kommunen in ihrer Gesamtheit bis vor kurzem über ein Jahrzehnt lang einen Finanzierungsüberschuss in den Kern- und Extrahaushalten erzielen konnten. Erkennbar ist zudem schon jetzt, dass die Einnahmenseite der kommunalen Haushalte über Erhöhungen via Grundsteuer und Gewerbesteuer zu neuen Höchstständen führen wird. Fatal für die Akzeptanz kommunaler Daseinsvorsorge ist aber, dass Diskussionen über Neupriorisierungen auf der Ausgabenseite bisher überhaupt nicht oder nicht systematisch geführt werden. Daher wird auch nicht angemessen berücksichtigt, dass Investitionen von hohen Steuereinnahmen begünstigt und durch hohe Sozial- und Personalausgaben beeinträchtigt werden. Als gesichert kann die Erkenntnis gelten, dass die kommunalen Sozialausgaben in den letzten Jahren von allen Ausgabenkategorien die stärkste substitutionale Beziehung zu den kommunalen Investitionen aufgewiesen haben.

Die nun absehbaren Belastungssprünge für Haushalte und Unternehmen und die damit vielfach einhergehenden Gebührenanhebungen bei kommunalen Leistungen der Daseinsvorsorge werden nicht nur die Unzufriedenheit der Bürger mit ihren Behörden und Verwaltungen schüren. Sie werden auch noch dazu beitragen, dass sich die während der Pandemie inflationsdämpfenden Effekte der staatlich administrierten Preise (z. B. Gebühren, Abgaben, Kommunalsteuern) eher in Richtung eines zusätzlichen Inflationsschubs entwickeln werden. Es sind vielfach die Erfahrungen im sozialen Nahraum der Bürger mit fehlender Digitalisierung, eingeschränkter Erreichbarkeit von Verwaltungsdienstleistungen, als mangelhaft empfundener Leistungsqualität und Leistungsgeschwindigkeit sowie steigenden Preisen und Gebühren, die das Miteinander in kleineren und größeren Gemeinwesen belasten. Auch wenn der teilweise starke Bevölkerungsanstieg in zahlreichen Kommunen eine große Herausforderung für die Verwaltungen darstellt, hat ein erheblicher Teil der allgemeinen Unzufriedenheit der Bevölkerung hier eine Ursache.

Naturkapital und Klimawende

Die Perspektive auf die Kommunen ist auch noch aus einem weiteren Grund bedeutsam. Ein erheblicher Teil der Planungs- und Genehmigungsverfahren setzt am Ende die Zustimmung der Gebietskörperschaften und damit auch ihrer Einwohner voraus. Der Beschluss der Bundesregierung vom 22. Juni 2023 zur Beschleunigung der Verkehrsvorhaben ist damit zwar uneingeschränkt als wichtiger Meilenstein zu einer schnelleren Umsetzung von Investitionen zu begrüßen[134]. Doch das ist nur ein Ausschnitt aus dem Gesamtkomplex: Bei der Durchführung etwa von Genehmigungsverfahren für Industrievorhaben nach dem Bundes-Immissionsschutzgesetz bedarf es sehr komplexer Abstimmungen[135]. Das Bedeutsame an dieser Beschleunigung ist, dass sie gleich einen doppelten Effekt haben kann: Zum einen gibt es einen ökonomischen Mehrwert durch verringerte Wertschöpfungsverluste, wenn Investitionen früher wirksam werden und wertschöpfend wirken. Zum anderen geht damit auch ein ökologischer Effekt durch verminderte Emissionen einher.

Die Kommunen werden auch dann besonders gefordert sein, wenn es um die Umsetzung der beschlossenen Maßnahmen der Energiewende geht. Der überwiegende Teil der Maßnahmen zum geplanten beschleunigten Ausstieg aus fossilen Energien betrifft Landkreise, Städte und Gemeinden in ihren jeweiligen bundes- und landesrechtlichen Grenzen. Die wichtigste Chiffre für diesen Kraftakt ist die Dauer von Planungs- und Genehmigungsverfahren. Bei Windenergieanlagen ist von Verfahrensdauern ab Antragstellung von knapp 43 Monaten im Durchschnitt der Jahre 2018 bis 2022 auszugehen (▶ Dar. 12). Die Unterscheidung in eine Verfahrensdauer *ab Einreichung* oder *ab Vollständigkeit* der Unterlagen macht einen großen zeitlichen Unterschied: Nach der Vorlage der vollständigen Antragsunterlagen gibt es meist Verzögerungen im Verfahren davor. Gründe dafür sind u. a. unvollständige oder verspätet vorgelegte Genehmigungsunterlagen, Umplanungen von Seiten der Antragsteller und langwierige und wiederholte Nachforderungen der Genehmigungsbehörden sowie vor allem der zu beteiligenden Fachbehörden. Dadurch ist die durchschnittliche Verfahrensdauer »weit entfernt von den angestrebten zügigen Verfahren, die für die Umsetzung der energie- und klimapolitischen Ziele der Bundesregierung und die dazu notwendigen Ausbauraten der Windenergie an Land notwendig wären«[136].

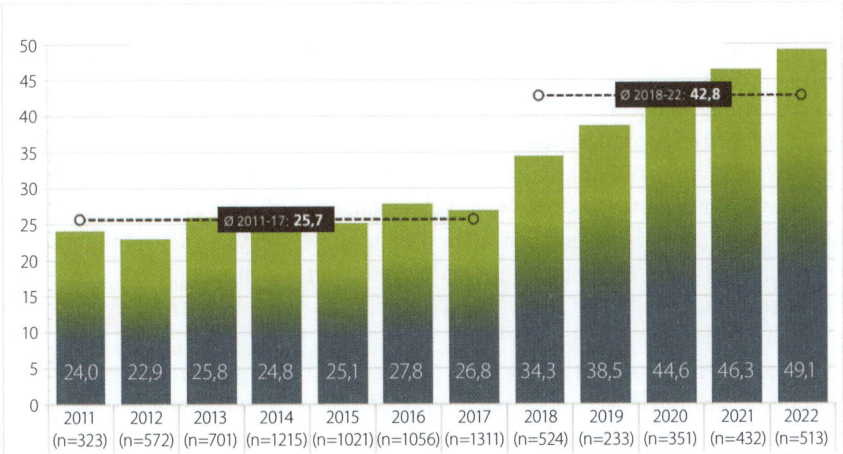

Dar. 12: Dauer von der Antragstellung bis zur Inbetriebnahme von Windenergieanlagen an Land nach Jahr der Inbetriebnahme in Monaten (Quelle: Fachagentur Windenergie, Typische Verfahrenslaufzeiten von Windenergieprojekten – Empirische Datenanalyse für den Zeitraum 2011 bis 2022, Berlin 2023, S. 27)

Auf politischer Ebene ist das Problem erkannt und wurde mit zwei Beschleunigungsnovellen adressiert, die z. B. die Genehmigungsdauer von »Wind-an-Land« um ein Jahr verkürzen könnten[137]. Entscheidend für das Gelingen wird aber auch die Bereitschaft der Bürger sein, sich bei den anstehenden Veränderungen von einer »Not in my Backyard«-Mentalität zu verabschieden. Die Randbedingungen für Bürgerakzeptanz in Deutschland sind ambivalent: Eine breite Teilhabe der Bevölkerung an Investitionen über die Anreize im Erneuerbare-Energien-Gesetz und eine starke Umweltbewegung sprechen für eine höhere Akzeptanz. Die föderale Struktur Deutschlands und die dichte Besiedlung hingegen wirken angesichts der unterschiedlichen Ausbaufortschritte bei den erneuerbaren Energien eher dagegen. Die allgemeine Zustimmung zur Energiewende fällt daher deutlich größer aus als die Akzeptanz von Windenergieanlagen im Wohnumfeld[138]. Die Befürwortungsraten fallen aber dann stärker aus, wenn Vorerfahrungen mit Solarparks oder Windenergieanlagen in der Umgebung des eigenen Wohnorts bestehen. Dennoch haben die Auseinandersetzungen über das Gebäude-Energie-Gesetz (GEG) gezeigt, dass es mit der Bürgerakzeptanz stets dann kritisch wird, wenn es um die Gestaltung des privaten Verhaltens und um Veränderungen im eigenen sozialen Nahraum geht.

Aber der Ausbau der erneuerbaren Energien ist nur ein Teil der sogenannten »Energiewende«. Diese greift tief in die oben dargelegte Geschäftsmodellfrage hinein. Insbesondere für die Industrie gilt es, ihre Produktionsprozesse zu dekarbonisieren und den Grad der Energieabhängigkeit zu reduzieren. Dabei werden verschiedene Industriebranchen in unterschiedlicher Weise betroffen sein: Der Energieverbrauch in Kilowattstunden (kWh) je Euro Bruttowertschöpfung reicht von rund 24 kWh in Kokereien und Mineralölwirtschaft bis zu nur 0,2 kWH im Maschinenbau. Der »Transformation Tracker« des BMBF-Aridaneprojekts zeigt, dass zwischen 1990 und 2020 die Treibhausgasemissionen der Industrie um etwa 36 Prozent gesenkt wurden. Aber die Minderung im Vergleich zum Zeitraum 2011 bis 2020 müsste um den Faktor 10 erhöht werden, um die selbstgesteckten Klimaziele für das Jahr 2030 zu erreichen[139]. Dies beschreibt die Dimension der Herausforderungen, die ohne die drohenden Folgen einer möglichen Deindustrialisierung Deutschlands zu bewältigen sind. Gleich eine ganze Reihe von Parametern sind betroffen: die energie- und prozessbedingten Emissionen, der Wasserstoff- und Biomasseeinsatz, der Öl-, Kohle- und Gasverbrauch sowie der Stromverbrauch als Anteil am Endenergieeinsatz.

Mit dieser für das deutsche industriebasierte Wohlstandsmodell bedeutsamen Warntafel verbinden sich aber auch noch deutlich grundlegendere Fragen der Wirtschaftsordnung. Durch die aktuelle Klimadebatte wird daran erinnert, dass auch Natur ein Vermögenswert ist, genauso wie Sachkapital (Straßen, Gebäude und Fabriken) oder Humankapital (Gesundheit, Wissen und Fähigkeiten). Beim Verbrauch von Naturkapital handelt es sich um eine globale Externalität: Der gesellschaftliche Wert der Natur – also der wahre Wert ihrer vielfältigen Güter und Dienstleistungen – wird bisher nicht angemessen in Marktpreisen repräsentiert, weil die Natur für die Nutzer dieser Ressource bisher noch zu geringeren als den tatsächlichen Kosten verfügbar ist. Diese Preisverzerrung führt zu einer Überkonsumtion von Naturkapital und Unterinvestitionen in Naturgüter. Die Herstellung von Preiswahrheit bei der Nutzung von Naturgütern und beim Verbrauch von Naturkapital ist mithin ein grundsätzlich marktwirtschaftliches Anliegen.

Die Umweltökonomischen Gesamtrechnungen (UGR) stellen einen Versuch dar, die Wechselwirkungen zwischen Umwelt und Wirtschaft basierend auf dem international vereinbarten System of Environmental-Economic Accounting (SEEA) mit einheitlichen Konzepten, Definitionen und Klassifikationen so weit wie möglich kompatibel mit den Volkswirtschaftlichen Gesamtrechnungen (VGR) zu machen. Dadurch soll die ökonomische Sichtweise der VGR um zusätzliche Aspekte des Ressourcenverbrauchs ergänzt werden. Auch die Ökosystemgesamtrechnungen als ein ökonomisch-ökologisches Berichtssystem sollen in diesem Rahmen die Interaktion zwischen Menschen und Umwelt in einem systematischen Ansatz darstellen und bewerten[140]. Hier knüpft die Debatte um die sog. Ökosystemleistungen einzelner Teile des Naturkapitals an, wie etwa von Wäldern oder Mooren, die angesichts der deutlichen Erwärmung des Weltklimas immer deutlicher zutage treten.

Damit ist man bei der Grundsatzdebatte darüber, wie ein sparsamer Naturverbrauch auch dadurch erreicht werden kann, dass er in den privaten Wirtschaftsrechnungen von Haushalten und Unternehmen eingepreist werden muss. Im Kern stehen sich dabei Befürworter von Technologieoffenheit und einer Steuerung des Umweltverbrauchs über steigende CO_2-Preise einerseits und Befürworter vor allem ordnungsrechtlicher Maßnahmen wie Gebote, Verbote und Nutzungsbeschränkungen andererseits gegenüber. Leitstern für den richtigen Instrumentenmix müssen die wissenschaftlichen Erkenntnisse zur Erderwärmung und deren Ursachen und

Folgen sein. Der Handlungsdruck ist beträchtlich: Das Global Carbon Budget, das noch emittiert werden kann, um noch das im Pariser Klimaabkommen gesteckte Ziel einer Erderwärmung um 1,5 Grad Celsius erreichen zu können, könnte schon binnen eines Jahrzehnts erschöpft sein. Ein 1,5-Grad-Szenario ist inzwischen schon deshalb unwahrscheinlich, weil wegen des geringen noch verbleibenden Kohlenstoffbudgets eine Geschwindigkeit der Emissionsreduzierung erforderlich wäre, »die angesichts der technologischen und geopolitischen Herausforderungen der Dekarbonisierung fast unmöglich zu erreichen sein wird«[141].

Die Forschungsergebnisse verdeutlichen aber auch noch etwas im Grundsatz Motivierendes: Es gibt zum einen »einigermaßen plausible Szenarien«, die die Erwärmung auf etwa 1,8 Grad Celsius begrenzen, wenn die globalen Emissionen bis etwa 2070 auf Netto-Null gebracht werden können. Mit Blick auf mögliche Kippunkte ist tatsächlich jedes Zehntel Grad relevant. Je schneller die Emissionen auf Netto-Null gebracht werden können, desto mehr könnten die langfristigen Schäden des Klimawandels reduziert werden. Zum anderen scheinen die Emissionen nicht mehr länger einem Wort-Case-Szenario zu folgen, sondern bewegen sich seit etwa einem Jahrzehnt seitwärts. Dies wird auf die sich rasch beschleunigende Energiewende zurückgeführt, die durch sinkende Kosten für saubere Energietechnologien angetrieben wird und zu einer Stagnation des weltweiten Kohleverbrauchs geführt hat. Zudem seien die weltweiten Ausgaben für saubere Energietechnologien stark gestiegen. Dieser Trend zeige keine Anzeichen zu einer Abschwächung[142]. Auch dieser Befund verdeutlicht noch einmal eindrücklich die Bedeutsamkeit von Technologieoffenheit und Investitionstätigkeit, um den Klimawandel ohne eine Deindustrialisierung meistern zu können.

Erste positive Nachrichten kommen auch aus der europäischen Windenergieindustrie, die das Erreichen der europäischen Ausbauziele bis 2030 in Reichweite sieht. Blickt man auf die verfügbaren Daten für Deutschland, so zeigt sich noch ein Bild mit Licht und Schatten. Nach dem *Climate Action Tracker* ist das Rating zum Erreichen der Klimaneutralität bis zum Jahr 2045 in Teilen »sufficient«, die Gesamtbewertung hingegen noch »insufficient«[143]. Nach dem feinkörnigeren *Ariadne Transformation Tracker* wird der Umsetzungsstand bei der Erreichung eines Zielpfades in zwei von acht Zielen als viel zu langsam, in vier weiteren als zu langsam, in zwei Feldern (Verbrauch von Erdgas und Verbrauch von Mineralöl) hingegen als erfolgreich eingestuft[144]. Die neueste Projektion des Umweltbundesamtes immerhin hält inzwischen das Erreichen des nationalen Klimaziels bis 2030 für erreichbar[145]. Doch die Herausforderungen sind noch groß, vor allem bei der installierten Elektrolyseleistung, beim Bestand batterieelektrischer Pkw, bei öffentlicher Ladepunkten, bei Windkraft auf See, bei Photovoltaik und beim Bestand an Wärmepumpen[146]. Kritisch fällt auch der Sachstandsbericht des Bundesrechnungshofs aus[147]. In der Summe verdeutlicht die verfügbare Evidenz also deutliche Fortschritte, aber weiterhin einen klaren Handlungsbedarf bei der ökologischen Transformation Deutschlands.

Äußere und innere Sicherheit

Neben den Herausforderungen der ökologischen Transformation hat der russische Angriffskrieg in der Ukraine eine Fehlstelle deutscher Politik über viele Jahre buchstäblich über Nacht offengelegt. Das Themenfeld Sicherheit war ausschließlich auf die innere Sicherheit bezogen, während militärische Sicherheit an die NATO beziehungsweise die USA outgesourct worden ist. Die staatlichen Prioritäten wurden anders gesetzt: In der klassischen »Kanonen oder Butter«-Debatte hatte sich Deutschland strukturell für die »Butter« des Sozialstaats und gegen mehr »Kanonen« für Verteidigung entschieden (▶ Dar. 13). Mit der Zeitenwende des 24. Februar 2022 ist das ganze Ausmaß der faktischen Verteidigungsunfähigkeit Deutschlands offenbar geworden. Obwohl Jahr für Jahr rund 50 Mrd. Euro für die Bundeswehr ausgegeben wurden, war der Zustand der Armee in nahezu jeder Hinsicht desolat, die geforderte »Kaltstartfähigkeit« war nicht gewährleistet. Die Jahresberichte der jeweiligen Wehrbeauftragten waren stets Dokumente des Scheiterns von geplanten Reformen. Der Bericht für das Jahr 2022 formulierte es drastisch so: »Verlautbarungen aus den Reihen höchster Offiziere, die Streitkräfte stünden mehr oder weniger blank da oder die Munition reiche nur für wenige Tage, unterstrichen nochmals die Dringlichkeit, den schon seit Jahren bekannten Mangel in vielen Bereichen der Bundeswehr schleunigst zu beseitigen«. Im Bericht für das Jahr 2023 heißt es resignierend: »Ich komme nicht umhin festzuhalten, dass auch im zweiten Jahr der Zeitenwende substanzielle Verbesserungen bei Personal, Material und Infrastruktur auf sich warten lassen«[148].

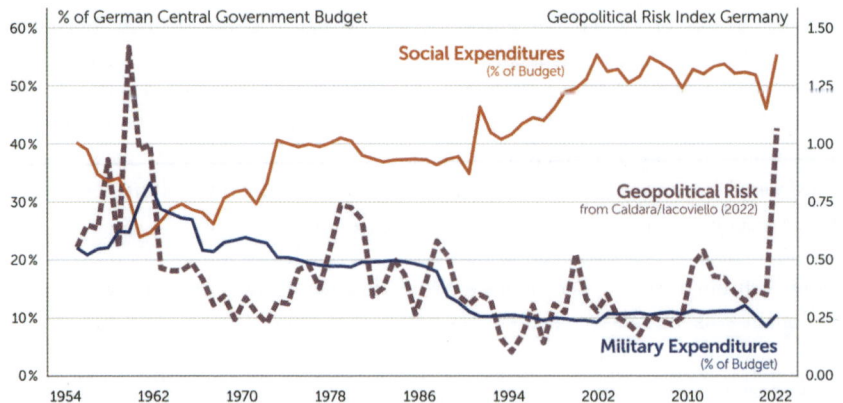

Dar. 13: Sozial- und Verteidigungsausgaben in Deutschland und geopolitische Risiken (Quelle: Johannes Marzian / Christoph Trebesch, Guns vs. Buter in the 21st Century, ifw Kiel, 2024. Die Sozialausgaben sind definiert als die Summe der Ausgaben für Gesundheit, Arbeit, Wohlfahrt, Soziales und Bildung (unter Hinzufügung der Renten des öffentlichen Sektors, sofern die Daten dies erlauben). Die Militärausgaben sind die Summe der Ausgaben der zentralen Regierungsstellen, die für militärische Angelegenheiten zuständig sind, einschließlich der Militärrenten.[149])

Bereits seit vielen Jahren übt zudem der Bundesrechnungshof (BRH) Kritik an der Praxis der Mittelverwendung und der Haushaltsaufstellung für den Verteidigungshaushalt. Er hat u. a. ein Forderungscontrolling vorgeschlagen, weil weniger als ein Viertel der Gesamtausgaben auf verteidigungsinvestive Ausgaben entfielen. Insbesondere kritisiert der BRH, dass »Rüstungsprojekte oder projektbestimmende Eigenschaften durch (wirtschafts-)politische Einflüsse statt durch militärische Forderungen bestimmt« würden, dass »Fähigkeitsforderungen unpräzise beschrieben sowie erst in späteren Projektphasen oder gar nicht präzisiert« würden und dass »die Erfüllbarkeit militärischer Forderungen durch die Industrie falsch eingeschätzt« werde[150]. Hinzu kommt die Besonderheit eines in jeder Hinsicht dysfunktionalen Bundeswehrbeschaffungsamtes, dem der BRH einen seit Jahren »nicht ausreichenden Schutz vor Korruption« attestiert[151].

Die schon seit einigen Jahren geführte Debatte um die Verschränkung von äußerer und innerer Sicherheit muss unter dem Eindruck des Krieges in der Ukraine revidiert werden – übrigens nicht nur in Deutschland, sondern auch in Europa. Schon länger wird ein »comprehensive approach« gefordert. Aber erst der Krieg hat verdeutlicht, dass es sich bei äußerer und innerer Sicherheit vielfach um zwei Seiten einer Medaille handelt. Namentlich die Komplexe der Cybersicherheit und der Cyberverteidigung sind zunehmend miteinander verschränkt und machen nicht an Landesgrenzen halt. Überdies ist die Trennung in äußere und innere Sicherheit im internationalen Vergleich eher ungewöhnlich. In den USA ist stets nur von der nationalen Sicherheit die Rede. Dieser Begriff wird dabei sehr weit gefasst und umschließt stets auch die Frage von strategischer Unabhängigkeit in militärischer und ökonomischer Hinsicht[152].

In der nationalen Sicherheitsstrategie Deutschlands hingegen kommt der Begriff der strategischen Unabhängigkeit nicht vor (sic!). Die Rückkehr der Geopolitik traf das Land offenbar völlig unvorbereitet. Nach der Zeitenwende sind deutsche Politiker »in einer neuen Welt aufgewacht. Globale Strategie ist jetzt gefragt – aber kann das hierzulande überhaupt jemand?«. Die zähen Verhandlungen bis zur Präsentation einer nationalen Sicherheitsstrategie zeigen, wie ungeübt das Land in der Konturierung einer interessegeleiteten Strategieformulierung bisher war und noch immer ist. Dabei zeigte bereits eine Befragung bei den Mitgliedern der Deutschen Gesellschaft für Auswärtige Politik ein klares Bild: »Eine Nationale Sicherheitsstrategie muss klare Prioritäten setzen, die Bedrohungslage analysieren und sich auf strategische Partner konzentrieren. [...] Insgesamt werden Verteidigungsfähigkeit, wirtschaftliche Resilienz und Cybersicherheit als zentrale Prioritäten betrachtet«[153].

Wie eng äußere und innere Sicherheit miteinander verwoben sind, lässt sich auch an der anderen Großkrise der letzten Jahre gut studieren. Die Corona-Pandemie begann als importierte Krise mit dem Einwandern eines Erregers aus Asien nach Europa und Deutschland und entwickelte sich zu einer gesellschaftlichen Großkrise. »Kein anderes Ereignis seit dem 2. Weltkrieg hat die deutsche Gesellschaft als Ganzes in einer solchen Dimension betroffen, was angesichts der Reiseeinschränkungen, Kontaktbeschränkungen und damit einhergehenden Maßnahmen wie vorübergehende Schließungen von Universitäten, Schulen, Kinderbetreuungseinrichtungen, Gastronomie/Hotellerie oder Kultureinrichtungen (z. B. Theater, Museen) deutlich wird«[154]. Diese Einschätzung kontrastiert allerdings mit den Beobachtungen während der Krise. Obwohl in einer Risikoanalysen aus dem Jahr 2012 explizit auch die Gefahren einer Pandemie modelliert und die Folgen und möglichen Gegenmaßnahmen auf mehr als 30 Seiten detailliert ausgeführt wurden[155], waren namentlich die Gesundheitsämter aufgrund einer unzureichenden Datenlage wegen veralteter Methoden eindeutig unvorbereitet für dieses Ereignis. Bedeutsamer aber als eine Einzelkritik am Pandemiemanagement sind die Lektionen für die Zukunft: »Die Corona-Pandemie und die bereits 2012 durchgeführte Risikoanalyse ›Pandemie durch Virus Modi-SARS‹ zeigen jedoch beispielhaft, dass es bisher nicht gelungen ist, einen Wissenstransfer von der Fachebene in die Politik sicherzustellen«[156].

Entscheidend wird also etwa sein, was aus der Sonderkonjunktur des Begriffs »Resilienz« tatsächlich folgen wird: In der diesjährigen Risikoanalyse der Bundesregierung zum Bevölkerungsschutz kommt das Wort Resilienz, meist im Sinne von Widerstandsfähigkeit gemeint, gleich 68-mal vor, in der Stellungnahme des Deutschen Ethikrates 71-mal, in der nationalen Sicherheitsstrategie 24-mal. Optimistisch betrachtet liegt also in der aktuellen Krisensituation eine Chance dafür, dass die Bedeutung von Risikoanalysen zur Vorbereitung auf Extremereignisse deutlich zugenommen hat. Dies gilt zudem nicht nur auf einer konkreten administrativen Ebene, so wichtig dies angesichts zahlreicher Herausforderungen auch ist, sondern auch auf einer übergeordneten, wahrhaft strategischen Ebene. Die Zahl der Papiere auf nationaler wie auch auf europäischer Ebene, die sich mit dem Dreieck von Souveränität, Resilienz und strategischer Autonomie beschäftigen, hat stark zugenommen. Auch dies markiert in Verbindung mit einem allseits zu beobachtenden Verlust an Naivität eine Zeitenwende eigener Art, wenn denn daraus auch die richtigen Ableitungen vorgenommen werden.

Zwischenfazit: Die Rückkehr der Knappheit

Der »Landzustandsbericht« für Deutschland fällt zur Jahreswende 2023/2024 ernüchternd aus. Die Regierung sucht nach gemeinsamen Antworten auf die vielfältigen Herausforderungen. Die Wirtschaft erwartet dringend Wachstumsimpulse, strukturelle Orientierung und Planungsklarheit für die ökonomische und ökologische Transformation. Die Bürger sind verunsichert über die Zukunft des Landes, eher unzufrieden mit der Regierung, sind weniger glücklich als früher, machen sich mehr Sorgen um ihren Wohlstand und protestieren und streiken häufiger und intensiver. Große Fragen von Krieg und Frieden sind wieder präsenter. Die exogenen geopolitischen Schocks, die Folgen des Klimawandels und auch der ökonomische Stillstand fressen sich tiefer in Wirtschaft und Gesellschaft hinein. Dies birgt mit Blick auf eine faktisch schon fünfjährige Wachstumspause, zunehmende Verteilungskämpfe und die anstehenden Wahlen zum Europäischen Parlament und drei Landtagswahlen in Ostdeutschland das Potenzial für innen- und außenpolitisch weiter ungemütliche Zeiten. In einem Satz: Die Zeitenwende ist Deutschland bisher nicht gut bekommen.

Das Ende der Niedrigzinspolitik der EZB, die zu spät und daher heftiger als bei einer rascheren Reaktion eigentlich erforderlich korrigiert werden musste, hat das Geld- und Kreditangebot verknappt und verteuert. Kriege und gestörte Lieferketten verteuern und verknappen das Angebot an Rohstoffen, Gütern und Produktionsmitteln. Die Ausgaben für nationale Sicherheit steigen und binden knappe und durch Verschuldung nur begrenzt vermehrbare Haushaltsmittel, die für andere staatliche Leistungen nicht mehr zu Verfügung stehen können. Die überfällige Bepreisung des Umweltverbrauchs schmälert die verfügbaren Einkommen der Haushalte und verteuert die energieintensive Produktion. Die Demografie verknappt das Angebot an Arbeitskräften allgemein und an Fachkräften im Besonderen. Tarifauseinandersetzungen um Arbeitszeitverkürzungen bei vollem Lohnausgleich gesellen sich hinzu. Die Inflation hat sich zwar deutlich zurückgebildet, ist aber gekommen, um zu bleiben. Die öffentlichen Haushalte ächzen unter sozialstaatlichen und transformationsbezogenen Belastungen. Aber das Sparen als der eineiige Zwilling der Knappheit ist eine ungeübte Disziplin für die Politik, wie die Reaktionen auf das Verfassungsgerichtsurteil zur Schuldenbremse am 15. November 2023 eindringlich gezeigt haben.

Das gleich vierfache Doping der vergangenen Dekaden – Energiedoping, Friedensdoping, Schuldendoping, China-Doping – hat seine stimulierende Wirkung verloren. Eine SWOT (**S**trenghts, **W**eaknesses, **O**pportunities, **T**hreats)-Analyse für das Land zeigt daher mehr Schatten als Licht (▶ Dar. 14). Zu den langjährigen strukturellen Wachstumsblockern des Landes bei Bildung, Demografie, Bürokratie, Digitalisierung, Sozialstaat, Migration und Infrastruktur gesellt sich die reale Gefahr einer standortverlagernden Deindustrialisierung. Diese vollzieht sich nicht über Nacht, sondern schleichend. Sie betrifft nicht nur die Industrie, sondern das gesamte »Geschäftsmodell Deutschland« mit seinem oft familiengeführten Mittelstand als »Ausrüster der Welt«. Die Standortdebatte gehört deshalb wieder auf die ersten Plätze in der politischen Agenda. Die unbedingte Stärkung der Wachstumsfaktoren Arbeit, Kapital und technischer Fortschritt ist absolut prioritär. Deshalb muss die amtierende Koalition für den Rest der Legislatur der Wertschöpfung absoluten Vorrang vor dem Verteilen geben.

Deutschland ist damit – wie nach der Wiedervereinigung – wieder an einem historischen Wendepunkt angelangt. Das erfordert von Bürgern und Staat Verhaltensanpassungen, denn es kommt derzeit – nicht nur gefühlt, sondern bereits sehr real – gleich in mehrfacher Hinsicht zu einer Rückkehr der Knappheit. Es gibt ein lange nicht mehr gekanntes Spannungsverhältnis zwischen der Unbegrenztheit der Bedürfnisse auf der einen Seite und der Knappheit von Ressourcen, Gütern und Finanzen andererseits. Der »kalte Stern der Knappheit« (Erich Schneider)[157] leuchtet wieder über uns allen. Daraus können aber schon jetzt zwei ermutigende Lehren gezogen werden. Erstens haben die zahlreichen staatlichen Maßnahmen zur Krisenbewältigung den Sinn dafür geschärft, welche überragende Bedeutung

Preise als Lenkungsinstrument für nötige Verhaltensanpassungen haben. Der Preis sendet Signale sowohl an die Anbieter als auch an die Nachfrager von Gütern und Dienstleistungen aus und lenkt den Strukturwandel. Unter den konstituierenden Prinzipien einer regelgebundenen Sozialen Marktwirtschaft nach Walter Eucken ist deshalb die Herstellung eines funktionsfähigen Preissystems das zentrale Grundprinzip.

SWOT-Analyse Deutschland

Stärken	Schwächen
• Industrielles Geschäftsmodell, Mittelstand, Hidden Champions • Duale Ausbildung, Fachkräftequalifizierung • Gutes Innovationsökosystem, wirksamer Patentschutz • Relativ geringe Ungleichheit • Relative Haushaltsstabilität	• Unternehmenssteuern, Arbeitskosten, Sozialabgaben • Investitionsschwäche, Infrastruktur, Modernitätsgrad des Kapitalstocks • Demografie-Vulnerabilität, Kosten der sozialen Sicherung • Teures Gesundheitssystem • Energieabhängigkeit und -kosten • Gründungsraten, Wagniskapital • Bürokratie, unterdigitalisierter öffentlicher Sektor • Föderales Schulsystem • Landesverteidigung, Sicherheit
Risiken	**Chancen**
• KI-Nachzüglerschaft • Verbrenner-Aus in der Automobilindustrie • Energiekosten Chemie- und Grundstoffindustrie • Hohe Zuwanderung mit niedriger Produktivität und schlechter Integration • Desintegration der Weltwirtschaft • Politische Destabilisierung	• Technologieführerschaft bei industrieller Dekarbonisierung • Steigende öffentliche und private Investitionsvolumina • Kapitalmarkt, Finanzplatz und Transformationsfinanzierung

Dar. 14: SWOT-Analyse Deutschland

Zweitens wird mehr und mehr Bürgern klar, dass eine Knappheitsbeseitigung mehr und nicht weniger wirtschaftliche Aktivität und letztlich auch die Bemühungen um Wachstum voraussetzt. Der Gedanke an das Stoppen oder das Umkehren des Wirtschaftswachstums (»Degrowth«) ist zwar in einigen progressiven Kreisen in den letzten zehn Jahren in Mode gekommen. Die derzeitige Wachstumspause in Deutschland zeigt aber, dass für den Rückgang des Lebensstandards durch Degrowth nicht nur ein ökonomischer Preis zu zahlen ist. Hinzu gesellt sich auch ein hoher politischer Preis, wenn Stagnation und Stillstand zu mehr Polarisierung des politischen Meinungsspektrums führen. Und immer klarer wird: Zur Lösung des Klimawandels ist gerade Wachstum erforderlich, da es viel Wirtschaftsleistung braucht, um unsere fossilen Energiequellen durch Solar- und Windenergie und Batterien zu ersetzen. Wollen wir also ökonomisch und ökologisch zukunftsfähig sein, muss auf längere Zeit ein größerer Teil unseres Sozialprodukts für technischen Fortschritt und ein geringerer Teil für konsumtive Staatsleistungen aufgewendet werden. Wie das gelingen kann, zeigen die beiden nächsten Kapitel.

3 Leitplanken für eine neue Politik: Vier »Reiter der Ertüchtigung«

Die geopolitischen, transformativen und ökonomischen Herausforderungen für Deutschland gehen über jene hinaus, die mit der Verwirklichung der deutschen Einheit verbunden waren. Der multiple Stresstest für das Land kann deshalb auch nicht durch eine Zeitenwende-Rhetorik bestanden werden. Die Politik muss vielmehr neue Prioritäten setzen, die aber nicht nur auf einer operativen und technokratischen Ebene bearbeitet werden müssen. Denn der im vorigen Kapitel beschriebene Zustand des Landes ist ja auch Ausdruck der von uns Bürgern gewählten jeweiligen Repräsentanz unserer an den Wahlurnen zum Ausdruck gebrachten Präferenzen. Es ist deshalb auch nicht die Aufgabe der Politik allein, sondern von uns allen, aus der Krise herauszukommen. Dies wird aber nicht ohne eine grundlegende Neuvermessung des Verhältnisses zwischen uns Bürgern und unserem Staat gelingen. Dieses Verhältnis ist – nicht nur durch die multiplen Krisen, aber dadurch deutlich beschleunigt – zunehmend angespannt und belastet: Einerseits durch die Bürger, die zu viel erwarten, andererseits durch ihren Staat, der ihnen zu viel, manchmal auch das Falsche verspricht und oft das Versprochene nicht halten kann.

Etwas ist aus der Balance geraten bei diesem Geben und Nehmen, und dies nicht erst seit den Krisenjahren. Entsprechend lange wird es auch dauern, bis langfristige Fehlentwicklungen korrigiert werden können. Dazu bedarf es zunächst völlig jenseits einer Ruck- und Wende-Rhetorik einer grundsätzlichen Erinnerung daran, dass jede tiefgreifende Krise auch Chancen zu einer Besinnung und Neujustierung mobilisieren kann. Erst recht muss das auch für eine Zeitenwende-Krise gelten können. Doch dieser grundständige Optimismus ist hoch voraussetzungsvoll – und er kann sich auch als Illusion erweisen. Es ist keine gute Zeit für Optimisten, wie die nur wenigen und ganz zaghaften Versuche in der Medienlandschaft zeigen, einmal nur gute Nachrichten zu verbreiten. Aber: »Da man sowieso denkt, kann man auch gleich positiv denken« (A. Lienhard). Deshalb werden hier einige Argumente, Fakten und manchmal auch nur Wahrnehmungen präsentiert, warum sich die Bürger und ihr Staat voneinander entfernt haben und wie sie sich vielleicht wieder stärker aufeinander zubewegen könnten.

Für diese Neujustierung bedarf es aber zunächst einiger allgemeiner normativer Leitplanken, die auch als Reling dienen sollen, an denen sich eine Zukunftserzählung festhalten kann. Diese Erzählung macht sich ein gleichsam »invertiertes« Bild aus der Bibel zunutze: Bekanntlich wurde im 6. Kapitel der Offenbarung des Johannes die Ankunft der vier apokalyptischen Reiter Pest, Krieg, Teuerung und Tod geweissagt. Nun ist die Lage in Deutschland zwar sorgendurchwirkt, aber keinesfalls apokalyptisch. Gerade deshalb soll dem Bild der vier apokalyptischen Reiter ausdrücklich ein Chancen-Bild gegenübergestellt werden. Dazu werden vier »Reiter der Ertüchtigung« beschrieben, deren (Re-)Vitalisierung Deutschland vom beschriebenen Mehltau befreien kann. Dabei handelt es sich um grundsätzliche Erwägungen, ohne die das überstrapazierte und belastete Verhältnis zwischen Bürger und Staat nicht entkrampft und wieder produktiver gestaltet werden kann. Diese vier »Reiter der Ertüchtigung« sind:

- mehr Eigenverantwortung und Subsidiarität,
- mehr Produktivität und Effizienz,
- eine klare Priorisierung und De-Priorisierung sowie
- mehr Resilienz und Autonomie[158].

Anhand dieser vier »Reiter der Ertüchtigung« wird dargelegt, warum deren Vernachlässigung einen bedeutenden eigenständigen Beitrag zum gegenwärtigen Zustand des Landes geleistet hat. Aus einer wettbewerblichen Sozialen Marktwirtschaft mit einem vorsorgenden Sozialstaat ist im Ergebnis inzwischen eher eine »Betreute Marktwirtschaft« geworden, in der staatliches Handeln immer dominanter wird. Die grundsätzlichen Erwägungen dieses Kapitels sind deshalb die erforderliche Vorarbeit für die zehn Handlungsfelder des nächsten Kapitels. Sie beschreiben ein verändertes Zusammenwirken von Bürgern, Wirtschaft und Staat, damit die Zeit der wechselseitigen Überforderung einer Zeit der Koproduktion von Aufbruch, Zusammenhalt und neuer Prosperität weichen kann. Dieser Aufbruch ist auch psychotherapeutisch gut begründbar: »Der Wert des Nachvorneschauens, des Andersmachens wird unterschätzt. [...] Als Gesellschaft können wir es uns heute leisten, Optionen auszuprobieren. Das hat dazu geführt, dass man sich seinen Bedürfnissen und Gefühlen zuwenden kann und weniger funktionieren muss. Mittlerweile ist es ein Tabu zu sagen: Jetzt reiß dich mal zusammen und leg los!«[159] Wohlan denn – legen wir los!

Reiter 1: Eigenverantwortung und Subsidiarität

»Es ist so bequem, unmündig zu sein«
(Immanuel Kant)

Das wichtigste Fundament für eine neue Balance zwischen Bürger und Staat ist ein Mehr an *Eigenverantwortung* für die Bürger. Dies beginnt und verbleibt naturgemäß im empirisch Unscharfen. Immerhin gibt es aber Versuche einer empirischen Operationalisierung von Eigenverantwortung. Zum einen werden in der beruflichen Arbeit fünf verschiedene Persönlichkeitsmerkmale (»Big Five«) unterschieden: Extraversion, Verträglichkeit, Gewissenhaftigkeit, emotionale Stabilität, Offenheit. Zum anderen zeichnete Douglas McGregor mit der XY-Theorie zwei Menschenbilder: Während der Theorie X die Annahme zugrunde liegt, der Mensch sei unwillig und faul, unterstellt Theorie Y genau das Gegenteil: Der Mensch sei engagiert und aus sich selbst heraus motiviert. Mit beiden Konzepten aus der Wirtschaftspsychologie werden Facetten für die Arbeitswelt und die mit der Eigenverantwortung assoziierte Autonomie bei der Gestaltung von Arbeitsprozessen entwickelt. Allerdings ergibt sich bisher noch kein konsistentes empirisches Bild, auch weil sich demoskopische und analytische Konzepte teilweise widersprechen[160].

Die Befassung mit der Bedeutung von Eigenverantwortung für ein Staatswesen geht aber über eine empirische Ebene hinaus und greift naturgemäß auch normative Überlegungen auf. Denn an diesem Begriff lassen sich auch gesellschaftspolitische Leitverankerungen für das Verhältnis von Bürgern und Staat festmachen. Aus einer eher marktwirtschaftlichen Perspektive gibt es einen engen Zusammenhang zwischen einer auf Freiheit und Eigenverantwortung in einer arbeitsteiligen Gesellschaft basierenden Werteordnung. In dieser werden die jeweils gestellten Aufgaben zunächst und möglichst in eigener und zurechenbarer Verantwortung und Eigeninitiative gelöst[161]. Aus einer eher sozialstaatsfreundlichen Position wird hingegen von multiplen »Paradoxien« des Rufs nach mehr Eigenverantwortlichkeit gesprochen. Prototypisch für das beträchtliche Ideologiepotenzial von Begriff und Konzept mag die Leitfrage eines Herausgebers einer Publikation aus dem Jahr 2006 stehen: »Warum ist es gerade die Verantwortungskategorie, die seit geraumer Zeit als Heilmittel für die sozialen Probleme der Zeit empfohlen wird? Zu welchen Lösungen im zivil- und bürgergesellschaftlichen Bereich kann das Verantwortungsprinzip beitragen?«[162].

Nicht von ungefähr datieren die meisten Publikationen zum Thema Eigenverantwortung auf die Zeit der Hartz-Reformen vor rund zwanzig Jahren. Ein allgemein akzeptiertes Verständnis dessen, was Eigenverantwortung ist und was es bedeutet, gibt es naturgemäß nicht, denn es handelt sich nicht um ein naturwissenschaftliches Konzept. Diese Unschärfe setzt sich leider auch in der Demoskopie fort: Nach einer Allensbach-Befragung aus dem Jahr 2019 halten 70 Prozent der Befragten das Item »Eigenverantwortung, Verantwortung für sich und sein Handeln« auf der persönlichen Ebene für »ganz besonders wichtig«. Hingegen halten nur 19 Prozent der Antwortenden dieses Item für auf der Ebene der Gesellschaft als »weit verbreitet oder als von den Menschen für wichtig erachtet«. Bei keinem anderen der insgesamt 21 abgefragten Items ist die Differenz zwischen der individuell und der gesellschaftlich wahrgenommenen Bedeutsamkeit so groß. Gleichzeitig rangiert die »Eigenverantwortung« nach »Freunde«, »Familie« und »Unabhängigkeit in der Lebensgestaltung« schon an vierter Stelle der individuellen Werte. Gefragt nach den Werten, von denen eine gute Entwicklung der Gesellschaft abhänge, liegt die Eigenverantwortung mit 75 Prozent in der oberen Hälfte der 24 Werte-Items.

Das Grundproblem jeder Bürgerbefragung ist jedoch die soziale Erwünschtheit von Antwortvorgaben. Die Bewertung der Erwünschtheit von Eigenverantwortung unterscheidet sich in einer Reihe von Faktoren je nach soziodemografischem Hintergrund: Sie ist jeweils größer bei Befragten aus den alten Bundesländern, mit höherem Einkommen und höherem Bildungsniveau bzw. Sozialstatus, bei politisch Interessierten und bei Eltern unter 60 Jahren mit einem gehobenen Sozialstatus. Immerhin gut die Hälfte der Befragten denkt, dass mehr Verantwortungsübernahme und weniger Erwartungen an den Staat wichtig für eine positive Entwicklung der Gesellschaft wären. Gut drei Viertel schätzen Eigenverantwortung als einen wichtigen Wert für sich ein. Je höher der sozioökonomische Status ist, desto häufiger wird Eigenverantwortung als wichtig für eine gelungene Zukunft eingeschätzt[163].

Zusätzliche Befunde zum allgemeinen Zufriedenheitslevel in Deutschland und einige Besonderheiten im internationalen Vergleich liefert der European Values Survey. Danach zählte Deutschland 2022 zu den Ländern mit einer hohen »life satisfaction«, die positiv mit dem »locus of control« – sozusagen der Kontrolle über das eigene Leben – korreliert ist. Mehr Kontrolle über das eigene Leben erhöht also die Lebenszufriedenheit. Gleichzeitig führt Deutschland aber die Rangliste der Länder mit einem hohen Anteil der Bevölkerung an, die sich selbst als postmaterialistisch einstuft (▶ Dar. 15). Zwischen der allgemeinen Wohlfahrt und der Verbreitung von Postmaterialismus besteht ein positiver Zusammenhang: Je wohlhabender ein Land ist, umso höher ist der Anteil der postmaterialistisch eingestellten Bevölkerung. Dazu passt auch, dass Deutschland zu den Ländern mit einem eher niedrigen Score für mehr Eigenverantwortung gegenüber mehr Staatsverantwortung zählt. Auch der Score, ob Wettbewerb eher gut oder eher »harmful« ist, fällt in Deutschland nur unterdurchschnittlich aus.

Die vorstehenden Befunde zeigen zweierlei: Erstens endet die Demoskopie gestützte Empirie zur Eigenverantwortung überwiegend im Jahr 2019, häufig sogar noch deutlich früher. Es gibt, obwohl dies eigentlich dringend erforderlich wäre, leider keine neue Nullmessung zu verschiedenen Dimensionen der Werte und deren Verschiebungen im Gefolge der Großkrisen Corona, Migration und Krieg[164]. Ohne die Demoskopie als diagnostische Basis für politisches Handeln überschätzen zu wollen, so wäre doch eine aktuelle Diagnostik eine notwendige Basis für zielgenaueres Handeln, wenn man dem Thema Eigenverantwortung als einem Grundsatz für politisches Handeln wieder mehr Bedeutung verschaffen möchte. Zweitens ersetzt auch eine möglichst gute Befundung nicht den politischen Willen, möglicherweise als falsch erkannte Entwicklungen zu korrigieren. Vor mehr als 20 Jahren, am 14. März 2003, kündigte der damalige Bundeskanzler Gerhard Schröder zunächst unscheinbare, aus heutiger Sicht aber grundstürzende Reformen des Arbeitsmarktes an: »Wir werden Leistungen des Staates kürzen, *Eigenverantwortung fördern* (Hervorh. d. Verf.) und mehr Eigenleistung von jedem Einzelnen abfordern müssen. Alle Kräfte der Gesellschaft werden ihren Beitrag leisten müssen: Unternehmer und Arbeitnehmer, freiberuflich Tätige und auch Rentner. Wir werden eine gewaltige gemeinsame Anstrengung unternehmen müssen, um unser Ziel zu erreichen«[165]. Eine solche Debatte über die Bedeutung von Eigenverantwortung für die gesellschaftliche Entwicklung wird bisher regierungsseitig aber noch nicht geführt.

3 Leitplanken für eine neue Politik: Vier »Reiter der Ertüchtigung«

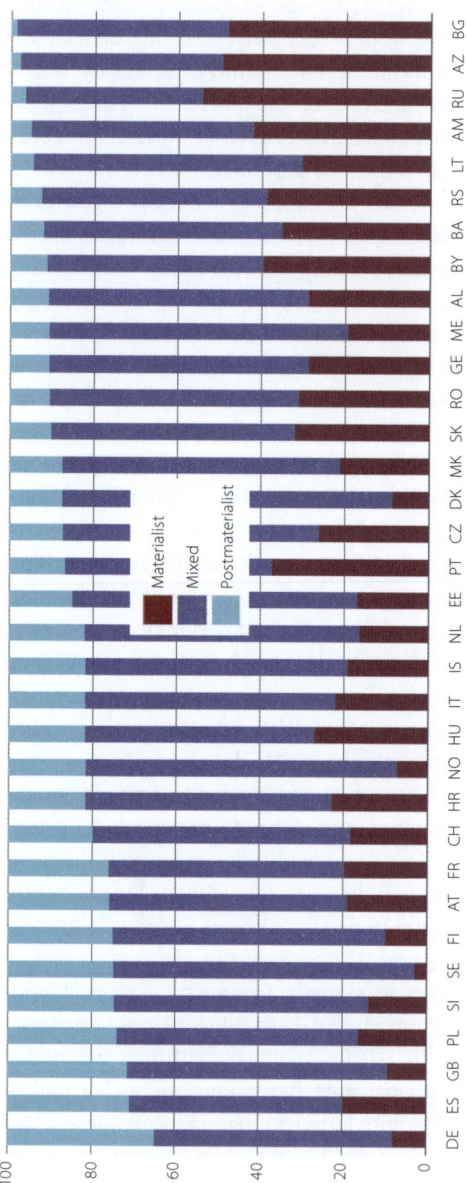

Dar. 15: Materialismus und Postmaterialismus: Prozentsatz der Personen, die sich als postmaterialistisch, materialistisch oder gemischt einstufen (Quelle: Loek Halman / Tim Reeskens / Inge Sieben / Marga van Zundert: Atlas of European Values: Change and Continuity in Turbulent Times European Values Series, Volume 1, Tilburg 2022, S. 50.)

Für die erforderliche Diskussion über eine grundsätzliche Neuausrichtung von Politik in Deutschland bedarf es neben einer Stärkung der Eigenverantwortung auch eines wieder geschärften Verständnisses für den Grundsatz der *Subsidiarität*. In gewisser Weise sind Eigenverantwortung und Subsidiarität noch eher siamesische Zwillinge als die aus liberaler Perspektive gern betonte Einheit von Eigenverantwortung und Freiheit. Die Kopplung von Eigenverantwortung an die Freiheit ist zwar dogmengeschichtlich ebenfalls mehr als naheliegend, aber auch belastet durch ein beträchtliches Polarisierungspotenzial auf der begrifflichen Ebene. Der Begriff der Freiheit als Gegenpol zur sozialen Gerechtigkeit gerät – häufig unverdientermaßen – sehr schnell unter einen Ideologieverdacht. Dazu trägt bei, dass für den Liberalismus grundlegende Werke der Gesellschaftswissenschaften häufig auf ihre sozialstaatskritischen Passagen reduziert und mit dem Verdikt neoliberal belegt werden. Dazu laden manche Werke aber auch ein. Kundige Kritiker des Liberalismus bemühen sich daher um eine differenzierte Würdigung einer als »neoliberal« gekennzeichneten Kritik an der Interpretation von sozialer Gerechtigkeit und der daraus folgenden Ablehnung eines zu stark ausgebauten Sozialstaates[166].

Aus diesem Grund wird hier statt einer weiteren Exegese des Zusammenhangs zwischen Eigenverantwortung und Freiheit der Bedeutung der Subsidiarität für die Stellung von Eigenvorsorge und Eigenverantwortung in modernen Gesellschaften nachgegangen. Zwar ist auch dieses Konzept Gegenstand zahlreicher Ausarbeitungen, doch ist es deutlich enger in seinem Ursprung und deutlich weniger breit in seiner Ausdeutung als der Begriff der Freiheit. Es gelingt auch leichter eine definitorische Einhegung. Ausgangspunkt dafür ist die Sozialenzyklika »Quadrogesimo Anno« von Papst Pius XI. als einzige höchstlehramtliche Verlautbarung über die Geltung des Subsidiaritätsprinzips für die Kirche: »Wie dasjenige, was der Einzelmensch aus eigener Initiative und mit seinen eigenen Kräften leisten kann, ihm nicht entzogen und der Gesellschaftstätigkeit zugewiesen werden darf, so verstößt es gegen die Gerechtigkeit, das, was die kleineren und untergeordneten Gemeinwesen leisten und zum guten Ende führen können, für die weitere und übergeordnete Gemeinschaft in Anspruch zu nehmen; zugleich ist es überaus nachteilig und verwirrt die ganze Gesellschaftsordnung. Jedwede Gesellschaftstätigkeit ist ihrem Wesen und Begriff nach subsidiär; sie soll die Glieder des Sozialkörpers unterstützen, darf sie aber niemals zerschlagen oder aufsaugen«[167].

Diese päpstliche Doktrin aus dem Jahr 1931 markiert den Beginn einer Wirkungsgeschichte, die sich u. a. auch im Sozialwort der deutschen Kirchen »Für eine Zukunft in Solidarität und Gerechtigkeit« aus dem Jahr 1997 als »Prinzip von unten« Bahn gebrochen hat: »Treffend ist Subsidiarität mit Vorfahrt für Eigenverantwortung übersetzt worden«. Auch wird eine begriffliche Abgrenzung zwischen Subsidiarität und Solidarität vorgenommen: »Bei der Subsidiarität geht es darum, die Einzelpersonen und die untergeordneten gesellschaftlichen Ebenen zu schützen und zu unterstützen, nicht jedoch, ihnen wachsende Risiken zuzuschieben. Subsidiarität und Solidarität, Subsidiarität und Sozialstaat gehören insofern zusammen. Subsidiarität heißt: zur Eigenverantwortung befähigen, Subsidiarität heißt nicht: den einzelnen mit seiner sozialen Sicherung allein lassen«[168]. Später im Text wird auch das Verhältnis zum staatlichen Paternalismus adressiert: »Das Prinzip der Subsidiarität ernst zu nehmen bedeutet, Abschied zu nehmen von dem Wunsch nach einem Wohlfahrtsstaat, der in paternalistischer Weise allen Bürgerinnen und Bürgern die Lebensvorsorge abnimmt. Demgegenüber gilt es, Eigenverantwortung und Eigeninitiative zu fördern« (ebd., S. 50).

Es lohnt sich, an diesen Konsens der beiden Kirchen zu erinnern, der inzwischen gut ein Vierteljahrhundert alt ist. Es darf mit Recht bezweifelt werden, dass diese Formulierungen auch heute noch so gewählt werden würden[169].

Gerade weil es von dieser theologischen Fundierung und Bekräftigung des Subsidiaritätsprinzips bis zur heutigen Sozialstaatspraxis ein weiter Weg ist, gilt es deshalb um so mehr auf die dem Subsidiaritätsprinzip innewohnende Funktion einer »Sozialstaatsbremse« zu verweisen. Dies gilt dezidiert und zunehmend mit Blick auf die Entwicklungen auf europäischer Ebene: Zwar wird unter Verweis auf das Subsidiaritätsprinzip bisher überwiegend noch auf eine weitergehende Ausgestaltung der Sozialpolitik auf europäischer Ebene verzichtet. Ursprünglich sollte mit dem Begriff der Subsidiarität im Vertrag von Maastricht sichergestellt werden, dass die EU in den Bereichen, die nicht in ihre ausschließliche Zuständigkeit fallen, nur nach dem Subsidiaritätsprinzip tätig wird, sofern und insoweit die Ziele der in Betracht gezogenen Maßnahmen auf Ebene der Mitgliedstaaten nicht ausreichend erreicht werden können.

Nach den EU-Verträgen gibt es einen Mechanismus der Subsidiaritätskontrolle, wonach die nationalen Parlamente in den Fällen, in denen nach ihrer Auffassung ein Gesetzesvorschlag gegen den Grundsatz der Subsidiarität verstößt, ihre Ansichten im Rahmen des Mechanismus der Subsidiaritätskontrolle äußern können. Dieser gelangte aber bisher selten zur Anwendung. Es wurde erst drei Mal eine »gelbe Karte« (Überarbeitungsbedarf) und noch nie eine orange Karte (Verfahrensstopp) gezeigt. Die EU hat keine ausschließliche Zuständigkeit etwa für sozialpolitische Belange, sondern sie teilt sich die Zuständigkeit mit den Mitgliedstaaten in diesem und einigen anderen Politikbereichen. »In den Bereichen, die nicht in die ausschließliche Zuständigkeit der EU fallen, soll das Subsidiaritätsprinzip die Entscheidungs- und Handlungsfähigkeit der Mitgliedstaaten schützen und das Tätigwerden der Union dann legitimieren, wenn die Ziele einer Maßnahme ›wegen ihres Umfangs oder ihrer Wirkungen‹ von den Mitgliedstaaten nicht ausreichend verwirklicht werden können, sondern auf Unionsebene besser zu verwirklichen sind«[170].

Folgerichtig sind die Instrumente, die in der europäischen Sozialpolitik zum Einsatz kommen, überwiegend regulativer Art: Die EU operiert hauptsächlich mit Geboten (z. B. Mindeststandards) und Verboten (z. B. Diskriminierungsverbot), weichen Steuerungsinstrumenten (»soft governance«) sowie der Offenen Methode der Koordinierung. Für eine umverteilende Sozialpolitik mit umfangreichen Transferzahlungen (wie Altersrenten) und Dienstleistungen (etwa im Gesundheitsbereich) besitzt die Europäische Union weder die Kompetenzen noch die rechtlichen Instrumente. Dieser zentrale Teil von Sozialpolitik liegt nach wie vor in der alleinigen Regelungskompetenz der Mitgliedstaaten der EU. Doch die Tendenz einer schleichenden Vergemeinschaftung sozialpolitischer Standards durch Richtlinien (z. B. zu Mindestlöhnen, Telearbeit, Plattformarbeit, Entsenderichtlinie, Lieferkettengesetz etc.) ist unübersehbar:

Spätestens mit der Billigung der »Europäischen Säule sozialer Rechte« beim EU-Sozialgipfel in Göteborg 2018 wurde das Spielfeld für Subsidiarität enger und jenes für sozialpolitische Initiativen der Kommission verbreitert. Durch diese ambitionierte Zielbestimmung wurde die Europäische Sozialcharta des Jahres 1961 weiter fundiert. Es sollten neue Prinzipien entwickelt werden, um »challenges arising from societal, technological and economic developments« begegnen zu können. Diese sollten »at both Union level and Member State level within their respective competences« umgesetzt werden, dabei aber die »principles of subsidiarity and proportionality« wahren: »In particular, the establishment of the European Pillar of Social Rights does not affect the right of Member States to define the fundamental principles of their social security systems and manage their public finances, and must not significantly affect the financial equilibrium thereof«[171].

Doch das ist nicht das Ende der Geschichte: Der Sozialgipfel von Porto 2021 brachte eine Einigung auf die von der Kommission vorgeschlagenen Kernziele europäischer Sozialpolitik: hohe Beschäftigungsquoten, eine Fortbildungsgarantie und ein gezielter Kampf gegen Armut. Außerdem wurde die Tür dafür geöffnet, dass zusätzlich zu den Mitteln aus den bereits bestehenden Sozialfonds auch Ressourcen aus dem Aufbauinstrument »NextGenerationEU« mit einer Größenordnung von 750 Mrd. Euro für eine sozialpolitische Konvergenz genutzt werden können. Insbesondere die neue, aber zeitlich befristete »Aufbau- und Resilienzfazilität« (RRF – Recovery and Resilience Facility) als Herzstück von NextGenerationEU trat damit neben die bis Ende 2022 befristete Aufstockung der europäischen Strukturfonds aus dem Aufbaufonds REACT-EU im Umfang von 47,5 Mrd. Euro und neben die Mittel aus dem Europäische Sozialfonds (ESF+) mit einem Volumen von 88 Mrd. Euro als weiterhin traditionellem Hauptinstrument, um die Europäische Säule sozialer Rechte in die Praxis umzusetzen.

In Deutschland wurde das Subsidiaritätsprinzip erst spät im Zusammenhang mit dem Maastricht-Vertrag im Jahr 1992 als neuer Art. 23 in das Grundgesetz aufgenommen[172]. Angesichts einer seither verblassten Strahlkraft dieses Prinzips und eines »Verfassungsgerichtspositivismus [...] mit einem kooperativen Föderalismus, der die Eigenverantwortung der Länder dem sanften Würgegriff des finanz- und regelungsstärkeren Kooperationspartners auslieferte«, besteht aber Grund zur Wachsamkeit. Denn mit Blick auf faktische weitere Vergemeinschaftungstendenzen mit Forderungen nach einer »European Social Union«[173] stellt sich zunehmend auch für die europäischer Ebene die Frage, wie sich das Verhältnis von Bürger und Staat entwickelt. Deshalb ist dringend auch auf dieser Ebene auf ein erneuertes Problembewusstsein für die Bedeutung von Eigenverantwortung und Subsidiarität hinzuwirken, soll es nicht auch hier zu einer weiteren Überdehnung kommen. Dafür gibt es bewährte und gute ordnungspolitische, ordnungsökonomische und fiskalföderalistische Argumente[174].

3 Leitplanken für eine neue Politik: Vier »Reiter der Ertüchtigung«

Die institutionelle Revitalisierung von Eigenverantwortung und Subsidiarität ist damit der erste »Reiter der Ertüchtigung« unseres Gemeinwesens[175]. In einer ausdifferenzierten Gesellschaft mit organisierten Partikularinteressen ist dies ein ambitioniertes Ziel[176]. Für einen solchen Leitbildwechsel bedarf es zweier essenzieller Voraussetzungen: Erstens braucht es demokratisch herbeigeführte Mehrheiten dafür, den beiden in den Hintergrund politischen Handelns getretenen Grundsätzen wieder vermehrt Wahrnehmung und Alltagsgeltung zu verschaffen. Zweitens liegt die zentrale Herausforderung darin, im Alltagshandeln zwischen Bürger und Staat die Folgen und Vorteile einer Ertüchtigung des Gemeinwesens erfahrbar zu machen. Dies verweist ganz wesentlich auf die Qualität und Effektivität der staatlichen Leistungserbringung und der Daseinsvorsorge. Gleichzeitig muss die Partizipation der Bürger bei staatlichen Entscheidungen vor der Engführung zwischen »Not in my Backyard« einerseits und Bürgerferne andererseits bewahrt werden. Es geht also um nichts weniger als um die Kunst einer grundsatzfesten Politikgestaltung auf den unterschiedlichen föderalen Ebenen unseres Landes.

Diese Grundsatzfestigkeit erfordert aber noch eine vorgeschaltete Diskussion über die Frage, auf welchen Gerechtigkeitsvorstellungen eine stärker auf Eigenverantwortung und Subsidiarität basierende Politikgestaltung eigentlich beruht. Die Debatte um konkurrierende Gerechtigkeitskonzepte ist naturgemäß stets auch normativ. Sie muss aber geführt werden, wenn es um das grundlegende Verhältnis von Bürger und Staat geht. Denn je nach den vorherrschenden Gerechtigkeitsvorstellungen werden in unterschiedlichem Maß unterschiedliche Antworten auf die Frage gegeben werden, was an Aufgaben des Bürgers und was des Staates ist. Zugespitzt formuliert steht hier die Philosophie des »You'll never walk alone« dem Grundsatz gegenüber, dass Krisen auch zu meisternde Herausforderungen und Chancen für Veränderungen sind. Ausweislich der langfristigen Entwicklung der Sozialausgaben und auch insbesondere der Staatsausgabenentwicklung seit der Pandemie und seit dem Ukrainekrieg hat sich die Politik bisher offenbar eher für die erste Variante entschieden.

Diese Entwicklung hat auch mit der Interpretation verschiedener Gerechtigkeitskonzepte im politischen Willensbildungsprozess zu tun, der sich in den unterschiedlichen Markenkernen der regierenden Ampelkoalition – leicht stilisiert: »soziale Gerechtigkeit« (SPD), »ökologische Nachhaltigkeit« (GRÜNE) und »wirtschaftliche Prosperität« (FDP) – widerspiegelt. Bisherige Bevölkerungsbefragungen zeichnen ein deutliches Bild der bestehenden Gerechtigkeitspräferenzen der verschiedenen Regierungsparteien: SPD-Wähler bevorzugen stärker ein Gleichheitsprinzip, GRÜNE votieren stärker für Bedarfsgerechtigkeit und die Zuteilung von Gütern entsprechend der grundlegenden Bedürfnisse der Menschen, für FDP-Wähler ist das Leistungsprinzip richtungsgebend[177]. Ein kurzer Blick auf die verschiedenen Gerechtigkeitskonzepte in der Literatur macht deutlich, dass es konkurrierende Gerechtigkeitsvorstellungen gibt, die bei einer fehlenden Balance in der politischen Willensbildung einen eigenständigen Beitrag zu den im ersten Kapitel geschilderten Fehlentwicklungen leisten können[178]:

- *Bedarfsgerechtigkeit*: Eine zentrale und unumstrittene Gerechtigkeitsidee bezieht sich auf die Sicherung des Existenzminimums und der menschlichen Grundbedürfnisse. Umstritten ist dabei jedoch, welche Bedarfe in reichen Industriestaaten zu befriedigen sind. Die Bedarfsgerechtigkeit wird in der deutschen und europäischen Sozialstaatsdebatte einkommensbezogen gemessen. Danach wird eine Armutsgefährdungslage (relative Armut) angenommen, wenn eine Person weniger als 60 Prozent des mittleren Einkommens der Gesamtbevölkerung zur Verfügung hat. Gut 14 Prozent der Bevölkerung gelten gemessen daran in Deutschland als armutsgefährdet. Zweifel an der Aussagekraft dieser relativen Armutsgefährdung gibt es vor allem deshalb, weil es aufgrund von gesellschaftlichen Veränderungen eine zunehmende Zahl von Studierenden, von Zuwanderern, von Alleinerziehenden und Alleinlebenden gibt, die ausnahmslos deutlich höhere statistische Armutsgefährdungsquoten aufweisen. Der daraus ableitbare sozialpolitische Auftrag liegt also vor allem in der zielgruppengenaueren Ausgestaltung von Bedarfsgerechtigkeit statt einer Fixierung auf die allgemeine relative Armutsgefährdung.
- *Verteilungsgerechtigkeit*: Nach diesem Prinzip sollten die Ergebnisse des Wirtschaftens möglichst gleich zwischen den Menschen verteilt werden. Das moderne Verständnis von Verteilungsgerechtigkeit beruht zu großen Teilen auf dem Werk von John Rawls. Nach seiner Auffassung sind die Ergebnisse wirtschaftlichen Handelns dann gerecht, wenn Menschen ihnen zustimmen würden, ohne zu wissen, welchen Status sie selbst in dieser Gesellschaft innehaben würden (»Schleier der Unwissenheit«). Diese normative Axiomatik sagt indessen noch nichts darüber aus, nach welchen Kriterien die Verteilung der Einkommen erfolgen soll. Häufig werden diese an der Einkommensverteilung festgemacht. In Deutschland ist die Einkommensungleichheit – gemessen am Gini-Koeffizienten – in den letzten Jahren entgegen der öffentlichen Wahrnehmung leicht, gegenüber dem Vorjahr sogar stark gesunken und liegt beim Nettoeinkommen bei 0,289 und beim Markteinkommen bei 0,477. Die Differenz beider Koeffizienten ist ein mögliches Maß für die Effektivität einer sozialpolitischen Marktergebniskorrektur, sagt aber noch nichts über die Effizienz des damit verbundenen finanziellen Aufwandes aus.
- *Chancengerechtigkeit*: Entscheidend für eine Soziale Marktwirtschaft ist die Herstellung gerechter Startchancen. Der Zugang zu Bildung und Ausbildung ist hier zentral. Chancengerechtigkeit rekurriert aber nicht nur auf Startchancen, sondern auch auf die jeweilige soziale Umgebung, da beide von Umständen beeinflusst werden können, die außerhalb des Individuums liegen. »Welche Chancen Menschen offenstehen, darüber entscheidet auch der Zufall der Geburt«[179]. Es geht daher – anders als bei den Prinzipien der Bedarfs- oder Verteilungsgerechtigkeit – nicht um die Verteilung von Gütern und Lasten, sondern um die Verteilung der Möglichkeit und Fähigkeit, Güter zu erwerben und Lasten zu vermeiden. Der maßgeblich auf den Nobelpreisträger Amartya Sen zurückgehende Befähigungsansatz sieht in der Herstellung von Verwirklichungschancen ein alternatives Konzept zur Verteilungsgerechtigkeit und begründet eine eher

liberale politische Gerechtigkeitstheorie, die stärker auf Eigenverantwortung und Selbstsorge setzt. Chancengerechtigkeit im Wege der Befähigung ist eine Voraussetzung für soziale Gerechtigkeit, weil sie auf der Entstehungsseite von sozialen Leistungen und nicht auf der Ergebnisebene ansetzt.

- *Leistungsgerechtigkeit*: Ungleichheit ist nicht ungerecht, wenn sie auf unterschiedliche Leistungen zurückgeht. Wenn trotz gleicher Startchancen Ungleichheit im Lebensverlauf entsteht, kann diese durch unterschiedliche Leistungen gerechtfertigt sein. Dieses Paradigma wird aber frontal herausgefordert etwa durch Arbeiten von Michael Sandel und neuere theoretische Entwicklungen: Die sog. »Deservingness«-Forschung fragt nach der Grundlage von Ansprüchen gegenüber dem Sozialstaat. Der sog. »Limitarismus« begründet sogar die Notwendigkeit zur Begrenzung von Reichtum. Der Kontrast zum Leitbild der Sozialen Marktwirtschaft könnte allerdings kaum größer sein: Danach sollen Einkommen grundsätzlich nach dem Leistungsprinzip erzielt werden. Auch in der Wahrnehmung der Bevölkerung in Deutschland gibt es eine breite Akzeptanz dafür, dass man bei Leistungsgerechtigkeit entsprechend seiner Leistung belohnt werden sollte. Für Rangumkehrungen in der Einkommensskala durch Umverteilung gibt es bisher keine Mehrheiten[180]. Sozialpolitisch folgt daraus, Ungleichheit nicht zwangsläufig als Ungerechtigkeit wahrzunehmen und Einkommensunterschiede auch als legitimes Resultat von Leistungsunterschieden anzuerkennen.
- *Generationengerechtigkeit*: Für die Beurteilung der Generationengerechtigkeit spielen nicht nur die finanziellen Transfers zwischen den Generationen eine Rolle. Die intergenerationale Gerechtigkeit gilt dann als erfüllt, wenn die heutigen Generationen nicht auf Kosten der kommenden Generationen leben und ihnen somit nicht die Chancen auf eine freiheitliche Lebensgestaltung nehmen. Mit zwei Urteilen hat das Bundesverfassungsgericht die Generationengerechtigkeit gestärkt. Zum einen ist der Klimaschutz seit dem Urteil des Bundesverfassungsgerichts vom April 2021 als Staatsziel anerkannt. Fortan sind auch die ökologischen Folgen des Wohlstandszuwachses für die Lebensbedingungen zukünftiger Generationen von verfassungsrechtlicher Bedeutung. Dies gilt zum anderen auch für die Nachhaltigkeit der finanziellen Belastungen der nächsten Generationen. Auch das hat das Verfassungsgericht mit seinem Urteil zur Schuldenbremse noch einmal verdeutlicht. Gerechtigkeitspolitisch folgt daraus, neben den offiziell ausgewiesenen Staatsschulden (explizite Schulden) auch die Belastungen der künftigen Generationen (implizite Schulden) miteinzubeziehen, die durch die sozialen Sicherungssysteme und namentlich durch die Ansprüche aus der Rentenversicherung und der Beamtenpensionen entstanden sind. Eine nachhaltige Finanzpolitik ist damit auch aus der Perspektive der Generationengerechtigkeit geboten.

Reiter 2: Produktivität und Effizienz

»... und wo die Tat nicht spricht, da wird das Wort nicht viel helfen.«
(Johann Christoph Friedrich von Schiller)

Staatshandeln findet zum einen auf unterschiedlichen föderalen Ebenen statt, zum anderen in der Regel jenseits des Wirtschaftshandelns. Das sollte sich ändern, denn gerade in Krisenzeiten geht es um die gemeinsame Koproduktion von Veränderung. Wirtschaft gehört zum Gemeinwesen. Auch Wirtschaftsbürger sind Staatsbürger, auch Unternehmen sind Orte der Interaktion zwischen Bürger und Staat. Die in Deutschland ungewohnte und wenig eingeübte Durchlässigkeit zwischen Wirtschaft und Staat führt zu beiderseitigen Kompetenz-, Tempo- und Effizienzverlusten. Staatliches Verwaltungshandeln auf den unterschiedlichen föderalen Ebenen wird von Bürgern und Wirtschaft vielfach als überkomplex, überbürokratisiert, unterdigitalisiert und nicht ausreichend bürger- und wirtschaftsfreundlich empfunden. Wirtschaftshandeln hingegen wird von vielen Bürgern sowie staatlichen, staatsnahen, konfessionellen und zivilgesellschaftlichen Akteuren als gewinnorientiert statt gemeinwohlorientiert, ressourcenverbrauchend statt ressourcenschonend und kurzfristig statt langfristig orientiert wahrgenommen.

Es ist hier nicht der Platz und auch nicht der Anspruch, in eine tiefere Exegese des bundesdeutschen Wirtschaftsordnungsmodells der Sozialen Marktwirtschaft als »irenischer Formel« zwischen Markt und Staat (Alfred Müller-Armack) einzusteigen. Die Literatur dazu ist noch umfangreicher als zu den Zusammenhängen zwischen Eigenverantwortung, Freiheit und Subsidiarität. Stattdessen soll ein wenig das Feld für ein besseres Zusammenspiel von Wirtschafts- und Staatshandeln unter dem Rubrum von Produktivität, Effektivität und Effizienz abgesteckt werden. Mit diesen drei zentralen Kategorien sollen wesentliche Leitplanken markiert werden, innerhalb derer die weiter oben dargelegten krisenhaften Befunde angegangen werden können. Mit der gemeinsamen Orientierung von staatlichem und wirtschaftlichem Verhalten auf Produktivität, Effektivität und Effizienz steht ein zweiter »Reiter der Ertüchtigung« bereit, um die beschriebenen Herausforderungen besser als ohne diese Zielorientierung bewältigen zu können.

Beginnen wir mit einem kleinen Exkurs zu den Volkswirtschaftlichen Gesamtrechnungen (VGR). Die Entwicklung des Sozialprodukts ist eine wichtige Zielgröße für die politischen Entscheidungen. Die Bewältigung der vielfältigen Krisenfolgen kann in einer wachsenden Wirtschaft besser gemeistert werden als in einer stagnierenden Wirtschaft. Eine wohlverstandene Wachstumspolitik muss daher sehr sorgfältig auf die Entwicklung der einzelnen Bestimmungsgrößen für die Wachstumsgenerierung schauen. Die VGR dient damit auch als analytisches Referenzsystem, denn über das gesamtwirtschaftliche Produktions- und Wachstumspotenzial einer Volkswirtschaft entscheiden im Wesentlichen drei Bestimmungsgrößen (▶ Dar. 16): Das Produktionspotenzial als Wachstumsbasis für die Volkswirtschaft ergibt sich entstehungsseitig aus der Zahl der Erwerbstätigen (»Köpfe«), der von ihnen geleisteten Arbeitszeit (»Zeit«) sowie ihrer stunden- oder kopfbezogenen Arbeitsproduktivität

(»Produktivität«). In die sog. Entstehungsrechnung der VGR gehen daher zum einen das geleistete Arbeitsvolumen ein, hinter dem demografische und arbeitsmarktbezogene Faktoren (Geburten, Sterbefälle, Zuwanderung, Altersstruktur, Erwerbsquote, Arbeitszeit) stehen. Zum anderen bestimmen die Kapitalausstattung und der technische Fortschritt die Arbeitsproduktivität pro Kopf oder pro Stunde. Damit fließen in der VGR alle Referenzgrößen für unseren materiellen Wohlstand und dessen Bestimmungsgrößen zusammen, an denen politische Maßnahmen anknüpfen können.

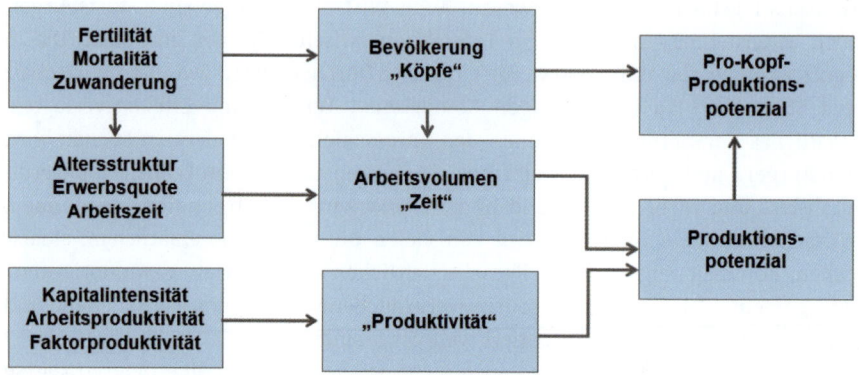

Dar. 16: Referenzsystem Wachstum: Köpfe, Zeit und Produktivität

In diesem Abschnitt geht es ausschließlich um den Strang der *Produktivität*. Der längerfristige Potenzialpfad für das gesamtwirtschaftliche Wachstum hängt davon ab, welche Produktivität im Sinne von Wertschöpfung je Arbeitseinheit sich mit einem bestimmten geleisteten Arbeitsvolumen erarbeiten lässt[181]. Dabei kommt es technisch gesprochen auf das Verhältnis von Kapitaleinsatz zu Arbeitseinsatz (Kapitalintensität), auf die Arbeitsproduktivität und die sog. Totale Faktorproduktivität oder Multifaktorproduktivität an, die im Wesentlichen vom technischen Fortschritt bestimmt wird. Für die Kapitalintensität ist vor allem die Entwicklung der Sachinvestitionen ausschlaggebend. Für die Arbeitsproduktivität sind vor allem Verbesserungen der Qualifikation von Arbeitskräften und der Arbeitsorganisation bedeutsam. Für die Totale Faktorproduktivität wiederum sind es der technologische Fortschritt und das Inventions- und Innovationsgeschehen, die über den Wachstumspfad einer hochentwickelten Industriegesellschaft wie der deutschen entscheiden, deren Geschäftsmodell gerade einer grundlegenden Überprüfung unterzogen wird.

Insbesondere die Totale Faktorproduktivität als Residuum in vielen Wachstumsgleichungen bietet ein breites Feld für die Komplementarität zwischen privaten und staatlichen Investitionen. Gut belegt ist beispielsweise der Einfluss staatlicher Infrastruktur auf privatwirtschaftliche Investitionen und gesamtwirtschaftliche Wertschöpfung. Nach der sog. Aschauer-Hypothese stellt die Kerninfrastruktur in Form von Straßen, Autobahnen etc. für die Massenverkehrsmittel den wichtigsten

Faktor für die allgemeine Wirtschaftsproduktivität dar[182]. Öffentliche Investitionen werden überwiegend in Bereichen getätigt, in denen aus verschiedenen Gründen keine privaten Investitionen vorgenommen werden. Öffentliche Sachinvestitionen sind typischerweise Infrastrukturinvestitionen, die durch einen hohen allgemeinen Nutzen bzw. positive externe Effekte für Dritte gekennzeichnet sind. Insbesondere zwischen den kommunalen Investitionen und der Infrastrukturausstattung gibt es dabei einen engen Zusammenhang[183]. Insofern ist die investive Leistungsfähigkeit der Kommunen – wie oben bereits beschrieben – für den gesamtwirtschaftlichen Wachstumspfad von großer Bedeutung.

Während die gesamtwirtschaftlichen Produktivitätseffekte von Infrastrukturinvestitionen als unstrittig gelten können, gibt es deutlich mehr Unschärfen in der Begründung für einen industriepolitisch ausgerichteten staatlichen Impuls im Bereich der Innovation. Unstrittig ist nur, dass die Forschungsförderung ein generelles Aufgabenfeld staatlicher Tätigkeit und staatlicher Investitionen ist und dass daher die Finanzierung von Grundlagenforschung eine genuin staatliche Aufgabe ist. Strittig ist hingegen, ob und in welchem Maße dies auch für eine anwendungsorientierte Forschung gelten kann. So werden z. B. der militärischen Forschung in den USA positive Effekte auf den gesamtwirtschaftlichen Technologiepfad zugeschrieben, weil durch sog. Spillover-Effekte die private Wirtschaft angeschoben wird. Das besonders im Bereich der militärischen Forschung und Entwicklung weit entwickelte Zusammenwirken staatlicher Institutionen und der privaten Wirtschaft wird gelegentlich sogar zu einem neuen Leitbild des »entrepreneurial state« ausgebaut. Dieser »unternehmerische Staat« habe mit seinen staatlichen Investitionen einen entscheidenden Einfluss auf die gesamtwirtschaftliche Erfindungs- und Innovationsbilanz und damit auf die Produktivitätsentwicklung eines Landes. Darauf wird noch zurückzukommen sein[184].

Eine noch umstrittenere Grenzverschiebung zugunsten staatlicher Ausgaben stellt die Einordnung von Sozialleistungen als produktive Investitionen dar. Weil öffentliche Investitionen im Allgemeinen positiver als andere öffentliche Ausgabearten bewertet werden, gibt es eine Neigung, auch andere, vor allem sozialstaatliche Ausgabenarten zu Investitionen zu erklären. Dies geschieht häufig auch unter der Überschrift einer goldenen Regel: Danach ist die geplante Neuverschuldung auf die geplanten Investitionen zu begrenzen. Von einem breit gefassten Begriff von Zukunftsinvestitionen, etwa im Bereich von Bildung und Sozialpolitik, ist es dann kein weiter Weg zum Konzept einer investitionsorientierten Sozialpolitik. Dadurch wird der sozialen Sicherung auch ein Investitionscharakter zugeschrieben: Investiv wirkende Sozialausgaben könnten mittelfristig zu einer doppelten Dividende führen. Dank einer höheren Beschäftigung auf besseren und qualifizierteren Arbeitsplätzen werde letztlich die Steuerbasis zur Finanzierung des Sozialschutzes erweitert und es werden »therapeutische« Ausgaben vermindert. Auf diese sehr grundsätzliche Debatte ist später noch vertieft einzugehen.

Wichtig an dieser Stelle: Sowohl der Hinweis auf die Industriepolitik als auch auf die Ausweitung des Investitionsbegriffs steht unter der Überschrift der Produktivität, weil Produktivität als zweiter »Reiter der Ertüchtigung« in unserer Wirtschaftsordnung stets auch eine Koproduktion von Markt und Staat voraussetzt. Der staatliche Kapitalstock kann den privaten Kapitalstock veredeln und ist vielfach sogar eine notwendige Produktionsvoraussetzung. In der gemischten Wirtschaftsordnung des Typs Soziale Marktwirtschaft sind Maßnahmen der staatlichen Daseinsvorsorge, wie z. B. das Bildungs- und Gesundheitswesen, unstrittig wichtige Enabler für die Produktivität der Erwerbstätigen im Erwerbsleben. Ein funktionaler Sozialstaat versichert zudem nicht nur gegen individuell nicht tragbare Risiken, sondern kann auch private Aktivitäten mobilisieren, die ansonsten nicht stattfinden würden. Alles in allem nimmt der Staat völlig zu Recht auch wirtschaftsrelevante Funktionen wahr. Diese sind mit umfangreichen Staatsausgaben in einer ganzen Reihe von Aufgabenbereichen verbunden, die in auch in amtlichen Statistiken abgegrenzt und erfasst werden[185].

Staatliches Handeln auf allen föderalen Ebenen ist damit in der gesamtwirtschaftlichen Produktionsfunktion ein wesentlicher Bestimmungsfaktor für die Steigerung der Produktivität als zentraler Wohlstandsquelle. Die Modellierung des Staatseinflusses auf das gesamtwirtschaftliche Wachstum im Rahmen der Wachstumsbuchhaltung ist aber aus zwei Gründen herausfordernd: Zum einen gibt es große Unschärfen in jenen Wirtschaftsbereichen, in denen der Anteil der Sektoren »Staat« und »Private Organisationen ohne Erwerbszweck« an der Produktion besonders hoch ist (z. B. Gesundheits- und Sozialwesen). Zum anderen bildet die sog. Multifaktorproduktivität jenen Teil des BIP-Wachstums ab, das nicht direkt dem Einsatz entweder des Faktors Arbeit oder des Faktors Kapital zugewiesen werden kann. Ein wesentlicher Teil dieses sog. Residuums ist technischer Fortschritt, auf den wiederum das Zusammenwirken privater und staatlicher Akteure Einfluss nehmen kann[186]. Aus beiden Gründen ist eine Zerlegung des gesamtwirtschaftlichen Wachstums in einen staatlich induzierten und einen privat induzierten Teil nur sehr bedingt möglich. Allenfalls können Veränderungen der einzelnen VGR-Aggregate im Zeitverlauf Indizien für Verschiebungen in den relativen Wachstumsbeiträgen von Staat und Unternehmen bieten. Deshalb bleibt auch die vielfach ideologiegeneigte Debatte um »Privat versus Staat« immer auch empirisch unscharf und daher häufig normativ.

Apropos Normativität: Die naturgemäß etwas abstrakte Diskussion über mehr Produktivität als Grundlage für den Wohlstand von Bürger und Staat bedarf zweier grundsätzlicher Ergänzungen: Erstens wäre die Leitplanke Produktivität unvollständig ohne einen Bezug zu den personalen Bestimmungsfaktoren von Produktivität. Allerdings wird damit ein ebenfalls unwegsames Terrain betreten, denn es geht dabei um so grundlegende, aber empirisch höchst diffizil zu fassende Eigenschaften wie Motivation und Leistungsbereitschaft in einer Gesellschaft. Damit wird jenseits der betrieblichen Personalwirtschaft der »Grundwasserspiegel« eines Gemeinwesens berührt. Denn die sog. Leistungsgesellschaft muss sich vielfacher Kritik meist von links, manchmal auch von rechts erwehren[187]. So spricht Michael Sandel in seinem Band aus dem Jahr 2020 – »Vom Ende des Gemeinwohls: Wie die Leistungsgesellschaft unsere Demokratien zerreißt« – ganz zugespitzt von einer »Tyrannei der Leistungsgesellschaft«. Byung-Chul Hang befindet in seinem Buch

»Vita contemplativa: oder von der Untätigkeit« aus dem Jahr 2022: »Da wir das Leben nur auf Arbeit und Leistung hin wahrnehmen, begreifen wir die Untätigkeit als Defizit, das es schnellstmöglich zu beheben gilt«[188].

Jenseits des Exemplarischen der beiden Zitate ist hier nicht der Platz für eine Würdigung der umfangreichen Literatur zur Bedeutung und auch zu den Grenzen einer Leistungsgesellschaft. Für eine normative Positionierung soll es daher an dieser Stelle genügen, auf die Bedeutung von Leistung und Leistungsmotivation für die Produktivität und den Wohlstand eines Gemeinwesens hinzuweisen. Wenige aufeinander bezogene Quellen mögen dafür als hinreichende Orientierung genügen: So beschreibt David McClelland in seinem Hauptwerk »The Achieving Society« aus dem Jahr 1961, warum »methods of the behavioral sciences [...] explain the rise and fall of civilizations«. Das Buch legt umfassend dar, warum eine hohe Leistungsmotivation eines Landes nach kurzer Zeit ein hohes wirtschaftliches Wachstum nach sich zieht. Darüber hinaus sieht er eine Beziehung zwischen den sozialen und den religiösen Werten einer Gesellschaft, der Entwicklung der Leistungsmotivation und der wirtschaftlichen Entwicklung[189].

Für die Leitfrage, wie das Verhältnis zwischen dem Bürger und seinem Staat neu tariert werden kann, sind die Erkenntnisse von McClelland in jeder Hinsicht grundlegend. Das Bedeutende am Beitrag McClellands ist, dass er eine den konkreten Prozessen des menschlichen Interagierens vorgelagerte, auf einer höheren Abstraktionsebene angesiedelte psychologische Begründung für Prosperität, Aufstieg und Fall (»wax or wane«) von Gesellschaften entwickelt. Diese unterscheidet sich von anderen Treibern wirtschaftlicher Entwicklung wie Handel, Technologie, Rohstoffen, Bevölkerung oder Klima: »Interestingly enough, the economic theorists themselves seem to have always felt that sources of change in the economic system lay outside the system itself« (S. 12). Und weiter: »So I remain as convinced as ever that the ideas of men shape external events more than these events shape their ideas. Men are not passive products of history. They make history. And what has become more and more striking to me is the parallelism between the way collectivities and individuals function (sic!)« (S. G der Neuauflage 1975).

Konstitutiv für seinen Ansatz ist: »The hypothesis that gave rise to the present study is that achievement motivation is in part responsible for economic growth« (S. 36). Dazu wird die Variable »n- Achievement« (need for Achievement) in verhaltensökonomisch fundierten Experimenten gebildet, die als zentraler Faktor für den Wachstumseffekt bestimmend ist. Zudem öffnet ihm die psychologische Perspektive einen besonderen Zugang zur Bedeutung weiterer Faktoren für die Herausbildung von n-Achievement. Er nimmt auf der individuellen Ebene u. a. auch Bezug auf die Erziehungsleistung von Müttern bei ihren Söhnen nach Marian Winterbottom (S. 46 f.). Die Mütter der erfolgsmotivierten Kinder bestehen in deren frühen Jahren auf mehr Selbstständigkeit und eine frühere Selbstverantwortlichkeit. Das Bedürfnis, selbstständig etwas zu tun, sei ein Vorläufer der Leistungsmotivation. Zwischen einer Selbstständigkeitserziehung und einem leistungsbezogenen Erzieherverhalten gebe es dabei einen engen Zusammenhang. Dies ist auch bildungspolitisch höchst bedeutsam.

Auf der kollektiven Ebene gibt es Bezüge zur »Protestantischen Ethik« im Sinne von Max Weber. Darin versuchte Weber, »der Bedingtheit der Entstehung einer ›Wirtschaftsgesinnung‹: des ›Ethos‹ einer Wirtschaftsform, durch bestimmte religiöse Glaubensinhalte, und zwar an dem Beispiel der Zusammenhänge des modernen Wirtschaftsethos mit der rationalen Ethik des asketischen Protestantismus« näherzukommen[190]. Von McClelland wird dieser Weber'sche protestantische Geist aber nicht in naiver Weise als Bestimmungsgrund für ein höheres n-Achievement ausgedeutet. Wichtig sei vielmehr der Tatbestand, dass durch die Reformation eine Bedeutungszunahme des »achievement motives« erfolgt sei (S. 391). Als Ratschlag eines Psychologen an die Gestalter von Politik, wie wirtschaftliche Entwicklung forciert werden könnte, formuliert McClelland deshalb sehr eingängig: »Pay attention to the effects that your plans will have on the *values, motives and attitudes* (Hervorh. d. Verf.) of people because in the long run it is these factors that will determine whether the plans are successful in speeding economic development« (S. 393).

Diese verhaltensökonomische Daumenregel – values, motives, attitudes – soll als Ergebnissicherung mitgenommen werden, wenn es später um Empfehlungen geht, wie das Verhältnis zwischen Bürger und Staat anders balanciert werden kann, um den Herausforderungen für unser Gemeinwesen besser gerecht werden zu können. Aber vorher folgt noch ein zweiter Punkt aus der Arbeit von McClelland: Der Begriff des n-Achievement »refers specifically to the desire to do something better, faster, more efficiently, with less effort« (S. A der neuen Einleitung). Damit ist es kein weiter Weg, um die vorstehenden grundsätzlichen Überlegungen zu Wesen und Bestimmungsgründen von Produktivität um die eineiigen Zwillinge *Effektivität und Effizienz* zu ergänzen. Für eine Politik, die als »Reiter der Ertüchtigung« auf eine Neuausrichtung unseres Staatswesens von Bürgern, Unternehmen und Staat setzt, ist die Hebung von Produktivitätsreserven vor allem ein Handlungsauftrag. Zur Behebung einer ganzen Reihe von derzeitigen Schwächen des Landes muss es bei einer Verbesserung von Produktions- und Dienstleistungsprozessen darum gehen, so weit als möglich auf die Etablierung wettbewerblicher, effektiver und effizienter Strukturen zu setzen, um dadurch schneller und besser zu werden.

Dies gilt dezidiert sowohl für die ökonomischen wie auch für die ökologischen Herausforderungen, vor denen das Land steht. Es ist deshalb zu unterstreichen, dass eine Beschleunigung von Prozessen etwa im Umweltbereich uno actu einen ökonomischen *und* einen ökologischen Ertrag hat. Jede Beschleunigung eines Genehmigungsverfahrens, etwa beim Hochlauf einer Windkraftanlage, senkt Kosten, erhöht Erträge, liefert schneller mehr Windenergie und vermindert damit den ökologischen Fußabdruck des Energieverbrauchs. Um den Blick zu schärfen, welche Bedeutung gutes Regierungshandeln und Wirtschaftshandeln für die gesamtwirtschaftliche Produktivität haben kann, hilft deshalb eine Unterscheidung zwischen Effizienz und Effektivität: Effizienz bedeutet, die Dinge richtig zu machen, also schneller oder ressourceneffizienter zu arbeiten. Effektivität bedeutet vor allem, die richtigen Dinge zu tun. Königsdisziplin ist es, beide Wirksamkeitskategorien politischen Handelns in Einklang miteinander zu bringen.

Die richtigen Dinge zu tun und die Dinge richtig zu tun, setzt die Berücksichtigung einiger wesentlicher Grundsätze voraus. Dies gilt besonders in Zeiten einer strukturellen Expansion staatlicher Aktivität, die durch zahlreiche Krisen verstärkt wird. Deshalb sollten expansive Finanzstimuli zur Bewältigung der kurzfristigen Effekte von Krisen stets dem Dreiklang »ttt« folgen, zur richtigen Zeit (timely), gezielt (targeted) und nur vorübergehend (temporary) eingesetzt zu werden[191]. Doch die breite Palette der fiskalischen Entlastungspakete während und nach der Pandemie und der Energiepreiskrise u. a. mit Einmalzahlungen, Bürgergelderhöhungen, Kindergeldverbesserungen, Wohngelderhöhungen, Heizkostenzuschüssen, höheren Pendlerpauschalen und einer verbilligten Mobilität bis zu höheren Freibeträgen in der Besteuerung und steuerfreien Sonderzahlungen in Form von Inflationsausgleichsprämien[192] wirft Fragen nach der Zielgenauigkeit dieser Maßnahmen auf. Zwar werden die ttt-Grundsätze im Allgemeinen und auch regierungsamtlich breit akzeptiert, doch ist das tatsächliche Verwaltungshandeln von einer entsprechenden Umsetzung noch beträchtlich entfernt.

Zwar gibt es noch keine abschließende Evaluation der umfangreichen staatlichen Hilfspakete in den beiden Großkrisen. Doch eine Reihe von Erkenntnissen weist in zwei Richtungen, die zumindest Zweifel an der Effizienz der Interventionen aufwerfen. Zum einen sind die Volumina der Entlastungspakete der Jahre 2022 bis 2024 allein für die Bekämpfung der Energiepreiskrise mit rund 240 Mrd. Euro offenbar so umfangreich ausgefallen, dass insgesamt ein beträchtlicher Teil der krisenbedingten Preissteigerungen ausgeglichen werden konnte. Für einen Teil der deutschen Haushalte kam es sogar zu einer Überkompensation. Zudem sind auch nicht bedürftige Haushalte gefördert worden: Weniger als ein Viertel der Befragten war stark oder sehr stark auf den Erhalt der Energiepreispauschale angewiesen war. Zudem hatten bei der konkreten Ausgestaltung der Energiepreispauschale einzelne Personengruppen mehrfach einen Anspruch auf die Pauschale. Diese Fehl- und Überförderung stellt gesamtwirtschaftlich einen Wohlstandsverlust dar[193]. Zum anderen waren die bereitgestellten Haushaltsmittel so großzügig bemessen, dass sie infolge inzwischen wieder deutlich gesunkener Energiepreise nicht vollständig verausgabt werden mussten. Eine so rasche Marktreaktion bei den Energiepreisen wurde offenbar für nicht wahrscheinlich gehalten.

Darüber hinaus ist stets auf die allokative Effizienz von politischen Eingriffen zu achten, die vor allem die intakte Lenkungsfunktion von Preisen voraussetzt. Es kann in gewisser Weise als Signatur der Vielfachkrise gelesen werden, dass Eingriffe in die Preisbildung in vorher nicht gekannter Intensität als Instrument der Krisenbekämpfung genutzt worden sind, z.B. durch Tankrabatte, Strompreisbremsen, Strompreisdeckel, Gaspreisbremse, Wärmepreisbremse, Energiepreispauschalen, Energierabatt, Energieabgabensenkungen, Mietpreisbremsen, Mietendeckel, ausgesetzte Preiserhöhungen wie beim eigentlich geplanten CO_2-Preisanstieg oder sogar durch die Übernahmen von Energieunternehmen wie Uniper durch den Staat[194]. Es ist keine andere Phase in der jüngeren Wirtschaftsgeschichte bekannt, in der in vergleichbarer Breite und Tiefe direkt in die Preisbildung auf Märkten eingegriffen wurde. Angesichts dessen fällt dann das Urteil über die Treffsicherheit einzelner

Maßnahmen auch entsprechend harsch aus: »Auch wenn die Energiepreispauschale über die Besteuerung der Bruttozahlung eine gewisse soziale Komponente enthielt, so muss dennoch eine geringe Zielgenauigkeit festgestellt werden – zumindest, wenn Bedürftigkeit als Kriterium herausgezogen wird. Zum Ausgleich von Belastungen in den Haushalten wären daher direkte differenzierbare Zahlungen an Privathaushalte wesentlich treffsicherer gewesen«[195].

Als Argument für Eingriffe in die Preisbildung wird stets auch das Argument der Zeitinkonsistenz zwischen der Herstellung eines »level playing fields« etwa mit den USA und China und dem Zeitbedarf bei der Gewinnung zusätzlicher Stromerzeugungsquellen im Bereich der Erneuerbaren Energien genannt. Bei Maßnahmen der politischen Gestaltung von Märkten sind aber immer auch Überlegungen zu den Opportunitätskosten und Opportunitätserträgen bestimmter Maßnahmen anzustellen: »Versteht man Wirtschaftswissenschaft als die Lehre von der Knappheit, so sind Opportunitätskosten die zentrale Kategorie der Disziplin. Opportunitätskosten — auch als Alternativkosten bezeichnet — sind die Kosten einer Entscheidung für die Handlungsmöglichkeit x, die darin bestehen, dass auf den Nutzen der Handlungsmöglichkeit y verzichtet werden muss; Opportunitätskosten sind damit der entgangene Nutzen der nächstbesten Alternative — »the costs of an opportunity forgone«[196]. Dieses grundlegende Konzept gilt sowohl auf der Ebene des privaten Haushaltes wie auf gesamtwirtschaftlicher wie gesamtfiskalischer Ebene.

Danach wäre bei jeder ausgabenintensiven öffentlichen Maßnahme eine Folgenabschätzung vorzunehmen, welche Kosten damit in Form eines Verzichts auf den Nutzen einer alternativen Maßnahme verbunden sind. Spiegelbildlich kann man auch fragen, welcher Ertrag mit einer Maßnahme voraussichtlich verbunden sein wird. Mit Blick auf die Begrenztheit staatlicher Mittel sollte also stets eine Abwägung vorgenommen werden, wo die aus einer bestimmten Staatsausgabe folgenden Erträge am größten und die Verzichte auf den Nutzen aus einer alternativen Maßnahme am geringsten sind. Dies gilt gleichermaßen für verschiedene Zielstellungen, seien sie ökonomischer, ökologischer oder sozialpolitischer Art. Für die Produktivität, Effizienz und Effektivität staatlicher Maßnahmen wäre eigentlich bei jeder größeren Maßnahme eine solche rigorose opportunitätskostensensible Folgenabschätzung vorzunehmen. Zusammen mit einer Berücksichtigung der ttt-Kriterien, einer auf die allokativen Effekte von Maßnahmen achtenden und auf die Vermeidung von Eingriffen in das Preissystem bedachten Gestaltung von politischen Interventionen wäre dies ein großer Schritt nach vorne.

Der Dreiklang aus Produktivität, Effizienz und Effektivität muss um einen kurzen Verweis auf die Systemrelevanz einer möglichst stringenten Durchsetzung wettbewerblicher Prinzipien bei der Erreichung privater und gesellschaftlicher Ziele ergänzt werden. Jenseits einer breiten gesellschaftspolitischen Fundierung ist »Wettbewerb [...] ein Verfahren zur Entdeckung von Tatsachen [..], die ohne sein Bestehen entweder unbekannt bleiben oder doch zumindest nicht genutzt werden würden«[197]. Wenn sich dann Pläne als falsch erwiesen haben, kommt es zu einer Fehlerkorrektur durch die Marktteilnehmer. Zudem kann der Wettbewerb seine gemeinwohlorientierten Wirkungen nur dann entfalten, wenn er durch eine starke Monopolkontrolle und Missbrauchsaufsicht geschützt werden kann. Insbesondere in der digitalen Netzwerkökonomie zeigt sich mit großer Dringlichkeit die Notwendigkeit, der Tendenz zur Monopolmachtbildung und deren missbräuchlicher Nutzung entgegenzuwirken. So werden inzwischen nach dem Digital Markets Act der EU Verfahren gegen US-Digitalkonzerne eröffnet, um den digitalen Wettbewerb durch externe Anbieter zu schützen.

Beim Schutz des Wettbewerbs handelt es sich mithin um eine originäre Staatsaufgabe[198]. Zudem kann auch der Kanon einer wachstumsorientierten Wettbewerbspolitik als gut abgesichert gelten: Wettbewerb wirkt als Selektionsmechanismus und zwingt Unternehmen zu einer stets effizienteren Organisation und neuen Formen der Leistungserbringung. Dies führt zu einem nicht monotonen Zusammenhang zwischen dem Wettbewerb auf den Produktmärkten und Innovationen: Enge Innovationsfolger (»neck-to-neck«) halten den Innovationsdruck auf den Innovationsführer hoch, während Nachzügler (»laggards«) zurückfallen[199]. Ein fundamentaler psychologischer Zusammenhang tritt hinzu: »Cognitive ability stimulates economic productivity. However, the effects of cognitive ability may be stronger in free and open economies, where competition rewards merit and achievement«[200]. Der Zusammenhang zum Konzept der »Achieving Society« ist unmittelbar ersichtlich. Der »kognitive Kapitalismus« ist ohne einen Wettbewerb, der Anreize zu materiellem und immateriellem Verdienst (»merit und achievement«) bietet, nicht funktionsfähig. Die äußere Freiheit zum Wettbewerb (= Staat) und die innere Freiheit zur Anstrengung (= Bürger) bedingen und bedürfen einander. Jede Einschränkung dieses funktionalen Zusammenhangs legt Hand an die Wurzel des Wohlstandes.

Reiter 3: Priorisierung und De-Priorisierung

»Wer etwas will, findet Wege. Wer etwas nicht will, findet Gründe«
(Götz Werner).

Der zuletzt debattierte Punkt der Opportunitätskosten taugt auch als Daumenheuristik für die Frage nach einer Priorisierung oder De-Priorisierung (Posteriorisierung) von staatlichen Maßnahmen. Es ist eine Grunderkenntnis der politischen Ökonomie, dass die Zahl der Wünsche nach politischer Gestaltung unbegrenzt ist, die Möglichkeiten zu deren Bedienung aber begrenzt sind. Hier kommt dann auch die Ökonomie ins Spiel: »Wirft man der Nationalökonomie die Vernachlässigung des Verteilungsproblems vor, so gilt andererseits umgekehrt, dass viele Nichtökonomen überhaupt nur die Verteilungsfrage als ökonomisches Problem erkennen«[201]. Eine der wichtigsten Maßnahmen gegen eine daraus folgende Überforderung staatlichen Handelns war die Einführung der Schuldenbremse in Artikel 109 für Bund und Länder sowie präzisierend für den Bund in Artikel 115 GG im Jahr 2011. Bis zu diesem Zeitpunkt galt als Schuldenbegrenzungsregel, dass die Nettokreditaufnahme die Summe der veranschlagten Investitionsausgaben nicht übersteigen durfte. Seither hat der Bund einen eng begrenzten strukturellen, also um konjunkturelle Einflüsse bereinigten Verschuldungsspielraum von 0,35 Prozent des BIP; für die Länder gilt ab 2020 die Vorgabe strukturell ausgeglichener Haushalte.

Schon der Hinweis auf den Artikel 115 in seiner alten Fassung macht deutlich, wie bedeutsam die Einführung der Schuldenregel für gesamtstaatliches Handeln ist. Die seinerzeitige Begrenzung der Nettokreditaufnahme auf die Höhe der veranschlagten Investitionsausgaben war sehr stark von einem Investitionsbegriff geprägt, der einerseits zwar als ein wenig unterkomplex eingestuft werden kann, andererseits aber als Verschuldungsschranke unbedingt erforderlich war. Unterkomplex deshalb, weil in einem wohlverstandenen Sinn auch Ausgaben, die nicht Investitionen im Sinne der VGR sind, investiv sein können. Unbedingt erforderlich deshalb, weil diese empirische Regel das Etatrecht und die Haushalterstellung als das »Königsrecht des Parlaments« und als Entscheidungsheuristik für politisches Handeln gestärkt hat. Dies gilt noch dezidierter für die Schuldenbremse in den genannten Grenzen. Auch insofern war es bedenklich, dass bis vor dem Verfassungsgerichtsurteil vom 15. November 2023 eine an Zahl und Finanzvolumen steigende Zahl von in Nebenhaushalten ausgelagerten Sondervermögen die Einheit und Klarheit des Haushaltes zunehmend verwässert hatten[202].

Um wohl keine andere grundgesetzliche Regel hat sich ein so tiefgreifender und weitreichender politischer Streit einerseits und ein akademischer Paradigmenstreit andererseits entfacht wie um die Schuldenbremse. Dieser kann und soll hier nicht weiter nachgezeichnet werden[203]. Aber unmittelbar einsichtig ist, dass die Begrenztheit öffentlicher Mittel eine laufende Abwägung darüber erforderlich macht, welche Maßnahmen ergriffen und welche unterlassen werden sollen. Diese Frage ist auch deswegen bedeutsam, weil Deutschland innerhalb der EU das Land mit dem mit Abstand höchsten BIP-Äquivalent der Finanzhilfen für Unternehmen und Haushalte zur Abfederung der Folgen der Energiekrise ist. Bezogen auf das Pro-Kopf-Einkommen gibt nur die Slowakei mehr Hilfen aus als Deutschland. Zudem ist ein erheblicher Teil der deutschen Programme darin noch nicht berücksichtigt[204]. Damit haben finanzwirksame Interventionen auch stets einen europäischen Kontext und lösen Befürchtungen aus, Deutschland habe aufgrund seiner im europäischen Vergleich noch niedrigeren Verschuldungsraten eine deutlich höhere »Feuerkraft« als andere Länder, die Folgen der Krise für die Bevölkerung und für die Wirtschaft abzuwettern. Dies ist ein zusätzlicher Grund dafür, Argumente für die Notwendigkeit einer Priorisierung und De-Priorisierung von Staatsausgaben zu diskutieren.

Finanzwissenschaften und Haushaltsvollzugspolitik bieten für diese Abwägung im Grundsatz einige Entscheidungshilfen an. Bisher am etabliertesten sind Kosten-Nutzen-Analysen bei öffentlichen Investitionen. Dieses Instrument kann schon auf eine längere Tradition in angelsächsischen Ländern zurückblicken, gewinnt aber zunehmend auch in Europa und namentlich in der ökologischen Transformation an Bedeutung. Dabei werden nach einem einheitlichen monetären Maßstab die Kosten einer Maßnahme oder mehrerer Alternativen den vermuteten Nutzen gegenübergestellt. Ein solcher Ansatz findet in Deutschland bisher regelhaft bei projektbezogenen Kosten-Nutzen-Analysen für öffentliche Investitionen im Rahmen der Bundesverkehrswegeplanung Anwendung. Weniger verbreitet sind bisher Analysen mit der Einbeziehung von Umwelteffekten. Zwar gibt es inzwischen auch Konzepte einer erweiterten Kosten-Nutzen-Analyse mit einer Bewertung umwelt- und naturschutzrelevanter Effekte in monetären Größen, doch finden solche Analysen bisher noch keine praktische Anwendung. Anders ist dies in den USA und in Großbritannien, in denen schon Kosten-Nutzen-Analysen für die Bereiche Luft, Wasser, Transport und Hochwasserschutz erarbeitet wurden. Ein dezidiertes Ziel dieser Analysen ist neben einer Evidenzbasierung als Grundlage für rationale, transparente und mögliche Zielkonflikte (trade-offs) aufdeckende Entscheidungen auch die Priorisierung von Maßnahmen[205].

Vergleichsweise gut ist die Verfügbarkeit von Leitfäden, Arbeitsanleitungen und Schulungen zum Thema Wirtschaftlichkeitsrechnungen oder Wirtschaftlichkeitsbetrachtungen in öffentlichen Haushalten. Diese werden etwa durch das Beratungszentrum des Bundes, die Kommunale Gemeinschaftsstelle für Verwaltungsmanagement (KGST), den Bund der Steuerzahler oder die Bundesakademie für öffentliche Verwaltung zur Verfügung gestellt. Dabei werden auch Verfahren der Kapitalwertmethode und der Nutzwertanalysen angewandt. Allerdings konnten dadurch bei großen öffentlichen Infrastrukturprojekten in Deutschland bisher aber weder massive Kostensteigerungen noch eklatante Verzögerungen bei der Fertigstellung verhindert werden[206]. Auf die verschiedenen kritischen Stellungnahmen des Bundesrechnungshofs (BRH) zur Vergabe von öffentlichen Aufträgen, zum Beschaffungswesen bei der Bundeswehr oder bei der Finanzierung von Investitionen in die Deutsche Bahn wurde bereits im ersten Kapitel hingewiesen[207]. Wie schwer eine Priorisierung im politischen Alltagshandeln fällt, zeigt allein der Tatbestand, dass jeweils nur zehn Prozent des jährlichen Haushalts nicht bereits durch Sozial-, Personal- und Zinsausgaben sowie bereits eingegangene Verpflichtungen gebunden sind (▶ Dar. 17). Der BRH spricht deshalb auch von einem »versteinerten Haushalt«, der sehr stark dem Gegenwartskonsum verhaftet bleibt.

Dar. 17: Bindung des Bundeshaushalts 2023 (Quelle: Bundesrechnungshof, Bemerkungen 2023 zur Haushalts- und Wirtschaftsführung des Bundes, Bonn 2023, S. 42)

Immerhin wird der Bedarf an Priorisierung zumindest auf der Ebene der Bundespolitik klar gesehen. So hat der Bundesfinanzminister in seinen Verfahrenshinweisen bereits vor dem Urteil des Bundesverfassungsgerichts zur Schuldenbremse vom 15. November 2023 für die Aufstellung des Bundeshaushalts 2024 und des neuen Finanzplans 2025 bis 2027 gefordert: »Entsprechend seinen Vorgaben sind für die gesamte weitere Legislaturperiode alle Ausgaben auf den Prüfstand zu stellen, um durch eine strikte Neupriorisierung Handlungsspielräume für Zukunftsthemen zu erarbeiten«. Die durch das Urteil verzögerte Aufstellung des Bundeshaushalts 2024 und die politischen Turbulenzen in der Ampelkoalition zeigen aber, wie schwierig diese Priorisierung im Konkreten ist und wie weit die Regierung vom eigenen Anspruch aus dem Koalitionsvertrag ist: »Darüber hinaus ist es erforderlich, dass für die gesamte Legislaturperiode alle Ausgaben auf den Prüfstand gestellt werden und eine strikte Neupriorisierung am Maßstab der Zielsetzungen in diesem Koalitionsvertrag erfolgt«[208]. Zu berücksichtigen ist aber, dass dieser Anspruch durch die geopolitischen Verschiebungen noch sehr viel ambitionierter als politökonomisch ohnehin schon geworden ist.

Angesichts der fiskalischen Herausforderungen ist es unverzichtbar, bestehende Effizienzpotenziale in der staatlichen Leistungserbringung aufzudecken und zu mobilisieren: »Um die fünf großen Transformationen unter einen Hut zu bekommen, bedarf es einer sechsten Transformation: der grundlegenden Modernisierung des öffentlichen Sektors, einschließlich des öffentlichen Dienstes«[209]. Einen methodischen Ansatzpunkt dafür bietet die aus dem Bereich des Controllings bekannte Methode der Data Envelopment Analysis (DEA). Damit wird eine systematische Effizienzmessung auch in Bereichen möglich, in denen mehrere Inputs und Outputs vorliegen oder in denen keine Gewichtung der einzelnen Input- und Outputfaktoren erfolgen kann. Inzwischen ist die DEA-Methode u. a. auch auf eine Effizienzanalyse des Innovationsgeschehens, der Verwendung europäischer Fonds zur Verbesserung der Umweltqualität und der regionalen Wirtschaftsförderung, des Gesundheitswesens und der Energieeffizienz angewendet worden.

Wichtig ist vor allem der Zusammenhang zwischen dem staatlichen Ausgabeverhalten und dessen Auswirkungen auf das wirtschaftliche Geschehen. Nach einer Untersuchung der Wachstumsfreundlichkeit der öffentlichen Ausgaben mit der DEA-Methode wird der Anteil von wachstumsfreundlichen Ausgabekategorien auf nur ein Drittel der Gesamtausgaben veranschlagt. Dabei ist das Effizienzpotenzial bei Infrastrukturausgaben am größten. Für einen Großteil der EU-Länder ist eine verminderte Ausgabeneffizienz in der Mehrzahl der Ausgabekategorien zu beobachten[210]. Ein Gedankenexperiment für Deutschland auf der Basis grober Ausgabedaten für die zehn COFOG (Classification of the Functions of Government)-Bereiche[211] verweist auf erhebliche Einsparpotenziale auf der Ausgabenseite der öffentlichen Haushalte, wenn von bestimmten Effizienzlücken in den einzelnen Ausgabenbereichen ausgegangen wird[212]. Unter dem Strich bedeutet das, dass die empirisch ermittelten Effizienzgrade in einzelnen Ausgabenbereichen sehr unterschiedlich sind. Dies kann eine wichtige Indikation für mögliche Priorisierungen und Posteriorisierungen staatlicher Aktivitäten sein.

Eine weitere Priorisierungsregel könnte an der Unterscheidung zwischen eher gegenwartsbezogenen konsumtiven und eher zukunftsbezogenen investiven Ausgaben ansetzen. Diese Diskussion kann sich aber als »slippery slope« erweisen, weil sie eindeutig zu einem zu weit gefassten Investitionsbegriff einlädt. Prototypisch dafür steht die Diskussion zwischen jeweils zwei Mitgliedern des Sachverständigenrats Wirtschaft im Jahresgutachten 2021/2022, in dem erstmals unterschiedliche Grundauffassungen zur Mobilisierung von Investitionen und deren Finanzierung einander gegenübergestellt wurden. Eine eher fiskalkonservative Position verweist auf die Schwierigkeiten einer eindeutigen Definition und Abgrenzung von Investitionen gegenüber anderen Ausgabenarten und die Notwendigkeit eines zielgerichteten Einsatzes knapper öffentlicher Mittel. Eine eher keynesianische Perspektive spricht sich »für eine gezielte Privilegierung von investiven Ausgaben innerhalb von Schuldenregeln« aus[213].

Die eher orthodoxe Position empfiehlt, dass eine »Priorisierung der Ausgabenwünsche von unterschiedlichen Akteuren vorgenommen werden muss«. Die eher fiskalexpansive Position empfiehlt die gezielte Privilegierung von investen Ausgaben, um »dauerhafte Anreize zur Priorisierung zu geben«. Besser lässt sich die subtile Wohlfeilheit einer »Priorisierung durch Definition« statt einer »Priorisierung durch das Eingehen von Konflikten« nicht beschreiben. Wie und wo aber über die beschriebenen allgemeinen Leitplanken hinaus konkret priorisiert werden könnte, bleibt im Vagen: »Wo staatliche Ausgaben notwendig sind, sollten Spielräume auch durch Priorisierung von Ausgaben erwirtschaftet werden.« Diese wissenschaftliche Unbestimmtheit lässt viel Platz für die öffentliche Deutungshoheit und stärkt eine schuldenbremsenkritische Position nach dem Verfassungsgerichtsurteil, die in zwei populistischen Sätzen von interessierter Seite gipfeln: »Die Schuldenbremse darf nicht zur Investitionsbremse werden«. Und: »Die Schuldenbremse darf nicht zu einer Sozialstaatsbremse werden«[214].

Solange nicht bessere Heuristiken zur Priorisierung öffentlicher Ausgaben verfügbar sind, solange stellen ausgabenbegrenzende Regeln immer noch den besten Weg dar, um Ausgaben zu priorisieren, und dürfen daher unter keinen Umständen abgeschwächt werden. Die Ausgabenbegrenzungen verlangen von den heute Entscheidenden eine Abwägung, was getan und was unterlassen werden sollte, statt dass Ausgaben von heute durch vermeintliche zukünftige Erträge von morgen nobilitiert werden. Doch bis zu einer empirisch gestützten Priorisierung im öffentlichen Ausgabeverhalten ist es noch ein sehr weiter Weg. Auch die Statuierung und vor allem auch die Einhaltung von Fiskalregeln auf einer europäischen Ebene stimmt eher pessimistisch. Denn eine Auswertung zeigt, dass es mit der Einhaltung bestimmter Regeln (z. B. Defizitregel und Schuldenregel als »korrektiver Arm« sowie eine strukturelle Saldoregel und Ausgabenregel als »präventiver Arm«) leider auch nicht besonders gut bestellt ist. Die Einhaltungsregel liegt aktuell bei unter 50 Prozent[215]. Auch aus dieser Perspektive wird noch einmal die Bedeutung von festen Fiskalregeln für die finanzielle Stabilität der nationalen Haushalte deutlich — nicht nur für Europa, sondern namentlich auch etwa für die USA, die haushaltspolitisch derzeit völlig aus dem Ruder laufen.

Zudem liegt die Überlegung nahe, auch im Bereich der Sozialausgaben über eine regelgebundene Ausgabenbegrenzung nachzudenken. Hier verläuft eine »Kampflinie« zwischen der zitierten Position, die keine Schuldenbremse will, weil sie darin eine Sozialstaatsbremse sieht, und einer Forderung, neben einer Schuldenbremse auch eine explizite Sozialstaatsbremse einzuführen. Hier wird vermittelnd argumentiert, dass die Schuldenbremse gerade deshalb dringend erforderlich ist, weil sie faktisch sozialausgabenbegrenzend wirkt. Gegenüber einer Sozialstaatsbremse hat sie zudem den empirischen Vorteil, dass sie wachstumsstärkende Effekte hat[216]. Eine Ausgabenbegrenzung durch Fiskalregeln ist daher unter den Bedingungen der politischen Ökonomie von demokratischen Wohlfahrtsstaaten die einzig mögliche Priorisierungsregel, um Ansprüche verschiedener Lobbygruppen gegenüber öffentlichen Haushalten zu begrenzen. Der »kalte Stern der Knappheit« leuchtet auch über den öffentlichen und mit Blick auf die Demografie mehr denn je auch über den parafiskalischen Finanzen.

Dies gilt zudem nicht nur in einer gegenwartsbezogenen, sondern viel mehr noch in einer intergenerationalen Perspektive. Der Bundesrechnungshof merkt zu Recht an: »Seit mehr als 20 Jahren ist Nachhaltigkeit Leitprinzip staatlichen Handelns. Zeit, es sichtbar im Haushalt zu verankern«. Nach dieser Auffassung bekräftigt ein nachhaltigkeitsorientierter Bundeshaushalt den politischen Willen und bindet die Verwaltungen. Es stärkt zudem das Budgetrecht und fördert Transparenz und Rechenschaftspflicht. »Nachhaltigkeit wird erst dann real, wenn sie über den Haushalt verpflichtend und handhabbar gemacht wird«[217]. So könnte etwa das Einhalten intergenerationaler Nachhaltigkeitsziele als ein Bewertungskriterium für öffentliche Investitionen herangezogen werden. Dies setzt aber eine saubere Befundung der intergenerationalen Ertragsströme von Investitionen und nicht nur Hoffnungswerte voraus, um den Investitionscharakter von Ausgaben besser zu belegen. Diese Umkehr der Beweislast wäre eine zusätzliche Bremse gegen einen weiteren Aufwuchs öffentlicher Ausgaben.

Die strukturelle Expansion öffentlicher Ausgaben hat schließlich auch mit dem föderalen Staatsaufbau zu tun. Von der Theorie des Föderalismus bis zur gegenwärtigen Praxis in Deutschland ist es ein weiter Weg. Doch die Kritik an der Leistungsfähigkeit des föderalen Staatsaufbaus – gerade bezüglich seiner Geschwindigkeit bei der Entscheidungsfindung und vor allem -umsetzung, der Administrierbarkeit der Digitalisierung und der fiskalischen Lastenteilung – nehmen auch aus dem politischen Raum zu. »Unser bürokratisches System, das uns seit Jahrzehnten gute Dienste geleistet hat, kann nicht mehr reformiert werden«[218]. Insbesondere die föderalen Verwaltungsbeziehungen haben zu vielfältigen Schnittstellen zwischen Bund und Ländern und zu »zahlreichen Einfallstoren intransparenter Verflechtungen geführt«[219]. Diese waren ein zentraler Grund für die sog. Föderalismusreformen aus dem Jahr 2006 (bezüglich der Gesetzgebungskompetenzen) und der Reformen der Finanzbeziehungen zwischen Bund und Ländern im Jahr 2009.

Aus heutiger Sicht wird man sagen können, dass die Effekte der ersten der beiden großen Staatsreformen – wenn sie denn überhaupt nennenswert gewesen sein sollten – inzwischen wieder verpufft sind[220]. »So wie die Bedingungen sind, unter denen jetzt regiert und verwaltet wird, kann keine Regierung erfolgreich arbeiten«[221]. Leider gilt auch der Befund aus dem Vorwort des BRH-Gutachtens aus dem Jahr 2007 als Zustandsbeschreibung heute noch unverändert: »In der Staatspraxis haben sich seit Inkrafttreten des Grundgesetzes zahlreiche Verwerfungen und Verkrustungen herausgebildet, die die Leistungsfähigkeit staatlichen Handelns im bundesdeutschen Föderalismus beeinträchtigen und zu unwirtschaftlichem Handeln führen. Dieser Befund ist heute unstreitig. [...] Vor diesem Hintergrund besteht die Herausforderung darin, die Bund-Länder-Beziehungen von ihren Verkrustungen zu befreien und das föderative Potenzial wiederzubeleben.«

Das größte Verdienst der Föderalismusreform II ist deshalb immer noch die Einführung der Schuldenbremse in Art. 109 bzw. 115 GG. Aber auch dieser »big point« der Reform hat nicht dazu geführt, dass die bestehende ebenenübergreifende Verantwortungsteilung, Aufsicht und Finanzierung so weit wie möglich zurückgeführt werden konnte. Nach wie vor arbeiten Bund und Länder nicht in je eigener Zuständigkeit mit ausschließlicher Aufgabenverantwortung und vollständiger Verantwortung für den Ressourceneinsatz mit eigenem Geld. Hinsichtlich der Finanzierung des landeseigenen Vollzugs von Bundesgesetzen gilt zwar theoretisch das in Art. 104a Abs. 1 GG verankerte Konnexitätsprinzip. Danach sollen Bund und Länder gesondert die Ausgaben tragen, die sich aus der Wahrnehmung ihrer Aufgaben ergeben. Die Finanzierungszuständigkeit richtet sich dabei nach der jeweiligen Verwaltungsverantwortung, nicht danach, wer durch die Gesetzgebung die Aufgaben und Ausgaben veranlasst hat.

Praktisch beginnen aber genau hier die bis heute völlig ungelösten Probleme eines letztlich unbefriedigend umgesetzten Konnexitätsprinzips, das vereinfacht besagt: »Wer bestellt, bezahlt«. Nahezu in jeder Woche wird das Wahlpublikum Zeuge des Ringens zwischen Bund, Ländern und den diesen nachgeordneten Kommunen über die Mittelausstattung für bestimmte Maßnahmen. Dies gilt derzeit besonders drastisch im Bereich der Aufteilung der Folgekosten der stark gestiegenen Zuwanderung, der Energiekosten oder der Mobilitätskosten im Rahmen des Deutschlandtickets. Jüngstes Beispiel für diesen Zank um die finanziellen Ressourcen ist etwa, dass noch keine zwölf Stunden nach den Beschlüssen einer Kabinettsklausur in Schloss Meseberg Ende August 2023 ein Ministerpräsident eines Stadtstaates bereits sein Veto im Bundesrat wegen ungeklärter finanzieller Folgen der Beschlüsse anmeldete. Auch beim Wachstumschancengesetz mit seinem Entlastungsvolumen von (lediglich) 3,2 Mrd. Euro konnte erst nach mehrmonatigem Streit im Bundesrat eine Einigung herbeigeführt werden. Wieder einmal war die ineffiziente und zeitraubende »föderale Verflechtungsfalle« (Fritz W. Scharpf) zugeschnappt.

Zu besichtigen ist stets gerade das Gegenteil der Rechnungshof-Empfehlung aus dem Jahr 2007: »Das leitende Prinzip lautet: Wirtschaften mit eigenem Geld, in eigener Verantwortung und transparenter Zurechnung«[222]. Bis heute gilt daher hinsichtlich der Finanzbeziehungen zwischen Bund und Ländern der Fehlanreiz, dass die Länder weitgehend autonom über ihre Ausgaben bestimmen, ihre Einnahmen aber kaum beeinflussen können. »Die Landespolitik hat bislang ein viel zu geringes Interesse, die Wirtschaftskraft zu steigern, und profiliert sich über höhere Ausgaben. Dies führt nicht selten zu einer übermäßigen Verschuldung«[223]. Der Finanzausgleich – seit 2020 Finanzkraftausgleich – in seiner heutigen Form führt damit insgesamt zu vermeidbaren Mehrausgaben und entgangenem Wachstum. Er muss daher als ineffizient bezeichnet werden.

Was daraus folgen sollte, wird in Kapitel 4 diskutiert werden. An dieser Stelle mag der Hinweis genügen, dass der Föderalismus in seiner heutigen Form einer Priorisierung oder Posteriorisierung von ausgabewirksamen Entscheidungen nicht zuträglich ist. Zwar dürfen die Effekte eines föderalen Wettbewerbs gegenüber einem unitarischen System dezidiert nicht kleingeschrieben werden. Doch vor allem die Anreizstörungen des Finanzausgleichs einerseits und die Ausgabeneffekte einer zeitraubenden und konfliktträchtigen föderalen Abstimmung sind einer Priorisierung von Maßnahmen nicht zuträglich. Dies gilt insbesondere auch dann, wenn schnell ordnungsrechtliche freiheitsbeschränkende Maßnahmen wie während der Coronakrise ergriffen werden müssen, die zudem auch noch bundeslandübergreifende Übertragungseffekte (Spillover) aufweisen. Nicht vergessen werden sollte schließlich, dass diese Diagnose für den dreistufigen föderalen Aufbau Deutschlands auch noch um die zunehmend an Gewicht gewinnende vierte Regelungsebene der Europäischen Union ergänzt werden muss. Auch diesen Effekt gilt es im nächsten Kapitel noch gesondert zu reflektieren.

Reiter 4: Strategische Autonomie und Resilienz

> »Denn der Mensch, der zur schwankenden Zeit noch schwankend gesinnt ist, der vermehret das Übel und verbreitet es weiter und weiter«.
> (J. W. v. Goethe)

»Resilienz ist die neue Effizienz« – so lautet eines der neueren Schlagworte, die zur spektakulären Karriere des Resilienzkonzepts beigetragen haben. Kaum ein anderer Begriff hat einen stärkeren Verbreitungszuwachs erfahren als dieses Konzept. Bei Google erhält man dazu rund 11,2 Mio. Einträge, also deutlich mehr als »Zeitenwende«, aber noch mit deutlichem Abstand hinter »Transformation« und »Nachhaltigkeit«. Dies hat auch mit der Vielschichtigkeit des Begriffes zu tun, der mindestens drei grundsätzliche Strömungen aufnimmt: Erstens hat Resilienz einen naturwissenschaftlichen Kern und bedeutet wörtlich »Zurückspringen« bzw. »Abprallen«. Dies beschreibt die Toleranz oder Robustheit eines Systems gegenüber Störungen. Zweitens gilt sie auf einer organisationalen Ebene und bedeutet, schnell und flexibel auf Schocks und Krisen zu reagieren und sich mittels Veränderung an neue Situationen anzupassen. Drittens hat Resilienz eine personale Ebene und beschreibt die »psychische Widerstandskraft; Fähigkeit, schwierige Lebenssituationen ohne anhaltende Beeinträchtigung zu überstehen«. Ein Sieben-Säulen-Modell benennt dabei auf der personalen Ebene – darauf wird noch zurückzukommen sein – Optimismus, Akzeptanz, Lösungsorientierung, das Verlassen der Opferrolle, ein

Erfolgsnetzwerk, positive Zukunftsplanung und Selbstreflexion als konstitutive Prinzipien für mehr Resilienz[224].

Zur Karriere des Konzepts gehört auch das in der beschriebenen Vielschichtigkeit angelegte Herauswachsen aus dem engeren naturwissenschaftlichen Grundgedanken einerseits und aus dem personalen, psychologischen Konzept andererseits in eine allgemeine politische Erzählung mit entsprechend vielschichtigen Bezügen. Inzwischen kommt kaum noch ein strategienahes Papier ohne das Suffix Resilienz aus: Resilienz der Ökosysteme, Resilienz der Sicherheitsbehörden, resiliente Demokratie, gesellschaftliche Resilienz, regionale Resilienz, Katastrophenresilienz, planetare Resilienz – um nur einige Beispiele zu nennen. Vielfach wird auch gleich ein Dreiklang zwischen Sicherheit, Resilienz und Nachhaltigkeit hergestellt. Zudem gibt es eine Nähe zum Konzept der Resistenz. Diese bezeichnet aber eine feststehende Eigenschaft eines Systems, während Resilienz als erlernbar und trainierbar gilt.

Schon mit diesen wenigen Begriffen wird deutlich, dass das Wieselwort Resilienz – ein Wort, unter dem sich jeder etwas vorstellen kann – auf den ersten Blick nur begrenzt tauglich zu sein scheint als einer der vier »Reiter der Ertüchtigung«. Aber dieser Eindruck täuscht: Die Breite des Resilienzbegriffs bietet entsprechend viele Möglichkeiten für eine empirische Beleuchtung aus verschiedenen disziplinären Blickwinkeln. Es wird daher hier zwischen zwei grundsätzlichen Bedeutungsebenen von Resilienz unterschieden: Zum einen gibt es eine Resilienz auf einer *systemischen* Ebene von Nationen und Staaten, zum anderen auf einer *personalen* Ebene von Menschen und Betrieben. Damit können auch die beiden Hauptanker dieser Untersuchung des Verhältnisses zwischen Bürgern und ihrem Staat näher in den Blick genommen werden, indem eine personale (Mikroebene) und eine systemische Resilienz (Makrobebene) in einer Mesoebene miteinander verknüpft werden können.

Für die systemische Ebene wird mit Resilienz vielfach auch der Begriff der *strategischen Autonomie* assoziiert. Dieser Terminus erweist sich zunehmend auch als eine Klammer in der geopolitischen und geoökonomischen Debatte. Dafür gibt es erste konzeptionelle und empirische Härtungsversuche: Der »Economic Resilience Index« (ERI) bildet auf der Systemebene anhand von 27 Indikatoren auf den Feldern ökonomischer Unabhängigkeit, Bildung und Ausbildung, finanzielle Resilienz, Governance, Produktionskapazitäten sowie sozialer Fortschritt und Zusammenhalt die ökonomische Resilienz von 25 EU-Staaten ab. Dabei wird zwischen unterschiedlichen Bestimmungsfaktoren für mehr Resilienz in Unternehmen, beim Staat, bei privaten Haushalten und in den Gemeinden unterschieden[225]. Naturgemäß performen in diesem Makroindex die EU-Länder stark unterschiedlich: Wie in vielen Rankings liegen die skandinavischen Staaten an der Spitze. Deutschland befindet sich auf einem oberen Mittelfeldrang (▶ Dar. 18). Interessant ist dabei, dass zwischen dem ERI und sowohl dem BIP als auch den CO_2-Emissionen kein nennenswerter statistischer Zusammenhang gefunden werden kann. Auf dieser Datenbasis kann man also noch nicht unmittelbar schlussfolgern, dass sich Resilienz ökonomisch und ökologisch eindeutig positiv auswirkt.

3 Leitplanken für eine neue Politik: Vier »Reiter der Ertüchtigung«

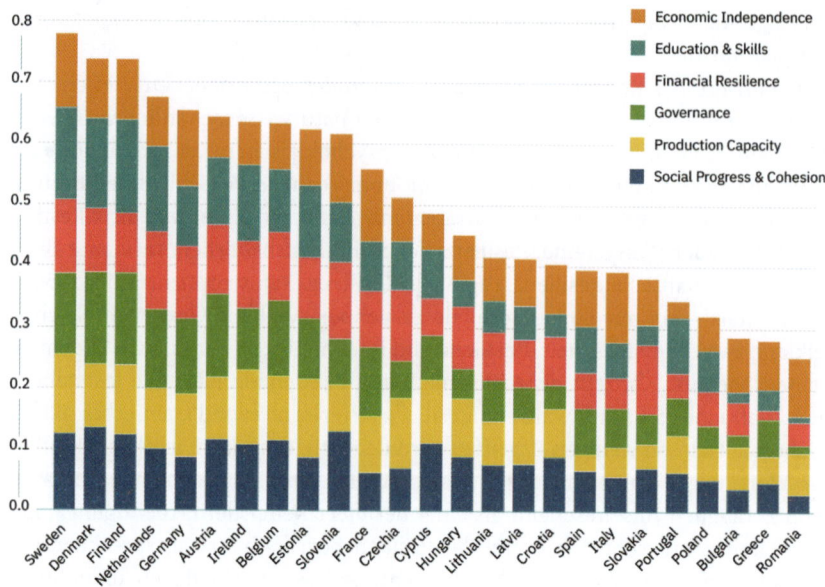

Dar. 18: Ökonomischer Resilienz-Index: Score nach Dimensionen in Prozent (Quelle: Jakob Hafele et al., The Economic Resilience Index: assessing the ability of EU economies to thrive in times of change, ZOE Institute for Future-fit Economies, Köln 2023, S. 22.)

Diese Unschärfe ist aber ein analytischer Preis dafür, dass die Indikatoren aus sehr unterschiedlichen Politikbereichen stammen, um ein möglichst ganzheitliches Verständnis von ökonomischer Resilienz zu vermitteln. Immerhin lassen die Ergebnisse erste Rückschlüsse auf die unterschiedliche Resilienz von Staaten und deren mögliche Bestimmungsgründe zu. Zur empirischen Fundierung des Resilienzkonzepts werden auch weitere Analysen unternommen, um etwas gehaltvollere Aussagen zu erarbeiten, die über wohlfeile Formulierungen wie etwa jene der EU-Kommission hinausgehen können: »Resilience refers to the ability not only to withstand and cope with challenges but also to transform in a sustainable, fair, and democratic manner«. Die Kommission selbst beteiligt sich an diesen empirischen Arbeiten mit aufwendigen sog. »Resilience Dashboards« für die fünf Dimensionen Soziales, Ökonomie, Klima, Digitales und Geopolitik. Mit diesem eigenen Monitoring-Tool sollen die EU-Staaten bei der Bewältigung der transformativen Herausforderungen unterstützt werden[226].

Damit erweist sich das Resilienzkonzept trotz seiner noch etwas eingeschränkten empirischen Eignung als eine zunehmend wichtige Heuristik für die Gestaltung von Politik auf der systemischen Ebene. Genau hier kommt die strategische Autonomie als eine systembezogene Resilienzkategorie ins Spiel: Ein Ziel der bisher erarbeiteten Resilienzdashboards ist nämlich die Identifikation von Verwundbarkeiten und Kapazitäten zu deren Vermeidung und Verminderung. Diese Befunde betten sich ein in Prozesse eines jährlichen »Strategic Foresight Reports« der Kommission, mit dem »Sustainability and people's wellbeing at the heart of Europe's Open Strategic Autonomy« gewährleistet werden sollen[227]. Resilienzdashboards und die strategische Voraussicht der heute Entscheidenden zusammen wiederum unterstützen die Politik bei Maßnahmen, deren Ziel »more strategic autonomy« ist und die sich zu einem Leitmotiv der amtierenden EU-Kommission entwickelt haben. Der analytische Dreischritt lautet also: Resilienz-Dashboards → Strategische Vorausschau → Strategische Autonomie.

Insbesondere der Ukrainekrieg und die geopolitischen Herausforderungen einer sich herausbildenden veränderten Weltordnung haben den Blick darauf geschärft, inwieweit Länder mit einer gemeinsamen Werteordnung ihre strategische Souveränität und Autonomie bewahren können. Die Sicherung der »strategischen Autonomie« ist zu einer beherrschenden Klammer der europäischen Politik geworden, hat sich aber auch in den Kontext einer erstmals breiter definierten nationalen Sicherheitspolitik hinein vorgearbeitet. Dass ihrerseits die Risikovorausschau auf der europäischen und nationalen Ebene in der Vergangenheit vernachlässigt wurde, ist ein allgemein geteilte Wahrnehmung. An deutschen Universitäten waren Lehrstühle für Sicherheitspolitik und Strategie noch bis vor kurzem weitgehend Fehlanzeige[228]. Dass Europa aber gerade unter der amtierenden Präsidentschaft und unter dem Eindruck von Pandemie und Krieg als großen Krisen mit existenzieller Vulnerabiliät zu einem neuen geopolitischen Player geworden ist, wird inzwischen deutlich gesehen[229]. Allerdings ist angesichts der europäischen Uneinigkeit derzeit eher noch Skepsis angebracht, dass und wie der dafür erforderliche Schritt zu einer »hard power« überhaupt gelingen kann.

Hilfreich auf dieser systemischen Ebene ist eine Differenzierung des breiten Resilienzbegriffs je nach den damit verfolgten Zielen[230]. Resilienz in der sozialen und wirtschaftlichen Dimension wird definiert als die »Fähigkeit, wirtschaftliche Schocks zu bewältigen«. Grüne Resilienz bedeutet, »bis 2050 Klimaneutralität zu erreichen und gleichzeitig den Klimawandel abzuschwächen und sich an ihn anzupassen, die Umweltverschmutzung zu reduzieren und die Fähigkeit ökologischer Systeme wiederherzustellen, unsere Fähigkeit zu erhalten, innerhalb der planetarischen Grenzen gut zu leben«. Bei der digitalen Resilienz soll sichergestellt werden, dass »die Art und Weise, wie wir in diesem digitalen Zeitalter leben, arbeiten, lernen, interagieren und denken, die Menschenwürde, Freiheit, Gleichheit, Sicherheit, Demokratie und andere europäische Grundrechte und -werte bewahrt und gestärkt« werden. Der Begriff der geopolitischen Resilienz schließlich bezieht sich auf »die Stärkung der ›offenen strategischen Autonomie‹ und der globalen Führungsrolle Europas« auf der Grundlage gemeinsamer Werte, mit einer starken multilateralen Governance und einer regelbasierten Zusammenarbeit.

Jenseits der auch hier wieder durchscheinenden spezifischen EU-Terminologie (»brussels jargon«) weist das Resilienzkonzept auf dieser systemischen Ebene immerhin drei positive Ansätze auf:

- Die analytische, evidenzbasierte Ausbuchstabierung der verschiedenen Resilienzkategorien bietet zumindest für jedes Land einen einheitlichen Rahmen,

um strategische Verwundbarkeiten einerseits und Kapazitäten zu deren Vermeidung andererseits zu erkennen. Für gutes Regieren ist dies eine wichtige Hilfestellung.
- Die Präzisierung der einzelnen Resilienzkategorien, die in dem Dashboard und den jährlichen Fortschrittsberichten für jedes EU-Land mit Indikatoren unterlegt werden, bietet eine gute Orientierung für die Ausrichtung der jeweiligen nationalen Politiken.
- Für die Wertegemeinschaft Europas erlaubt das Resilienz-Framework eine wertvolle Benchmarking-Analyse mit konkurrierenden geoökonomischen Wettbewerbern in Zeiten, in denen sich die weltwirtschaftlichen Blöcke tektonisch verschieben, wie an den jüngsten BRICS- und G20-Gipfeln studiert werden kann.

Insbesondere die im Zuge eines bedrohten Multilateralismus, durch expansionistische Bestrebungen Chinas, den Ukrainekrieg, den Israelkrieg und durch die Folgen der Pandemie verschärft diskutierte Frage, wie Sicherheit, Autonomie (nicht: Autarkie!) und Souveränität gesichert werden können, lässt sich zunehmend weniger auf nationaler Ebene und mehr denn je nur auf europäischer Ebene lösen. Exemplarisch heruntergebrochen auf die ökonomische Resilienzkategorie bedeutet das: Es geht vor allem darum, Rohstoffabhängigkeiten zu vermeiden, Lieferketten zu stabilisieren, Technologiefähigkeiten und industrielle Fertigkeiten zu sichern und auszubauen, die eigene Handlungsfähigkeit inklusive der nationalen Sicherheit zu verstärken und mit fairen und effektiven Handelsregeln die internationale Wettbewerbsfähigkeit zu sichern. Kurzum: »Der Westen und insbesondere Washington müssen wieder lernen, mit Gegnern zu leben, ohne sie gleich bestrafen zu wollen«[231].

Damit wird unmittelbar auch der Vorhof einer strategischen europäischen Industriepolitik betreten. Dabei geht es derzeit vor allem darum, Produktions- und Entwicklungsfähigkeiten im Halbleiterbereich auszubauen. Beim Ausbau einer nachhaltigen Energieinfrastruktur soll europaweit vorgegangen werden. Bezugsquellen kritischer Rohstoffe sollen durch Import, heimische Förderung, Recycling und Substitution sowie deren Weiterverarbeitung auch in Europa diversifiziert werden. Vertrauenswürdige Strukturen im Cloud- und Edge-Computing in der EU sollen geschaffen und der europäische Normungsprozess gestärkt werden, vor allem durch eine Priorisierung kritischer Projekte wie Technologien für Verkehr, Energiewirtschaft oder künstliche Intelligenz. Ähnliche Überlegungen wie die hier für den Bereich der Ökonomie genannten können auch für die anderen Resilienzkategorien buchstabiert werden, namentlich im Bereich einer gemeinsamen Sicherheits- und Verteidigungspolitik. Hier besteht derzeit die größte strategische und operative Fähigkeitslücke.

Zu allen diesen Punkten gibt es inzwischen auf der europäischen Ebene schon Konzepte, Vorarbeiten oder sogar Rechtsakte. Besonders prominent sind der Digital Markets Act, der Digital Services Act, der EU Chips Act[232], der European Green Deal, NextGeneration EU und die Global Gateway Initiative. Sie zahlen allesamt auf die verschiedenen Resilienzkategorien ein und sollen die strategische Autonomie

Europas und seiner Mitgliedstaaten erhöhen. Daran zeigt sich, dass die an sich analytisch wenig trennscharfe Kategorie der Resilienz auf einer Systemebene doch einen beträchtlichen Orientierungsnutzen insofern entfalten kann, als sie eine Art Mainstreaming von Politikmaßnahmen entlang einer bestimmten strategischen Zielrichtung erlaubt. Aus einer politökonomischen Perspektive ist dies eine nicht unbedeutende Leistung des Konzepts. Dies erlaubt es zumindest allen politischen Akteuren, sich dahinter zu versammeln, und auf der nationalen Ebene die dafür nötigen Voraussetzungen zu schaffen. Dies manifestiert sich für Deutschland u. a. in einer 2023 zum ersten Mal vorgelegten nationale Sicherheitsstrategie, die bezeichnenderweise mit »Wehrhaft.Resilient.Nachhaltig.« überschrieben ist[233].

Dieser im Grundsatz positiven Einschätzung stehen aber zwei Einschränkungen gegenüber: Zum einen kann Resilienz als Leitlinie auch für das Verhältnis von Bürger zu Staat auf der europäischen Ebene nur dann dienen, wenn sie einerseits nicht zu einer weiteren Zentralisierung von Aufgaben führt, bei denen es sich nicht um genuin europäische öffentliche Güter, wie z. B. Sicherheit und Verteidigung, handelt. Das notwendige Ziel des Schutzes von Autonomie und Souveränität gegenüber äußeren Kräften darf nicht zu einem »Hintertürchen« für eine unangemessene Zentralisierung der politischen und wirtschaftlichen Macht innerhalb der EU werden. Dies würde zwangsläufig neue europakritische Reaktionen in den Mitgliedstaaten hervorrufen oder diese verstärken[234]. Zum anderen muss das Resilienzkonzept von der Makroebene auf die Mikroebene übertragen werden. Deshalb kommt es neben der Bedeutung von Resilienz auf der Systemebene auch auf die Fähigkeit an, wie die Krisenresistenz von Gesellschaften auch auf einer personalen Ebene erhöht werden kann.

Mit dieser *personalen Resilienz* wird ein primär gesellschaftspolitisches Spielfeld betreten. Es reicht disziplinär stärker in die Provenienzen von Bildungs- und Jugendforschung, Soziologie, Psychologie, Medizin sowie Demoskopie und Werteforschung hinein. Wegen der disziplinären Breite fällt dieser Abschnitt etwas länger aus. Deshalb wird versucht, deskriptive oder demoskopische Studien für eine Einordnung heranzuziehen, welche Faktoren auf personale Resilienz einwirken können und welche Bedeutung ihr für eine Krisenbewältigung und für die weitere gesellschaftliche Entwicklung zukommt. Um mit einigen Befunden aus der Werteforschung zu beginnen und damit noch einmal am Reiter »Eigenverantwortung und Subsidiarität« anzusetzen: Werte werden nach wie vor durch die klassischen Sozialisationsinstanzen Eltern, Freunde, Partner sowie durch Ausbildung und Arbeitswelt geprägt. Insgesamt stellt sich nach Studien mit Daten bis zum Jahr 2019 die Gesellschaft als leistungsorientiert und materialistisch, aber mit einem Hang zum Hedonismus und zur Selbstverwirklichung dar. Die aktuelle Situation sei durch eine Mischung materialistischer und postmaterialistischer Werte gekennzeichnet, was als Indiz für einen Wertepluralismus gedeutet wird[235].

Die Bedeutung von Erziehung und Bildung für die Herausbildung personaler Werte sowie von Resilienz und Widerstandskraft kann sich dabei auf breite Forschung zu sog. Schutzfaktoren stützen[236]: Bei Kindern und Jugendlichen umfassen die *familiären* Schutzfaktoren insbesondere Aspekte des Familienklimas, also den familiären Zusammenhalt und das Erziehungsverhalten der Eltern. Hierzu zählt auch die Zeit, die für gemeinsame Gespräche und für Lösungen von (schulischen) Problemen verfügbar ist. Daneben sorgen die *personalen* Schutzfaktoren, also Merkmale der Persönlichkeit der Jugendlichen selbst, und *soziale* Schutzfaktoren, wie die von Gleichaltrigen und Erwachsenen erfahrene oder verfügbare soziale Unterstützung oder das Umfeld, in dem Kinder und Jugendliche soziale Unterstützung erfahren, für eine gelingende Entwicklung von jungen Menschen[237]. Am wichtigsten scheint der Einfluss der Umfeldbedingungen im Elternhaus zu sein: »Als stabilster Prädiktor für eine resiliente Entwicklung wurde eine unterstützende und zugewandte Beziehung identifiziert«[238].

Zudem sind für die Herausbildung von personaler Resilienz nach Studien des Nobelpreisträgers James Heckman auch nichtkognitive Fähigkeiten bedeutsam, wie etwa die Ausdauer beim Lösen von Problemen, Disziplin, Konzentration oder Motivationsfähigkeit – allesamt Fähigkeiten, die aus medizinischer Sicht auch als Determinanten von psychischer Gesundheit aufgefasst werden können[239]. Kinder, denen diese Fähigkeiten fehlen, haben häufiger Lernschwierigkeiten in der Schule oder sind verhaltensauffällig. Die betroffenen Kinder leiden akut unter den psychischen Problemen, und sie haben langfristig schlechtere Chancen, da sie möglicherweise einen geringeren Bildungsstand erreichen werden. Solche Beeinträchtigungen in der Kindheit können langfristige Folgen haben und im Erwachsenenalter aufgrund gesundheitlicher Einschränkungen und eines krankheitsbedingt geringeren Bildungsstandes zu einem niedrigeren Sozialstatus führen. Der über den Bildungsstand vor allem der Mutter mitvermittelte Gesundheitszustand der Kinder liefert damit einen wesentlichen Erklärungsbeitrag für die intergenerationelle Transmission von Bildung und sozioökonomischem Status[240]. Der Bezug zu einer »achieving society« ist unmittelbar ersichtlich.

Daher stimmen auch aktuelle Befragungen von Jugendlichen zunächst einmal nachdenklich. Nach einer europäischen Jugendstudie bei über 7.000 Jugendlichen sei der »Pessimismus auf dem Vormarsch« und es gebe einen großen Vertrauensverlust gegenüber Parteien[241]. Junge Europäerinnen und Europäer glaubten mehrheitlich nicht mehr daran, dass sie es einmal besser haben werden als ihre Eltern. Diese Befunde sind stark durch die Erfahrungen während der Pandemie und mit dem Krieg in der Ukraine geprägt. Auch andere jüngere Befunde, etwa aus dem DAK-Jugendreport 2022, der AOK-Familienstudie 2022, der SINUS-Jugendstudie für die BARMER vom März 2023 oder aus den regelmäßigen Studien Jugend in Deutschland, zeigen im Kern eine zunehmende subjektive Belastung der Zukunftsaussichten von jungen Menschen und einen »schwindenden Optimismus Heranwachsender«[242]. Auf internationaler Ebene weisen dabei jüngere Mädchen zwischen 11 und 15 Jahren nach Daten der Weltgesundheitsorganisation (WHO) niedrigere Werte bei »mental health« und »wellbeing« als Jungen auf.

Zudem wächst derzeit unter der Überschrift Prokrastination ein Trend aus dem eher Anekdotischen in eine breitere Wahrnehmung hinein. Damit ist ein extremes Aufschieben gemeint, das nach verbreiteter Auffassung eine pathologische Störung ist, »die durch ein unnötiges Vertagen des Beginns oder durch Unterbrechen von

Aufgaben gekennzeichnet ist, sodass ein Fertigstellen nicht oder nur unter Druck zustande kommt«[243]. Diese »Aufschieberitis« erfährt schon dadurch eine größere mediale Aufmerksamkeit, weil am 6. September 2023 der erste »Anti-Prokrastinationstag« begangen wurde[244]. Verhaltenspsychologisch eng, aber geradezu spiegelverkehrt mit Prokrastination verwandt ist der sog. Belohnungsaufschub, der ein wichtiger Teil der Selbstkontrolle und der Impulskontrolle ist. Nach dem sog. Marshmallow-Test erweise sich das Aufschieben-Können von Selbstbelohnungen als eine Grundlage für akademischen, emotionalen und sozialen Erfolg[245]. Damit wird eine weitere Facette der Bedeutung von Schutzfaktoren für die Entwicklung von individueller Resilienz deutlich.

Empirisch umstritten ist bisher die Frage, ob es auch einen Zusammenhang zwischen sich verändernden Zukunftsaussichten, einem aufschiebenden Verhalten und einem veränderten Mediennutzungsverhalten Jugendlicher gibt und ob sich dies auf die Resilienz von jüngeren Menschen auswirkt. Nach der breitangelegten Trondheim Early Secure Study hat zwar die Prävalenz von Angstzuständen und Depressionen zugenommen, aber ein kausaler Effekt durch die intensive Nutzung sozialer Medien könne bisher nicht belegt werden[246]. Dies kontrastiert allerdings mit deskriptiven Befunden aus Befragungsstudien für Deutschland: Nach der KIM (Kindheit-Internet-Medien)-Studie sehen 80 Prozent der Erziehungsberechtigten Gefahren für Kinder zwischen 6 und 13 Jahren im Netz. Immer mehr Kinder nutzten Medien selbstständig und ohne Begleitung von Erwachsenen. Vor allem bei den Sechs- bis Siebenjährigen steige der Anteil derer, die Medien allein ohne Begleitung durch Eltern oder eine Lehrperson verwenden. Nach der parallelen JIM (Jugend-Internet-Medien)-Studie für Jugendliche zwischen 12 und 19 Jahren lag im Jahr 2022 die tägliche Internetnutzung in der Freizeit mit durchschnittlich 204 Minuten täglich wieder auf dem Niveau vor Pandemiebeginn. Nach der Jugend-Digitalstudie der Postbank verbringen Jugendliche pro Woche knapp 71 und damit knapp 15 Stunden mehr als vor Corona im Internet[247].

Ein abschließendes Urteil über die Auswirkungen einer intensiven Nutzung digitaler Kommunikationsmittel auf die Resilienz von jungen Menschen der »Generation iGen« steht zwar noch aus[248]. Angesichts der rasanten Entwicklung des Mediennutzungsverhaltens von Jugendlichen werden aber zusätzliche Herausforderungen deutlich. So konnte etwa in einer Metastudie von 57 Einzelstudien zum Zusammenhang zwischen Narzissmus und Social Media ein Gesamtzusammenhang zwischen dem Verhalten in sozialen Netzwerken und sog. »grandiosen Narzissmus« von r = .17 identifiziert werden. Die Effektstärke liegt damit in einer Größenordnung wie beim Zusammenhang zwischen Einstellungen und Verhalten[249]. Die stete Verfügbarkeit sozialer Netzwerke scheint damit das Entstehen narzisstischer Züge zu fördern. Jüngere Millennials, die heute in ihren Zwanzigern sind, wiesen deutlich höhere Narzissmus-Werte auf als ältere Millennials. Anders als die über 30-Jährigen hätten die jüngeren Millennials bereits einen wesentlichen Teil ihrer Identitätsbildung auf Plattformen wie Facebook erlebt. Zudem gibt es Hinweise auf gesundheitlich nachteilige Effekte eines narzisstischen Gebrauchs von Social Media durch die sog. »Generation Me«[250].

Resilienz auf der personalen Ebene reicht aber als Konzept weit über Kinder und Jugendliche als Adressaten hinaus auch tief in gesellschafts- und arbeitspolitische Debatten hinein. Am sichtbarsten kommt dies derzeit in einer breiten Debatte über Burn-out-Phänomene in Gesellschaft und Arbeitswelt zum Ausdruck. Ein SPIEGEL-Artikel sprach schon im Jahr 2011 von einer modernen Epidemie und von Deutschland als einem »Land der Erschöpften«. Nach Berichten aus dem Spätsommer 2023 fühle sich mehr als die Hälfte der Deutschen erschöpft. Bei Führungskräften seien es sogar fast zwei Drittel. Mögliche Gründe dafür seien auch die sog. »rush hour des Lebens« und »sinnlose Arbeit«, heißt es mit Bezug auf eine Studie. Nach der Vorgängerstudie aus dem Jahr 2022 standen Leistungs- und Zeitdruck sowie zu viel Arbeit an der Spitze der Belastungs-Items. Kritisch anzumerken ist allerdings, dass sich manche rasch geäußerten Befürchtungen vor einer »Erschöpfungsepidemie« oft auf eine schmale demoskopische Basis stützen, die gern im Viereck von Beratungen, Krankenkassen, Demoskopen und Medien zu einer häufig besorgten und nicht immer zielführenden Berichterstattung verdichtet werden[251].

Deshalb ist hier noch tiefer zu schürfen. Die wissenschaftliche Befundung zum Zusammenhang zwischen Stress und Burn-out-Phänomenen legt den Schluss nahe, dass sich Arbeitsstressoren und Burn-out gegenseitig beeinflussen, wobei Burn-out die Arbeitsstressoren viel stärker verstärkt als umgekehrt. Ausweislich von im Trend ansteigenden Arbeitsunfähigkeitsfällen und zuletzt 142 Krankheitstagen je 1.000 AOK-Mitgliedern aufgrund von Burn-out-Erkrankungen gelingt dies bisher offenbar unzureichend. Psychische Erkrankungen werden nach der seit Anfang letzten Jahres geltenden Internationalen Klassifikation der Krankheiten (ICD-11 Version) als Syndrom aufgrund von »Stress am Arbeitsplatz, der nicht erfolgreich verarbeitet werden kann«, abgegrenzt und sind inzwischen die dritthäufigste Krankheitsart in Deutschland. Nach dem STADA Health Report hat sich der »mentale Gesundheitszustand« insbesondere im Gefolge von Pandemie, Krieg, Inflation etc. verschlechtert. Nach Daten der Kaufmännischen Krankenkassen haben durch Personalmangel, Nachwirkungen der Corona-Pandemie, Inflation und Teuerung die psychischen Belastungen bei Berufstätigen im ersten Halbjahr 2023 drastisch zugenommen und neue Höchstwerte erreicht. Schließlich gibt es inzwischen auch belastbare Studien darüber, dass sich die Wahrnehmung des Klimawandels nachteilig auf die mentale Gesundheit und auf die Resilienz der Bevölkerung auswirkt[252].

In Deutschland gibt es einschlägige Befunde und Handlungsempfehlungen vom Robert-Koch-Institut (RKI) und der Bundesanstalt für Arbeitsschutz und Arbeitsmedizin (BAuA). Das RKI geht dabei ausdrücklich auf die Resilienz auch im Erwachsenenalter als Fähigkeit zur Rekonfiguration, also einen erfolgreichen Umgang mit Verlusten, und auf die Anpassung an altersbedingte Einschränkungen ein[253]. Es benennt dabei neben »gesellschaftlich-ökologischen Faktoren« und »sozioökonomischen Bedingungen« auch »individuelle Eigenschaften und Verhalten« als Determinanten psychischer Gesundheit. Zu den personenbezogenen Risiko- und Schutzfaktoren zählen Alter und Geschlecht, chronischer Stress, sportliche Aktivitäten, gesunde Ernährung und körperliche Gesundheit bzw. (Ko-)Morbidität. Zu den sozioökonomischen Bedingungen zählen der sozioökonomische Status, Familienstand bzw. Partnerschaft, der Erwerbsstatus, soziale Unterstützung sowie Region und Gemeindegröße als gesellschaftliche Faktoren. Das RKI fasst zusammen: »Ein rascher gesellschaftlicher Wandel verlangt vom Einzelnen eine hohe Anpassungsleistung an die sich stetig ändernden, gesellschaftlichen, sozialen Ausbildungs- und Arbeitsbedingungen. Darum spielt eine stabile psychische Gesundheit in der heutigen Zeit eine immer größere Rolle«. Damit sind die Anforderungen an Resilienz als personalem Schutzfaktor für die Bewältigung transformativer Herausforderungen gut umrissen.

Stärker auf die psychische Gesundheit in der Arbeitswelt fokussiert die Bundesanstalt für Arbeitsschutz und Arbeitsmedizin (BAuA). Sie nimmt eine Systematisierung der psychischen Arbeitsbelastungsfaktoren in die vier Themenblöcke »aufgabenbezogene Anforderungen, physikalisch-technische Arbeitsumgebung, Aspekte der Arbeitszeitgestaltung sowie die sozialen und organisationalen Faktoren bei der Arbeit« vor. Interessant ist vor allem das Ergebnis, dass »zwar der Arbeitsintensität eine Schlüsselfunktion als Stressor zukommt, deren Gestaltungsziel aber keinesfalls die Minimierung sein sollte, sondern sich vielmehr der Handlungsspielraum als zentrale arbeitsbezogene Ressource erweist«[254]. Dies korrespondiert mit der bekannten Ambivalenz, dass positiver Stress (Eustress) Konzentration und Leistungsfähigkeit steigern, während negativer Stress (Distress) den gegenteiligen Effekt haben kann.

Eine Studie aus der Schweiz ging deshalb der Frage nach, ob sich das Burn-out-Syndrom nach seiner Erstbenennung 1974 durch den amerikanischen Psychologen Herbert Freudenberger nicht zu einer wahren Modediagnose unserer Zeit entwickelt habe. Die Autoren sehen in der Tat eine Analogie zum Verlauf der Psychiatriegeschichte des 19. Jahrhunderts, als das Leitsymptom des als »reizbare Schwäche« firmierenden psychischen Krankheitsbildes unter dem Namen »Neurasthenie« gesellschaftlich breit akzeptiert war. Sie raten dazu, dass in der Diskussion um stressassoziierte Erkrankungen auch wieder mehr der positive Aspekt des Stressbegriffs mit einbezogen und nicht nur die möglichen negativen Folgen in den Vordergrund gestellt werden sollten. »Stress kann in richtig dosierter Form die ›Würze des Lebens‹ darstellen und führt zu Aktivierung und Leistungssteigerung. Die Stressreaktion ist somit eine sinnvolle und überlebensnotwendige Reaktion, die wir uns neben aller Gefahren auch wieder mehr zu Nutze machen sollten«[255].

Diese Beobachtungen zusammen machen deutlich, dass die betrieblichen Bedingungen ein genuiner Resilienzfaktor in der Arbeitswelt sind. Für die betriebliche Personalpolitik stellt sich daher die Aufgabe, Mitarbeitern mit Burn-out-Symptomen geeignete Ressourcen zur Verfügung zu stellen, um eine Zunahme der beruflichen Stressfaktoren zu vermeiden und einen möglichen »vicious circle« hin zu kritischen Burn-out-Niveaus zu verhindern[256]. Die Minimierung psychischer Belastungsfaktoren im Arbeitskontext und eine gesundheitsfördernde Arbeitsgestaltung kann gezielt von Betrieben gefördert werden. Beschäftigte und Arbeitgeber können von Maßnahmen profitieren, die Arbeitsbedingungen verbessern, eine gute Führungskultur fördern und Präsentismus reduzieren. Besondere Wirksamkeit kommt betrieblichen Maßnahmen zur Vereinbarkeit von Familie und Beruf zu. Diesbezüglich hat die Pandemie noch einmal stark katalytisch gewirkt. Dadurch können gesundheitsbedingte Produktivitätsausfälle verringert und die Gesundheit der Belegschaft auf längere Sicht erhalten werden[257].

Mit Blick auf die Handlungsspielräume von Beschäftigten und die Prävalenz von positivem statt negativem Stress bietet die Digitalisierung der Arbeitswelt zunehmende Spielräume für die Herstellung von Resilienz. Insbesondere Personen, die vernetzt und mit dem Internet arbeiten, haben größere Handlungsspielräume, erleben mehr soziale Unterstützung und erfahren mehr Anerkennung. Dies sind in der Forschung drei Faktoren, die den Umgang mit unterschiedlichen psychischen Anforderungen am Arbeitsplatz unterstützen und belastbarer gestalten können. Nach einer Studie mit Daten der BIBB/BAuA-Erwerbstätigenbefragung sind rund 95 Prozent der Arbeitnehmer auf Internetarbeitsplätzen mit ihrem Arbeitsplatz zufrieden, wenn sie ihre Arbeit eigenständig planen können – und dies, obwohl jeder zweite Beschäftigte hierzulande häufig starken Termin- und Leistungsdruck verspürt, auf digitalen Arbeitsplätzen sogar sechs von zehn Beschäftigten. Offenbar sticht auf diese Weise Selbstbestimmtheit bei der Arbeit den damit verbundenen Druck[258].

Dass das Chancenbild, den gesellschaftlichen und technologischen Wandel bestehen zu können, nicht so düster ausfällt wie einige der vorstehend referierten Befunde, zeigen auch einschlägige Ergebnisse aus der Arbeits- und Lebenszufriedenheitsforschung. Nach einer jährlich durchgeführten Studie zur Arbeitszufriedenheit erreicht diese zuletzt mit 79 Prozent (eher bis sehr zufrieden) einen neuen Höchststand[259]. Neben der Produktivität ist die Zufriedenheit von Beschäftigten mit ihrem Beruf und Arbeitsumfeld das zentrale Qualitätsmaß von Arbeitgeber-Arbeitnehmer-Beziehungen. Bedeutsam für die Arbeitszufriedenheit sind dabei vor allem Gerechtigkeitsempfindungen, Einschätzungen der persönlichen Weiterentwicklung, die Zufriedenheit mit dem Einkommen und das psychische Wohlbefinden[260]. Eine zunehmende Digitalisierung wirkt mit leichtem Effekt positiv auf die Arbeitszufriedenheit. Beschäftigte in digitalen Tätigkeiten sind mit ihrer Arbeit tendenziell zufriedener. Ein steigender Digitalisierungsgrad ist branchenübergreifend positiv mit allen Faktoren der Arbeitsgestaltung (Flexibilität der Arbeit hinsichtlich Zeit und Ort, wahrgenommene Entwicklungsmöglichkeiten, Autonomie und Komplexität der Arbeit) verknüpft[261].

In einer erwerbszentrierten Gesellschaft hängen zudem Arbeitszufriedenheit und Lebenszufriedenheit eng miteinander zusammen. Allerdings ist das Bild empirisch nicht ganz eindeutig. In der längeren Frist zeigen die Daten des Sozio-oekonomischen Panels 2019 mit einem Wert von 6,86 (0: niedrig, 10: hoch) eine zumindest bis zur Pandemie gleichbleibend hohe individuelle Lebenszufriedenheit, die zudem auch zwischen Ost- und Westdeutschland zunehmend konvergierte[262]. Ob sich an diesen grundlegenden Trend im Zuge der aktuellen Krisenlagen etwas geändert hat, ist noch nicht endgültig abzusehen. Laut dem international erhobenen Standard-Eurobarometer ist aber die Zufriedenheit auch in den letzten Jahren konstant geblieben. Allerdings gab es einen relativen Bedeutungsrückgang bei der Kategorie »Sehr zufrieden« und einen relativen Anstieg bei der Kategorie »Ziemlich zufrieden«. Zudem zeigen diese internationalen Vergleiche der Lebenszufriedenheit mit 89 Prozent von sehr oder ziemlich zufriedenen Menschen in Deutschland eine Platzierung im oberen Mittelfeld. Nach dem sog. »Glücksatlas« hat sich die Lebenszufriedenheit nach dem Corona-Tief wieder erholt, nachdem sie bis zur Coronakrise deutlich angestiegen, danach aber drastisch eingebrochen war[263].

In der Empirie basierten Glücksforschung lassen sich – und hier wird es auch gesellschaftspolitisch interessant – Glücksfaktoren und Unglücksfaktoren unterscheiden. Zu den die Lebenszufriedenheit steigernden Faktoren (jeweils Top Five) zählen vor allem eine gute Gesundheit, Ehe bzw. Partnerschaft, das Treffen mit Freunden, regelmäßiger Sport sowie ein Eigenheim. Zu den Unglücksfaktoren rechnen Krankheit, der Tod eines Partners, Arbeitslosigkeit, soziale und kulturelle Isolation sowie eine Scheidung[264]. Als Anleitung für politisches Handeln lassen sich offenbar die meisten dieser Indikationen zwar nicht direkt ansteuern. Unter den jeweiligen Big Five beider Skalen rangieren aber mit der Arbeitslosigkeit und abgeleitet mit dem Vorhandensein eines Eigenheims auch Faktoren, denen direkt eine ökonomische Dimension zugewiesen werden kann. Daraus folgt, dass es – for the good and for the bad – auch noch zahlreiche außerökonomische Treiber für die individuelle Lebenszufriedenheit gibt, die ganz stark in der Persönlichkeit selbst geankert sind und die damit nur indirekt und langfristig angesteuert werden können.

Die interessante Frage dahinter ist, wie es möglicherweise zu den sich verändernden Ständen des »psychosozialen Grundwasserspiegels« einer Gesellschaft kommt und welches die Veränderungstreiber sind. Einige Leitartikel aus jüngerer Zeit bieten hier eine mehr oder weniger feuilletonistische, aber in der Regel zumindest studienbasierte Annäherung. Eine erste Ableitung bezieht sich auf die sich verändernde soziodemografische Struktur von Haushalten mit einem steigenden Anteil von Ein-Personen-Haushalten. Damit steigt auch die Zahl der Menschen, die nicht regelmäßig mit anderen Menschen den Haushalt teilen, was durchaus auch negative Folgen haben kann. So stellt ein Artikel fest, dass es ein »unsichtbares Leiden am Alleinsein« gebe[265]. Überraschenderweise seien sogar Jüngere eher einsam als Ältere. Weniger überraschend dagegen seien Arme häufiger als gut Situierte, Menschen in entlegenen Regionen häufiger als in Metropolregionen, Kranke häufiger als Gesunde und Erwerbslose häufiger als Erwerbstätige einsam. Die im Dezember 2023 verabschiedete Strategie der Bundesregierung gegen Einsamkeit setzt hier an. Dass eine weniger einsame Gesellschaft vielleicht resilienter sein dürfte als eine einsame, ist plausibel. Dass und wie eine Regierung das irgendwie gezielt beeinflussen kann und sollte, ist indessen schon weniger klar.

Eine zweite Ableitung bezieht sich auf das Verhältnis zwischen einer optimistischen Grundhaltung im Leben und der personalen Resilienz. Optimismus ist bekanntlich eine der sieben Säulen der Resilienz. »Optimismus rettet die Welt«, so war diesbezüglich ein Zeitungsgastkommentar überschrieben. Dies sei insbesondere in Krisen eine der bestmöglichen Antworten auf die damit verbundenen Herausforderungen: »Menschen sind dann am erfindungsreichsten, wenn die Krisen am größten sind.« Die Vermittlung von Optimismus könnte daher eine inhaltliche und auch kommunikative Bringschuld aller Verantwortlichen an den Stellen sein, an denen es um die Formierung eines individuellen oder eines gesellschaftlichen Mindsets geht. Auch aus dieser Perspektive wird die Bedeutung von Elternhäusern und Schulen, aber auch von Politik und Medien deutlich. Optimismus kann in gewisser Weise als personaler und gesellschaftlicher Schutzfaktor betrachtet werden, der maßgeblich die Resilienz von Individuen und Gesellschaften beeinflussen kann. Dies kann auch ökonomisch höchst bedeutsam sein[266].

Gleichsam aus der Invertierung des Optimismus ist als dritte Ableitung auf das Wesen der Über-Empfindsamkeit als einen möglicherweise Resilienz schwächenden Faktor zu blicken. So wurde jüngst in einem Leitartikel Deutschland als »Nation der Sensibelchen« bezeichnet[267], für die das sog. »Tocqueville-Paradoxon« gelte: Mit dem Abbau sozialer Ungerechtigkeit erhöht sich die Sensibilität gegenüber verbleibenden Ungleichheiten. Odo Marquard spricht in vergleichbarer Weise von der »Penetranz der negativen Reste«. Für die Ungleichheitsdebatte in Deutschland ist dieser Effekt bedeutsam, weil es zwischen der objektiven Situation von Ungleichheit und deren subjektiver Wahrnehmung sowohl für sich selbst als auch der allgemeinen Lage erhebliche Unterschiede gibt[268]. Diese Widersprüchlichkeit könne aber dazu beitragen, dass Empfindsamkeit und Sensibilität auch in autoritäres Verhalten kippen können, wenn sie zu sehr gesteigert würden. Je empfindlicher die Menschen würden, umso rigoroser müsse ihr Schutz durchgesetzt werden. Da aber Resilienz die Schwester der Sensibilität ist, könne die Zukunft nur mit beiden personalen Eigenschaften gemeistert werden. Wenn hingegen »Empfindsamkeit einen höheren Stellenwert erhalte als Resilienz, droht gesellschaftlicher Stillstand«[269].

Eine aktuelle Studie zeigt aber, wie verbreitet ein eher pessimistischer Blick auf die aktuelle Situation des Landes ist. Demnach sei Deutschland auf der »Flucht vor der Wirklichkeit«, es gebe eine verbreitete Angst vor einem Autonomie-Verlust mit zunehmenden Ohnmachtsgefühlen. Basale Bedürfnisse bezüglich des Wohnraums, der Inflation und des Lebensstandards gerieten ins Wanken, es gebe Angst vor einem sozialen Klimawandel und politischen Radikalisierungen von rechts und links. Der Wille zu Kompromissen fehle, es herrsche eine Angst vor dem Systemverlust mit einem gefühlten Niedergang Deutschlands: Die Politik streite, die Wirtschaft strauchele. Bildungsdefizite und eine marode Infrastruktur vervollständigten das desolate Bild. Die Antworten auf diese gefühlten Herausforderungen sind laut Studie der Rückzug ins Private, die Errichtung »sozialer Bollwerke« und die Verdrängung der Krisen, namentlich der Umweltkrisen. Eine Mehrheit sei für einen übergreifenden Wandel nicht mehr ansprechbar[270].

Eine vierte Ableitung gilt den möglichen nachteiligen Folgen eines »Over-Parenting« auf die Resilienz von Kindern und Jugendlichen. Damit ist ein Erziehungsstil gemeint, der Jugendlichen und jungen Erwachsenen ein entwicklungsmäßig unangemessenes Maß an Kontrolle und Unterstützung, elterliche Überbehütung und Einmischung in jeden Aspekt des Lebens des Kindes zukommen lässt[271]. Gründe dafür lägen auch in einem veränderten Familienverhalten: Die Mütter und Väter der Digital Natives seien später Eltern geworden, hätten weniger Kinder großgezogen und ihren Töchtern und Söhnen mehr Zeit und Aufmerksamkeit geschenkt als jede andere Generation davor. Der amerikanische Sozialpsychologe

Jonathan Haidt bringe dies so auf den Punkt: »Die Digital Natives durften unbeaufsichtigt am Computer surfen, bevor ihre Eltern ihnen zutrauten, allein die Straße zu überqueren.« Zwar seien die Befunde über einen Einfluss der Erziehung auf die gestiegene psychische und physische Verletzlichkeit von Jugendlichen noch alles andere als eindeutig. Doch kämen vermehrt Patientinnen aus funktionalen Familien zur Behandlung in psychosomatischen Kliniken, weil nach Jahren der elterlichen Behütung nun der Realitätscheck u. a. im Arbeitsleben drohe. »Das führe bei der Generation, die mit großen Erwartungen in Bezug auf Anerkennung sozialisiert wurde, zu einem belasteten Verhältnis zur Arbeit«[272].

Die zitierte Forschung zu Overparenting zeigt zudem, dass dies bei erwachsenen Kindern mit einem höheren Maß an Narzissmus und ineffektiven Bewältigungsstrategien (z. B. Internalisierung, Distanzierung) sowie mit größerer Angst und Stress einhergehe. Auch damit wird der Bezug zur Herstellung von Resilienz deutlich. Aus einer psychoanalytischen Perspektive habe das Ich-Ideal das gesellschaftliche Über-Ich abgelöst. Dabei sei Narzissmus kein Egoismus, sondern eher eine »vollkommene Selbstsetzung jedes Einzelnen«. Das ›Ich‹ weise alle Allgemeinkategorien, alle vorgegebenen Kategorien zurück und habe die Figuren der Autorität abgelöst. Gleichzeitig aber müsse dieses ›selbstgesetzte Ich‹ gesellschaftlich anerkannt werden. Dies sei auch keine reine Individualisierung, sondern eine Selbstbezüglichkeit »mittels Negation der Sozialität«[273]. Eine zentrale Herausforderung bestehe deshalb darin, »Kinder wieder mehr zu befähigen, mit Ambivalenz und Enttäuschung umzugehen. Es geht nicht darum, Kinder von den Unsicherheiten und den Bedrohungen der Gesellschaft fernzuhalten, sondern darum, Unsicherheitstoleranz, Resilienz und Selbstverantwortung zu stärken[274].

Zwischenfazit: Ertüchtigung für eine neue Wohlstandsbasis

Fassen wir zusammen: Von den vier »Reitern der Ertüchtigung« ist die Resilienz der wohl am schwierigsten direkt herzustellende, aber für die Krisenbewältigungskapazität von Gesellschaften und ihren Bürgerinnen und Bürgern vielleicht bedeutsamste Reiter. Resilienz auf der Systemebene in Form einer größeren strategischen Autonomie und Souveränität stärkt die Krisenbewältigungskapazitäten in Zeiten struktureller geopolitischer, geoökonomischer, digitaler und ökologischer Veränderungen. Dies ist gleichzeitig auch die notwendige Bedingung für die Bewältigung der damit verbundenen ökonomischen und sozialen Herausforderungen. Auf der personalen Ebene ist eine Stärkung der Resilienz, insbesondere von jungen Menschen, durch die funktionierende Schutzfaktoren in Elternhaus und Bildungseinrichtungen die vielleicht wichtigste Krisenprävention und Schockabsorption. Alle Maßnahmen, die zur Aktivierung von Schutzfaktoren auf der personalen Ebene führen und auf die personale Resilienz einzahlen, sollten daher im Handeln auf allen föderalen Ebenen priorisiert werden.

3 Leitplanken für eine neue Politik: Vier »Reiter der Ertüchtigung«

Gerade in schwierigen Zeiten ist dabei die Fähigkeit zum positiven Denken von besonderer Bedeutung. Optimismus als personaler und gesellschaftlicher Schutzfaktor stärkt die Resilienz von Individuen und Gesellschaften. Deshalb wurde mit dem Bild von den vier »Reitern der Ertüchtigung« bewusst ein positives Framing gewählt: Den multiplen Herausforderungen kann begegnet und durch ein behutsames Schürfen in den tieferen Schichten des Gesellschaftsvertrages zwischen den Bürgern und ihrem Staat wieder eine positive Aufbruchstimmung erzeugt werden. Das verlangt aber viel von beiden Säulen unseres Gemeinwesens: Mehr Eigenverantwortung, Eigenvorsorge und Eigenanstrengung von den Bürgern, mehr Effizienz, Effektivität und den Mut zur Priorisierung von Aufgaben und Ausgaben vom Staat. Beides zusammen kann die Resilienz des Gemeinwesens gegen innere und äußere Stressfaktoren erhöhen.

Diese vier Leitplanken der Ertüchtigung sind aber kein Selbstzweck. Mit ihrer Stärkung verbindet sich die begründete Erwartung, dass sich damit auch positive Effekte für mehr wirtschaftliche Prosperität ergeben. Es ist wichtig, sich noch einmal der Ratschläge des Psychologen McClelland zu erinnern, der den Gestaltern von Politik zur Forcierung der wirtschaftlichen Entwicklung empfohlen hat: »Achten Sie auf die Auswirkungen, die Ihre Pläne auf die Werte, Motive und Einstellungen der Menschen haben werden. Denn diese Faktoren werden langfristig darüber entscheiden, ob die Pläne erfolgreich sind, um die wirtschaftliche Entwicklung zu beschleunigen«[275]. Sein Konzept des n-Achievement »bezieht sich speziell auf den Wunsch, etwas besser, schneller, effizienter und mit weniger Aufwand zu tun«. Werte, Motive, Einstellungen bestimmen also mit darüber, wie sich Dinge besser, schneller, effektiver und effizienter erledigen lassen und wie letztlich auch »Mehr mit Weniger« möglich ist. Dies ist keine unwichtige Erkenntnis für die politische Gestaltung transformativer Anpassungen.

4 Die »10 Gebote«: Auswege aus der Krise

Die vier »Reiter der Ertüchtigung« haben im Grundsätzlichen beschrieben, innerhalb welcher Leitplanken sich politisches und individuelles Verhalten, das auf eine bessere Balance von Bürger und Staat abzielt, bewegen sollte. Die folgenden etwas grundsätzlicher angelegten zehn Handlungsfelder werden danach gegliedert, inwiefern einerseits der Staat selbst fähiger gemacht werden kann. Andererseits geht es aber auch darum, inwieweit der Staat seine Bürger befähigen kann und muss, mit den beschriebenen Herausforderungen besser als bisher und vielleicht auch besser als der Staat selbst umgehen zu können. Naturgemäß gibt es zwischen einem »fähigen Staat« und einem »befähigenden Staat« auch enge Wechselwirkungen. Diese Unterscheidung ist aber vor allem für die Leitfrage bedeutsam: Was können und sollten eigenverantwortliche Bürger selbst tun? Und was muss der Staat fördernd tun, aber was muss er auch von seinen Bürgern fordern? In den zehn Abschnitten dieses Kapitels werden Gründe dargelegt, warum eine Soziale Marktwirtschaft deutlich eher als eine durch den Staat stark »betreute Marktwirtschaft« die besten Voraussetzungen für Gesellschaft und Wirtschaft bietet, um den zahlreichen Herausforderungen begegnen zu können. Dies wäre dann auch noch eine Zeitenwende ganz eigener Art.

Der fähige Staat: Dienstleister seiner Bürger

> »Machen ist wie Wollen, nur krasser.«
> (Spontispruch)

Das deutsche Staatswesen ist in einer multiplen Bewährungskrise: Die Einlösung eines innen- wie außenpolitischen Sicherheitsversprechens durch einen »wehrhaften Staat« ist anspruchsvoller denn je. Erst die Corona-Pandemie, dann der Ukrainekrieg und schließlich der Krieg in Israel haben auch gravierende innenpolitische Folgen, von den dadurch ausgelösten oder verstärkten Migrationsbewegungen noch einmal ganz abgesehen. Auf der Liste der größten Ängste der Bürger rücken engere sicherheitspolitische Sorgen nach und nach weiter nach oben. Das Migrationsthema ist bereits seit längerem wieder unter die sieben Hauptsorgen der Deutschen vorgestoßen und nimmt inzwischen neben der Inflation den obersten

Rang unter den Besorgnissen der Menschen ein[276]. In keinem anderen europäischen Land außer in Österreich sorgen sich die Menschen derzeit mehr wegen der Zuwanderung als in Deutschland. Ein von der Bevölkerung als nicht funktionierend wahrgenommenes Staatswesen ist, das zeigen die Verschiebungen in den Wählerpräferenzen mit einem strukturellen Wachstum der AfD, eine zentrale Herausforderung für dessen Legitimation. Schon vor einigen Jahren warnte der Bundesbeauftragte für Wirtschaftlichkeit in der Verwaltung vor einer Erosion staatlicher Handlungsfähigkeit[277].

Eine wirkliche Zeitenwende für die gesamte Sicherheitsarchitektur Deutschlands und für die dazu erforderlichen Vorleistungen von Bürgern und Staat steht noch aus. Das Land weist diesbezüglich noch einen erheblichen Lern- und Anpassungsbedarf auf. Ganz mühsam erst robben wir uns auch an neu entstandene innenpolitische Gefährdungslagen heran, wie sie etwa in Form steigender Kriminalitätsraten, zunehmender Clan-Kriminalität oder einer Bedrohung durch russische Troll-Armeen und Web-Brigaden immer deutlicher sichtbar geworden sind. Deutschland erweist sich nach Auffassung von Sicherheitsexperten sicherheitspolitisch sowohl nach innen als nach außen als nur »bedingt abwehrbereit«[278]. Die im Juni 2023 vorgelegte nationale Sicherheitsstrategie ändert an diesem Befund bisher nichts, da sie naturgemäß noch auf einer eher deklaratorischen Ebene verbleibt. Umso wichtiger ist, dass sie rasch »Zähne bekommt«, etwa auch bei einer stärkeren Zentralisierung der Cybersicherheit.

Die Verteidigungspolitik bleibt trotz einer stark erhöhten Präsenz in der Wahrnehmung stark defizitär, wie die Jahresberichte der Wehrbeauftragten vom März 2023 und März 2024 zeigen[279]. Es ist eine sicherheitspolitische »raison d'être« der entsprechenden Ressorts der Bundesregierung, an allen genannten und zahlreichen anderen Punkten (z. B. Cybercrime) mit absoluter Dringlichkeit zu arbeiten. Die zur dauerhaften Erreichung des 2-Prozent-Ziels der Verteidigungsausgaben erforderliche Finanzierung ist dringend verfassungsfest zu machen. Nach den neuen verteidigungspolitischen Richtlinien des Verteidigungsministeriums ist der Kernauftrag der Streitkräfte die Landes- und Bündnisverteidigung. Personal und Ausstattung der Bundeswehr hätten sich nach diesem Auftrag zu richten. Dazu brauche es eine »kriegstüchtige Truppe«, denn die Bedrohungslage in Europa habe sich seit dem völkerrechtswidrigen Angriff Russlands auf die Ukraine dramatisch gewandelt[280]. Hingegen sind die Neuordnung und die Weiterentwicklung der Nachrichtendienste bisher über einen allgemein geteilten Eindruck des dringenden Handlungsbedarfs und einen Gesetzentwurf noch nicht hinausgekommen[281].

Das Thema der inneren wie äußeren Sicherheit steht inzwischen ganz oben auf der politischen Agenda eines »starken Staates«. Dennoch soll im Folgenden das Augenmerk stärker auf Maßnahmen zur Verbesserung der allgemeinen Daseinsvorsorge gerichtet werden. Diese sind vielfach noch deutlich näher an der alltäglichen Lebenswirklichkeit der Bürger als Fragen von Krieg und Frieden in Europa. Mit der derzeitigen Verfügbarkeit und Erreichbarkeit daseinsvorsorgender Leistungen sind die Deutschen im Durchschnitt zufrieden, am meisten mit den Einkaufsmöglichkeiten des täglichen Bedarfs, am wenigsten noch mit der Erreichbarkeit von Fachärzten[282]. Diese relative infrastrukturelle Zufriedenheit kontrastiert aber beträchtlich mit der Wahrnehmung der Leistungsfähigkeit des Staates als Dienstleister seiner Bürger (▶ Dar. 19). Einige der Monita sind eng miteinander verwoben und lassen sich dem Problemdreieck Überbürokratisierung, Unterdigitalisierung und dysfunktionaler Staatsaufbau zuordnen. Hinzu kommen konkurrierende administrative Zuständigkeiten mit »Verflechtungsfallen« und »Komplexitätsfallen« selbst auf einer politischen Ebene, noch ausgeprägter aber zwischen den föderalen Ebenen[283]. Dieses Problemdreieck dient im Folgenden als eine Grobgliederung für mögliche Reformansätze.

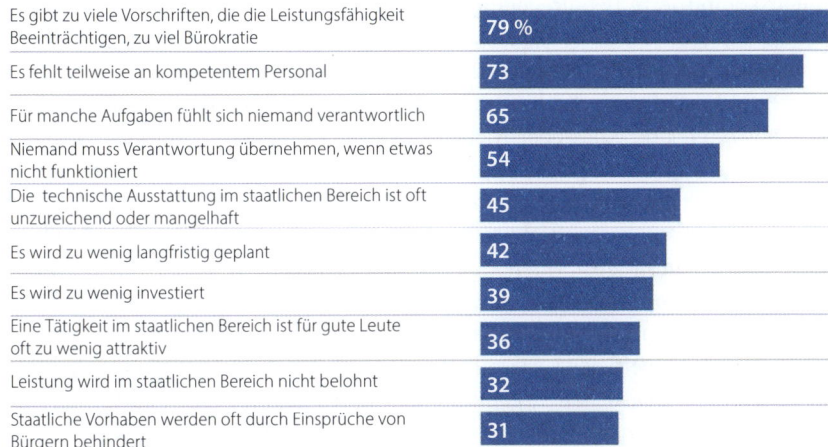

Dar. 19: Wahrnehmung des Staates (Quelle: Institut für Demoskopie Allensbach, Staatliche Leistungsschwäche, Dokumentation vom 26. Januar 2023, Allensbach, Schaubild 6)

Überbürokratisierung

Ein elfseitiger Brief der Oberbürgermeister von drei baden-württembergischen Städten mit unterschiedlichen Parteifarben zeigte jüngst exemplarisch »aus dem Maschinenraum« der Kommunalpolitik den Verlust an praktischer Vernunft bei bürokratischen Prozessen in Deutschland[284]. Auch aus Brüssel kommen regelrechte Fluten von Regulierungen. Der jährliche bürokratische Erfüllungsaufwand stammt zu 57 Prozent aus der Umsetzung von EU-Richtlinien. Um ein konkretes Beispiel zur Informationswirtschaft zu geben: In der laufenden Brüsseler Legislatur ist bereits mit dem Artificial Intelligence Act (AI Act, Gesetz über künstliche Intelligenz), dem Data Act (Datengesetz), dem Chips Act (Chip-Gesetz), der NIS2-Directive (überarbeitete Cybersecurity-Richtlinie NIS), dem Cyber Resilience Act (Gesetz über Cyberresilienz), dem Digital Services Act (DSA, Gesetz über digitale Dienste), dem Data Governance Act (Daten-Governance-Gesetz), dem Gigabit Infrastructure Act (GIA, Gigabit-Infrastrukturgesetz), der 5G-Toolbox und dem Digital Markets Act (DMA, Gesetz über digitale Märkte) eine umfangreiche Regulierungsmatrix im Digitalbereich entwickelt worden. Der ehemalige EU-Kommissar Günther H. Oettinger stellte daher trocken fest, dass »instead of applying the initial promise of ›one [law] in, one out‹, the Commission is practicing a ›four in, one out‹ approach«[285].

Der Trend zur Bürokratie ist offenbar endemisch, wie drei unterschiedlich gelagerte, aber doch zu ähnlichen Diagnosen führende Klassiker der Politischen Ökonomie zeigen. *William Niskanen* ist durch seine These der budgetmaximierenden und eigennutzorientierten Verwaltung und als Begründer einer ökonomischen Theorie der Bürokratie bekannt geworden[286]. Für ihn agiert der Bürokrat als Budgetmaximierer, weil seine gesellschaftliche Anerkennung und meistens auch das Einkommen mit der Größe der Behörde und der Zahl der Zuständigkeiten wachsen. Je mehr komplizierte Detailregelungen es gibt, umso wichtiger und unersetzlicher wird die befasste staatliche Organisation. Es entstehe Expertenwissen, das Monopolrenten abwirft. Diese Monopolmacht könne so weit gehen, dass die Bürokraten als sog. Optionsfixierer – Kosten und Leistung können gleichzeitig bestimmt werden – auftreten und Alles-oder-Nichts-Angebote formulieren könnten. Neben zu hohen Budgets seien Produktionsineffizienzen die Folge, die sich in Form eines zu hohen Personaleinsatzes (Staff-Maximierung) niederschlagen können[287].

Harvey Leibenstein beschäftigte sich mit der Frage der Effizienz in verschiedenen Markt- und Organisationsformen. Sein in dieser Hinsicht besonders für bürokratische Organisationen relevanter ökonomischer Erklärungsansatz ist die Theorie der sog. X-Ineffizienz als charakteristischer Standardfall produktions- bzw. verwaltungstechnischer Ineffizienz. Sie gilt für alle privaten und öffentlichen, erwerbs- und gemeinwirtschaftlichen Organisationen immer dann, wenn und wo der Kostenreduzierungsdruck in Form von funktionsfähigem Wettbewerb bzw. von Leistungsstandards und Leistungskontrollen nicht greift. Für Leibenstein herrscht X-Ineffizienz allerdings im öffentlichen Sektor vor, denn dort könnten die Eigentumsrechte von den Eigentümern nur bedingt durchgesetzt werden, wenn sie mit den Leistungen ihrer Organisation unzufrieden sind. Typische Gemeinschaftsinteressen, wie vor allem das Interesse der Steuerzahler an der effizienten Einhebung und Verwendung öffentlicher Mittel, sind aber nur schwer und wenig wirksam organisierbar. Daher ist die Wahrung von Gemeinschaftsinteressen ein reines öffentliches Gut, dessen Bereitstellung mehrheitlich am Phänomen des Trittbrettfahrens oder Schwarzfahrens scheitere[288].

Cyril Northcote Parkinson schulden wir Dank für die Erkenntnis, dass sich nach seinem Gesetz zum Bürokratiewachstum die Arbeit in einer Bürokratie stets genau in dem Maß ausdehnt, wie Zeit für deren Erledigung zur Verfügung steht. Am Beispiel aus dem Britischen Kolonialmuseum bezifferte er das jährliche Personalwachstum auf zwischen 5 und 7 Prozent, weil sich jeder Angestellte mehr Untergebene wünscht und sich Angestellte auch gegenseitig Arbeit schaffen[289]. Es verwundert daher nicht, dass bei deutschen Bundesministerien der Personalzuwachs seit 2017 etwa 27 Prozent betrug und die Personalkosten um über 40 Prozent stiegen. Auch die Zahl der Beschäftigten im Öffentlichen Dienst ist seit 2012 um 14 Prozent auf 4,83 Mio. gestiegen. Diese aktuellen Daten für Deutschland, aber mehr noch der Verweis auf diese grundlegenden, mehr als ein halbes Jahrhundert alten Werke der Bürokratieforschung machen naturgemäß demütig bei der Hoffnung, dass sich an den Befunden einer strukturell expansiven Bürokratie noch jemals etwas ändern ließe. Das jetzt verabschiedete Bürokratieentlastungsgesetz verspricht zwar einen historischen Tiefstand beim Bürokratiekostenindex, allein es fehlt der Glaube an eine wirkliche Trendumkehr bei der Bürokratisierung von Gesellschaft und Wirtschaft.

Dennoch soll noch einmal eine etwas grundsätzlichere Perspektive auf allgemeine Erfolgsbedingungen für eine Bürokratiereform eingenommen werden. Aus einer juristischen[290] und aus einer verwaltungswissenschaftlichen Perspektive bieten sich dafür folgende allgemeine Leitlinien an:

- Ordnungsrecht und Finanzrecht dürfen nur so wenig wie möglich miteinander verschränkt werden, um Fehlsteuerungen zu vermindern. Eine Entflechtung ist dringend anzustreben.
- Das Recht sollte die wirtschaftliche Normalität, nicht aber steuerbewusst herbeigeführte Grenzfälle regeln. Einzelfallgerechtigkeit sollte die Ausnahme, nicht die Regel sein.
- Verhaltenslenkung durch Subventionen und Steuervergünstigungen ist fehleranfällig, bürokratieintensiv sowie revisionsbehaftet und sollte daher äußerst sparsam eingesetzt werden.
- Politische Sondermaßnahmen in Krisenzeiten (z. B. Coronahilfen und Energiepreisbremsen) sollten streng befristet sein. Ein generelles Verfallsdatum für Haushaltstitel und gesetzliche Maßnahmen (»sunset legislation«) wäre wünschenswert.
- Transparenzbedarfe und -ansprüche der Öffentlichkeit sollten stets gegen den bürokratischen Aufwand bei Bürgern und Unternehmen abgewogen werden.

Leider kann praktische Vernunft zwar weder auf kommunaler noch auf Ebene von Land, Bund und europäischen Institutionen verordnet werden. Wohl aber könnten diese Grundsätze bei einer Eindämmung bürokratischer Dysfunktion weiterhelfen. Sie müssen aber in ihrer Substanz deutlich über die in früheren Bürokratieabbaurunden vereinbarten Maßnahmen und auch über den am 6. November 2023 zwischen Bund und Ländern vereinbarten »Pakt für Planungs-, Genehmigungs- und Umsetzungsbeschleunigung« hinausgehen. Eine rasche Umsetzung der im Sonderbericht der Bundesregierung vom Herbst 2023 vereinbarten rund 140 Maßnahmen ist dringlich, um den bis zum letzten Jahr wieder aufwärts gerichteten Bürokratiekostenindex substanziell zurückzuführen. Die Fallsammlung der im Sonderbericht genannten Maßnahmen mit Kleingedrucktem und auch Kleinteiligem von der Abschaffung der Hotelmeldepflicht für deutsche Staatsangehörige bis zur Öffnung von Arbeitszeugnissen auch für die elektronische Form macht deutlich, wie nah der »Regulierungsbankrott« (Wolfgang Schön) schon ist[291].

Aus einer ökonomischen Perspektive empfiehlt sich zudem eine Stärkung der sog. »One in, one out«-Regel, die im Jahr 2015 parallel zum ersten Bürokratieentlastungsgesetz eingeführt wurde. Danach muss für jede neue Belastung innerhalb der laufenden Legislaturperiode in demselben Ressort eine Entlastung für die Unternehmen in gleichem Umfang vorgenommen werden. Obwohl diese Regel eine gewisse Wirkung gezeigt hat, sollte die Ambition nun noch einmal deutlich erhöht werden und jeder neuen Regelung mehr als eine entfallende Regel gegenüberstehen[292]. Sie sollte zudem auch auf die Umsetzung von EU-Recht erstreckt werden und auch einmaligen Erfüllungsaufwand mit einbeziehen, denn dieser ist zuletzt weiter deutlich angestiegen. Ergänzend sollten Belastungsanalysen für besonders stark regulierte Branchen (z. B. Lebensmittelwirtschaft oder Chemie) erstellt werden.

Mehr Bewegung scheint es beim Thema Planungs- und Genehmigungsverfahren (PuG) zu geben. Sowohl mit einem Beschleunigungsgesetz im Verkehrsbereich als auch im Klimaschutz und bei der Windenergie sind legislative Voraussetzungen geschaffen worden, die deutlich verfahrensbeschleunigend wirken können. Allerdings sind die im August 2023 in Meseberg vorgelegten und inzwischen zu einem neuen Bürokratieentlastungsgesetz (BEG IV) verdichteten Eckpunkte unter Beschleunigungsgesichtspunkten noch eher ernüchternd: Bei der PuG-Beschleunigung stehen nur die Anlagen für erneuerbare Energien im Fokus, z. B. durch Änderungen im Bundesnaturschutzgesetz und im Bundesimmissionsschutzgesetz. Industrieanlagen und die Förderung heimischer Rohstoffe hingegen bleiben gänzlich ausgenommen. Bei der Vereinfachung der Umweltverträglichkeitsprüfung (UVPG) ist nur eine Verkürzung der Frist für eine erneute Öffentlichkeitsbeteiligung nach § 21 Abs. 3 UVPG vorgesehen, womit aber keine substanzielle Verfahrensbeschleunigung verbunden ist. Eine Konkretisierung, wie etwa eine erleichterte Genehmigung von Elektrolyseuren gelingen könnte, steht noch aus.

Mit den bisherigen minimalinvasiven Veränderungen wird die behördliche Umsetzung der Energiewende nicht in der erforderlichen Zeit gelingen. Der nationale Normenkontrollrat hat daher fünf Kernempfehlungen zu einer substanziellen PuG-Beschleunigung unterbreitet: Erstens sollten Prüfumfang und Genehmigungsnotwendigkeit auf das erforderliche Maß reduziert werden. Zweitens sollten verbindliche Fristen eingeführt werden. Bei Fristüberschreitungen sei von der Fiktion der Vollständigkeit des Antrages auszugehen. Drittens müssten Standardisierung und Digitalisierung durch kompatible IT-Komponenten miteinander verzahnt werden. Viertens sollte angesichts bestehender Personalengpässe verstärkt externes Projektmanagement eingesetzt und eine projektorientierte Verfahrenssteuerung betrieben werden. Fünftens sollten Beschleunigungseffekte bei der Gesetzesfolgenabschätzung systematisch berücksichtigt werden[293].

Auf EU-Ebene wurde erst nach der Jahrtausendwende und damit angesichts der zunehmenden Brüsseler Regulierungsdichte sträflich spät die bürokratische Belastung für Unternehmen durch europäische Rechtsakte und Vorgaben thematisiert. Der Kleinunternehmenscharta im Jahr 2000 folgten 2007 die Einsetzung der hochrangigen Gruppe im Bereich Verwaltungslasten, 2008 der Small Business Act und 2015 das REFIT-Programm mit der Einführung eines Regulatory Scrutiny Boards[294]. Auch die EU hat dann trotz Widerständen im Rahmen von »Better Regulation« eine »One in, one out«-(OIIO)-Regel eingeführt. Nach einem jährlichen

»Annual Burden Survey« über den Stand der Verwaltungsvereinfachung wurde der OIIO-Grundsatz erstmals im Jahr 2022 für 52 Gesetzesinitiativen systematisch angewandt. Dies habe zu einer Nettoentlastung bei »administrative burdens« bei Bürgern und Unternehmen geführt[295]. Ein konsequentes empiriegestütztes »impact assessment« zur Bürokratiefolgenabschätzung ist angesichts der zunehmenden Bedeutung Brüssels für die nationale Bürokratie in den Mitgliedstaaten aber weiterhin absolut prioritär.

Unterdigitalisierung

Beim Befund eines unterdigitalisierten deutschen Staates besteht Einigkeit. Die Chronik des Versagens bei der digitalen Daseinsvorsorge ist lang. Die Unzufriedenheit der Bürger mit der Verfügbarkeit digitaler Dienstleistungen ist groß, der Umsetzungsstand beim OZG immer noch verheerend[296]. Das Vertrauen der Bürger in die Handlungsfähigkeit des Staates ist auf einem – möglicherweise schon partiell demokratiegefährdenden – Tiefstand. Die Bürokratie führe dazu, dass sich jeder Zweite nicht an Vorschriften halte[297]. Große Einigkeit besteht daher auf der Zielebene, den Staat selbst auf allen föderalen Ebenen zum »Enabler« von Bürgern und Wirtschaft bei der Transformation zu befähigen: »Verwaltung ist das Betriebssystem unserer Gesellschaft«, sagte der neue Chef der Föderalen IT-Koordination (FITKO) zum Amtsantritt im Herbst 2023. Ein weiteres Argument kommt als Push-Faktor hinzu: Es gibt deutliche Indikationen dafür, dass trotz der starken Beschäftigungsexpansion im öffentlichen Dienst in zahlreichen Feldern der Daseinsvorsorge ein erheblicher Personalmangel besteht. Ohne Digitalisierung und die damit verbundene Hoffnung auf eine steigende Produktivität würde sich die öffentliche Daseinsvorsorge somit auch arbeitsangebotsseitig noch weiter verschlechtern.

Sowohl auf der Leistungserbringungs- als auch der Leistungsnachfrageseite öffentlicher Dienstleistungen gibt es mithin ein Eigeninteresse an einer umfassenden produktivitätssteigernden Digitalisierung. Bei den Maßnahmen geht es erstens um den raschen Ausbau von E-Government-Angeboten, um die Bürgerfreundlichkeit zu erhöhen und unternehmerisches Handeln in und nach der Krise zu erleichtern. Ein wirtschaftsorientiertes E-Government kann Verfahren beschleunigen, die Bürokratiekosten für Unternehmen deutlich senken und ihnen die Nutzung von Verwaltungsleistungen erleichtern. Einige der Probleme bei der Auszahlung der Coronahilfen in der Vergangenheit hätten bei einem leistungsfähigen E-Government vermieden werden können. Das Klimageld zur gezielten Abfederung von starken Energiepreisanstiegen hätte längst wie in anderen Ländern gezahlt werden können. Aus diesem Grund ist eine zentrale Anlaufstelle für Bürger und Unternehmen – ein Single Point of Contact – über alle Verwaltungsebenen hinweg erforderlich.

Zweitens sollte nach dem E-Government-Gesetz (EGovG) die Digitalisierung der Verwaltung flächendeckend verpflichtend für alle Stellen gemacht werden, die Aufgaben der öffentlichen Verwaltung übernehmen. Mit der E-Akte werden auch elektronische Akteneinsichten sowie ein elektronischer Abruf des Verfahrensstandes möglich. Behördentypische Prozesse wie Sichtungsläufe, Zeichnungsprozesse oder Wiedervorlagen und die beweiswerterhaltende Langzeitspeicherung sollen sich effizient umsetzen lassen. Drittens soll Open Data ein wichtiger Bestandteil einer Öffnung und Transparenz der Verwaltung sein. Offene Verwaltungsdaten steigern die Akzeptanz öffentlicher Entscheidungsprozess und erleichtern – das ist zentral – durch ihre Nutzung den Alltag der Bürger und Unternehmen. Damit das wirtschaftliche Potenzial einer Öffnung von Daten ausgeschöpft werden kann, sind leichtere Zugänge zu Verwaltungsdaten für Bürger wie auch für Unternehmen zu schaffen. Dabei sind unbedingt Plattformstrukturen und -prinzipien auch in der öffentlichen Verwaltung – Government as a Platform – umzusetzen[298].

Abschließend dazu sei eine kleine Vision einer standardisierten statt fragmentierten IT-Infrastruktur von Ministerien, Landesbehörden und von Behörden auch auf den unteren Ebenen skizziert: Eine zuverlässige digitale Infrastruktur vernetzt Bürger, Wirtschaft und Verwaltung miteinander und macht Verwaltungsdienstleistungen aller Ebenen rund um die Uhr und mit jedem Gerät verfügbar. Konsequent standardisierte Prozesse, digitaltaugliche Gesetze und Verwaltungsprozesse werden unter einem digitalen Dach gebündelt. Weiterentwickelte Unternehmenskonten und ein modernisiertes Unternehmensregister mit einer eindeutigen Identifikationsnummer erlauben einen sicheren und vertrauenswürdigen Datenaustausch zwischen Unternehmen (B2B) wie auch zwischen Unternehmen und Behörden (B2G) auf einer einheitlichen Unternehmensplattform. Dieser gesamte Modernisierungsschub muss schnell erfolgen, um die Produktivitätsbremsen der staatlichen Verwaltung bei der notwendigen investiven Modernisierung des Landes zu lockern.

Dysfunktionaler Staatsaufbau

Ein noch dickeres Brett ist bei der Suche nach Antworten auf neue Herausforderungen zu bohren, die aus dem spezifischen föderalen Staatsaufbau Deutschlands resultieren. Die Situation ist durch neue und zahlreichere Mehr-Parteien-Koalitionen in Bund und Ländern und dem damit steigenden Bedarf an föderaler Abstimmung noch herausfordernder geworden. Die derzeit beginnende Aufarbeitung des Zusammenspiels von Bund, Ländern und Gemeinden in der Pandemie und insbesondere die Lockdowns werfen neue Schlaglichter auf die Funktionalität des Staatsaufbaus. Bis heute strahlen die seinerzeitigen Schulschließungen in die Bildungspolitik aus. Die Vergrößerung der Leistungsunterschiede zwischen den einzelnen Bundesländern erweist sich als immer größere Belastung für den föderalen Staatsaufbau. Eine Mehrheit der Bevölkerung wäre daher für eine Föderalismusreform im Bildungssystem und mehr Kompetenzen der Bundesebene aufgeschlossen. Besonders ärgerlich an der gegenwärtigen Situation ist das schulterzuckende Akzeptieren der großen schulischen Leistungsunterschiede, das im Kern eine Folge unterschiedlicher Leistungsvorstellungen und der Angst vor einheitlichen zentralen Standards in den einzelnen Bundesländern ist[299].

Aber auch durch die zunehmende Kompetenzanmaßung der EU entstehen neue Herausforderungen für den föderalen Staatsaufbau. Faktisch gibt es inzwischen längst einen vierstufigen Föderalismus, der sehr direkt zu einem weiteren Komplexitätsanstieg politischen Handelns beiträgt: Nach Einschätzung des NKR hat schon mehr als die Hälfte aller nationalen Regelungen einen europäischen Bezug[300]. Das Versagen Deutschlands bei der Digitalisierung seiner Verwaltung hat zu erheblichen Teilen seinen Grund auch in der föderalen Gewaltenteilung. Mit den beiden Föderalismusreformen der Jahre 2006 und 2009 wurden Zuständigkeiten zwischen Bund und Ländern neu geregelt. Angesichts der zahlreichen neuen gesamtstaatlichen Herausforderungen seither ist es aber höchste Zeit für eine »Föderalismusreform III«. Erste zaghafte Vorschläge in diese Richtung gibt es schon, aber eine kritische politische Masse hat die diesbezügliche Diskussion bedauerlicherweise bisher noch nicht erreicht[301]. Für die nächste Legislatur sollte daher eine erneute Reform des Staatsaufbaus weit oben auf der politischen Agenda stehen.

Reformüberlegungen können sich dabei auf umfangreiche Vorarbeiten stützen, die im Umfeld der ersten beiden Föderalismusreformen 2006 und 2009 erarbeitet worden sind. Wegweisend ist immer noch das seinerzeitige Gutachten des Präsidenten des Bundesrechnungshofes (BRH) als Bundesbeauftragter für Wirtschaftlichkeit in der Verwaltung aus dem Jahr 2007[302]. Darin wurden einige heute mehr denn je gültigen grundsätzliche Richtungen für eine Föderalismusreform angezeigt: Weil seit Inkrafttreten des Grundgesetzes eine starke Tendenz zur Verflechtung von Aufgaben, Verantwortlichkeiten und Finanzierungszuständigkeiten zwischen Bund und Ländern besteht, sei es in vielen Fällen zu einer »organisierten Nicht-Verantwortung« gekommen, die zunehmend die Leistungsfähigkeit staatlichen Handelns beeinträchtige. Daher müsse die Verteilung von Verantwortung, Aufgaben und (Finanzierungs-)Kompetenzen zwischen Bund und Ländern neu ausgerichtet werden.

Dies lasse sich am besten erzielen, indem die Eigeninteressen der Handelnden in den Mittelpunkt gerückt und ihre Verantwortung gestärkt werden. »Bund und Länder müssen mehr Autonomie und Selbstverantwortung erhalten. Stärker als bisher sind Aufgabe, Kompetenz und finanzielle Verantwortung in einer Hand, das heißt auf einer staatlichen Ebene, zu bündeln. Die Verantwortlichkeiten können so klarer definiert und voneinander abgegrenzt, Ebenen übergreifende Verfahren obsolet werden«[303]. Das Gebot der Entflechtung verlangt, »Anreize für ein (eigen)verantwortliches und wirtschaftliches Verhalten der öffentlichen Institutionen« zu schaffen. »Notwendig ist ein ordnungspolitischer Rahmen, der wirtschaftliches Verhalten belohnt. Dazu ist das Wirtschaftlichkeitsgebot mit den Eigeninteressen der Handelnden so zu verbinden, dass es Steuerungswirkungen im Sinne des Gemeinwohls erzielt«[304].

Das damit implizit formulierte »Konnexitätsprinzip« ist anreiztechnisch zentral, wenn es um eine funktionale föderale Zuständigkeit für bestimmte Kompetenzen des Staatswesens geht. Aus drei Gründen ist eine »richtige« Kompetenzzuweisung auf die einzelnen föderalen Ebenen durch den deutschen Verbundföderalismus noch schwieriger geworden: Es gibt Transaktionskosten, z. B. bei der administrativen Umsetzung von neuen Gesetzen wie etwa der Grundsteuerreform. Es bestehen Informationsasymmetrien, z. B. zwischen Bürgern und Behörden, oder Zuständigkeitsgerangel zwischen Behörden untereinander. Bei Prinzipal-Agent-Problemen gibt es eigene Interessen einer Kommune gegenüber anderen gebietskörperschaftlichen Einheiten wie Land oder Bund. In allen diesen Fällen kann es nicht nur vorkommen, sondern ist es eher die Regel als die Ausnahme, dass die Regelungskompetenz, die Durchführungskompetenz und die Finanzierungskompetenz nicht mehr zwingend in einer Hand liegen.

Diese drei nationalen Kompetenzebenen sind aber stets zu unterscheiden, wenn es um die föderale Arbeitsteilung geht: Welche föderale Ebene veranlasst eine Maßnahme, welche führt sie durch und wer finanziert sie? Die sich daraus ergebenden Kompetenzzuweisungen bestimmen die Statik des deutschen Föderalismus. Sind alle drei Kompetenzen auf einer Ebene konzentriert, so spricht man von »Veranlassungskonnexität« – vereinfacht formuliert: »Wer bestellt, bezahlt«. Fallen Regelungskompetenz, Durchführungskompetenz und auch Finanzierungskompetenz hingegen vollständig oder teilweise auseinander, so sollte eine »Ausführungskonnexität« angestrebt werden – vereinfacht ausgedrückt: »Wer ausführt, trägt die Kosten«. Im konsensualen und kooperativen deutschen Exekutivföderalismus ist dies jedoch eher die Ausnahme als die Regel, wie die Pandemie aufgezeigt hat: Das Infektionsschutzgesetz war Bundeskompetenz, dessen Umsetzung dann aber Sache der Länder und Kommunen war. Auf vergleichbare Weise erweist sich nun die Steuerung der Migration als neuer Lackmustest für die Krisentauglichkeit des deutschen Verbundföderalismus, wie die wiederholten Runden des Bundeskanzlers mit der Konferenz der Ministerpräsidenten der Länder zeigen.

Die ökonomische Theorie hat zur konkreten Gestaltung der Konnexität der einzelnen Staatsglieder einige zentrale Leitplanken aufgestellt. Geleitet werden diese Überlegungen von der Theorie des Fiskalföderalismus nach Richard Musgrave, Charles Tiebout und Wallace Oates. Danach sollte eine zentrale Ebene umso mehr Regelungskompetenzen erhalten, je ähnlicher die Präferenzen der Bürger sind und je deutlicher die Wechselwirkungen einer Politik zwischen den einzelnen Gliedern des Föderalstaates, also Bundesländern und Gemeinden, sind. Umgekehrt sollten hierarchisch nachgeordnete Ebenen, also Länder und Kommunen, umso eher Kompetenzen erhalten, je unterschiedlicher die Präferenzen der Bürger und je geringer die Wechselwirkungen einer Politik zwischen den Bundesländern oder den einzelnen Kommunen ausfallen. Daraus lassen sich folgende allgemeine Empfehlungen für die Bereitstellung bestimmter öffentlicher Güter und Dienstleistungen durch die einzelnen föderalen Ebenen ableiten[305]:

- Bei lokalen öffentlichen Gütern mit ähnlichen Präferenzen der Bürger und niedrigen Spillover-Effekten auf andere Regionen (z. B. Schulen und Kindergärten) liefert eine dezentrale Bereitstellung mindestens genauso gute und bereits bei geringen regionalen Präferenzunterschieden effizientere Ergebnisse als eine zentralisierte Bereitstellung.
- Im anderen Extremfall sehr ähnlicher regionaler Präferenzen (z. B. Landesverteidigung) liefert eine zentrale Bereitstellung mindestens genauso gute und im Falle des Vorliegens von Spillover-Effekten (z. B. unterschiedliche regionale

Folgen einer fehlenden Verteidigungsfähigkeit) effizientere Ergebnisse als eine dezentralisierte Bereitstellung.
- Näher an der Wirklichkeit als diese beiden Extremfälle liegen aber die meisten Fälle öffentlicher Leistungen, bei denen interregionale Wechselwirkungen bestehen, weil sich die Politik eines Landes auch auf andere Regionen auswirkt. Je intensiver diese Wechselwirkungen sind, desto eher neigen die Regionen zum Trittbrettfahren und desto ineffizienter ist eine dezentrale Kompetenzzuweisung. Sind die regionalen Präferenzen sehr unterschiedlich, so lassen sich die Wechselwirkungen am besten durch die Zuständigkeit einer Zentralregierung ausgleichen.

Hier tritt aber ein zweites unmittelbares finanzielles Anreizproblem hinzu: Der bundesdeutsche Finanzausgleich leidet insbesondere unter prohibitiven Grenzbelastungen, das heißt unter hohen Raten des Wegsteuerns der Erträge eigener Anstrengungen. Die gewählte Balance zwischen Verteilungs- und Allokationszielen führt vielfach dazu, dass einzelne Gebietskörperschaften mit konfiskatorischen Grenzbelastungen auf ihre selbst erreichten Wirtschaftsergebnisse von oftmals über 100 Prozent konfrontiert sind. Dies führt zu negativen Anreizen für die Gebietskörperschaften, ihre eigene Wirtschaftskraft zu stärken. Zudem ist der bundesdeutsche Fiskalföderalismus durch einen in der horizontalen Dimension – zwischen den Ländern oder auch zwischen den Kommunen innerhalb der Länder – stark nivellierenden Finanzausgleich gekennzeichnet. Dieser weist ferner in der vertikalen Dimension – etwa bei der Verteilung der Steuereinnahmen zwischen Bund und Ländern – aufgrund des »bündischen Prinzips« auch noch stark ausgeprägte Elemente eines fiskalischen Unitarismus auf[306]. Zudem ist das deutsche Finanzausgleichssystem auch noch durch eine hohe Komplexität und Intransparenz gekennzeichnet.

Wegen dieser Gesamtstatik bleibt die jeweilige Handlungsfreiheit von Bund und Ländern auch nach den beiden Föderalismusreformen stark eingeschränkt. Der Bund muss weiterhin meist die Zustimmung der Länder zu Steuergesetzänderungen einholen. Die wachstumsförderlichen Vorteile einer größeren Steuerautonomie bleiben weiterhin ebenso unausgeschöpft wie die Nutzung von mehr Steuerwettbewerb, der staatsquotensenkend wirken kann. Eine anreizstärkende Reform muss daher in jedem Fall Elemente beinhalten, die zu einer Senkung der Grenzbelastungen führen und die auch nicht nur Bund und Länder tangieren, sondern auch die Kommunen einbeziehen. Ebenso gehören die landesindividuellen kommunalen Finanzausgleichssysteme auf den Prüfstand. Zugespitzt formuliert erscheinen Reformen im System nicht mehr länger als ausreichend: Beim gegenwärtigen Transferniveau des Finanzausgleichs können die Grenzbelastungen nur gesenkt werden, wenn zusätzlich durch eigenes Handeln generierte Steuereinnahmen – oder zumindest ein Teil davon – überhaupt nicht mehr in den Finanzausgleich einbezogen werden.

Daher braucht es einen neuen Anlauf zur Frage, wie man zu einer höheren Steuerautonomie der Länder kommen kann. Länder müssen das Recht erhalten können, eigene Zuschläge zur Einkommen- und Körperschaftsteuer zu erheben, ohne dass das aus diesen Zuschlägen erwachsende Steueraufkommen in den Finanzausgleich einfließt, sondern dass es in dem betreffenden Bundesland verbleiben kann[307]. Gleiches würde dann automatisch auch für jedes Steuermehraufkommen gelten, wodurch die Grenzbelastung spürbar absinken würde. Dafür wäre zunächst eine Senkung der bundesweiten Tarife erforderlich, damit es nicht zu flächendeckenden Steuererhöhungen kommt. Um die Zustimmung der aktuellen Nehmerländer zu erhalten, wären zusätzlich befristete Transfers sinnvoll. Denn sonst würden die Zuschläge finanzschwacher Länder unmittelbar nach ihrer Einführung über dem Länderdurchschnitt liegen müssen, d. h. sie würden die Steuern erhöhen. Mehr demokratische Kontrolle der Einnahmenseite durch mehr Steuerwettbewerb zwischen Kommunen und Bundesländern jedenfalls dürfte mit hoher Wahrscheinlichkeit eine ausgabenbegrenzende Wirkung entfalten, wie sich am Beispiel des kantonalen Steuerwettbewerbs in der Schweiz gut studieren lässt.

Auch im Bereich der Bildungspolitik gibt es einen klaren Handlungsbedarf: Bei regional einheitlichen Präferenzen und starken regionalen Spillover-Effekten wie in der Bildungspolitik ist eine überregionale bildungspolitische Entscheidungsbefugnis einer dezentralen Verantwortungszuweisung klar überlegen. Eine Dezentralisierung der Kompetenzen im Elementarbereich und im Bereich der schulischen Bildung führt zu einer nur unterkritischen Ausprägung von Kontrolle und Sanktion, um das gesamtstaatliche Interesse in der frühkindlichen und schulischen Bildung zu wahren. Daher sind einheitliche und auch wirklich einforderbare Mindeststandards in der Bildung, mithin auch ein bundesweites Zentralabitur, unverzichtbar. Auch die föderale Struktur der angebotsorientierten Hochschulfinanzierung begünstigt das Trittbrettfahren einzelner Bundesländer bei der Bereitstellung einer angemessenen Zahl von Studienplätzen. Daher muss ein auf Bundesebene angesiedeltes nachfragegesteuertes Finanzierungssystem für Studierende über Gutscheine, Darlehen und Stipendien die Anreize für die Länder verbessern, angemessen in ihre eigene Hochschulbildung zu investieren.

In der Innovationspolitik profitieren die privatwirtschaftlichen Forschungs- und Innovationsaktivitäten stark von der staatlichen respektive staatlich finanzierten Grundlagenforschung. Noch stärker regionalwirksam ist eine öffentliche Forschung, die einen engen geografischen Bezug zum Sitz der jeweiligen forschenden Unternehmen aufweist. In Deutschland gibt es daher in der anwendungsorientierten Forschung regional sehr unterschiedliche Spezialisierungsmuster und Patentaktivitäten. Eine marktgeleitete Innovationspolitik sollte folglich überwiegend Ländersache sein, damit die Länder ihre Forschungspolitik den regionalen Unterschieden anpassen können. Handlungsbedarf besteht hingegen bei den bundeseigenen Ressortforschungseinrichtungen, von denen einige zu geringe Beiträge in der wissenschaftlichen Grundlagenforschung leisten und aus Sicht von Unternehmen keine wichtige Rolle im Technologietransfer spielen. In diesen Fällen ist eine vollständige Grundfinanzierung durch den Bund unter fiskalföderalistischen Kriterien nicht gerechtfertigt und sollte deutlich reduziert werden.

Kern der Regionalpolitik ist immer noch die Investitionsförderung über die Gemeinschaftsaufgabe (GA) zur Förderung der regionalen Wirtschaftsstruktur. Bei der ersten Föderalismusreform wurde aber die Chance verpasst, ein einheitliches regionalpolitisches Förderinstrument aus GA und der ostdeutschen Investitionszulage zu schaffen. Daher sollte – gerade angesichts der jüngsten milliardenschweren Ansiedlungshilfen – ein integriertes Förderkonzept aus den bisherigen Instrumenten GA und den Investitionszulagen entwickelt werden, bei der industrielle Cluster mit einer regionalen Einbindung und Vernetzung der Unternehmen verstärkt Berücksichtigung finden können. Die Festlegung der Förderregionen und -sätze sollte allerdings weiterhin Bund-Länder-Aufgabe bleiben, da diese von der EU nach ihren Beihilferegeln geprüft und genehmigt werden müssen. Die Entscheidung über Infrastrukturinvestitionen der Länder und Kommunen sollte weiter dezentralisiert werden. Die nachgeordneten Gebietskörperschaften sollten aber die Verantwortung für die fiskalischen Folgen selbst tragen müssen, ebenso wie sie auf der Einnahmenseite auch mehr Steuerautonomie erhalten sollten[308].

Das deutsche Umweltrecht ist zersplittert. Ein wesentliches Merkmal der Föderalismusreform war daher der Versuch seiner partiellen Dezentralisierung. Die sachgerechte Zuordnung umweltpolitischer Kompetenzen auf die einzelnen föderalen Ebenen sollte sich aber nach den Eigenschaften der betroffenen Umweltgüter (z. B. technische Unteilbarkeiten, Spillover-Effekte, unterschiedliche regionale Präferenzen, Kostendegressionen) richten. Föderaler Wettbewerb kann zu effizienteren Umweltregulierungen führen, wenn die Bevölkerung vor Ort ähnliche Präferenzen für eine saubere Umwelt hat. Dennoch ist eine stärkere bundeseinheitliche Rechtsetzung dann wünschenswert, wenn Planungs- und Genehmigungsverfahren zu beschleunigen sind und nicht zu oft an den weitgehenden Abweichungsbefugnissen der Länder scheitern sollen. Allerdings wird gerade deutlich, wie wichtig auch die EU-Ebene für die Herstellung und Einhaltung einheitlicher Umweltstandards ist. Weil Klimaschutz eine globale Externalität ist und Emissionen nicht an nationalen Grenzen halt machen, kommt der supranationalen Ebene gerade im Umweltbereich eine herausgehobene Bedeutung zu.

Mit Blick auf die EU entspricht die aktuelle Kompetenzverteilung nicht durchgängig den Schlussfolgerungen der ökonomischen Theorie des Föderalismus, wie am Beispiel der Agrar- und Regionalpolitik deutlich wird. Die Handlungsmöglichkeiten der Mitgliedstaaten sind nicht nur durch die Aktivitäten des europäischen Gesetzgebers, sondern zunehmend auch durch Entscheidungen des Europäischen Gerichtshofs (EuGH) beschränkt worden. Problematisch dabei ist, dass davon auch Bereiche betroffen sind, in denen die Kompetenzen eigentlich bei den Mitgliedstaaten liegen, beispielsweise in der Steuer- sowie der Arbeitsmarkt- und Sozialpolitik. Angesichts der sich abzeichnenden zusätzlichen Ausgabewünsche und daraus resultierenden Finanzierungsbedarfe werden in einer neuen EU-Kommission ab 2025 auch Änderungen des EU-Vertrags zu diskutieren sein. Dabei sollten die Erkenntnisse der ökonomischen Theorie des Föderalismus stärker berücksichtigt werden, auch um das Subsidiaritätsprinzip zu wahren. Die EU sollte sich deshalb nicht durch eine eigene Steuer finanzieren können. Eine Rückverlagerung von Kompetenzen von der EU auf die Mitgliedstaaten darf kein Tabu sein.

Fasst man die Überlegungen zum »fähigen Staat« noch einmal unter der Perspektive Bürger und Staat zusammen, so wird die Bedeutung eines neuen Austarierens von Individualansprüchen mit einem wie auch immer definierten Gemeinwohl deutlich. Ein erheblicher Teil bürokratischer Initiativen geht auf das Bemühen um Einzelfallgerechtigkeit zurück, ein anderer Teil auf die Wahrung von Individualinteressen, etwa im Bereich der Energie- und Verkehrsinfrastruktur. Noch drastischer wird es, wenn wie derzeit Vergesellschaftungsansätze im Bereich des Wohnens[309] per Volksentscheid erst diskutiert und dann juristisch überprüft werden müssen. Dass eine strukturelle Aufgabenkritik nicht zu den Stärken von großen und kleinen Behörden zählt, zeigt das Beispiel der Bundesagentur für Arbeit: Obwohl sich die Arbeitslosigkeit in Deutschland seit 2005 halbiert hat, ist seither die Zahl der Mitarbeiter bei der Bundesagentur für Arbeit (BA) auf Vollzeit gerechnet um etwa ein Fünftel auf inzwischen 100.000 Stellen gestiegen. Effizienzgewinne sehen anders aus. Auch der Regierungssitz in Bonn baut derzeit wieder Planstellen auf (sic!)[310]. Angesichts der faktischen Beschäftigungsentwicklung bei öffentlichen Einrichtungen muss daher die vielfach zitierte These vom »kaputtgesparten Staat« als Mär zurückgewiesen werden.

Diese Entwicklung zu einem »ever deeper state« kann im Kern nur durch einen Bewusstseinswandel bei Bürgern und Politik korrigiert werden. Im Grundsatz geht es um eine Neubestimmung dessen, wann und wo Partikularinteressen zugunsten eines Gemeinwohls zurücktreten, wo individuelle Ansprüche auf Einzelfallgerechtigkeit abschlägig beschieden und wo Verweigerungshaltungen (»Not in my Backyard«) demokratisch überstimmt werden müssen. Andererseits müssen aber auch staatliche Feinsteuerungen unterbleiben und identitätspolitische Ambitionen zurückgenommen werden. Wohlfahrtsstaatlicher Aktivismus muss von den Steuer- und Beitragszahlern selbst eingehegt werden. Konkret sollte also auch an jeder föderalen Wahlurne stets gefragt werden: Welche Maßnahme hilft den Bürgern direkt? Was dient dem Gemeinwesen am meisten? Wie können Bürger und Unternehmen entlastet werden? Der demokratische Souverän muss auf allen föderalen (einschließlich der europäischen) Wahlebenen für sich bewerten, was der fähige Staat von ihm verlangen und ihm auch zumuten und was er umgekehrt vom Staat fordern kann. Diese Fragen gehen über Bürokratieabbau- und Governance-Fragen weit hinaus. Sie berühren vielmehr den »Grundwasserspiegel« eines weiterzuentwickelnden Gesellschaftsvertrages.

Staatsfinanzen: Politik auch ohne mehr Geld

> »Manchmal fängt Politik erst an, wenn kein Geld mehr zum Ausgeben da ist!«
> (Robin Alexander)

Zur Rückkehr der Knappheit gehört auch, dass die Politik des billigen Geldes an ihr Ende gekommen und auch das »zinspolitische Schwarzfahren« vorbei ist. Das Bundesverfassungsgericht hat der Verschuldung in Deutschland deutlich engere

Grenzen als bisher gezogen. International aber strebt die Staatsverschuldung immer neuen Höchstständen entgegen. »Alles in allem ist die Staatsverschuldung in der reichen Welt im Verhältnis zum BIP heute höher als jemals zuvor seit den napoleonischen Kriegen«. Weil die ökonomisch guten Jahre gar nicht, nur zu wenig und zu selten zur Konsolidierung der Staatsfinanzen genutzt wurden, sind die fiskalische Resistenz und die politische Resilienz gegen die multiplen Herausforderungen nicht besonders gut entwickelt. Vielmehr verzerren die Regierungen weltweit die Märkte zunehmend durch ihre ausgabenintensive Industriepolitik. Der Anteil der Staatsausgaben an der Gesamtwirtschaft steigt, da die Bevölkerung altert, der Übergang zu umweltfreundlichen Energien voll im Gang ist und Konflikte in der ganzen Welt mehr Ausgaben für die Verteidigung erfordern. Der »Kater nach dem Zuckerrausch« hat voll eingesetzt[311].

Die strukturelle fiskalische Überforderung des Gemeinwesens ruft daher nach einer Rückbesinnung darauf, dass Wirtschaftspolitik nicht nur mit stets mehr Ausgaben verbunden sein muss. Es ist leider etwas in Vergessenheit geraten, dass eine gute Politik auch ohne stets mehr Geld und ohne Rückgriff auf den Staatshaushalt möglich ist, ohne dass es zu einem reformpolitischen Stillstand kommen muss. Schon Adolph Wagners Gesetz der wachsenden Staatstätigkeit und das daraus folgende Gesetz der wachsenden Ausdehnung des Finanzbedarfs aus dem Jahr 1892, das zu den Klassikern finanzwissenschaftlicher Erkenntnis gehört[312], nahmen eine feine Unterscheidung in Staatstätigkeit einerseits und finanzwirtschaftliche Tätigkeit andererseits vor: Nicht jede Staatstätigkeit muss auch zu Staatsausgaben führen. Angesichts der tatsächlichen finanzwirtschaftlichen Entwicklung ist diese Erkenntnis zwar eines Eintrages in Lehrbüchern der Finanzwissenschaften würdig, findet aber in der politischen Praxis, insbesondere in Krisenzeiten, nur wenig Widerhall.

Dabei ist diese Unterscheidung überaus bedeutsam: Da die öffentliche Finanzwirtschaft nur einen Ausschnitt der Staatstätigkeit darstellt, sind auch die empirischen Maße für die Staatstätigkeit stets unvollständig. Dies gilt z. B. für die Staatsquote und die Staatsausgabenquote. Diese werden jeweils auf das Sozialprodukt bezogen, aber es werden immer nur die finanzwirtschaftlichen staatlichen Aktivitäten abgebildet. Zusätzlich zu den direkten Finanzströmen kommen aber auch Staatstätigkeiten hinzu, die zu einer Kostenverlagerung in den privaten Sektor führen, wie z. B. der bürokratische Erfüllungsaufwand, oder die einen nichtmonetären Leistungscharakter haben, wie etwa die Bereitstellung von Einrichtungen des Bildungs-, Gesundheits- und Verkehrswesens. Dazu gesellen sich auf der Seite der direkt finanzwirtschaftlichen Staatsaktivitäten auch noch statistisch-konzeptionelle Abgrenzungsschwierigkeiten, etwa zwischen Subventionsausgaben, Finanzhilfen und Steuervergünstigungen, aber auch zwischen Mindereinnahmen und Mehrausgaben.

Besonders problematisch ist die Erfassung und Einordnung der verschiedenen Nebenhaushalte in Form von Fonds, wie etwa des Wirtschaftsstabilisierungsfonds (WSF) oder des Klimafonds, der in einen Klima- und Transformationsfonds (KTF) umgewandelt wurde. Diese Sondervermögen wie auch die gesamte Staatsverschuldung haben sich seit der Pandemie stark expansiv entwickelt (▶ Dar. 20). Es ist selbst für fachkundige Beobachter kaum noch nachzuhalten, welche dieser Fonds zur Finanzierung welcher Aufgaben herangezogen werden. Der Grundsatz der Einheitlichkeit des Haushalts wird damit grundlegend verletzt. Hinzu kommt das Problem, dass im regulären Haushalt bewilligte Mittel vielfach gar nicht periodengerecht ausgegeben werden. Dies ist besonders bei Verkehrsinvestitionen der Fall. Ein anderes Beispiel sind die Energiekrisenkredite, von denen bisher ein erheblicher Teil nicht beansprucht wurde. Schließlich können mit Kreditermächtigungen aus den Vorjahren auch neue Schulden in alten Haushalten verbucht werden, so dass das Periodizitätsprinzip damit umgangen werden kann.

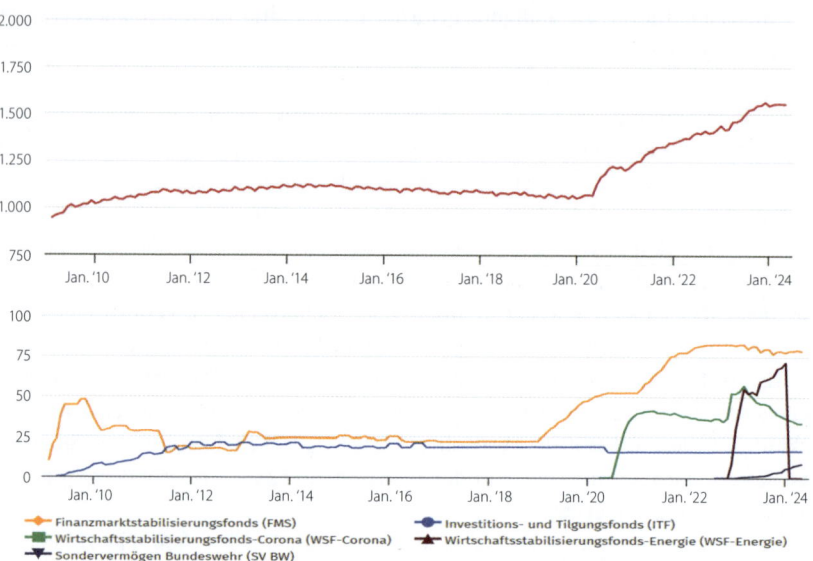

Dar. 20: Verschuldung des Bundeshaushalts und seiner Sondervermögen in Mrd. Euro (Quelle: Dashboard Deutschland, BMF; letzter Abruf: 5. Juni 2024; https://www.dashboard-deutschland.de/indicator/tile_1650978797816?origin=dashboard&db=o effentliche_finanzen&category=wertpapiere_finanzen)

Einem erheblichen Teil dieser finanzpolitischen Regelmissachtung hat das Bundesverfassungsgericht mit seinem wegweisenden Urteil vom 15. November 2023 einen Riegel vorgeschoben und damit die Ampelkoalition in schweres Fahrwasser gebracht. Das oberste deutsche Gericht hat das zweite Nachtragshaushaltsgesetz 2021 aus drei Gründen für verfassungswidrig und nichtig erklärt[313]:

- Der Darlegung eines sachlichen Veranlassungszusammenhangs zwischen einer außergewöhnlichen Notsituation und der Überschreitung der Kreditobergrenzen ist der Gesetzgeber nicht ausreichend nachgekommen.
- Die Grundsätze der Jährlichkeit, Jährigkeit und Fälligkeit im Staatsschuldenrecht können nicht dadurch außer Kraft gesetzt werden, dass der Haushaltsge-

setzgeber eine Gestaltungsform wählt, bei der Kreditermächtigungen für ein juristisch unselbständiges Sondervermögen nutzbar gemacht werden.
- Das Gebot der Vorherigkeit ist grundsätzlich auch bei der Aufstellung von Nachtragshaushalten zu beachten. Ein Nachtragsentwurf ist demnach bis zum Jahresende parlamentarisch zu beschließen.

Alle drei Punkte waren schon in der Vorentscheidung des Gerichts im Herbst 2022 enthalten. Niemand in der Regierung konnte daher ernsthaft überrascht sein vom endgültigen Urteil aus Karlsruhe. Umso mehr verbindet sich mit diesem Urteil die Hoffnung auch auf eine finanzpolitische Zeitenwende, mit der drei finanzwirtschaftliche Grundsätze gestärkt werden können: Erstens sollten öffentliche Maßnahmen stets dem genannten Grundsatz »timely, temporary, targeted (ttt)« genügen. Zweitens ist stärker dem Grundsatz der allokativen Effizienz durch weniger Eingriffe in die Preisbildung zu entsprechen. Drittens sollte jeder staatlichen Maßnahme stets eine Opportunitätskostenüberlegung vorausgehen: Welchen Effekt hat eine alternative Verwendung knapper öffentlicher Mittel? Welche Maßnahme muss beim Vollzug einer anderen Maßnahme unterbleiben?

Allerdings macht die im Nachgang zum Verfassungsgerichtsurteil entbrannte politische Diskussion wenig Hoffnung, dass es zu einer ernsthaften Abkehr von der aktuellen Verschuldungspolitik kommen wird. Im politischen Wettbewerb um die Wählergunst erweisen sich vor allem Subventionen als ein besonders sensibles Feld. Nach den »Subventionspolitischen Leitlinien der Bundesregierung« sollen diese als Anpassungshilfen nur befristet und übergangsweise gewährt werden[314]. Nach dem Subventionsbericht des Bundes gibt es Subventionen als Leistungen bzw. Vergünstigungen für private Unternehmen und Wirtschaftszweige in zwei Ausprägungen: entweder in Form von Finanzhilfen als Geldleistungen, die privaten Unternehmen und Wirtschaftszweigen zugutekommen, oder als Steuervergünstigungen durch spezielle steuerliche Ausnahmeregelungen, die für die öffentliche Hand zu Mindereinnahmen führen. Finanzhilfen sind insbesondere Bundesmittel für Anpassungs-, Erhaltungs- und Produktivitätshilfen an Betriebe und Wirtschaftszweige. Steuervergünstigungen werden dann als Subvention eingestuft, wenn es sich um mittel- oder unmittelbar wirkende Begünstigungen einzelner Sektoren oder Teilbereiche der Wirtschaft handelt.

Subventionen beruhen grundsätzlich auf rechtlichen Regelungen. Finanzhilfen hingegen setzen eine Ausgabeermächtigung durch den Haushaltsgesetzgeber voraus. Sie können als Zuschuss, Darlehen oder Schuldendiensthilfe gewährt werden, wobei der überwiegende Teil der Finanzhilfen heute aus Zuschüssen besteht. Der Bund vergibt den größten Teil seiner Zuschüsse jährlich fortlaufend. Entsprechende Programme binden daher die Finanzpolitik der Folgejahre und die Bindungswirkung geht zum Teil über den Horizont der mittelfristigen Finanzplanung des Bundes hinaus. »Gleichzeitig fördert die rechtliche Bindung tendenziell die Perpetuierung von Subventionen«. Subventionen und Steuervergünstigungen, die auf einem Gesetz beruhen, werden wegen des hohen administrativen Aufwands für Regierung und Parlament relativ selten geändert oder überarbeitet, während dies bei Finanzhilfen im jährlichen Haushaltsaufstellungsverfahren etwas einfacher möglich ist«[315].

Auf die möglichen ökonomischen Folgen dieser fiskalischen Interventionen verweist der Kieler Subventionsbericht: »Selbst wenn Subventionen gerechtfertigt werden können, weil Marktversagen vorliegt und/oder soziale Erträge vermutlich größer als private Erträge sind, ist zu bedenken, dass Subventionen dennoch problematische Nebenwirkungen haben können.« Subventionen und Finanzhilfen verursachen Verwaltungskosten und haben zumindest über ihre Finanzierung in aller Regel allokative Verzerrungen zur Folge. »Es ist daher häufig fraglich, ob Finanzhilfen im konkreten Fall tatsächlich zu einer verbesserten Allokation der Ressourcen führen. Hinzu kommt, dass Subventionen Verhalten verändern können – im Sinne einer Subventionsmentalität, wenn an die Stelle unternehmerischen Gewinnstrebens das Bemühen um immer höhere Subventionszahlungen und um die Einrichtung immer neuer Subventionstöpfe tritt«[316].

Die allgemeine Ratlosigkeit nach dem Urteil des Bundesverfassungsgerichts zeigt, wie berechtigt die warnenden Hinweise sind. Die Subventionen von Bund, Ländern und Gemeinden haben 2023 ein Rekordhoch erreicht, die Subventionsquote erreichte fast 10 Prozent des BIP. Auch auf Länderebene ist wie auf Bundesebene bereits seit längerem der Trend zur Schaffung von Extrahaushalten und Sondervermögen zu beobachten, die nicht Gegenstand der amtlichen Subventionserfassung sind. Ferner wird auch die europäische Ebene zunehmend zu einem subventionspolitischen Player, dessen fiskalpolitischer Nettoeffekt sich einer ökonomischen Bewertung bisher weitgehend entzieht[317]. Zudem wirkt sie mit Finanzhilfen nach dem European Recovery Programme (ERP) und »Marktordnungsausgaben« in der Landwirtschaft auch noch zusätzlich auf die Nationalstaaten ein. Fasst man das Gesamtvolumen nur der Subventionen – also ohne Sonderhaushalte – von Bund, Ländern, Gemeinden, ERP und EU zusammen, beträgt das Subventionsvolumen 2023 in Deutschland rund 105 Mrd. Euro und hat sich damit seit 2010 faktisch verdoppelt[318].

Dieses Gesamtvolumen bewegt sich auf einem ähnlichen Niveau wie die Erfassung nach dem Kieler Subventionsbericht. Für das Jahr 2022 gelangt das IfW Kiel – allerdings noch ohne Extrahaushalte – zu einem Wert an Finanzhilfen und Steuervergünstigungen von knapp unter 100 Mrd. Euro, im Jahr 2023 schon von deutlich über 100 Mrd. Euro. »Die in diesem Bericht dokumentierten Subventionen liegen weit über der Summe, die der Bund in seinem eigenen Bericht nennt«[319]. Nach dem Kieler Bericht sind die Finanzhilfen des Bundes und seiner Sonderhaushalte seit dem Jahr 2014 auf Expansionskurs und erreichen in diesem Jahr ein neues Rekordniveau. Zudem werden – und dies ist der entscheidende Unterschied zum Subventionsbericht der Bundesregierung – noch weitere rund 200 Mrd. Euro Finanzhilfen aus dem WSF und 60 Mrd. aus dem KTF veranschlagt, die für Maßnahmen der Bundesregierung eingeplant waren, die aber nach dem Verfassungsgerichtsurteil nun nicht mehr vollständig verfügbar sind.

Bei der aktuellen Entwicklung spielen die Randbedingungen des Ukrainekrieges und die damit einhergehenden befristeten unternehmens- und haushaltsbezogenen Maßnahmen zur Überwindung der Energiekrise (z. B. »Dezemberhilfe«, »Gaspreis- und Strompreisbremse«) ohne Zweifel eine eigenständige und mit einem Volumen von zusammen über 20 Mrd. Euro auch bedeutende Rolle. Ausdrücklich zu würdigen sind ferner auch die Leitlinien der Subventionspolitik der Bundesregierung. Darin wird betont: »Die Fokussierung auf zukunftsorientierte Maßnahmen gelingt nur, wenn nicht mehr erforderliche Subventionen systematisch zurückgeführt werden«[320]. Hervorgehoben wird zudem, dass von insgesamt 138 Finanzhilfen 109 nur befristet seien und dass die Bundesregierung bei der Aufstellung des Regierungsentwurfs des Bundeshalts 2024 erneut alle Ausgaben im Bundeshaushalt auf den Prüfstand gestellt habe. Auch die Anstrengungen zur fiskalischen Solidität nach dem Verfassungsgerichtsurteil sind ausdrücklich anzuerkennen. Dies gilt ganz besonders vor dem Hintergrund einer in Form und Inhalt nicht akzeptablen Protestwelle durch die Landwirte.

Das faktische Handeln zeichnet allerdings ein anderes Bild als diese dargelegte Grundsatzerkenntnis. Der Begriff Subventionsabbau kommt in dem 613-seitigen Bericht der Bundesregierung überhaupt nur dreimal und nur einmal programmatisch, im Koalitionsvertrag sogar überhaupt nicht vor (!). Im Berichtszeitraum des Subventionsberichts sind 25 Finanzhilfen neu eingeführt worden, dagegen aber nur 15 Finanzhilfen entfallen. Von diesen sind aber einige in anderen Programmen aufgegangen oder werden nur aus anderen Quellen als dem Bundeshaushalt weiterfinanziert. Eine auch quantifizierbare Bilanz über den Abbau von Subventionen enthält der Bericht nicht. Eine systematische Aufgabenkritik mit Blick auf bestehende Subventionen erweist sich offenbar in einer stets auf Wähler schauenden Exekutivdemokratie als ausgesprochen schwierig. Es gibt mithin eine klare Tendenz zu einer »built-in-durability« von Maßnahmen, die während einer Krise installiert wurden, aber nicht mehr abgeschafft werden[321].

Ein aktuelles Beispiel dafür zeigt sich im Bereich der Variation der Mehrwertsteuersätze, die es in Form abgesenkter Sätze auf Erdgas und Fernwärme und in der Gastronomie gab. Als in der Gastronomie zum Jahresende 2023 der während der Pandemie von 19 auf 7 Prozent ermäßigte Mehrwertsteuersatz auslaufen sollte, wurde umgehend quer durch die Parteien die Forderung laut, die Ermäßigung des Steuersatzes beizubehalten. Bei der Anwendung des ermäßigten Mehrwertsteuersatzes handelt es sich aber um eine Steuersubvention, mit der jährliche Steuerausfälle von derzeit gut drei Mrd. Euro verbunden sind. Diese wären bei einer Entfristung für das kommende Jahrzehnt kumuliert auf etwa 38 Mrd. Euro angestiegen. Dies hätte durch höhere Steuern an anderer Stelle oder Ausgabenkürzungen gegenfinanziert werden müssen. Zudem hatte diese Subvention regressive Verteilungseffekte, weil die durchschnittlichen Haushaltsausgaben für Restaurations- und Verpflegungsleistungen mit dem Haushaltseinkommen steigen und etwa kinderlose Haushalte relativ mehr von diesen Dienstleistungen nachfragen[322].

Es ist gut, dass nach dem Verfassungsgerichtsurteil nun doch zumindest diese Steuersubvention ausgelaufen ist. Ganz generell geht die mit Mehrwertsteuervariationen üblicherweise intendierte Verhaltenslenkung, die aktuell besonders für den Umweltbereich vorgeschlagen wird, mit beträchtlichen negativen Begleiterscheinungen einher: Der »Katalog der ermäßigt besteuerten Güter ist keineswegs überzeugend abgegrenzt, sondern eher willkürlich und spiegelt letzten Endes erfolgreich vertretene Sonderinteressen wider, mit der Folge von Wettbewerbsverzerrungen und Effizienzverlusten«. Es ist auch nicht gesichert, dass die Gewährung eines ermäßigten Steuersatzes tatsächlich den Konsumenten zugutekommt, sondern vielfach wird sie von den Produzenten oder Anbietern abgeschöpft. Zudem ist die Maßnahme nicht zielgenau, weil sie auch Beziehern höherer Einkommen zugutekommt, zumal gerade diese von meritorisch intendierten ermäßigten Steuersätzen profitieren (z. B. Bücher und Kultur)[323].

Eine erste subventionspolitische Ableitung aus den Besonderheiten eines vorwiegend durch Geld steuernden Staates ist deshalb, Ausnahmen vom Normalsatz in der Mehrwertsteuer weitestmöglich zu begrenzen. Die Ausnahmen erhöhen die Abgrenzungsprobleme und den Verwaltungsaufwand, lösen Wettbewerbsverzerrungen aus und steigern die mit der Besteuerung verbundenen Wohlfahrtseinbußen. So ist z. B. nicht ersichtlich, warum gastronomische Dienstleistungen anders behandelt wurden als die Besteuerung von Lebensmitteln und Lieferdiensten. Generell sollten alle Mehrwertsteuervergünstigungen auf den Prüfstand gehoben werden. Eine Wiederaufnahme der Debatte um einen einheitlichen Mehrwertsteuersatz aus den 2010er Jahren ist unbedingt anzuraten. Eine strenge zeitliche Befristung von Mehrwertsteuersatzänderungen ist unverzichtbar. Eine Weiterführung der Sonderregelungen bei Strom und Gas ist zu Recht unterblieben, weil diese erwiesenermaßen nicht zielgenau sind. Direkte Einkommenshilfen an bedürftige Haushalte sind deutlich treffsicherer. Die bisher dafür fehlende technisch-administrative Kapazität ist ein Staatsversagen ersten Ranges.

Eine zweite Ableitung ist, dringend wieder den Subventionsabbau zu forcieren: Die stark gestiegenen Finanzvolumina entziehen sich vielfach einer Steuerbarkeit durch Parlament und Bundesrechnungshof und müssen daher wieder vermindert werden. Vor diesem Hintergrund irritiert die Position der Bundesregierung zu den Notwendigkeiten eines Subventionsabbaus: »Abweichend von den Empfehlungen der Wissenschaft und der Steuertheorie werden derzeit die für eine Beibehaltung der Subvention sprechenden Argumente zumeist höher gewichtet als die Vorteile aus einer breit angelegten Anpassung der Subventionspolitik«[324]. Und: »Eine kausale Erfolgskontrolle von Subventionen stößt insoweit aktuell auf erhebliche methodische und praktische Umsetzungsschwierigkeiten«[325]. Diese Argumentationslinie findet faktisch ihre Fortsetzung in der Diskussion um eine Reform der Schuldenbremse. Inzwischen werden zahlreiche Formen einer Modifikation der Schuldenbremse diskutiert, wie z. B. eine goldene Regel, die eine Nettoneuverschuldung in Höhe der Bruttoausgaben für Investitionen erlauben soll[326].

Die Forderung nach Subventionskürzungen hingegen wird weit seltener öffentlich erhoben – und dies, obwohl im Jahr 2019 eine großangelegte Evaluation der Subventionen durch ein Forschungskonsortium sehr wohl Anhaltspunkte für ein subventionspolitisches Gegensteuern ergeben hat: Danach wären eine ganze Reihe von aus rein ökonomischer und finanzwissenschaftlicher Sicht als schwach bewerteten Subventionen abzuschaffen oder zu reformieren gewesen. Zudem sind in der

Regel direkte Finanzhilfen gegenüber Steuervergünstigungen zu bevorzugen, da Finanzhilfen zielgerichteter wirken sowie gedeckelt und degressiv ausgestaltet werden können. Steuervergünstigungen zeigten meist hohe Mitnahmeeffekte auf, tendieren dazu, sich zu verfestigen, und sind schwer reformierbar[327]. Mit diesen beiden Erkenntnissen kann eine Regierung arbeiten, auch wenn die haushälterischen Herausforderungen durch die Vielfachkrisen ohne Zweifel beträchtlich sind. Doch nach »Auffassung der Ressorts sollte die überwiegende Anzahl der schwach evaluierten Steuervergünstigungen zunächst beibehalten werden«[328].

Diese ernüchternde, aber ehrliche Einschätzung macht die strukturellen Schwierigkeiten beim Subventionsabbau deutlich. Dies ist aber keineswegs nur eine Schwäche der Politik, sondern dahinter stehen auch starke Interessen der Wirtschaft. Rund 40 Prozent allein der Subventionen des Bundes entfallen auf die gewerbliche Wirtschaft, ein weiteres Drittel auf das Wohnungswesen. Im Zuge der multiplen Krisen scheint es zudem üblicher geworden zu sein, vonseiten der Unternehmen und ihrer Verbände Subventionsinteressen oder Unterstützungsbedarfe zu artikulieren. Dazu hat auch beigetragen, dass die Transformationsnarration der Ampelkoalition stets auch mit dem Verweis auf zusätzliche Finanzierungsfonds wie WSF und KTF verbunden worden war, deren subventionspolitischen Vereinnahmung das Verfassungsgericht nun einen Riegel vorgeschoben hat. Insbesondere die energieintensive Wirtschaft hat es der Politik zu leicht gemacht, eher eine Transformation durch Subvention als durch Innovation gestalten zu wollen und den Staat damit vom Rahmensetzer zum subventionspolitischen Market Maker zu machen.

Das Beispiel einer im November 2023 vereinbarten Staatshilfe für die SIEMENS Energy zeigt, auf welche schiefe Ebene sich damit die Subventionspolitik in Deutschland begeben hat. Das Unternehmen hat Auftragsbestände im Wert von über 110 Mrd. Euro, bat aber um staatliche Garantien oder Bürgschaften, um Kreditlinien von Banken für die zu bauenden Offshore-Windparks und Stromnetze abzusichern. Es geht also mitnichten um eine Verstaatlichung, aber sehr wohl um eine staatliche Garantie und Bürgschaft – ähnlich einer Hermesbürgschaft – für ein privatwirtschaftliches Risiko, das offenbar weder die Banken noch der ehemalige Mutterkonzern SIEMENS vollständig absichern möchte. Es ist aber gerade die Aufgabe der Gläubiger und Aktionäre des Unternehmens, die Risikoabsicherung vorzunehmen, und nicht die des Steuerzahlers. Auch wenn nach Aussagen des Bundeswirtschaftsministeriums SIEMENS Energy »systemrelevant« sei, hätte der Forderung nach einer staatlichen Garantie daher nicht entsprochen werden dürfen.

Die Schieflage der Signa-Gruppe von René Benko im Herbst 2023 leuchtet als Warntafel gegen Subventionen noch greller auf: Fast 700 Mio. Euro an staatlichen Subventionen hat der Konzern innerhalb von zweieinhalb Jahren erhalten, die mit hoher Wahrscheinlichkeit und zu einem sehr großen Teil als endgültig verloren anzusehen sind. Die von der früheren Bundesregierung behaupteten Sicherheiten aus dem Karstadt-Kaufhof-Konglomerat haben sich als Nonvaleur erwiesen. Die Begründungen für die Staatshilfen kamen naturgemäß aus einem politischen Raum, in dem man auf kommunaler Ebene Angst vor Kaufhausschließungen und den damit verbundenen sozialen Folgen hatte. Aber eine »Systemrelevanz« hatten Warenhäuser und auch die anderen zentralen Prestigeimmobilienkomplexe von Signa zu keiner Zeit: Ihr Geschäftsmodell war nicht zukunftsträchtig. In ein nicht zukunftsfähiges Geschäftsmodell, ohne eine ausreichende Prüfung von Sicherheiten, beträchtliche Subventionen zu lenken, war eine ordnungspolitische Sünde ersten Ranges.

Eine dritte Ableitung ergibt sich unmittelbar aus der Notwendigkeit der Begrenzung von Subventionen: Es kann gute und weniger gute ökonomische Gründe für eine staatliche Bezuschussung von wirtschaftlichen Aktivitäten geben. Die ministerielle Begründung für Subventionen lesen sich zunächst eingängig: »Viele der neuen Finanzhilfen dienen dazu, einen Beitrag zur Erreichung der klimapolitischen Ziele der Bundesregierung zu leisten. Subventionen werden darüber hinaus genutzt, um Innovationen und Investitionen zu fördern, regionale Disparitäten abzubauen, negative Auswirkungen von Marktbereinigungsprozessen abzumildern oder lenkend in den Strukturwandel einzugreifen. Dabei sind die wachstums-, verteilungs-, wettbewerbs- und umweltpolitischen Wirkungen der Fördermaßnahmen zu berücksichtigen, was externe Effekte und mögliche Folgekosten einschließt«[329].

Die politische Debatte mag sich darin zutreffend wiederfinden können. Die ökonomische Theorie ist aber etwas anspruchsvoller, wenn es um die Rechtfertigung von Subventionen geht. Grundsätzlich können Eingriffe des Staates in den Markt dann begründet sein, wenn Marktversagen vorliegt und Märkte in ihrer Funktionsweise beeinträchtigt sind, etwa bei (unregulierten) natürlichen Monopolen. Auch öffentliche Güter, die von vielen Verbrauchern gleichzeitig genutzt werden können (Nichtrivalität im Konsum) und bei denen kein Verbraucher von ihrem Konsum ausgeschlossen werden kann (Nichtausschließbarkeit), begründen eine Legitimation für Subventionen. Eine weitere Begründung sind sog. externe Effekte: Einerseits geht es um die Vermeidung negativer externer Effekte, etwa durch die Förderung von umweltschützenden Maßnahmen. Andererseits kann bei Vorliegen positiver externer Effekte das Marktangebot von bestimmten Leistungen, etwa bei Forschung und Entwicklung, geringer als erwünscht ausfallen, so dass eine staatliche Förderung auch ökonomisch sinnvoll ist. Für eine Korrektur sind dann entweder bei negativen Externalitäten eine Pigou-Steuer oder bei positiven Externalitäten Subventionen gut begründbar[330].

Allerdings bedarf auch nicht jede Externalität einer staatlichen Besteuerung oder Subventionierung, wie Ronald Coase in seinem bekannten Theorem gezeigt hat: Danach können auch Marktteilnehmer externe Effekte selbstständig internalisieren, wenn es eine klare Zuordnung von Eigentumsrechten gibt, wenn keine Transaktionskosten existieren und wenn möglichst vollständige Informationen über eine Marktsituation vorliegen[331]. Auch wenn diese Annahmen in der Regel im politischen Alltag entweder gar nicht oder nicht sämtlich erfüllt sind, bleibt doch immerhin festzuhalten, dass es schon durch ein privates Gewinnstreben eine Tendenz zur Korrektur externer Effekte auch ohne eine staatliche Intervention gibt. Aber bis zu einer Anwendung und Umsetzung dieses Grundsatzes in die politische Praxis ist es vor allem deshalb ein (zu) weiter Weg, weil privatwirtschaftliche Verhandlungen meist an organisationstechnischen Gründen und vor allem divergierenden Interessen der beteiligten Unternehmen scheitern. Dennoch bleibt festzuhalten, dass Subventionen zur Korrektur von Marktversagen gut begründet sein können, sie aber deutlich seltener zum Einsatz kommen müssten, als es sich inzwischen politisch etabliert hat.

Eine vierte Ableitung ist, dass jede Subventionsentscheidung einer Opportunitätskostenbetrachtung unterzogen werden muss. Im Großen und Ganzen haben die Förderung von Forschung und Entwicklung und die mit einer Einzelfallprüfung verbundenen regionalwirtschaftlichen Förderprogramme funktioniert. Für einen darüberhinausgehenden Opportunitätskosten-Test könnte aber sehr wohl der Coase'sche Gedanke einer Verhandlungslösung zwischen privaten Akteuren und staatlichen Akteuren fruchtbar gemacht werden. Ein völlig neues Modell wäre es nämlich, Subventionen zu versteigern: Wer für eine bestimmte Verhaltensänderung oder von der Politik gewünschte Transaktion am wenigsten fordert, bekommt die Staatshilfe. So etwas hat es in der politischen Subventionspraxis noch nicht gegeben, aber es wäre eine zusätzliche Option, um eine Lenkungsabsicht mit dem Wettbewerb um gute Lösungen zu verknüpfen. Das Opportunitätskalkül kann zudem durch zwei weitere institutionelle Vorkehrungen gestärkt werden: Zum einen kann durch einen Übergang von der Steuerfinanzierung zu einer Nutzerfinanzierung ein starker verhaltenslenkender Effekt ausgehen, weil die Wirkungen des Preissystems besser genutzt werden können. Zum anderen kann durch eine Subjekt- statt einer Objektförderung eine bessere Lenkungswirkung erzielt werden, weil die Budgets der Bürger direkt betroffen sind.

Eine fünfte Ableitung ist die Empfehlung zu einem Abbau »klimaschädlicher Subventionen«. Im Subventionsbericht wird im Rahmen der Nachhaltigkeitsprüfung erstmals auch die Klimawirksamkeit aller Finanzhilfen und Steuervergünstigungen evaluiert. Nach einer Dokumentation des Bundestages wurden im Jahr 2018 41 Subventionen in Form von Finanzhilfen und Steuererleichterungen mit einem Volumen von rund 65 Mrd. Euro allein vom Bund gewährt, die eine effektive Klimaschutzpolitik erschweren[332]. Im Subventionsbericht der Bundesregierung werden allerdings nur 14 der 35 Steuergutschriften aufgeführt, die das Umweltbundesamt als »umweltschädlich« deklariert. 21 Tatbestände – darunter bekannte und kontrovers diskutierte wie das »Dienstwagenprivileg« (jährliches Volumen: 3,1 Mrd. Euro) oder das »Dieselprivileg« (jährliches Volumen: 8,2 Mrd. Euro) – fallen laut dem Bericht des Bundesfinanzministeriums also gar nicht unter den Begriff der Subvention. Nach dem Subventionsverständnis des BMF gelten nämlich Regelungen, die zur Nichtberücksichtigung bestimmter Aktivitäten in der Besteuerung führen, nicht als Steuervergünstigung. Für ein nicht unerhebliches Volumen an umweltschädlichen Subventionen nach UBA-Verständnis findet damit auch keine Nachhaltigkeitsprüfung und auch kein kontinuierliches Monitoring im Hinblick auf ihre Wirksamkeit und Notwendigkeit statt.

Daraus folgt zweierlei: Gerade bei klimaschädlichen Subventionen dürfen die eigenen subventionspolitischen Leitlinien der Regierung nicht missachtet werden. Dies hat auch der Bundesrechnungshof in der Vergangenheit bereits mehrfach angemahnt. Noch wichtiger aber ist es gerade nach dem Urteil des Bundesverfassungsgerichts, die verhaltenslenkenden Effekte von Subventionen vom Verbrauch von Umwelt auf die Bepreisung von Emissionen und die sozialpolitische Flankierung der damit verbundenen Einkommenseffekte umzusteuern. Dies gilt nicht nur für die Steuervergünstigungen für Diesel und Kerosin, Steuervorteile für Dienstwagen, die Mehrwertsteuerbefreiung bei internationalen Flügen, sondern auch für die Entfernungspauschale (sog. Pendlerpauschale), zumal ja additiv auch noch ein Deutschlandticket eingeführt wurde. Es ist wahrscheinlich, dass diese Steuervergünstigungen bisher nicht nur den Verbrauch fossiler Energien begünstigt haben, sondern dass sie auch verteilungspolitisch eher regressiv wirken dürften. Eine Reform dieser Subventionen könnte sich deshalb fiskalisch, sozialpolitisch und ökologisch vorteilhaft auswirken.

Eine sechste Ableitung betrifft die Verringerung von Preiseingriffen im Energiesektor. Die Monopolkommission hat mit Blick auf die hohen Strompreise und hohen Erlöse bei Stromerzeugern dargelegt, warum derzeit wegen des bestehenden Strommarktdesigns alle Erzeuger zu den Preisen der besonders teuren Gasstromerzeugung vergütet werden. Denn nach den Regeln des sog. »Merit Order« -Prinzips erfolgen Kraftwerksstromlieferungen in einer mit zunehmenden Grenzkosten aufsteigenden Reihenfolge der Anbieter. Bei schwankendem Verbrauch bestimmt danach jeweils das Kraftwerk mit den höchsten Grenzkosten den Marktpreis. Dieser gilt dann für alle anderen Stromlieferanten, auch jene mit niedrigeren Grenzkosten. Diese Regulierung trug dann besonders während der kriegsbedingten Erhöhung der Gaspreise zu »windfall profits« und außerordentlich hohen Gewinnen bei einer ganzen Reihe von Energieunternehmen bei, die kein oder wenig Gas bei der Stromproduktion einsetzten. Diese widersinnige Marktgestaltung sollte durch mittelfristige Reformen im Strommarktdesign dringend behoben werden[333].

Vor diesem Hintergrund ist auch ein Industriestrompreis kritisch zu sehen. Nach dem ursprünglichen Vorschlag des BMWK sollte ein »mittelfristiger Brückenstrompreis« von 6 Cent je Kilowattstunde bis zum Jahr 2030 für einen »klar definierten Empfängerkreis« eingeführt werden[334]. Eine solche Strompreissubvention, die »in den Preismechanismus eingreift«, wurde auch von breiten Teilen der energieintensiv produzierenden Industrie gefordert. Die dafür vorgebrachten Argumente verweisen vor allem auf ein fehlendes »level playing field« auf internationaler Ebene mit deutlich niedrigeren Strompreisen in Ländern, mit denen die deutsche Industrie in Konkurrenzbeziehungen steht. Diese preislichen Wettbewerbsnachteile erhöhten die Gefahr einer dauerhaften Abwanderung von Produktion aus Deutschland. Bei diesem ernstzunehmenden Argument muss allerdings bedacht werden, dass es schon eine zunächst bis Ende 2023 begrenzte besondere Ausgleichsregelung für energieintensive Unternehmen bei der EEG-Umlage und einen Spitzenausgleich bei der Stromsteuer für etwa 8.800 Unternehmen, also einen besonderen Belastungsausgleich für eine nennenswerte Zahl von Unternehmen gibt.

Eine zusätzliche Strompreiskompensation durch einen Industriestrompreis mit seinen beiden Säulen Transformationsstrompreis mittels kostengünstiger Direktlieferverträge und Differenzverträgen für die Industrie einerseits und einen Brückenstrompreis würde den Strukturwandel hin zu einer stärker dekarbonisierten Produktion verzögern. Mit hohen Strompreisen muss langfristig gerechnet und gearbeitet werden. Eine Subventionierung eines bestimmten Unternehmenskreises gegenüber anderen Unternehmen ist kritisch zu sehen, zumal es zur Abfederung neben den bereits bestehenden nationalen Hilfen zukünftig durch steigende CO_2-Preise im europäischen CO_2-Handel weitere Strompreiskompensationen geben wird. Zudem bietet ein Industriestrompreis keine Anreize zur Vergrößerung des Stromangebotes, das für eine mittelfristige Preissenkung eine notwendige Bedingung ist[335]. Mit der vollständigen Abschaffung oder Absenkung der Stromsteuer auf ein europäisches Mindestniveau steht zudem ein grundsätzlich funktionales Äquivalent zu einem Industriestrompreis zur Verfügung, das deutlich wettbewerbsneutraler ist.

Einige dieser Bedenken sind mit der Entscheidung der Bundesregierung für ein Strompreispaket für produzierende Unternehmen vom 9. November 2023 aufgenommen worden[336]. Anders als beim geforderten Industriestrompreis wird der Strompreis nicht vom Börsenstrompreis entkoppelt und damit auch nicht die Differenz zwischen beiden Preisen vom Steuerzahler übernommen. Erfolgversprechend ist ferner, dass inzwischen der Startschuss für sog. Klimaschutzverträge nach dem Prinzip der Differenzverträge (Carbon contracts for difference, CCfD) erfolgt ist. Diese stellen ein marktnäheres Instrument dar, um Unternehmen im Wandel gegen Preisrisiken abzusichern, Mehrkosten auszugleichen und dadurch planbare Investitions- und Betriebsbedingungen zu ermöglichen. Dies kann für ausgewählte energieintensive Unternehmen z. B. in der Papier-, Glas-, Stahl- und Chemieindustrie einen Anreiz bieten, in klimafreundliche Produktionsanlagen zu investieren, die sich andernfalls noch nicht rechnen würden. Damit werden auch Anreize gesetzt, technologische Entwicklungen zur CO_2-Reduktion zu forcieren[337].

Dennoch ändern auch diese beiden Instrumentenwechsel nichts Grundsätzliches an der Quintessenz dieses Kapitels: Die Breite und Tiefe der lenkenden Eingriffe in wirtschaftliche Prozesse ist zu groß. Die von der Politik vorgelegten Begründungen für sehr umfangreiche Finanzhilfen und Steuervergünstigungen halten einer Überprüfung ihrer Rechtfertigung zur Korrektur von Marktversagen oder zur Internalisierung externer Effekte zu selten stand und sind nur unter politökonomischen Gründen nachvollziehbar. Die Treffsicherheit der Maßnahmen ist begrenzt, Wettbewerbsverzerrungen und Mitnahmeeffekte sind sehr wahrscheinlich, der Beitrag der Subventionen zum Strukturwandel insgesamt sehr umstritten[338]. Wünschenswert wäre in gewisser Weise eine Subventionsbremse. Umso wichtiger ist es, dass durch die Schuldenbremse der Begründungsdruck für Subventionen hoch bleibt. Dem verbreiteten Wunsch nach einer Lockerung der Schuldenbremse zur stärkeren Unterstützung der Unternehmen sollte nicht gefolgt werden[339], auch wenn Unternehmen vielfach zu Recht auf einen Ausgleich hausgemachter Standortnachteile drängen.

Doch dieser Nachteilsausgleich kann nicht an jedem einzelnen der Standortfaktoren ansetzen, sondern setzt eine neue Form der Angebotspolitik voraus. Gut begründete und zielgenaue Subventionen können dabei helfen, wenn das Feld einer wirklich zukunftssichernden, geschäftsmodellbezogenen und transformationsrelevanten Industriepolitik betreten wird. Auch das Urteil des Bundesverfassungsgerichts ändert nichts daran, dass der Haushaltsgesetzgeber – allerdings in den genannten verfassungsrechtlichen Grenzen – weiterhin Subventionen finanzieren kann und wird. Entscheidend ist aber, ob eine subventionsbasierte Transformation eine höhere allokative Effizienz verspricht als eine innovationsorientierte Transformation. Es geht um viel. Wie also kann eine ordnungskonforme Industriepolitik aussehen, die eine angemessene Antwort auf zahlreiche – auch wirtschaftstheoretisch bedeutsame – neue Herausforderungen geben kann?

Industriepolitik: Ordnungskonform statt interventionistisch

»Der Staat ist zwar nicht gut darin, die Gewinner von morgen zu finden, aber ganz sicher finden die Verlierer von gestern den Staat.«
(Moritz Schularick)

Die Schnittmengen zwischen dem staatlichen Ausgabeverhalten und der Ausgestaltung einer für die Bewältigung des multiplen Strukturwandels in Deutschland möglicherweise angemessenen Industriepolitik sind offensichtlich. Sehr eindrücklich wird dies durch die im Oktober 2023 vorgelegte Industriepolitische Strategie des Wirtschaftsministers illustriert. »Mehr Subventionen, weniger Schuldenbremse«, so lautete die kommentierende pointierte Überschrift nach deren Veröffentlichung[340]. Zwischen der im vorigen Abschnitt debattierten Eignung von Subventionen und deren Instrumentierung im Rahmen einer industriepolitischen Debatte gibt es einen engen logischen Nexus. Die Entwicklung der öffentlichen Finanzen wäre ohne den Wunsch, mit dem Einsatz finanzieller Ressourcen wirtschaftliche Entwicklung lenken, steuern und gestalten zu wollen, nicht erklärbar. Dies ist nebenbei auch keine deutsche oder europäische Besonderheit, sondern namentlich auch in einem strukturell deutlich kapitalistischeren Land wie den USA, wie die Industriepolitik à la Inflation Reduction Act eindrücklich belegt, oder in staatskapitalistisch gelenkten Ökonomien wie China gang und gäbe.

Die Debatte, wie der Standort Deutschland durch industriepolitische Aktivitäten gestärkt werden kann, ist voll entbrannt. Die deutlich abgekühlte wirtschaftliche Entwicklung in Deutschland und die rote Laterne bei den europäischen Wachstumsranglisten in Verbindung mit den strukturellen Herausforderungen für das industriebasierte Geschäftsmodell Deutschland haben endlich wieder den Blick auf die Sicherung der Wettbewerbsfähigkeit des Landes in den Leitmärkten der Zukunft geschärft. Diese im Grundsatz erfreuliche Re-Priorisierung des Themas der industriellen Wettbewerbsfähigkeit verbindet sich exemplarisch auch mit einer ganzen Reihe von technologisch relevanten, bereits vollzogenen oder geplanten Ansiedlungen von deutschen und ausländischen Unternehmen in den Jahren 2022 und 2023, vorwiegend in Ostdeutschland. Die größten von ihnen sollen wegen der damit verbundenen Volumina und wegen eines engen industriellen Bezugs hier einmal enumerativ aufgeführt werden[341]:

- Trotz des Verfassungsgerichtsurteils hat die Koalition Anfang Dezember 2023 im Wege einer Ausnahmegenehmigung von der Haushaltssperre rund 700 Mio. Euro für die Batteriefertigung von Northvolt in Heide freigegeben, mit der ab 2026 Batteriezellen für Elektroautos hergestellt werden sollen. Durch die 4,5 Mrd. Euro teure Investition sollen 3.000 Arbeitsplätze entstehen, dazu noch drei- bis viermal so viele bei Zulieferern und Dienstleistern. Der Spatenstich erfolgte schon im März 2024.
- Im August 2023 wurde bekannt, dass der weltgrößte Auftragsfertiger der Chipindustrie, das taiwanesische Unternehmen TSMC, 10 Mrd. Euro in eine neue Fabrik in Dresden investieren und damit 2.000 Arbeitsplätze schaffen will. Geplant ist eine Kooperation mit namhaften Partnern wie Bosch, Infineon und NXP Semiconductors. Der Bund wollte den Fabrikbau mit 5 Mrd. Euro aus dem KTF unterstützen.
- Im Juni 2023 wurde durch Intel der Vertrag für den Bau einer neuen Chipfabrik in Magdeburg abgeschlossen, der von der Bundesregierung mit ca. 10 Mrd. Euro unterstützt werden soll. Insgesamt soll es um eine Investitionssumme in Höhe von 30 Mrd. Euro gehen.
- Im Mai 2023 hat Infineon mit dem Bau einer neuen Chipfabrik in Dresden begonnen und damit die größte Einzelinvestition in seiner Geschichte getätigt. Diese Investition von rund 5 Mrd. Euro wurde vom Bund mit Finanzmitteln in Höhe von 1 Mrd. Euro bezuschusst. Das US-amerikanische Unternehmen Globalfoundries betreibt bereits seit einigen Jahren große Werke für die Chipproduktion in Dresden. Auch Bosch hat im Jahr 2021 eine große Halbleiterfabrik in Dresden fertiggestellt und plant eine Erweiterung.
- Im Januar 2023 begann der chinesische Batteriehersteller CATL in seinem neuen Thüringer Werk mit der Serienproduktion von Lithium-Ionen-Zellen für die Automobilindustrie. Dies ist die erste Produktionsstätte außerhalb Chinas und aktuell die größte Zellfertigung Europas, für die das Unternehmen rund 1,8 Mrd. Euro investiert. Auch diese Investition wurde mit staatlichen Geldern in Höhe von 7,5 Mio. Euro unterstützt.
- Bereits im Jahr 2022 eröffnete der Autohersteller Tesla ein Werk in Brandenburg. Dafür verhandelten Bundesregierung und EU-Kommission mit dem Unternehmen ursprünglich über staatliche Fördermittel in Höhe von rund 1,1 Mrd. Euro. Mittlerweile beabsichtigt das Unternehmen, die Anlage weiter auszubauen.
- Im Saarland möchte der US-Spezialist für Leistungshalbleiter Wolfspeed für fast 3 Mrd. Euro ein Werk bauen und erwartet, dass 20 bis 25 Prozent der Investitionssumme vom Steuerzahler getragen werden. Die Produktion soll 2027 starten.

Diese kleine Beispielsammlung verdeutlicht zwei Dinge: Zum einen käme man mit diesen zum Teil auch regional konzentrierten Ansiedlungsvorhaben der Herausbildung eines jeweiligen industriellen Ökosystems bzw. eines industriellen Clusters für eine Chipindustrie in Deutschland tatsächlich näher. Zum anderen ist der Einsatz öffentlicher Mittel in diesem Spielfeld einer technologieorientierten Industriepolitik quantitativ so bedeutsam, dass hier finanzielle Abhängigkeiten in einem Ausmaß entstehen, die sich finanzpolitisch als ungesund erweisen können. Die Reaktion auf das Verfassungsgerichtsurteil vom November 2023 ließ daher auch nicht lange auf sich warten: »Chipindustrie schlägt Alarm«[342]. Ein erheblicher Teil der geplanten Investitionen stehe bei einer fehlenden Subventionierung durch den Bund auf der Kippe. Vor einem gewaltigen Imageschaden für Deutschland als Standort für ein Chipökosystem wird von Politikern wie Unternehmensvertretern gleichermaßen gewarnt. Auch die Kofinanzierung durch die EU sei damit gefährdet.

Diese Besorgnis ist absolut verständlich, macht aber die Vulnerabilität einer zu großen Abhängigkeit von Investitionen von staatlichen Hilfen augenscheinlich. Der Dreiklang der BMWK-Industriestrategie »Stärken, was uns wettbewerbsfähig macht«, »Aufbauen, was uns sichert« und »Erneuern, was uns stark macht« klingt zwar eingängig, ist aber bei näherem Hinsehen weder trennscharf noch ein operationales Ziel mit einer ökonomisch tragfähigen Begründungsbasis. Der Bundeswirtschaftsminister schreibt das in seiner Industriestrategie auch selbst: »Zugleich gibt es eine kontroverse gesellschaftliche Debatte darüber, welche Rolle dem Staat bei der Unterstützung der Industrie zukommt. Viele Maßnahmen, wie die Ansiedlungspolitik für Halbleiterfabriken oder der Brückenstrompreis, sind umstritten«[343]. Interessant ist auch, dass das Thema Industriepolitik im aktuellen Jahresgutachten 2023/2024 des Sachverständigenrates für Wirtschaft überhaupt nicht mehr vorkommt. Der Rat hatte sich zuvor lediglich in einer Sonderexpertise aus dem Frühjahr 2023 mit der US-amerikanischen Industriepolitik im Rahmen des Inflation Reduction Act auseinandergesetzt.

Umso intensiver ist die industriepolitische Debatte auch in der Wissenschaft und in NGO[344]. Eine genuine legitimationsstiftende Rolle in einer modernen Industriepolitik nimmt dabei Dekarbonisierung der Wirtschaft ein. Eine besondere Dringlichkeit resultiert aus dem Ziel der Dekarbonisierung bis zum Jahr 2045. Dieses ist im Klimaschutzgesetz des Jahres 2021 fixiert, das wiederum auf eine Entscheidung des Bundesverfassungsgerichts vom 24. März 2021 rekurriert. Damit geht es um einen »Strukturwandel per Termin«[345]. Danach verpflichtet der 1994 in das Grundgesetz eingefügte Artikel 20a den Gesetzgeber zu besonderer Sorgfalt gegenüber den Interessen zukünftiger Generationen schon bei der Möglichkeit gravierender oder irreversibler Beeinträchtigungen der Lebensgrundlagen. Faktisch ist damit der Klimaschutz zum Staatsziel geworden. Dies fügt sich auch in einen europäischen Rahmen des European Green Deal ein, der mehr denn je auch die Leitlinien und Ziele der nationalen Klimapolitik bestimmt.

Die Bewertung anderer großer Megatrends als Begründung von industriepolitischen Maßnahmen fällt hingegen schon aus dieser übergeordneten Perspektive kritischer aus. Nicht ausreichend ist erstens etwa der – in jeder Hinsicht berechtigte – Hinweis darauf, dass sich »die Standortbedingungen bereits über eine lange Zeit auch deshalb verschlechtert haben, weil notwendige Reformen und Investitionen ausgeblieben sind«[346]. Dies für sich genommen erfordert keine industriepolitischen Interventionen, sondern vielmehr eine klassische standortpflegende Angebotspolitik. Zweitens gehört die Förderung neuer Technologien in die Rubrik Innovationspolitik und nicht in die industriepolitische Abteilung. Drittens ist auch die Förderung der Digitalisierung, soweit sie überhaupt in die Zuständigkeit des Staates und nicht in jene der Unternehmen gehört, unter der Überschrift eines fähigen, die Daseinsvorsorge ernstnehmenden Staates und nicht unter Industriepolitik zu rubrizieren. Schließlich liefert viertens das langjährige Staatsversagen bei der Demografievorsorge und der Steuerung der Migration keine Begründung für die Notwendigkeit, den limitierenden Engpassfaktor der Fachkräfteversorgung im Rahmen einer Industriestrategie angehen zu wollen.

Klar ist aber auch, dass mit Industriepolitik kein grundlegend neues Terrain betreten wird und insofern die Debatte nicht neu ist: Die Liste an Beispielen mit horizontalen, sektorunabhängig wirkenden Maßnahmen einerseits und vertikalen, sektor- und branchenspezifischen Maßnahmen andererseits ist schon für Deutschland lang. Die europäische Liste geplanter »national champions« (man denke nur an Concorde und Airbus) ist dementsprechend noch deutlich länger[347]. Schon immer gab es bei der Begründung dafür eine Abwägung guter und weniger guter Argumente für ein industriepolitisches Tätigwerden des Staates. Zu den besseren Argumenten zählen vor allem:

- Technologische Entdeckungsprozesse gehen häufig mit positiven externen Effekten einher, was bei reinen Marktlösungen zu Unterinvestitionen in neue Technologien führen würde. Negative Externalitäten im Umweltbereich hingegen führen zu einer schädlichen Übernutzung von Umweltressourcen.
- Externalitäten wirken nicht nur auf gesamtwirtschaftlicher Ebene. Vielmehr gibt es in einer mehr denn je wissensbasierten Ökonomie – namentlich in Agglomerationsräumen – positive lokale Externalitäten (sog. Agglomerationsexternalitäten), die zu einem endogenen Wachstum in einer Region führen können[348]. Das Denken in Ökosystemen und Clustern mit Skaleneffekten und Wissensexternalitäten bietet daher eine neue und zusätzliche Legitimationsgrundlage für industriepolitische Aktivitäten.
- Eine in diesem Sinne horizontale, sektorunabhängige Industriepolitik ist deutlich resistenter gegenüber einer politischen Einflussnahme einzelner Interessengruppen als die sektorspezifische Förderung und daher im Grundsatz vorzugswürdig. Dies gilt auch deshalb, weil es in Deutschland einen deutlich stärker ausgeprägten Industrie-Dienstleistungs-Vorleistungsverbund als in allen anderen europäischen Ländern gibt[349].

Auf der Grundlage dieser Grundsätze bleiben mit Blick auf die industriellen Herausforderungen, vor denen Deutschland und Europa stehen, im Kern zwei technologische Arenen für eine ordnungskonforme Industriepolitik: Zum einen geht es um die Bewältigung der klimapolitischen Transformation, zum anderen um eine digitalpolitische Aufholjagd gegenüber einer in vielfacher Hinsicht enteilten amerikanischen und auch chinesischen Konkurrenz. Diese Arena wird aber immer stärker auch von einer europäischen industriepolitischen Agenda überwölbt. Auch das ist wirtschaftstheoretisch gut begründbar: Neben geostrategischen Überlegungen sprechen netzwerkökonomische und auf die Existenz von globalen Klimaexternalitäten bezogene Argumente klar für auch europäisch konzertierte Aktivitäten. Die Ausrufung einer Strategie der transformativen Angebotspolitik[350] hingegen ist für sich genommen argumentativ nicht hinreichend gut begründet, um industriepolitisch aktiv zu werden.

Vor diesem Hintergrund ist es beachtlich, dass die EU mit dem IPCEI (Important Projects of Common European Interest)-Ansatz konzeptionell Neuland betreten hat. Die letzte Industriestrategie aus dem Jahr 2021 hat sich vor allem mit der Frage beschäftigt, welche strategischen Abhängigkeiten es für die verschiedenen industriellen Ökosysteme in Europa gegenüber dem Ausland gibt und welche Maßnahmen für die Erhöhung der »offenen strategischen Autonomie« zielführend sein könnten. Der IPCEI-Ansatz geht von der Diagnose einen Schritt weiter zu einer möglichen Therapie: Transnationale Vorhaben von gemeinsamem europäischen Interesse werden dann als eine Begründung für eine staatliche Förderung angesehen, wenn sie einen Beitrag zu den strategischen Zielen der Europäischen Union (EU) leisten, von mehreren Mitgliedstaaten durchgeführt werden, eine eigene Kofinanzierung durch die beteiligten Unternehmen/Einrichtungen vorsehen, positive Spillover-Effekte in der gesamten EU bewirken und deutlich über den internationalen Stand der Technik in dem betreffenden Sektor hinausgehen. Bisher werden nach diesen Grundsätzen mit einem IPCEI Mikroelektronik Unternehmen bei der Errichtung von Chip- und Mikroelektronikfabriken unterstützt. Beim IPCEI Mikroelektronik und Kommunikationstechnologien geht es um die gesamte Halbleiterindustrie. Mit dem IPCEI Wasserstoff werden Leuchtturmprojekte im Bereich der Klimaneutralität gefördert. Darüber hinaus sind IPCEI im Bereich Batteriezellfertigung und Cloud-Infrastruktur auf den Weg gebracht worden[351].

Auch bei den IPCEI bilden mithin – etwas verkürzt – Klima und Digitalisierung die beiden Schwerpunkte. Bleiben wir zunächst im Bereich der *Klimatransformation und Dekarbonisierung.* Ein industriepolitischer Eingriff ist hier in besonderem Maße durch die Existenz negativer externer Effekte im Bereich des Umweltverbrauchs begründbar: »Greenhouse gas emissions are externalities and represent the biggest market failure the world has seen. These emissions are not ordinary, localized externalities. Risk on a global scale is at the core of this issue«[352]. Diese globalen negativen Externalitäten werden ohne eine industriepolitische Flankierung der Anpassungsmaßnahmen nur langsamer und in geringerem Maße internalisiert werden können als mit solchen Maßnahmen. Zudem ist das genuine Dekarbonisierungsargument für Deutschland wegen des besonders hohen Anteils energieintensiver Industrieproduktion an der gesamtwirtschaftlichen Wertschöpfung noch einmal von besonderer Bedeutung und steht daher auch zu Recht im besonderen Fokus der industriepolitischen Aktivitäten der Ampelkoalition.

Zwei Handlungsfelder erscheinen daher sachgerecht. Zum einen ist die Wasserstoffstrategie der Bundesregierung richtig angelegt. Schon seit dem Entwurf für eine nationale Wasserstoffstrategie vom Januar 2020 (überarbeitet im Juli 2023) plant die Bundesregierung einen Rahmen für die zukünftige Erzeugung und Verwendung von Wasserstoff. Sie definierte Schritte, wie die industrie-, energie-, klima-, innovations- und entwicklungspolitischen Chancen von Wasserstoff vereint werden können. Inzwischen ist deutlich geworden, dass sich auf längere Sicht eine strukturell steigende Nachfrage nach Wasserstoff abzeichnet, etwa für die Produktion von grünem Stahl oder als Zwischenspeicher für erneuerbare Energien. Schon jetzt ist die Nachfrage nach Elektrolyseuren hoch, wie das bereits diskutierte Beispiel von SIEMENS Energy zeigt. Doch bis zu einem vollen Markthochlauf und einer Rendite für die Wasserstoff-Marktteilnehmer dürfte es noch mehrere Jahre dauern, denn die Anfangsinvestitionen sind hoch und die Risiken in der Wertschöpfungskette beträchtlich.

Es ist daher bedeutsam, dass der Deutsche Bundestag im November 2023 das Energiewirtschaftsgesetz angepasst und den Bau und den Finanzierungsrahmen eines Wasserstoffkernnetzes beschlossen hat. Die Details dieser Änderung sind hochkomplex, aber auch hochrelevant, denn es geht um Wasserstoffnetze mit einer Länge von 11.200 Kilometern. Geplant werden müssen dazu die Wasserstoffproduktionsstätten und potenziellen Importpunkte, wie etwa Überseehäfen, die mit den wesentlichen Verbrauchern zu vernetzen sind. Ferner soll das Wasserstoff-Tankstellennetz umfangreich ausgebaut werden. Zudem wurde mit dem Update der nationalen Wasserstoffstrategie auch die Beschleunigung von Planungs- und Genehmigungsverfahren angekündigt. Letztlich geht es daher bei dem gesamten Maßnahmenpaket um den Aufbau einer neuen und zusätzlichen Energie-Infrastruktur, die eine staatliche Vorleistung für die Energiewende darstellt. Diese infrastrukturelle Form der Industriepolitik ist ordnungspolitisch daher wenig bedenklich.

Zum anderen ist ein Schwerpunkt im Bereich der Ladeinfrastruktur angemessen, denn hier geht es letztlich um eine weitere infrastrukturelle Vorleistung für den Durchbruch bei der Elektromobilität. Soweit es um die Verfügbarkeit von Ladesäulen geht, wird es sich um eine Public Private Partnership zwischen Unternehmen und der Politik handeln müssen. Dazu bedarf es auch keines europäischen Rahmens. Darüber hinaus gibt es aber gute Gründe, etwa im Bereich des bidirektionalen Ladens, europaweit abgestimmte Entwicklungen anzustoßen. Dabei geht es darum, im E-Auto zwischengespeicherten Strom zurück ins Stromnetz einzuspeisen und somit die besonders leistungsstarken Batterien in E-Autos auch für andere Zwecke nutzbar zu machen. Für ein europaweites netz- und systemdienliches bidirektionales Laden müssen technische, rechtliche und organisatorische Hemmnisse abgebaut und ein gemeinsamer rechtlicher und regulatorischer Rahmen entwickelt werden, damit die Industrie die Entwicklung europäischer Normen und Standards für bidirektionales Laden vorantreiben kann. Denn wer die Norm macht, hat den Markt.

Kritischer hingegen ist der Versuch zu sehen, wieder eine europäische Photovoltaik-Produktion zu entwickeln. Auch wenn die dadurch erzeugbare Energie Kostenvorteile aufweist und für die Reduktion der CO_2-Emissionen eine notwendige

Bedingung darstellt, ist der Blick auf die jetzigen Marktverhältnisse bei der Wertschöpfungskette von Silizium-Photovoltaik ernüchternd. Bei diesem komplexen Lieferkettenökosystem besitzt China faktisch ein Monopol. Das führt Deutschland und Europa in eine energiepolitische Zwickmühle: Einerseits sind die fossilen Photovoltaik-Rohstoffe weltweit ungleich verteilt, andererseits bedarf es aber zum »Ernten« des technologischen Knowhows der Fähigkeit, Photovoltaik-Module industriell zu produzieren. Mit dem Net Zero Industry Act (NZIA) hat daher die EU-Kommission das Ziel ausgegeben, dass zentral wichtige Technologien und Produktionen vor Ort zu etablieren seien und im Bereich der Photovoltaik 45 Prozent der 2030 benötigten Kapazität in Europa produziert werden können müsse[353].

Nach den NZIA-Plänen sollen die Produktionskapazitäten aber auch noch in weiteren sieben ausgewählten Schlüsseltechnologien so weit ausgebaut werden, dass sie bis zum Jahr 2030 im Schnitt mindestens 40 Prozent des europäischen Bedarfs decken könnten. Dies soll die Wettbewerbsfähigkeit und die Resilienz grüner Technologien stärken. Die EU setzt sich damit eine Zielquote, verbindliche Produktionsziele oder dergleichen sind aber bisher nicht vorgesehen. Zu begrüßen ist, dass die EU-Pläne nicht nur durch Subventionen, sondern auch durch geringere bürokratische und administrative Hürden sowie beschleunigte Genehmigungsverfahren unterstützt werden sollen und bisher ausdrücklich von einer ausschließlich europäischen Produktion der zentralen Technologien abgesehen wurde[354]. Durch diesen industriepolitischen Realismus gibt es Chancen, dass beim Hochlauf bei den grünen Schlüsseltechnologien (neben Photovoltaik noch Windenergieanlagen, Wärmepumpen, Batteriezellen und Elektrolyseure) deutsche und europäische Unternehmen den Markthochlauf aus eigener Kraft gestalten können.

Ein ordnungspolitisches Problem bleibt allerdings: Die genannten industriepolitischen Anstrengungen erfolgen – gerade in der Photovoltaikindustrie sowie im gesamten Klimabereich – vor dem Hintergrund eines ausgeprägten Subventionswettlaufs, etwa mit China und den USA. Allerdings sollte dieser Vergleich aus zwei Gründen auch nicht überhöht werden: Zum einen sind im Rahmen des Inflation Reduction Act (IRA) Subventionen für eine emissionsarme und nachhaltige Elektrizitätserzeugung der größte Einzelposten innerhalb des IRA, für den knapp die Hälfte des geplanten Fördervolumens in Form von Steuergutschriften vorgesehen sind. Allerdings schätzt der deutsche Sachverständigenrat, dass der IRA die Preise für Strom in den USA nur um circa 1 Cent je Kilowattstunde senken wird, während die Strompreise in Deutschland durchschnittlich um 9 Cent je Kilowattstunde höher liegen als in den USA. Daher dürften die schon bestehenden Energiepreisunterschiede deutlich stärkere Auswirkungen auf die Standortattraktivität Europas haben als der IRA selbst[355]. Zum anderen sind die klimapolitischen Ausgaben der EU im Rahmen des Green Industrial Deal Plan dem Volumen nach mit der Förderkulisse des IRA mehr als vergleichbar. Das sollte jeder Politiker bedenken, der sich im Nachgang zum Verfassungsgerichtsurteil auf die Subventionen in den USA als Begründung für eine expansive Ausgabenpolitik auch hierzulande beruft.

Noch vielschichtiger fällt eine Einschätzung industriepolitischer Initiativen im Bereich *Digitalisierung und Datenökonomie* aus. Nicht nur auf den ersten Blick gibt es auch hier triftige Gründe für einen industriepolitisches Tätigwerden. Es geht dabei um eine Vielzahl von nationalen oder europäischen Impulsen im Bereich von Künstlicher Intelligenz, Quantenphysik und Digitalisierung, die in der Regel jeweils auch finanzielle Unterstützungsleistungen nach sich ziehen. Im Kern können sich diese Aktivitäten auf das wirtschaftstheoretische Argument stützen, ein Marktversagen durch eine bestehende Monopolstellung einzelner Anbieter zu verhindern. Eine Analogie zum Airbus-Fall aus noch vordigitaler Zeit mag illustrativ wirken: So wie seinerzeit durch Airbus ein enges Oligopol von Boeing und McDonnell-Douglas verhindert werden sollte, so wird heute argumentiert, dass die Big Tech- Superstarfirmen GAFAM (Alphabet/Google, Amazon, Meta/Facebook, Apple und Microsoft) ohne eine staatliche europäische Förderung technologisch nicht mehr einzuholen seien[356].

Die Marktmacht der US-Digitalkonzerne wurzelt in drei möglichen Marktversagensformen in einer digitalen Plattformökonomie[357]: Erstens wird eine umfassende Skalierung möglich, weil die Grenzkosten der Einbeziehung eines zusätzlichen Nutzers nahe null sind, geografische Grenzen für digitale Plattformen keine wesentliche Rolle spielen und die Suchkosten zum Auffinden des passenden Marktpartners niedrig sind. Zweitens gibt es Netzwerkeffekte: Die Attraktivität der Plattformen hängt direkt davon ab, über wie viele Nutzer sie verfügen können, denn der Wert eines Netzwerkes wächst zum Quadrat mit der Zahl der Teilnehmer. Die marktübergreifende Bedeutung von Daten stellt eine neue Ausprägung konglomerater Effekte dar, die zur Entstehung integrierter digitaler Ökosysteme beiträgt. Die Netzwerkeffekte sind umso weniger eine Markteintrittsbarriere, je niedriger die Wechselkosten der Nutzer von einer zu einer anderen Plattform sind. Deshalb begünstigen drittens diese Netzwerkeffekte die Entwicklung hin zu großen und marktbeherrschenden Plattformen. Diese sind in der Lage, große Mengen an (Nutzer-)Daten zu erheben, zu sammeln, auszuwerten und für neue Geschäftsmodelle einzusetzen. Damit verbunden stellen sich neue Herausforderungen für die Wettbewerbspolitik: Sie muss auf Skaleneffekte, Marktabgrenzungen, Marktmacht auf nachgelagerten Sekundärmärkten und auf Lock-in-Effekte für Nutzer achten.

Schon bei der »Produktion der Produktionsvoraussetzungen« in der digitalen Ökonomie ist also in Deutschland und Europa viel zu tun. Dies beginnt bei den im Kern wettbewerbsrechtlichen Fragen einer Verpflichtung zur Interoperabilität, das heißt die Fähigkeit verschiedener Systeme, Geräte, Anwendungen oder Produkte, sich zu verbinden und auf koordinierte Weise zu kommunizieren. Es geht weiter mit der Schaffung von mehr Rechtssicherheit für private Datenmärkte und reicht bis zur Regelungsmacht von Plattformen und bei Übernahmen von jungen Startups durch die großen Tech-Unternehmen. Jenseits dieser primär wettbewerbspolitischen Fragen geht es vor allem um zuverlässige, sichere und leistungsfähige Kommunikationskanäle und sichere Cloud-Infrastrukturen, einschließlich einer Edge-Cloud für neue industrielle Anwendungen. So wird etwa seit dem Jahr 2019 im Projekt GAIA-X daran gearbeitet, Regeln für eine vernetzte, sichere und offene Dateninfrastruktur zu schaffen. In einem offenen und transparenten digitalen Ökosystem sollen dabei Daten und Dienste verfügbar gemacht, zusammengeführt, geteilt und genutzt werden können. Dadurch soll sowohl die digitale Souveränität der Nutzer von Cloud-Dienstleistungen als auch die Skalierbarkeit europäischer Cloud-Anbieter möglich gemacht werden. Nur so können Lock-in-Effekte, also das »Eingesperrtsein« bei amerikanischen Diensteanbietern, vermieden werden.

Ziel der Europäischen Kommission ist es daher zurecht, sowohl auf der Angebots- als auch auf der Nachfrageseite der Cloud-Märkte ihre technologische Abhängigkeit zu verringern: Zum einen haben Cloud-Betreiber mit Sitz in der EU nur einen geringen Anteil am Cloud-Markt. Das macht die EU in hohem Maße von externen Anbietern abhängig und schmälert das Investitionspotenzial der europäischen Digitalindustrie auf dem Datenverarbeitungsmarkt. Zum anderen können in der EU tätige Diensteanbieter auch den Rechtsvorschriften von Drittländern unterworfen sein, die nicht den EU-Vorstellungen von Datenschutz entsprechen. Die technologische Souveränität bei den Cloud-Märkten ist aber auch relevant für die technologische Bewältigung des Green New Deal, die Weiterentwicklung einer Europäischen Künstlichen Intelligenz und einer Europäischen Datenstrategie. Der digitale Umbau der EU-Wirtschaft hängt ganz entscheidend von der Verfügbarkeit und Nutzung gesicherter, energieeffizienter, erschwinglicher und hochwertiger Datenverarbeitungskapazitäten ab. Dies rechtfertigt eindeutig abgestimmte europäische industriepolitische Initiativen.

Ein besonderes Augenmerk gilt deshalb der Entwicklung von sog. Industrial Data Spaces. An zwei Beispielen kann die Relevanz dieser Datenräume für die industrielle Entwicklung und die Bedeutung einer europaweit unterstützten Anschubinvestition illustriert werden. Zum einen lassen sich für den Bereich der *Gesundheitswirtschaft* die möglichen Potenziale von gemeinsamen digitalen Datenräumen verdeutlichen: Im März 2024 gab es eine Einigung, im Rahmen eines Europäischen Gesundheitsdatenraums (EHDS) die Gesundheitsdaten aller 450 Mio. EU-Bürger speichern zu können. In diese Bestrebungen ordnet sich auch der aktuelle Gesetzentwurf zur verbesserten Nutzung von Gesundheitsdaten in Deutschland ein. Mit dem deutschen Gesundheitsdatennutzungsgesetz (GDNG) werden aber erste Schritte zur Vorbereitung des deutschen Gesundheitswesens auf eine europäische Anbindung an den EHDS unternommen. Nur so kann es gelingen, den durch die fortschreitende Digitalisierung des Gesundheitswesens rasch wachsenden Umfang der potenziell nutzbaren und hochqualitativen Daten für eine qualitätssteigernde und kostensenkende Weiternutzung außerhalb des unmittelbaren Versorgungskontexts zu nutzen.

Fortschritte bei der Datennutzung in der Medizin in Deutschland sind überfällig. Durch Supercomputer, Big Data Analytics und Künstliche Intelligenz eröffnen sich auch im medizinischen Bereich neue Optionen. Ein Beispiel sind Simulationen im Bereich Epidemien und Pandemien. Inzwischen kann etwa das Deutsche Forschungszentrum für Künstliche Intelligenz (DFKI) mit seinem DGX2-Supercomputer Datensätze von Patienten mit Hilfe von Machine-Learning-Verfahren auswerten. Potenziale werden auch in der digitalen Anwendung von neuen Versorgungsansätzen gesehen, etwa das Therapie-Monitoring und die Begleitung in der Nachsorge, die zu einer deutlich verbesserten Entscheidungsfindung durch Standardisierung führen können. Im Bereich der Diagnostik und Prävention können Big Data-Analysen, insbesondere wenn sie als open source organisiert werden, für die industrielle Gesundheitswirtschaft an der Schnittstelle zwischen Grundlagenforschung und angewandter Forschung zu positiven Impulsen führen. Das generelle Motto sollte daher wie in Österreich lauten: »Digital vor ambulant vor stationär«[358].

Der gesellschaftliche Mehrwert des Poolens und Teilens von Daten kann aber nur dann gehoben werden, wenn auf der einen Seite keine datenschutzrechtlichen Überlegungen verletzt werden, auf der anderen Seite aber der Datenschutz auch keine Innovationsbremse darstellt. Bisher scheitert eine Weiternutzung von Daten in Deutschland häufig an unterschiedlichen Regelungen bezüglich des Zugangs zu Daten und des Datenschutzes im Europäischen Recht, im Bundes- und Landesrecht sowie an einer uneinheitlichen Rechtsauslegung durch Datenschutzbeauftragte und Aufsichtsbehörden[359]. Dass es 16 landesspezifische statt einer bundesweiten Datenschutzbehörde gibt, ist eine zentrale Digitalisierungsbremse. Fehlende Vorgaben und Verfahren zur Verknüpfung von Daten aus unterschiedlichen Quellen stellen eine weitere Hürde für die Datennutzung dar. Dies bezieht sich vor allem auf eHealth (Anwendungen elektronischer Geräte zur medizinischen Versorgung und Wahrnehmung anderer Aufgaben im Gesundheitswesen), mHealth (mobile eHealth-Lösungen) und Telemedizin.

In der Gesundheitsprävention, Vorsorge, Diagnostik, Therapie und auch in der Nachsorge, Rehabilitation und Pflege sind Daten ein wichtiger Bestandteil der modernen Medizin. Die industrielle Gesundheitswirtschaft in den Branchen Biotechnologie, Pharmazie, Diagnostik, Medizintechnik und Digitale Gesundheit ermöglicht die Umsetzung von Produkten und Dienstleistungen für eine moderne, datenbasierte Gesundheitsversorgung[360]. Es ist daher zu hoffen, dass es bei der verbesserten Nutzung von Gesundheitsdaten nun endlich einen Durchbruch gibt. Der Europäische Gesundheitsdatenraum übt insoweit eine katalytische Funktion für den – auch in diesem Fall – digitalpolitischen Nachzügler Deutschland aus. Eine Standardisierung von Datenzugängen und Datennutzung steht hier im Zentrum der industriepolitischen Bestrebungen. Es ist eine horizontale Form der Industriepolitik, die zudem produktiv sein kann für die Herausbildung eines digitalisierten Gesundheitsökosystems. Dies kann auch ein herausgehobenes Tätigkeitsfeld von Start-ups mit KI-Bezug sein, etwa im Bereich der Digital Life Sciences.

Zum anderen lohnt sich ein vertiefter Blick auf den Bereich der *Automobilindustrie*. Hier ist seit einigen Jahren das Catena-X Automotive Network etabliert worden, um einen einheitlichen Datenraum für OEM (Original Equipment Manufacturer) und deren Zulieferer zu schaffen. Catena-X ist seit dem 16. Oktober 2023 live. Seither können sich Unternehmen der Automobilindustrie an dem Catena-X-Datenraum über sog. Betreiberfirmen anmelden, ihre digitale Identität über ein »Clearing House« verifizieren und über Marktplätze zertifizierte und damit interoperable Angebote zur Verfügung stellen. Erste große und internationale Kunden haben sich bei Catena-X angemeldet, wie etwa Stellantis, Ford, BMW und Volkswagen, aber auch Dräxlmaier, BASF, Denso und ZF sowie Siemens, SAP, German Edge Cloud, T-Systems, Sovity und DataFabriq[361]. Catena-X fungiert damit als Datentreuhänder, der die Vorteile eines automotiven Ökosystems mit der Wahrung des betriebsindividuellen proprietären Wissens verbinden kann. Für die Automobilindustrie als eine der europäischen Leitindustrien ist dies ein erheblicher Schritt in der international so hart umkämpften und insbesondere für Deutschland so wichtigen automobilen Transformation.

Ein gemeinsamer Datenraum am Beginn einer automotiven Wertschöpfungskette stellt jedoch weitere Anforderungen an das gesamte digitale Ökosystem. Deshalb sind drei weitere Vertiefungen erforderlich:

Beispiel Halbleiter

Die EU-Kommission misst mit dem European Chips Act einer größeren Souveränität Europas bei der Versorgung mit Halbleitern und Mikroprozessoren, die in nahezu allen technologieintensiven Bereichen der Wirtschaft verbaut werden, eine hohe Priorität zu. Mit Hilfe des Chips Acts, der auch eine Antwort auf den amerikanischen Chips and Science Act ist, sollen bis zum Jahr 2030 20 Prozent der weltweiten Produktion von Mikroprozessoren aus der EU stammen, während es derzeit lediglich rund zehn Prozent sind. Die EU-Kommission will dafür gemeinsam mit den Mitgliedstaaten mehr als 40 Mrd. Euro ausgeben, während der US Chips Act mehr als 50 Mrd. US-Dollar Subventionen für Halbleiter vorsieht[362]. Die oben genannten Beispiele für Neuansiedlungen in Deutschland, für die allerdings die endgültigen Förderbescheide zum Teil noch ausstehen, wären ohne diesen Chip Act so nicht möglich gewesen. Bei den erforderlichen Investitionsvolumina und den von den Investoren erwarteten Fördersummen sind solche Vorhaben nur mit einer EU-Förderung bei Berücksichtigung der europäischen Beihilfekontrolle möglich.

Eine ordnungsökonomische Bewertung der Chip-Subventionen wird noch ganz erheblich dadurch erschwert, dass Halbleiterchips grundsätzlich einen »Dual use«-Charakter haben und neben der industriellen Verwendung auch für die militärischen Potenziale eines Landes von herausragender Bedeutung sind. Chris Miller hat in seinem luziden Buch »Chip War« gezeigt, dass es nicht nur einen Wettlauf zwischen Unternehmen der Halbleiterindustrie gibt, sondern auch zwischen Staaten, weil deren militärisch Leistungsfähigkeit maßgeblich von der Verfügbarkeit von »cutting edge chips« abhängt[363]. Letztlich geht es nach Miller beim »Krieg« um Mikrochips um die technologische Vorherrschaft zwischen den USA und China. Die Verfügbarkeit von Chips sei der harte Kern von Geopolitik. Vor diesem Hintergrund verschwimmen naturgemäß die Grenzen zwischen Industriepolitik und militärischer Strategie. So gibt es Hinweise darauf, dass der US Chips Act auch darauf abzielt, den von Nvidia abgehängten Konzern Intel mit finanzieller Unterstützung wieder zu einer handelspolitischen Waffe zu machen[364].

Dass es zwischen militärischen und technologischen Entwicklungen einen engen Zusammenhang gibt, ist keineswegs eine neue Erkenntnis. Dass damit aber vielfach auch als Industriepolitik qualifizierbare Impulse verbunden sind, zeigt eine Analyse etwa der Arbeiten der US Defense Advanced Research Projects Agency (DARPA). Die von dort ausgehenden Finanzierungen gehen weit über die Förderung der

Grundlagenforschung hinaus. Sie stellen letztlich eine eigene stets auch die militärische Leistungsfähigkeit im Blick behaltende anwendungsorientierte Forschungsplattform dar. Letztlich wäre der Aufstieg des Silicon Valley zum weltweiten Superdigitalökosystem ohne diesen engen Nexus auch zu militärischer Forschung nicht zu erklären gewesen. Die Gründung der DARPA im Jahr 1958 war dabei eine direkte Reaktion auf den Sputnik-Schock der Sowjetunion im Jahr zuvor. Es kann rückblickend als gesichert gelten, dass DARPA in Verbindung mit dem Small Business Innovation Research Programme (SBIRD) ganz wesentlich zur heutigen Technologieführerschaft der USA auf dem Gebiet der Wissensökonomie beigetragen hat[365]. Hinzu kommt aber auch eine große Bedeutung von universitären Forschungslaboren und ihren Fachveröffentlichungen mit KI-Relevanz. Sie bilden vielfach mit Tech-Konzernen die innovativen Ökosysteme, bei denen Europa nicht führend ist (▶ Dar. 21). Damit ist aber das Ende der industriepolitischen Gratwanderung noch nicht erreicht.

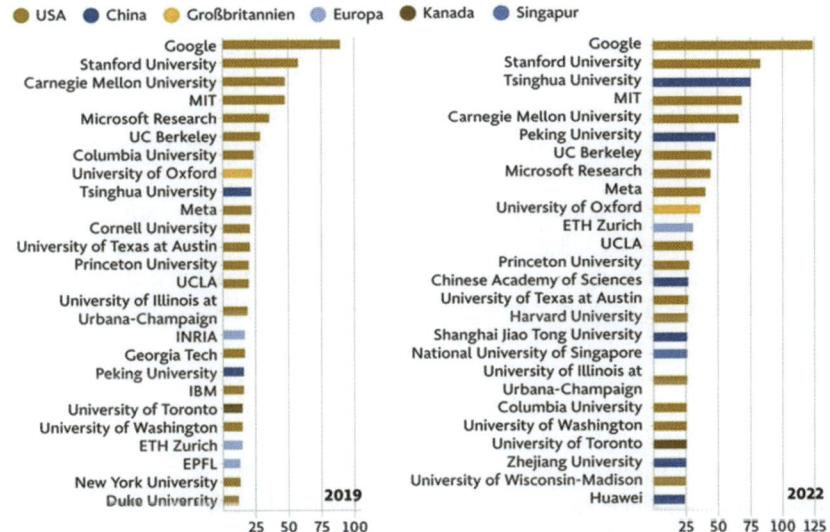

Dar. 21: Die 25 besten KI-Forschungslabore nach der Gewichtung auf Basis der Fachveröffentlichungen (Quelle: https://macropolo.org/digital-projects/the-global-ai-talent-tracker/)

Beispiel Generative KI

Ein »Generative Pretrained Transformer (GPT) ist ein großes Sprachmodell (Large Language Model, LLM), das Deep Learning einsetzt, um einen dem von einem Menschen gemachten ähnlichen Text zu erzeugen. Sie werden generativ genannt, weil sie auf der Grundlage der empfangenen Eingaben neue Inhalte erzeugen können, vortrainiert, weil sie auf einem großen Korpus von Daten trainiert werden, bevor sie für bestimmte Aufgaben fein abgestimmt werden, und Transformatoren, weil sie eine auf Transformatoren basierende neuronale Netzwerkarchitektur verwenden, um Eingabetext zu verarbeiten und Ausgabetext zu erzeugen[366]. Kaum ein anderes Thema hat die jüngere digitalpolitische Debatte so stark bestimmt wie etwa die sprunghafte Verbreitung von Chat-GPT. Es gibt derzeit keinen anderen Technologiebereich, der eine ähnlich hohe Aufmerksamkeit einerseits genießt, aber auch einen so dringlichen Handlungsbedarf andererseits aufweist. Auch hier vermischen sich wieder ökonomische Aspekte einerseits mit grundsätzlichen Fragen der Regulierung von neuen Technologien andererseits[367].

Eine ökonomische Bewertung der industriepolitischen Förderung von eigenständigen deutschen oder europäischen großen KI-Modellen (Large European AI Models, LEAM) kann auf die Vermeidung einer Monopolstellung US-amerikanischer oder zunehmend auch chinesischer Anbieter verweisen, die mit ihren großen KI-Modellen den Markt für KI revolutionieren. Zwar gibt es mit Mistral AI in Frankreich und AlephAlpha in Deutschland inzwischen zwei relevante aufstrebende, durch großvolumige Finanzierungszusagen des Wagniskapitalmarktes gestärkte Player im Markt. An diesen beiden Unternehmen haben sich auch lange Zeit die Einsprüche Deutschlands und Frankreichs gegen eine zu restriktive Ausgestaltung des europäischen AI Acts festmachen lassen. Die Kommission ihrerseits stärkt zusammen mit dem »Gemeinsamen Unternehmen für europäisches Hochleistungsrechnen« das europäische KI-Ökosystem mit einem neuen Zugang zu Supercomputern der KI-Allianz[368]. Eine solche Förderung ist schwerlich zu kritisieren, wenn sie eher im Sinne einer Stärkung der anwendungsorientierten Innovationspolitik als eine industriepolitische Initiative verstanden wird. Zudem gibt es Hinweise, dass die Gestaltung des AI Acts durchaus auch industriepolitische Ziele verfolgt[369]. Daher wird dieser Punkt im nächsten Kapitel zur Innovationspolitik noch einmal vertieft.

Beispiel Metaverse

Angesichts des Charakters von KI als General Purpose Technology strahlt diese Technologie schließlich auch noch auf weitere Anwendungsfelder aus, die für das deutsche Geschäftsmodell einer industriebasierten Wertschöpfung bedeutsam sind. Viel Potenzial, aber auch viel Entwicklungsbedarf zeichnet sich derzeit bei der Entwicklung eines industriellen Metaversums ab. Pointiert formuliert: Während das angelsächsische Metaverse-Modell konsum- und freizeitorientiert und im Wesentlichen eine stärker produktbezogene B2C (Business to Consumer)-Anwendung ist, stellt das industriebasierte Metaverse eine bedeutende Weiterführung von Industrie 4.0 dar. Es wäre stärker eine B2B (Business to Business)-Technologie und damit prozessbezogen. Entscheidend scheint zu sein, dass das industrielle Metaverse mit bestehenden Tools aus der Industrie 4.0-Welt entwickelt werden kann, darunter vor allem sog. digitalen Zwillingen, KI, Augmented und Virtual Reality-Anwendungen, Blockchain, 5G/6G-Konnektivität sowie Cloud- und Edge-Computing[370]. Auch hier geht es um nichts weniger als die Setzung von Standards, die den Markt machen.

Das industrielle Metaverse verbindet damit reale und digitale Welten miteinander, schafft eine immersive Umgebung, in der Produktionsbeschäftigte in Echtzeit zusammenarbeiten können, während sie reale Geschäftsprobleme einfacher und kostengünstiger lösen können. Die nächste Generation digitaler Zwillinge wird fotorealistisch, physikbasiert, KI-gestützt und mit einem größeren Metaverse-Ökosystem verbunden sein und ihre Fähigkeiten erweitern. Dies ermöglicht erstens eine schnellere Problemlösung, zweitens eine nachhaltigere, ressourcenschonendere Entwicklung durch rekombinante Innovation und drittens auch eine regionale Neuanordnung von Wertschöpfungsketten. Denn digitale Zwillingsdarstellungen physischer Anlagen erleichtern die Iteration von Prozessen ohne den Bau kostspieliger Prototypen oder die Unterbrechung des Betriebsablaufs deutlich. Das Industrial Metaverse als Weiterentwicklung des 2D-Internets zu einem 3D-Internet weist zudem weit über den engeren Bereich der Industrie hinaus und ist sehr bedeutsam auch für digitale, energie- und verkehrsbezogene Infrastrukturen sowie für das Gesundheitswesen.

Die bisherigen Player in diesem Markt kommen ausnahmslos aus dem nichteuropäischen Raum: Roblox, Meta (Facebook), Microsoft, Unity, Epic Games, ByteDance, Tencent, NetEase, Lilith, miHoYo, ZQGame, Nvidia und andere. Damit kommt der Weiterentwicklung des industriellen Metaverse auch eine strategische und industriepolitische Bedeutung für Deutschland und Europa zu. Es ist daher zu begrüßen, dass die Europäische Kommission im Juli 2023 eine »EU-Initiative on Web 4.0 and virtual worlds: a head start in the next technological transition« gestartet hat. In einem dazugehörigen Staff Working Dokument findet sich der Begriff Metaverse etwa 120-mal – im deutschen Koalitionsvertrag dagegen überhaupt nicht. Für eine vorausschauende Transformationspolitik erscheint daher eine zeitnahe gesamtpolitische Strategie der Bundesregierung für dieses zentrale Technologiefeld dringend angeraten zu sein. Hier wäre sogar mehr industriepolitisches Engagement unbedingt erwünscht.

Damit ist schon deutlich geworden, dass eine ordnungsökonomische Bewertung für eine halbleiterzentrierte Industriepolitik sehr differenziert ausfallen muss. Anders als bei den auch theoretisch schlüssigen Argumenten der Vermeidung negativer Externalitäten im Umweltbereich wird als Begründung für die massiven Halbleitersubventionen die derzeitige faktische Versorgungsabhängigkeit von ausländischen Anbietern und die Vermeidung von Lieferengpässen für heimische Industrien mit wertschöpfungskettenrelevanten Inputfaktoren – sozusagen ein »Reshoring« von Produktionskapazitäten für transformationsrelevante Technologien – als Begründung für hohe Ansiedlungssubventionen angeführt[371]. Nach Auffassung der Politik bieten zudem generelle standort- und ökosystemförderliche sowie technologisch zukunftsweisende Investitionen aufgrund größerer regionaler Spillovers eine gute Begründung für industriepolitisch motivierte Subventionen auch in einem sehr großen finanziellen Umfang.

Angesichts einer völlig neuen finanziellen Dimension der Förderung ist das aber eine riskante Wette auf die Zukunft: Bei der Intel-Investition belaufen sich die Kosten für einen geförderten Arbeitsplatz auf etwa 700.000 Euro[372]. Gerade wegen dieser exzeptionell hohen Förderung sind Zweifel an so hohen Fördersummen angebracht. Sie werden auch mit Blick auf ähnlich gelagerte und finanziell noch breiter angelegte Förderkulissen in konkurrierenden Industrienationen wie den USA und China nicht kleiner. Solange nicht die gesamte Lieferkette für Halbleiter, sondern nur die Halbleiterproduktion selbst gefördert wird, steigt mit einer Ansiedlung der Halbleiterproduktion die strategische Autonomie für Deutschland oder Europa nicht. Die Produktionstechnologie verbleibt beim investierenden ausländischen Unternehmen, das auch wieder abwandern kann. Das gilt umso mehr, als Halbleiterfabriken, ob in Magdeburg, Taiwan oder Texas, von Lieferketten abhängen, die nach Branchenangaben 16.000 Vorlieferanten umfassen. Wenn die Produktion erst einmal läuft, könnte Intel versuchen, die in der Halbleiterbranche üblichen sehr langfristigen Lieferverträge zu erfüllen und Mikrochips global zum höchsten Preis zu verkaufen. Für die deutschen Abnehmer muss daher die Versorgungslage nicht zwingend besser sein als ohne eine Intel-Fabrik vor der Haustür.

Die erwarteten rund 5.000 neuen Arbeitsplätze in Dresden und Magdeburg haben sicherlich positive Effekte auf Kaufkraft und Einkommen in der jeweiligen Region. Auch ist eine Clusterwirkung mit der Ansiedlung von zusätzlichen Betrieben nicht ausgeschlossen. Andererseits sind bei solchen Förderkulissen regionale Entzugseffekte bei anderen Unternehmen in der Region wahrscheinlich. Schon derzeit sind mehr als 80.000 Stellen in der deutschen Chipindustrie unbesetzt. Eine Wettbewerbsverzerrung ist wahrscheinlich, ein subventionspolitischer »break even« liegt in sehr ferner Zukunft. Bei einer steigenden Preiselastizität der Nachfrage nach Technologiegütern wie Halbleitern können zudem private Investitionen in die Verringerung von strategischen Lieferengpässen mit hohen sozialen Kosten – sozusagen als die Opportunitätskosten einer alternativen Verwendung der hohen Subventionen – verbunden sein[373]. Das Gesamturteil über die lieferkettenbezogene vertikale industriepolitische Förderung der Halbleiterindustrie in Deutschland muss daher lauten: »Die Subventionierung von Chip- und Halbleiterfabriken stellt einen stark lenkenden Eingriff des Staates dar«[374].

Damit ist auch eine Gesamtempfehlung für die Gestaltung von Industriepolitik möglich. Solche staatlichen Maßnahmen haben ihren Platz immer dann, wenn sie in der Lage sind, erstens triftige Marktversagenstatbestände, wie vor allem Externalitäten und strategische Abhängigkeiten in Folge monopolistischer Konkurrenz bei Technologien oder beim Zugang zu Rohstoffen, zu heilen. Zweitens können sie gerechtfertigt sein, wenn sie einen Zusatznutzen durch eine europaweite Abstimmung bei genuinen europäischen öffentlichen Gütern versprechen, wie z. B. im Bereich der Datensouveränität, Datensicherheit oder bei einer globalen Externalität wie dem Umweltschutz. Drittens können industriepolitische Interventionen wegen des Dual use-Charakters von Cyber- und Digitalkompetenzen der Verteidigungsfähigkeit eines Landes oder einer Staatengemeinschaft wie Europa dienen. Insbesondere der sicherheitspolitische Aspekt gewinnt derzeit stark an Bedeutung. Die Forderung nach einer Umstellung der europäischen Rüstungsindustrie auf eine Kriegswirtschaft hat das Potenzial, mehr und mehr auch zu einem industriepolitischen Business Case ganz eigener Art zu werden.

Andererseits sind erstens Subventionen für Produktionsanlagen für Halbleiter in der diskutierten Größenordnung nicht zu rechtfertigen und führen zu erheblichen Mitnahmeeffekten und Verzerrungen im Wettbewerb. Zweitens sollte die Kompetenz, über industriepolitische Aktivitäten entscheiden zu können, so weit als möglich auf neutrale Agenturen übertragen werden, die so weit als möglich unbeeinflusst von politischen Präferenzen auf Bundes- oder Landesebene arbeiten können. Industriepolitik bedarf einer systematischen Entpolitisierung und einer maximalen Technokratie, um möglichst zielgenau wirken zu können. Drittens erbringen Ausgaben für Forschung und Entwicklung statt für die Produktion bestimmter handelbarer Technologiegüter mit hoher Wahrscheinlichkeit eine bessere langfristige Verzinsung von Steuergeldern. Die entgangene Stärkung von Forschung und Entwicklung markiert damit die jeweiligen Opportunitätskosten der Industriepolitik, wie der nächste Abschnitt zeigen kann.

Innovation: Schöpferische Zerstörung statt Zukunftsangst

> »Der Prozess der ›schöpferischen Zerstörung‹ ist das für den Kapitalismus wesentliche Faktum.«
> (Joseph Schumpeter)

Es lohnt sich, beim Thema Innovation einleitend an die grundlegenden Erkenntnisse von Joseph Schumpeter zu erinnern, der als erster die Rolle von Innovationen und Unternehmertum als treibende Kräfte des wirtschaftlichen Wandels betonte. Nach seiner Überzeugung bewirke das Unternehmertum durch die Einführung neuer Produkte, Produktionsmethoden und Marktorganisationen eine »schöpferische Zerstörung«. Durch Innovationen können Unternehmen neue Märkte erschließen und bestehende Unternehmen verdrängen. Unternehmertum und Innovation stünden im Zentrum des wirtschaftlichen Wandels, der von diskontinuierlichen Sprüngen und Phasen des Ungleichgewichts gekennzeichnet sei. Basisinnovationen begründeten spätere lange Wellen der wirtschaftlichen Entwicklung und führten zu Störungen im Wirtschaftssystem mit Phasen des Aufschwungs und des Abschwungs. Diese schöpferische Zerstörung könne aber auch zur Entstehung von Monopolen, einer zunehmenden Bürokratie und schließlich zur Demokratiekrise führen[375].

Die Erkenntnisse von Schumpeter stellen bewusst einen normativen Ausgangspunkt für diesen Abschnitt dar. Grundsätzlich ist das Innovationsgeschehen nicht ohne »animal spirits« (John M. Keynes) zu erklären: »Wenn wir also die Wirtschaft verstehen wollen, müssen wir herausfinden, auf welche Weise sie von den Animal Spirits beeinflusst wird. Während Adam Smiths unsichtbare Hand den Kerngedanken der klassischen Wirtschaftstheorie bildet, sind Keynes' Animal Spirits der Kerngedanke eines abweichenden Modells der Wirtschaft – eines Modells, das die fundamentale Instabilität kapitalistischer Wirtschaftssysteme zu erklären vermag«[376]. Diese »animal spirits« auch von Forschern, Entdeckern, Erfindern und Unternehmern treiben eine Gesellschaft an, stoßen sie aus dem Gleichgewicht, disruptieren und verändern sie. Ohne sie gäbe es keine wirtschaftliche Entwicklung.

Dies ist bei auch der gesellschaftlichen Akzeptanz von Veränderungen vor allem technologischer Art stets zu bedenken. Nach dem Technology Acceptance Model bestimmen neben der wahrgenommenen Nützlichkeit und Benutzerfreundlichkeit vor allem das Vertrauen in die Sicherheit sowie soziale Normen über die Akzeptanz von technischen Veränderungen. Fortschrittsangst, Technologiescheu und Innovationsattentismus können daher den Durchbruch des Neuen, des Ungewohnten, des Unabsehbaren einhegen, hemmen, dämmen und auch unterdrücken. Die Ausprägung positiver Technikakzeptanz bzw. die Zuschreibung von Technik als Problemlöser fällt im Ländervergleich für Deutschland traditionell eher niedrig aus[377]. Exemplarisch sei Jürgen Schmidhuber zitiert, einer der führenden KI-Forscher Deutschlands: »Woanders werden mehr Möglichkeiten gesehen – in Deutschland guckt man immer als Erstes nach Risiken«[378]. Der Kolumnist Sascha Lobo kommentiert die deutsche Attitüde ironisch: »Wenn es neu ist, muss es zuallererst wohl ein Risiko sein«.

So ziemlich das genaue Gegenteil ist das »Techno-Optimist Manifesto« von Marc Andreessen, dem Netscape-Erfinder, vom 16. Oktober 2023. In einer zugespitzten, in manchen Passagen auch kritikwürdigen Weise versammelt es eine lange Liste der menschlichen Antworten auf bisherige Herausforderungen. Es mündet in dem plakativen Leitspruch: »Give us a real world problem, and we can invent technology that will solve it«. Dieses Manifest hat wegen seiner pointierten Form eine breite wissenschaftliche und auch publizistische Diskussion ausgelöst. In der New York Times etwa wurde das Manifest harsch kritisiert: »A Tech Overlord's Horrifying, Silly Vision for Who Should Rule the World«. Als Antwort auf das umstrittene Manifest veröffentlichte Vitalik Buterin kurz darauf eine sehr differenzierte wissenschaftsbasierte Gegenposition zu Andreessen. Er entwickelt dort das Leitbild einer »defensiven Beschleunigung« (defensive acceleration, d/acc)«, mit der die Welt im Gegensatz zu einer »effektiven Beschleunigung« (effective acceleration, e/acc) trotz einer immer noch beschleunigten Technologieentwicklung vor deren »katastrophalen Risiken« geschützt werden müsse und könne[379].

Dieser Abschnitt argumentiert vor diesem Hintergrund für eine nicht unkritisch-naive, aber im Kern doch technikoptimistische Position: »It is time, once again, to raise the technology flag. It is time to be Techno-Optimists«[380]. Dies erscheint auch deshalb nötig zu sein, weil – wie im nächsten Abschnitt näher auszuführen ist – zwischen der Fähigkeit zu Innovation und zu technischem Fortschritt und der Bewältigung des Klimawandels ein sehr enger und für die Lösung der Klimaprobleme existenzieller Nexus besteht. »Wir glauben, dass Technologie ein Hebel für die Welt ist – ein Weg, um mit weniger mehr zu erreichen«, schreibt Andreessen. Ausbuchstabiert wird dieser auf den ersten Blick etwas irritierende Grundsatz in einem später noch ausführlicher referenzierten Buch von Andrew McAfee: »Mehr aus weniger. Die überraschende Geschichte, wie wir mit weniger Ressourcen zu mehr Wachstum und Wohlstand gekommen sind – und wie wir jetzt unseren Planeten retten«. Dessen erster Satz lautet optimistisch: »Wir haben endlich gelernt, schonender mit unserem Planeten umzugehen. Es wird auch langsam Zeit«[381].

Essenzielle technologische Fortschritte sind die notwendige Bedingung dafür, dass die Herausforderungen des Klimawandels bewältigt werden können. Aber auch der demografische Wandel verlangt zu seiner Finanzierung einen deutlichen Anstieg der Produktivität. Dies kann durch mehr Digitalisierung und KI gelingen, bedarf aber seinerseits einer verstärkten Innovationsfähigkeit und -tätigkeit. Beides ist voraussetzungsvoll: Das Forschungs- und Innovationssystem selbst muss so gestaltet sein, dass Inventionen noch besser und schneller als bisher zur Marktreife gelangen können. Notwendig dafür sind eine auskömmliche Finanzierung in allen Phasen der Innovation, die Schaffung der patentrechtlichen Voraussetzungen zum Schutz geistigen Eigentums und eine rege Existenzgründungsaktivität, um Inventionsdurchbrüche auf zentralen Technologiefeldern zu erzielen. Eine entsprechend stilisierte Innovationsproduktionsfunktion ordnet also gedanklich eine Abfolge von Inputfaktoren von Innovation (Innovationssystem, Publikationen, Finanzierung) einer Reihe von Outputkategorien (Patente, Existenzgründungen, Inventionen) zu.

Naturgemäß verläuft der Produktionsprozess von Innovationen nicht linear, und er scheint auch von Land zu Land unterschiedlich vonstattenzugehen. Auffällig ist aber, dass es auf dem Weg von der Grundlagenforschung hin zu marktfähigen Produkten eine äußerst »löcherige Pipeline« in Deutschland zu geben scheint. Die Stärken des deutschen Innovationsökosystems liegen in einem Vergleich mit den USA eher auf der Inputseite des Innovationsprozesses: Nicht nur bei den Forschungsausgaben, sondern auch bei den wissenschaftlichen Publikationen je Kopf kann Deutschland seit Jahren sehr gut mit den USA mithalten. Es verfügt über eine breit ausgebaute Grundlagenforschung und im Grundsatz auch über ein Potenzial an kompetenten Investoren, um die richtigen Start-ups mit den besten Ideen herauszufiltern. Die Probleme im Vergleich zu den USA beginnen aber, wenn es um den Transfer der Grundlagenforschung in die Marktreife und in die Skalierung geht. Beginnend bei den Premium-Patenten und bei der Unternehmerquote öffnet sich auf dem Weg zu Tech Einhörnern und zur Wachstumsfinanzierung eine zunehmend größere Lücke zwischen beiden Ländern (▶ Dar. 22).

Die sprichwörtliche Transferschwäche als Missverhältnis zwischen den Ausgaben für Forschung und Entwicklung (FuE) einerseits und dem Innovationsoutput andererseits wird seit Jahren diagnostiziert und immer wieder auch journalistisch zugespitzt. »Deutschland hält nicht durch«, titelte etwa ein Artikel in der FAS. »Deutschland hat sich daran gewöhnt, bei der Kommerzialisierung neuer Techniken abgehängt zu werden«[382]. Dazu trägt auch bei, dass der Rechtsrahmen im Beihilferecht, Zuwendungsrecht, Gemeinnützigkeits- und Datenschutzrecht zu erheblichen Tempo- und Effizienzverlusten führt. Damit wird das Terrain der *Forschungspolitik* als erstem Glied in der Innovationskette betreten. Diese beruht in Deutschland auf einer sehr breiten Forschungslandschaft: Neben den Forschungsministerien in Bund und Ländern und deren vielfältigen Förderprogrammen und der Grundlagenforschung in den Universitäten gibt es auch einschlägige Innova-

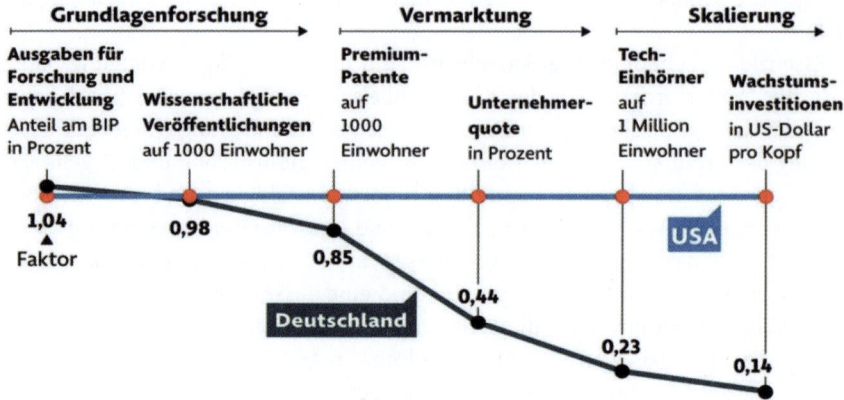

Dar. 22: Innovationspipelines in Deutschland und den USA (Quelle: Lakestar; FAZ vom 29. Oktober 2023)

tionsgremien auf Bundesebene, wie etwa die Leopoldina, acatech und die Expertenkommission Forschung und Innovation (EFI). Konkrete anwendungsorientierte Forschung findet in den Instituten der Fraunhofer-Gesellschaft, der Helmholtz-Gesellschaft und der Max-Planck-Gesellschaft statt. Zudem sorgt ein ausgereiftes, aber in seiner Struktur durchaus kritikwürdiges Projektträgersystem für eine im Grundsatz anwendungsnahe Allokation staatlicher Forschungsressourcen.

Doch die Transferschwäche und die »leaky innovation pipeline« haben den Reformbedarf des deutschen Innovationssystems offengelegt. Die Gründung der Deutschen Agentur für Transfer und Innovation (DATI) und der Bundesagentur für Sprunginnovationen (SPRIND) sind daher auch eine Antwort auf die Schwächen einer vielfach marktfernen ministeriellen und projektträgergestützten Innovationspolitik. Diese steht oft in gegenseitiger Abhängigkeit zueinander und erfolgt nicht durchgängig strikt wettbewerblich. Gute Rahmenbedingungen in der Forschungspolitik setzen aber eine gemeinsame Komplexleistung eines grundlagenschaffenden Staates und leistungsfähiger forschender Unternehmen voraus. Deshalb muss der innovationspolitische »Schieberegler« der Forschungspolitik viel stärker in Richtung von wettbewerblichen Öffentlich-privaten Partnerschaften (ÖPP) gelenkt werden. »Um den Transfer und die ökonomische Nutzung von Forschungsergebnissen voranzutreiben, sollten Technologietransfer und Patentverwertung weiter professionalisiert sowie unternehmerischer und wettbewerblicher ausgerichtet werden. [...] Der Erkenntnis- und Technologietransfer muss in Deutschland effektiver, effizienter und zügiger erfolgen«[383].

Die finanziellen Voraussetzungen dafür sind gut: Die Innovationspipeline ist mit rund 3,15 Prozent des BIP auch im internationalen Vergleich gut gefüllt. Die Ausgaben der Wirtschaft für Innovationen sind im Jahr 2022 im Vergleich zum Vorjahr in Deutschland deutlich um 6,8 Prozent auf rund 190 Mrd. Euro angestiegen. Mehr als ein Drittel der rund 121 Mrd. Euro für sog. »interne Forschung und Entwicklung« (FuE) entfielen auf unternehmerische FuE, fast 8 Prozent mehr als im Jahr zuvor. Zudem stehen jedem Euro, der in interne FuE fließt, rechnerisch noch weitere rund 35 Cent gegenüber, die in externe FuE-Projekte investiert werden. Die damit angestoßene Auftragsforschung ist insbesondere in den Bereichen Automobil und Pharmazie von Bedeutung. Auch das Forschungspersonal in den Unternehmen wurde aufgestockt, vor allem im hochqualifizierten Bereich[384]. Ausgaben für Forschung und Entwicklung sind damit das größte direkte Gemeinschaftswerk von Staat und Wirtschaft in Deutschland.

Die ordnungspolitisch stets bedeutsame Grenzziehung zwischen Grundlagenforschung einerseits und anwendungsbezogener Forschung andererseits bleibt dabei in der Praxis marktnaher Forschung naturgemäß ähnlich unscharf wie die Abgrenzung zwischen Industriepolitik und Forschungspolitik. Denn eine Reihe von im Rahmen der Transformation der Wirtschaft geplanten und eingeleiteten Maßnahmen setzen ausdrücklich das Zusammenwirken staatlicher Institutionen und der privaten Wirtschaft voraus. Die Chancen und Grenzen eines »entrepreneurial state« werden dabei aber durchaus kontrovers eingeschätzt[385] und sollten deshalb auch nicht überschätzt werden. Zumindest zweifelhaft ist es, ob die als neues Leitbild ausgerufene Missionsorientierung tatsächlich die erhoffte neue ressortübergreifende, agile Governance-Struktur hervorbringen und ob dadurch wirklich der Anspruch eines systemischen Ansatzes in der Innovationspolitik eingelöst werden kann, der in der Zukunftsstrategie Forschung und Innovation der Bundesregierung etwas vollmundig erhoben wird[386].

Es muss bezweifelt werden, dass mit neuen Prozessen und Strukturen allein schon eine Verhaltensänderung im Innovationsökosystem angestoßen und dadurch mehr schöpferische Zerstörung erreicht werden kann. Mehr Risikobereitschaft jedenfalls wird durch Zukunftsallianzen, Zukunftsräte, Missionsteams oder gar eine Missionsagentur beim Bundeskanzleramt nicht schon per se ausgelöst. Dies gilt aber nicht nur für die Innovationspolitik, sondern vor allem auch für Bevölkerung ganz allgemein, die in Deutschland eher als risikoscheu gilt. Die positive Technikakzeptanz bzw. die Zuschreibung von Technik als Problemlöser fällt im Ländervergleich in Deutschland traditionell eher niedrig aus. Deutschland bleibe auch bei der Nutzung von KI risikoscheu und hegt Bedenken bezüglich der Cybersicherheit[387]. Wohl auch deshalb sind die Selbständigkeitsraten in Deutschland im Trend rückläufig, weil es zwischen Risikobereitschaft und Selbständigkeit einen engen Zusammenhang gibt: »Sicherheit sticht Gründungsgeist aus«[388].

Dieser Zusammenhang wird noch dadurch verstärkt, dass die Bürger in Deutschland auch beim Spar- und Anlageverhalten eher risikoavers sind. Damit gibt es einen unmittelbaren Nexus zwischen dem Innovationsgeschehen und dessen *Finanzierung* als dem zweiten Schritt in Innovationskette. Die Risikobereitschaft ist offenbar auch eine kulturelle Prägung, die europäische Wohlfahrtsstaaten von stärker angelsächsischen Systemen unterscheidet. Der Risikokapitalmarkt wird jedenfalls sowohl in der Frühphase als auch in der Wachstumsphase von Innovationen von englischen und amerikanischen Investoren dominiert. Dies ist einer der Gründe dafür, dass in der Skalierungsphase von Innovationen in Deutschland, aber auch in Europa immer noch deutlich weniger Investitionskapital zur Verfügung steht als in den USA. Ein Venture Capital-Geber formuliert diesen Befund so: »The biggest risk for Europe is that we do not take enough risks!«[389].

Bei der Finanzierung von Innovationen braucht es daher einen integrierten »All-in«-Ansatz von Staat und Wirtschaft. In dieser Hinsicht ist der im Jahr 2021 aufgelegte und inzwischen rund 10 Mrd. Euro schwere Zukunftsfonds Deutschland ein großer Fortschritt[390]. Als ein staatlich initiierter Dachfonds besteht er aus den vier Bausteinen ERP-Zukunftsfonds, einer Wachstumsfazilität des Europäischen Investitionsfonds (EIF), einem Deep Tech & Climate Fonds sowie einem Venture Tech Growth Financing. Diese nach und nach platzierten Bausteine greifen ineinander und bieten privaten und öffentlichen Investoren gesicherte Anlagemöglichkeiten, die in Übereinstimmung mit dem europäischen Wettbewerbs- und Beihilferecht einen signifikanten privatwirtschaftlichen Investitionsbeitrag ermöglichen. Der Grundgedanke der Fristentransformation und der Risikostreuung durch einen Dachfonds, wie es sie in Dänemark und Norwegen schon seit Längerem gibt, ist durch den Wachstumsfonds Deutschland endlich verwirklicht worden. Dies ist der entscheidende Hebel dafür, dass sich die Finanzierungsbasis des deutschen Wagniskapitalmarktes nun nachhaltig verbreitern lässt[391].

Erste Erfolge zeichnen sich ab: Im November 2023 gab es ein Final Closing für den Wachstumsfonds Deutschland, den inzwischen größten jemals in Europa aufgelegten VC-Dachfonds, der sich – und das ist das Entscheidende – größtenteils aus privaten Mitteln speist. Ein zunehmendes privates Engagement ist dringlich für eine ausreichende Later-stage-Finanzierung insbesondere für Deep Tech-Start-ups. Nach Auffassung des SPRIND-Chefs Rafael Laguna sind Start-ups, wenn sie nicht Deep Tech seien und eine frühphasige Finanzierung suchten, eigentlich gut versorgt. Sehr schwierig sei es nach wie vor aber für Deep Tech auch im Frühphasenbereich und generell für alle Start-ups auch im Spätphasenbereich. Daher ist auch der Entschluss der Bundesregierung für ein Zukunftsfinanzierungsgesetz folgerichtig, um jungen Wachstumsunternehmen – etwa durch Mehrstimmrechtsaktien – den Gang an die Börse und damit auch einen Kapitalzugang in der Frühphase zu erleichtern[392]. Auch die Förderung von Mitarbeiterkapitalbeteiligungen und Beteiligungssparen ist dafür ein richtiger Ansatz. Schließlich entwickelt sich der Markt für Venture Debt gut und eröffnet einen auf zukünftige Erträge von Start-ups gerichteten und damit deutlich risikobehafteteren Zugang zu neuesten technologischen Entwicklungen[393].

Finanzierung ist mithin der zweieiige Zwilling der *Unternehmensgründungen*, das dritte Glied in der Innovationskette. Dazu ist das meiste bereits gesagt, aber noch nicht alles getan, denn anderenfalls hätten sich die Gründungsstatistiken anders als weiter oben dargelegt entwickeln müssen. Erfreulich ist immerhin die Dynamik bei KI-Start-ups mit ca. 3.000 Unternehmen im Jahr 2021, die dem Land einen bisherigen Spitzenwert und eine umfangreiche KI-Start-up-Szene beschert haben. Nahezu alle KI-Start-ups sind im B2B-Geschäft tätig, und die meisten finanzieren sich aus dem Cashflow[394]. Aber für eine »neue Ära der technologischen und wirtschaftlichen Erneuerung« – dies ist der Anspruch der neuen Vorsitzenden des

Deutschen Start-up-Verbandes, Verena Pausder[395] – ist diese Entwicklung noch nicht hinreichend. Das ganze Augenmerk der Innovationspolitik muss vor allem der breiten Entwicklung von »Deep Tech« insgesamt und nicht nur von KI gelten. Deep Tech ist dabei ganz pragmatisch breit, aber eben auch disruptiv zu verstehen: »We define Deep Tech as novel scientific or engineering breakthroughs making their way into products and companies for the first time«[396].

In zahlreichen Teilbereichen von Deep Tech-Start-ups gibt es ermutigende Entwicklungen, die äußerst forschungsintensiv sind und auf hochkomplexen Technologien beruhen. Es geht dabei neben Künstlicher Intelligenz/Maschinellem Lernen mit der dafür erforderlichen Enabler-Ressource der Halbleiter u. a. um Quantencomputing, Advanced Manufacturing/Advanced Materials sowie Raumfahrt/Space Tech. In letzterem Technologiefeld betreten neuerdings nicht nur Regierungen, sondern auch private Unternehmen vor allem bei der Platzierung von Satelliten im All durch wiederverwertbare Trägersysteme (z. B. Falcon 9) den Markt. Viel Innovation gibt es auch in den Feldern Biotechnologie/Life Sciences, Elektronik/Photonik, Communication/Networking und Clean Tech. Insbesondere die Verschmelzung von synthetischer Biologie und Informatik verspricht neue Durchbrüche[397]. Diese und andere Deep Tech-Felder stellen Schlüsseltechnologien dar, die nach und nach zu neuen Produkten führen (z. B. Feststoffbatterien, Satelliteninternet, Solar Geoengineering, Genschere, VR/AR und Metaverse, Blockchain etc.). Interessant ist ferner, dass auch die NATO inzwischen einen Innovation Fund aufgelegt hat, um die militärische Forschung zu unterstützen, so wie dies die US-amerikanische DARPA bereits seit mehreren Jahrzehnten tut.

Dies rundet das Bild ab, dass die öffentliche finanzielle Unterstützung für Deep Tech in Europa noch nie vorher so breit war. Dies gilt es angesichts der ökonomischen Schwierigkeiten ausdrücklich zu würdigen. Drei Vertiefungen sollen das noch etwas näher verdeutlichen: Im Bereich des fehlertoleranten *Quantencomputing* galten bisher supraleitende Qubits als State of the Art. Doch scheinen inzwischen neutrale Atome vor einem Durchbruch zu stehen, z. B. durch Firmen wie planqc, ein Start-up aus dem Munich Quantum Valley[398]. Von erheblicher technologischer Bedeutung für den digitalen, industriellen und ökologischen Wandel sind Quantentechnologien mit ihren Anwendungen in der Quantensensorik, der Quantenverschlüsselung, der Quantenkommunikation und im Quantencomputing, die über die Möglichkeiten herkömmlicher Hochleistungsrechner hinausgehen. Durch die Fortführung und Ausweitung der bereits gestarteten staatlichen Forschungsinvestitionen hat sich Deutschland eine Chance auf eine wettbewerbsfähige Position in diesem neuen Feld des Quantum Tech erarbeitet, in dem derzeit europaweit relativ umfangreich ein privates Investment stattfindet. Da dies aber in Deutschland bisher noch erst unterproportional wächst, wäre es gut, wenn das Handlungskonzept Quantentechnologien der Bundesregierung vom Mai 2023 noch deutlich stärker als bisher auf eine private Marktkapitalisierung abstellen würde.

Nicht nur für die industrielle Zukunft des Landes ist die Ausstattung mit *Robotern* bedeutsam. Bei der Ausstattung mit Industrierobotern liegt Deutschland weltweit hinter Südkorea und Singapur auf Rang drei. Bei den Servicerobotern nimmt Deutschland ebenfalls Rang drei ein und weist eine deutlich überdurchschnittliche Start-up-Tätigkeit auf. Die Bundesregierung hat im November 2023 einen Aktionsplan Robotikforschung verabschiedet, mit dem die Integration von KI in robotische Systeme unterstützt werden soll[399]. Intelligente Robotik ist für das Gelingen langfristiger Transformationen auch jenseits des industriellen Wandels bedeutsam, etwa in den demografisch relevanten Bereichen Gesundheit und Pflege. Der Weg zu humanoiden Robotern ist dabei vorgezeichnet. Im Bereich der Nanorobotik und der Drohnen sind ebenfalls Entwicklungssprünge zu beobachten. Besonders durch die Fortschritte in der KI-Forschung gibt es Entwicklungsschübe für die Robotik, die damit auch näher an den Alltag jenseits der industriellen Fertigung heranrückt. Doch es gibt auch hier noch kulturelle Mentalreservationen. Etwas zugespitzt formuliert: »In Japan sind Roboter Freunde, in den USA und China sind sie Diener, und in Europa sind sie Feinde«[400].

Ein dritter Deep Tech-Bereich ist die *Fusionstechnologie*. Nach allgemeiner Einschätzung wird es noch mindestens zwei bis drei Jahrzehnte dauern, bis Kernfusionskraftwerke zur Energieerzeugung Wirklichkeit werden könnten. Da Forschung und Entwicklung sowie der Bau künftiger Kernfusionskraftwerke einen sehr langen zeitlichen Vorlauf benötigen, müssen bereits jetzt wichtige wissenschaftliche, regulatorische und technologische Voraussetzungen geschaffen werden. Fachleute argumentieren, dass die Kernfusion CO_2-neutral und vor allem grundlastfähig ist, der Bau eines Fusionskraftwerks – anders als Photovoltaik und Windräder – nur einen sehr begrenzten Eingriff in die Landschaft darstelle, Havarierisiken ausgeschlossen seien und keine langlebigen hochradioaktiven Abfälle produziert würden[401]. Im derzeitigen politischen Raum findet das bisher allerdings wenig Zustimmung[402], und wegen der langen Zyklen dieser Entwicklung ist das Start-up-Potenzial noch sehr überschaubar. Dennoch gibt es auch hier Start-ups wie Marvel Fusion, die einen Fusionsreaktor binnen eines Jahrzehnts für möglich halten[403]. Essenziell ist aber auch hier eine Finanzierung mit langem Atem.

Die Innovationskette vom Forschungssystem über die wechselseitige Verschränkung von Finanzierung und Gründung bis zu Deep Tech-Innovationen mit späterer potenzieller Marktreife ist eine Komplexleistung, bei der zahlreiche Erfolgsfaktoren ineinanderwirken müssen. Der noch fehlende vierte Baustein ist das *Patentgeschehen*. Dies betrifft naturgemäß auch die klassischen industriellen Kernbereiche wie den Automobilbau, für den die Patentstatistiken einen raschen Strukturwandel von der Verbrennertechnik zur Batterietechnik signalisieren[404]. Namentlich im Bereich von Deep Tech ist die Patententwicklung aber eine Art Frühindikator der technologischen Entwicklung. So gab es von 2016 bis 2022 im Bereich des Maschinellen Lernens fast eine Verachtfachung der Zahl der Patente in Europa. Gleichzeitig sind rund 40 Prozent aller Deep Tech-Start-ups patentbasiert. Insofern ist die Patentbilanz Deutschlands gleich in dreierlei Hinsicht deutlich eingetrübt: Erstens wächst bei den industriellen Patenten insbesondere China deutlich schneller als Deutschland. Im Jahr 2022 ist die Patentleistung in Deutschland sogar zurückgegangen. Zweitens bleibt Deutschland bei der Verwertung der Patente durch Spinouts immer noch unter seinen Möglichkeiten. Drittens bedrohen international unterschiedliche Qualitätsstandards bei der Patentrecherche den Schutz geistigen Eigentums.

Der letzte Punkt ist zu vertiefen, weil er auch mit der veränderten internationalen Dynamik von Patentanmeldungen zu tun hat. Unter dem Kürzel IPQC (Industry Patent Quality Charter) haben sich 21 internationale Konzerne wie SIEMENS, Bayer oder Nokia, aber auch kleinere Firmen zusammengeschlossen, weil sie um einen wirksamen Patentschutz durch das Europäische Patentamt (EPO) fürchten. Im Kern wird die Besorgnis geäußert, dass die Geschwindigkeit der Patentprüfung zugenommen, die Qualität aber abgenommen habe und damit die Anstrengungen forschender Unternehmen entwertet würden[405]. Klar ist, dass ein funktionierendes Patentsystem und der Schutz geistigen Eigentums eine eminent wichtige ordnungspolitische Aufgabe sind. Weil durch Patente diejenigen, die das unternehmerische Risiko von Innovationen tragen, zeitlich begrenzt geschützt sind, werden Anreize für mehr Investitionen in FuE geschaffen. Dem Imitationsschutz, der das Kernanliegen des Patentwesens darstellt, kommt damit eine überragende Bedeutung zu. Patentschutz ist Schutz geistigen Eigentums. Dem steht nicht entgegen, dass zugleich die Diffusion von Innovationen möglich bleiben sollte, um den größtmöglichen gesellschaftlichen und ökonomischen Nutzen aus FuE zu generieren[406].

Ein Kapitel über Innovationen, das im Grundsatz einerseits technikoptimistisch ist und andererseits schöpferische Zerstörung für wichtig hält, wäre unvollständig ohne eine Würdigung des KI-Moonshot-Jahres 2023 mit seinem »ChatGPT-Moment«. Kein anderer Platzhalter für raschen technischen Fortschritt hat eine so umfassende Debatte um Fluch und Segen neuer Technologien ausgelöst wie diese überraschende Marktreife eines Large-Language-Models (LLM). Plötzlich fanden sich KI-Pioniere an der Spitze von Aufrufen (unterschrieben u. a. von drei Turing-Preisträgern und einem Nobelpreisträger), die vor einer Apokalypse durch den Missbrauch der neuen Technologien warnten, diese mit einer Neutronenbombe verglichen und einen Oppenheimer-Moment heraufbeschworen. Das Jahr 2023 wimmelte von AI-Manifesten, White House Pledges, Presidential Adresses, AI Acts, AI-Summits und zahllosen Zeitungsartikeln. Gleichzeitig zog der »chip war« immer weitere Kreise und schuf als neueste Erfindung einen Chip von Intel mit Glas als Verbindungselement zwischen Leiterplatte und Chip. In gewisser Weise krönte die Eröffnung des GPT-Stores die rasante KI-Entwicklung der letzten Jahre. Nun gibt es auch eine Plattform für KI-Anwendungen, auf der jeder Nutzer seine eigenen KI-Anwendungen anbieten kann.

Ohne Zweifel muss man derzeit von einem KI-Boom sprechen. Die Fachverbände rechnen für Deutschland mit einem Anstieg der KI-Ausgaben (vor allem Software) von jährlich rund einem Drittel. Dennoch warnen renommierte Skeptiker wie Daron Acemoglu: »Get ready for the Great AI Disappointment«[407]. Ein solcher Hinweis ist schon allein deswegen berechtigt, wenn man sich der oft zitierten Gartner-Hypecycles erinnert. Danach wurde bei neuen Technologien vielfach nach dem Hype auf dem Gipfel der überzogenen Erwartungen stets erst ein Tal der Enttäuschungen und danach dann erst das Plateau der Produktivität erreicht. Dennoch nannte auch Gartner für 2023 die aufkommende KI als eines der vier Hype-Technologiefelder.

Allein die Zahl der zu lernenden neuen KI-Technologiebegriffe geht dabei in die Dutzende[408]. Alle verfügbaren Statistiken zeigen derzeit, dass KI schneller als erwartet wächst. Frappant ist dabei vor allem die ungeheure Geschwindigkeit, mit der sich Sprach- und Bilderkennungsfähigkeiten von KI an die menschlichen Fähigkeiten angenähert oder sie sogar schon überschritten haben[409].

Für die weitere Entwicklung stellen sog. Warteberechnungen vor allem die Frage, wie schnell und wie gut die KI in Bezug auf die menschliche Leistung sein kann. Genau dies löst eine intensive politische und auch öffentliche Debatte über ein KI-Moratorium, eine starke regulatorische Einhegung von KI (»frontier AI regulation«) und ein Management von KI-Risiken[410] aus. Es wird vor einer neuen Ideologie des »effective accelerationism« gewarnt, der eine Gegenbewegung gegen die Konzepte des »longtermism« und des »effective altruism« darstelle. Während die beiden letzteren Konzepte Sorgen um das langfristige Überleben der Menschheit bzw. die Verbesserung altruistischen Verhaltens durch Evidenzbasierung zum Gegenstand haben, wird dem »effective accelerationism« eine Tendenz bescheinigt, sich einen maximal unbeschränkten und sich weiter beschleunigenden technischen Fortschritt zu wünschen und dafür zu arbeiten. Dieser Grundhaltung wird auch eine Neigung zu reaktionärem Denken bescheinigt. In dessen Nähe wird auch das eingangs zitierte Andreessen-Manifest gerückt, u. a. auch deshalb, weil Andreessen-Horowitz stark in Rüstungstechnologie investiert sei[411].

Dieses ideologisch aufgeladene Terrain soll hier nicht betreten werden, aber Evidenz kann bei der Beurteilung auch hier weiterhelfen. In der größten bisher durchgeführten Befragung von 2.778 KI-Autoren von referierten Artikeln im Herbst 2023 ergab sich eine erhebliche Unsicherheit über die erwarteten Effekte von KI, sowohl im Bereich »Automation of Labor« als auch im Bereich »High-Level Machine Intelligence«[412]: Während mehr als zwei Drittel der Befragten gute Ergebnisse der übermenschlichen KI für wahrscheinlicher als schlechte hielten, gaben zwischen 38 und 51 Prozent der Befragten eine Wahrscheinlichkeit von mindestens 10 Prozent an, dass fortgeschrittene KI zu so besorgniserregenden Folgen wie dem Aussterben der Menschheit führen werde. Mehr als die Hälfte der Befragten hegte erhebliche oder extreme Bedenken in Bezug auf sechs verschiedene KI-bezogene Szenarien (darunter die Verbreitung von Falschinformationen, autoritäre Bevölkerungskontrolle und verschärfte Ungleichheit). Zudem herrschte Uneinigkeit darüber, ob ein schnellerer oder langsamerer Fortschritt der KI besser für die Zukunft der Menschheit wäre. Weitgehend Einigkeit gab es hingegen darüber, dass der Forschung zur Minimierung potenzieller Risiken von KI-Systemen mehr Priorität eingeräumt werden sollte.

Es ist hilfreich, sich bei einer Abschätzung der KI-Folgen des Gesetzes von Roy Amara zu erinnern, eines amerikanischen Futurologen. Ihm wird die Aussage zugeschrieben: »We tend to overestimate the effect of a technology in the short run and underestimate the effect in the long run«. Genau hier setzt die Gestaltungsaufgabe von Politik ein. Dies betrifft erstens die Nutzung der beträchtlichen Produktivitätseffekte der KI am Arbeitsmarkt, die bei komplexen Aufgaben die Gesamtleistung steigert. Sie dürfte kurzfristig auch leistungsschwächeren Unternehmen, längerfristig aber den Leistungsstärkeren mehr dienen[413]. Zweitens geht es um die makroökonomischen Effekte von KI. Die heutigen kollektiven und individuellen Entscheidungen werden nicht nur die gesamtwirtschaftliche Produktivität beeinflussen, sondern auch Verteilungsfolgen haben und industrielle Konzentrationsprozesse auslösen[414]. Drittens ist bedeutsam, welcher Ordnungsrahmen für die Gestaltung der technischen Entwicklung abgesteckt wird. Alle drei Effekte hängen dabei unmittelbar miteinander zusammen.

Dieses Kapitel möchte insgesamt mit einem eher optimistischen Bild auf die deutsche und europäische KI-Zukunft schließen: Zum einen hat Gutenbergs Buchdruck »das Kopieren von Informationen quasi kostenlos gemacht, das Internet ihre globale Verbreitung, und nun wird ihre Produktion kostenlos.« Mit diesem Satz verdeutlicht etwa Oren Etzioni, dass KI gerade wegen ihrer Enabler-Funktion für andere Deep Tech-Anwendungen eine große Chance für die Bewältigung der tiefgreifenden Transformation bietet. Zum anderen können neue Technologien auch politisch gestaltet werden: »Das ökonomische Gelingen der KI-Transformation ist auch eine gesellschaftliche Pflichtaufgabe«. Endlich gebe es »wieder einen Grund zur Fortschrittsfreude«, titelt Sascha Lobo im SPIEGEL. Die positiven Stimmen überwiegen auch unter deutschen KI-Spezialisten. Auf dem jährlichen »Klassentreffen« der KI-Szene »Rise of AI« wurde die ganze Bandbreite der KI-Entwicklungen mit ihren Chancen und Herausforderungen diskutiert. Es kann kein Zweifel daran bestehen, dass in diesem Technologiefeld die Zukunft der wirtschaftlichen und gesellschaftlichen Entwicklung geprägt wird[415].

Doch dieser zuversichtliche Ausblick wird ein wenig durch die eher regulierungsfreundliche Grundstimmung in Brüssel getrübt. Die am 9. Dezember 2023 gefundene Trilog-Einigung zum europäischen AI Act folgt zu strikt dem Konzept der »vertrauenswürdigen KI«. Dieses umfassende Schutzkonzept zielt darauf, »Menschenwürde, Privatsphäre, Datenschutz, Meinungsfreiheit und Nichtdiskriminierung simultan zu gewährleisten und einen staatlich garantierten Vertrauensschutz vor neuen, evolvierenden Technologien zu generieren«[416]. Die Kommission befindet sich mit diesem Ansatz zwar im Einklang mit den Präferenzen der Mehrheit der deutschen Bürger[417]. Mit dem risikobasierten Ansatz zu einer vertrauenswürdigen KI nimmt die Kommission eine ex ante-Einstufung in eine KI mit »minimalen« und »hohen« Risiken vor. Je riskanter eine Datenverarbeitung ist, desto enger sind die rechtlichen Regularien, um Vertrauen aufseiten der Betroffenen zu schaffen. »AI systems considered a clear threat to the fundamental rights of people will be banned«[418]. Eigens für die Umsetzung des AI Acts wird eine neues European AI Office geschaffen, dem bald auch ein AI Pact folgen soll.

Ohne die gut begründeten rechtlichen Argumente für eine weitgehende Regulierung von KI[419] gering zu schätzen, fallen die Reaktionen aus der deutschen Tech-Szene, aus der Wirtschaft und auch in der internationalen Presse nach der Entscheidung der EU aber durchweg skeptisch aus[420]. Von führenden deutschen KI-Wissenschaftlern war schon vor der Einigung sehr eindrücklich auch in den Medien vor übertriebenen Befürchtungen gewarnt worden: »Es gibt kein Auslöschungsrisiko durch diese Künstliche Intelligenz« (Ralf Otte). »Verglichen mit der

Wasserstoffbombe ist KI mehr als harmlos« (Jürgen Schmidhuber). Für die Ex ante-Regulierung von KI gelten im Grundsatz die gleichen Erkenntnisse, die früher schon bei netzgebundenen Industrien und ganz aktuell im Hinblick auf die Verabschiedung des Digital Services Act der EU gewonnen wurden: Wenn man die Vorteile und Kosten gegenübergestellt, die sich aus der Auferlegung von Ex-ante-Regulierungen ergeben, d. h. aus dem Versuch, einen Marktsektor zu regulieren, bevor ein Marktversagen überhaupt eingetreten ist, ist mit beträchtlichen BIP-Verlusten und wegen negativer Produktivitätseffekte noch größeren Einbußen bei der Konsumentenwohlfahrt zu rechnen[421].

Was hier am Beispiel des Rechtsaktes für digitale Dienste dargelegt wurde, kann verallgemeinert werden: Angesichts der potenziell außerordentlich hohen Kosten von Ex-ante-Regelungen bleibt unklar, welches potenzielle Marktversagen damit behoben werden soll oder warum stattdessen nicht eine Ex-post-Regulierung ausreichend sein kann, um irreparable Schäden zu vermeiden und eintretende Schäden nachträglich zu beheben. Der europäische Digitalkommissar Breton jubelte zwar nach dem AI Act: »Die EU hat die erste umfassende KI-Regulierung der Welt«. Diese vorläufige Einigung für eine »menschenzentrierte, vertrauenswürdige und ethische KI« könnte sich aber als ein höchst folgenreicher Triumph erweisen: Bisher hat der europäische Weg eher dazu geführt, dass es wegen der Vorschriften der DSGVO einen Mangel an hochwertigen Trainingsdaten in Europa gibt und KI-Entwickler deshalb bereits die EU verlassen haben. Denn wenn vermeintlich anonyme Daten verarbeitet werden, die der DSGVO unterliegen, müssen sämtliche Daten einschließlich des trainierten neuronalen Netzes und der trainierten KI auch noch lange nach dem Training gelöscht werden.

Statt der umfassenden Ex ante-Regulierung hätte die europäische Politik eher von den Physikern und deren Fähigkeit lernen sollen, wie mit frühzeitig koordinierten Forschungsprogrammen, wie z. B. dem James-Webb-Teleskop, eine Technologieführerschaft erreicht werden kann. Wenn Deutschland und Europa den inzwischen rasanten Technologiewettlauf nicht endgültig verlieren wollen, wäre z. B. schon vor Jahren eher ein europäisches CERN für KI[422] die Antwort der Stunde auf die technologischen Herausforderungen durch KI gewesen. So aber drängt sich erneut das Verdikt aus der Wagniskapitalszene auf: »USA innoviert, China dupliziert, Europa reguliert«. Dieser Befund dürfte zulasten der zukünftigen europäischen Wettbewerbsposition gehen. Langfristig entscheiden nämlich Fortschritte bei der Technologie über die Wachstums- und Wohlstandsbilanz von Staaten: »Europe leads on sustainability and inclusion, but lags behind on growth and prosperity«[423]. Der Wachstumsrückstand Europas gegenüber dem KI-Technologieführer USA hat sich dabei in der letzten Dekade verdoppelt. Europa entfernt sich derzeit von der technologischen Grenze.

Ein unter demografischen Gesichtspunkten dringend erforderlicher Produktivitätssprung wird deshalb ohne eine eigenständige KI-Industrie in Europa nicht mehr gelingen können. Auch deshalb ist an den Anfang des Kapitels und den Verweis auf die »schöpferische Zerstörung« zu erinnern. »Noch ist es für uns nicht zu spät in der KI« (Bernhard Schöllkopf, MPI). »Ich will nicht vor den Amerikanern kapitulieren«

(Jonas Androulis, Gründer Aleph Alpha). Doch trotz dieser einzelnen fachkundigen Ermutigungen ist das Gesamtbild für Deutschland und Europa im Zukunftsrennen rund um die KI als neuer Dampfmaschine und wichtigstem Enabler für wirtschaftliche und ökologische Transformation nicht ermutigend. Die digitale Abhängigkeit Deutschlands hat in der Wahrnehmung von Unternehmen weiter zugenommen. KI gilt daher inzwischen als die letzte Hoffnung für den Fortschritt. »Wenn sich ›KI – made in EU‹ – wettbewerbsfähig entwickeln soll, dann müssen dafür Freiräume geschaffen werden«[424]. Mehr Freiräume im internationalen Innovationswettlauf zu organisieren ist dringend erforderlich, will man Innovationsweltmeister und nicht nur Regulierungsweltmeister sein. Auch wir Bürger müssen uns entscheiden.

Klimapolitik: Technologie und Preise

> »Das tatsächliche Problem ist, dass wir (Politik, Medien, Menschen) Knappheitspreise nicht wollen.«
> (Lion Hirth)

Für die letzte Weltklimakonferenz COP-28 im Herbst 2023 war als eine wichtige Erkenntnis debattenleitend, bei der Entwicklung von Gegenmaßnahmen gegen den menschenverursachten Klimawandel zu viel Zeit ungenutzt verstrichen haben zu lassen und damit die Kosten der Anpassung massiv nach oben getrieben zu haben. Deshalb soll einleitend einmal kurz das kollektive Gedächtnis bemüht werden, um das Versagen zu verdeutlichen, die schon vor fast 60 Jahren publizierten Warnungen zu lange in den Wind geschlagen zu haben. Bereits im Jahr 1965 warnte ein wissenschaftliches Komitee US-Präsident Johnson in einem »Memorandum for the President on the effects of carbon dioxide on climate« vor der Möglichkeit eines sog. Treibhauseffekts mit dem Hinweis, dass eine Anhäufung von Kohlendioxid in der Atmosphäre die globalen Temperaturen erhöhen könnte. Einer der Autoren des Reports, Wallace Broecker, legte bereits 1974 erste Klimamodellierungen vor, die sich von heute aus gesehen als realistisch erwiesen haben[425].

Die Warnung vor den negativen Effekten von Treibhausgasen wurde 1970 in einem Essay in Foreign Affairs von Lord Ritchie Calder eindringlich wiederholt: »A greenhouse lets in the sun's rays but retains the heat. Carbon dioxide, as a transparent diffusion, does likewise. It keeps the heat at the surface of the earth and in excess modifies the climate. It has been estimated that, at the present rate of increase [...], the mean annual temperature all over the world might increase by 3.6 degrees centigrade in the next forty to fifty years«. Auch das Wesen einer globalen Externalität erfasste er bereits vollständig: »It is a community so interdependent that our mistakes are exaggerated on a world scale«[426]. Zwei Jahre später veröffentlichte der sowjetische Klimatologe Michail Budyko eine Klimaprognose, nach der die globale Durchschnittstemperatur des Planeten bis 2070 um etwa 2,25 Grad Celsius ansteigen werde.

Nach einem Essay des Ökologen Charles Cooper für Foreign Affairs aus dem Jahr 1978 »mehren sich die Anzeichen, dass der Mensch seinerseits das globale Klima verändern könnte«. Er erkannte aber schon damals die Hindernisse, welche die notwendigen Maßnahmen zur Abwendung einer folgenschweren Entwicklung blockieren würden. Kurzfristige wirtschaftliche und soziale Folgen würden mit ziemlicher Sicherheit die erforderliche einstimmige internationale Zustimmung für Klimaabkommen ausschließen, weil »fossile Brennstoffe für so viele Zwecke so praktisch und so leicht zu gewinnen seien, dass sie mit ziemlicher Sicherheit bis an die Grenzen ihrer Verfügbarkeit genutzt werden [...]. Die Welt müsse sich ernsthaft mit dem auseinandersetzen, was sie zu tun bereit sei – und mit den Konsequenzen ihres Vorgehens«. Drastische Schritte zu vermeiden könnte für eine Weile funktionieren, aber eventuelle Störungen und Zusammenbrüche zu einem späteren Zeitpunkt erschienen Cooper schon damals unvermeidlich[427].

Zentral für den Klimaschutz ist neben der Sicherung der Ökosystemleistungen und Biodiversität der Natur, die auch für wirtschaftliche Aktivitäten notwendig sind, vor allem die Verminderung von Treibhausgasen. Die wichtigsten Treibhausgase sind CO_2 und Methan, auf die in Deutschland insgesamt rund 95 Prozent aller Freisetzungen entfallen. Beide Klimagase tragen zum Treibhausgaseffekt bei, der – und dies ist der entscheidende argumentative Anker für die folgenden Ausführungen – eine globale Externalität darstellt, weil die Umweltwirkung unabhängig vom Ort der Entstehung auftritt. Dies trägt zur sog. »tragedy of the commons« bei, dem Unglück der Allgemeingüter. Damit war ursprünglich für die bäuerliche Landwirtschaft der Sachverhalt beschrieben, dass es auf einem von mehreren Hirten geteilten Stück Weideland (Allmende) für den einzelnen Hirten vorteilhaft ist, soviel Vieh als möglich grasen zu lassen. Die Tragfähigkeit dieses Gebietes wird deshalb rasch erschöpft sein, wenn sich die Gemeinschaft nicht selbst Nutzungsbeschränkungen auferlegt. Dieses Prinzip lässt sich auf alle Elemente der Natur übertragen, die der Allgemeinheit gleichermaßen zur Verfügung stehen (z. B. Rohstoffe, unberührte Natur, Naturschutzgebiete, Grünzonen, Flussauen, Oberflächen- und Grundwasser etc.)[428].

Aufgrund vollständig fehlender oder zu niedriger Preise für die Nutzung endlicher Ressourcen und der daraus folgenden Übernutzung ist die Welt in keinem guten klimapolitischen Zustand, wie alle ernstzunehmenden Studien zeigen[429]. Die weltweiten CO_2-Emissionen waren 2023 so hoch wie nie zuvor und werden noch mindestens bis zum Jahr 2025 weiter ansteigen. Das Jahr 2023 war das wärmste seit dem Beginn von Klimaaufzeichnungen. Gewarnt wird vor »tipping points«[430] und Kaskaden von Kipppunkten, bei deren Erreichen die planetaren Grenzen überschritten und Kettenreaktionen ausgelöst werden könnten. Erderschöpfungstage (»earth overshoot days«) benennen den Tag eines Jahres, an dem die Menschheit alle von der Erde innerhalb eines Jahres zur Verfügung gestellten natürlichen Ressourcen aufgebracht hat. Dieser Tag lag bei der erstmaligen Veröffentlichung im Jahr 1971 noch im Dezember, zuletzt hingegen schon zu Anfang August. Studien im Vorfeld der letzten Weltklimakonferenz im Dezember 2023 mit Berechnungen zum Globalen Kohlenstoffbudget legen den Schluss nahe, dass das 1,5-Grad-Ziel überschritten werden wird[431]. Auch für Europa und Deutschland sind die die zum Erreichen der selbstgesteckten Ziele einer Netto-Treibhausneutralität bis zum Jahr

2045 erforderlichen Emissionssenkungen nur bei größtmöglichen Anstrengungen noch zu erreichen[432].

Angesichts der wissenschaftlichen Befunde ist jede Form einer Bagatellisierung der umweltpolitischen Herausforderungen fahrlässig. Gleiches gilt aber auch für die verbreitete Tendenz zum Doomism: »Nichts in den IPCC-Berichten oder anderem, das wir verfasst haben, stützt die Erwartung, dass die Menschheit aufgrund des Klimawandels in diesem Jahrhundert aussterben wird«[433]. Zwei mögliche Argumente für eine solche Einschätzung werden in diesem Kapitel vertieft beleuchtet. Besondere Bedeutung kommt der *Entwicklung umweltschonender Technologien* als der einen Säule einer marktnäheren Klimapolitik zu. Bedeutsam für einen gewissen Technikoptimismus ist vor allem das auch aus anderen Technologiefeldern bekannte Phänomen, dass technologischer Fortschritt häufig nicht linear verläuft[434]. Dies gilt auch für die Klimatransformation und in besonderer Weise für erneuerbare Energien. Denn im Zentrum der Energiewende steht der Wandel von einem teuren, ineffizienten, volatilen, knappen, rohstoffbasierten fossilen System hin zu billigeren, saubereren und schlankeren Technologien. Diese können überall verfügbar sein, zu kontinuierlich sinkenden Kosten[435] und vor allem zu mehr Effizienz führen: »Technology revolutions are never linear. [...] Efficiency is an invisible superpower. And the drivers of technology revolutions are deep and diverse«[436].

Dass – auch in einem dezidiert ökonomischen Sinn – Effizienz Verschwendung und Raubbau ausbremsen kann und dass Technologien Rohstoffe ersetzen können, beginnt sich ganz langsam in Deutschland zu zeigen. Es gibt inzwischen eine ganze Reihe von Indizien dafür, dass einiges in Bewegung gekommen ist: Erstmals wurde 2023 mehr als die Hälfte des gesamten Stromverbrauchs in Deutschland durch erneuerbare Energien gedeckt. Es gibt stark steigende Investitionsvolumina der deutschen Netzbetreiber. Industrieinvestitionen in Klimaschutz sind in der vergangenen Dekade um rund drei Viertel gestiegen. Die Speicherkapazitäten der Solarbatterien haben sich zuletzt verdoppelt und beginnen zu skalieren. Im Jahr 2023 wurden über ein Million Solaranlagen installiert, die derzeit stark wachsende Zahl an Balkonsolaranlagen noch nicht mitgerechnet. Die Einspeisung von Braunkohlestrom verminderte sich gegenüber dem Vorjahr um ein Viertel. Der Energieverbrauch ging auf den niedrigsten Stand seit der Wiedervereinigung, der CO_2-Ausstoß sogar auf den niedrigsten Stand seit 70 Jahren zurück. Schließlich hat sich auch bei den Preisen der Energieträger zumindest insgesamt eine starke Beruhigung oder sogar eine deutliche Verminderung gegenüber den Höchstständen im Jahr 2022 eingestellt[437].

Die Beobachtung erster Fortschritte bei der deutschen Energiewende verlangt nach einer Vertiefung ins Grundsätzliche. Im Kern geht es dabei um die Frage, ob die Abwendung eines ökologischen Kollapses auch mit einem Abschied vom wirtschaftlichen Wachstum einhergehen muss und ob und wie eine ökologische Transformation ohne eine wohlstandsverzehrende Deindustrialisierung gelingen kann. Die Antworten auf beide Fragen hängen davon ab, ob und in welchem Maße die wirtschaftliche Entwicklung durch technischen Fortschritt vom Verbrauch natürlicher Ressourcen oder zumindest von einer weiteren Belastung des globalen Ökosystems Erde durch menschengemachte Emissionen entkoppelt werden kann.

Naturgemäß treffen hier unterschiedliche Einschätzungen aufeinander, aber auch hier geben die Fakten erste klare Hinweise. Zentral ist zunächst der Zusammenhang zwischen wirtschaftlicher Entwicklung und dem Energieverbrauch. Hier zeigt sich bereits seit den 1990er Jahren ein im Grundsatz stagnierender Pro-Kopf-Verbrauch von heimischer wie auch von handelsangepasster Energie, aber ein dennoch steigendes BIP je Einwohner. Der Wohlstandszuwachs konnte also vom Energieverbrauch strukturell entkoppelt werden (▶ Dar. 23).

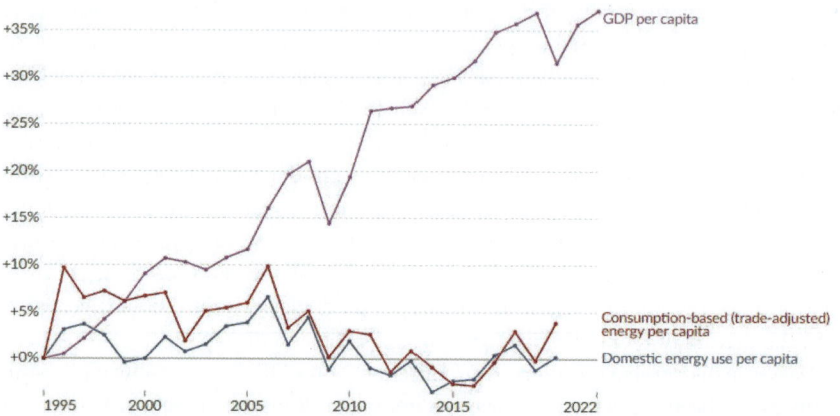

Dar. 23: Veränderungen des BIP und des Energiebrauchs pro Kopf in Deutschland (Quelle: Our World in Data: https://ourworldindata.org/grapher/change-energy-gdpper-capita?country=~DEU; letzter Abruf: 5. Juni 2024. Der verbrauchsbasierte, handelsbereinigte Primärenergieverbrauch misst den inländischen Energieverbrauch abzüglich der für die Herstellung von Exportgütern verwendeten Energie und zuzüglich der für die Herstellung von Importgütern verwendeten Energie. Das Brutoinlandsprodukt (BIP) wird um die Inflation und die Unterschiede bei den Lebenshaltungskosten zwischen den Ländern bereinigt.)

Es gibt ferner Anhaltspunkte dafür, dass es nicht nur zu einer Entkopplung des Wirtschaftswachstums vom Energieverbrauch gekommen sein könnte, sondern dass es noch allgemeiner auch eine Entkopplung des Wirtschaftswachstums vom gesamten Ressourcenverbrauch (»material footprint«) geben könnte[438]. Das Konzept des »Material Footprint« kommt aus der Nachhaltigkeitsforschung und versucht, den materiellen Fußabdruck als Umweltbelastung durch die gesamte Endnachfrage eines Landes zu quantifizieren. Diese Abschätzungen gehen auch in die SDG (Sustainable Development Goals)-Indikatoren 8.4 »Verbesserung der Ressourceneffizienz« und 12.2 »Nachhaltige Bewirtschaftung der natürlichen Ressourcen« ein. Der globale materielle Fußabdruck hat sich seit 1970 wegen der Entwicklung der Schwellenländer im asiatisch-pazifischen Raum etwa vervierfacht. Doch seit dem Jahr 2014 zeichnet sich eine gewisse Stagnation ab, weil zunehmend Kapitalinvestitionen gegenüber dem Konsum der Haushalte als Hauptreiber des materiellen Fußabdrucks dominieren. Es kann mehr mit weniger produziert werden: »The World is ready to downsize«[439]. Auch die neuere Forschung zur Subsistenz und zur Bionik stellt Überlegungen an, wie sich mit verringerten Stoffkreisläufen und einer Imitation der Natur der Weltressourcenverbrauch verringern ließe[440].

Diese beginnende Entwicklung wird international unter den Überschriften »peak stuff« und »dematerialization« verhandelt. Sie knüpft an frühere theoretische Arbeiten an, die aufgrund der Digitalisierung und Computerisierung der globalen Produktion eine Tendenz zu einer gewichtslosen Ökonomie (»weightless economy«) vorhergesagt haben: »As modern economies grow, production and consumption shift towards economic value that reside in bits and bytes, and away from that embedded in atoms and molecules«[441]. Im »zweiten Maschinenzeitalter« wird ein zunehmender Teil der Wertschöpfung entstofflicht[442]. Insbesondere durch Digitalisierung kann die Energieeffizienz noch weiter erhöht werden[443]. Gegenläufig dazu wirkt aber das IPAT-Modell von Ehrlich und Holdren: Danach sind Umweltbelastungen (Impact) das Produkt aus den Faktoren Bevölkerung (Population), Wohlstand (Affluence) und Technologie (Technology). Jede Zunahme der Bevölkerung oder des Wohlstandes kann danach die effizienzsteigernden und umweltentlastenden Effekte eines ressourcensparenden technischen Fortschritts überkompensieren (»Rebound-Effekt«). Deshalb kann »Peak Stuff« insbesondere in bevölkerungsreichen Ländern erst in zwei oder drei Jahrzehnten erwartet werden[444].

Vom IPAT-Modell ist es naturgemäß nicht weit zu den verbreiteten »Degrowth«-Theorien und einer Postwachstumsökonomie. Angesichts der Rebound-Effekte ist danach zur erforderlichen Erreichung der klimapolitischen Ziele eine schrumpfende Wirtschaft erforderlich[445]. Diese beiden diametralen Positionen »peak Stuff« und »degrowth« lassen sich gut in dem Begriffspaar »More from less« (Andrew McAfee) und »All you need is less« (Nico Paech) charakterisieren[446]. Dass trotz IPAT-Theorem, Jevon's Paradox und den Reboundeffekten des Wachstums wirtschaftliche Entwicklung ohne einen politisch herbeigeführten Wachstumsverzicht möglich bleibt, setzt aber die Existenz und die Effizienz bedeutsamer Lernkurveneffekte auch bei ökologisch relevanten Technologien voraus. Diese sind möglich: Am Beispiel der Lithium-Ionen-Batterien lässt sich nach Wright's Law zeigen, dass bei jeder kumulierten Verdoppelung der produzierten Einheiten die Kosten überproportional abnehmen. Wright's Law gilt im Vergleich zu Moore's Law, wonach sich die Anzahl der Transistoren auf einem Chip alle zwei Jahre verdoppelt, sogar als noch universeller für die Kostenentwicklung bei technischen Innovationen[447].

Aus einer technikoptimistischen Perspektive ist es nun zentral, die ressourcenverzehrende Phase der Industrialisierung für zahlreiche Schwellenländer durch den Einsatz von umweltschonenden Produktionstechnologien möglichst zu überspringen und damit einen globalen »peak stuff« schneller zu erreichen. Orientierung dafür, wie das gelingen könnte, bietet u. a. der Wirtschaftsnobelpreisträger des Jahres 2018, William Nordhaus. In seiner Nobelpreisrede bezeichnete er den Klimawandel als »The Ultimate Challenge for Economics«. Als wichtigste Gegenmaßnahmen gegen eine Klimakrise unterscheidet er erstens die Vermeidung und Verminderung von Treibhausgasemissionen, zweitens die Kohlenstoffentfernung aus dem Emissionsstrom oder aus der Atmosphäre und drittens die Steuerung der Sonneneinstrahlung durch Geo-Engineering[448]. Im Folgenden soll die dritte Variante wegen ihrer potenziell gefährlichen Nebenwirkungen ausgeschlossen bleiben. Die zweite Variante der Kohlenstoffentfernung und -speicherung wird weiter unten knapp diskutiert werden. Sie gewinnt in der aktuellen umweltpolitischen Debatte deutlich an Unterstützung in Wissenschaft und Politik, ist aber immer noch umstritten.

Wirklich verursachergerecht sowohl in einer ökologischen als auch einer ökonomischen Betrachtung sind nur die Vermeidung und Verminderung von Treibhausgasemissionen. Bei den Vermeidungsstrategien sind stets – auch hier gilt das ökonomische Prinzip – jene zu bevorzugen, bei denen mit einem gegebenen Mitteleinsatz ein größtmöglicher klimapolitischer Ertrag erzielt werden kann. Dazu ist nach Nordhaus stark auf ökonomische Anreizelemente zurückzugreifen, weil die Vermeidung und Verminderung von Emissionen mit außerordentlich großen finanziellen Anstrengungen verbunden sind: »So that leaves abatement as the only realistic option to deal with climate change. Unfortunately, this approach is an expensive option. Energy modelers have made mountains of estimates of costs«[449]. Umso wichtiger ist die Wahl von anreizkompatiblen Instrumenten, die – nach dem Motto »Belohnen statt Bestrafen« – nicht nur für eine nationale Ebene, sondern auch international die Einsparung von klimaschädlichen Emissionen belohnen und deren Produktion negativ bepreisen.

Hier kommt nun als zweite Säule der marktbasierten Klimapolitik eine *Bepreisung des Umweltverbrauchs durch eine CO_2-Steuer* ins Spiel. Weil es sich bei klimaschädlichen Emissionen um eine globale Externalität handelt, kann eine Senkung der CO_2- und Methanemissionen auch nur mit einer globalen Politik erreicht werden. Doch hier beginnen derzeit die Probleme. Denn wenn es auf der internationalen Ebene unterschiedliche Ambitionsniveaus beim Klimaschutz gibt, drohen bei einer klimaschützenden Transformation der nationalen oder europäischen Industrie der Verlust international konkurrenzfähiger Produktionsstandorte und eine Verlagerung der Produktion wie auch der Emissionen an außereuropäische Standorte mit niedrigeren Energiekosten (»carbon leakage«). Zur Herstellung eines »Level Playing Fields« für Produktionen mit unterschiedlichen Maßstäben schlägt Nordhaus daher sog. Klimaclubs vor: »So, what is the idea of a climate club? The notion is that nations can overcome the syndrome of free-riding in international climate agreements if they adopt the club model rather than voluntary arrangements«[450].

Die Theorie der Clubs geht auf James Buchanan zurück, einen anderen Nobelpreisträger der Ökonomie[451]. Danach werden bestimmte Güter und Dienstleistungen nur für die Mitglieder eines Clubs bereitgestellt und Zahlungsunwillige ausgeschlossen. Die Übertragung dieses Grundgedankens auf die klimapolitische Debatte hat im Dezember 2022 zur Gründung eines G7-Klimaclubs geführt, der inzwischen auf 36 Mitglieder angewachsen und Teil einer neuen deutschen Klimaaußenpolitik geworden ist[452]. Damit wird Zug um Zug ein im Grundsatz marktwirtschaftliches Instrument zu einer weltweit umfassenden Regelbasierung ausgebaut, auf deren Grundlage möglichst große Wirtschaftsblöcke (z. B. USA und Europa) auf ein gemeinsames Level-Playing-Field mit dem Ziel der Emissionsverminderung hinarbeiten. Würden sich z. B. die EU, die USA und China als größte Emittenten weltweit in einem Klima-Club zusammentun, würde dieser schon mehr als die Hälfte der globalen Emissionen abdecken. Würden die G20 klimapolitisch zusammenarbeiten, würde dies sogar schon 80 Prozent des CO_2-Ausstoßes betreffen[453].

Dringlich ist nun eine konkrete Ausgestaltung des Klimaclubs. Zwei Prinzipien sind dafür handlungsleitend: Wenn Mitglieder des Clubs nicht ihre Emissionsziele einhalten, werden sie dafür sanktioniert. Das wichtigste Lenkungsinstrument müssen Zielpreise für CO_2 sein, nicht bestimmte Reduktionen von Emissionsmengen, wie sie etwa im Pariser Abkommen und im Kyoto-Protokoll vereinbart worden sind. Vor allem die Festlegung eines einzigen globalen CO_2-Preises statt verschiedener Preise und statt verschiedener Emissionsmengen ist zentral: »In voting on a price, countries can simply negotiate for one that is near their top choice. [...] With quantities, the voting is much more complicated. There is not only a global total but also a set of national caps«[454]. Angesichts der unterschiedlichen Ambitionsniveaus hängt die weitere Entwicklung der Klimaclubs u. a. davon ab, wie entschieden von den Clubmitgliedern eine einheitliche Verteuerung fossiler Energien angegangen wird. Die bisher betriebene alternative Subventionierung der Erneuerbaren Energien unter deren Vollkosten ist dagegen eine ökonomisch ineffiziente Lösung. Durch sie werden diese Energieformen so lange nicht relativ kostengünstiger, wie nicht fossile Energien substanziell verteuert werden. »Ohne deren Verteuerung wird die grüne Transformation nicht gelingen« (O. Edenhofer)[455].

Ein globaler CO_2-Handel mit einem globalen CO_2-Preis wäre so gesehen das konsequenteste Instrument eines Klimaclubs. Allerdings ist dies zum jetzigen Zeitpunkt mit Blick namentlich auf die USA und China noch unrealistisch, weil diese beiden Großemittenten jeweils andere Strategien der Emissionsabsenkung haben. Umso mehr gilt es, die klimapolitische Vorreiterrolle zu würdigen, die Europa mit seinem Fit for 55-Paket mindestens in zweierlei Hinsicht eingenommen hat: Zum einen funktioniert der europäische Emissionshandel (European Trading System, EU-ETS) im Strom- und Industriesektor schon gut. 80 Euro für eine Tonne CO_2 werden derzeit als hinreichend hoch angesehen, um den Kohleausstieg erreichen zu können. Folgerichtig ist daher der EU-ETS Mitte 2023 neu ausgerichtet und auf weitere Sektoren (Gebäude, Straßenverkehr und bestimmte Industrie- und Energieanlagen) ausgedehnt worden[456]. Die Bepreisung erfolgt »upstream« dadurch, dass die Inverkehrbringer von Brennstoffen für die in den Brennstoffen enthaltenen Emissionen Emissionsberechtigungen abgeben müssen. Damit ist der EU-ETS auch mit dem jeweiligen nationalen Emissionshandel kompatibel.

Zum anderen bedarf ein Klimaclub auch eines Kohlenstoff-Grenzausgleichs für die Mitglieder des Clubs gegenüber Nicht-Clubmitgliedern, die mit höheren spezifischen Emissionsniveaus produzieren und sich dadurch einen Preisvorteil verschaffen. Ein solcher ebenfalls mit dem Fit for 55-Paket eingeführter Grenzausgleich (Carbon Border Adjustment Mechanism, CBAM) ist ein großer Schritt nach vorn für die weitere Verbreitung einer ambitionierten CO_2-Bepreisung in einem Klimaclub. Mit diesen Klimazöllen kann nämlich im Grundsatz einer wettbewerbsgefährdenden ETS-bedingten Kostensteigerung begegnet werden: Für Importe fallen die gleichen mit Emissionen verbundenen Kosten an wie für Produkte, die innerhalb der Europäischen Union hergestellt wurden. Denn Unternehmen, die Waren aus Nicht-EU-Ländern in die EU einführen, müssen ab 2026 CBAM-Zertifikate in Höhe der bei der Herstellung dieser Waren entstandenen Emissionen erwerben.

Die Umsetzung eines effizienten klimapolitischen Leitbildes mit einer konsequenten Verteuerung fossiler Energien statt der bisherigen Heruntersubventionierung erneuerbarer Energien ist allerdings politisch nicht wohlfeil: Die Bepreisung des Umweltverbrauchs und die Verteuerung von Emissionen durch einen CO_2-Preis muss und wird zu Belastungen von Bürgern und Wirtschaft führen, damit es zu gewünschten und erforderlichen Verhaltensänderungen kommt. Eine verursachergerechte Klimapolitik kann sich davor nicht drücken. Gleichzeitig muss sie dabei aber sorgfältig kalibriert werden, um von der Bevölkerung akzeptiert und von der Wirtschaft getragen werden zu können. In gewisser Weise muss damit im klassischen Dreieck der Energieversorgung aus Versorgungssicherheit, Nachhaltigkeit und Bezahlbarkeit die Nachhaltigkeit gegenüber der Bezahlbarkeit stärker gewichtet werden. Verbindet man dann auch noch den Grundsatz der Verursachergerechtigkeit mit jenem der Generationengerechtigkeit, so wird klar, dass jede Generation die Kosten der von ihr verursachten Klimafolgen selbst tragen muss und sie nicht auf zukünftige Generationen verschieben darf.

Die derzeitigen politischen Debatten – nicht nur an den Rändern des politischen Spektrums – zu den beschlossenen und sukzessiv umgesetzten steigenden CO_2-Preisen sind bislang aber wenig ermutigend. Auch deshalb zögern Politiker, allein aus Gründen der wirtschaftlich-ökologischen Effizienz zu handeln, obwohl der Median der Wählerschaft in vielen Ländern im Laufe der Zeit »grüner geworden« und die grundsätzliche Unterstützung für ehrgeizige Klimaschutzmaßnahmen nach wie vor groß ist. Doch eine zunehmende Stringenz der Umweltpolitik hat nach Studien auch trotz einer grundsätzlich hohen Zustimmung zu klimaschützenden Maßnahmen[457] beträchtliche dämpfende Auswirkungen auf die Unterstützung der Regierung durch die Bevölkerung, wie dies derzeit auch in Deutschland zu beobachten ist. Bisher sieht sich nämlich die Bevölkerung selbst noch deutlich weniger als die Unternehmen und die Politik in der Pflicht zu Investitionen in den Klimaschutz. Pointiert formuliert: »Deutsche wollen mehr Klimaschutz, aber nicht mehr zahlen«[458]. Letztlich sind aber wir als Bürger für einen effektiven und effizienten Klimaschutz verantwortlich.

Doch die Akzeptanz der Bevölkerung von marktwirtschaftlichen umweltpolitischen Instrumenten ist – höflich formuliert – noch ausbaufähig. Eine aktuelle Befragung zeigt zudem, dass die Meinung der Bevölkerung substanziell von den Meinungen und Schätzungen von wissenschaftlichen Experten abweicht: Zwar wird eine Vorreiterrolle Deutschlands und Europas beim Klimaschutz von mehr als der Hälfte der Bevölkerung begrüßt. Doch als effektivste Maßnahmen sehen nur 8 von 100 befragten Bürgern die von Experten favorisierte CO_2-Bepreisung an[459]. Stattdessen werden die gezielte Subventionierung von klimafreundlichen Maßnahmen sowie Gebote und Verbote bevorzugt. Deren Kosten sind auch weniger merklich als eine direkte Bepreisung des Umweltverbrauchs. Auch deshalb rangieren bei der Verwendung der Einnahmen aus der CO_2-Bepreisung die Förderung von klimafreundlichen Maßnahmen und die Senkung der Einkommensteuer deutlich vor einem Klimageld an *einkommensschwache* Einwohner. Ein Klimageld für *alle* Einwohner rangiert sogar ganz am Ende der Präferenzen.

Insbesondere die politische Debatte um ein Klimageld zeigt die Schwierigkeiten einer verursachergerechten Klimapolitik. Die Lenkungswirkungen eines CO_2-Preises sind ökonomisch unstrittig, aber verteilungspolitisch sind CO_2-Preise durchaus diffizil. Je höher erstens das Niveau der CO_2-Preise ist, desto größer sind zwar einerseits die Emissionseinsparungen. Aber mit einem steigenden Preisniveau vermindert sich die ohnehin nicht sehr hohe Akzeptanz in der Bevölkerung weiter. Hinzu kommt zweitens eine mögliche regressive Wirkung einer CO_2-Steuer, weil einkommensschwache Haushalte einen größeren Teil ihres verfügbaren Einkommens für Energie aufwenden müssen. Drittens muss die Lenkungswirkung einer Karbonsteuer dann bezweifelt werden, wenn die Einnahmen aus dieser Steuer wieder in vollem Umfang an die Bevölkerung zurückerstattet werden. Denn die Veränderung der relativen Preise der Umweltnutzung zugunsten anderer, weniger emissionsintensiver Konsum- und Produktionsformen wird damit beeinträchtigt. Technisch gesprochen ist nämlich der Substitutionseffekt der Verdrängung CO_2-intensiver Güter durch CO_2-ärmere Güter das Ziel einer Bepreisung. Der Einkommenseffekt einer geringeren Nachfrage durch die Verteuerung im Kern wirkt dann in die gleiche Richtung. Jede Rückerstattung der Steuereinnahmen an die Verbraucher schwächt aber den Einkommenseffekt, so dass nur noch der Substitutionseffekt vollumfänglich wirksam bleibt.

Politökonomisch ist es deshalb wichtig, die durch steigende CO_2-Preise entstehenden zusätzlichen Einnahmen nicht nur für emissionsmindernde Investitionen oder Subventionen, sondern auch für zielgenaue Einkommenshilfen der Haushalte einzusetzen. Bei einem Vergleich von fünf verschiedenen Varianten einer einkommenspolitischen Flankierung – eine Auszahlung eines Klimageldes, eine Senkung der Stromsteuer, eine Senkung von Einkommensteuern, eine gezielte Kompensation von Härtefällen sowie Förderprogramme für Investitionen oder Subventionen – sind mögliche Entlastungsmaßnahmen für einkommensschwache Haushalte und Fördermaßnahmen, die zu zusätzlichen Emissionsminderungen führen, sozialpolitisch wie klimapolitisch am zielführendsten[460]. Eine pragmatische konkrete Empfehlung ist es daher, im ersten Schritt die Stromsteuer und die Netzentgelte zu senken sowie die Umlagen auf den Strompreis (z. B. Abgabe zur Förderung der Kraftwärmekopplung) abzuschaffen. Im zweiten Schritt ist dann ein Klimageld einzuführen, wenn bei hohen CO_2-Preisen erhebliche zusätzliche Einnahmen zur Verfügung stehen und die jetzigen administrativen Hürden überwunden sind, welche die Auszahlung des Klimageldes bisher verhindert haben.

Die Menükarte für eine Politik klimapolitischer Transformation ist aber noch nicht vollständig geschrieben. Denn es gibt neben Technologieoptimismus, Klimaclubs und CO_2-Bepreisung und auch unterhalb der globalen Klimaschutzmaßnahmen der Weltgemeinschaft noch weitere nationale Instrumente, mit denen ein Land wie Deutschland seine Treibhausgase vermindern kann. Neben den durch einen Preis für Umweltnutzung steuernden Maßnahmen bilden auch ordnungsrechtliche Maßnahmen einerseits und subventionierende Maßnahmen andererseits die beiden anderen Schenkel des klassischen Instrumentendreiecks der Umweltpolitik[461]. Unter den bereits eingeleiteten *ordnungsrechtlichen Maßnahmen* sticht zunächst die neue Taxonomie der EU-Kommission negativ hervor. Mit dieser regulatorischen Maßnahme wird – wie weiter vorn bereits dargelegt – ein tiefgreifender Einfluss auf die Finanzierung als klimaschützend bewerteter privater Investitionen ausgeübt. Ordnungspolitisch ist das fatal, denn das Finanzsystem wird damit aus seiner dienenden, ermöglichenden Rolle im ökologischen Strukturwandel faktisch zu einem Instrument politischer Investitionslenkung, mit dem moralische und systemische Risiken reguliert werden sollen.

Dabei ist das Ziel einer »sustainable finance« auch als Grundlage für die Finanzierung eines nachhaltigen Wachstums allgemein akzeptiert. Jede Vertiefung einer europäischen Kapitalmarktunion ist daher willkommen. Im Ergebnis läuft aber die derzeitige Taxonomie der EU darauf hinaus, die private Investitionstätigkeit und damit auch die klimafreundliche Transformation zu erschweren. Denn die davon betroffenen Industrien sind zugleich auf eine kapitalkostenintensive Infrastruktur als auch auf neue Schlüsseltechnologien angewiesen, die derzeit weder skalierbar noch wettbewerbsfähig sind. Der Kapitalmarkt als Quelle für Investitionen in eine klimafreundliche Transformation wird damit unnötig ausgedünnt. Im Gegenzug steigt der Bedarf an staatlicher Kofinanzierung. Dies ist angesichts der vielfachen Berechnungen über den Investitionsbedarf auf dem Weg zur Klimaneutralität hochproblematisch[462]. Die EU ist deshalb gut beraten, bei ihrer Arbeit an einer Vielzahl von parallelen und sich überschneidenden Gesetzgebungsverfahren zum Thema nachhaltige Transformation darauf zu achten, dass sich die Berichterstattungspflichten für die beteiligten Kreditinstitute und Unternehmen in betriebswirtschaftlich funktionalen Grenzen halten können. Zu viel Ex-ante-Regulierung schadet – wie bei der KI – auch bei der Kapitalmarktfinanzierung der ökologischen Transformation.

Günstiger, aber doch kritischer als bei den verursachergerechten Instrumenten fällt die Beurteilung eines weiteren ordnungsrechtlichen Eingriffs aus: Bei der rechtlichen Ermöglichung von CO_2-Entnahmen durch Carbon Dioxide Removal (CDR) und von CO_2-speichernden Technologien des Carbon Capture and Storage (CCS) bzw. Carbon Capture and Utilization (CCU) ist zuletzt einiges in Bewegung geraten. Das ist zu begrüßen, denn es war jahrelang aus politischen Gründen tabuisiert, etwa über negative Emissionen nachzudenken. Im August 2023 hat dann das BMWK die CCU/CCS-Technik erstmals als »Baustein« seiner weiterentwickelten Strategie vorgestellt. Damit ist der Möglichkeitsraum der Klimapolitik über die beiden Alternativen Vermeidung von CO_2 oder die Substitution fossiler durch erneuerbare Energieträger hinaus auch auf ein Carbon Management für »unvermeidbare bzw. schwer vermeidbare« CO_2-Emissionen ausgeweitet worden. Im Februar 2024 wurden in Anerkennung der Tatsache, dass »wir ohne CCS unmöglich die Klimaziele erreichen können«, Eckpunkte einer Carbon Management Strategie vorgelegt.

Dieser Schritt war von Wissenschaftlern schon lange mit Blick auf die Erkenntnis gefordert worden, dass es »trotz aller Anstrengungen selbst nach 2045 noch Emissionen geben wird, die nicht durch die bislang verfügbaren oder sich in Entwicklung befindlichen Technologien vermieden werden können«[463]. Auch nach dem IPCC-Sachstandsbericht zur Minderung des Klimawandels werden Negativemissionen benötigt, um die Erderwärmung auf 1,5 bzw. 2 Grad Celsius zu begrenzen. Das für diesen Temperaturpfad erforderliche Ziel der Netto-Null-Emissionen kann aber nur dann erreicht werden, wenn negative Emissionen die in manchen Bereichen – wie etwa der Landwirtschaft und energieintensiven Industrien – unvermeidbaren Emissionen ausgleichen können. Klar ist aber auch, dass die ökologischen Effekte von Negativemissionen ganz maßgeblich davon abhängen, welcher Entzugsweg gewählt wird. Anders als CDR sind CCU und CCS keine Entnahmetechnologien, aber sie könnten zum Teil eines Kohlenstoffkreislaufs werden. Die Gesamtbilanz von CCU/CCS kann daher selbst im Fall des Einsatzes von CO_2 aus der Luft oder aus Biomasse bestenfalls CO_2-neutral sein, aber nicht CO_2-negativ[464].

Alles in allem ist das zögerliche Herantasten an die CCS/CCU-Technologie durchaus nachvollziehbar, bleibt es doch im Kern eine nachsorgende und auch je nach Interventionsform ökologisch umstrittene Maßnahme. Sie wird daher nur als Ergänzung, nicht als Alternative zur entschiedenen Bepreisung und Senkung der Treibhausgasemissionen fungieren können. Unter Effizienzgesichtspunkten schneidet sie nicht besonders gut ab, weil sie sehr teuer und energieaufwändig ist. Bei fossilen Kraftwerken kann CCS zwar die CO_2-Emissionen mindern, aber nicht auf Null bringen. Durch den beschlossenen Ausstieg aus der Kohleverstromung verliert sie zudem eine weitere Begründung. Der Ausbau erneuerbarer Energien ist demgegenüber deutlich im Kostenvorteil, der über die Zeit auch noch größer werden dürfte[465]. Dennoch will nun auch die EU im Zuge ihres Ziels, den Treibhausgasausstoß innerhalb des nächsten Jahrzehnts um 90 Prozent gegenüber dem Jahr 1990 zu vermindern, mit der Speicherung und Abspaltung von CO_2 durch CCS-Techniken beginnen, vor allem im Verkehrs- und im Agrarsektor.

Der Gedanke der Negativemissionen verweist aber noch auf eine weitere zentrale Frage einer zukünftigen systematischen und stärker marktbasierten Klimapolitik, die auch weiterhin industrielle Wertschöpfung ermöglichen soll. Dabei geht es um die Bedeutung negativer Emissionen im Rahmen eines industriellen Kohlenstoffmanagements. Der Europäische Klimabeirat (ESABCC) spricht sich klar dafür aus, die schädlichen Subventionen für fossile Brennstoffe, die sich EU-weit auf 50 Mrd. Euro pro Jahr belaufen, in allen Sektoren nach und nach abzuschaffen. Im Gegenzug sollten die Produzenten von Negativemissionen, die natürliche oder technische Kohlenstoffsenken bereitstellen, dafür entgolten werden und damit Geld verdienen können. Profitieren könnten davon etwa Forstbetriebe, die Bauholz anbauen, das Zement ersetzt, oder Anbieter, die atmosphärisches CO_2 für synthetische Kraftstoffe nutzen. Die Bepreisung von Emissionen und die Entgelte für die negativen Emissionen im Rahmen eines Kohlenstoffmanagements könnte dabei über eine Klima-Zentralbank erfolgen. Eine europäische CO_2-Zentralbank könnte die Glaubwürdigkeit eines langfristig ausgerichteten Emissionshandels erhöhen und auch gegen Schwankungen des CO_2-Preises absichern, wie sie auch aktuell zu beobachten sind[466].

Ergänzt werden könnte das industrielle Kohlenstoffmanagement durch Preissignale auch für einen Übergang von einer linearen, extrahierenden Wirtschaft mit schnelllebigen Gütern zu einer zirkulären, auf Stoffkreisläufe setzenden Ökonomie. Dadurch könnte das bereits von der Bevölkerung gelernte Recycling um ein Upcycling ergänzt und damit nicht mehr am Ende, sondern am Anfang einer Stoffkette angesetzt werden[467]. Dies schließt ausdrücklich mit ein, z. B. auch Wärme künftig wie einen Rohstoff zu behandeln. Wichtig ist dabei auch die Perspektiverweiterung, dass ein kohlenstoffarmes Energiesystem zwar viel weniger fossile Brennstoffe, aber viel mehr von anderen Mineralien und Metallen benötigen wird. Nach neueren Erkenntnissen gibt es aber ausreichende Quantitäten der meisten Materialien, um die Stromsysteme zu dekarbonisieren. Einschränkend ist aber anzumerken, dass diese Berechnungen bisher nur die Materialien für kohlenstoffarmen Strom umfassen und Elektrofahrzeuge oder andere Branchen davon bisher noch nicht abgedeckt sind[468].

Damit bleibt als dritter und bisher in der Akzeptanz von Politik, Bevölkerung und Wirtschaft populärste Strang der Maßnahmen der Klimapolitik die *öffentliche Subventionierung* der klimapolitischen Anpassungen. Insbesondere nach dem Urteil des Bundesverfassungsgerichts im November 2023 und den sich daraus ergebenden Anpassungsbedarfen in den öffentlichen Haushalten und namentlich dem Klima- und Transformationsfonds haben aber die Verteilungskämpfe um knapp gewordene öffentliche Mittel deutlich an Schärfe gewonnen: »Es ist richtig: Nicht mehr alle Kosten, die die Krise ausgelöst hat, können übernommen werden« (Robert Habeck)[469]. Nachdem die ganze Komplexität des deutschen Energiemarktes und die Tiefe und Breite der lenkenden Eingriffe zuletzt im November 2023 mit der Einigung auf ein Strompreispaket noch einmal sehr deutlich geworden ist, sind im Gefolge der Haushaltsbeschlüsse schon zu Jahresbeginn 2024 weitere politische Konfliktherde entstanden:

- In der Fernwärmeversorgung ist nach einer Erhebung des Verbraucherzentrale Bundesverbandes mit einem raschen Kostenanstieg zu rechnen, weil die Energiepreisbremsen mit Beginn des neuen Jahres ausgelaufen sind.
- Bei der Förderung der Ökostromerzeugung zeichnet sich nach dem Wegfall der EEG-Umlage eine deutliche Finanzierungslücke von nach Auffassung der Netzbetreiber knapp 8 Mrd. Euro zur Finanzierung der EEG-Vergütung ab. Bisher erhalten die vier Übertragungsnetzbetreiber von Wind- und Solaranlagen widersinnigerweise eine feste Vergütung: Wenn sie an der Strombörse weniger Einnahmen erzielen, wird ihnen die Differenz aus dem Staatshaushalt erstattet.

- Laut dem Energieverband BDEW kostete die Kilowattstunde Strom für Haushalte im Frühjahr 2024 inklusive aller Aufschläge knapp 46 Cent, Gas dagegen nur knapp 14 Cent. Diese Entwicklung hin zu günstigeren Gaspreisen, aber höheren Strompreisen hat zu einem Einbruch bei der Umrüstung auf Wärmepumpen geführt. Die Strompreise haben sich zudem in Europa zu einer »verdeckten Industriepolitik« mit unterschiedlichen Subventionsstrategien in den Ländern entwickelt[470].
- Nach dem Eckpunktepapier der Bundesnetzagentur zur Weiterentwicklung der Kosten- und Anreizregulierung im Strom- und Gasbereich sind bis zum Jahr 2030 Investitionen im »niedrigen dreistelligen Milliardenbereich« allein durch die Verteilnetzbetreiber erforderlich. Dabei soll die Entgeltregulierung, die sich über die Jahre »zu einem dem Steuerrecht vergleichbaren Regelungsdickicht entwickelt hat«, insgesamt schneller und einfacher und vor allem weniger bürokratisch werden. Aktuell produziere das System »Kosten durch Langsamkeit«[471].
- Im Februar 2024 gab es eine erste Einigung auf eine Kraftwerkstrategie der Bundesregierung, mit der ein Rahmen für Investitionen in neue wasserstofffähige (H2-ready) Gaskraftwerke mit 10 Gigawatt Leistung geschaffen werden soll. Die damit verbundenen Fragen eines überfälligen neuen Strommarktdesigns müssen aber im Sommer 2024 erst noch geklärt werden[472].

Diese Beispiele verdeutlichen noch einmal die Ambivalenz der bisherigen tiefen Eingriffe in den Energiemarkt in ihrer Mischung aus Regulierung und staatlichen Subventionen. Deutlich geworden ist aber spätestens mit der aktuellen Haushaltskrise auch, wie teuer die Defossilisierung und Dekarbonisierung eines großen Industrielandes schon bisher ist und noch weiter sein wird. Das straft gleichzeitig alle früheren Einlassungen Lügen, wonach »die Sonne keine Rechnung schickt« und die Energiewende den Durchschnittshaushalt im Monat »nicht mehr als eine Kugel Eis« kosten werde[473]. Zudem erhöht – politisch gewollt – der endgültige Ausstieg aus der Kernkraft und aus der Kohle die Kosten zusätzlich. Deutschland wählt damit international gesehen einen Sonderweg, der sich als sehr ambitioniert und auch als überaus kostspielig erweist. Angesichts der schon zitierten Investitionsbedarfsschätzungen für die weiteren Modernisierungsschritte sind daher weitere Belastungen für Verbraucher und Wirtschaft programmiert. Sichtbarster Ausdruck dafür ist die Anhebung des CO_2-Preises bereits ab Jahresbeginn 2024 auf 45 Euro je emittierter Tonne CO_2.

Drei abschließende Erkenntnisse aus der Forschung bergen das Potenzial für mehr Effizienz und Effektivität des mit den zusätzlichen CO_2-Einnahmen möglichen Mitteleinsatzes:

- Die USA fördern im Rahmen des IRA auf sehr effektive Weise Investitionen in die grüne Transformation und vertrauen dabei auf die Kraft der privaten Investitionen. Sie setzen auf der Inputseite von Technologien und nicht regulatorisch auf der Produkt- und Nutzungsseite an. »Hier schreibt keiner vor,

wann wie welche Heizung getauscht werden muss. Es wird nur staatlich so gefördert, dass die Leute sich automatisch für eine grüne Energieform entscheiden«[474].
- Studien für den Bereich der Automobilität bestätigen bisher den Eindruck, dass verschiedene Maßnahmen wie etwa Fahrverbote, Rabatte und Subventionen die CO_2-Emissionen bisher kaum gesenkt haben.
- Evaluationen bezüglich des Kosten-Nutzen-Verhältnisses der ergriffenen Maßnahmen deuten auf sehr hohe Streuverluste hin: »Die CO_2-Vermeidungskosten pro Tonne liegen in etwa bei 1.000 Euro und sind damit relativ hoch – insbesondere im Vergleich mit den Zertifikatskosten im Europäischen Emissionshandelssystem, die bislang nie höher als 105 Euro pro Tonne CO_2 lagen«[475].

Fassen wir auch diesen Abschnitt zusammen: Auf der Basis neuerer Erkenntnisse der Wirtschaftswissenschaften wurden einige Eckpunkte einer marktwirtschaftlichen Klimaordnungspolitik skizziert. Um die hohen Kosten des Nicht-Handelns bei der Verminderung der Umweltbelastung zu vermeiden, muss ganz generell Umweltnutzung verteuert und Umweltentlastung belohnt werden. Die Instrumente dafür sind globale CO_2-Preise und ein umfassender weltweiter Zertifikatehandel für alle emittierenden Sektoren. Klimaclubs und Klimazölle sind unverzichtbar, um gleiche Wettbewerbsbedingungen für ökologisch unterschiedlich ambitionierte Länder zu schaffen. Die Verteuerung der Umweltnutzung kann nicht allein auf Unternehmen beschränkt werden, sondern muss auch und vor allem private Haushalte betreffen. Ordnungsrechtliche Maßnahmen sind sparsam einzusetzen, aber erforderlich, wenn es um die Genehmigung neuer Technologien für negative Emissionen und um die Steuerung eines industriellen Stoffstrommanagements geht.

Die EU-Taxonomie erschwert die Mobilisierung einer nachhaltigen Finanzierung (»sustainable finance«) von Umweltinvestitionen und Start-ups aus privaten Quellen und erhöht im Gegenzug den Finanzierungsbedarf aus öffentlichen Mitteln. Richtschnur für die Wahl bestimmter fiskalischer staatlicher Anreize sollte angesichts der hohen Schadensvermeidungskosten bisheriger Maßnahmen stets eine Grenzkostenbetrachtung sein: »Wo ist die Minderung der Emissionen am kostengünstigsten? Wie hoch sind Vermeidungskosten, Opportunitätskosten und die jeweiligen Zahlungsbereitschaften bei Haushalten und Unternehmen?«[476] Nötig ist daher auch in der Klimapolitik deutscher Provenienz mehr wohlfahrtstheoretisch fundiertes Denken in Opportunitätskosten: Zu jedem Zeitpunkt eines bestimmten klimapolitischen Handelns muss berücksichtigt werden, wie die eingesparten Ressourcen durch unterlassene klimapolitische Aktivitäten in anderen Politikfeldern wohlfahrtssteigernd eingesetzt werden kann. Dies gilt ganz besonders für die mit einem zusätzlichen Technologieeinsatz winkende doppelte Dividende aus Klimaschutz und Wirtschaftswachstum. Daran sollte sich eine verantwortliche und technologieoptimistische Gestaltung klimaschonender Maßnahmen stets messen lassen.

Der befähigende Staat: Daseinsvorsorge statt Daseinsfürsorge

»Dagegen lässt sich mit Sicherheit behaupten, dass ein Hang, zu viel zu regieren, ein gewisses Anzeichen von Unwissenheit und Tollkühnheit ist«.
(Robert Thomas Malthus)

»Die Bundesrepublik Deutschland ist ein demokratischer und sozialer Bundesstaat« – so lautet der erste Absatz des Artikels 20 des deutschen Grundgesetzes. Kernaufgaben eines sozialen Bundesstaates sind neben der inneren und äußeren Sicherheit, der Bildung und Ausbildung junger Menschen, der Grundlagenforschung und der Förderung der Wissenschaften auch die Herstellung gleichwertiger Lebensverhältnisse und die Absicherung der Bürger gegen die großen Lebensrisiken Alter, Arbeitslosigkeit, Krankheit und Wohnungslosigkeit. Viele dieser unstrittigen Staatsaufgaben sind im umstrittenen Konstrukt der Daseinsvorsorge grundgelegt. Ursprünglich von Ernst Forsthoff als Weiterung der staatlichen Eingriffsverwaltung zu einer staatlichen Leistungsverwaltung entwickelt, definierte er den Begriff der Daseinsvorsorge »als diejenigen Veranstaltungen, die zur Befriedigung des Appropriationsbedürfnisses getroffen wurden«[477]. An anderer Stelle formulierte er: »Der Begriff der Daseinsvorsorge sollte und soll dazu dienen, in den leistenden Funktionen des modernen Staates, soweit er nicht rein fiskalisch handelt, ein öffentlich-rechtliches Element aufzuweisen und damit zugleich das *Grundverhältnis des einzelnen zum Staat* (Hervorh. d. Verf.) den Gegebenheiten entsprechend neu zu bestimmen«.

Kaum ein anderes Konstrukt hat eine solche breite Rezeption in der Begründung von staatlicher Zuständigkeit gefunden. Das liegt auch an der konkreten Unbestimmtheit der »Appropriationsbedürfnisse«, die natürlich ihrem Wesen nach praktisch unbegrenzt sind. Auch sozialstaatstheoretisch interessant ist, wie das ursprüngliche Konzept der Daseinsvorsorge sukzessive zu einer umfassenden staatsrechtlichen Begründung des Sozialstaates avanciert ist. Forsthoff hatte es seinerzeit aus einer konservativen Perspektive heraus entwickelt, weil er Industrialisierung, Urbanisierung und Technikentwicklung sehr kritisch sah. Genau diese und andere neu hinzugekommenen Triebkräfte von Veränderungen werden aber heute meist als Begründung für stets weiterreichende Forderungen nach daseinsvorsorgenden staatlichen Aktivitäten herangezogen. »Die ›Daseinsvorsorge‹ war seinerzeit die konservative Antwort auf die Herausforderungen, denen heute etwa die Sozialdemokratie mit der Idee des Sozialstaates begegnete«[478]. Der heutige Sozialstaat ist mithin ohne die frühere Begründung für eine staatliche Daseinsvorsorge nicht mehr zu denken.

Doch dies ist noch nicht die ganze staatsrechtliche Geschichte einer Begründung eines befähigenden Staates. Der Staats- und Verwaltungsrechtler Ernst-Wolfgang Böckenförde formulierte 1964 das sog. ›Böckenförde-Diktum‹: »Der freiheitliche, säkularisierte Staat lebt von Voraussetzungen, die er selbst nicht garantieren kann. Das ist das große Wagnis, das er, um der Freiheit willen, eingegangen ist. Als freiheitlicher Staat kann er einerseits nur bestehen, wenn sich die Freiheit, die er seinen Bürgern gewährt, von innen her, aus der moralischen Substanz des einzelnen und der Homogenität der Gesellschaft, reguliert«[479]. Dies ist eine erkennbar andere Staatsbegründung als jene der Daseinsvorsorge. Für Böckenförde war die Entstehung des Staates im Kern ein Vorgang der Säkularisation, mit dem auch ein Bedeutungsverlust und eine abnehmende Bindungskraft der Religion und der Kirche als Armenfürsorge verbunden war. In dieses Vakuum eines schwindenden Religionsfundaments hinein könne dann eine Staatlichkeit wirken, weil der Staat Verantwortung »für die Erhaltung gesellschaftlicher Freiheit« trage, wozu »in einem gewissen Umfang auch die Garantie der sozialen Voraussetzungen zur Realisierung der Freiheit« gehöre[480].

An diesem kurzen dogmengeschichtlichen Exkurs wird schnell deutlich, dass der Abstraktionsgrad der großen Staatstheorien hinreichend groß ist, um für die konkrete Ausgestaltung praktischer Daseinsvorsorge entweder jede oder aber auch gar keine operative Handhabe bieten zu können. Im heutigen Verständnis umfasst Daseinsvorsorge die »Bereitstellung und die Sicherung des allgemeinen und diskriminierungsfreien Zugangs zu existentiellen Gütern und Leistungen für alle Bürger auf der Grundlage definierter qualitativer und quantitativer Standards.« Dazu gehören beispielsweise Abwasserentsorgung, Wasserversorgung, Bildung, Energieversorgung, Gesundheit, Kultur, öffentliche Sicherheit, Post, Telekommunikation, Verkehr und Wohnungswirtschaft[481]. Eine statistische Erfassung über alle föderalen Ebenen hinweg – sozusagen ein Daseinsvorsorgebudget – gibt es bisher nicht, wäre aber eine eminent wichtige Informationsquelle. Aber der »Kanon« der Daseinsvorsorge verdeutlicht, dass es hier ganz besonders um eine kommunale Verantwortung und Zuständigkeit geht. Die jährlichen Einschätzungen der Kämmerer über die Gewährleistung der einzelnen Kategorien zeichnen damit auch ein differenziertes Bild über den wahrgenommenen Zustand der kommunalen Daseinsvorsorge in ihren verschiedenen Ausprägungen (▶ Dar. 24).

Deshalb ist es von einer unstrittigen Aufgabenzuweisung an staatliche Instanzen bis zur Debatte um deren konkrete Ausgestaltung nur ein denkbar kurzer Weg. In diesem argumentativen Ringen ist daher Position zu beziehen. Nach den oben vorgestellten vier »Reitern der Ertüchtigung« würde eine konkrete Aufgabenzuweisung an den Staat sowie seine föderalen und parafiskalischen Gliederungen auf der Basis von Eigenverantwortung, Priorisierung, Effizienz und Resilienz in weiten Teilen deutlich anders aussehen als in stärker etatistischen und ausgabefreudigen Konzepten eines starken Staates. Pointiert formuliert sollte *Daseinsvorsorge* deshalb nicht *Daseinsfürsorge* und auch nicht *Dortseinsvorsorge* bedeuten: Vorsorge kann natürlich Fürsorge bedeuten, muss es aber nicht, denn das zitierte Sozialstaatspostulat des Grundgesetzes deckt die Fürsorgebedarfe schon umfassend ab. Auch räumlich gesehen kann Daseinsvorsorge nicht so weit interpretiert werden, dass sie auf jeden Fall auch eine Dortseinsvorsorge einschließt. So kann es etwa keinen Anspruch eines jeden Bürgers auf eine ÖPNV-Erschließung eines jeden Ortes in Deutschland geben[482].

Diese beiden kategorialen Eingrenzungen sind bedeutsam, weil sie die staatliche Selbstverpflichtung zur Daseinsvorsorge vor einer Überforderung zu bewahren helfen. Angesichts der in Deutschland heute bereits erreichten Staats-, Steuer-,

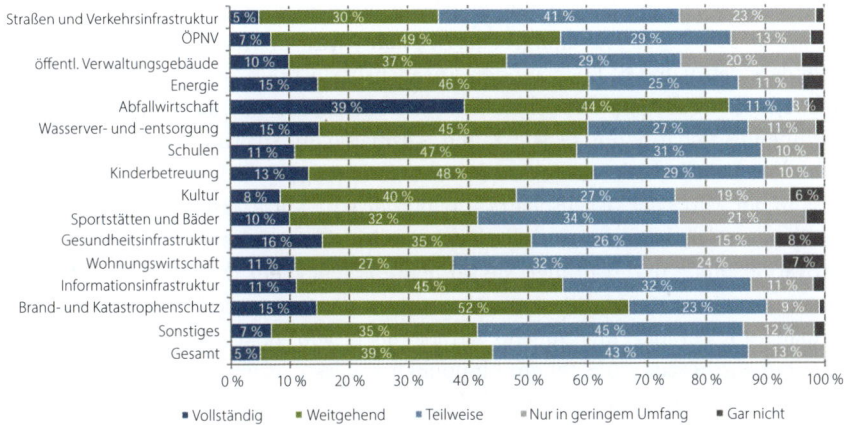

Dar. 24: Einschätzungen zum Unterhalt kommunaler Daseinsvorsorge in Prozent aller Antworten (Quelle: KfW-Kommunalpanel 2023, Frankfurt 2023, S. 13)

Abgaben- und Sozialleistungsquoten ist schon jede bestehende Maßnahme der Daseinsvorsorge auf ihre Wirksamkeit zu überprüfen. Jede neue Maßnahme ist sogar im strikten Sinn begründungspflichtig. Dies gilt besonders vor dem Hintergrund einer schon jahrzehntelangen Diskussion über einen »überforderten« oder »erschöpften« Staat, die inzwischen Bibliotheken füllt und auch schon Titel eines SPIEGEL-Artikels aus dem Jahr 1979 war: »Für die Industriegesellschaften der Gegenwart, die im ständigen Sprachgebrauch merkwürdigerweise das Epitheton »modern« führen, als hätten sie etwas mit Mode zu tun und nicht mit technisch-zivilisatorischem Umbruch, ist die Überforderung staatlicher Institutionen kennzeichnend«. Diese rund 45 Jahre zurückblickende Einschätzung ist lehrreich, zeigt sie doch die Zeitinvarianz bestimmter Themen und Wahrnehmungen und macht zugleich skeptisch gegenüber der empirischen Treffgenauigkeit zeitgeschichtlicher Diagnosen[483].

Daseinsvorsorge muss daher dem Wesen nach konzentriert werden auf die Kernanforderung, die Bürger zum Tätigsein und zur Aktivität, zur »vita activa« im Sinne von Hannah Arendt, zu befähigen. Anders als bei einer auf Bedarfs- oder Verteilungsgerechtigkeit zielenden Politikgestaltung geht es dabei vor allem um die Schaffung und Verteilung von Möglichkeiten und Fähigkeiten. Befähigung und Aktivierung von Menschen sind eine bessere Begründung für eine daseinsvorsorgende staatliche Aktivität als die vielfach im politischen Raum vorherrschende Ausdeutung des Wesens von sozialer Gerechtigkeit. Befähigende und aktivierende Maßnahmen der Daseinsvorsorge schaffen Voraussetzungen für Teilhabe. Sie setzen damit auf der Entstehungsseite und nicht auf der Ergebnisebene daseinsvorsorgender Leistungen an. Daseinsvorsorge ist mehr als Daseinsfürsorge, weil sie die Eigenverantwortung anders als die Daseinsfürsorge nicht suspendiert. Daher ist der

Gedanke einer befähigenden Daseinsvorsorge auch richtungsgebend, wenn es um das politische Ziel der Herstellung gleichwertiger Lebensverhältnisse geht.

Dass diesbezüglich Handlungsbedarf besteht, wird in einem Wahljahr wie 2024 besonders deutlich. Mit Blick auf den Ansehensverlust der Ampelkoalition und den Aufstieg der rechtspopulistischen AfD in Deutschland hat sich eine an Schärfe gewinnende Debatte um Existenz und Ausmaß von Spaltungstendenzen in der deutschen Gesellschaft entwickelt. So diagnostiziert etwa das SINUS-Institut einen »Riss in der Mitte der Gesellschaft«. Die bürgerliche Mitte, lange Zeit stabilisierendes Element der deutschen Gesellschaft, erweise sich zunehmend als verunsichert, innovationsmüde und bedrängt, sie sei heute »nicht mehr das aufstiegsorientierte Milieu von einst. Heute gilt eher: Wir müssen die Ressourcen zusammenhalten«. Permanente Veränderungsappelle gerade auch von politischer Seite forderten diese Milieus heraus. 2015 sei ein Kipppunkt gewesen: »Von da an haben wir nicht mehr von der reinen bürgerlichen Mitte gesprochen. Der bürgerliche Kern wurde stark nostalgisch, wollte festhalten, was er hat.« Veränderungsdruck und »das Gefühl, alles wird verboten« hätten zu Verhärtungen geführt: »Man darf nichts mehr sagen, nicht mehr essen, was man immer gegessen hat«[484].

Populäre Veröffentlichungen wie Dirk Oschmanns »Der Osten – eine westdeutsche Erfindung« scheinen auf tiefgreifende Polarisierungstendenzen hinzuweisen[485]. Doch die wissenschaftliche Befundlage zur Polarisierungsthese spricht eher eine andere Sprache. Der »Erste Zusammenhaltsbericht« des Forschungsinstituts Gesellschaftlicher Zusammenhalt konstatiert: »Die deutsche Gesellschaft ist weit davon entfernt, in vollständig separierte ›Blasen‹ gespalten zu sein«. Es gebe aber eine Tendenz zur Segregation und einen eigenständigen Zusammenhang zwischen homogenen sozialen Netzwerken und zusammenhaltsrelevanten Werthaltungen, Einstellungen und Erfahrungen. Die stärkste Tendenz zur Netzwerksegregation findet sich demnach unter AfD- sowie Grünen-Wählern, außerdem jeweils unter hochgebildeten, muslimischen sowie ländlichen Bevölkerungsgruppen. Grundlegende soziale und räumliche Ungleichheiten sorgten dafür, dass die Gelegenheiten für alltägliche soziale Begegnungen beispielsweise in Nachbarschaften, Vereinen, Schulen oder im Arbeitsumfeld sozial vorgefiltert seien. Hinzu kommt noch ein eigenständiger GenZ-Effekt, wonach junge Frauen relativ stärker links, junge Männer relativ stärker rechts wählten[486].

Auch in einer großangelegten Studie über Triggerpunkte konnte die Hypothese einer durchgängig zunehmenden Spaltung der Gesellschaft nicht bestätigt werden: »Wir leben in einer emotional aufgewühlten Gesellschaft mit vielen neuen Konflikten. Wir haben radikale Ränder. Aber deshalb ist unsere Gesellschaft noch nicht gespalten. Die meisten Leute gruppieren sich in der breiten Mitte. [...] Es gibt eine ›Spaltung in den Köpfen‹ oder eine ›gefühlte Polarisierung‹, die das tatsächliche Auseinanderdriften der Gesellschaft überbetont. Die Menschen sind bei vielen Themen näher beieinander und weniger kompromisslos, als man angesichts der öffentlichen Debatten meinen könnte. Statt einer Spaltung in der Mitte haben wir eine Radikalisierung des Randes«[487]. Manchmal würden Konflikte auch gesellschaftlich hergestellt. So sei ein grundlegender Konflikt Alt-Jung oder ein Stadt-Land-

Konflikt nicht belegbar. Einzig das Thema Migration habe seit 2015 deutlich an Sichtbarkeit und Relevanz gewonnen.

Diese soziologischen Befunde könnte man auch als einen Erfolg der bisherigen Politik werten. Sie sieht sich dem Ziel der »gleichwertigen« – seit der Grundgesetzänderung 1994 nicht mehr: »einheitlichen« – Lebensverhältnisse verpflichtet, die von großer Bedeutung für die gesellschaftliche Akzeptanz von Veränderungen sind. Die Angleichung der Wirtschaftskraft in Deutschland erfolgt seit der Jahrtausendwende weitgehend kontinuierlich. Mit Blick auf die Infrastruktur, die Stadt- und Dorfbilder, die Wohnverhältnisse, die Umwelt und die Gesundheitsversorgung ist eine überwiegend positive Entwicklung zu konstatieren, wie die diversen Jahresberichte der Bundesregierung zum Stand der deutschen Einheit und auch der letzte Raumordnungsbericht 2021 belegen. Die einfachen Unterscheidungen zwischen Stadt-Land oder Ost-West greifen häufig zu kurz, aber auch neue Muster (Nord-Süd) sind nicht trennschärfer. Zudem haben Wanderungsprozesse vielfach zu einer Art »passiver Sanierung« geführt. Es gibt inzwischen keine sich selbst verstärkende Abwärtsspirale zwischen Regionen mehr. Insofern sollte mit dem Begriff der »abgehängten Region« sparsam umgegangen werden.

Dazu steht nicht im Widerspruch, dass Regionen heterogener werden. Auch Lohnunterschiede zwischen den Regionen (»urban wage premia«) scheinen größer geworden zu sein scheinen, weil »top workers« und »top firms« zueinander finden und sich auch noch räumlich in Agglomerationen konzentrieren. Im Gegensatz dazu dominiert das demografische Problem in einer ganzen Reihe von Regionen, vor allem wegen der Zunahme der Älteren und der Abnahme der erwerbsfähigen Bevölkerung. Der Baby-Boomer-Übergang beginnt allmählich. Eine »ausgefallene Generation« in manchen Regionen mit hoher Abwanderung in der Vergangenheit erlebt nach und nach einen demografischen Echoeffekt. Allerdings gibt es durch Veränderungen am Wohnungsmarkt, den Trend zum Homeoffice wie auch durch die steigende Bedeutung von Umweltqualitätsindikatoren und weichen Standortfaktoren für Siedlungsentscheidungen wieder eine Gegenbewegung. Die meisten großen Städte verlieren inzwischen durch Binnenwanderung Bevölkerung an das direkte Umland, wobei viele Familien zu den Abwandernden gehörten. Auch periphere und ländliche Regionen können ein optimistisches Lebensgefühl vermitteln und über eine hohe Lebens -und Wohnortzufriedenheit verfügen[488].

Zugespitzt könnte man daher formulieren: Auch nicht einheitliche Lebensverhältnisse können offenbar gleichwertig sein. Dennoch bleibt die Gleichwertigkeit der Lebensverhältnisse in allen Regionen Deutschlands ein wichtiges Ziel der Regionalpolitik. Deshalb müssen finanzielle Ressourcen vorrangig so eingesetzt werden, dass in allen Regionen gleichwertige Entwicklungschancen bestehen können. Regionalpolitik muss dann vor allem Raumordnungspolitik sein. Vor allem eine breit verstandene physische und digitale Daseinsvorsorge muss noch deutlich stärker als in der Vergangenheit auf die Sicherung von infrastrukturellen Mindeststandards abstellen, statt primär regionale Kaufkraftumverteilung zu betreiben. Güter und Dienstleistungen, die zur Daseinsvorsorge gerechnet werden, sollten zwar die gleichen Funktionen erfüllen, müssen aber nicht überall dieselbe Form haben, um ein bestimmtes in der Kommune als Minimum definiertes Versorgungsziel erreichen zu können.

Insbesondere vor dem Hintergrund einer sehr unterschiedlichen Bevölkerungsstruktur und -dichte in Deutschland sollten deshalb Mindeststandards in der Daseinsvorsorge nicht wie bisher als Inputkategorie gedacht werden, sondern sich vielmehr auf den Outcome konzentrieren. Für eine Weiterentwicklung der Regionalpolitik zu einer stärkeren Förderung ländlicher Räume bedarf es daher einer raumorientierten Vorfahrtsregel für die Potenzialfaktoren wirtschaftlicher Entwicklung: Gründungen, Innovationen, Patente, Schulen, Hochschulen, Fachkräfteversorgung und Infrastrukturen. Ein solches erneuertes Leitbild der Regionalpolitik auch für den ländlichen Raum nimmt die Stärkung der Wirtschaft, die Stadt- und Dorfentwicklung und die Angebote für Familie, Bildung, Mobilität, Kultur etc. gleichermaßen in den Blick. Dieser ist aber näher auf die Bedarfe der Bürger als auf eine übergemeindliche Planung gerichtet. Ein höherer Infrastrukturanteil und ein breiterer Infrastrukturbegriff, der auch die Wissensinfrastruktur einbezieht, sollten damit den Kern von daseinsvorsorgender Regionalpolitik ausmachen[489].

Von entscheidender Bedeutung für dieses Leitbild ist die Qualität der technischen und sozialen Infrastruktur in den Nahräumen der Bürger. Eine bisher oft als umverteilend wahrgenommene Regionalpolitik – und hier kann an die Überlegungen zur Industriepolitik angeschlossen werden – muss eine zusätzliche infrastrukturelle Fundierung erhalten und Regionen dazu befähigen, Wachstumskerne zu entwickeln. Die Bundesregierung will mit ihrer Neuausrichtung der regionalen Förderpolitik (Gemeinschaftsaufgabe »Verbesserung der Regionalen Wirtschaftsstruktur«, GRW) daher richtigerweise Ziele wie Produktivitätssteigerung, Digitalisierung, Fachkräftesicherung, Breitbandversorgung und unternehmerischen Aktivitäten bei Forschung und Entwicklung als Eckpunkte eines neuen Fördersystems für strukturschwache Regionen stärken. Die frühere Ausrichtung vorwiegend auf die Schaffung von Arbeitsplätzen verliert mit der guten Arbeitsmarktlage auch vieler ehemals strukturschwacher ländlicher Regionen absehbar an Bedeutung. Stattdessen verknappt der demografische Wandel Arbeitskräfte in den ländlichen Räumen. Die stärkere Berücksichtigung demografischer Faktoren im GRW-Fördersystem ist auch deshalb zu begrüßen.

Die digitale Infrastruktur und die zunehmende Entwicklung und Nutzung von Künstlicher Intelligenz als »general purpose technology« sind dabei derzeit wohl die zentralen Faktoren raumwirtschaftlicher Entwicklung, auch und gerade in ländlichen Regionen. Sie stellen daher eine klare öffentliche Vorleistungsverpflichtung dar, denn die klassischen Infrastrukturträger und die administrative Infrastruktur sind zunehmend »Follower« der digitalen und KI-basierten Infrastruktur. Nach der skandalösen langjährigen deutlichen Zielverfehlung bei flächendeckender 50Mbit/s-Versorgung und der unterschiedlichen Entwicklung beim Breitbandinternet trotz ähnlicher Ausgangsniveaus ist es daher nun umso wichtiger, die Versorgungsniveaus (90, 99, 100 Prozent) und die Standards (50 Mbit/s oder Glasfaserkabel) rasch zu sichern. Beim Schienennetz ist die Sanierung energisch voranzutreiben, die faktische Halbierung der Gleisanschlüsse seit dem

Jahr 2000 bei stark wachsendem Verkehrsaufkommen noch einmal zu überdenken.

Für eine effektivere Daseinsvorsorge ist eine Reform der Deutschen Bahn an Haupt und Gliedern überfällig. Eine Fortschreibung der desaströsen Performance des Jahres 2023 darf es nicht mehr geben. Reformen »im bestehenden System« sind nicht ausreichend. Die bestehenden Regulierungsinstrumente für eine Qualitätssicherung sind unzureichend. Daher muss es eine »Reform am System« mit zwei grundsätzlichen Optionen geben: Zum einen ist die vielfach geforderte Trennung von Netz und Betrieb auf den Weg zu bringen. Zehn Mrd. Euro zahlt der Bund laut Bundesrechnungshof heute pro Jahr allein für die Eisenbahninfrastruktur; der Konzern selbst trägt nur 1,1 Mrd. Euro bei. Die Monopolkommission empfiehlt daher zu Recht eine eigentumsrechtliche Trennung der Eisenbahninfrastruktur vom restlichen DB-Konzern. Erst bei einer eigentumsrechtlichen Trennung hat der Infrastrukturbetreiber ein Interesse daran, dass die Infrastruktur bestmöglich ausgelastet ist und dass deshalb auch die Qualität der Infrastruktur steigt. Da die Schieneninfrastruktur ein natürliches Monopol darstellt, ist zudem auch im jetzigen Modus eine wirksame und strikte Anreizregulierung zur Qualitätssicherung erforderlich[490].

Zum anderen ist eine Änderung der Eigentümerstrategie der DB erforderlich. Dem Bundesverkehrsministerium fehlen nach wie vor eine überzeugende Eigentümerstrategie sowie darauf abgestimmte Etappenziele, um die Geschäftstätigkeiten der DB AG sukzessive auf die Interessen des Bundes auszurichten. Der Bundesrechnungshof hatte bereits im Jahr 2019 gefordert, dass der Bund das Bundesinteresse an der DB AG bestimmen und den Konzern daran neu ausrichten sollte. Er hatte dabei die Bundesregierung auch aufgefordert, die Beteiligungen an DB Arriva und DB Schenker zu verkaufen[491]. Unter dem heilsamen Druck des Verfassungsgerichtsurteils zur Schuldenbremse rückt nun nach der koalitionären Einigung über den Haushalt des Jahres 2024 am 13. Dezember 2023 der seit langem geforderte Verkauf der DB Schenker näher. Zudem wird zu Recht auch erwogen, Anteile des Bundes an der Telekom und der Deutschen Post zu veräußern. Diese Bundesbeteiligungen sind schon vielfach kritisiert worden und stehen daher – ohne hier vertieft in eine Privatisierungsdebatte einzusteigen – zu Recht auf der Liste möglicher Veräußerungen von staatlichen Anteilen an ehemaligen Staatsunternehmen.

Neben dieser daseinsvorsorgenden Infrastrukturreform sind schließlich auch noch das deutliche FuE-Intensitätsgefälle von den kreisfreien Großstädten zu dünn besiedelten Landkreisen, die raumbezogene Komplementarität von Hochschulforschung und Unternehmensforschung sowie die um den Faktor 10 größere Patentdichte in kreisfreien Großstädten gegenüber ländlichen Regionen in den Blick zu nehmen. Wissensdiffusion in die Breite ist zwar hoch voraussetzungsvoll. Daher wird es vielfach bei der Konzentration auf die Agglomerationskerne bleiben. Eine aufgestockte steuerliche FuE-Förderung kann aber bei der regionalen Diffusion von Wissen helfen. Patente, Hochschulen und Zuwanderung sind ein wichtiger Attraktivitätsanker und wichtig für den Wissenstransfer in eine Region. Hochschulen mit technischen Schwerpunkten mit besonderem Potenzial können Wissensdiffusion aus den Zentren in die Fläche unterstützen. Aus verschiedenen Perspektiven ergibt sich die Bedeutung der Wissensinfrastruktur in Mittelstädten und auch in ländlichen Räumen. Besonders wichtig in Mittelzentren sind berufliche Schulen und Ausbildungsangebote. Eine funktionierende berufliche Bildung ist für die Zukunftssicherung der Regionen und die Fachkräfteversorgung der regionalen Industrie überaus wichtig.

Alles in allem erweist sich die Digitalisierung als neuer Infrastrukturanker für die Entwicklung in peripheren Regionen. Wichtig sind Datenzugänge und eine digitale Behördeninfrastruktur, damit auch kleinräumliche Strukturen erhalten bleiben können, bessere digitale Versorgungsformen möglich werden und durch digitale Veränderungen auch regulatorische Hemmnisse außer Kraft gesetzt werden können, die bisher Einfluss auf die regionale Arbeitsteilung haben (z. B. Fernbehandlungsverbot). Auch die Möglichkeiten dörflicher Selbstorganisation in schrumpfenden und alternden Regionen können durch digitale Innovationen gestärkt werden. Der Infrastrukturausbau sollte darüber hinaus gerade Subzentren identifizieren, denn diese Orte haben Wachstumspotenzial und wichtige Funktion für die Region. Schließlich kann auch die Pendlerpauschale periphere Regionen stärken, allerdings sind deren möglichen negativen ökologischen Effekte gegenzubuchen.

Zu einer daseinsvorsorgenden Politik gehört in diesem Zusammenhang auch der Umgang mit Leerständen, die insbesondere in ländlichen Regionen eine unmittelbare Folge des demografischen Wandels sind. Trotz eines bis zur aktuellen Baukrise jahrelangen Immobilienbooms gibt es in Deutschland rund 1,6 Mio. leerstehende Wohnungen. Ein erheblicher Teil davon konzentriert sich auf Regionen in Ostdeutschland, aber auch in Rheinland-Pfalz, dem Saarland oder in Nordbayern steigen teilweise die Leerstände[492]. Gleichzeitig erreicht nicht zuletzt in Folge der starken Zuwanderung die Zahl der Wohnungslosen einen neuen Höchststand. In zahlreichen ländlichen Gebieten ist der Leerstand in alten Ortskernen aber nicht nur ein kommunalpolitisches Thema, sondern auch eine denkmalschutzpolitische Herausforderung. Gerade angesichts der demografischen Entwicklungen besteht hier Handlungsbedarf für eine neue Balance zwischen Investitionsbedarfen und -wünschen einerseits und denkmalschutzpolitischen Erwägungen, die sich bisher vielfach in einem Zielkonflikt zueinander befinden.

Eine Reform des Denkmalschutzes ist daher überfällig[493]. Die Abstimmung über Baumaßnahmen zwischen dem Landesamt für Denkmalpflege und den Unteren Denkmalschutzbehörden der Kreise sollte dringend verkürzt werden. Die örtlichen Denkmalämter sollten seltener als bisher die Erlaubnis des Landesamtes einholen müssen. In alten Industriesiedlungen sollte nicht mehr jedes einzelne Haus begutachtet werden müssen, was Zeit und Kosten sparen würde. Künftig sollten die Kommunen selbst über den Abriss von Denkmalen oder deren Veräußerung an Kaufinteressenten entscheiden können. Das bisher sehr zeitraubende Verfahren der Eintragung neuer Denkmale in die Denkmalliste sollte vereinfacht werden. Die Denkmalschutzobjekte sollten in kürzerer Zeit erfasst werden, um rascher Rechtssicherheit zu schaffen. Im Kern sollte gelten: Wenn der Denkmalschutz dazu führt, dass Eigentümer ihre Immobilien zulasten der Anwohner und der Kommunen vernachlässigen, sollten im Sinne der regionalen Entwicklung und der Attraktivität auch ländlicher Regionen staatliche Enteignungsschritte möglich sein, denn es gibt auch eine gemeinschaftsnützliche Sozialpflichtigkeit von Eigentum.

Zusammengefasst votiert dieses Kapitel für eine investive Daseinsvorsorgepolitik, in deren Zentrum die Potenzialfaktoren wirtschaftlicher Entwicklung stehen, mit denen Wachstumskerne herausgebildet werden können: Gründungen, Innovationen, Patente, Schulen, Hochschulen, Fachkräfteversorgung und digitale und analoge Infrastrukturen. Von entscheidender Bedeutung ist die Qualität der technischen und sozialen Infrastruktur in den Nahräumen der Bürger. Mindeststandards in der Daseinsvorsorge sind stets vom Ergebnis her zu definieren, weniger vom finanziellen Input. Vor allem die digitale Infrastruktur und die zunehmende Nutzung von Künstlicher Intelligenz als »general purpose technology« werden mehr und mehr zum Treiber raumwirtschaftlicher Entwicklung. Sie stellen eine klare öffentliche Vorleistungsverpflichtung der Daseinsvorsorge dar. Eine auf raumwirtschaftliche Entwicklung bedachte Daseinsvorsorge muss zudem mehr Menschen zur Teilhabe befähigen, denn sie ist mehr als Daseinsfürsorge, weil sie anders als diese die Eigenverantwortung stärkt.

Arbeit und Bildung: Aufstieg durch Anstrengung

»Erfolg wird nicht daran gemessen, was wir sind, sondern daran, was wir im Vergleich sind zu dem, was wir sein könnten.« (William B. Gothard)

Für die gesamtwirtschaftliche Einkommenssituation und den Zustand der öffentlichen Finanzen ist die Arbeitsmarktentwicklung nach wie vor entscheidend. Drei von vier Menschen im Alter von 25 bis 64 Jahren finanzierten 2023 ihren Lebensunterhalt überwiegend aus eigener Erwerbstätigkeit. Der Staatshaushalt kann nicht gegen den Arbeitsmarkt saniert werden. Vor allem für die Rentenversicherung, aber auch für die anderen beitragsfinanzierten Sozialversicherungen ist die Arbeitsmarktentwicklung der archimedische Punkt. Nach der Entstehungsgleichung für das gesamtwirtschaftliche Wachstum entscheiden sich beim realisierten Arbeitsvolumen zusammen mit der Arbeitsproduktivität das gesamtwirtschaftliche Einkommensniveau und dessen Verteilungsspielräume. Während die demografische Entwicklung per se auf ein vermindertes Arbeitsvolumen hinwirkt, weist die Digitalisierung potenziell stark produktivitätssteigernde, aber zunächst auch arbeitsplatzsparende Effekte auf. Alle verfügbaren Projektionen deuten derzeit für die kommenden Jahre auf ein rückläufiges Arbeitsvolumen und ein dadurch stark gedämpftes Potenzialwachstum hin. Dies begrenzt im Kern auch die verteilbaren Einkommensspielräume[494].

Die letzte große Arbeitsmarktreform in Deutschland zur Bekämpfung der seinerzeit hohen Arbeitslosigkeit datiert auf das Jahr 2003. Unter entgegengesetzten demografischen Vorzeichen muss es nun heute wieder um grundlegende Reformen gehen. Ihr Ziel ist die *Erhöhung des Arbeitsangebotes* durch passgenauere Arbeitsmarktinstitutionen einerseits und die *Steigerung der Arbeitsproduktivität* durch eine bessere Bildungspolitik andererseits. Beginnt man zunächst auf der Arbeitsmarktseite, so geht es um drei verschiedene, in der Praxis aber häufig ineinander wirkende Kanäle zur Steigerung des Arbeitsangebots: eine Erhöhung der Erwerbsquote, eine Erhöhung des Jahresarbeitszeitvolumens pro Kopf und eine Verlängerung der Lebensarbeitszeit. Alle drei Wirkungskanäle sind voraussetzungsvoll und setzen grundlegende Reformen voraus, die auch liebgewonnene sozialpolitische Weichenstellungen korrigieren müssen. Sie gehen damit auch an den Markenkern sozialstaatsfreundlicher Programmatik. Aber sie müssen auch mit Blick auf ein zu steigerndes Arbeitsangebot Arrangements wie die Minijobregeln, die Familienbesteuerung und die Familienmitversicherung revidieren[495].

Richtschnur für alle folgenden Überlegungen ist die Erhöhung der Arbeitsanreize bei der Gestaltung der für das Arbeitsangebot relevanten Institutionen in der Arbeitsmarkt-, Sozial-, Familien- und Steuerpolitik. Dies wirft zunächst in diesem Kapitel vor allem Fragen nach der angemessenen *Ausgestaltung der Grundsicherung* für Arbeitsuchende als dem Fundament der sozialen Sicherung auf. Dafür wurden 2023 rund 44 Mrd. Euro veranschlagt. Die Grundsicherung ist dabei doppelt gelagert: Zum einen gibt es das sog. Bürgergeld, mit dem von der Ampelregierung das vormalige Arbeitslosengeld II abgelöst wurde. Damit soll das sog. soziokulturelle Existenzminimum für Haushalte mit erwerbsfähigen Haushaltsmitgliedern gewährleistet werden. Es setzt sich zusammen – jeweils gestaffelt nach Haushaltsgrößen – aus Regelbedarfen und Kosten der Unterkunft für Miete und Energie. Als zweite Säule der Grundsicherung treten das Wohngeld, das Kindergeld und der Kinderzuschlag hinzu. Das Wohngeld ist ein Zuschuss zur Miete oder ein Lastenzuschuss für selbst genutzten Wohnraum. Haushalte mit Kindern erhalten vom Bund monatlich altersunabhängig 250 Euro Kindergeld und maximal 250 Euro Kinderzuschlag.

Dieses doppelt gelagerte Grundsicherungssystem kann zu gravierenden Anreizverzerrungen führen. Dies macht auch den Kern der politischen Debatte um zu geringe Arbeitsanreize für Bürgergeldempfänger und um begründete Zweifel an der Angemessenheit der Einführung einer Kindergrundsicherung aus. Beim Grundsicherungssystem gibt es gleich drei bauartbedingte Probleme: Erstens werden vergleichbare Bedarfsgemeinschaften, die sich nur hinsichtlich ihres Wohnortes voneinander unterscheiden, unabhängig von ihren tatsächlichen Bedarfen unterschiedlich stark gefördert. Zweitens ist wegen des hohen Differenzierungsgrades der Leistungen für den Einzelnen gar nicht mehr ersichtlich, wieviel vom zusätzlichen Bruttoeinkommen netto übrigbleibt. Drittens gibt es völlig unterschiedliche administrative Zuständigkeiten für die Förderinstrumente und deren Regelungen in unterschiedlichen Rechtskreisen, die zu einer maximalen Bürokratiedichte auf den verschiedenen föderalen Ebenen führen. »Das Geflecht von Sozialleistungen, mit dem Familien konfrontiert sind, ist undurchsichtig und kompliziert. Sozialleistungen greifen vielfältig ineinander und sind unzureichend aufeinander abgestimmt«[496].

Auf der Basis von Berechnungen mit sog. Mikrosimulationsmodellen ergibt sich für die Grundsicherung als derzeitiger Sachstand, dass trotz der deutlichen Anhebung der Regelsätze im Bürgergeld weiterhin zwar ein »Lohnabstand«[497] zwischen Erwerbstätigkeit und Bürgergeldbezug besteht. Dennoch ist eine Reform des bestehenden Systems nötig, weil die Anreize zur Ausweitung bestehender Erwerbstätigkeit für niedrige und mittlere Einkommen nicht ausreichend sind[498]. Zudem ist der Befund eines noch bestehenden Lohnabstands aus drei Gründen deutlich verkürzt: Erstens ergibt sich bei höheren Mietkosten für alle Haushaltstypen ein noch deutlich geringerer Lohnabstand. Zweitens ist insbesondere für Alleinstehende ohne Kinder eine Beschäftigung im Niedriglohnbereich wenig attraktiv. Drittens vergleicht der berechnete Lohnabstand vereinfacht das verfügbare Einkommen einer Vollzeittätigkeit mit 2.000 Euro Bruttoeinkommen mit einem Bruttoeinkommen von null Euro ohne Erwerbstätigkeit. Dadurch beträgt der »Nettostundenlohn« einer Vollzeittätigkeit gemessen am verfügbaren Einkommen kaum mehr als 2 Euro[499].

Das wichtigste Indiz für eine Verletzung des Lohnabstandsgebotes ist daher, dass der entgangene Freizeitnutzen für jene, die erwerbstätig sind, politisch nicht angemessen in Ansatz gebracht wird. Der Fehlanreiz zur Aufnahme einer Vollzeitbeschäftigung wird zudem noch größer, wenn wegen der Übernahme der Wohnkosten in Ballungsregionen die Jobcenter höhere Mieten für Bürgergeldempfänger zahlen müssen, als es den örtlichen Durchschnittsmieten entspricht. Je höher das Wohnungsdefizit in einer Region ist, desto häufiger tritt diese Fehlsteuerung auf. Inzwischen ist dies bezogen auf alle Regionen in Deutschland eher die Regel als die Ausnahme[500]. Durch die Subjektförderung in Form des Wohngeldes – anstelle einer Objektförderung etwa durch Sozialwohnungsbau – wirken die verschiedenen Grundsicherungsleistungen gleich in dreifacher Weise dysfunktional ineinander: Die Übernahme der Kosten der Unterkunft führt erstens zu einer relativen Besserstellung der Bezieher von Grundsicherung gegenüber Erwerbstätigen. Sie übt zweitens einen starken Anreiz zum Verbleib in teureren Wohnungen aus. Dies mindert die regionale Mobilität und damit auch die Suche nach einer bezahlten Arbeit. Sie führt drittens zu einer Abschöpfung staatlicher Leistungen durch private Mietwohnungseigentümer.

Schließlich hat sich die Debatte um die Wahrung des Abstandsgebotes auch deshalb intensiviert, weil es aktuell mit den starken Anhebungen des Mindestlohns auch zu einem überproportionalen Anstieg der Regelsätze in der Grundsicherung gekommen ist. Die staatliche Festlegung eines Preises für den »expliziten« Mindestlohn hat naturgemäß auch zu einem Anpassungsbedarf bei dem »impliziten« Mindestlohn in Form der Grundsicherung geführt. Welche Kausalität zwischen der Inflation, dem expliziten und dem impliziten Mindestlohn herrscht, ist nicht abschließend zu beantworten. Aber nach Auffassung des Sachverständigenrates dürften die Lohnsteigerungen die Kerninflationsrate hochhalten[501]. Auch diese Effekte sind bei den Anreizwirkungen der deutlich gestiegenen Regelsätze zu beachten, die dem Mindestlohn folgen, aber zumindest aktuell der Inflation vorauslaufen (▶ Dar. 25). Die Anreize zum Wechsel aus der Grundsicherung in den ersten Arbeitsmarkt – und nur darum geht es, nicht um den Wechsel in die umgekehrte Richtung – erhöht dies definitiv nicht.

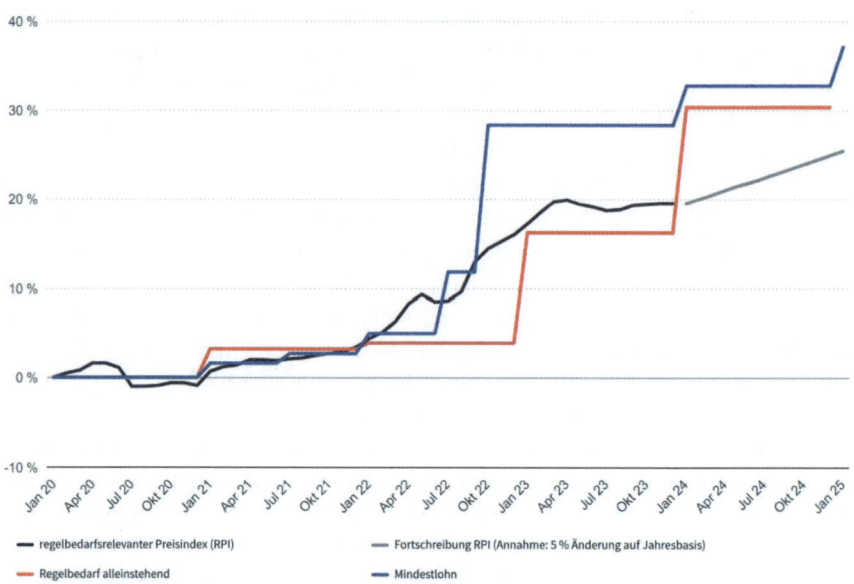

Dar. 25: Preise, Bürgergeld und Mindestlohn: Kumulierte Veränderung von Preisen, Regelbedarf alleinstehend, Januar 2020 bis Januar 2025 (Quelle: BMAS, Statistisches Bundesamt, Berechnungen IW)

Die Grundsicherung für Arbeitsuchende in der gegenwärtigen Form stellt daher alles in allem ein teures und wenig effizientes Arrangement dar und ist daher dringend reformbedürftig. Zwar hat das Bundesverfassungsgericht die Sicherung eines menschenwürdigen Existenzminimums eingefordert, doch bei der Bestimmung der existenzsichernden Leistungen nach Art und Höhe hat der Gesetzgeber Gestaltungsspielräume, etwa bei Geld- und Sachleistungen. Ausdrücklich darf der Staat den Leistungsbezug an Mitwirkungspflichten knüpfen, deren Ziel die Überwindung der Bedürftigkeit ist[502]. Bei fehlender Mitwirkung sind daher nennenswerte Kürzungen keineswegs – wie vielfach behauptet – unmöglich, sondern ausdrücklich geboten. Daher muss schon eine »Reform im System« die bei der Ablösung des Arbeitslosengeldes II durch das Bürgergeld geschwächten Mitwirkungspflichten wieder deutlich verstärken, die Vertrauenszeit einer Sanktionsfreiheit verkürzen, die Regelsatzkürzungen bei Pflichtverletzungen erhöhen und die Karenzzeiten bei Wohnen und Vermögen wieder streichen oder zumindest zeitlich vorziehen können. Auch wenn diese Effekte überschaubar bleiben werden, so haben sie doch einen Signaleffekt und stoßen auch auf eine breite gesellschaftliche Akzeptanz, wie erste Evaluationen und Befragungen zeigen[503].

Angesichts der bestehenden Anreizprobleme ist also eine größere Reform »am System« erforderlich, um das heutige Bürgergeldsystem auf eine neue Basis zu stellen. Dazu zählt auch die *Stärkung des Instruments gemeinnütziger Arbeit*. Nach einer Befragung vom Jahresbeginn 2024 glaubt eine Mehrheit der Bevölkerung, dass hohe Sozialleistungen der Leistungsbereitschaft der Bevölkerung schaden und die Leistungsmotivation schmälern[504]. Die Akzeptanz eines Grundsicherungssystems ist deshalb maßgeblich davon abhängig, dass auch dem Gerechtigkeitsempfinden der Nicht-Begünstigten gegenüber der Ausgestaltung des Unterstützungssystems entsprochen wird. Nur Bedürftigkeit rechtfertigt im Verständnis der Bevölkerung eine Hilfe. Aber wer arbeitsfähig sein kann, ist nicht hilfsbedürftig. Daher befürworten auch rund drei von vier Bürgern, dass arbeitsfähige Bürgergeldempfänger spätestens nach sechs Monaten im Leistungsbezug eine reguläre oder gemeinnützige Arbeit aufnehmen müssen. Ebenfalls etwa drei Viertel der Befragten sind dafür, Asylbewerber, die geduldet sind, aber keine Aussicht auf eine langfristige Bleibe in Deutschland haben, zu gemeinnützigen Tätigkeiten in einer Stadt oder Gemeinde heranzuziehen[505].

Die Diskussion um die Heranziehung von arbeitsfähigen Bürgergeldempfängern zu gemeinnütziger Arbeit löst die zu erwartenden Reflexe in der politischen Debatte aus. Während die derzeitige Opposition gemeinnützige Arbeit bejaht, gibt es aus den Reihen der SPD und der Sozialverbände fundamentale Kritik an diesbezüglichen Überlegungen und ein klares Festhalten am Status quo[506]. Doch letztlich wird damit die sehr grundsätzliche Frage berührt, welchen Stellenwert eine Gesellschaft der Arbeit zumessen möchte. Hier wird normativ argumentiert, dass Arbeit nicht nur für jeden Einzelnen von uns identitätsstiftend, sondern auch ein wesentlicher Kitt für eine Gesellschaft ist: »Work organizes daily life« (Edmund Phelps). Arbeitsplätze sind das wichtigste Glied in der sozialen Kette (Amartya Sen). Dieses Verständnis eines »Work first« bedeutet auch, dass eine Gegenleistungsverpflichtung beim Bezug von Sozialleistungen für arbeitsfähige Empfänger von Grundsicherung befürwortet wird, weil ein »Bürgergeld« auch eine »Bürgerpflicht« begründet. In der Arbeitsmarktreform des Jahres 2003 hieß das entsprechende Begriffspaar noch »Fördern und Fordern«.

Aus dieser Zeit stammt auch Forschung zu den Effekten von gemeinnütziger Arbeit oder »Workfare«, die damals als Instrument zum Ausstieg aus der Sozialhilfe diskutiert wurden. Die seinerzeitigen Erkenntnisse sind durchaus auch auf die heutige Debatte übertragbar:

- Wenn erwerbsfähige Transferberechtigte das ihnen zuerkannte Mindesteinkommen nur dann in vollem Umfang erhalten, wenn sie im Gegenzug eine gemeinnützige Beschäftigung annehmen, erhöht dies die Attraktivität einfach entlohnter Tätigkeiten mit einem Einkommen oberhalb des Mindesteinkommens.
- »Workfare« stellt ein wichtiges Instrument zur Erschließung der Arbeitsplätze in niedriger entlohnten Tätigkeiten und damit zur Verminderung von bestehenden Kräfteengpässen in diesem Bereich dar.
- Für die praktische Umsetzung ist die politische Akzeptanz von entscheidender Bedeutung. Weil die Bevölkerung unkooperatives Verhalten als unfair, kooperatives Verhalten dagegen als fair empfindet, genießt ein Workfare-Konzept eine größere Akzeptanz als eine Absenkung der Grundsicherung. Die Solidargemein-

schaft ist bereit, unfaires Verhalten zu sanktionieren und faires Verhalten zu belohnen, selbst wenn dies mit Kosten verbunden ist[507].

Mit diesem normativen gerechtigkeitsmotivierten Votum für die Anwendung von Workfare-Konzepten in einer zu reformierenden Grundsicherung kann es aber noch nicht sein Bewenden haben. Vielmehr ist der Grundgedanke eines »aktivierenden Sozialstaates« auch noch auf die Einkommensbereiche oberhalb der Grundsicherung für Arbeitsuchende zu erweitern. Hier muss es vor allem den Paradigmenwechsel hin zu einer *anreizkompatiblen Ausgestaltung des gesamten Steuer- und Transfersystems* gehen. Die oben dargelegten Fehlsteuerungen durch das Ineinanderwirken verschiedener Grundsicherungs- und weiterer Sozialtransferelemente führen nämlich auch zu gestörten Arbeitsanreizen für Erwerbstätige. »Hält der deutsche Sozialstaat Menschen vom Arbeiten ab? Ja, aber nicht die Faulen, sondern die Fleißigen« – so formulierte es im Dezember 2023 pointiert der SPIEGEL[508]. Dabei geht es im Kern um den Verlauf der sog. Transferentzugsrate auf selbstverdiente Einkommen – wieviel bleibt von einem selbstverdienten Euro durch den Wegfall bestimmter Transfers an bestimmten Einkommensschwellen übrig? – über den gesamten Einkommenspfad von Personen, die parallel zu Arbeitseinkommen auch noch verschiedene staatliche Transferleistungen erhalten.

Dieser Effekt ist für den Anreiz, entweder überhaupt oder aber mehr zu arbeiten, sehr relevant. Wenn bei einem steigenden Bruttoarbeitseinkommen das Nettoarbeitseinkommen wegen der Verrechnung mit verschiedenen staatlichen Transferleistungen aus verschiedenen Rechtskreisen (z. B. Bürgergeld, Wohngeld, Kinderzuschlag, Unterhaltsvorschuss, BAföG) und administriert von verschiedenen Behörden (z. B. Jobcenter, Wohngeldstellen, Familienkassen) zu nur ganz wenig oder sogar rückläufigen Nettoarbeitseinkommen führt, dann lohnt sich Mehrarbeit nicht. Technisch gesprochen: Es kommt zu einem nichtmonotonen Verlauf der effektiven Grenzbelastungen des Haushaltsbruttoeinkommens durch Steuern, Sozialversicherungsbeiträge sowie den Wegfall von Sozialtransfers. Hauptziel der Reformüberlegungen des Steuer- und Transfersystems muss es also nicht nur sein, dass die Erwerbsanreize für alle Bezieher von Grundsicherungsleistungen verbessert werden. Zusätzlich sollen auch für alle Erwerbstätigen generell Grenzbelastungen von über 100 Prozent für Erwerbseinkommen oberhalb der Grundsicherungsschwelle vermieden werden, damit sich jede zusätzliche Arbeitsstunde auch tatsächlich lohnt.

Aus der Schwachstellenanalyse des gegenwärtigen deutschen Steuer- und Transfersystems folgen weitreichende Empfehlungen unterschiedlicher Sachverständigengruppen[509]. Zunächst sollte die bisher zweigeteilte Grundsicherung in eine einheitliche bedarfsorientierte Grundsicherung mit drei Säulen überführt werden: Deren erste Säule sollte nur noch den alltäglichen Bedarf der Erwachsenen decken (»Neues Bürgergeld«). Die zweite Säule (»Neues Wohngeld«) sollte die bisherigen Kosten der Unterkunft und das Wohngeld zusammenfassen. Die dritte Säule (»Kindergrundsicherung«) sollte den Bedarf für Kinder decken. Es bestünde aus einem Garantiebetrag und einem Zusatzbetrag und würde den Regelbedarf für

Kinder im Bürgergeldbezug, das Kindergeld und den Kindergeldzuschlag ersetzen. Im Gegensatz zu diesem Vorschlag würde die bisher von der Koalition geplante Einführung einer Kindergrundsicherung einen vollständig neuen zusätzlichen Zweig der Grundsicherung mit einer eigenen Administration begründen. Schon die Anhörung im Bundestag warnte für diesen Fall vor einer Alimentierungsspirale[510]. Auch auf die vom Familienministerium geplante Familienstartzeit – eine zweiwöchige vergütete Freistellung nach der Geburt eines Kindes – ist dringend zu verzichten, weil der Fächer der familienbezogenen Sozialleistungen damit noch weiter in einer unsystematischen Weise aufgespannt würde, ohne zusätzliche Arbeitsanreize auszulösen.

In diesem neuen dreigliedrigen Grundsicherungssystem könnte ein monotoner Verlauf der Transferentzugsraten für durchgängig mehr Anreize zu sozialversicherungspflichtiger Arbeit sorgen – selbst unter der Nebenbedingung, dass es keine Leistungseinschnitte geben soll. Allerdings engt der bisherige Verzicht auf strengere Elemente des Forderns, etwa in Form von Workfare, den finanziellen Spielraum für eine stärkere Senkung der Transferentzugsraten deutlich ein. Dies mindert naturgemäß die positiven Arbeitsangebotseffekte einer Grundsicherungsreform. Aber auch schon bei Reformen innerhalb des geltenden Steuer-Transfer-Systems, mit denen die Schnittstellenproblematik zwischen Bürgergeld bzw. Kosten der Unterkunft (KdU) und Wohngeld noch nicht beseitigt wird, lassen sich kleine Verbesserungen erreichen. Im Kern geht es dabei um eine Verbreiterung des Einkommensbereichs mit niedrigeren Transferentzugsraten und deren Absenkung im höheren Einkommensbereich vor allem für Alleinerziehende, Alleinstehende ohne Kinder und Paare mit drei und mehr Kindern. Der Nettoeffekt dieser »Reform im System« würde zu einer Erhöhung der Erwerbstätigkeit um knapp 140.000 führen[511].

Klar ist, dass die mobilisierbaren Beschäftigungspotenziale je nach dem politischen Gestaltungsanspruch unterschiedlich hoch ausfallen können. Wichtig ist deshalb, bei einer Reform des Steuer- und Transfersystems stets auf deren Effekte auf das Volumen der angebotenen Arbeitszeit zu achten. Wenn sich im Gefolge der politischen Mindestlohnfestlegung das gesamte Lohngitter nach oben verschiebt, die Regelbedarfe und die anderen Grundsicherungsleistungen, ob in der gegenwärtigen oder in einer reformierten Form, dann mitwachsen, bleibt es letztlich bei einer »Alimentationsspirale«. Dies wirkt sich vor allem auf das Volumen der angebotenen Arbeitszeit aus. Die zur Finanzierbarkeit erforderlichen hohen Transferentzugsraten in höheren Einkommensbereichen machen dann Arbeit zwar nicht per se unattraktiv, aber sie steigern systematisch die Attraktivität von Teilzeitarbeit. Für die erforderliche Ausweitung des Arbeitsangebots ist dies aber problematisch. Deshalb ist auch noch der Blick auf bestehende systematische Begünstigungen von Teilzeitarbeit im derzeitigen Steuer-Transfer-System zu richten.

Hier schlagen vor allem die Folgen des progressiven Steuersystems und die Umverteilung in der Krankenversicherung zu Buche[512]. Damit ist man schnell bei drei etablierten besonderen Weichenstellungen im deutschen Steuer- und Sozialversicherungsrecht. Diese sind historisch gewachsen und haben auch jeweils gute Gründe auf ihrer Seite. Doch sie sollten gerade unter Arbeitsangebotsgesichtspunkten auch einmal einer unvoreingenommenen Prüfung unterzogen werden. Das erste ist das Ehegattensplitting. In der bisherigen Form lohnt sich die Aufnahme einer Erwerbstätigkeit oder die Ausweitung der Arbeitsstunden für die einkommensschwächere Person häufig kaum, denn das Einkommen wird deutlich stärker besteuert als dies bei einer Individualbesteuerung der Fall ist. Würde das Splitting durch eine Individualbesteuerung ersetzt, könnten umgerechnet eine halbe Million zusätzlicher Vollzeitarbeitsplätze entstehen. Um die negativen Arbeitsanreize für den Zweitverdiener zu reduzieren, könnte alternativ, wie derzeit geplant, die Steuerklassenkombination III/V ersatzlos gestrichen oder das Ehegattensplitting für sehr hohe Einkommen begrenzt werden. Auch ein Übergang zum Familiensplitting würde positive Beschäftigungseffekte erbringen[513].

Klar ist aber auch, dass die arbeitsangebotsbezogene Perspektive nur ein Argument ist. Es muss gegen andere Argumente für das Ehegattensplitting, wie etwa der dadurch abgesicherte Anspruch beider Partner auf gleiche Teilhabe, politisch abgewogen werden[514]. Dies gilt zweitens in gleicher Weise auch für die eng mit dem Splitting verbundene Besonderheit der beitragsfreien Mitversicherung von Ehepartnern im Rahmen der Gesetzlichen Krankenversicherung (GKV), die zu einer hohen Grenzbelastung für die Einkommen der jeweiligen Zweitverdiener führt. Insgesamt sind 15,9 Mio. Familienangehörige einschließlich Kindern beitragsfrei in der GKV mitversichert. Eine Entkoppelung des Krankenversicherungsbeitrags von der Arbeitsentscheidung des Zweitverdieners könnte hier positiv wirken. Eine Möglichkeit ist es, wie in Österreich Zusatzbeiträge für Mitversicherte zu erheben. Eine zweite, deutlich aufwändigere Möglichkeit sind Konzepte für eine Bürgerpauschale in der Krankenversicherung. Jede Reform hat ihre eigenen Pro- und Contra-Argumente. Entscheidend für den Zusammenhang hier ist, dass die Arbeitsangebotseffekte positiv sein müssen[515]. Dieser Effekt ist selbstverständlich stets gegen andere Ziele der bisherigen Ausgestaltung des Steuer- und Sozialversicherungsrechts abzuwägen.

Ein dritter negativer Anreiz, das Arbeitsangebot nicht über eine bestimmte Stundenvolumen hinaus auszudehnen, ist die geltende Minijobregelung. Diese »kleine Teilzeit« führt, insbesondere im Zusammenwirken mit dem Ehegattensplitting, zu einer Begrenzung des Arbeitsangebots bis zu einem Verdienst von 520 Euro, weil danach die volle Sozialbeitragspflicht einsetzt und die Steuerfreiheit endet. Zudem gibt es durch diese Sonderbeschäftigungsform spürbare Anreize zur Kombination kleiner Arbeitszeiten mit Schwarzarbeitsformen. Dies gilt namentlich auch bei gleichzeitigem Transferbezug. Die Abschaffung der Steuerfreiheit von Minijobs im Nebenerwerb und für den Zweitverdiener in einer Ehe würde die Anreize für die Aufnahme einer geringfügigen Beschäftigung vermindern[516]. Zumindest eine Eingrenzung auf Schüler, Studierende und Rentner erscheint daher dringend erwägenswert. Allerdings gibt es auch gewichtige Argumente für diese Beschäftigungsform: Sie wird von etwa 7,1 Mio. Menschen ausgeübt und als unkomplizierte Form des Hinzuverdienstes genutzt, der aus einer individuellen Sicht abgabenfrei ist. Aus Sicht von zahlreichen Dienstleistungsbranchen wie Handel und Gastronomie wird sie zudem als unverzichtbares personalwirtschaftliches Instrument geschätzt. Der doppelte Flexibilitätsverlust für Beschäftigte wie Unternehmen muss daher gegen die Notwendigkeit abgewogen werden, systematische Anreize zu einem höheren angebotenen Stundenvolumen zu setzen.

Abschließend ist noch ein Blick auf verbreitete Forderungen nach einem »Bedingungslosen Grundeinkommen« (BGE) zu werfen, wie dies etwa mit der Initiative Mein Grundeinkommen verbunden wird[517]. Nach den bisherigen Ausführungen wenig überraschend, wird von diesen Überlegungen hier wenig gehalten. Schon die lange Geschichte verschiedener Utopien und die unüberschaubare Fülle von verschiedenen Ausprägungen mit höchst innovativen weiteren Gattungsbezeichnungen wie Existenzgeld, Emanzipatorisches und Solidarisches Grundeinkommen, Grünes Grundeinkommen, Ulmer Transfergrenzmodell oder Negative Einkommensteuer zeigen die Spannbreite der Überlegungen[518]. Berechnungen des DIW zeigen zudem, dass ein existenzsicherndes Grundeinkommen für alle nur zu finanzieren wäre, wenn die Gesellschaft bereit ist, deutliche Steuererhöhungen auf eigene Einkommen, Konsum oder Vermögen zu akzeptieren[519].

Ein BGE in einem existenzsichernden Umfang würde die staatlichen Transferzahlungen erhöhen. Zudem würde eine BGE-Einführung wegen des gleichzeitigen Wegfalls ausgewählter Sozialleistungen auch erheblich von unten nach oben umverteilen[520]. Die Bereitschaft zu Steuererhöhungen für ein BGE wird daher weder in der Politik noch bei der Bevölkerung gesehen. Neben den Finanzierungsaspekten sprechen zudem drei grundsätzliche Argumente dagegen: Ein BGE ist erstens genau das Gegenteil von mehr Eigenverantwortung und Eigenanstrengung zu einem Aufstieg aus eigener Kraft. Es widerspricht zweitens dem Gerechtigkeitsempfinden eines überwiegenden Teils der Bevölkerung. Drittens läuft es der Notwendigkeit zu einer Ausdehnung des Arbeitsangebots der erwerbsfähigen Bevölkerung zuwider. Für eine Bewältigung der demografischen Herausforderungen und der damit verbundenen Folgen für die Einkommenserzielungskapazität einer Volkswirtschaft ist ein BGE daher maximal kontraindiziert.

Vor allem aus dem letzten Grund sei auch noch ein kritischer Blick auf die Entwicklung des Mindestlohns in Deutschland gerichtet. Die letzten Befunde des Statistischen Bundesamtes über eine starke Verringerung der absoluten Zahl an Niedriglohnjobs und einer auf um drei Prozentpunkte von 19 auf 16 Prozent gesunkenen Niedriglohnquote sind für sich genommen erfreulich[521]. Eine Erklärung für diese Entwicklung ist der allein zwischen Januar und Oktober 2022 von 9,82 Euro auf 12,00 Euro gestiegene Mindestlohn. Dadurch ist am aktuellen Rand die Kaufkraft des Mindestlohns stärker gestiegen als die der Tariflöhne. Die Mindestlohnerhöhungen konnten den inflationsbedingten Kaufkraftverlust auch für Geringverdienende mehr als ausgleichen[522]. Die Steigerung des gesetzlichen Mindestlohns seit 2015 liegt mittlerweile deutlich über der Steigerung der Tariflöhne. Die stark gestiegenen gesamtwirtschaftlichen Arbeitskosten finden neben den lohnsteigernden Arbeitskräftengpässen hierin eine wichtige Begründung.

Es muss hier offenbleiben, ob angesichts des derzeitigen Vorlaufens des Mindestlohns vor der durchschnittlichen Lohnentwicklung und auch ihrer Auswirkungen auf die Regelsätze in der Grundsicherung die Ergebnisse früherer Studien weiterhin Gültigkeit behalten können. Danach hat der gesetzliche Mindestlohn nach seiner Einführung im Jahr 2015 »keine besonders ausgeprägten Auswirkungen auf die Beschäftigung entfaltet«[523]. Die Regeln vernünftigen Vermutens jedenfalls legen den Schluss nahe, dass die sinkende Niedriglohnquote auch damit zu tun haben könnte, dass weniger Arbeitsplätze im Niedriglohnsegment angeboten werden, weil der stark gestiegene Mindestlohn einfache Arbeit unrentabel gemacht hat. Die verringerten Öffnungszeiten in weiten Teilen der Gastronomie etwa deuten in diese Richtung. Was zudem befremdet, ist die starke politische Einmischung in die Lohnfindung bis hin zur Ankündigung, die Arbeitsweise der eigentlich unabhängigen Mindestlohnkommission solle so verändert werden, dass sie zu einer weiteren deutlichen Erhöhung des Mindestlohns führe.

Der Abschnitt zu einer Mobilisierung zusätzlichen Arbeitsvolumens würde noch umfangreiche Ausführungen zum legislativen Rahmen für den Arbeitsmarkt erfordern. Dies würde jedoch zum einen den Rahmen sprengen, zum anderen ist das Feld thematisch bereits breit arrondiert[524]. Daher seien hier nur Stichworte genannt: Erstens sollte das Befristungsrecht auf seine Anreize zur Zusatzbeschäftigung hin überprüft werden. Zweitens bedarf das Arbeitszeitgesetz einer dringenden Anpassung an die neuen Formen digitalen Arbeitens und eines deutlichen Wunsches nach einer höheren Arbeitszeitsouveränität. Das Mindeste sollte die Ermöglichung von wöchentlichen statt täglichen Höchstarbeitszeiten im Arbeitszeitgesetz sein. Drittens lohnt sich eine Überprüfung der bestehenden Regulierungen bei flexiblen Formen der Beschäftigung, wie etwa bei Zeitarbeit und bei selbstständiger Beschäftigung. Die Veränderungen in der Arbeitswelt verlangen nach einer behutsamen Anpassung der gewachsenen Arbeitsmarktordnung hinsichtlich Arbeitszeit, Arbeitsort und Beschäftigungsform. Arbeitszeitverkürzungen, besonders in Form einer Vier-Tage-Woche bei vollem Lohnausgleich, sind mit einer Mobilisierung zusätzlichen Arbeitsvolumens vollständig unvereinbar. Davon würde allenfalls die Schwarzarbeit profitieren.

Ein kurzer vertiefender Blick ist viertens auf die stark zunehmende Streiktätigkeit in kritischen Infrastrukturbereichen zu richten. Eine Überprüfung der Praxis des Ultima-Ratio-Prinzips scheint dringend geboten. Das Grundrecht nach Art. 9 Abs. 3 GG schützt zwar ausdrücklich auch Arbeitskampfmaßnahmen, aber eine unterverfassungsgesetzliche Konkretisierung der damit verbundenen Rechte und Pflichten steht bislang aus. Daher gilt das Streikrecht derzeit als die vielleicht größte richterrechtliche Materie in Deutschland. Eine Regelung des Streikrechts, etwa die Verpflichtung zu einem obligatorischen Schlichtungsverfahren vor einem Streikbeginn oder zu besonderen Bedingungen in Bereichen der kritischen Infrastruktur und der Daseinsvorsorge, ist daher dringend erforderlich. Streiks – insbesondere in daseinsvorsorgenden Bereichen – müssen stets verhältnismäßig und dürfen immer nur letztes Mittel in Tarifauseinandersetzungen sein[525].

Nach diesem Blick auf ausgewählte notwendige Veränderungen des Arbeitsmarktes geht es im Folgenden um die Bedeutung des Bildungssystems für den Einstieg in Arbeit und den Aufstieg durch Bildung. Im Kern geht es hier darum, dass mit einer möglichst guten schulischen und beruflichen Bildung die qualifikatorische Ausstattung einer Volkswirtschaft und dadurch die *Produktivität des Arbeitseinsatzes* als zweiter Säule der BIP-Entstehungsgleichung verbessert werden kann. Auch hier ist das Empfehlungsfeld durch eine sehr breite Fülle von Studien bereits gut arrondiert. Die zahlreichen Defizite des deutschen Bildungssystems wurden bereits weiter oben beleuchtet. Eine systematische Reformdebatte würde eine eigenständige Publikation erfordern[526]. Daher werden nur einige wenige Punkte herausgegriffen, die auch als grundsätzliche Richtungsentscheidungen für die Zukunft des deutschen Bildungssystems verstanden werden können. Diese konzentrieren sich auf eine Neuausrichtung der bildungspolitischen Anstrengungen auf die jungen Jahre von Menschen (»starting strong«). Auf die besonderen Herausforderungen für das Bildungssystem durch die starke Zuwanderung wird ebenso wie auf drängende Fragen der Fachkräftesicherung im Kapitel zur Zuwanderung eingegangen.

Festzuhalten ist aber zunächst, dass die hinlänglich bekannten Missstände keinesfalls durch das ständige Mantra zu rechtfertigen sind, dass es an einer ausreichenden Finanzierung des Bildungssystems fehle. Die öffentlichen Bildungsausgaben von Bund, Ländern und Gemeinden sind im Jahr 2022 um 5,3 Prozent gegenüber dem Vorjahr auf 176 Mrd. Euro gestiegen. In die Schulen floss 2022 mit rund 88 Mrd. Euro rund die Hälfte der öffentlichen Bildungsausgaben, weitere rund 40 Mrd. Euro auf die Kindertagesbetreuung. Umgerechnet gaben die öffentlichen Haushalte 2022 insgesamt knapp 2.100 Euro pro Kopf der Bevölkerung für Bildung aus. Der Anteil der öffentlichen Bildungsausgaben am Bruttoinlandsprodukt lag bei 4,6 Prozent[527]. Angesichts dieser finanziellen Volumina muss es deshalb vor allem um einen effektiven und effizienten Einsatz knapper öffentlicher Mittel im Lebensverlauf gehen. Das erfordert das Setzen von Schwerpunkten, insbesondere zu Beginn von Bildungsbiografien. Folgende fünf Grundsätze für die Bildungs- und Qualifizierungspolitik verdienen in dieser Hinsicht eine vertiefte Behandlung:

Lesen, Schreiben, Rechnen müssen wieder allerhöchste Priorität genießen. Das scheint die Bildungspolitik nach Jahren mit niederschmetternden Befunden über niedrige und sinkende Lernstände, hohe Quoten nicht erreichter Mindeststandards, Schulabbrecherquoten von aktuell 12 Prozent, sinkenden Lesekompetenzen und großen Problemen für bestimmte Schülergruppen in den Arbeitsmarkt nun endlich begriffen zu haben. Es bedarf daher eines neuen Anfangs in den Grundschulen, aber nicht nur dort. Vor allem Grundschulen legen die Basis für eine erfolgreiche Bildungslaufbahn und auch für eine breite gesellschaftliche Teilhabe. Die Ständige Wissenschaftliche Kommission (SWK) der KMK rät nach den schlechten Ergebnissen der jüngsten IGLU-Studien für Deutschland deshalb dazu, unbedingt die Diagnose und Förderung grundlegender sprachlicher und mathematischer Kompetenzen als zentrale Herausforderung in den Mittelpunkt der schulischen Arbeit zu stellen. Dazu gehören vor allem das regelmäßige und auf das Verstehen orientierte Einüben der grundlegenden Kompetenzen im Lesen, Zuhören, Schreiben und Rechnen.

Hinsichtlich der sozial-emotionalen Entwicklung verweisen verschiedene Studien zudem auf einen großen Anteil von Kindern, die Schwierigkeiten haben, sich sozial kompetent zu verhalten und Emotionen effektiv zu regulieren. So beziffert etwa eine Studie zur Gesundheit von Kindern und Jugendlichen in Deutschland in der Gruppe der Sieben- bis Zehnjährigen den Anteil, der aufgrund psychischer Auffälligkeiten als Risikogruppe gilt, auf fast ein Viertel[528]. Schulpolitisch ist deshalb ein »All-in« erforderlich. Es ist unbedingt zu begrüßen, dass das neue Startchancen-Programm des Bundes sich gezielt an Schulen mit einem hohen Anteil sozial benachteiligter Schüler richtet und die Basiskompetenzen in den Mittelpunkt stellt. Allerdings lehrt die Lebenserfahrung eine gewisse Vorsicht, die Erfolgswahrscheinlichkeit solcher mühseligen Kompromisse zwischen Bund und Ländern nicht zu überschätzen. Dies gilt auch deshalb, weil nach jetzigem Planungsstand nur etwa jede zehnte deutsche Schule gefördert werden soll[529].

Angesichts eines weit verbreiteten Elternversagens ist sicherlich auch die geplante lernförderliche Elternarbeit ein wichtiges Element einer inzwischen leider vielfach erforderlichen systematischen Schulsozialarbeit. Eine datengestützte Neuverteilung von Mitteln auf Basis des inzwischen anerkannten Schulsozialindex ist dafür unverzichtbar. Dieses Kriterium ist für die Mittelzuweisung deutlich zielgenauer als der sog. Königsteiner Schlüssel, der nach Bevölkerungszahl und Steueraufkommen gewichtet. Um gut lesen zu lernen, müssen Kinder gut sprechen können. Dazu sind verpflichtende Sprachtests und dezidiert auch mehr Deutschstunden in den Grundschulen erforderlich[530]. Daher sind unter bestimmten Bedingungen auch eine Kita-Pflicht und gegebenenfalls auch eine Gebührenfreiheit für Niedrigverdiener im letzten Jahr vor der Einschulung zu erwägen. Die Praxis der ehrenamtlichen Arbeit, wie etwa des ARCHE-Gründers in Hamburg, bestätigt ein breites schul- und gesellschaftliches Versagen und den daraus folgenden Handlungsbedarf auf drastische Weise[531]. Die Folgekosten eines Nichthandelns wären um ein Vielfaches höher als jene des Handelns.

Zu dieser Neubesinnung muss auch eine Diskussion über den potenziellen *Nutzen und Schaden der Digitalisierung* des jungen familiären und schulischen Lebens gehören. Dies muss unbedingt mit der Eingrenzung des Smartphone-Gebrauchs für ihre Kinder durch deren Eltern beginnen. Hier sind die Einwirkungsmöglichkeiten des Staates bisher begrenzt. Umso mehr bedarf es für die Schule klarer Regeln für den Smartphone-Gebrauch. Eine neue Metastudie von 44 Untersuchungen kommt zum deutlichen Ergebnis, dass die Lernergebnisse von Schülern umso niedriger sind, je intensiver die Nutzung von Smartphones ausfällt[532]. Die UNESCO hat daher eindringlich vor Ablenkung und Cybermobbing durch Smartphones in der Schule gewarnt. Es könne bis zu 20 Minuten dauern, bis sich die Schüler wieder auf den Lernstoff konzentrieren können, wenn sie abgelenkt sind. Die UNESCO fordert daher, die Geräte in Grundschulen zu verbieten und die Nutzung in weiterführenden Schulen einzuschränken[533].

An Frankreichs Schulen dürfen nach einem Parlamentsbeschluss aus dem Jahr 2018 bereits alle Schüler bis zum Alter von 15 Jahren keine Mobiltelefone benutzen. In den Niederlanden wird derzeit ein Handyverbot erprobt. In Großbritannien wird ein Nutzungsverbot sozialer Medien für Kinder unter 16 Jahren gefordert. Der US-amerikanische Bundesstaat Florida ist schon weiter und statuiert ab 2025 einen

Zwang zu Altersverifizierung bei »lüsternen« Online-Inhalten sowie ein strenges Kinderverbot in Sozialen Netzen bis zum Alter von 14 Jahren. Bei zu diesem Alter ist selbst die ausdrückliche Genehmigung der Erziehungsberechtigten wirkungslos. In Deutschland beginnt sich diese Debatte erst allmählich zu entfalten. Das Land Schleswig-Holstein prüft einen diesbezüglichen Erlass für Grundschulen und hat Schulen bereits aufgefordert, die Handynutzung im Unterricht einzuschränken[534]. Stets sind dabei auch verfassungsrechtliche Aspekte zu bedenken: Bisher darf in Deutschland die Mitnahme von Handys weder durch ein Ministerium noch durch die Schule grundsätzlich verboten werden, weil dies ein Verstoß gegen die allgemeine Handlungsfreiheit ist (Artikel 2 Absatz 1 GG).

Ein generelles Handyverbot in bestimmten Altersstufen sollte unbedingt erwogen werden. Noch grundsätzlicher, allerdings in dieser allgemeinen Form kritisch zu sehen ist indes die Forderung nach einem Moratorium der Digitalisierung in Kitas und Schulen. Jüngst hat die schwedische Regierung entschieden, die verpflichtende Ausstattung der Vorschulen mit digitalen Geräten zu stoppen. Sie stützt sich dabei auf eine Stellungnahme des Karolinska-Instituts, nach der Smartphones das Lernen und die Sprachentwicklung behindern und eine Gefahr für das Erinnerungsvermögen darstellten. Zu viel Bildschirmzeit könne zu Konzentrationsschwierigkeiten führen und die körperliche Aktivität verdrängen[535]. Bei einem deshalb empfohlenen »digitalen Detox« für junge Schüler kann auch die Rückkehr zum gedruckten Schulbuch helfen, wie sie jetzt von ersten Verbänden in Deutschland gefordert wird. Die einstigen Vorzeigeländer digitaler Bildung wie Finnland und Schweden vollziehen daher nicht nur eine Abkehr von »digital first«, sondern sie investieren aktuell wieder mehr in gedruckte Schulbücher. Dies trägt der Erkenntnis Rechnung, dass auch digitales Lesen erst erlernt werden muss. Nach dem Stand der Lernforscher werden digitale Texte schneller und weniger sorgfältig als Texte auf Papier gelesen.

Beim sog. *Deep Reading* durch sorgfältiges und konzentriertes Lesen ist der Bildschirm gegenüber dem Papier deutlich unterlegen[536]. Das sog. »higher level reading« ist inzwischen auch auf der Ebene internationaler Manifeste angekommen. Im Jahr 2019 hat die Europäische Wissenschaftsinitiative »Evolution of Reading in the Age of Digitisation« die sog. »Stavanger-Erklärung« beschlossen, die im November 2023 zu einem »Ljubljana Reading Manifesto« weiterentwickelt wurde. Beide Initiativen sind getragen von der Besorgnis, dass die digitale Welt viele Verlockungen biete, oberflächlich und zerstreut oder sogar gar nicht zu lesen. Daher ist ihr Ziel, ein Bewusstsein dafür auszuprägen, welche Bedeutung verständiges Lesen als Gelingensbedingung für persönlichen Erfolg und gesellschaftliche Integration hat[537]. Dieses Ziel passt zu den Erkenntnissen der neuesten Forschung, wonach »handwriting« neuronal deutlich mehr Hirnareale anregt als »typewriting«. Deshalb wird geraten: »We urge that children, from an early age, must be exposed to handwriting activities in school to establish the neuronal connectivity patterns that provide the brain with optimal conditions for learning«[538].

Digitales Lesen und digitales Schreiben stellen sog. verbundene Risiken dar, weil sie in der Regel Hand in Hand gehen und sich dadurch gegenseitig negativ verstärken können. Diese gegenseitige Verstärkung kann aber auch in eine positive Richtung wirksam werden. Deshalb sind Moratorien zum Stopp der Digitalisierung in Schulen abzulehnen. Es bedarf aber einer balancierten und auch stärker nach Altersgruppen differenzierten Digitalisierungsstrategie für Schulen. Eine zu restriktive Nutzung digitaler Tools und Endgeräte kann nicht die Lösung sein. Daher sollten sich sowohl Lehrer als auch Schüler bewusst sein, welche Praxis in welchem Kontext den besten Lerneffekt hat. Digitale Medien können den Zugang zu Lehr- und Lernressourcen verbessern und Grundfertigkeiten, die junge Menschen in der Schule erlernen sollen, um vielfältige neue Kompetenzen erweitern, die bei der Navigation in der digitalen Welt unverzichtbar sind. COVID-19 war eine Art natürliches Experiment, bei dem für ganze Bildungssysteme das Lernen praktisch über Nacht auf Online umgestellt werden musste.

Auch mit dem Einzug von KI in die Schulen sind große Herausforderungen verbunden, aber sie bergen auch die Chancen, bereits frühzeitig »AI skills« und andere »future skills« zu erwerben. Eine qualitätsgesicherte und altersgerechte Digitalisierung von Schulen und Hochschulen ist daher das Gebot der Stunde. Es ist deshalb gut, dass die SWK hier bereits erste Empfehlungen erarbeitet hat: Die Nutzung großer Sprachmodelle (LLM) wie Chat-GPT sollte erst ab der Sekundarstufe einsetzen und angepasst an die jeweiligen Bildungsetappen erfolgen. In der Grundschule und zu Beginn der Sekundarstufe I scheint dagegen ein weitgehender Verzicht auf LLM und stattdessen ein Fokus auf den systematischen Aufbau von grundlegenden Lese- und Schreibkompetenzen angemessen zu sein. Zudem bedarf es eines systematischen Ausbaus der Fortbildungsangebote für Lehrkräfte in Schulen und Hochschulen sowie einer Integration von LLM in Lernplattformen, wenn deren Lernwirksamkeit bereits belegt werden konnte[539].

Die letzten schlechten PISA-Ergebnisse sollten Anlass für eine *kritische Überprüfung auch der institutionellen Strukturen des deutschen Schulsystems* sein. Die faktische Ausdünnung des dreigliedrigen Schulsystems hat nicht zu besseren Ergebnissen geführt. Pädagogische Irrwege wie das Lesen durch Schreiben, gemeinhin als »Schreiben nach Gehör« bezeichnet, haben sich in den Grundschulen für Bildungsbenachteiligte als zusätzlich nachteilig erwiesen und sind deshalb zu Recht wieder zugunsten einer verbundenen Handschrift abgeschafft worden. Die Konzentration des Unterrichts auf Lesen, Schreiben und Rechnen in der Primarstufe wird durch zu viel Zeit mit Frühenglisch und Projektwochen geschwächt. Zu wenig Unterrichtsstunden kommen bei den Kindern an. Der Ganztagsunterricht auf allen Schulstufen zum bestmöglichen Ausgleich herkunftsbedingter Nachteile wird nur mit gebremster Energie vorangetrieben. Die Qualität des Unterrichts ist der entscheidende Faktor, nicht die Schulstruktur und auch nicht die finanzielle oder digitale Ausstattung.

Dieser Qualität ihren angemessenen Rang zu geben, setzt auch den Schutz der Lehrkräfte gegenüber übergriffigen oder nicht kooperativen Eltern durch eine couragierte Schulleitung voraus. Diese verdient ihrerseits die maximale Unterstützung seitens der Politik, wenn es um die Sicherung von Mindeststandards geht, die höchste Priorität genießen sollten. Ohne die Einhaltung einheitlicher und verbindlicher Bildungsmindeststandards in der gesamten Republik – bis hin zu einem bundesweiten Zentralabitur – kommt man der Behebung des zentralen Systemdefekts des föderalen deutschen Schulsystems nicht näher, dass zu viele junge Menschen mit ungelösten schulischen Problemen irgendwann in den Arbeitsmarktstatistiken der Bundesagentur für Arbeit und zu wenige letztlich auch in den Wachstumsstatistiken des Statistischen Bundesamtes landen. Das Weiterreichen von schulischen Defiziten und von fehlenden Abschlüssen an nachsorgende und nachholende Aktivitäten einerseits und private und öffentliche Betriebe andererseits ist kostspielig, unwirtschaftlich und zudem sozial ungerecht. Das Einstiegs- und Aufstiegsversprechen wird zu oft nicht erfüllt.

Umso mehr ist an die *besondere Bedeutung der beruflichen Bildung* in Deutschland zu erinnern. Denn sie erfüllt neben ihrer die spätere Beruflichkeit prägenden Aufgabe in erheblichem Umfang auch eine kurative Funktion, indem junge Menschen mit schulischen und sonstigen Problemen trotzdem noch zu beruflichem Erfolg geführt werden können. Die Herausforderungen sind beträchtlich: Im Jahr 2022 sind etwa 240.000 junge Menschen und damit jeder achte Abgänger aus einer allgemeinbildenden Schule in einen staatlich administrierten Übergangsbereich zu einer Integration in die Berufsausbildung statt direkt in eine berufliche Ausbildung mit ihren insgesamt 820 verschiedenen beruflichen Bildungsgängen in Deutschland eingemündet[540]. Zur Jahresmitte 2023 waren insgesamt rund 630.000 junge Menschen im Alter von 15 bis 24 Jahren und damit knapp 7 Prozent dieser Altersgruppe aus den unterschiedlichsten Gründen weder in Ausbildung noch Beschäftigung (NEET)[541]. Gleichzeitig waren 2022 knapp 2,9 Mio. oder knapp 20 Prozent der Personen im Alter von 20 bis 34 Jahren noch ohne einen Berufsabschluss.

Auch wenn die Daten derzeit durch die starke Zuwanderung überlagert werden, ist dies angesichts eines bisher weitgehend geräumten Arbeitsmarktes ein denkbar schlechtes Testat für den Übergang von der Schule in den Beruf. Auch hier braucht es deshalb ein »All-in«:

- Eine systematischen Berufsorientierung – auch in Ganztagsangeboten – durch die Anbahnung etwa von Schülerbetriebspraktika und Veranstaltungen muss stärker zu einer curricularen Verpflichtung für die Schulen werden.
- Betriebliche Einstiegsqualifizierungen (EQ), die zu 70 Prozent im Betrieb stattfinden und sozialversicherungspflichtig sind, sind unbedingt zu priorisieren, weil der Lernort Betrieb in vielen Fällen die bessere Alternative zum Lernort Schule ist. EQ richten sich an Ausbildungsbewerber mit aus individuellen Gründen eingeschränkten Vermittlungsperspektiven und Ausbildungssuchende, die noch nicht in vollem Maße über die erforderliche Ausbildungsreife verfügen. Sie können beim Nachholen von Schulabschlüssen wirksam helfen.
- Maßnahmen zur Alphabetisierung und Grundbildung sowie berufsanschlussfähige Teilqualifikationen sowohl für Jugendliche, die noch nicht voll für eine Ausbildung geeignet sind, als auch für Menschen im Alter von über 25 Jahren stellen eine probate Chance zur Nachqualifizierung dar.

Alles in allem ist die Integration Erwerbsfähiger in Arbeit die Basis für ein größeres Arbeitsvolumen. Dafür brauchen wir eine grundlegende Reform der Grundsicherung für Arbeitsuchende, eine durchgängige Stärkung der Anreize, mehr Stunden (auch Überstunden) zu arbeiten, und müssen auch Gegenleistungen von Transferempfängern einfordern. Einige der bisherigen Elemente des Steuer- und Transfersystems, wie das Ehegattensplitting, die beitragsfreie Familienmitversicherung und die Minijobs, müssen mit Blick auf ihre Anreize für mehr Arbeitsstunden kritisch hinterfragt werden. Bildung und Qualifizierung sind für eine verbesserte Produktivität des höheren Arbeitsvolumens maßgeblich. Viel zu viele junge Menschen verlassen die Schule ohne einen Abschluss, zu viele haben keinen beruflichen Abschluss und befinden sich auch in keiner Maßnahme. Für die schulische Bildung brauchen wir eine klare Priorisierung auf Lesen, Schreiben und Rechnen. Statt mehr finanziellen Transfers für Kinder brauchen wir mehr Schulsozialarbeit und eine konsequente Stärkung der Grundschulen durch Sprachtests und Deutschunterricht. Der Stellenwert der beruflichen Bildung muss gestärkt werden, weil sie immer noch die besten Chancen für die zunehmende Zahl junger Menschen mit Schwierigkeiten bietet, ihren Weg in eine Beschäftigung zu finden.

Sozialpolitik: Investiv statt konsumtiv

> »Ihr werdet die Schwachen nicht stärken, indem Ihr die Starken schwächt!«
> (Abraham Lincoln)

Jeweils ein Zitat eines deutschen Bundeskanzlers mit unterschiedlichen Grundauffassungen soll dieses Kapitel eröffnen, um die Spannbreite der Perspektiven auf die deutsche Sozialpolitik zu markieren. Zwischen beiden Zitaten liegen 65 Jahre sozialstaatlicher Entwicklung in Deutschland hin zu einem ausgebauten Wohlfahrtsstaat. Zitat 1: »Die wachsende Sozialisierung der Einkommensverwendung, die um sich greifende Kollektivierung der Lebensplanung, die weitgehende Entmündigung des einzelnen und die zunehmende Abhängigkeit vom Kollektiv oder vom Staat [...] müssen die Folgen dieses gefährlichen Weges sein, hin zum Versorgungsstaat sein, an dessen Ende der soziale Untertan und die bevormundete Garantierung der materiellen Sicherheit durch einen allmächtigen Staat, aber in gleicher Weise auch die Lähmung des wirtschaftlichen Fortschritts in Freiheit stehen wird« (Ludwig Erhard, 1957). Demgegenüber stellt Zitat 2 bündig fest: »Der Sozialstaat ist die Grundlage für den Wohlstand unseres Landes (Olaf Scholz, 2023)«[542].

Der Gegensatz könnte kaum größer sein. Das frühe Zitat wirkt heute ein wenig wie aus der Zeit gefallen, mit seinem Gegensatzpaar zwischen dem »sozialen Untertan« und dem »allmächtigen Staat« fast schon provozierend. Mit dem zweiten Zitat sprach Bundeskanzler Olaf Scholz auf dem SPD-Parteitag ein Machtwort für die heiße Phase der Verhandlungen innerhalb der Ampelkoalition zur Lösung der Haushaltskrise. Mit dem Bild einer »Gesellschaft des Respekts« wurde im Leitantrag zum Parteitag die Vision eines Landes beschrieben, in dem »die Leistung jeder und jedes Einzelnen respektiert wird. [...] Ein Land, in dem der Lohn für ein gutes Leben reicht, mit Familienurlauben, Restaurantbesuchen und Kulturerlebnissen. [...] Ein Land mit sauberer Luft, leisem Verkehr, in dem alle einfach und bezahlbar von zu Hause zur Arbeit kommen, ob mit der Bahn, dem Bus, Fahrrad, Auto, oder zu Fuß«[543]. Auch die Regierungserklärung des Bundeskanzlers vom 28. November 2023 ließ nicht den geringsten Zweifel am Sozialstaat aufkommen: »Wir lassen niemanden allein mit den Herausforderungen, mit denen wir es aktuell so geballt zu tun haben«.

Der Anspruch dieses Abschnitts kann keinesfalls ein tiefes Eintauchen in sämtliche Detaildebatten sein, mit der sich die heutige Sozialpolitik befasst. Vielmehr kann es allenfalls um einige Leitplanken für die zukünftige Gestaltung des Sozialstaates gehen, der sich dringend einer Aufgabenkritik unterziehen muss, statt sich weiterhin expansiv zu entwickeln. Durch die Beanspruchung des – nota bene faktisch schon seit etwa fünf Jahren nahezu stagnierenden – Sozialprodukts durch höhere Energiekosten, höhere Verteidigungsausgaben, höhere Zinslasten, zusätzliche Transformationskosten und vor allem die Bewältigung der demografischen Transition der Babyboomer-Generation wird zu relativen und auch absoluten Einschränkungen bei Sozialleistungen führen müssen. Sich dieser Erkenntnis bisher mehrheitlich noch zu verweigern, ist eine der größten Unterlassungssünden der Regierungskoalition. Der bisherige Ausweg, den Kernhaushalt ohne Kürzungen bei konsumtiven Ausgaben fortzuführen und den investiven Aufwuchs über Sondervermögen und Nebenhaushalte finanzieren zu wollen, ist mit dem Verfassungsgerichtsurteil zur Schuldenbremse zu Recht nachhaltig versperrt worden. Auch Investitionen müssen im Kernhaushalt abgebildet werden[544].

Deshalb ist ein Leitbildwechsel bei der Sozialpolitik von einem versorgenden wieder hin zu einem stärker aktivierenden Sozialstaat nötig. Er kann konkludent aus den beiden vorherigen Kapiteln heraus entwickelt werden: Das normative Postulat der Daseinsvorsorge wird auf konkrete Bereiche der Sozialpolitik angewendet, indem das Leitbild eines aktivierenden Sozialstaats zugrunde gelegt wird. Das im letzten Abschnitt breit begründete Votum für eine Reform der Grundsicherung mit einer stärkeren Verpflichtung zur Gegenleistung für erwerbsfähige Grundsicherungsbezieher wird dabei als erste Stufe einer Aktivierungstreppe des Sozialstaats begriffen. Richtschnur für die Überlegungen ist die Ausrichtung des sozialstaatlichen Mitteleinsatzes auf die Befähigung zur Aufnahme einer Beschäftigung, um das Arbeitsvolumen zu stärken. Zudem muss es auch um eine Produktivitätssteigerung bei sozialen Dienstleistungen gehen, damit die sog. »Baumol'sche Kostenkrankheit« vermeintlich eingeschränkter Effizienzpotenziale in einigen sozialen Bereichen gelindert werden kann[545]. Daran sind auch wir Bürger mit mehr Eigenvorsorge zu beteiligen.

Kurz umrissen sei die verteilungspolitische Ausgangslage, die ja stets die zentrale Begründungsfigur für Forderungen nach sozialstaatlichen Interventionen darstellt:

- Der Gini-Koeffizient der Nettoeinkommen als Maß für die Ungleichheit der Einkommen ist nach dem kräftigen Anstieg bis zum Jahr 2005 nur noch wenig

gestiegen. Die für eine Stabilisierung der Nettoeinkommen erforderliche Intensität umverteilender Maßnahmen ist seit Beginn der 2000er Jahre deutlich gesunken.
- Die Entwicklung der Armutsgefährdungsquote für Kinder und Jugendliche wird seit dem Jahr 2010 spürbar durch die stark gestiegene Zuwanderung beeinflusst. Die Einkommen der in Deutschland geborenen Personen haben sich erheblich besser entwickelt als die Einkommen der nicht in Deutschland geborenen Personen. Außerdem hat sich in den vergangenen Jahren insbesondere im untersten Zehntel der Einkommensverteilung der Anteil der Personen, die in Asylherkunftsländern geboren wurden, stark erhöht.
- Überproportional armutsgefährdet sind vor allem Alleinerziehende und deren Kinder. Die Armutsgefährdungsquote von Kindern liegt in Deutschland im europäischen Vergleich im Mittelfeld[546].

Zu erheblichen Teilen gehen verteilungspolitische Probleme damit auf sog. Kompositionseffekte zurück: Die Bevölkerungsstruktur verschiebt sich hin zu Bevölkerungsgruppen, die in höherem Maße Verteilungsrisiken ausgesetzt sind, weil der Zugang zu Bildung, Arbeit und Einkommen aus den unterschiedlichsten Gründen eingeschränkt ist. Fehlende Erwerbstätigkeit ist für sich genommen nach wie vor das größte relative Verarmungsrisiko. So ist die Zahl der Personen im Grundsicherungsbezug (SGB II) mit deutscher Staatsangehörigkeit von 6,1 Mio. Betroffenen im Januar 2007 auf 3,1 Mio. im Juni 2023 gesunken. Inzwischen machen Personen mit ausländischer Nationalität knapp die Hälfte der SGB II-Bezieher aus. Diese Entwicklung ist auch die Folge einer guten Arbeitsmarktentwicklung. Deshalb sind trotz dieser Kompositionseffekte auch die Reallöhne in den untersten Verdienstdezilen seit 2013 am stärksten gestiegen. Der Niedriglohnsektor ist seit etwa 2007 leicht und seit 2017 stark rückläufig. Die Ungleichheit der Stundenlöhne ist so niedrig wie zu Beginn der 2000er Jahre[547].

Auch aus dieser Perspektive wird der Zugang zu Erwerbsarbeit als die wichtigste Kernaufgabe eines »aktivierenden Sozialstaats« deutlich. Dieses Konzept knüpft an lange Debattenlinien um die Gestaltung des Sozialstaates an. Dafür steht auch eine Vielzahl von teilweise programmatischen Überschriften, wie z. B. schlanker Staat, New Public Management, from welfare to work, Fördern und Fordern, neue Balance zwischen Rechten und Pflichten, Eigenaktivitäten auslösen – Sicherheit einlösen, Agenda 2010, Flexicurity, Hilfe zur Selbsthilfe, vom Fürsorgestaat zum Gewährleistungsstaat[548]. Die seinerzeitige Leitbilddebatte hat faktisch auch Pate gestanden für die sog. Hartz-Reformen des deutschen Arbeitsmarktes. Diese haben aber mit der seitherigen substanziellen Verbesserung der Arbeitsmarktsituation nachhaltig an Bedeutung verloren und sind sogar teilweise wieder zurückgenommen worden. Angesichts der sich abzeichnenden Eintrübung des Arbeitsmarktes, vor allem aber mit Blick auf den negativen Folgen der demografischen Entwicklung auf die Ausgaben der Sozialversicherungen und die Belastungen der öffentlichen Haushalte ist jedoch eine Revitalisierung der Aktivierungsdebatte unter nunmehr veränderten Vorzeichen dringend erforderlich[549].

Angesichts der mehrfach beschriebenen Herausforderungen für das Land bedarf es deshalb auch einer Zeitenwende in der Sozialpolitik. Sozialpolitik ist stärker begründungspflichtig, weil sie zunehmend mit anderen Prioritäten staatlichen Handelns konkurriert. Sozialpolitische Defizite können nicht mehr ohne weiteres zusätzliche sozialpolitische Interventionen und damit auch zusätzliche finanzielle Mittel begründen. Vielmehr muss der Grundsatz eines aktivierenden Sozialstaats konzeptionelle Leitplanken für die Entscheidung bereitstellen, welche sozialpolitischen Maßnahmen erforderlich oder sinnvoll sind und nach welchen Grundsätzen auch hier priorisiert werden kann. Im Kern geht es dabei um den Grundgedanken einer investitionsorientierten Sozialpolitik, die zunehmend auch auf den gesamten Lebensverlauf bezogen werden muss. Dieser Gedanke einer investitionsorientierten Sozialpolitik ist nicht neu und im Grundsatz dann unstrittig, wenn soziale Sicherung einen Investitionscharakter in dem Sinn hat, dass gegenwärtigen Ausgaben entweder höhere zukünftige Einnahmen (z. B. Erträge von Bildungsausgaben oder eine verbesserte Arbeitsmarktbeteiligung) oder verminderte Ausgaben (z. B. durch präventive Maßnahmen der Gesundheitsförderung) folgen können.

Handlungsleitend für solche Sozialinvestitionen muss es sein, durch vorausschauende, präventive und befähigende Maßnahmen die gegenwärtigen und künftigen Fähigkeiten der Menschen zu stärken[550]. Niemand wird ernsthaft bestreiten, dass etwa die frühkindliche Erziehung und Betreuung, die Jugendförderung, die allgemeine und berufliche Bildung im Laufe des Lebens, eine aktive Arbeitsmarktpolitik, Maßnahmen zur Vereinbarkeit von Beruf und Familie, eine gezielte Familienpolitik sowie eine Langzeitpflege positive Erträge im Lebensverlauf aufweisen. Die Lebensverlaufsperspektive ist auch deshalb ein geeigneter Bezugsrahmen für eine investitionsorientierte Sozialpolitik, weil sie es ermöglicht, zwischen verschiedenen Bevölkerungsgruppen zu unterscheiden: Kinder, junge Erwachsene, Menschen im erwerbsfähigen Alter, Rentner und Pflegebedürftige. Die Grenzen zwischen den einzelnen Lebensabschnitten sind fließend und in vielerlei Hinsicht überlappend miteinander verknüpft. Die Kosten und Nutzen von Sozialleistungen aber sind ungleich über die Lebensphasen verteilt.

Genau deshalb aber ist die Lebensverlaufsperspektive so wichtig. Wirklich investiv wirkende Daseinsvorsorgeleistungen können positive Multiplikatoreffekte erzeugen. Auf der Makroebene sind das eine verbesserte Produktivität, eine höhere Beschäftigung, geringere Unterschiede zwischen den Geschlechtern, geringere Armutsraten und weniger von einer Generation zur nächsten vererbte Armutsrisiken sowie ein späterer Renteneintritt – alles entscheidende Faktoren für das Wirtschaftswachstum und die fiskalische Nachhaltigkeit des Wohlfahrtsstaates in wissensbasierten Volkswirtschaften und alternden Gesellschaften. Auch auf der Mikroebene von Einzelpersonen und Haushalten verbessern Investitionen von der frühen Kindheit an den materiellen Wohlstand und können soziale Risiken im späteren Leben mindern. Ein so verstandener starker Start beugt dem Auftreten von Risiken vor. Umgekehrt kann eine präventiv wirkende Sozialpolitik einer potenziellen Kumulation von Benachteiligungen im Lebensverlauf entgegenwirken.

Beides zusammen kann wie ein Tugendkreis einer präventiven, befähigenden und aktivierenden Sozialpolitik wirken[551].

Unstrittig ist die Beschäftigung das zentrale »Schmiermittel« im Sozialvertrag zwischen den Generationen, denn die Wohlfahrtsleistungen werden größtenteils durch Einkommensteuern und Sozialbeiträge finanziert. Strittig hingegen ist, ob eine im vorstehend beschriebenen Sinn investive Sozialpolitik auch die Aufnahme zusätzlicher Schulden rechtfertigen kann. Die Debatte um die Reform der Schuldenbremse mit ihrer inflationär wiederholten Forderung nach Zukunftsinvestitionen als Begründung für neue Schulden lenkt den Blick auf die terminologischen und konzeptionellen Unschärfen des Investitionsbegriffs. Dies stellt auch Warntafeln vor einer unkritischen Forderung nach einer investitionsorientierten Sozialpolitik auf. So eingängig der Grundgedanke eines Multiplikators im Lebensverlauf ist, so wenig empirisch fundiert ist er bisher.

Das hängt vor allem mit dem Begriff der »Investition« zusammen, der auch von den Befürwortern einer investitionsorientierten Sozialpolitik gern sehr weit ausgelegt wird. Eine annähernd befriedigende Abgrenzung von Investitionen, wie dies etwa in der VGR geschieht, liegt bisher aber nicht vor. Trotz zahlreicher konzeptioneller Versuche konnte ein erweiterter Investitionsbegriff empirisch bisher nicht abgesichert werden. Die Europäische Kommission drängte bereits 2013 auf Sozialinvestitionen für Wachstum und sozialen Zusammenhalt. Wie Sozialinvestitionen konkret definitorisch und empirisch erfasst werden können, wird aber auch in längeren Hintergrundpapieren nicht erläutert. Wenig zielführend aber ist es, als »Sozialinvestitionen« alle staatlichen Leistungen zu qualifizieren, die die Fähigkeiten und Qualifikationen der Menschen stärken. Entsprechend fehlen deshalb bisher auch gesamtfiskalische Bilanzen über die Erträge von Sozialinvestitionen[552]. Keinesfalls können auf dieser unzureichenden empirischen Basis Sozialausgaben als Begründung für eine zusätzliche Verschuldung dienen.

Mit dieser klaren Einschränkung im Hinterkopf kann der Gedanke einer investitionsorientierten und aktivierenden Sozialpolitik – jeweils in gebotener Kürze – auf einzelne Bereiche der sozialen Absicherung der großen Lebensrisiken angewendet werden. Beginnt man bei der *Wohnungspolitik*, so ergibt sich hier am ehesten ein gesicherter Zusammenhang zwischen einer Investition in die Wohnungsversorgung und einem Multiplikatoreffekt. Dies gilt schon deshalb, weil das Wohnungswesen im Rahmen der VGR statistisch klar abgegrenzt werden kann. Die auch durch die starke Zuwanderung weiter steigenden Bedarfszahlen an zusätzlichem Wohnraum stellen große Anforderungen an die wohnungsbezogene Daseinsvorsorge. Besonders die steigenden Zahlen Wohnungsloser sorgen derzeit für öffentliche Aufmerksamkeit, aber auch die generell stark gesunkenen Zahlen von fertiggestellten Wohnungen. Als Maßnahme gegen Wohnungs- und Obdachlosigkeit wird auf europäischer wie auf nationaler Ebene über »Housing first«-Strategien nachgedacht, wonach eine dauerhafte Unterkunft die Grundlage für die Lösung weiterer Lebenslageprobleme ist[553]. Dies ist nur eine weitere Facette der allgemeinen Einsicht, dass Wohnungspolitik in gewisser Weise eine »neue soziale Frage« ist.

Auch weil Wohnen und Arbeiten im Lebensverlauf eng miteinander zusammenhängen, wird die Bedeutung daseinsvorsorgender Maßnahmen in diesem inzwischen auch sozialpolitischen Politikfeld greifbar. Folgende allgemeinen Erkenntnisse können engpassvermindernd wirken:

- Statt selbst als Bauherr, Eigentümer oder Sanierer aufzutreten, sollte der Staat seine Baugrundstücke jenen überlassen, die schnell bauen und gut verwalten können. Bauland muss zudem schneller ausgewiesen werden.
- Durch den Ausbau seriellen und modularen Bauens kann die Dauer des Bauens verkürzt werden. Damit können auch Kostensteigerungen während des Bauens vermindert werden.
- Befristete Regelungen im Baugesetzbuch und Beschleunigungen im Bauleitplanverfahren können dafür sorgen, dass in Orten mit hohem Bedarf schneller Bauvorhaben geplant und umgesetzt werden können. Damit können rascher Baulücken genutzt, Dächer bebaut oder brachliegende Flächen in Wohnraum umgewandelt werden[554].

Auch in der Förderkulisse des Bauens sind noch weitere Hilfestellungen möglich:

- Im Wachstumschancengesetz wurden richtigerweise bessere Abschreibungsmöglichkeiten (degressive AfA) beschlossen. Zusätzlich sollten Nachrangdarlehen bereitgestellt werden, etwa durch die KfW.
- Der Verzicht auf die Grunderwerbsteuer würde einen Teil der beträchtlichen Baunebenkosten abzusenken helfen. Auch die Senkung der Grundsteuer-Hebesätze – wie aktuell in Berlin geplant – kann hier ein wichtiges Signal sein.
- Die Förderung des sozialen Wohnungsbaus bleibt wichtig und sollte im Lichte der Erfahrungen mit möglichen Fehlanreizen in der Grundsicherung wieder an Bedeutung gewinnen.
- Alle diese Maßnahmen werden aber ohne einen funktionierenden privaten Wohnungsmarkt nicht ausreichend sein, denn ansonsten wird das Wohnraumangebot weiterhin defizitär bleiben. Jede Form der – wie in Berlin geforderten – Enteignung und Kollektivierung des Wohnungsmarktes vermindert per Saldo das verfügbare Wohnraumangebot nach Quantität und Qualität. So lange Bauen politisch nicht oder nur eingeschränkt gewollt ist, wird es bei ausgeprägten Knappheiten bleiben.

Noch komplexer ist eine richtungsweisende Veränderung in der deutschen *Gesundheitspolitik*. Das Kernproblem sind die derzeit mit einer Jahresrate von etwa 6 Prozent steigenden Kosten der gesetzlichen Krankenversicherung (GKV), die etwa die Hälfte der gesamten Gesundheitsausgaben von rund 474 Mrd. Euro im Jahr 2021 ausmachen. Angesichts der Kostendynamik hat sich inzwischen in der Politik wieder einmal die Erkenntnis durchgesetzt, dass das deutsche Gesundheitswesen teuer, aber über weite Strecken ineffizient ist. Es herrscht daher ein hohes Reformtempo mit Eckpunkten und Gesetzentwürfen mit einer Vielzahl von Initiativen vor[555]. Die

4 Die »10 Gebote«: Auswege aus der Krise

lange Liste der Themen zeigt die Komplexität eines Gesundheitssystems, das auch ein Teil der Gesundheitswirtschaft mit einem Umsatz von rund 440 Mrd. Euro ist[556]. Entsprechend groß sind auch die finanziellen Potenziale für Effizienzverbesserungen, die mit aktivierenden Reformen mobilisiert werden könnten. Auch wenn diese Debatte bereits seit Jahrzehnten wiederkehrend geführt wird und daher eine nüchterne Erwartungshaltung ratsam ist[557], lohnt es sich, unverdrossen auf einige wichtige Reformstränge hinzuweisen.

Der erste Punkt betrifft Anreize für Versicherte: Wer nicht die vollen Kosten seiner Behandlung tragen muss, hat eine höhere Bereitschaft, zusätzliche Leistungen in Anspruch zu nehmen. Deutschland weist innerhalb der OECD die niedrigsten Werte von nicht erfüllten medizinischen Bedarfen auf. Dies deutet auf eine sehr hohe Ausschöpfung der angebotenen Leistungen hin und kontrastiert erheblich mit dem häufig vermittelten Eindruck eines rationierten Zugangs zu Gesundheitsdienstleistungen. Nur erfolgt dann die Rationierung über Termine und Wartezeiten, nicht über die Inanspruchnahme. Spiegelbildlich wird damit ein Potenzial erkennbar, dass durch mehr Anreize zu einer sparsameren Nachfrage nach Gesundheitsdienstleistungen kostendämpfende Effekte ausgelöst werden können. So könnten höhere Zuzahlungen oder eine gestaffelte Selbstbeteiligung, die mit einem staatlichen Sozialausgleich kombiniert wird, einen bremsenden Effekt auf die Nachfrage nach Leistungen ausüben. Auch der in der privaten Krankenversicherung bewährte Grundsatz einer partiellen Beitragsrückerstattung bei einer Nichtinanspruchnahme von Leistungen hat eine positive Steuerungswirkung.

Kostendämpfende Effekte gehen ferner von der grundsätzlichen Förderung des Wettbewerbs auf der Leistungserbringerseite aus. Wichtige Stichworte dafür sind:

- Es braucht mehr Abrechnungstransparenz für Krankenkassen bei stationären Leistungen. Bei Hilfsmitteln und Heilmitteln sollte stärker von Ausschreibungen Gebrauch gemacht werden. Dem Einsatz von Medikamenten sollte eine kriterienbasierte Preisfindung mit transparenten und objektiven Faktoren, wie insbesondere den tatsächlichen Nutzen des neuen Arzneimittels, zugrunde liegen.
- Die im deutschen Gesundheitswesen historisch gewachsene starke sektorale Trennung zwischen ambulanten und stationären Einrichtungen bei der Bedarfsplanung, der Vergütung, der Mengensteuerung und der Qualitätssicherung sollte zugunsten einer stärkeren »Ambulantisierung« von Leistungen überwunden werden, wo immer diese medizinisch vertretbar sind.
- Die Stärkung der Prävention durch die Entwicklung von Gesundheitspfaden entlang der gesamten Versorgungskette sollte das Ziel der Krankenkassen sein. Diese können mit Routinedatenanalysen und einem effektiven Gesundheitsmarketing selbst in den Wettbewerb gehen und damit durch positives Nudging kostendämpfend wirken.

Die größte Strukturveränderung dürfte aber von der geplanten Krankenhausreform ausgehen, mit der die Versorgungssicherheit gewährleistet, die Behandlungsqualität gesichert und verbessert sowie die Leistungserstellung entbürokratisiert werden soll[558]. Wenn diese Reform tatsächlich nach langen Widerständen umgesetzt und gleichzeitig die Digitalisierung des Gesundheitssektors erfolgreich vorangetrieben wird, könnte Deutschland zwei zentrale Effizienzreserven im Gesundheitswesen mobilisieren. Mit dem angestrebten gemeinsamen Europäischen Gesundheitsdatenraum und der gemeinsamen Datenschutzgrundverordnung sind zudem wesentliche Grundlagen für eine wirksame Digitalisierung in Deutschland geschaffen worden. Damit ist der Weg frei für eine umfassende elektronische Patientenakte (ePA), mit der das aufwendige Zusammensuchen der patientenspezifischen Gesundheitsdaten wie Medikation, Impfungen, Allergien, Vorerkrankungen, Labor- und Bildbefunden wegfallen kann. Alle versorgungsrelevanten Daten von Patienten wären für behandelnde Ärzte in Krankenhäusern oder Hausarztpraxen einsehbar[559]. Beide Reformen eröffneten wichtige Chancen für kostensenkende Produktivitätssteigerungen im notorisch ineffizienten deutschen Gesundheitssystem.

Während an der Baustelle Gesundheitspolitik aber zumindest gesetzgeberischer Hochbetrieb herrscht, wird von der Regierung bei der Sicherung eines zukunftsfähigen *umlagefinanzierten Rentensystems* eine faktische Realitätsverweigerung betrieben. Anders kann man den Doppelschlag des am 5. März 2024 vorgelegten Rentenpakets II und der am 19. März 2024 angekündigten Rentenanpassung 2024 für rund 21 Mio. Rentner um knapp 4,6 Prozent – nach zusammen rund 10 (West) bzw. 12 Prozent (Ost) in den beiden Vorjahren – nicht bezeichnen. Dabei ist es allein mathematisch völlig klar, dass uns die Demografie nicht aus der Zwickmühle entlässt: Ein längeres Leben mit längeren Rentenbezugszeiten ist in einem Umlagesystem nicht ohne ständig weiter steigende Zuschüsse aus dem allgemeinen Bundeshaushalt finanzierbar, wenn nicht entweder durch längere Lebensarbeitszeiten oder mehr Arbeitsstunden pro Erwerbsjahr die effektiven Lebensarbeitszeitvolumina steigen, alternativ die Beitragssätze erhöht werden oder schließlich die Rate des Ersatzes der Arbeitseinkommen durch Renteneinkommen gesenkt wird. Um eine Grundsatzentscheidung für ein demografiefestes Rentensystem mogelt sich die Rentenpolitik daher immer noch und mit jedem weiteren Jahr unterbliebener Reformen noch eklatanter herum.

Ein Blick auf die jüngsten Beschlüsse verdeutlicht deren finanzielle Tragweite, die genau das Gegenteil von Aktivierung darstellt. Das Rentenpaket II sieht vor, das Sicherungsniveau der gesetzlichen Renten durch eine lebensstandardsichernde sog. Niveauschutzklausel bis zum Jahr 2039 auf ein Rentenniveau vor Steuern von 48 Prozent der vorherigen Löhne festzuschreiben. Da die Regelaltersgrenzen nicht weiter angehoben werden sollen, bürdet dies – entschieden nachhaltigkeitswidrig – der heute arbeitenden jungen und nachwachsenden Generation die Kosten in Form von höheren Beitragslasten und zusätzlichen Lasten für den Bundeshaushalt auf. Die Beitragssätze zur Rentenversicherung steigen ab 2027 vom heutigen Satz von 18,6 auf 20 Prozent und ab 2035 auf 22,3 Prozent. Der Dämpfungseffekt durch den Einstieg in das neue Generationenkapital durch einen zunächst schuldenfinanzierten (!) Kapitalstock ist demgegenüber mit 0,3 Prozent gering. Ein Beitragssatzpunkt entspricht derzeit etwa 14 Mrd. Euro, so dass aufsteigend ab 2035 über 50 Mrd. Euro jährlich zusätzlich für die Rente aufzubringen sind. Die Mehraufwendungen für die steigenden Renten werden allein für das Jahr 2025 mit über 18 Mrd. Euro veranschlagt. Falls die Kapitalerträge aus dem Generationenkapital nicht reichen, muss auch dies noch von den Beitragszahlern ab dem Jahr 2036 ausgeglichen werden. Alle Effekte zusammen verteuern nebenbei auch den Faktor Arbeit und bürden ihm weitere Lasten auf.

Die Reaktionen auf diese Reform fallen zu Recht überwiegend kritisch aus[560]. Sogar die Deutsche Rentenversicherung Bund weist darauf hin, »dass eine verlässliche obere Belastungsgrenze für die Beitragszahlenden zukünftig fehlen wird«. Die Liste der Therapievorschläge für eine durch das Rentenpaket II noch dringlicher gewordene Reform ist daher lang. Reformen können an den drei genannten Stellschrauben Lebensarbeitszeitvolumina, Rentenhöhe und Beitragssätzen ansetzen. Am ehesten würde wohl ein Mix aus allen drei Elementen der demografischen Herausforderung gerecht: Um das Rentenniveau nachhaltig und generationengerecht zu halten, muss das Rentenalter dynamisch an die Lebenserwartung gekoppelt, die Frühverrentung auf jene beschränkt werden, die gesundheitlich angeschlagen sind, ein späterer Renteneintritt in allen Branchen, auch dem öffentlichen Sektor, erleichtert werden, eine Mischung aus Umlage- und Kapitaldeckungsverfahren und beim Kapitaldeckungsverfahren ein Kompromiss zwischen einem Staatsfonds und einer Privatrente gefunden werden[561]. Diese grobe Skizze einer aktivierenden Rentenpolitik kann noch weiter detailliert werden:

- Eine Koppelung des Renteneintrittsalters an die fernere Lebenserwartung im Verhältnis von 2:1 – ein Jahr höhere Lebenserwartung verlängert die Erwerbsphase um zwei Drittel und die Rentenphase um ein Drittel eines Jahres – würde das Verhältnis zwischen der durchschnittlichen Rentenbezugsdauer und den durchschnittlichen Versicherungsjahren stabilisieren und die finanzielle Tragfähigkeit des Umlagesystems strukturell verbessern.
- Ein erneutes Aussetzen des Nachholfaktors durch eine Rentengarantie wie im Jahr 2021 sollte ausgeschlossen werden. Es darf sich nicht wiederholen, dass eine politische Haltelinie den Nachholfaktor »schlägt«.
- Um den bevorstehenden Anstieg des Rentnerquotienten auszugleichen, muss eine Erhöhung des seit 2005 wirksamen Nachhaltigkeitsfaktors von derzeit 0,25 (ein Viertel tragen die Rentner, drei Viertel die Beitragszahler) erfolgen, damit die demografischen Belastungen für das Rentensystem fair zwischen Rentnern und Beitragszahlern verteilt werden können.
- Die Rente für langjährig Versicherte (35 Beitragsjahre), durch die Versicherte der Jahrgänge 1949 bis 1963 noch vor ihrem 67. Geburtstag ohne Abschläge in Rente gehen können, und die Mütterrente sollten beendet werden.
- Anreize zum Arbeiten über die gesetzliche Altersgrenze hinaus sollten durch Prämien oder höhere versicherungsmathematische Zuschläge stärker incentiviert werden.

Dringend vermieden werden sollte hingegen die von der Mehrheit des Sachverständigenrates vorgeschlagene progressive Rentenberechnung, bei der Personen mit einem geringen Einkommen überproportional hohe Rentenleistungen erhalten[562]. Diese Abkehr vom Äquivalenzprinzip entkoppelt die Rente noch weiter vom Arbeitseinkommen. Auch wenn eine Bevölkerungsmehrheit eine stärkere Umverteilung im Rentensystem befürwortet, überzeugt die Rechtfertigung für eine progressive Rentenberechnung mit dem Solidarprinzip nicht, weil die Verteilungsziele durch das Steuersystem treffsicherer erreicht werden können[563]. Die Progression gehört in das Steuersystem und nicht in das Sozialversicherungssystem. Allerdings fließen schon jetzt 117 Mrd. Euro oder rund ein Viertel des Bundeshaushaltes in die Rentenversicherung, ein Anstieg um rund ein Drittel allein seit 2016 (▶ Dar. 26). Ein weiterer Anstieg der nicht beitragsfinanzierten Leistungen der Rentenversicherung durch den steuerfinanzierten Bundeshaushalt ist dringend zu vermeiden[564]. An einer verursachergerechten äquivalenzorientierten Reform der umlagefinanzierten Rentenversicherung führt daher kein Weg vorbei.

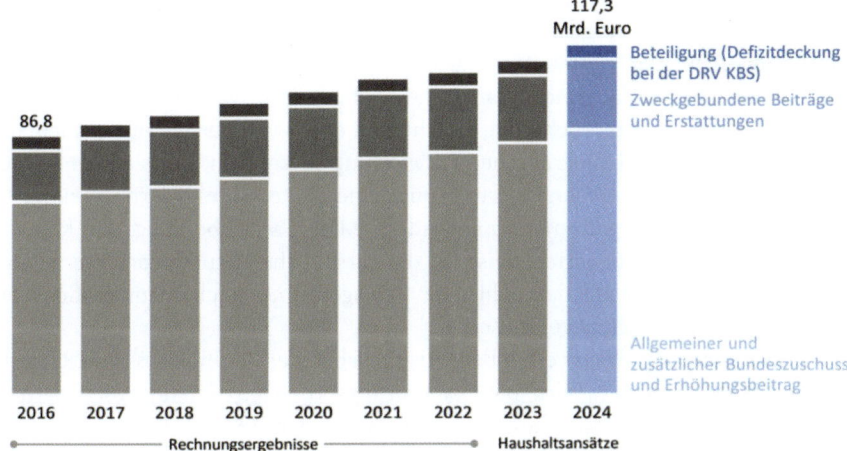

Dar. 26: Ausgaben des Bundes für die gesetzliche Rentenversicherung (Quelle: Bundesrechnungshof: Bericht nach § 88 Absatz 2 BHO an den Haushaltsausschuss des Deutschen Bundestages. Information über die Entwicklung des Einzelplans 11 (Bundesministerium für Arbeit und Soziales) für die Beratungen zum Bundeshaushalt 2024, Bonn 2023, S. 13)

Eine Verbreiterung der Finanzierungsbasis wäre zudem auch mit zwei fundamentalen Reformen möglich: Zum einen ist eine Erweiterung des Versichertenkreises der Gesetzlichen Rentenversicherung (GRV) um die etwa 2,1 Mio. Beamten zu befürworten, denn die Beamtenversorgung ist ordnungssystematisch nur schwer zu rechtfertigen. Die Einbeziehung der Beamten würde wegen deren höherer Lebenserwartung zwar die finanziellen Probleme der Rentenversicherung nur vorübergehend entspannen, aber es würden auch einkommensmäßig »gute Risiken« in die Rentenversicherung aufgenommen. Zudem müsste uno actu auch über höhere Beitragsbemessungsgrenzen nachgedacht werden. Zum anderen ist auch eine Versicherungspflicht für die rund 2,6 Mio. Selbstständigen unter 65 Jahren, die bisher ohne eine obligatorische Alterssicherung sind, einzuführen. Selbstständige sollten nicht auf zumutbare Vorsorge verzichten und dann später im Alter oder im Fall einer Erwerbsminderung auf Kosten der Steuerzahler Grundsicherung beanspruchen können. Dabei sollte aber ein Wahlrecht bestehen, ob die Selbstständigen sich im Rahmen der gesetzlichen Rentenversicherung oder im Wege privater kapitalgedeckter Vorsorge absichern möchten. Die Überprüfung der Vorsorgepflicht sollte unkompliziert im Rahmen der Steuerveranlagung erfolgen.

Auch von dieser Seite her ist das Thema Kapitaldeckung in der Alterssicherung noch einmal aufzurufen. Mit dem von der Regierung geplanten Generationenkapital soll aus Darlehen aus dem Bundeshaushalt und der Übertragung von Eigenmitteln vom Bund ein Kapitalstock aufgebaut werden. Dieser ist dauerhaft angelegt. Das in der Ansparphase angesammelte Kapital soll im Fonds verbleiben und wird nicht ausgezahlt. Lediglich die jährlichen Erträge sollen für die Finanzierung der GRV genutzt werden. Damit fällt der Einstieg in die Kapitaldeckung zu klein aus, ist zunächst zu wenig kapitalmarktorientiert, wird erst in langer Frist wirksam und ändert nichts am akuten Reformbedarf der GRV. Von einer Aktienrente kann keine Rede mehr sein. Dennoch kann eine ergänzende private Altersvorsorge mit Kapitaldeckung die Alterssicherung zunehmend etwas von der voraussichtlich anhaltend ungünstigen demografischen Entwicklung entkoppeln, wenn einem öffentlich verwalteten, stark aktienbasierten Fonds eine breite Diversifizierung gelingt[565]. Der Einstieg in eine ergänzende kapitalgedeckte Rente war überfällig. Den Kapitalmarkt gar nicht in gesicherter Weise für die persönliche Zukunftsvorsorge nutzen zu wollen, hätte deshalb das politische Versagen einer nicht demografiefesten Rentenpolitik noch weiter vergrößert.

Das dritte demografisch verbundene Risiko neben der Gesundheits- und Rentenpolitik ist die *Pflegeversicherung*. Die Finanzierungsprobleme der Pflegeversicherung lassen sich mit dem Halbsatz beschreiben, dass sich deren Kosten binnen nur eines Jahrzehnts auf rund 56 Mrd. Euro verdoppelt haben. Jede Leistungsausweitung ist daher unter einen Finanzierungsvorbehalt zu stellen. Dringend abzuraten ist von der Umsetzung der im Koalitionsvertrag noch als Prüfauftrag hinterlegten Überlegung, »die soziale Pflegeversicherung um eine freiwillige, paritätisch finanzierte Vollversicherung zu ergänzen, die die Übernahme der vollständigen Pflegekosten umfassend absichert«[566]. Aus guten Gründen wurde die Gesetzliche Pflegeversicherung (GPV) 1995 als Teilabsicherung eingeführt, um einen Anreiz zu einer Eigenvorsorge gegen ein Risiko zu sichern, für das auch eine langfristige persönliche Vorsorge möglich ist. Eine Pflegevollversicherung, die zu einer vollständigen Übernahme der pflegebedingten Eigenanteile führt, würde diese Anreize zur Eigenvorsorge weiter schwächen. Damit würden einerseits die Sozialkosten weiter stark ansteigen, andererseits würden aber auch private Vermögen der Erben zulasten der Steuerzahler geschützt (»Erbenschutz«). Verteilungspolitisch wäre dies ein regressiver Effekt. Volkswirtschaftlich ist es unstritten, dass im Alter das im Lebensverlauf angesparte Vermögen auch wieder »entspart« und u. a. auch für die Pflege eingesetzt werden kann und muss.

Als Alternative wäre auch hier eine stärkere Kapitaldeckung durch eine private Altersvorsorge dringend auf den Weg zu bringen. Das Umlageverfahren der GPV führt zu Beitragssätzen, die nur den unmittelbaren Finanzbedarf abbilden, aber gerade deshalb mit Blick auf alle Kerndaten der Pflegeversicherung (Bevölkerungsanteile der pflegenahen Altersgruppen, Pflegequoten, Pflegepersonen, Leistungsausgaben) zu strukturellen Finanzierungsengpässen führen. Demgegenüber kann ein Kapitaldeckungsverfahren auch die längerfristigen Kostenrisiken der Pflege versicherungsmathematisch abbilden. Gerade weil Pflege stark altersabhängig ist, bietet sich für diesen Sozialversicherungszweig ein Ansparen an. Da zudem in der langen Frist die relativen Renditen der Produktionsfaktoren Arbeit und Kapital unsicher sind, kann eine Mischung von Umlagefinanzierung und Kapitaldeckung eine bessere Vorsorge gegen das Einkommensrisiko im Pflegefall bieten.

Für die Ausgestaltung einer ergänzenden Kapitaldeckung in der Pflege gibt es verschiedene Optionen:

- Eine Pflege-Vorsorgeförderung, wie sie seit 2013 mit dem sog. »Pflege-Bahr« möglich ist, kann die eigenverantwortliche Vorsorge unterstützen. Sie kann private Pflegezusatzverträge ergänzen, weist aber gerade deshalb die Gefahr von Mitnahmeeffekten auf.
- Der 2015 eingeführte Pflege-Vorsorgefonds stellt durch die Erhebung eines zusätzlichen Betrages von 0,1 Prozent des Beitragssatzes bereits eine Mini-Kapitaldeckung dar. Doch Volumen und die Begrenzung des Sonderbeitrages auf 20 Jahre machen den damit verbundenen finanziellen Hebel zu klein für eine echte Steuerungswirkung.
- Drittens muss eine zusätzliche Vorsorge durch eine private Pflichtversicherung erwogen werden. Dieser sicherlich weitreichende Schritt wäre auch deshalb ratsam, weil er dem zweifachen Moral hazard-Problem entgegenwirken könnte, dass zu viele Bürger weder freiwillige Zusatzversicherungen abgeschlossen noch genügend Ersparnisse für den Pflegefall gebildet haben[567]. Auch hier ist mehr vorsorgende und aktivierende Eigenverantwortung der Bürger gefragt, um eine Überforderung der Pflegeversicherung zu vermeiden.

Eine ergänzende substanzielle Kapitaldeckung in der Pflegeversicherung ist deshalb für die Finanzierbarkeit dieser demografiesensitivsten aller Sozialversicherungen überfällig. Zudem muss auch entschieden an der Nutzung der Digitalisierung auch in der Pflegeversorgung gearbeitet werden. Insbesondere elektronische Patientenakten erhöhen Qualität und Wirtschaftlichkeit und reduzieren bei pflegenahen Überleitungsprozessen die Schnittstellenproblematik nachhaltig. Pflegehilfsmittel können durch digitale Aufrüstung ein neues Leistungsniveau erreichen. Telemedizinische Dienstleistungen (z. B. Videosprechstunden) fördern nicht nur die Kommunikation mit anderen professionellen Gesundheitsanbietern, sondern ermöglichen auch ein ständiges Monitoring von Vitalparametern. Effizienz- und Wirtschaftlichkeitssteigerungen durch eine digital gestützte Organisation der Pflege können auch dazu beitragen, dass die häusliche Pflege im »dritten Gesundheitsstandort Haushalt« eine kostengünstigere Alternative zur stationären Versorgung bleiben kann[568].

Ein abschließender Blick ist auf die *Familienpolitik* zu richten. Sie ist seit langem Schauplatz gesellschaftspolitisch aufgeladener Leitbilddebatten. Die im Vergleich zu anderen Ländern zurückgestaute Modernisierung Deutschlands bei Kinderbetreuungsangeboten im vorschulischen Bereich, bei der Gestaltung familienpolitischer Leistungen entlang des Dreieckes aus Geld, Zeit und Infrastruktur konnte aber alles in allem nachgeholt werden. Sie bescherte dem Land einen deutlichen Anstieg bei der Erwerbstätigkeit von Frauen, eine vorübergehende Trendwende bei der Fertilität und Verbesserungen bei der Arbeitsteilung innerhalb der Familie. Insbesondere durch den Ausbau von frühkindlichen Betreuungseinrichtungen gelang in diesem Politikfeld eine stark investive und aktivierende Form staatlicher Programme. Das geht inzwischen so weit, dass Dax-Vorstände jüngst die trotz des starken Ausbaus der Kitakapazitäten weiterhin bestehenden Betreuungsmängel durch fehlende Fachkräfte sogar als »Gefährdung ihrer Geschäftsmodelle« betrachten[569]. Insofern bleibt die seit 2019 etwa stagnierende Betreuungsquote für die drei- bis fünfjährigen Kinder ein Handlungsauftrag.

Anschaulicher als mit einem solchen Business Case für Unternehmen kann der investive Ertrag eines stark veränderten familienpolitischen Kulisse kaum ausfallen. Aber die Familienpolitik ist nicht nur mit solchen positiven Effekten wieder in die Schlagzeilen geraten. Dies betrifft zum einen die aus finanziellen Gründen erforderlich gewordenen Änderungen beim Elterngeld: Die Einkommensgrenze für Paare, bis zu der Elterngeld gezahlt wird, ist ab dem 1. April 2024 von 300.000 auf zunächst 200.000 und dann auf 175.000 Euro abgesenkt worden. Betrachtet man diese Absenkung unter dem Gesichtspunkt der aktivierenden Sozialpolitik, so wird man sie begrüßen müssen. Denn beim Elterngeld liegen auch die abgesenkten Einkommensgrenzen noch deutlich über den durchschnittlichen Bruttohaushaltseinkommen. Es ist nicht ersichtlich, warum eine solche steuerfinanzierte Leistung auch für Gutverdiener geleistet werden soll. Lebensstandardsicherung kann generell kein allgemeines Ziel einer investiven und aktivierenden Sozialpolitik sein, erst recht nicht beim Elterngeld für Gutverdiener.

Zum anderen irritiert bei der geplanten Kindergrundsicherung nicht nur die Begründung der Ministerin: »Mit den 5.000 Stellen wollen wir von der Holschuld der Bürger zur Bringschuld des Staates (!) kommen.« Nicht nur widerspricht die Schaffung von 5.000 zusätzlichen Stellen eklatant dem selbst gesteckten Ziel der Bundesregierung eines Bürokratieabbaus. Ohne eine grundlegende Reform der Grundsicherung verstärkt die Reform in der geplanten Form zudem auch noch die Fehlanreize der derzeitigen Grundsicherung. Die Effekte auf den Arbeitsmarkt sind negativ: »Insgesamt findet sich ein moderater Rückgang des Arbeitsangebots, der sich vor allem bei Alleinerziehenden ergibt. [...] Das verringerte Arbeitsangebot schlägt sich in höheren fiskalischen Kosten nieder. [...] Die Reduktion des Arbeitsangebots führt vor allem zu Einnahmenausfällen bei den Sozialversicherungen«[570]. Eine Reform, die das Arbeitsangebot reduziert und zusätzliche Transfers verspricht, ohne Auflagen für eine aktivierende Verwendung zu machen, stellt genau das Gegenteil einer investiven und damit eine faktisch deaktivierende Sozialpolitik dar.

Quintessenz dieses und des vorhergehenden Abschnitts ist es, dass Aktivierung eine Kernaufgabe der Sozialstaatspolitik sein muss. Dies folgt dem Grundsatz der Eigenverantwortung der Bürger, auch nach eigenen Kräften zur Vermeidung und Überwindung von Bedürftigkeit beizutragen. Aufbauend auf der Reform der Grundsicherung und der schulischen Bildung als ersten Stufen der Aktivierungstreppe sind auch in der Wohnungspolitik, der Gesundheitspolitik, der Pflegepolitik, der Familienpolitik und vor allem in der Rentenpolitik bei der Gestaltung der leistungsgesetzlichen Verpflichtungen stets Elemente der Aktivierung und Eigenvorsorge zu stärken. Angesichts der demografischen Herausforderungen gilt dies insbesondere in den drei großen Sozialversicherungen: In der Krankenversicherung bedarf es einer größeren Kostentransparenz und Eigenbeteiligung. In der Pflegeversicherung sollte es keine weiteren Schritte hin zu einer Pflegevollversicherung, sondern stattdessen einen Einstieg in die Kapitaldeckung durch eine private Pflegepflichtversicherung geben. In der Rentenversicherung führt kein Weg an der Kopplung der Lebensarbeitszeiten an die Lebenserwartung und einem größeren Anteil der Kapitaldeckung an den Rentenzahlungen vorbei. Zudem sollten auch Beamte und Selbstständige zu einer eigenständigen Altersvorsorge verpflichtet werden.

Zuwanderung: Steuerung und Integration

»Die Schwester der Menschlichkeit ist die Machbarkeit.«
(Helge Lindh)

Eine Befassung mit einem so komplexen Thema wie der Zuwanderung in einen Nationalstaat muss mit einer Chancen- und Potenzialperspektive beginnen. Eine alternde Gesellschaft wie die deutsche ist dringend und dauerhaft auf Zuwanderung angewiesen, um die demografisch bedingte Bremse eines rückläufigen Arbeitsvolumens für das Potenzialwachstum zu lockern. Ganz alltagsnah heißt das, dass angesichts immer noch verbreiterter Arbeitskräfteengpässe mittlerweile weite Teile des Alltagslebens in Deutschland gar nicht mehr oder nicht mehr so ohne ausländische Beschäftigte stattfinden könnten. Die Kräfteengpässe liegen im Niveau immer noch sehr hoch und sind in einzelnen Arbeitsmarktsegmenten besonders stark ausgeprägt[571]. Diese Engpassbeobachtungen werden sich – Struktur schlägt Konjunktur – trotz der derzeitigen Arbeitsmarkteintrübung in den nächsten Jahren weiter verdichten, wenn nach und nach die geburtenstarken Jahrgänge in den Ruhestand wechseln werden.

Deutschland ist innerhalb Europas aber schon heute Zielland Nr. 1 bei der langfristigen Zuwanderung. Umso bedeutsamer ist es, dass schon die bisherige Zuwanderung die Engpässe am deutschen Arbeitsmarkt spürbar verringert hat. Die Beschäftigungsquoten von Personen von Drittstaaten haben sich stärker erhöht als jene von EU-Ausländern oder von Deutschen. Die Zuwanderung über die Hochschulen der vergangenen Jahre hat auch die Engpässe bei den für die Transformation so bedeutsamen naturwissenschaftlich-technischen Qualifikationen verringert. In vergangenen zehn Jahren ist die Anzahl der sozialversicherungspflichtig Beschäftigten in akademischen MINT-Berufen unter Deutschen um 38 Prozent, unter Ausländern um 190 Prozent und unter Drittstaatsangehörigen um über 300 Prozent gestiegen. Diese besondere Zuwanderungsform wird zudem noch bedeutsamer, weil die Erstsemesterzahlen in MINT-Studiengängen seit sechs Jahren rückläufig sind. Doch dieser positive Effekt der Zuwanderung auf das Produktionspotenzial wird bisher durch die insgesamt geringere Produktivität der Gesamtheit der Zuwanderer noch abgeschwächt. Derzeit sind ausländische Arbeitskräfte in Deutschland überproportional häufig in Branchen mit niedriger Produktivität beschäftigt[572].

Mit dem Fachkräfteeinwanderungsgesetz (FEG) vom 1. März 2020 wurden wichtige Weichen für eine erleichterte Erwerbsmigration gestellt. Der nächste Schritt wurde mit dem Chancenaufenthaltsrecht seit dem 31. Dezember 2022 gegangen, das langjährig Geduldeten eine 18-monatige Aufenthaltserlaubnis als Baustein für ein dauerhaftes Bleiberecht ermöglicht. Schließlich schafft die Neuregelung des Fachkräfteeinwanderungsgesetzes vom 18. November 2023 gestaffelt bis Juni 2024 weitere Erleichterungen für die Fachkräfteeinwanderung. Manche Beobachter sprechen von einer neuen Form von Gastarbeit. Deren materiell wichtigsten Punkte sind erweiterte Möglichkeiten für Hochschulabsolventen aus Drittstaaten, eine Aufenthaltserlaubnis für Fachkräfte mit Berufsausbildung oder akademischer Ausbildung und eine Anerkennungspartnerschaft für Personen aus Drittstaaten, die sich hier qualifizieren wollen. Als neues Element gibt es eine sog. »Chancenkarte« in Kombination mit einem Punktesystem, u. a. für berufliche Qualifikation, Sprachkenntnisse, Berufserfahrung, Deutschlandbezug, Alter und eine Berufsanerkennung. Eine zentrale Neuerung ist dabei der Verzicht auf eine gleichwertige Ausbildung[573].

Diese Neuregelungen sind wichtige Schritte zu einer besseren Passung und Integration von Zuwanderung. Aber die Bürokratie und Komplexität des gesamten Zuwanderungsrechts stellen immer noch ein ganz eigenständiges Integrationshemmnis dar. Die nationalen Regelungen zur Erwerbs- und Bildungsmigration auf der einen Seite und jene zum Ausländerrecht und zur Fluchtmigration auf der anderen Seite werden zudem auch noch von europäischem Recht überlagert. Eine Vorschriftensammlung zum Ausländer-, Migrations- und Flüchtlingsrecht für die Praxis umfasst daher inzwischen knapp 1.330 Seiten, ein gängiges Standardhandbuch zum Zuwanderungsrecht knapp 1.000 Seiten[574]. Diese Komplexität ist auch deshalb so schwierig und auch brisant, weil es sich bei der Zuwanderung nach Deutschland um sehr große Zahlen handelt. Migration wird nach sehr unterschiedlichen Regeln, von unterschiedlichen Behörden und mit unterschiedlichen finanziellen Implikationen behandelt, von denen die nachstehende Grafik nur einen ersten Eindruck geben kann (▶ Dar. 27). Eine einzige Zahl mag die Komplexität der Herausforderung bebildern: Die Zahl der Reiseausweise für Flüchtlinge (sog. blauer

Zuwanderung: Steuerung und Integration

Dar. 27: Die wichtigsten Migrationsgruppen 2022 (Quellen: BMI/BAMF: Migrationsbericht der Bundesregierung 2022, Berlin/Nürnberg, Dezember 2023, S. 46: Eine Addition der Zuwanderungsgruppen zu einer Gesamtsumme ist aufgrund unterschiedlicher Erhebungskriterien (z. B. Fall- versus Personenstatistik) und Doppelzählungen (z. B. EU-Binnenmigration und saisonale Arbeitskräfte aus EU-Staaten) nicht möglich.)

Pass für anerkannte Asylberechtigte oder Flüchtling) beträgt laut Ausländerzentralregister derzeit rund 772.000.

Dieses Strukturbild des Jahres 2022 zeigt, dass die so nötige Erwerbs- und Bildungsmigration aus Drittstaaten außerhalb der EU nur den kleineren Teil der gesamten Zuwanderung ausmacht. Zudem fällt dieses Bild – und hier beginnt die realpolitische Seite der Zuwanderungsdebatte – für das Jahr 2023 noch einmal anders aus: Bei der Asylmigration ist es zu einem starken Anstieg um 44 Prozent gegenüber dem Vorjahr auf rund 350.000 gekommen, vor allem aus Syrien, Afghanistan und der Türkei. Demgegenüber ist die Nettozuwanderung aus der Ukraine zwar von rund 960.000 im Jahr 2022 auf etwa 120.000 zurückgegangen, doch gab es damit kumuliert in beiden Jahren eine Nettozuwanderung aus der Ukraine von knapp 1,1 Mio. Menschen. Die Mehrzahl dieser Zugewanderten ist wegen der sog. »Massenzustromrichtlinie« nicht in den Asylbewerberrechtskreis, sondern in das Bürgergeldsystem eingemündet. Die Nettozuwanderung in Deutschland hatte aber schon im Jahr 2022 mit rund 1,46 Mio. einen neuen Höchststand erreicht. 2023 dürfte noch einmal ein Saldo von rund 650.000 hinzukommen.

Deutschland weist damit seit dem Jahr 2015 im Jahresdurchschnitt eine Nettozuwanderung von rund 650.000 Ausländern auf, eine auch im internationalen Vergleich exzeptionell hohe Nettozuwanderung. Davon war nur ein Teil – in den letzten

Jahren nur der geringere Teil – eine Erwerbs- und Bildungsmigration. Dieser Befund macht den Kern einer innenpolitischen Debatte aus, die ein hohes Polarisierungspotenzial hat. Der politische Handlungsbedarf ist groß, aber die Komplexität des Migrationsgeschehens erfordert sehr unterschiedliche Antworten. Nachstehend werden deshalb einige knappe Empfehlungen in drei unterschiedlichen Handlungsfeldern formuliert: Wie können die Bedingungen für eine Erwerbsmigration verschlankt werden (»Arbeitsmigration erleichtern«)? Wie können die Bedingungen für die Integration der bereits im Land lebenden Migranten in Arbeit und Qualifizierung verbessert werden (»Arbeitsintegration beschleunigen«)? Wie gelingt eine bessere und zielgenauere Steuerung und auch Begrenzung des Zugangs von Menschen nach Deutschland (»Steuerung verbessern«)? Diese drei Stränge sind nicht vollständig disjunkt, aber für die Bevölkerung rangiert eine Verringerung der Zuwanderung weit oben auf der Liste ihrer Prioritäten. Spürbare Verbesserungen bei diesem Ziel sind daher dringlich für eine Abkühlung des politischen Klimas[575].

Arbeitsmigration erleichtern

Die auf den Weg gebrachten wichtigen gesetzlichen Erleichterungen für eine Drittstaatenmigration scheitern vielfach an den überaus komplexen administrativen Hürden. Ihre Effekte werden daher überschaubar bleiben, wenn sich diesbezüglich nichts Substanzielles ändert. Es ist derzeit von Wartezeiten bei den jeweiligen Verfahren von 3 bis 12 Wochen bei der Bundesagentur für Arbeit, bis zu 6 Monaten bei Ausländerbehörden, bis zu 12 Monaten bei Auslandsvertretungen, bis zu 12 Monaten bei Anerkennungsbehörden und bis zu 13 Monaten bei einer Einbürgerung auszugehen. Die lediglich marginalen Verbesserungen zur Straffung der Verwaltungsverfahren im neuen FEG sind für eine rasche Beschleunigung nicht ausreichend. Mit Blick auf die Verfahrensdauern muss man leider weiterhin eine substanzielle Dysfunktionalität in der Steuerung der Arbeitsmigration konstatieren[576]. Abhilfe schaffen kann nur eine umfassende Digitalisierung eines überkomplexen Systems mit folgenden Elementen:

- Erforderlich ist die schnelle Weiterentwicklung und Ertüchtigung des Ausländerzentralregisters (AZR) als digitale Datenbank für den Austausch zwischen Behörden mit der AZR-Nummer als behördenübergreifende Identifikationsnummer. Dies wurde bereits in zwei Beschlüssen der Ministerpräsidentenkonferenz des Jahres 2023 vereinbart.
- Der Bund muss für ein kompatibles IT-System für die Ausländerbehörden (ABH) sorgen, mit dem die ABH intern arbeiten können und Schnittstellen zum AZR ohne Abbrüche möglich sind. Nur bei der Speicherung von allen relevanten Dokumenten und Nachweisen kann der aufwändige, langwierige und verlustanfällige postalische Versand zwischen Behörden, Arbeitgeber und Arbeitskraft beendet werden.
- Insbesondere für die praktische Umsetzung des neuen FEG ist die Speicherung sämtlicher Entscheidungen der BA in aufenthaltsrechtlichen Verfahren und die

Zugriffsmöglichkeit anderer Behörden zu diesen Daten für eine Vereinfachung und Beschleunigung der Verwaltungsverfahren essenziell.
- Darauf aufsetzend ist eine digitale Ertüchtigung der kommunalen Verwaltung und die Einführung zusätzlicher Verfahrenswege bei den bestehenden Bundesbehörden erforderlich. Ein Datenaustausch zwischen Ausländer- und Leistungsbehörden, etwa im Rahmen der Bezahlkarte, wird mit einem Gesetzentwurf zur Anpassung von Datenübermittlungsvorschriften vorbereitet.

Arbeitsintegration von anerkannten Asylbewerbern und Bürgergeldempfängern beschleunigen

Eine ganze Reihe von Befunden deutet auf eine unter dem Strich unbefriedigende Integration der Zugewanderten in Arbeit und Bildung hin. Bürgergeld haben im ersten Halbjahr 2023 weit überproportional oft ausländische Familien erhalten[577]. Mit Blick auf Arbeitsmarktintegration und Leistungsbezug muss der Ausstieg aus Bürgergeld und Asylleistungsbezug für rund 600.000 erwerbsfähige Bürgergeldempfänger (ohne Ukraine) forciert werden. Ansonsten ist nicht zu vermitteln, dass ab dem 1. März 2024 auch Arbeitskräfte ohne Berufsausbildung oder Studium für Spitzenzeiten aus dem Ausland rekrutiert werden können. Zweitens ist die Dauer von Asylverfahren ein Dauerärgernis, verhindert die Arbeitsmarktintegration und ist eine starke Akzeptanzbremse für Asylmigration[578]. Drittens ist auch dann, wenn ein Asylantrag abgelehnt wurde, eine Ausreise aus verschiedenen Gründen vielfach nicht möglich. Bleibewahrscheinlichkeiten im Asylrechtskanal von derzeit rund 90 Prozent sind für die Akzeptanz des Systems in der Bevölkerung ebenso kontraproduktiv wie durchschnittliche Aufenthaltsdauern von vier Jahren selbst nach einer rechtskräftigen Ablehnung des Asylgesuchs. Viertens kommt es zu Mehrfachanträgen von Asylbewerbern, weil Flüchtlinge in Deutschland auch wiederholt Anträge stellen können[579].

Der gesamte Problemdruck bei der Migration hat insbesondere seit den beiden Landtagswahlen in Hessen und Bayern im Herbst 2023 auch legislativ Bewegung erzeugt. Dies gilt etwa für Abschiebung von Straftätern und Gefährdern, aber auch für die Neufassung des Migrationsrechts zur Begrenzung irregulärer Migration[580]. Bundeskanzler Scholz hat in einem SPIEGEL-Interview vom 20. Oktober 2023 auf die Notwendigkeit hingewiesen, in stärkerem Umfang als bisher und in großem Stil auch abzuschieben. Das Problem einer nicht funktionierenden Klärung des Aufenthaltsstatus steht aber prototypisch für eine nicht erst aktuell, sondern bereits auch früher schon in zahlreichen Facetten gescheiterte Integrationspolitik. Exemplarisch dafür stehen auch sehr persönliche Essays von Personen aus dem konkreten Arbeitsumfeld von Migration und Integration. Bereits im Jahr 2008 veröffentlichte Güner Yasemin Balci mit »Arabboy« eine Schilderung vorwiegend aus dem arabischstämmigen Migrationsmilieu. Aus dem Jahr 2010 stammt die Streitschrift »Das Ende der Geduld« der Berliner Jugendrichterin Kirsten Heisig. Aktuell weist etwa Ahmad Mansour in seinem Band »Operation Allah« auf die Gefahren eines politischen Islam in Deutschland als einer Integrationsbarriere hin[581].

Die antisemitischen propalästinensischen Demonstrationen in deutschen Städten und zunehmend auch Universitäten nach dem Hamas-Terrorangriff vom 7. Oktober 2023 – unter anderem mit Rufen nach einem Kalifat – haben das Integrationsbild ebenso weiter verdüstert wie eine zunehmende Ausländerkriminalität und die oben zitierten Befunde zur Clankriminalität[582]. Ein weiteres Symbol für eine nicht gelungene Integrationspolitik sind die Befunde zu Scheinvaterschaften mit sog. »Ankerkindern«. Die Ämter können vor einer Vaterschaftsanerkennung nicht einsehen, wie viele Kinder ein Antragsteller bereits anerkannt hat, wodurch es zu missbräuchlichen Bleiberechten kommen kann[583]. Diese Stichworte indizieren Missbrauchsmöglichkeiten des Zuwanderungsrechts und des deutschen Sozialstaats durch migrantische Parallelwelten. Das Migrationsthema ist inzwischen zu dem politisch am meisten polarisierenden Politikfeld aufgestiegen und stärkt die politischen Ränder. Es belastet das Vertrauen der Bürger in die Fähigkeit des Staates, Fehlsteuerungen zu erkennen und rasch zu korrigieren[584]. Ein besonderer Druck lastet dabei auf der kommunalen Ebene. Eine ganze Reihe von kommunalen Positionspapieren belegt deutlich zunehmende Schwierigkeiten und Überforderungen bei der Vermittlung steigender Zuweisungen von Migranten an die Kommunen[585].

Zur Linderung des Problemdrucks sind neben einer Verringerung der Fallzahlen die schnellere Rückführung von Asylbewerbern ohne Aufenthaltsperspektive einerseits und die beschleunigte Arbeitsmarktintegration andererseits anzustreben. Bezogen auf den ersten Punkt muss das von der Bundesregierung verabschiedete Rückführungsverbesserungsgesetz[586] seine Wirksamkeit erst noch unter Beweis stellen. Dabei sind die beschlossenen Maßnahmen weitreichend: erweiterte Durchsuchungsmöglichkeiten, eine Ausdehnung des Ausreisegewahrsams, die Anordnung von Abschiebehaft, ein verlängerter Ausreisegewahrsam, um das Untertauchen zu verhindern, eine verminderte Beteiligung von Staatsanwaltschaften bei Abschiebungen aus der Haft, die Abschaffung der aufschiebenden Wirkung von Widersprüchen oder Klagen gegen Einreise- und Aufenthaltsverbote sowie ein eigener Ausweisungstatbestand für den Bereich der organisierten Kriminalität.

Die angestrebte strengere Durchsetzung von Recht ist sehr ambitioniert. Frühere Erfahrungen mit ähnlichen Rechtsänderungen mahnen aber zu einer gewissen Skepsis, welche faktischen Konsequenzen eine Rechtsänderung tatsächlich für das Ziel einer stärkeren und schnelleren Rückführung haben kann. Einer der Gründe dafür ist, dass eine wirksame Rückführung vielfach auch eine Mitwirkung der Herkunftsländer voraussetzt, die aber nicht durchgängig gegeben ist[587]. Sie muss daher durch weitere Maßnahmen flankiert werden, mit denen die Mitwirkungsbereitschaft erhöht werden kann. Notwendige Bedingung für eine erhöhte Wirksamkeit ist aber vor allem die Beschleunigung der Asylverfahren. Vom Erreichen des selbstgesteckten Ziels, dass Asylverfahren höchstens noch drei Monate dauern sollen, ist das Land noch sehr weit entfernt. Erforderlich dafür ist, dass Anträge von Bewerbern aus Staaten mit geringer Schutzquote priorisiert werden. Eine solche »fast lane« wurde bei der Sitzung der Ministerpräsidenten mit dem Bundeskanzler am 6. März 2024 auch vereinbart. Zudem sind die Bemühungen zu intensivieren, weitere Länder als sichere Herkunftsstaaten einzustufen. Einen Beitrag kann auch die auf den Weg gebrachte Bezahlkarte leisten, die nun nach langem Streit bundesweit einheitlich gestaltet werden wird. Allerdings dürfte ihre Wirkung auf Rückkehrentscheidungen begrenzt bleiben.

Umso mehr sollte die Arbeitsmarktintegration der hier bereits Lebenden unter Einschluss der Asylmigration in den Mittelpunkt der Anstrengungen gestellt werden. »Work first« muss auch hier gelten. Integration durch Arbeit muss Priorität erhalten, wie dies auch in anderen europäischen Ländern mit einem »fast track«-Ansatz der Fall ist[588]. Folgende Maßnahmen helfen bei der Umsetzung dieses Grundsatzes: Erstens ist der zeitliche Vorlauf von Qualifizierung gegenüber einer Erwerbsarbeit in der Grundsicherung zu korrigieren, der Vermittlungsvorrang ist wieder umzusetzen. Der Erwerb von Sprachkenntnissen sollte stärker auch on-the-job erfolgen können. Die Formel Erwerbsarbeit durch Spracherwerb kann in einer ganzen Reihe von Tätigkeiten auch umgekehrt gelten, weil der Eintritt in den Arbeitsmarkt vielfach schneller zu besseren Sprachkenntnissen führen kann. Zweitens sollten alle Personen im Asylverfahren, die verpflichtet sind, in einer Aufnahmeeinrichtung zu wohnen, einheitlich nach 6 Monaten eine Beschäftigung aufnehmen dürfen. Ausnahmen gelten für Personen, die Deutschland verlassen müssen, aus sicheren Herkunftsländern stammen, offensichtlich unbegründete Anträge gestellt haben oder ihre Identitätsklärung verweigern.

Drittens sollten Asylbewerber – auch Geduldete[589] – verstärkt zu gemeinnütziger Arbeit im Rahmen von Arbeitsgelegenheiten nach § 5 Asylbewerberleistungsgesetz herangezogen werden. Dies ist bereits jetzt möglich und sollte von Ländern und Kommunen breitestmöglich angewendet und bei Weigerung sanktioniert werden können. Viertens sind zwar sind Asyl- und Erwerbsmigration im Grundsatz weiterhin zu trennen. Doch wer arbeitet oder ein Jobangebot als Fachkraft hat und einen anerkannten Berufsabschluss vorweisen kann, soll ab dem 1. Januar 2024 den Asylantrag zurückziehen und eine Aufenthaltserlaubnis beantragen können. Um keine falschen Anreize zu setzen, wurde ein solcher »Spurwechsel« mit einer Stichtagsregel versehen: Möglich ist er nur für Personen, die beim Stellen des Asylantrags von dieser neuen Regelung noch keine Kenntnis hatten. Fünftens ist das weitgehende Beschäftigungsverbot für Drittstaatsangehörige in der Zeitarbeit durch das Aufenthaltsgesetz zu reformieren. Das Zustimmungsverbot für die Bundesagentur für Arbeit nach § 40 Absatz 1 Nummer 2 Aufenthaltsgesetz sollte daher ersatzlos gestrichen werden.

Es lohnt sich, die Summe dieser Vorschläge einmal vor dem Hintergrund des Kurswechsels in der Asyl- und Integrationspolitik Dänemarks zu spiegeln. Dort hat eine sozialdemokratisch geführte Regierung einen Schwenk zu einer sehr restriktiven Einwanderungspolitik vollzogen. Zuletzt wurde im Oktober 2023 ein neues Gesetz verabschiedet, das es für Empfänger von Sozialleistungen zur Pflicht macht, 37 Stunden pro Woche an Praktika und Beschäftigungsprogrammen teilzunehmen. Die Teilnahme am Arbeitsmarkt steht im Mittelpunkt der dänischen Integrationspolitik, da sie als wichtigster Integrationskanal angesehen wird. Ziel ist es, die Zahl der Menschen zu begrenzen, die »in Parallelgesellschaften leben« und keinen

Kontakt zur dänischen Gesellschaft haben. Bereits im Jahr 2010 wurde eine Vollzeitbeschäftigung zur Voraussetzung für den Erwerb eines ständigen Wohnsitzes, im Jahr 2016 auch für den Erwerb der Staatsbürgerschaft gemacht. Dazu gibt es individuelle Integrationsverträge zwischen Kommunen und Zugewanderten sowie weitere Beschäftigungs- und Ausbildungsprogramme. Mehrere Zitate der jeweiligen Integrations- und Arbeitsminister zeigten, dass der Zweck des neuen Gesetzes darin besteht, die Botschaft zu vermitteln: »Wenn man nach Dänemark kommt, muss man arbeiten«[590].

Nicht zu hohe Erwartungen sollten einstweilen an den sog. »Turbo zur Arbeitsmarktintegration von Geflüchteten« geknüpft werden. Dieser »Job-Turbo« richtet sich an alle Geflüchteten mit Bleibeperspektive, vorrangig aber an Menschen aus der Ukraine. Er folgt der Einsicht, dass deren Beschäftigungsquoten trotz ihrer vergleichsweisen hohen formalen Qualifikationen in Deutschland deutlich niedriger als in anderen europäischen Ländern sind. Mit dem Turbo sollen u.a. die Kontaktdichte mit den Jobcentern erhöht sowie Job-Berufssprachkurse und Aktionstage in Unternehmen angeboten werden. Erste Erfolge scheinen sich zu zeigen, denn im ersten Quartal 2024 ist die Zahl der Wechsel von Ukrainern aus dem Bürgergeld in Arbeit um knapp 70 Prozent gestiegen. Dennoch hält sich die verbreitete Kritik, dass der Bezug von Bürgergeld für die Aufnahme einer Erwerbstätigkeit nicht förderlich ist. Daher sollte zum einen eine Zurückstufung der Leistungen für neu ankommende Ukrainer auf das Niveau des Asylbewerberleistungsgesetzes, zum anderen eine Ausweitung des »Job-Turbo« auch auf andere Asylbewerber erwogen werden[591].

Steuerung und Begrenzung des Zugangs verbessern

Wenn die Chancen auf eine substanziell stärkere Rückführung als eher begrenzt, die bisherige Regelungen zur Arbeitsintegration als rechtlich kompliziert, die Instrumente bisher als noch zu wenig arbeitszentriert und die erforderliche grundsätzliche Neuausrichtung von Transferleistungen in der laufenden Legislatur als wenig wahrscheinlich eingeschätzt wird, dann kommt der Steuerung und Begrenzung des Zugangs für die Sicherung der Akzeptanz von Zuwanderung in der Bevölkerung noch mehr Bedeutung als ohnehin schon zu. Die Kontrolle über die Zuwanderung ist der Goldstandard einer gelingenden Integration. Ein erheblicher Teil der Zuwanderung nach Deutschland hätte in dieser Form gar nicht stattfinden dürfen: Reist eine nach dem sog. Dublin III-Verfahren asylsuchende Person ohne Visum in einen Vertragsstaat ein, so ist eigentlich der Staat zuständig, in dem Asylbewerber nachweislich zuerst eingereist sind (»first country of entry«). Da Deutschland keine gemeinsamen Außengrenzen etwa mit den derzeit drei größten Fluchtländern Syrien, Afghanistan oder Türkei hat, widerspricht ein großer Teil der Fluchtmigration nach Deutschland damit dem Dublin III-Verfahren.

»Liegen Beweismittel oder Indizien für die Zuständigkeit eines anderen Mitgliedstaates vor, wird im Rahmen des Dublin-Verfahrens ein Übernahmeersuchen an den anderen Mitgliedstaat gestellt«. Die Zahl solcher Überstellungen betrug

2022 aber nur gut 4.000, so dass die Dublin-Verordnung faktisch außer Kraft gesetzt ist. Die gravierende europäische Ungleichverteilung von Migration kann mit Daten der Europäischen Asylagentur plastisch gemacht werden: In Ungarn gab es 2023 nur 31 Asylanträge, in Deutschland dagegen 334.109, obwohl beide Länder dem Dublin- und Schengen-System angehören und nicht an die Hauptherkunftsländer der Asylbewerber grenzen. 62 Prozent aller syrischen Asylbewerber des Jahres 2023 sind in Deutschland registriert worden. Auf Deutschland entfielen Ende 2023 mit über 1,2 Mio. Menschen knapp 29 Prozent aller subsidiär Schutzbedürftigen in Europa. Das Dublin-System versagt zudem vollständig bei der Differenzierung zwischen Flüchtlingen nach der Genfer Flüchtlingskonvention (GFK) und Asylsuchenden nach Art. 16a GG: Auf diesen Artikel kann sich kein Asylbegehrender beziehen, der über den Landweg Deutschland erreicht. Durch das sog. Selbsteintrittsrecht – damit ist gemeint, dass ein Staat in der Asylfrage großzügiger sein kann, als er eigentlich die Pflicht hat – nimmt Deutschland also mehr Flüchtlinge auf als es eigentlich müsste[592].

Angesichts dieser Daten ist eine deutliche Begrenzung irregulärer Migration für die Akzeptanz von Zuwanderung elementar. Diese umfasst Personen, die »weder einen asyl- oder ausländerrechtlichen Aufenthaltsstatus besitzen noch eine ausländerrechtliche Duldung vorweisen können und die weder im AZR [Ausländerzentralregister] noch anderweitig behördlich erfasst sind. [...] Während ausreisepflichtige Personen im AZR registriert werden, kann die Zahl der unerlaubt eingereisten und aufhältigen Personen ohne Behördenkontakt nicht verlässlich bestimmt werden«[593]. Es ist genau dieser Befund, an dem sich grundsätzliche Richtungsentscheidungen für eine bessere Steuerung und Kontrolle von Zuwanderung festmachen lassen müssen. Denn es ist eine der wichtigsten Aufgaben eines Nationalstaates, zu wissen, wer im Land ist, und darauf Einfluss zu nehmen, wer nach welchen Kriterien in das Land aufgenommen und nach welchen Regeln im Land verbleiben kann. »Im Idealfall entsteht ein parteiübergreifender Grundkonsens, dass Begrenzung und Schutzgewährung zusammengehören«[594].

Bei dieser Entscheidung muss auch Berücksichtigung finden dürfen, wer dem Land dienlich sein kann. Ein Land muss sich daher seine Zuwanderer jenseits der engen Grenzen von Art. 16a GG, des auf der Genfer Flüchtlingskonvention (GFK) beruhenden § 3 Asylgesetz (AsylG) und des subsidiären Schutzes nach § 4 AsylG selbst aussuchen können. Dieser auch für das Gerechtigkeitsempfinden der Bevölkerung wichtige Grundsatz ist in der Vergangenheit definitiv zu wenig berücksichtigt worden und hat zu dem verbreiteten Empfinden eines Kontrollverlusts beigetragen. Hier bedarf es der Erleichterung der gewollten Zuwanderung einerseits und der Steuerung und Begrenzung der aus humanitären Gründen erfolgenden Zuwanderung andererseits. Für diesen zweiten Teil der Zuwanderungssteuerung gibt es eine Reihe von Ansatzpunkten, die nach dem Grad der unmittelbaren nationalen Machbarkeit und nach dem Zeitbedarf bis zu einer Umsetzung (sofort bis später) aufsteigend gereiht werden:

Grenzkontrollen gegen Schleuserkriminalität

Nach dem Schengen-Grenzkodex sind ausländische Staatsangehörige, die unerlaubt einreisen wollen, an der Schengen-Außengrenze zurückzuweisen. Darüber hinaus sind ausländische Staatsangehörige, die nicht alle Einreisevoraussetzungen erfüllen, grundsätzlich zurückzuweisen und zurückzuschieben. Erst sehr spät im vergangenen Jahr hat die Bundesregierung zusätzlich zu den bereits bestehenden punktuellen Kontrollen zu Österreich vorübergehende stationäre und agile Grenzkontrollen zu Polen, Tschechien und der Schweiz eingeführt. Dies führte zu einem Rückgang der unerlaubten Einreisen um etwa 60 Prozent. Diese Maßnahmen sind mit Entschiedenheit fortzuführen. Schutzbegehrende Drittstaatsangehörige werden – wie bisher – grundsätzlich an die zuständige Erstaufnahmeeinrichtung zum Zwecke der Prüfung asylrechtlicher Belange einschließlich etwaiger Überstellungen in andere EU-Mitgliedstaaten nach Maßgabe der Dublin-Verordnung weitergeleitet. Dies gilt auch bei den vorübergehenden Binnengrenzkontrollen.

Allerdings bleibt die Regelung unbefriedigend, dass schutzsuchende Personen unabhängig von Personenkontrollen an der Grenze allein dadurch ein Asylverfahren in Gang setzen können, indem gegenüber einem Bundespolizisten schriftlich, mündlich oder auf andere Weise geäußert wird, dass man um Asyl nachsucht. Außerhalb Europas wird hingegen vielfach ganz anders verfahren: Erfolgreiche Einwanderungsländer wie Kanada und Australien gewinnen das Vertrauen ihrer Bevölkerung durch ein selektives Migrationsmanagement, etwa durch bestimmte Resettlement-Kontingente für eine bestimmte Zahl von Flüchtlingen. »Resettlement« bezeichnet die unter dem Schirm der UN-Flüchtlingsagentur (UNHCR) organisierte Aufnahme von besonders schutzbedürftigen Flüchtlingen, die weder in ihr Heimatland zurückkehren noch in dem Land bleiben können, in das sie geflohen sind. Sie bieten einen legalen und sicheren Zugang zu Schutz in einem Drittland und stellen damit einen wichtigen Baustein des internationalen Flüchtlingsschutzes dar. Auch mit Blick auf das geplante gemeinsame europäische Asylsystem sollte dies ein wichtiges Instrument auf dem Weg hin zu weiteren Drittstaatenlösungen sein.

Veränderung des nationalen Verteilungsmechanismus

Die Erstverteilung der Asylsuchenden vor der Antragstellung beim Bundesamt für Migration und Flüchtlinge erfolgt seit dem Jahr 1993 durch ein computergestütztes System nach einer festgelegten Aufnahmequote auf die Bundesländer. Diese nimmt die Ermittlung einer Soll/Ist-Abweichung von der Aufnahmeverpflichtung anhand der Quote nach dem Königsteiner Schlüssel (gewichtet mit zwei Drittel nach dem Steueraufkommen und mit einem Drittel nach Bevölkerungszahl) vor. Statt dieses Schlüssels sollte die nationale Verteilung der Flüchtlinge aber besser anhand von Indikatoren erfolgen, die stärker mit Integrationswahrscheinlichkeiten korrelieren, wie etwa zum Arbeitsmarkt, Bildungseinrichtungen, Wohnraumversorgung oder demografische Indikatoren[595]. Verteilschlüssel wie der Königsteiner Schlüssel sollten daher generell nach Aufgabenfeldern differenziert und nicht für alle Ziele politischen Handelns gleichermaßen herangezogen werden.

Staatsangehörigkeitsrecht

Zwischen Migrationsbewegungen und dem nationalen Staatsangehörigkeitsrecht gibt es keinen direkten, aber durchaus einen mittelbaren Zusammenhang. Die Aussicht auf eine Einbürgerung kann die Integrationsperspektiven von Zugewanderten verbessern, wenn sie an klare Kriterien gebunden wird. Umstritten ist aber, ob das neue deutsche Staatsangehörigkeitsrecht eine richtige Balance zwischen verbesserten Integrationsanreizen und einem zu leichten Erwerb der Staatsbürgerschaft findet. Die Verkürzung der für einen Anspruch auf Einbürgerung erforderlichen Aufenthaltsfristen mag hilfreich sein, wenn die geforderte finanzielle Unabhängigkeit nachgewiesen werden kann. Durch die vorgesehene uneingeschränkte Hinnahme von Mehrstaatigkeit gibt Deutschland aber im Gegenzug eine wichtige Verhandlungsposition aus der Hand, um wichtige Herkunftsländer beispielsweise zum Abschluss bilateraler Abkommen zur Vermeidung der unbegrenzten Weitergabe der Staatsangehörigkeit des Herkunftslandes zu bewegen.

Der Sachverständigenrat für Migration begrüßt daher zwar, dass die doppelte Staatsangehörigkeit bei Einbürgerung zunächst grundsätzlich akzeptiert wird, aber »aus einer unlimitierten Akzeptanz von Mehrstaatigkeit über Generationen hinweg« ergäben sich »grundsätzliche demokratiepolitische Fragen«. Daher empfiehlt er die Begrenzung einer generationenübergreifenden Weitergabe durch einen »Doppelpass mit Generationenschnitt«, um nicht von einer »Unter- zu einer Überinklusion« zu kommen. Der Deutsche Landkreistag kritisiert zudem, »hinsichtlich einer bestimmten Gruppe von Einbürgerungswilligen – im Entwurf als Angehörige der sog. Gastarbeitergeneration bezeichnet – generell auf das Einbürgerungserfordernis des Vorliegens ausreichender Kenntnisse der deutschen Sprache zu verzichten. [...] Auch der Verzicht auf die bisherige Staatsangehörigkeit sollte im Grundsatz Voraussetzung einer Einbürgerung bleiben«[596]. Dieser kritischen Perspektive auf ein zu weit gehendes neues Staatsangehörigkeitsrecht wird hier ausdrücklich geteilt.

Bilaterale Migrationsabkommen mit Drittstaaten

Abkommen mit Drittstaaten außerhalb der EU werden als der wichtigste Weg angesehen, Rückführungen für Menschen ohne Bleiberecht einerseits und eine Einwanderung für Fachkräfte andererseits miteinander zu verknüpfen. Deutschland hat in der Vergangenheit bereits etwa 30 solcher Rückführungsabkommen abgeschlossen. Diese hatten aber einen geringen Erfolg auch deswegen, weil sich einige der Staaten weigerten, Landsleute zurückzunehmen, die in Deutschland kein Bleiberecht haben. Eine Erkenntnis daraus ist, dass Deutschland bei neuen Abkommen auch Anreize bieten muss, etwa in Form von Angeboten zur regulären Arbeitsmigration oder zur wirtschaftlichen Zusammenarbeit. Auch die erleichterte

Vergabe von Visa oder Vereinbarungen über Entwicklungshilfe können die Kooperationsbereitschaft erhöhen. Grundvoraussetzung für jedes Abkommen sind aber die Gewährung eines adäquaten Flüchtlingsschutzes und die Einhaltung des Grundsatzes der Nichtzurückweisung (Non-Refoulement) gemäß der Genfer Flüchtlingskonvention. Danach ist die Ausweisung, Auslieferung oder Rückschiebung von Personen verboten, wenn die Annahme besteht, dass ihnen im Zielland Folter, unmenschliche Behandlung bzw. schwere Menschenrechtsverletzungen drohen. Unter Einhaltung dieser Randbedingung kann und muss der Weg zu zusätzlichen Drittstaatenabkommen aber mit maximaler Energie vorangetrieben werden.

Gemeinsame europäische Asylpolitik (GEAS)

Mit dem Grundsatzbeschluss zwischen Rat und Parlament der Europäischen Union vom 20. Dezember 2023 und im Europäischen Parlament am 11. April 2024 gibt es einen neuen Anlauf zu einer Begrenzung der unkontrollierten Zuwanderung nach Europa. Als wesentlicher rechtlicher Durchbruch gilt die Verabschiedung eines »neuen Solidaritätsmechanismus« zwischen den Mitgliedstaaten. Damit soll ein Unterbietungswettbewerb bei den Standards verhindert und die Zuwanderung nach Europa gleichmäßiger verteilt werden. Eine Screening-Verordnung soll einheitliche Vorschriften für die Identifizierung von Drittstaatsangehörigen nach ihrer Ankunft im Schengen-Raum schaffen. Insbesondere für Personen aus Ländern mit niedrigen Schutzquoten oder ohne Dokumente würde dies bei einer tatsächlichen Umsetzung etwa bedeuten, dass ihre Asylgesuche in beschleunigten Grenzverfahren von maximal 12 Wochen unter der Fiktion der Nichteinreise unter haftähnlichen Bedingungen stattfinden werden. In sog. Zulässigkeitsprüfungen können die Asylbehörden darüber hinaus prüfen, ob die Schutzsuchenden aus einem Land eingereist sind, in dem sie Asyl hätte beantragen können, oder aus einem sicheren Drittstaat. Die Zuständigkeit für Asylbewerber verbleibt prinzipiell bei den Staaten, in denen sie zuerst einreisen. Wenn diese jedoch unter erhöhtem Migrationsdruck stehen, können sie die anderen Mitgliedstaaten um Hilfe bitten[597].

Asylverfahren in Drittstaaten

Nach bisherigem Rechtsstand sind Asylverfahren in Drittstaaten nur dann möglich, wenn Schutzsuchende noch nicht in die EU eingereist sind. Nach dem erwähnten Non-Refoulement-Prinzip der GFK und der Europäischen Menschenrechtskonvention (EMRK) darf kein Unterzeichnerstaat schutzsuchende Person in ein anderes Land überstellen, ohne zu prüfen, ob ihr eine Gefahr für Leib und Leben droht. Der Schutz von Flüchtlingen ist ein internationales öffentliches Gut. Rechtlich sind Asylverfahren in Drittstaaten daher aber dann möglich, wenn kein Refoulement stattfindet, wenn es die Möglichkeit gibt, den Flüchtlingsstatus im Drittstaat anerkennen zu lassen, wenn Asylbewerber dort einen angemessenen Lebensstandard genießen können und wenn es ausreichende Schutzgarantien gibt, entweder durch den Aufnahmestaat oder durch eine internationale Organisation wie etwa das UN-

Flüchtlingshilfswerk UNHCR[598]. So ließen sich die Migrationszahlen spürbar senken, wenn gerettete Flüchtlinge etwa in einen sicheren Hafen nach Nordafrika gebracht werden könnten. Dieser innenpolitisch bisher umstrittene Weg ist daher weiter zu beschreiten.

Die bisherige Palette der Modelle umfasst das Ruanda-Modell, das Albanien-Modell und das Transitstaaten-Modell. Während das Ruanda-Modell Großbritanniens vom britischen Supreme Court für rechtswidrig erklärt wurde, stehen die beiden anderen Wege im Einklang mit internationalem Recht. Italien und Albanien haben inzwischen ein Kooperationsabkommen unterzeichnet. Das Transitstaaten-Modell wird vom UNHCR unterstützt und hilft über ein »Resettlement«, besonders schutzbedürftige Menschen nach Europa, Australien oder Nordamerika zu verteilen. Damit stellen diese beiden Verfahrenswege eine weitere Möglichkeit einer gemeinsamen europäischen Asylpolitik für eine Steuerung und Begrenzung von Zuwanderung dar, die auch darin integriert werden kann. Sie sollten auch für Deutschland Anhaltspunkte für eigene rechtskonforme Aktivitäten bieten, ohne dass das (zu) große Thema einer Asylrechts- oder gar Grundgesetzänderung bemüht werden muss. Die Bundesregierung sollte hier rasch die zugesagte Prüfung abschließen, ob und wie auch Deutschland eigenständige Drittstaatenverfahren gestalten möchte.

Einen Blick verdient in diesem Zusammenhang abschließend auch noch die sog. Westbalkan-Regelung. Seit dem Jahr 2016 können demnächst bis zu 50.000 Personen aus Albanien, Bosnien-Herzegowina, Kosovo, Mazedonien, Montenegro und Serbien unabhängig von einer anerkannten Qualifikation ein Visum zum Zweck der Erwerbstätigkeit in nichtreglementierten Berufen beantragen. Bedingung dafür ist, dass ein konkretes Arbeits- oder Ausbildungsplatzangebot aus Deutschland vorliegt, die Bundesagentur für Arbeit zustimmt und zwei Jahre vor der Antragstellung keine Leistungen nach dem Asylbewerberleistungsgesetz bezogen wurden. Dieses Modell wird hier noch einmal deshalb erwähnt, weil es seinerzeit bewusst als zum Asylantrag alternativer Zugangsweg konzipiert wurde und sich als erfolgreicher Zugangspfad zum Arbeitsmarkt etabliert hat. Es ist ein guter Beleg dafür, dass es sich bei der Zuwanderungs- und Integrationspolitik stets um kommunizierende Röhren handelt. Bei allem Beharren auf den Unterschieden zwischen Erwerbsmigration und Flüchtlingsmigration ist sowohl die nationale wie auch die europäische Politik stets gut beraten, die schnelle Integration in den Arbeitsmarkt als oberste Leitlinie einer aktivierenden Migrationspolitik zu begreifen.

Zieht man einen Strich unter diesen Abschnitt, so ist kein anderes in diesem Buch verhandeltes Thema so polarisierend wie die Migrationsfrage. Zudem haben die anderen Kapitel eher für einen stärker eigenverantwortlichen und weniger etatistischen Umgang mit den zahlreichen Herausforderungen für unser Gemeinwesen geworben. In Sachen Migration hingegen bedarf es unbedingt eines starken und ordnenden Staates. Diese Ordnung ist bei der Steuerung der Zuwanderung in den letzten Jahren zu wenig durchgesetzt worden, so dass von einem eklatanten Staatsversagen gesprochen werden muss. Es ist eine der wichtigsten hoheitlichen Aufgaben eines Nationalstaates, darauf Einfluss zu nehmen, wer nach welchen

Kriterien in das Land aufgenommen und nach welchen Regeln im Land verbleiben kann. Bei dieser Entscheidung muss auch Berücksichtigung finden dürfen, wer dem Land dienlich sein kann. Das Land muss sich daher seine Zuwanderer zu erheblichen Teilen auch selbst aussuchen können. Nur so kann auch den humanitären Verpflichtungen entsprochen werden.

Dazu gehören nicht nur Grenzkontrollen und bilaterale Drittstaatenlösungen, sondern auch gemeinsame europäische Asylverfahren an den Außengrenzen der EU und neue Verteilmechanismen innerhalb Europas im Rahmen eines gemeinsamen europäischen Asylsystems. Auch die Möglichkeiten zur Rückführung jener, die unrechtmäßig im Land leben, müssen konsequenter als bisher umgesetzt werden. Dies ist auch deshalb dringlich, weil ein ständig zunehmender Teil der Wohnbevölkerung aus Menschen mit Migrationshintergrund oder eigener Migrationserfahrung besteht. Die allermeisten von ihnen wollen sich in das Aufnahmeland integrieren und hier eine neue Heimat finden. Für sie gilt das Motto »Aufstieg durch Anstrengung« in besonderer Weise. Umso wichtiger ist die Integration in Bildung und Arbeit, denn Inaktivität ist die schlechteste aller Integrationsoptionen. Die gemeinsame Kraftanstrengung aller staatlichen Ebenen, der Unternehmen und der Zivilgesellschaft sollte daher allen Integrationswilligen gelten. Dies ist aber voraussetzungsvoll und setzt die Mitwirkung derer voraus, um deren Integration es geht. Diese Reziprozität und die Anerkennung der Werteordnung dieses Landes sind dafür unverhandelbar.

Gesellschaftsvertrag: Gemeinsinn statt Anspruchsindividualismus

> »Ein Weselsky-Deutschland, in dem jede Berufsgruppe rücksichtslos die eigenen Interessen verfolgt, endete im Dauerchaos.«
> (Alexander Neubacher)

Mit dem letzten der »10 Gebote« soll noch einmal ein breiteres gesellschaftspolitisches Terrain betreten werden. Dieses Gelände ist empirisch weniger gebahnt als die bisherigen Handlungsfelder, dafür aber stärker normativ und von anekdotischer Alltagswahrnehmung geprägt. Aber eine Studie über eine bessere Balance zwischen Bürger und Staat wäre ohne eine abschließende Reflexion über einige grundlegende Spielregeln für eine besser balancierte Gesellschaft unvollständig. Das Nachzeichnen gesellschaftspolitischer Veränderungen ist aber eher eine Domäne der Soziologie und Psychologie als der Ökonomie. Soziologen und Psychologen sind gut darin, Veränderungen im »Grundwasserspiegel« von Gesellschaften und Individuen in größeren Erzählungen zu fassen. Damit können sie auch Zeitenwenden anschaulicher darin machen, in welchem Verhältnis sie etwa zu exogenen Schocks wie Kriegen und ökonomischen Krisen einerseits und zu zeitgeistgetriebenen Milieuverschiebungen andererseits stehen und ob sie dabei eher Ursache oder eher Folge von diesen Veränderungen sind. Vielleicht ist rund einhundert Jahre nach Max Weber die Zeitenwende-Zeit auch wieder reif für eine größere Gesellschaftstheorie.

Ansätze dazu gibt es bereits: Bevor die Triggerpunkte von Steffen Mau und Koautoren aus dem Jahr 2023 als eine neue mögliche Großtheorie gesellschaftlicher Veränderungen die Aufmerksamkeit auch der Politik gefunden haben, galt dies in ähnlichem Maße einige Jahre zuvor für die zeitdiagnostischen Arbeiten von Andreas Reckwitz. Einige wesentliche seiner Erkenntnisse werden zum Einstieg in diesen Abschnitt als besonders hilfreiche Quellen herangezogen[599], weil sie in anschaulicher Form Einsichten in den Wertewandel von reifen, vermeintlich postindustriellen Gesellschaften bereithalten. Nach seiner Lesart ist vor allem die Singularität als Streben nach Einzigartigkeit das Wesensmerkmal der Spätmoderne, das in besonderem Maß Singularitätsprestige und Singularitätskapital verheiße. Es gebe eine Bewegung vom Lebensstandard zur Lebensqualität, ein das Alltagsleben der Mittelklasse bestimmendes Streben nach Selbstentfaltung und Selbstverwirklichung. Mehr als um die Befriedigung der Grundbedürfnisse gehe es um kognitive und kulturelle Güter zur Steigerung des individuellen Attraktivitäts- und Reputationskapitals.

Dadurch habe sich eine Milieudifferenzierung von der nivellierten Mittelschichtsgesellschaft zur Drei-Klassen- und Drei-Drittel-Gesellschaft aus aufsteigender, hochqualifizierter neuer Mittelklasse von Akademikern, einer stagnierenden alten und traditionellen Mittelklasse und einer absteigenden neuen prekären Unterklasse ergeben. Bei dieser neuen Unterklasse, stärker denn zuvor geprägt von migrantischen Milieus, funktioniere der Tausch »Mühsal gegen Status« nicht mehr. »Maloche habe keinen gesellschaftlichen Kredit mehr«. Ferner führe die »erschöpfte Selbstverwirklichung« durch eine Verschiebung von den Pflicht- und Akzeptanzwerten zu den Selbstentfaltungswerten zu einer »Auflösung reziproker Bindungen« in einer »durchliberalisierten« Gesellschaft. Der Umgang mit geplatzten Hoffnungen und mit dem Scheitern stelle eine Herausforderung für die gesellschaftliche Tendenz dar, »negative Unverfügbarkeiten« zu eliminieren. Wenn dann noch die Balance von Rechten und Pflichten nur noch als Einengung des individuellen Möglichkeitsspielraums empfunden würden, folge aus beiden Tendenzen eine »Überdynamisierungskrise«[600].

Genau darin befindet sich Deutschland derzeit, allerdings aus anderen als den von Reckwitz vermuteten Gründen und mit ganz anderen Folgen. Dass gerade dieser Ausgangspunkt des Strebens nach Singularitätskapital durch die vorstehend diagnostizierte Rückkehr der Knappheit und das Vorherrschen krisenhafter Erscheinungen herausgefordert wird, konnte Reckwitz sicherlich nicht vorhersehen. Aber anders als in seiner Singularitätsgesellschaft geht es nun plötzlich um die Fähigkeit von nur bedingt resilienten Gesellschaften zur Neupriorisierung von Bedürfnissen, zur Adaption an innere und äußere Veränderungen und um das Bewältigen von Krisen. Nichts könnte diese neue Ernsthaftigkeit besser beschreiben als der vom Bundesverteidigungsminister geprägte Begriff der »Kriegstüchtigkeit«. Der Kontrast zu dem von Reckwitz diagnostizierten Wertewandel weg von einem »Notwendigkeitsethos« hin zu einem genuss- und erlebnisfreudigen Postmaterialismus und einem Begehren auch nach immateriellen Gütern jenseits der Grundbedürfnisse könnte größer kaum sein.

Offenbar zeichnet sich eine behutsame Trendwende ab. Beginnen wir deshalb mit dem Notwendigkeitsethos: Vor über 20 Jahren veröffentlichte eine Zukunftskommission Baden-Württemberg unter Leitung des damaligen Ministerpräsidenten eine Studie unter der Überschrift »Von der Risiko- zur Chancengesellschaft«[601]. Angesichts des in diesem Buch diagnostizierten bemerkenswerten Mangels an Resilienz und Resistenz gegenüber kritischen Herausforderungen von innen und außen wäre heute aber geradezu das Gegenteil des Damaligen nötig: Wie kann Deutschland von einer Chancengesellschaft wieder stärker zu einer Risikogesellschaft werden? Die Fähigkeit, sowohl als Bürger als auch als Staat besser auf Risiken vorbereitet zu sein, erfordert gerade deutlich mehr von genau jenem Notwendigkeitsethos, dessen Ablösung durch einen Postmaterialismus Reckwitz diagnostiziert hat. Dies uns Bürgern auch zu vermitteln, ist eine politische Führungsaufgabe.

Dies führt auch zu einer Debatte über einen Reformbedarf unseres »impliziten Gesellschaftsvertrags«. Da 2024 ein Kant-Jahr ist, lohnt sich eine Erinnerung an eine Kant'sche Pflichtenethik. Anders als in einem utilitaristischen Verständnis richtet sich seine Pflichtenethik nicht auf die Folgen des Handelns, sondern allein auf die Voraussetzung des Handelns. Eine Handlung sei also moralisch nicht deswegen gut, weil aus ihr Gutes hervorgeht, sondern weil sie an sich gut ist. Der Schritt zu einer christlichen Tugendethik ist damit nicht weit: Die vier Kardinaltugenden Klugheit, Gerechtigkeit, Tapferkeit und Mäßigung sind in einer langen christlichen Scholastik entwickelt worden. Wozu taugt diese Ethik heute noch? Wozu taugt Ethik allgemein? Ist der Tugendanspruch überhaupt sinnvoll? »So klagt denn nicht: für Tugend hat's / in großen Staaten nicht viel Platz« – dieser Satz von Bernard Mandeville in seiner Bienenfabel markiert subtil eine schon vor Kant formulierte Gegenposition, wonach der Eigennutz und nicht die Tugend die Welt voranbringe[602]. Diese verschiedenen Ausdeutungen dessen, was tugendhaft ist, markieren das Spielfeld für Realpolitik in reifen Demokratien: zwischen einem utilitaristischen, von Gesetzen und Institutionen eingehegten Pol einerseits und einem individualethischen Tugend- und Moral-Pol andererseits.

Gute Regeln helfen übrigens beim Sparen von Moral. »Das gute Zusammenleben in einer menschlichen Gesellschaft fordert ein Gleichgewicht zwischen der durch Gesetze [...] bestimmten unpersönlichen Ordnung und der persönlich praktizierten und eingeübten Moral ihrer Mitglieder«[603]. Hierin liegt viel praktische Weisheit für die Gestaltung eines Gesellschaftsvertrages zwischen Bürgern und Staat, der Übertreibungen und Überforderungen vermeidet. Daraus folgt *erstens*, dass für eine gute Balance auch der moralische Grundwasserspiegel der Bevölkerung bedeutsam ist. Hier kommen die Religion und die Kirchen ins Spiel, deren gravierender Bedeutungsverlust für das Herausbilden einer Alltagstugend schwerwiegend ist. Ein Verständnis dafür, was sich gehört und was nicht, ist primär eine Frage der Kinderstube. Aber von den früheren drei zentralen Sozialisationsinstitutionen für Kinder und Heranwachsende – Familie, Schule und Kirche – hat die Kirche fast nur noch folkloristischen Charakter und hinterlässt auf diese Weise ein Ethikvakuum, das Eltern und Schule oft nicht vollständig schließen können. Eine Kirche, die wieder stärker als moralische Instanz in die Gesellschaft hineinwirkt, wäre eine gute »Richtschnur für menschliches Maß«[604] (Novalis). Maß wiederum ist mit Mitte korreliert, wie seit den Arbeiten des Sozialphilosophen Wilhelm Röpke bekannt ist[605].

Das Finden eines »rechten Maßes« ist *zweitens* stets eine Herausforderung, besonders aber für eine wohlhabende Gesellschaft wie die deutsche, die nach soziologischer Auffassung aber dennoch – oder gerade deshalb – von Statusängsten oder gar Statuspanik geplagt wird. Damit sind zwei Befürchtungen gemeint: Zum einen die Sorge, selbst aus einer einmal erreichten Einkommensschicht abzusteigen. Zum anderen die Sorge vor einem intergenerationalen relativen Abstieg, dass es die Kinder nicht mehr besser haben werden als ihre Eltern. Diese Debatte hatte ihren Höhepunkt etwa um die 2010er Jahre[606]. Sie hat seither durch eine gute ökonomische Entwicklung an Erregungspotenzial verloren, dürfte aber bei Fortdauer der wirtschaftlichen Schwäche rasch wieder aufleben. Blickt man noch etwas genauer auf das soziologische Konstrukt der Statusangst[607], so geht es dabei vor allem um die Sicherung der eigenen Stellung im Positionswettbewerb. Die Sorge, nicht mit anderen mithalten zu können, löst innere Widerstände aus, Dinge unter dem Einfluss von äußeren und inneren Entwicklungen neu zu priorisieren und sich entsprechend auch zu verändern.

Dabei geht es auch um den Wunsch nach Distinktion gegenüber anderen sozialen Gruppen. In der soziologischen Literatur gibt es den sog. Status- oder Geltungskonsum (»conspicious consumption«) nach Thorstein Veblen. John Kenneth Galbraith wiederum kritisierte eine Gesellschaft im Überfluss (»affluent society«)[608]. Beides hat auch mit der Ausdifferenzierung von Bedürfnissen zu tun. Wenn in der Maslow'schen Pyramide der Bedürfnishierarchie die unteren drei Stufen (physiologische Bedürfnisse, Sicherheitsbedürfnisse, soziale Bedürfnisse) befriedigt sind, konzentrieren sich die individuellen Anstrengungen mehr und mehr auf Individualbedürfnisse (Anerkennung und Wertschätzung) und auf Selbstverwirklichung[609]. Wie wir aber gerade erleben, sind Neupriorisierungen in dieser individuellen Bedürfnispyramide erforderlich, etwa wenn es um eine bessere nationale Verteidigungsfähigkeit geht. Sich diesen Veränderungen nicht stellen zu wollen, zeugt von einem fehlenden Verständnis für die Hierarchie von Bedürfnissen. Offenbar ist die Gesellschaft noch zu weit oben auf der Maslow'schen Pyramide angesiedelt, um zu akzeptieren, dass die zweite Bedürfnisstufe der Sicherheit höchst voraussetzungsvoll für das Erreichen der nächsthöheren Bedürfnisstufen ist. Somit wird auch Sicherheitspolitik wieder zu einem Teil des Gesellschaftsvertrages. Dass deren Gewährleistung zunehmend mit Ressourcen für die höheren Bedürfnisstufen konkurriert, ist eine andere Form der Rückkehr der Knappheit.

Drittens geht es um eine andere Balance zwischen einem freiwilligen und einem verpflichtenden Engagement für die Gemeinschaft. Während es bei den Freiwilligendiensten eine breite Beteiligung der Bevölkerung gibt (▶ Dar. 28), ist das staatliche Einfordern von Pflichten der Bürger durch die Abschaffung des Wehr- und Zivildienstes zurückgenommen worden. Deshalb ist trotz aller Bedenken hinsichtlich der Eingriffstiefe in personale Zeitbudgets eine Einführung eines allgemeinen Pflichtjahres zu befürworten. In einem längeren Leben, einem längeren Arbeits-

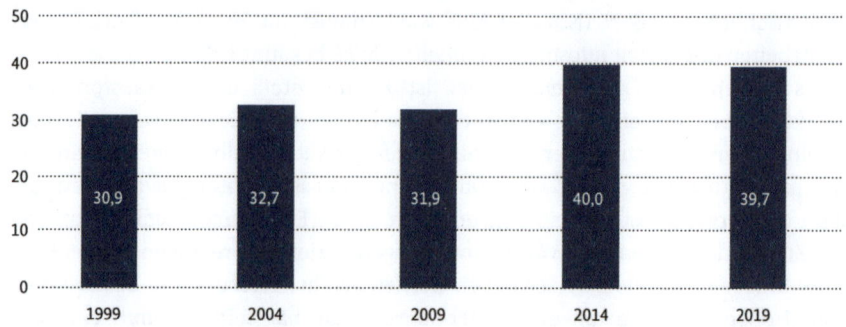

Dar. 28: Anteile freiwillig engagierter Personen im Zeitvergleich in Prozent (Quelle: BMFSFJ, Freiwilliges Engagement in Deutschland, Berlin, 2021, S. 10. Daten aus Freiwilligensurvey, gewichtet, Basis: alle Befragten. FWS 1999 (n=14.922), FWS 2004 (n=15.000), FWS 2009 (n=20.005), FWS 2014 (n=28.689), FWS 2019 (n=27.759).)

leben und angesichts einer zunehmenden Akzeptanz und Verbreitung von Sabbaticals für die Realisierung persönlicher Wünsche sollte der Gedanke einer alternativen Zeitverwendung für ein gesellschaftsbezogenes Pflichtjahr zumindest nicht mehr mit dem Argument zurückgewiesen werden können, hier würden dem Arbeitsmarkt Fachkräfte entzogen. Als Hauptargument für ein gemeinschaftsdienliches Pflichtjahr nennt etwa der Bundespräsident: »Gerade jetzt, in einer Zeit, in der das Verständnis für andere Lebensentwürfe und Meinungen abnimmt, kann eine soziale Pflichtzeit besonders wertvoll sein. Man kommt raus aus der eigenen Blase, trifft ganz andere Menschen, hilft Bürgern in Notlagen. Das baut Vorurteile ab und stärkt den Gemeinsinn«[610]. Auf diese Weise kann auch neues »Sozialkapital« (Robert Putnam) entstehen, indem »networks, norms and trust« soziale Kosten zu verringern helfen und sich dadurch auch positiv auf wirtschaftliches Wachstum auswirken können[611].

Aus den beiden wichtigsten Optionen, Gemeinsinn auf freiwilliger Basis zu organisieren, ist mit rund 36.000 Menschen aller Altersgruppen nach Abschluss der Vollzeitschulpflicht im Bundesfreiwilligendienst (Bufdi) und etwa 53.000 Personen im Alter von 16 bis 26 Jahren in einem Freiwilligen Sozialen Jahr (FSJ) offenbar keine Massenbewegung geworden. Die Teilnahmequoten liegen damit im Promille- oder Prozentbereich der entsprechenden Bevölkerungszahlen. Wendet man sich dem Gedanken eines Pflichtjahres oder »Gesellschaftsjahres« näher zu, so ist in Rechnung zu stellen, dass die bisherige verfassungsrechtliche Situation in Art. 12 Abs. 2 und 3 GG die Freiheit von Arbeitszwang und Zwangsarbeit verlangt. Bisher war faktisch nur eine »Inpflichtnahme von Männern für verteidigungsgerichtete Dienstpflichten« erlaubt[612]. Diese Begrenzung wäre daher zu weiten, so dass auch Frauen und andere Tätigkeiten außer für Verteidigung zu einem sozialen Pflichtjahr herangezogen werden können. Diese Hürden scheinen nicht unüberwindbar zu sein. Hilfreich dafür ist, dass eine Mehrheit der Bevölkerung eine soziale Pflichtzeit befürwortet, wenn diese unabhängig vom Alter gestaltet werden kann. Ein im Lebensverlauf flexibler Einsatz ist dabei deshalb bedeutsam, um eine mögliche geringe Akzeptanz bei Jugendlichen in den Jahren der Ausbildung zu heilen[613].

Im Licht dieser Überlegungen war die Abschaffung des Wehrdienstes und seines Pendants Zivildienst im Jahr 2011 ein schwerwiegender Fehler. Die Wiedereinführung eines Pflichtjahres müsste mithin die Option miteinschließen, dass auch die Wehrpflicht eine wählbare Form der Dienstpflicht sein sollte. Unter dem Eindruck des Ukrainekrieges wird diese Debatte derzeit vom Verteidigungsminister und der Wehrbeauftragten, aber auch der Opposition offensiv geführt. Geprüft wird u. a. das schwedische Modell der Wehrpflicht, bei dem alle Männer und Frauen eines Jahrgangs gemustert, aber nur ein Teil der Gemusterten auch eingezogen wird (»Kontakt-Wehrpflicht«). Überlegungen zur Wiedereinführung des Wehrdienstes können sich auf umfangreiche Vorarbeiten stützen: Denn bereits im Mai 2000 hatte die sog. Weizsäcker-Kommission Vorschläge für eine »Gemeinsame Sicherheit und Zukunft der Bundeswehr« vorgelegt und dabei eine »Erneuerung von Grund auf« verlangt, u. a. in Form einer »Auswahl-Wehrpflicht«[614]. Das damalige Stichwort der Wehrgerechtigkeit sollte bei der Gestaltung eines Pflichtjahres auch heute wieder handlungsleitend sein, weil es gerade mit Blick auf die geplanten Änderungen beim Staatsangehörigkeitsrecht auch integrationspolitisch eine zusätzliche Relevanz erhalten könnte.

Bei der Neutarierung von Rechten und Pflichten ist *viertens* auch eine verbreitete NIMBY-Haltung in der Bevölkerung in den Blick zu nehmen: »Not-in-my-Backyard« erweist sich als zentrale Bremse für zahlreiche deutschlandweite oder regionale Infrastrukturvorhaben, umweltrelevante Modernisierungen oder Bauvorhaben im sozialen Nahraum[615]. Man muss nicht gleich Richards Sennett Kritik am »NIMBYism« als ein Indiz für »Verfall und Ende des öffentlichen Lebens« ansehen[616]. Aber ein erheblicher Teil des Widerstandes gegen im sozialen Nahraum spür- und sichtbare Eingriffe geht mit kognitiven Dissonanzen einher, weil Menschen zwar schnellen Mobilfunk möchten, sich aber gegen 5G-Sendemasten wehren, eine Energiewende befürworten, aber keine Windkraftanlage in ihrer unmittelbaren Umgebung haben wollen, und die Verlagerung im Güterverkehr von der Straße auf die Schiene befürworten, sich aber gegen den Bau und Betrieb einer Bahnstrecke in ihrer Nähe aussprechen. Dass diese Einwände in einem dichtbesiedelten Land wie Deutschland und in Demokratien häufiger geäußert werden als in dünnbesiedelten Regionen mit autokratischen Regimes, ist evident. Es ändert aber wenig an der damit verbundenen Folge, dass Veränderungsprozesse sehr zeitaufwendig und auch teuer sind.

Was dagegen getan werden kann, ist weniger eindeutig. Dass umfangreiche Bürgerbeteiligungsverfahren zwar eine bessere Kommunikation und mehr Transparenz ermöglichen können, aber auch zu unsinnigen Beschlüssen führen können, hat die Debatte um die Wohnungspolitik in Berlin gut belegt. Dass Verteilungskonflikte zwischen der kleineren Gruppe der von Maßnahmen Betroffenen und der deutlich größeren Zahl der Nutznießer bestehen, lässt sich am ehesten durch intelligente Formen von Kompensationsklauseln entschärfen. Dies legen jedenfalls ökonomische Abstimmungsanalysen nahe, welche die geographische Distanz zum Abstimmungsgegenstand in einem Rational Choice-Ansatz als »self interest«-Indikator verwendet haben[617]. Interessant ist auch ein Blick auf sog. YIMBY (Yes-in-my-backyard)-Experimente, mit denen vor allem in amerikanischen Kommunen ein Pro-Infrastruktur-Ansatz vor allem zur Erschließung zusätzlichen Wohnraums erprobt wird. Letztlich aber geht es um eine Verhaltensveränderung breiter Bevölkerungskreise durch die klare Vermittlung politischer Prioritäten: Das Gemeinwohl muss im Zweifel auch über dem Individualwohl stehen können, wenn dies zur Sicherung auch der unteren Bedürfnisstufen der Maslow'schen Pyramide erforderlich ist.

Der Staat tut *fünftens* gut daran, dem »Volk auf's Maul zu schauen«, ihm aber nicht nach dem Mund zu reden. Der Bürger seinerseits sollte ein wenig seine Entschädigungsmentalität zu überwinden lernen. Die gesellschaftlichen Aushandlungsprozesse in einer ausdifferenzierten Gesellschaft sind komplex, aber die Balance von Rechten und Pflichten darf nicht ausschließlich monetär ausgedeutet werden. Das Wort Einzelfallgerechtigkeit gibt es nur im Deutschen. Es steht prototypisch für den Wunsch nach pass- und fallgenauer Entschädigung und Individualkompensation. Die dahinterstehende Gerechtigkeitsmaxime ist jene der Verteilungs- oder Ergebnisgerechtigkeit. Dieser Anspruch ist nicht durchzuhalten. Breit akzeptiert ist allgemein die Forderung, Menschen am unteren Ende der Einkommensverteilung vor existenziellen Notlagen zu bewahren. Genau deshalb aber sind Forderungen nach Statussicherung bis weit in die Mittelschicht hinein angesichts drastisch veränderter Anforderungen an die öffentlichen Haushalte nicht finanziell nachhaltig zu erfüllen. Für die Politik sollte dies Warnzeichen genug sein, keine Erwartungshaltung zu nähren, die sie nur enttäuschen kann[618]. Von Bürgern, Zivilgesellschaft und auch der Wirtschaft ist daher ein größeres Maß an Verantwortungsbereitschaft einzufordern, denn »die Abgabe von privaten Kernkompetenzen an staatliche Institutionen ist weit vorangeschritten«[619].

Mehr Gemeinsinn und weniger Anspruchsindividualismus sollte *sechstens* auch eine Richtschnur in einer ganzen Reihe von gesellschaftspolitischen Richtungsentscheidungen sein. Exemplarisch dafür kann die Verabschiedung des neuen Cannabisgesetzes durch den Deutschen Bundestag dienen. Die Kritik daran kam neben der parlamentarischen Opposition u. a. von Polizei-, Richter- und Ärzteverbänden sowie Suchtpräventionsstellen. Cannabis ist eine Droge, kann süchtig machen und verändert in jungen Jahren bis Mitte 20 auch Hirnareale. Es ist für die breite Bevölkerung wenig ersichtlich, warum eine Bundesregierung in der nun beschlossenen Cannabislegalisierung einen Fortschritt sieht. Wenn man einem Teil der Fachleute folgt, dann zielt das Vorhaben darauf ab, einen kleinen Teil der Bevölkerung mit Suchtproblemen vor sich selbst zu schützen, indem der Drogenkonsum legalisiert wird. Die Stichhaltigkeit des Arguments kann hier nicht beurteilt werden. Etwas irritierend ist aber der offene Brief des Ministers an die Abgeordneten des Deutschen Bundestages vom 23. Februar 2024: »Mit dem Gesetz leiten wir den überfällig gewordenen Paradigmenwechsel in der Cannabispolitik ein und passen den gesetzlichen Rahmen an die gesellschaftliche Realität an«[620].

Ein deutlicherer Beleg dafür, dass die Politik sich an die gesellschaftliche Realität einer individualistischen Gesellschaft anpasst, statt ihrerseits die Realität zu gestalten, ließe sich kaum finden.

Für einen wachsenden Bedarf an mehr Gemeinsinn und Reziprozität im Verhältnis von Bürger und Staat sprechen auch unschöne Entwicklungen im Umgang mit dem öffentlichen Raum, sei es in Städten, auf Straßen oder in der Umwelt. Deren allgegenwärtige Vermüllung ruft deshalb *siebtens* nach einer stärkeren Pönalisierung von Fehlverhalten, wenn sich offenbar die Kinderstubenethik als immer häufiger überfordert erweist. Wer bisher Müll illegal am Straßenrand, auf Parkflächen oder im Wald entsorgt, muss sich meist nicht wegen einer Straftat verantworten, sondern begeht in der Regel eine Ordnungswidrigkeit, die mit einer Geldbuße geahndet werden kann. Die Bußgeldkataloge für die falsche Entsorgung von Müll in Deutschland sind detailliert und variieren von Bundesland zu Bundesland, sind aber deutlich niedriger als etwa in der Schweiz. Auch Spucken im öffentlichen Raum und das Wegwerfen von Zigarettenkippen sind in Deutschland verboten und können mit Bußgeldern belegt werden, doch die praktischen Anwendungen der Bußgeldbewehrung scheitern »augenscheinlich« an der Wirklichkeit. Deshalb sollten eine stärkere bürgerschaftliche Übereinkunft, das nicht länger zu akzeptieren, eine drastische Verschärfung der Bußgeldbewehrung bis hin zu einer Strafrechtsbewehrung, und eine deutlich stärkere Bepfandung von Genussgütern (z. B. Flaschen, Becher, Zigaretten) sehr schnell politische Realität werden.

Ein letzter Gedanke mag auch als Zusammenfassung dieses Abschnitts dienen: Mehr Gemeinsinn hat auch eine ganz praktische Seite. Vielfach stärken gerade Krisenzeiten den Gemeinschaftssinn der Menschen. Gerade dann können soziale Normen und Konventionen den »impliziten Gesellschaftsvertrag« stärken, um den vielfach überforderten, rechtlich geprägten »expliziten Gesellschaftsvertrag« zu entlasten. Soziale Normen und Konventionen – man mag dabei sogar an »Leitkultur« denken – sind zwar rechtlich nicht bindend, doch sie können ein wichtiges Gemeinschaftsgefühl erzeugen. »Die Resilienz einer Gesellschaft ist in ihrem Gesellschaftsvertrag verankert. [...] Ohne Gesellschaftsvertrag können die Menschen nach Belieben einander Externalitäten aufbürden«[621]. Es gilt also zu verhindern, dass das eigene Handeln negative Folgen für andere hat. Ein Gesellschaftsvertrag, der nicht nur rechtlich reguliert ist, sondern der auch mit sozialen Normen disziplinierend wirken kann, vermindert eine staatliche Überforderung bei der gesetzlichen Herstellung von Einzelfallgerechtigkeit. Das spart Ressourcen, die der Staat ansonsten den Bürgern abverlangen muss, um die Folgen des Handelns Einzelner für die anderen zu kompensieren. Eine regelbasierte und werteorientierte Wirtschaftsordnung wie die Soziale Marktwirtschaft ermöglicht genügend Individualität im Rahmen allgemeiner Spielregeln, ohne einen Anspruchsindividualismus zu legitimieren.

Zwischenfazit: Krisen als Chance zur Veränderung

Fassen wir vor einem Ausblick auf die deutsche Demokratie im Wahljahr 2024 die wesentlichen bisherigen Gedanken noch einmal zusammen. Startpunkt war die Rede des Bundeskanzlers zur Zeitenwende vom 27. Februar 2022: »Die Welt danach ist nicht mehr die gleiche wie die Welt davor«. Inzwischen ist klarer geworden, was das für Deutschland, Europa und seine Bürger alles konkret bedeuten kann: Sicherheit kostet uns alle deutlich mehr als zuvor. Geld und Kredit sind teurer geworden. Für die Nutzung der Umweltressourcen muss erstmals systematisch ein Preis gezahlt werden, Energie wird dauerhaft teurer als vor der Krise bleiben. Die Globalisierung verändert ihre Schwerpunkte. Der weiteren Zunahme der Staatsverschuldung hat das Verfassungsgericht einen Riegel vorgeschoben. Das für Bürger, Wirtschaft und Staat so komfortable Mehrfachdoping der vergangenen Dekaden funktioniert nicht mehr. Deutschland und sein Geschäftsmodell sind an einem Wendepunkt angelangt. Wir erleben gleich in mehrfacher Hinsicht die Rückkehr der Knappheit – sei es bei Gütern des täglichen Bedarfs, bei Vorprodukten für die Industrie, bei Dienstleistungen und Handwerkern, bei Terminen bei Ärzten, Heilberufen und Behörden oder auch bei der Beschaffung von Rüstungsgütern.

Doch in jeder Krise liegt auch eine Chance: »Never waste a good crisis«. Dazu gehört vor allem die Einsicht, dass wir das Verhältnis zwischen den Bürgern und ihrem Staat neu justieren müssen. Es ist zunehmend angespannt und belastet, denn etwas ist aus der Balance geraten bei diesem Geben und Nehmen: einerseits durch die Bürger, die zu viel erwarten, andererseits durch ihre Regierung, die ihnen zu viel, manchmal auch das Falsche verspricht und oft das Versprochene nicht halten kann. Beides führt zu verbreiteter Unzufriedenheit, die unser Land derzeit so fest im Griff hat und die Fliehkräfte zu den politischen Rändern verstärkt. So verständlich der Wunsch ist, sich in Vorkrisenzeiten zurückzuwünschen, so wenig ist dies eine zukunftsfähige Strategie. Vielmehr wird mehr Resilienz erst dann erworben, wenn Menschen ab und zu auch mit Risiken und Krisen konfrontiert und dadurch wieder veränderungsbereiter werden. »Wähler sind in Deutschland primär Sicherheitsdeutsche: risikoavers, veränderungsscheu, absichernd, stabilitätsfanatisch und etatistisch« (Karl Rudolf Korte)[622]. Umso mehr wäre die Ermunterung, Risiken einzugehen, eine willkommene Lektion der Krise. Denn ohne Risikobereitschaft gibt es auch keine Veränderung, sondern nur noch säkulare Stagnation.

Der »All-inclusive-Staat« ist an seine Grenzen gelangt. Deshalb braucht das Land eine wieder stärker regelbasierte marktwirtschaftliche Ordnung statt einer gleichsam politisch »betreuten Marktwirtschaft«. Sie muss den persönlichen Anspruchsindividualismus einer immer noch wohlhabenden Gesellschaft ebenso einhegen wie das politische »You'll never walk alone«-Versprechen. Kaum ein Bürger plant sein Leben noch ohne Staatszuschüsse, aber auch die Wirtschaft darf nicht bei jeder Krise nach dem Staat rufen. Die gegenwärtige Krise ist auch eine Vertrauenskrise. Ohne Vertrauen auf die eigenen Fähigkeiten und ohne die Einhegung der Erwartungen an staatliche Hilfen werden deshalb die großen 4D-Zukunftsherausforderungen Dekarbonisierung, Digitalisierung, demografischer Wandel und Deglobalisierung in einer Welt der geopolitischen Unsicherheit nicht gemeistert werden können. Zentral für eine solche neue Balance zwischen Bürger und Staat sind die vier »Reiter der Ertüchtigung«: mehr Eigenverantwortung der Bürger, eine größere Effektivität und Effizienz staatlichen Handelns, der Mut zur Neupriorisierung staatlicher Maßnahmen und die Steigerung der allgemeinen Resilienz und Wehrhaftigkeit des Gemeinwesens und seiner Bürger nach innen und außen.

»Wir werden Leistungen des Staates kürzen, Eigenverantwortung fördern und mehr Eigenleistung von jedem Einzelnen abfordern müssen« – mit diesen Worten begründete der damalige Bundeskanzler Gerhard Schröder am 14. März 2003 seine »Agenda 2010«. Diese letzte große Sozialreform ist jetzt gut zwanzig Jahre her. Es ist deshalb Zeit für eine »Agenda 2030«: für einen fähigen und befähigenden statt eines bürokratisierten und alimentierenden Staates, für eine Arbeitsmarkt- und Bildungspolitik, die Anstrengung durch Aufstieg belohnt und mehr Gegenleistungen einfordert, eine aktivierende Steuer- und Sozialpolitik für Leistungs- statt Verteilungsgerechtigkeit, eine Zuwanderungspolitik, die steuert und nicht die Kontrolle verliert, für eine Innovationspolitik mit schöpferischer Zerstörung und lösungsorientierter Industriepolitik und für eine Klimapolitik, die mehr auf Preise und Technologie statt auf Ge- und Verbote setzt. Dieses Buch hat einige konkrete Vorschläge gemacht, wie eine solche Grundsatzreform für die nächste Legislatur aussehen könnte, die neue Wachstumsimpulse entfalten kann:

Eine neue Föderalismusreform digitalisiert und entbürokratisiert unseren Staatsaufbau. Die Grundsicherung stärkt die Anreize und auch die Verpflichtung zur Arbeit für Erwerbsfähige. Eine Kindergrundsicherung wird mit einem neuen Grundsicherungssystem zu einer aktivierenden Sozialstaatspolitik verknüpft. Die Anreize zur Teilzeitarbeit durch Ehegattensplitting, die beitragsfreie Mitversicherung von Ehepartnern und Minijobs werden vermindert. In der Rentenversicherung wird die Rentenhöhe an die Lebenserwartung gekoppelt, Beamte und Selbstständige werden in eine Versicherungspflicht einbezogen. Die Eigenvorsorge wird in der Renten- und Pflegeversicherung durch mehr Kapitaldeckung, in der Gesundheitspolitik durch mehr Eigenbeteiligung gestärkt. Die Bildungspolitik konzentriert alle Anstrengungen und mehr Ressourcen auf die Befähigung der Kinder zum Lesen, Schreiben und Rechnen. Die berufliche Bildung wird noch stärker zu einem Integrationsinstrument. Die Innovationstätigkeit wird durch Existenzgründungen, Wagniskapital, das Patentsystem und die Forschungszulage gestärkt. Die Industriepolitik stärkt die Künstliche Intelligenz. Der planmäßige Anstieg des CO_2-Preises ist das zentrale Steuerungsinstrument für die Dekarbonisierung. Arbeitsmigration und Zuwanderung über die Hochschulen werden erleichtert, die irreguläre Migration deutlich stärker als bisher begrenzt und die Integration der Zugewanderten gefördert und gefordert. Die Erreichung des 2-Prozent-Ziels zur Finanzierung der Verteidigungsfähigkeit wird legislativ gesichert.

Deutschland kann mehr. Das Verfassungsgerichtsurteil zur Schuldenbremse zwingt die Politik zur Priorisierung staatlichen Handelns. Das müssen auch wir Bürger für uns lernen und akzeptieren. Eine Zeitenwende lässt sich nicht ohne

Zumutungen bewältigen. »Aber Zumutungsmut von Regierungen kann auf Veränderungszuversicht treffen« (Karl Rudolf Korte)[623]. Veränderungsbereitschaft und Optimismus in Krisenzeiten zu vermitteln ist die Königsdisziplin politischer Gestaltung. Vertrauen ist Grundlage für eine neue Prosperität des Landes, das gilt für Wirtschaft und Bürger gleichermaßen. Wir als Bürger sollten deshalb unser Gemeinwesen mit einem persönlichen Pflichtjahr stärken. Denn wenn wir als Bürger verstehen, dass wir alle der Staat sind, den wir nicht mit stets neuen Forderungen überziehen können, muss die Politik nicht laufend eine Erwartungshaltung nähren, die sie letztlich nur enttäuschen kann. Kurzum: Statt sich »von der Wirklichkeit umzingelt« zu fühlen ist es hohe Zeit für ein neues »Rendezvous mit der Realität«.

5   Starke Demokratie: »mit Bürgern Staat machen«

»Wir müssen lernen, unseren Dramenkonsum in den Griff zu kriegen.« (Hans Rosling)

Rückblende: Wir schreiben den 10. Januar 2024. Zehn Schlagzeilen nur dieses einzigen Tages verdeutlichen die in diesem Buch zur Debatte gestellte These, dass die Balance zwischen den Bürgern und ihrem Staat aus dem Gleichgewicht geraten ist: »Zwei Drittel der Angestellten sind unzufrieden mit ihrem Gehalt« (SPIEGEL). »Dreitägiger Lokführerstreik gestartet – Bahnklage erneut abgewiesen« (dpa). »Bauernpräsident kündigt weitere Proteste an« (ZEIT). »Lauterbach kündigt an: Honorar-Obergrenzen werden aufgehoben« (RND). »Ärzte und Apotheker warnen vor Versorgungsproblemen« (dpa). »SPD will auf Klausurtagung Ende der bisherigen Schuldenbremse beschließen« (Focus). »Gemeinsamer Aufruf: Klimageld jetzt – für sozial gerechten Klimaschutz!« (VdK). »Verkehrswende braucht Zeitenwende« (ADFC, ApS, EVG, IG Metall und Zukunft Fahrrad). »Studie: Kaufkraft bleibt 2024 weitgehend stabil (GfK Nürnberg). »Deutschland vergibt mehr als die Hälfte aller Energiesubventionen in der EU« (Handelsblatt).

Ein Land, das klagt, fordert und protestiert – es fühlte sich ein wenig an wie der »winter of discontent«, wie ihn die Briten 1978/1979 erlebten. Zum ersten Mal seit dem Zweiten Weltkrieg war 1977 dort der Lebensstandard gesunken. Die Gewerkschaften forderten in ausgedehnten Streiks Lohnsteigerungen und die Einführung einer 35-Stunden-Woche. Dennoch hinkt der Vergleich des heutigen Deutschlands mit dem damaligen Großbritannien – noch, denn das Land befand sich seinerzeit in einer tiefen und langanhaltenden industriellen Rezession, ohne die auch der Machtwechsel zu Margaret Thatcher nicht zu erklären gewesen wäre. Im Deutschland von heute hingegen ist der durchschnittliche Lebensstandard bisher kaum gesunken. Es geht auch nicht mehr um die 35-Stunden-Woche, sondern inzwischen sektoral schon um eine 32-Stunden-Woche bei vollem Lohnausgleich und um eine Vier-Tage-Woche. Die hartnäckigen Proteste der Landwirte erfolgten nach einem Jahr mit den bisher höchsten Betriebsgewinnen, die etwa zur Hälfte aus öffentlichen Beihilfen stammen. Die Reisebuchungen für das Jahr 2024 werden das bisherige Rekordjahr 2019 übertreffen. Die Energiepreise für Betriebe und Haushalte sind inzwischen zum Teil wieder auf dem Vorkrisenniveau. Der DAX hat zwischenzeitlich ein neues Rekordhoch erreicht.

Nur in der Rangliste der streikintensiven Länder ist Deutschland – anders als in den meisten anderen Ranglisten – stark auf dem Vormarsch. Dennoch sehen Dramen eigentlich anders aus. Aber spätestens durch die Pandemie – »Applaus reicht nicht aus!« – und dann durch die Inflation ist ein gesellschaftliches Reizklima entstanden. Verstärkt durch die exogenen Schocks der kriegsbedingten Energiekrise, die in der Intention richtige, aber handwerklich häufig nicht gut ins Werk gesetzte Modernisierungsagenda der Koalition und durch das Verfassungsgerichtsurteil zur Schuldenbremse hat sich zusammen mit den früher sträflich unterlassenen Reformen des Gemeinwesens ein beeindruckendes Gebirge an echten Herausforderungen aufgetürmt. Zudem hat eine in sich zerstrittene Ampelkoalition bereits Kurs auf ein wichtiges Wahljahr genommen, in dem sich die Parteienlandschaft durch Parteineugründungen weiter ausdifferenziert und bisher der Zuspruch für Parteien an den Rändern des politischen Spektrums noch immer groß ist. Die außerordentlich niedrigen Zustimmungswerte der Bevölkerung für ihre Regierung müssen auch deswegen besorgen, weil die Fundamentaldaten der ökonomischen Entwicklung bisher »nur« eher ein stagnatives, aber noch kein katastrophales Bild zeichnen.

Erneut bewahrheitet sich aber die Erkenntnis: »Perception matters«. Regierungskunst ist es deshalb, diese wahrgenommene Unzufriedenheit, aber auch deren faktischen Hintergrund treffsicher zu analysieren und darauf angemessen zu reagieren. Zum einen ist dafür eine belastbare Demoskopie für das Scannen der Stimmungslage in der Bevölkerung und eine saubere Empirie der Problemlagen unerlässlich. Zum anderen bedarf es einer guten Kommunikation – etwa durch eine ehrliche Ansprache der Bevölkerung: Politik sollte nur versprechen, was realistisch getan werden kann. Und sie sollte uns allen klarmachen, was wir selbst zu einer Veränderung beitragen können. Ein Blick zurück in die bundesdeutsche Geschichte ist vielleicht hilfreich: Der damalige deutsche Wirtschaftsminister Ludwig Erhard sagte in einer legendär gewordenen Rundfunkansprache am 21. März 1962: »Ich wende mich an das deutsche Volk in einer ernsten Stunde, in der es gilt, durch ein verantwortungsbewusstes Verhalten sich schon abzeichnende gefährliche Entwicklungen rechtzeitig zu unterbinden, um Unheil von unserem Lande abzuwehren. […] Dazu gehört auch die Fortentwicklung einer freiheitlichen und sozialen Gesellschaftsordnung, die mehr Gemeinsinn für Gemeinschaftsaufgaben erfordert«[624]. Diese Rede ging später als »Maßhalte-Appell« in den kollektiven Erinnerungsvorrat ein.

Vielleicht geht es in der heutigen Zeit sprachlich etwas moderner und weniger dramatisch, aber genauso ernsthaft wie vor über 60 Jahren darum, dass die Regierung die Bevölkerung auf »Entwicklungen« einstimmt und ihre Bereitschaft einfordert, sich diesen Entwicklungen auch selbst zu stellen. »In der weltpolitischen Ordnung, in der wir leben, gibt es keine Vollbeschäftigung ohne Leistungsbewährung; ein Volk, das diesem Gesetz entfliehen möchte, fällt in die Primitivität zurück und kann nicht länger am Fortschritt teilhaben« – so gewohnt wuchtig Ludwig Erhard im Jahr 1962. Diese »Leistungsbewährung« könnte auch heute wieder ein Dreh- und Angelpunkt für eine zumutende, aber auch zumutbare Neujustierung des Gesellschaftsvertrages sein. Journalistisch-süffig fordert ein inzwischen fast schon geflügelter LinkedIn-Post eine »Agenda für die Fleißigen«, »die sich anstrengen und sich Mühe geben, im Beruf, aber auch zu Hause, in der Familie und im sozialen Umfeld, die keine Boni bekommen und trotzdem motiviert sind, die Steuern zahlen, anstatt sie zu hinterziehen und sich zugleich fragen, warum vom Brutto so wenig netto übrig bleibt«[625].

Beginnen könnte man etwa mit einer Umkehrung des politisch vielzitierten, aber meist einseitigen Verständnisses von »Respekt«: Dieser sollte nicht nur in einer stets etwas gönnerhaft anmutenden Weise von Regierung wie Opposition gleichermaßen den »hart arbeitenden Bürgern« gegenüber gezollt werden. Er ist im Gegenzug auch dringend von uns Bürgern einzufordern und verlangt von jedem von uns, stets nur das zu tun, was auch ein allgemeines Gesetz sein könnte. Schließlich ist 2024 ja ein Kant-Jahr: »Handle nur nach derjenigen Maxime, durch die Du zugleich wollen kannst, dass sie ein allgemeines Gesetz werde!« Diese »Maximenethik« (Otfried Höffe)[626], die für Kant auch »subjektive praktische Grundsätze« bereithalte, wird viel zitiert, aber selten verstanden und noch seltener beherzigt. Dabei sind gerade die praktischen Grundsätze des gesunden Menschenverstandes – auch: Gemeinsinn – so wichtig«[627]. Dieser »Hausverstand«, dieser »durchschnittliche Verstand eines gesunden Menschen« (Kant) gilt oft wenig in einer Gesellschaft, die vielfach eine ressourcen- und energieverzehrende Verrechtlichung an die Stelle von »Kinderstubenheuristik« und erfahrungsgesättigtem Urteilsvermögen setzt, das vielfach besser weiß, was sich gehört und was nicht.

Allerdings gibt es auch eine Warntafel, nicht allein auf den allgemeinen Menschenverstand zu vertrauen. Ohne ein umfangreiches Expertenwissen in Wissenschaft und Administration wäre der »Hausverstand« vielfach überfordert. Zudem haben Menschen allgemein die Tendenz, ihre eigene Kompetenz zu überschätzen und die der anderen zu unterschätzen (sog. Dunning-Kruger-Effekt): Viele Menschen mit niedriger Kompetenz sind sich ihrer eigenen fehlenden Kompetenz oft nicht bewusst. In Experimenten mit Studierenden konnte belegt werden: Je weniger ein Teilnehmer wusste, desto mehr war er von seiner Kompetenz überzeugt[628]. Interessant dabei: Für Narzissten zeigt sich dieser Effekt häufiger als für andere Gruppen. Wenn aber die »Selbstüberschätzung der Inkompetenten« dazu führt, die Leistungen kompetenterer Menschen nicht anzuerkennen und dem Expertenwissen nicht zu vertrauen, dann ist damit ein möglicher Grund dafür benannt, warum der Unzufriedenheit und sprichwörtlichen Nörgelei eine breite Alltagswahrnehmung beschieden ist[629]. Wenn dies dann noch zu einer verbreiteten Haltung gegenüber der Politik wird, so kann sich dies durchaus zu einer Vertrauenskrise oder gar Demokratiekrise entwickeln.

Deshalb haben die Bürger ihrem demokratisch legitimierten Staat gegenüber auch dann Respekt aufzubringen, wenn sie nicht mit seinen Entscheidungen und Handlungen einverstanden sind. Tendenzen eines »libertären Autoritarismus« (Carolin Amlinger und Oliver Nachtwey) von rechts ist ebenso entschieden entgegenzutreten wie einem postkolonialistischen »Krieg dem Westen« (Douglas Murray) von links[630]. Kritik an staatlichen Institutionen kann und soll geäußert werden, aber subjektiv empfundene Kränkungen dürfen keine Legitimation für Staats- und Demokratiefeindlichkeit und das Verächtlichmachen demokratischer Spielregeln sein. Das gilt gleichermaßen im analogen wie im digitalen Leben, aber erst recht im sozialen Nahraum. Es muss daher beunruhigen, wenn die Bereitschaft zur Übernahme kommunalpolitischer Verantwortung zunehmend an fehlender Anerkennung und Sorge vor Übergriffigkeit scheitert[631]. Genauso wenig gibt es ein Recht der Bürger auf einen »All-inclusive-Staat«, der auch individuelles (Fehl-)Verhalten kompensieren soll. Es ist respektlos gegenüber dem Gemeinwesen, stets Unterstützung von ihm zu erwarten, aber keinen Beitrag zu ihm leisten zu wollen. Eine gesunde Balance zwischen Bürger und Staat verlangt also auch das Einfordern von Respekt der Bürger vor einem Gemeinwesen, das wir alle sind, von dem wir alle profitieren können und zu dem wir alle beitragen sollten.

Das Respektsgebot gegenüber unseren Institutionen gilt selbstverständlich auch für Neuankömmlinge in Deutschland, das ihnen Schutz vor Verfolgung und ein Maß an sozialer und persönlicher Sicherheit bietet, das vielen von ihnen vorher verwehrt war. Wer die Institutionen des Landes und die Personen, die für diese Institutionen eintreten und deren Leistungen erbringen, nicht respektiert, sollte mit der Konsequenz und auch Härte des Rechtsstaates rechnen müssen. Denn »es sind die, die erzogen sind, aber nicht umerzogen werden wollen, die Freiheit lieben, aber nicht die Regellosigkeit« (Bert Losse), die von einem funktionierenden Rechtsstaat geschützt werden müssen. Und es sind nicht jene, die von hier aus Werte predigen, die nicht die Werte dieser Gesellschaft sind, die ihnen Aufenthalt und Schutz bietet. Dieser Respekt vor Recht und Ordnung ist unverhandelbar, welcher Herkunft, welchen Glaubens und welcher politischen Überzeugung auch immer jemand ist. Dies ist integraler Bestandteil einer wehrhaften und resilienten Demokratie. Jeder Einflussnahme von außen und innen durch institutionen- und demokratiefeindliche Gruppen entschieden gegenüberzutreten ist eine der ersten Bürgerpflichten[632].

Das institutionelle Gefüge in Deutschland ruht auf den Säulen des Grundgesetzes, das vor 75 Jahren am 23. Mai 1949 in Kraft getreten ist. Keine Verfassung ist perfekt. Aber die deutsche Verfassung vereint auf eine nach wie vor zukunftsweisende Art Minderheitenschutz mit Eigentumsschutz, Tarifautonomie mit Vertragsfreiheit, Parlamentarismus mit Zivilgesellschaft, Friedfertigkeit mit Wehrhaftigkeit und Freiheit mit Verantwortung. Das Grundgesetz ist das Fundament unserer demokratischen Ordnung, steckt aber auch den Rahmen für die Wirtschaftsordnung ab. Es zeichnet sich durch wirtschaftspolitische Neutralität aus. Deshalb ist auch »wirtschaftspolitische Unvernunft noch kein Verfassungsbruch«. Allerdings ergibt sich aus dem Neutralitätsgebot auch ein rechtsstaatliches Übermaßverbot: Der »Einzelne soll am sozialen und wirtschaftlichen Leben nicht nur zur »Abstimmung der Feinproportionen« [...], sondern eigenverantwortlich, autonom und (auch) mit privatnütziger Zielsetzung an der Gestaltung der Rechts-, Gesellschafts- und Wirtschaftsordnung mitwirken«[633]. Eigenverantwortung, Autonomie und Privatnützigkeit sind damit auch verfassungsrechtlich nobilitierte Grundsätze für eine gute Balance zwischen Bürger und Staat.

Stabilität im Inneren gibt es aber nicht ohne Abwehr gegen Gefahren von außen. Es muss nüchtern festgestellt werden, dass Deutschland derzeit nur »bedingt abwehrbereit« ist. Umso wichtiger ist die Beistandsgarantie der NATO, die in diesem Jahr ebenfalls 75 Jahre alt wird. Sie durchlebt gerade mit dem Überfall Russlands auf die Ukraine ihre schwerste Bewährungsprobe seit dem Zweiten Weltkrieg. Die innenpolitische Uneinigkeit in Deutschland, die holprigen Versuche eines gemeinsamen europäischen Vorgehens und die Sorge um einen »regime change« in den USA verdeutlichen die enormen Schwierigkeiten in den westlichen Demokratien, finanzielle Ressourcen strukturell und nicht nur vorübergehend anders als bisher zu priorisieren. Alles andere als ein größerer Anteil der Wirtschaftsleistung und die dauerhafte verfassungsfeste Ausfinanzierung des 2-Prozent-Ziels am BIP zur Finanzierung unserer Verteidigungsfähigkeit wäre grob fahrlässig. Es ist deshalb zu hoffen, dass zur Verteidigung unserer eigenen Demokratie gegen hybride Aggression von autokratisch-diktatorischen Regimes auch hier schnell, konsequent und auch gegen Widerstände in der Bevölkerung die erforderlichen Schritte unternommen werden. »Freiheit ist wichtiger als Frieden« (A. F. Rasmussen)[634].

Bürger machen also Staat. Aber der Respekt der Bürger vor ihrem und für ihren Staat ist voraussetzungsvoll. Drei Dinge können dafür hilfreich sein: *Erstens* geht es um das Vertrauen in die Wissenschaften, die uns die Probleme sauber definieren und die bestmöglichen Lösungen aufzeigen können. »Follow the science« wäre dafür ein guter Vorsatz. Hätten wir früher und deutlicher auf die Empfehlungen etwa der Klimawissenschaften gehört, wären wir heute schon deutlich weiter. Würden wir den Biowissenschaften mehr vertrauen, müssten wir weniger Angst vor der Zukunft haben, denn »die meisten sterben nicht an den Dingen, über die sie besorgt sind« (Andreas Hensel)[635]. Würden wir mehr den Psychologen zuhören, hätten wir besser verstanden, warum sich in Zeiten von Smartphone-Abhängigkeit immer stärker das narzisstische »Ich« gegen das »Wir« durchzusetzen droht. Hätten wir mehr Lehrstühle für geo- und sicherheitspolitische Fragen gehabt, wären wir bei strategischen Fragen weniger unkundig und blauäugig gewesen. Und hätten wir etwas mehr Sympathie für die Wirtschaftswissenschaften empfunden, hätten wir uns bei der laufenden Transformation viel stärker auf ein funktionierendes Preissystem als auf ubiquitäre Subventionen und Finanzhilfen für einzelne Produkte, Prozesse, Personengruppen und Unternehmen verlassen.

Es muss daher besonders betrüben, dass Wissenschaft und Universitäten zunehmend zum Gegenstand und Austragungsort von Cancel-Aktivitäten werden – hier verstanden als kulturelle Praxis, Menschen mit abweichenden Meinungen zum Verstummen zu bringen[636]. Das Phänomen des Cancelns ist nicht neu. Von früheren Bedrohungen von Leib und Leben sind wir heute zum Glück weit entfernt. Aber die Gefahr eines »sozialen Todes« als nachhaltigem Ausschluss aus der Gemeinschaft ist gerade für die Wissenschaft eine gravierende Entwicklung. »Nichts ist der Freiheit und damit dem Fortschritt der Wissenschaften abträglicher als ein Bekenntniszwang« (Konrad Paul Liessmann)[637]. Hier bedarf es einer entschiedenen Reaktion der einschlägigen Wissenschaftsorganisationen und Universitätsleitungen zur Verteidigung der Wissenschaftsfreiheit. Zudem stellt das Canceln eine Attacke auf den Geist der Aufklärung dar: »Im Zentrum des Projekts der Aufklärung aber steht der Respekt gegenüber Gründen. [...] Es ist allein das bessere Argument, das unsere Überzeugungen leiten sollte, und nicht andere Erwägungen«[638].

Eine neue »Schweigespirale« (Elisabeth Noelle-Neumann) darf es nicht geben[639]. Sie zu verhindern ist eine Aufgabe, der sich in aufgeregten Zeiten *zweitens* auch Medien im Allgemeinen und der Journalismus im Besonderen stellen müssen. In einer längsschnittlichen Betrachtung hat in der Bevölkerung das Gefühl, frei reden zu können, seit 1990 deutlich abgenommen. »Es ist offensichtlich, dass der Tonfall der öffentlichen Diskussion gegenüber früheren Jahrzehnten zumindest auf bestimmten Themenfeldern schärfer, intoleranter geworden ist«[640]. Zum ersten Mal überwog 2023 das Gefühl, besser vorsichtig zu sein, gegenüber dem Gefühl, dass man seine politische Meinung frei sagen kann. Vor diesem Hintergrund kommt insbesondere dem Journalismus und den Medien eine hohe Verantwortung zu. Nach der Nachrichtenwerttheorie von Walter Lippmann sind Schaden, Konflikt oder Negativität wichtige Kriterien bei der Auswahl von Themen. Damit werden aber auch unsere kognitiven Biases bedient, also die Verzerrungen in der menschlichen Informationsverarbeitung. Dieses Framing der Nachrichten beeinflusst unser Weltbild. Schlechte Nachrichten und dauernder Medienkonsum setzen unser Gehirn unter Dauerstress. Konstruktiver Journalismus, der keinen Negativfokus hat (»constructive news«), kann deshalb Ignoranz und Hilflosigkeitsgefühle zu vermeiden helfen, indem er statt einer Wogegen- eine Wofür-Perspektive einnimmt[641].

Der Gedanke des Wofür statt des Wogegen ist *drittens* auch ein Plädoyer für mehr systematische Evidenzbasierung in politischen Debatten. Wissenschaftliche Erkenntnisse aus den verschiedensten Disziplinen sind das eine, deren Darstellung in der medialen Kommunikation oft etwas völlig anderes. Weil Medien aber politisch rezipiert werden und politisches Handeln triggern können, braucht der »Constructive News«-Ansatz ein Pendant auf der Wissenschaftsseite. Hier setzt die breite »Factfulness«-Initiative von Forschern an: Mit einer datengestützten Fortschrittserzählung wollen etwa die Arbeiten von Hans Rosling und der von ihm inspirierten Aufklärungsformate zu einem realistischeren Bild der Welt beitragen[642]. Zusammen mit faktenbasierten Arbeiten im englischsprachigen Raum, in international vergleichenden Monitoringberichten und einzelnen Studien auch für Deutschland wird eine breite Evidenz zur Verfügung gestellt. In der Summe zeigen die Daten, dass es erstens bei sehr vielen politischen Zielen, wie etwa bei der weltweiten Armutsbekämpfung, zu großen Verbesserungen gekommen ist. Zweitens schneiden marktwirtschaftliche Systeme bei diesen Verbesserungen in der Regel besonders gut ab[643]. Diese Grunderkenntnis sollte auch die Zuversicht begründen, dass demokratische marktwirtschaftliche Systeme multiple Herausforderungen doch besser bestehen können als andere gesellschaftspolitische Systeme.

Im Zusammenwirken sind Wissenschaft, Medien und evidenzbasierte Aufklärung auch ein gutes Imprägnierungsspray gegen die weiter um sich greifende allgemeine Häme. Schon 2014, also noch zu Beginn des Smartphone-Siegeszuges, hieß es in einem Buch: »Wenn wir an dem Zustand der Häme nichts ändern, werden wir in einer Gesellschaft der ständigen Beobachtung leben. [...] Wenn der Tugendterror mit einer permanenten Ansprache des Gesetzgebers einhergeht, dieses oder jenes zu tun, dann geben wir sehenden Auges die Freiheit aus der Hand, die uns zum Handeln befähigt«[644]. Eine Gesellschaft des vernunftgeleiteten Respekts voreinander hingegen ist resistenter gegen Häme, die zersetzend wirkt. Ganz nebenbei ist eine Gesellschaft, in der auch Kirchen und Religion noch eine Orientierung zu geben vermögen, besser gegen Häme geschützt als eine weitgehend atheistische Gesellschaft. Dass das Wesen von Häme heute immer deutlicher und für immer mehr Menschen sichtbar wird, liegt aber auch den Social Media-Beschleunigern. Angesichts von verbreiteter »Hate Speech« im Netz muss deshalb ein schützender Staat die Betreiber der Plattformen deutlich stärker als bisher in eine Mitverantwortung nehmen, um algorithmische Verzerrungen zu vermindern. Auch unsere digitale parlamentarische Öffentlichkeit ist besser zu schützen, damit sie ihrerseits Informationsgarant für die Bürger im digitalen Raum sein kann[645].

Für eine gute Balance zwischen Bürger und Staat in unserer deutschen Demokratie muss daher unbedingt stets die Mehrheitsentscheidung konstitutiv sein. Sie kann immer revidiert werden, aber nur in freien, geheimen und gleichen Wahlen. Nur wo der demokratische Rechtsstaat funktioniert, kann sich auch eine echte Soziale Marktwirtschaft langfristig entfalten. Es gibt eine »strukturelle Kopplung von privatautonomer Wirtschaft und demokratischem Verfassungsstaat« (Udo di Fabio)[646]. Gleichzeitig müssen aber auch Beschränkungen des Mehrheitsprinzips immer dann möglich sein, wenn diese in die falsche Richtung führen: »Erst mehrheitenfeste Grundrechte und die Gewaltenteilung haben die Demokratie zur erstrebenswerten Staatsform gemacht« (Richard Schröder)[647]. Doch vielleicht ist angesichts von 75 Jahren in Freiheit und Wohlstand die Erkenntnis ein wenig verblasst, wie voraussetzungsvoll ein demokratischer Rechtsstaat ist und unter welchen Opfern er erkämpft wurde. »Statt die Extremisten und ihre Wähler in ihren Kränkungen zu bestärken, sollten sich alle um Aufklärung bemühen und deutlich machen, dass Demokratie kein Lieferando-Service ist«[648].

Deshalb braucht unsere Demokratie mehr handfeste und standhafte Unterstützung. »Gratismut« und »Tugendsignalisierung« sind wohlfeil, aber realpolitisch nicht hinreichend. Bei aller berechtigten Kritik etwa an den neuen Bürgerräten als staatlich orchestrierter Meinungsbildung: Hier engagieren sich immerhin Bürger für ihren Staat. Und jeden Tag setzen sich Hunderttausende ehrenamtlich für einen guten Zweck ein. Ohne diese Mitwirkung der Bürger selbst werden die Herausforderungen für das Gemeinwesen zu groß. »Mit Bürgern Staat machen«, so war es einst in einem Nachruf auf Dolf Sternberger formuliert, dem es stets um die Rehabilitierung des Bürgerlichen ging. Wir alle sollten also vielleicht erst einmal »mehr Disziplin wagen« (Hedwig Richter), damit wir dann »mehr Fortschritt wagen« (Koalitionsvertrag) können. Letzteres wird ohne Ersteres nicht gelingen. Eine notwendige Grundlage dafür ist eine »Aufklärung jetzt« (Steven Pinker)[649]. Aufklärung aber »ist der Ausgang des Menschen aus seiner selbstverschuldeten Unmündigkeit« (Immanuel Kant). Einen kleinen Beitrag dazu möchte auch dieses Buch leisten.

Dank

Es ist nicht ungewöhnlich, dass sich manche Ü60-er noch etwas aufgehoben haben für die unmittelbare nachberufliche Zeit. Der Autor hat sich dafür entschieden, ein selbstgewähltes Pflichtjahr zu absolvieren und in Form dieses Buches seiner Sorge um den ökonomischen und gesellschaftspolitischen Zustand unseres Gemeinwesens, aber auch seiner Hoffnung auf die Lern- und Reformfähigkeit unseres Landes in der Krise Ausdruck zu verleihen. Die jahrelange professionelle Teilnahme an wirtschaftspolitischen Debatten und die intensiven Diskussionen mit anderen »homines politicarum« haben den Boden dafür bereitet. Einen zusätzlichen Anstoß gab dann der 24. Februar 2022. Dessen direkte und indirekte Folgen für die politische und ökonomische Stabilität sind seither nach und nach immer deutlicher sichtbar geworden. Entstanden ist eine Studie, die im Bemühen um Fairness im Urteil über den Zustand Deutschlands viele interdisziplinäre wissenschaftliche Theorien, amtliche Quellen und zahlreiche Statistiken herangezogen hat. Aber auch der tagespolitischen Berichterstattung in Qualitätsmedien wurde bewusst viel Platz eingeräumt. Ein Preis für diesen sehr breiten Blick ist ein umfangreicher Endnotenapparat, der aber auch dem eiligen Leser empfohlen sei.

»Schreiben ist nicht schön. Schön ist es, geschrieben zu haben« (Rudolf Augstein). Umso mehr sei allen Gesprächspartnerinnen und Gesprächspartnern – ansonsten wird in diesem Buch überwiegend das generische Maskulinum verwendet – aus Wissenschaft, Politik und Praxis in Instituten, Ministerien, Kommissionen und auch im Freundeskreis herzlich gedankt. Ihre ihnen selbst oft nicht bewussten Impulse sind irgendwann einmal in einem digitalen Zettelkasten gelandet und haben dadurch das Buch bereichert. Gedankt sei auch allen Zitatgebern für ihre Impulse. Für die konkrete Anstiftung zur Aufnahme dieses Buches in die Reihe »Denkstöße« und für die stete Ermutigung danke ich dem Herausgeber der Reihe, Rainer Völker. Dem Verlag Kohlhammer und seinem Verlagsleiter Uwe Fliegauf sei sehr für die hervorragende Zusammenarbeit bei der Veröffentlichung des Bandes gedankt. Für die große Anstrengung einer kritischen Lektüre des gesamten Manuskripts danke ich meinen langjährigen Debattanten Hans-Peter Fröhlich, Lothar Funk und Malte Ristau. Meiner sprachsensiblen Frau Martina danke ich für den reflektierenden Austausch beim Verfertigen der Gedanken und ihre so oft strapazierte Geduld mit mir. Alle Denkfehler sind aber meine eigenen.

Hersel am Rhein, Ostern 2024   Hans-Peter Klös

Anmerkungen

Kapitel 1: Die Zeitenwende als Stresstest für Wirtschaft und Gesellschaft

1 Bundeskanzler Olaf Scholz: Regierungserklärung vom 27. Februar 2022; https://www.bundesregierung.de/breg-de/suche/regierungserklaerung-von-bundeskanzler-olaf-scholz-am-27-februar-2022-2008356.
2 Vgl. Gesellschaft für deutsche Sprache: GfdS wählt Zeitenwende zum Wort des Jahres 2022, Pressemeldung vom 9. Dezember 2022; https://gfds.de/wort-des-jahres-2022.
3 Vgl. Baker, Scott R., Bloom, Nick and Davis, Stephen J.: Economic Policy Uncertainty Index for Germany [DEEPUINDXM], retrieved from FRED, Federal Reserve Bank of St. Louis; https://fred.stlouisfed.org/series/DEEPUINDXM, March 15, 2024; Economist Intelligence Unit Country Reports, National Bureau of Economic Research (NBER): World Uncertainty Index; https://worlduncertaintyindex.com/.
4 Vgl. Kevin Rudd: Robert F. Ellsworth Memorial Lecture, 2019: https://asiasociety.org/policy-institute/decouple-or-not-decouple. Dieser strategische »Move« war auch die Folge eines einflussreichen Papiers über den »China-Schock«, wonach der Handel der USA mit China in den 2000er Jahren eine große Zahl amerikanischer Industriearbeitsplätze vernichtet habe. Vgl. David H. Autor / David Dorn / Gordon H. Hanson: The China Shock: Learning from Labor Market Adjustment to Large Changes in Trade, NBER Working Paper, No. 21906, January 2016, Cambridge (MA).
5 Vgl. Staats- und Regierungschefs der G7: »Wir setzen nicht auf Entkopplung oder Abschottung. Gleichzeitig erkennen wir an, dass für wirtschaftliche Widerstandsfähigkeit Risikominderung und Diversifizierung erforderlich sind. Wir werden einzeln und gemeinschaftlich Maßnahmen ergreifen, um in unsere eigene wirtschaftliche Dynamik zu investieren. Wir werden übermäßige Abhängigkeiten in unseren kritischen Lieferketten verringern«. Kommuniqué, Arbeitsübersetzung, Hiroshima, 20. Mai 2023, S. 45.
6 Vgl. Richard Baldwin: The Peak globalisation myth: Part 1; https://cepr.org/voxeu/columns/peak-globalisation-myth-part-1. Allerdings weist auch die Welthandelsorganisation (WTO) darauf hin, dass die neue geopolitische Blockbildung zu einer handels- und wachstumsdämpfenden Fragmentierung des Welthandels führt. Vgl. WTO: World Trade Report. Re-globalization for a secure, inclusive, and sustainable future, Genf 2023, S. 32 ff.
7 Vgl. European Commission: Speech by President von der Leyen on EU-China relations to the Mercator Institute for China Studies and the European Policy, Brussels, 30. März 2023. Zu den Umgehungsmaßnahmen der Schwellenländer vgl. Zsolt Darvas / Luca Moffat / Conor McCaffrey: Emerging countries have replaced most of Russia's lost trade with advanced economies, Bruegel Analysis, Brussels, 21. März 2024.
8 Vgl. Zbigniew Brzezinski: Die einzige Weltmacht. Amerikas Strategie der Vorherrschaft (Original: The Grand Chessboard. American Primacy and Its Geostrategic Imperatives): »Das

letzte Jahrzehnt des zwanzigsten Jahrhunderts war Zeuge einer tektonischen Verschiebung im Weltgeschehen. Die Niederlage und der Zusammenbruch der Sowjetunion war der letzte Schritt zum raschen Aufstieg einer Macht der westlichen Hemisphäre, der Vereinigten Staaten, zur einzigen, ja zur ersten wirklichen Weltmacht. [...] Eurasien behält jedoch seine geopolitische Bedeutung. Nicht nur seine westliche Peripherie – Europa – ist nach wie vor der Standort eines Großteils der politischen und wirtschaftlichen Macht der Welt, sondern auch seine östliche Region – Asien – hat sich in letzter Zeit zu einem wichtigen Zentrum des wirtschaftlichen Wachstums und des wachsenden politischen Einflusses entwickelt«, Frankfurt 1999, S. 17.

9 Vgl. Anu Bradford: The Brussels Effect: How the European Union Rules the World, London 2020.
10 Vgl. Our world in data: Democracy; https://ourworldindata.org/democracy. Der Transformationsindex 2024 der Bertelsmann Stiftung berichtet eine kontinuierliche Verschlechterung der Demokratiequalität in Entwicklungs- und Transformationsländern. Vgl. Bertelsmann Stiftung (Hrsg.): Transformation Index 2024, Gütersloh 2024.
11 Vgl. Freedom House: Nations in Transit 2023: War Deepens a Regional Divide, Washington; https://freedomhouse.org/article/new-report-moscows-invasion-ukraine-deepens-divide-between-autocracies-and-democracies.
12 Vgl. Douglas Irwin: The Washington Consensus stands test of time better than populist policies; https://www.piie.com/blogs/realtime-economics/washington-consensus-stands-test-time-better-populist-policies. Zu einem guten Überblick über den Debattenverlauf vgl. Lothar Funk: Ist der Washington-Konsens heute völlig passé? in: WISU-Kompakt, Nr. 11, 2023, S. 1075-1076.
13 Vgl. Nikolaus von Blomhard: Schwarzer Schwan und Vogel Strauss, in: FAZ vom 1. April 2016; https://www.faz.net/aktuell/politik/die-gegenwart/krisenvorbeugung-schwarzer-schwan-und-vogel-strauss-14148389-p6.html.
14 Vgl. Sebastian Fischer et al.: Kanzler Scholz im Haushaltschaos. Absturz eines Besserwissers, in: DER SPIEGEL, Nr. 48/2023. Vgl. auch Harold James: »Die Zeiten, in der die Regierung die Illusion nähren konnte, die Politik müsse keine harten Entscheidungen mehr treffen und es gebe so etwas wie ein Free Lunch, sind ein für alle Mal vorbei«, in: Handelsblatt vom 24. November 2023, S. 13.
15 Vgl. Stefan Bierling / Gerlinde Groitl: Die liberale Ordnung und ihre Feinde, in FAZ vom 25. Mai 2022, S. 7.
16 Vgl. James Edward Meade: Die stationäre Wirtschaft, Köln 1971, S. 13.

Kapitel 2: Zur Lage der Nation: ein »Landzustandsbericht«

17 »Damit hängt die Zustimmung zu dem Wirtschaftssystem in hohem Maße von seinem Erfolg und der Teilhabe der Bevölkerung an diesem Erfolg ab. Daraus folgt zum einen, dass die Zustimmung zu dem System der Sozialen Marktwirtschaft nicht enttäuschungsfest ist, sondern in ökonomischen Schwächephasen erodiert. Zum anderen zeigen die Schwankungen in den letzten beiden Jahrzehnten auch, dass der Rückhalt nur begrenzt auf der grundsätzlichen Zustimmung zu den Prinzipien des Systems beruht«. Vgl. Institut für Demoskopie Allensbach: Akzeptanz der Sozialen Marktwirtschaft und Verständnis ihrer Prinzipien, Allensbach, 12. September 2023, S. 1.
18 Vgl. Clemens Fuest: Die Zukunft des Geschäftsmodells Deutschland, in: ifo-Schnelldienst, 75. Jg, Nr. 9, 2022, S. 3-7. Vgl. auch Deutsche Bundesbank: Wirtschaftsstandort Deutschland: ausgewählte Aspekte der aktuellen Abhängigkeiten und mittelfristigen Herausforderungen, in: Monatsbericht, September 2023, S. 15-36. Auch im Folgenden wird jeweils

das Bruttoinlandsprodukt (BIP) als Referenzgröße verwendet, auch wenn damit jene Einkommen nicht erfasst werden, die Bürger eines Landes im Ausland erzielen. Dieser »Auslandseffekt« wird durch das Bruttonationaleinkommen (BNE) abgebildet, das etwa auch Kapitaleinkommen aus dem Ausland berücksichtigt. Für die Messung des materiellen Wohlstandes oder der Schuldentragfähigkeit sollte das im Hinterkopf behalten werden.

19 Vgl. Norbert Berthold: Das »Geschäftsmodell Deutschland« in Zeiten der Krise. De-Globalisierung, Ukrainekrieg und Energie-Embargo, Wirtschaftliche Freiheit. Das ordnungspolitische Journal, 16. Mai 2022; https://wirtschaftlichefreiheit.de/wordpress/?p=30853.

20 Vgl. Dalia Marin: Can Germany's Economy Avoid a China Shock? Die Autorin warnt: »The electric-vehicle revolution that propelled Chinese carmakers to global prominence is now threatening to render the German automobile sector obsolete. Unless policymakers act fast, Germany could soon face a painful deindustrialization process similar to what the United States experienced in the early 2000s«; https://www.project-syndicate.org/commentary/german-industry-facing-china-shock-by-dalia-marin-2023-05. Wie nahe hier Industriepolitik, Subventionen und Wettbewerbsverzerrungen beieinander liegen, zeigen die Initiativen der europäischen Wettbewerbskommissarin Margarete Vestager zur Abwehr weiterer durch massive Subventionen ausgelösten »China-Überkapazitätsschocks«, die nun neben Elektroautos und Solarpanels auch bei Windturbinen und Mikrochips drohen. Nota bene: Mit den Solarpanels hatte Deutschland schon vor rund zwei Jahrzehnten einen vergleichbaren Schock des Verlusts einer Industrie an China erlitten. Inzwischen gibt es bei Solarpanels ein »MeToo«-Problem einer hohen Standardisierung, die zu Weltmarktanteilen Chinas von knapp 90 Prozent führt. Der vom Bundesverband Solarindustrie geforderte, als Abwehr gegen deutlich kostengünstigere Solarmodule aus China gedachte »Resilienzbonus« zur Erhöhung der Einspeisevergütung ist daher zu Recht auch vom Bundeskanzler abgelehnt worden. Hingegen baut das Start-up Sunmaxx ein Werk in Deutschland, das photovoltaisch-thermische Module mit deutlich höheren Wirkungsgraden bauen will. Vgl. Stefan Paravicini / Susanne Preuß: Start-up aus Dresden beginnt mit Produktion von Solarmodulen, in: FAZ vom 27. Februar 2024.

21 Vgl. Autozulieferer ZF investiert in deutsche Standorte nur unter einer Bedingung, in: Wirtschaftswoche vom 22. März 2024.

22 Vgl. Angelo Bolaffi: Deutsches Herz. Das Modell Deutschland und die europäische Krise, Stuttgart 2014, S. 124.

23 Vgl. Franz Schellhorn: Der kranke Mann Europas ist zurück, Austria Perspektiv, 28. Januar 2023. Vgl. auch Jeremy Warner: Germany, not Britain, is the sick man of the developed world, Daily Telegraph vom 3. Januar 2023; https://www.telegraph.co.uk/business/2023/03/01/recession-looming-germany-much-bigger-bind-britain/; Martin Greive: Deutschland ist wieder der kranke Mann Europas, Handelsblatt vom 12. Oktober 2022; https://www.handelsblatt.com/meinung/kommentare/kommentar-deutschland-ist-wieder-der-kranke-mann-europas/28742398.html; The Economist: Is Germany once again the sick man of Europe? August 19th 2023.

24 Vgl. OECD: OECD-Wirtschaftsberichte: Deutschland 2023, Paris 2023; https://www.oecd-ilibrary.org/economics/oecd-wirtschaftsberichte-deutschland-2023_80df9211-de.

25 Vgl. Institut für Weltwirtschaft: Analyse der industrierelevanten wirtschaftlichen Rahmenbedingungen in Deutschland im internationalen Vergleich, Endbericht an das Bundesministerium für Wirtschaft und Energie, Berlin, 29. Mai 2020, S. 19. Vgl. zu einer neueren Gesamtschau Tim Meyer: Innovations- und Wirtschaftsstandort Deutschland – Neue Wege gehen. Argumente zu Marktwirtschaft und Politik, Nr. 168, Berlin, März 2023.

26 Vgl. Fraser-Institute: Human Freedom Index 2023, Vancouver, Dezember 2023; International Institute for Management Development (IMD): World Competitiveness Ranking 2023, Lausanne, Juni 2023; Stiftung Familienunternehmen: Länderindex Familienunternehmen,

9. Auflage, München 2023. Die Autoren fassen zusammen: »Insgesamt zeichnet der Länderindex Familienunternehmen jedoch ein ernüchterndes Bild des deutschen Standorts. Auch abseits des Themas Energie lassen sich keine Standortfaktoren finden, bei denen eine klare Aufwärtsbewegung zu verzeichnen wäre« (S. XI). Das aktuellste Ranking des IMD World Competitive Center bescheinigt Deutschland einen Verlust um gleich sieben Positionen vom 15. auf den 22. Rang bei der aggregierten Wettbewerbsfähigkeit. Bei den Teilindikatoren »Economic Performance« ist es Rang 12, bei »Infrastructure« Rang 14, bei »Government Efficiency« sogar nur der 27. Rang und bei »Business Efficiency« der Rang 29 von 64 verglichenen Ländern. Einen journalistischen Überblick zur Standortdebatte bieten Patrick Welter / Felix Brocker: Standort in Not. Hohe Steuern auf Gewinne, hohe Steuern und Sozialabgaben auf Löhne, hohe Lohnstückkosten: Deutschland rutscht in den Standortrankings ab. Ein Überblick, in: FAZ vom 16. März 2024.

27 Im letzten OECD-Deutschlandbericht (a. a. O., S. 71) wird zudem auf den insgesamt unbefriedigenden Zustand bei der Modernisierung und Digitalisierung der öffentlichen Verwaltung verwiesen. Dem Digital-Government-Index der OECD zufolge ist der öffentliche Sektor in der Bundesrepublik weniger datenbasiert als in anderen Ländern. Damit bleibt ein beträchtliches Potenzial ungenutzt, um die Ausgabeneffizienz, das Wachstum und die Wohlfahrt zu steigern. Vgl. dazu aktuell auch European Center for Digital Competitiveness: Digitalreport 2024, Berlin, 2024. Bei keiner zentralen internationalen Vergleichsmetrik zum Stand der Digitalisierung in verschiedenen Ausprägungen liegt Deutschland an der Spitze, sondern meist nur im Mittelfeld oder sogar noch darunter. Vgl. zu einer früheren Gesamtschau Hans-Peter Klös: Digitalisierung des Staates in Deutschland: Need for Speed, IW-Kurzbericht, Nr. 64, Köln 2021.

28 Vgl. Deutscher Industrie- und Handelskammertag (DIHK): Zwei Drittel der deutschen Unternehmen passen Lieferketten wegen Krisen an, Berlin, 21. Dezember 2022.

29 Vgl. Christian Rusche: Deindustrialisierung: Eine Analyse auf Basis von Direktinvestitionen, IW-Kurzbericht, Nr. 43, Köln 2023, und IW-Kurzbericht, Nr. 15, Köln 2024.

30 Der Beschäftigungsaufbau hat sich zuletzt nicht mehr im gewerblichen Sektor, sondern immer mehr im staatsnahen Bereich und im Öffentlichen Dienst vollzogen. Die Lohnstückkosten in der Gesamtwirtschaft sind in den beiden vergangenen Jahren um mehr als zehn Prozent gestiegen, im produzierenden Gewerbe sogar um über 12 Prozent. Der Sachverständigenrat beobachtet eine sinkende preisliche Wettbewerbsfähigkeit Deutschlands und einen steigenden Lohndruck in den Wirtschaftsbereichen. Das gesamtwirtschaftlich geleistete Arbeitsvolumen hat auch im vergangenen Jahr noch nicht wieder das Niveau des Vor-Corona-Jahres 2019 erreicht, auch weil die Krankenstände in Deutschland im Jahr 2023 mit durchschnittlich über 15 Fehltagen auf einen Rekordstand gestiegen sind. Die Industrieproduktion stagniert bereits seit der Vor-Corona-Zeit. Bei den energieintensiven Industriezweigen beträgt das Minus inzwischen rund ein Fünftel gegenüber dem Jahr 2019. Jeder vierte Konzern plant nach dem CEO-Survey von Ernst & Young für das laufende Jahr einen Personalabbau, rund 15 Prozent planen einen Einstellungsstopp. Hauptgrund dafür ist, dass höhere Kosten nicht an die Nachfrager weitergereicht werden können. Inzwischen berichten zudem auch knapp die Hälfte aller Selbstständigen über Auftragsmängel. Vgl. zur Entwicklung öffentlicher Beschäftigung Tobias Hentze / Björn Kauder: Öffentlicher Dienst: mehr Personal, noch mehr Bedarf, IW-Kurzbericht, Nr. 2, Köln 2024. Weit überproportional waren die Stellenzuwächse im Aufgabenbereich »politische Führung und zentrale Verwaltung« mit plus 32 Prozent beim Bund, plus 21 Prozent bei den Ländern und um plus 27 Prozent bei den Kommunen. Vgl. auch Initiative Neue Soziale Marktwirtschaft: Stellenmehrung in der Bundesverwaltung 2017-2024, Berlin 2024. Danach fiel der Stellenaufwuchs in der Bundesverwaltung in den oberen Dienstklassen besonders hoch aus. Vgl. auch Dietrich Creutzburg: Der öffentliche Dienst lockt immer mehr Arbeitskräfte zu sich, in: FAZ vom 26. Januar 2024.

31 Vgl. Deutsche Bundesbank: Zum Einfluss der Löhne auf die Preise in Deutschland: Ergebnisse ausgewählter empirischer Analysen, Monatsbericht September 2019, S. 15. Ein verlangsamtes Lohnwachstum ist nach EZB-Einschätzung erforderlich, bevor sie ihre Zinsen senken kann. Zu einer Analyse der Zweitrundeneffekte der Inflation vgl. Thomas Obst / Maximilian Stockhausen: Makroökonomische Analyse von Lohn-Preis-Spiralen, IW-Analysen, Nr. 155, Köln 2023. Vgl. Philip Lane: Debate on »Is the inflation surge over and what are the lessons for monetary policy?« The ECB and Its Watchers XXIV, Frankfurt, 20. März 2024.

32 Vgl. Michael Grömling / Ralph Wiechers / Olaf Wortmann: Die Bedeutung von Standortfaktoren und Megatrends für die Investitionen in Deutschland, IW-Report, Nr. 10, Köln 2024.

33 Vgl. für die 2010er Jahre Carl Frey / Michael Osborne: The Future of Employment: How Susceptible are Jobs to Computerization? University of Oxford, 2013; Erik Brynjolfsson / Andrew McAfee: The second machine age: Work, progress, and prosperity in a time of brilliant technologies, London, 2014; für aktuelle Abschätzungen vgl. OECD: Employment Outlook 2023. Artificial Intelligence and the Labour Market, Paris 2023; Tyna Eloundou / Sam Manning / Pamela Mishkin / Daniel Rock: GPTs are GPTs: An Early Look at the Labor Market Impact Potential of Large Language Models, Cornell University Working Papers, https://arxiv.org/abs/2303.10130, März 2023; Alicia Wallace: Nearly 80 Prozent of women's jobs could be disrupted, automated by AI, CNN, 22. Juni 2023; https://edition.cnn.com/2023/06/21/economy/women-employment-ai-disruption/index.html; International Monetary Fund: Gen-AI: Artificial Intelligence and the Future of Work, Staff Discussion Note SDN/2024/001, Washington 2024.

34 Vgl. Hans-Peter Klös: Megatrends des Arbeitsmarktes und »New Work«: sozialpolitische Implikationen, in: Peter Mudra / Mathias Sellinger / Rainer Völker (Hrsg.): New Work. Gestaltung der digitalen Arbeitswelt, Stuttgart 2024, S. 260-275. Medial gern vermittelt wird dabei häufig ein Bild einer Generation mit ausgeprägten Work-Life-Balance-Vorstellungen und entsprechend kritischen Reaktionen darauf. Vgl.: Teilzeit, Freizeit, Auszeit. Warum die Generation Z anders arbeiten will – und damit jetzt alle ansteckt, DER SPIEGEL vom 26. Mai 2023. Ein harter empirischer Beleg dafür steht aber noch aus.

35 Vgl. stellvertretend für eine verbreitete Wahrnehmung in der Bevölkerung einen Leserbrief aus der FAZ vom 26. Februar 2024: »Ein Sozial-Moratorium reicht nicht, die Kosten müssen runter. Alle ein bis zwei Jahrzehnte müssen ineffiziente Strukturen, die überholt sind, aus Perspektive der Steuerzahler auf den Prüfstand und reformiert werden. Von der Größe des Bundestags, über den öffentlichen Rundfunk, die vielen NGOs, KfW, Verwaltung, Rentensystem, Sozialsysteme bis zu den Strukturen der Verteidigung, wo der sechstgrößte Etat der Welt offensichtlich vieles finanziert, aber nicht die Armee. Unter dem Strich kostet uns der deutsche Staat und seine Strukturen sehr viel Geld, aber die Leistungen lassen auf allen wichtigen Feldern zu wünschen übrig.«

36 Vgl. Statistisches Bundesamt: Demografischer Wandel: Anteil der Bevölkerung ab 65 Jahren von 1950 bis 2021 von 10 Prozent auf 22 Prozent gestiegen, Pressemitteilung N033 vom 7. Juni 2023; https://www.destatis.de/DE/Presse/Pressemitteilungen/2023/06/PD22_N033_12.html.

37 Vgl. Statistisches Bundesamt: Nettozuwanderung von knapp 1,5 Mio. Personen im Jahr 2022, Pressemitteilung Nr. 249 vom 27. Juni 2023; https://www.destatis.de/DE/Presse/Pressemitteilungen/2023/06/PD23_249_12411.html.

38 Vgl. Holger Schäfer: Viel besser wird es nicht – Deutschlands Arbeitsmarkt am Höhepunkt, IW-Kurzbericht, Nr. 71, Köln 2022.

39 Vgl. Bundesagentur für Arbeit: Fachkräfteengpassanalyse 2022, Nürnberg, Mai 2023.

40 Vgl. Lydia Malin / Robert Köppen: Fachkräftemangel und Ausbildung im Handwerk, KOFA kompakt, Nr. 5, Köln; https://www.kofa.de/media/Publikationen/KOFA_Kompakt/Fachkraeftemangel_Ausbildung_Handwerk_2023.pdf.

41 Vgl. Projektgruppe Gemeinschaftsdiagnose: Deutsche Wirtschaft kränkelt – Reform der Schuldenbremse kein Allheilmittel Gemeinschaftsdiagnose Frühjahr 2024, Kiel 2024, S. 61/62
42 Vgl. Michael Grömling / Andrea Hammermann / Björn Kauder / Jürgen Matthes / Oliver Stettes: Ein Wachstumspfad für mehr Produktivität, Innovation und Beschäftigung in Deutschland, IW-Gutachten, Köln 2021.
43 Vgl. Statistisches Bundesamt: Pressekonferenz »Bevölkerung im Wandel: Ergebnisse der 15. Bevölkerungsvorausberechnung, Berlin, 2. Dezember 2022.
44 Die Einschätzung im aktuellen Stabilitätsprogramm des Bundesfinanzministeriums (BMF), »die Projektionen der Demografie bedingten Ausgaben [zeigten, H.-P. K.] einen sich möglicherweise im Zeitverlauf ergebenden Handlungsbedarf auf«, muss definitiv als eine schöngefärbte Aussage eingeordnet werden, zumal einige Zeilen weiter unten konstatiert wird: »Die demografische Entwicklung der kommenden Jahrzehnte stellt insbesondere für den Bereich der Alterssicherung eine große Herausforderung dar«. Vgl. BMF: Deutsches Stabilitätsprogramm. Aktualisierung 2023, Berlin, April 2023, S. 49 und S. 51.
45 Vgl. Bundesrechnungshof (BRH): Bericht nach § 88 Absatz 2 BHO an den Haushaltsausschuss des Deutschen Bundestages über die Grundbedingungen zur Sicherung nachhaltiger Staatsfinanzen, Bonn, 23. August 2022. Zur Berechnungsmethode merkt der Hof an: »Die Belastungen des Bundeshaushalts in den Jahren 2030 und 2040 sind in den Studien meist ›in Prozent des BIP‹ angegeben. Zur Berechnung der Vergleichswerte für Belastungen in absoluten Beträgen in dieser Abbildung wurden sie mit dem nominalen BIP des Jahres 2020 multipliziert. Die demografiebedingten Ausgaben wurden der Haushaltsrechnung 2020 und dem Fünften Tragfähigkeitsbericht des BMF (Modellvariante T+) entnommen. Das Szenario für die Zinsausgaben entspricht einem durchschnittlichen Zinsanstieg von 3 Prozentpunkten sowie einer konstanten Schuldenstandsquote für den Bund von 45 Prozent des BIP. Für das nominale BIP wird eine jahresdurchschnittliche Zuwachsrate von 2,5 Prozent unterstellt. Rundungsdifferenzen sind möglich«.
46 Vgl. Verband der Ersatzkassen: Basisdaten des Gesundheitswesens in Deutschland 2023, Berlin 2024, S. 17.
47 Vgl. Friedrich Breyer: Ökonomische Grundlagen der Finanzierungsprobleme im Gesundheitswesen: Status quo und Lösungsmöglichkeiten, in: Detlef Aufderheide / Martin Dabrowski (Hrsg.), Gesundheit – Ethik – Ökonomie. Wirtschaftsethische und moralökonomische Perspektiven des Gesundheitswesens, Berlin 2002, S. 11-27.
48 Vgl. Heinz Rothgang et al.: Hilfe zur Pflege in Pflegeheimen – Zukünftige Entwicklung unter Berücksichtigung der aktuellen Reformmaßnahmen. Aktualisierung einer Expertise im Auftrag der DAK-Gesundheit, Bremen, Februar 2023. Die Pflegeversorgung ist auch selbst von der Alterung betroffen: Der aktuelle DAK-Pflegereport zeigt, dass es bereits ab 2029 mehr Renteneintritte als Berufseinstiege in der Pflege geben wird. Vgl. DAK-Pflegereport: Baby-Boomer-Effekte verschärfen die Personalnot deutlich, Pressemeldung vom 9. April 2024.
49 Vgl. Martin Werding / Benjamin Läpple: Finanzrisiken für den Bund durch die demografische Entwicklung in der Sozialversicherung: Reformszenarien, Berichte des Finanzwissenschaftlichen Forschungsinstituts an der Universität zu Köln (FiFo), Nr. 31, Köln 2022, S. 4. In einer Aktualisierung kommen die Autoren zur Einschätzung, dass sich bei einer unveränderten Politik die deutsche Staatsverschuldung bis zum Jahr 2070 im günstigsten Fall auf 140 Prozent des BIP mehr als verdoppeln, sie im ungünstigen Fall aber bis auf 345 Prozent des BIP steigen könne. Vgl. Martin Werding / Benjamin Läpple / Sebastian Schirner: Modellrechnungen für den Sechsten Tragfähigkeitsbericht des BMF, FiFo-Berichte, Nr. 33, März 2024, S. iv.
50 Vgl. Der Präsident des Bundesrechnungshofes als Bundesbeauftragter für Wirtschaftlichkeit in der Verwaltung: Kontrollverlust bei den Bundesfinanzen verhindern, Verkrustung des Haushalts aufbrechen. Stellungnahme des Bundesbeauftragten für Wirtschaftlichkeit

51 Vgl. Sachverständigenrat zur Begutachtung der gesamtwirtschaftlichen Entwicklung (SVR-Wirtschaft): Corona-Krise gemeinsam bewältigen, Resilienz und Wachstum stärken, Jahresgutachten 2020/2021, Wiesbaden 2020, Ziffer 616.

in der Verwaltung an das Bundesministerium der Finanzen zur Aufstellung der Eckwerte für den Bundeshaushalt 2024 und die Finanzplanung 2025 bis 2027 sowie für das Haushaltsaufstellungsverfahren, Bonn, 1. März 2023.

52 Vgl. BMF: Sollbericht 2023 – Ausgaben und Einnahmen des Bundeshaushalts, Monatsbericht Februar, Berlin, Februar 2023, S. 29.
53 Vgl. BMF: Sechster Bericht zur Tragfähigkeit der öffentlichen Finanzen 2024, Berlin, März 2024, S. 4.
54 Vgl. Bernd Raffelhüschen et al.: Ehrbarer Staat? Update der Generationenbilanz, Reformansätze für mehr Generationengerechtigkeit in der Kranken- und Pflegeversicherung, Stiftung Marktwirtschaft, Argumente zu Marktwirtschaft und Politik, Nr. 171, Berlin, August 2023. An der Grenze zwischen »expliziten« und »impliziten« Schulden befinden sich die deutschen Verbindlichkeiten gegenüber der EU. Diese sind höher als in den offiziellen Statistiken zur Staatsverschuldung ausgewiesen, weil die Verschuldung der EU – etwa für den Corona-Wiederaufbauplan »Next Generation EU« – nicht in den nationalen Daten auftaucht und zu verdeckten Lasten führt, die fast zehn Prozent der deutschen Staatsschuld ausmachen. Vgl. Friedrich Heinemann / Marc-Daniel Moessinger: Intransparente EU-Verschuldung: Deutschlands Anteil liegt bei 262 Mrd. Euro, ZEW policy brief, Nr. 5, Mannheim, April 2024.
55 Vgl. Stiftung Marktwirtschaft: Ehrbarer Staat? Die Generationenbilanz Demografie und Wachstum – Zwei Krisen geben sich die Hand, Argumente zu Marktwirtschaft und Politik Nr. 165, Berlin, September 2022.
56 Vgl. Wissenschaftlicher Beirat des Bundesministeriums für Wirtschaft und Klimaschutz: Vorschläge für eine Reform der gesetzlichen Rentenversicherung, Gutachten, Berlin 2021.
57 Vgl. BMF: Verfahrenshinweise für die Aufstellung des Bundeshaushalts 2024 und des neuen Finanzplans 2025 bis 2027, Schreiben an die Obersten Bundesbehörden, Berlin, 3. Januar 2023.
58 Vgl. World Intellectual Property Organisation: Global Innovation Index 2023. Innovation in the face of uncertainty, 16th edition, Genf 2023.
59 Vgl. BDI / Roland Berger: Innovationsindikator 2023, Berlin 2023, S. 8. Allerdings wird zunehmend auch deutlich, dass die wieder bedeutsamer werdende Wehrwirtschaft als eigene Schlüsseltechnologie in Deutschland bisher unter dem Radar einer staatlichen Förderung und strategischen Steuerung bleibt.
60 Vgl. Deutsches Patent- und Markenamt: DPMA-nutzerforum 2024: Anmeldeboom bei KI-Erfindungen, Pressemitteilung vom 18. März 2024, München.
61 Vgl. Eric Schmitt: InnovationPower. WhyTechnology Will Define the Future of Geopolitics, in: Foreign Affairs, Vol. 102, No. 2, March/April 2023, S. 40.
62 Vgl. Expertenkommission Forschung und Innovation (EFI): Gutachten 2023, Berlin 2023, S. 40. Die Bedeutung von Schlüsseltechnologien lässt sich nicht allein mit der Unterscheidung in »inkrementelle« oder »radikale« Innovationen abbilden. Vielmehr sind Schlüsseltechnologien keine »erhaltenden« Technologien, sondern haben das Potenzial zu disruptiven Veränderungen, insbesondere in der Plattformökonomie. Vgl. dazu Jan Büchel et al.: Innovationen in der Plattformökonomie, Studie zum deutschen Innovationssystem, Nr. 11-2022, herausgegeben von der Expertenkommission Forschung und Entwicklung, Berlin, Februar 2022.
63 Vgl. Deutsches Patent- und Markenamt (DPMA): Jahresbericht 2022, München 2023, S. 9.
64 »Die Analyse der Importanteile für die Jahre 2015 bis 2019 zeigt, dass China in neun der 13 Einzeltechnologien die Rangliste der wichtigsten Herkunftsländer deutscher Importe anführt. Die hohe Bedeutung chinesischer Importe zeigt sich insbesondere im Bereich

der Digitalen Technologien, da China in fünf von sechs Einzeltechnologien das wichtigste Herkunftsland ist«. Vgl. EFI, Gutachten 2022, S. 52. Eine ungewöhnliche Koalition von Volkswirten aus drei europäischen Ländern fordert auch eine grundlegende Reform der EU-Forschungspolitik: »Die EU verliert den Wettlauf um Innovationen und gibt damit wirtschaftliches Wohlergehen sowie regulatorischen und geopolitischen Einfluss auf. Ihre völlige Abwesenheit in der Gruppe der Top-20-Techunternehmen und der Top-20-Start-ups ist bedrohlich. Sie gibt zu wenig für Forschung und Entwicklung aus und konzentriert sich auf Mid-Tech-Branchen«. Vgl. Econpol / Universitá Bocconi / Toulouse School of Economics: EU Innovation Policy. How to escape the Middle Technology Trap. A Report by the European Policy Analysis Group, 2024. Offenbar wirkt sich die schwächere Innovationsbilanz auch negativ auf die europäische Produktivitätsbilanz aus. Vgl. Deutsche Bundesbank: Zur Entwicklung der Unternehmensdynamik im Euroraum, in: Monatsbericht März, 2024, Frankfurt, S. 17-53.

65 Vgl. EFI: Gutachten 2023, S. 9, 10 und 12. Der Innovationsreport des DIHK bescheinigt dem Land den niedrigsten Stand der Innovationsdynamik, schlechtere Rahmenbedingungen für F&E sowie eine zunehmende Attraktivität für F&E im Ausland. Vgl. DIHK: Innovationsbremsen lösen. DIHK-Innovationsreport 2023, 4. Dezember 2023, Berlin. Vgl. dazu auch DIHK: DIHK-Impulse für eine zukunftsfähige Innovationspolitik, 26. März 2024, Berlin.

66 Vgl. Lutz Schneider: Alterung und technologisches Innovationspotential. Eine Linked Employer-Employee Analyse, in: Zeitschrift für Bevölkerungswissenschaft, 33. Jg., Heft 1, 2008, S. 37-54.

67 Vgl. Uwe Sunde et al.: Identifying the effect of age on willingness to take risks, in: VoxEU vom 21. Januar 2018; https://cepr.org/voxeu/columns/identifying-effect-age-willingness-take-risks.

68 Vgl. Robert Bosch: Tech Compass 2022. We asked the World, Stuttgart; https://assets.bosch.com/media/en/global/stories/tech_compass_2022/bosch-tech-compass-2022.pdf.

69 Vgl. acatech / Körber Stiftung: TechnikRadar 2020. Was die Deutschen über Technik denken, München 2020; https://www.acatech.de/publikation/technik-radar-2020/. In der Ausgabe 2019 des Technikradars zum Thema Digitalisierung heißt es: »Das TechnikRadar zeichnet das Bild einer deutschen Öffentlichkeit, die abwägend und zurückhaltend auf die Digitalisierung reagiert. Die Wahrnehmung, dass technische Innovation janusköpfig ist, mit direkten und indirekten Wirkungen einhergeht und erst die konkreten Anwendungen über die tatsächlichen Chancen und Risiken entscheiden, scheint sehr verbreitet zu sein« (S. 25 f.). Ein neues Assessment nach der Corona-Pandemie im Jahr 2021 deutet aber auf etwas weniger Technikskepsis als zuvor hin.

70 Vgl. Kreditanstalt für Wiederaufbau (KfW): KfW-Gründungsmonitor 2023 – Gründungstätigkeit in Deutschland: im Spannungsfeld zwischen Fachkräftemangel und Corona-Blues, KfW-Research, Mai 2023.

71 Vgl. European Startups: What does it take? Europe's Startup Ecosystem. Navigating the Covid-19 Crisis, Brüssel 2020; https://europeanstartups.co/. Zu den Gewinnern zählen Gründer im Bereich Kollaboration, Telemedizin, Streaming, während Mobilität, Reisen und Immobilien am stärksten negativ betroffen sind. Zu einer kritischen Analyse der verminderten Unternehmensdynamik vgl. Deutsche Bundesbank: Zur Entwicklung der Unternehmensdynamik im Euroraum, Monatsbericht März 2024, Frankfurt 2024.

72 Vgl. GEM / RKW Kompetenzzentrum: Global Entrepreneurship Monitor. Unternehmensgründungen im weltweiten Vergleich. Länderbericht Deutschland 2018/2019, Eschborn 2019, S. 10.

73 Vgl. World Bank: Ease of Doing Business rankings; https://archive.doingbusiness.org/en/rankings.

74 Vgl. OECD: Wirtschaftsbericht Deutschland, Mai 2023, Paris, S. 74.

75 Vgl. Stifterverband: Drei Jahre Forschungszulage: Ein erstes Fazit zur Resonanz, Policy Paper, Mai 2023, Berlin. Zu einer ersten positiven Evaluation für die chemisch-pharmazeutische Industrie vgl. Christian Rammer: Innovationsindikator Chemie und Pharma 2023. Schwerpunktthema: Steuerliche Forschungsförderung, Mannheim 2024; vgl. auch Zentrum für Europäische Wirtschaftsforschung (ZEW): Nutzung der Forschungszulage im Maschinen- und Anlagenbau: Ergebnisse und Auswirkungen. Befunde aus einer Befragung des VDMA, Mannheim, März 2024.
76 Vgl. European Startups, a. a. O., S. 31.
77 Vgl. KfW: Wagniskapital für Net Zero – Potenziale und Herausforderungen, KfW-Research Volkswirtschaft, Nr. 429, 17. Mai 2023, Frankfurt, S. 1.
78 Vgl. SVR-Wirtschaft: Transformation gestalten: Bildung, Digitalisierung und Nachhaltigkeit, Jahresgutachten 2021/2022, Wiesbaden 2021, S. 317.
79 Vgl. Jean Pisani-Ferry: »The transition to net zero will imply sizeable relative price changes, accelerated obsolescence of the existing capital stock, significant reallocation of labor, and a major investment push«. Climate Policy is Macroeconomic Policy, and the Implications Will Be Significant, Policy Brief 21-20, Peterson Institute for International Economics, Washington 2021, S. 3.
80 Vgl. Fritzi Köhler-Geib: Transformationsfinanzierung aus Sicht der KfW. Tagung Transformationsfinanzierung am Institut der deutschen Wirtschaft, 24. August 2022, Köln.
81 Vgl. SVR-Wirtschaft: Transformation gestalten: Bildung, Digitalisierung und Nachhaltigkeit, Jahresgutachten 2021/2022, Wiesbaden 2021, Ziffer 206 ff.
82 Vgl. International Energy Agency (IEA): World Energy Investment 2023, Paris 2023. Auch aus dieser Perspektive wird die überragende Bedeutung privater Investitionen für die Transformation hin zu einer ressourcenärmeren Wirtschaft deutlich. Deshalb sind unter der Überschrift »Sustainable Finance« Aktivitäten für einen Finanzplatz Deutschland (https://www.germany-finance.com/) und für die Finanzierung einer klimaneutralen Transformation (https://www.fin-connect-nrw.de/mission-statement/) weiter zu stärken. Zu einem Vergleich der europäischen Standorte vgl. Stefan Prigge et al.: Zahlen, Daten und Fakten zum Sustainable-Finance- Standort Deutschland im europäischen Vergleich, Studie für Finance Germany, Juni 2023, Hamburg.
83 Vgl. Finn Arne Wendland: Hilfe oder Hindernis? Die EU-Taxonomie und der »Market for Lemons«, IW-Kurzbericht, Nr. 33, Köln 2023.
84 Vgl. OECD: Wirtschaftsbericht Deutschland, Mai 2023, Paris 2023, S. 71.
85 Vgl. Alex Engler: »Germany, the largest EU member state by population, is falling very behind its timeline in developing digital public services and is also struggling to hire technical talent for new data science labs in its federal ministries.« Key enforcement issues of the AI Act should lead EU trilogue debate, Brookings Commentary Tech Tank, June 16, 2023.
86 Vgl. Nationaler Normenkontrollrat (NKR): Leistungsfähige Verwaltung – Zukunftsfester Staat, Berlin, Juni 2021.
87 Vgl. Wissenschaftlicher Beirat des BMWI: Digitalisierung in Deutschland – Lehren aus der Corona-Krise, Gutachten, Berlin 2021.
88 Vgl. European Commission: Digital Economy and Society Index (DESI) 2022, Digital public services, Brussels, July 2022.
89 Vgl. Initiative D21 / Technische Universität München: eGovernment Monitor 2022, Berlin / München 2022, S. 6.
90 Vgl. Bundesregierung: Digitalstrategie. Gemeinsam digitale Werte schöpfen, Aktualisierung, 25. April 2023, Berlin, S. 2; https://digitalstrategie-deutschland.de/static/fcf23bbf97 36d543d02b79ccad34b729/Digitalstrategie_Aktualisierung_25.04.2023.pdf.
91 Vgl. Bundesrechnungshof (BRH): Digitalisierung der Verwaltung: Ziel deutlich verfehlt, Bonn, 15. Juni 2023, https://www.bundesrechnungshof.de/SharedDocs/Kurzmeldungen/

DE/2023/onlinezugangsgesetz.html. Hinzu kommt, dass auf die disziplinierende Wirkung einer neuen Fristsetzung und auf bundeseinheitliche Ansätze bisher verzichtet wird. Ohne eine deutschlandweit einheitliche Digitalisierung auch der verwaltungsinternen Abläufe bleiben Prozesse an bisherigen papierorientierten Verwaltungsvorgängen ausgerichtet und erhöhen teilweise die Personalintensität, statt die digitalen Möglichkeiten zur Produktivitätssteigerung zu nutzen. Vgl. auch Klaus-Heiner Röhl, Verwaltungsdigitalisierung in Deutschland: Der Stand zum Zielzeitpunkt des Onlinezugangsgesetzes (OZG) Anfang 2023, IW-Report, Nr. 20, Köln 2023. Das faktische Scheitern des ersten OZG aus dem Jahr 2017 wird nun durch einen zweiten Anlauf eingestanden, nach dem digitale Verwaltungsleistungen ab 2028 für die Bürger vor den Verwaltungsgerichten einklagbar gemacht werden sollen. Aber das Staatsversagen geht weiter: Im März 2024 hat der Bundesrat das im Bundestag bereits beschlossene neue Onlinezugangsgesetz abgelehnt.

92 Vgl. Initiative D21 / Technische Universität München: eGovernment Monitor 2022, Berlin / München 2022: »Wer mit den digitalen Angeboten des Staates zufrieden ist, traut ihm auch insgesamt mehr zu und vertraut seinen Institutionen und Repräsentanten eher« [...] Deutschland gibt ein gemischtes Bild ab, was die Alltags- und Krisentauglichkeit seiner staatlichen Strukturen und Verwaltungsprozesse betrifft, gerade auch mit Blick auf digitale Verfahrensabläufe. Dies dürfte sich mittel- bis langfristig zunehmend negativ auf die Akzeptanz- und Zustimmungswerte von Verwaltung und Politik auswirken« (S. 41). Der NKR stellt in seinem Positionspapier zum Entwurf eines Gesetzes zur Änderung des Onlinezugangsgesetzes vom 9. Februar 2023 fest: »Eine unzureichende Verwaltungsdigitalisierung führt zu fortschreitendem Vertrauensverlust in den Modernisierungswillen und die Handlungsfähigkeit von Verwaltung und Politik«. So gesehen ist die Digitalisierung des Staates auch ein demokratiepolitisch äußerst bedeutsames Thema. Auch deshalb haben weitreichende Vorschläge wie jener ihre Berechtigung, ein digitales Regierungsressort zu schaffen, das mit Vetorecht und Budget in die staatlichen Prozesse durchgreifen kann.

93 Vgl. Initiative D21: 21st Century Schools. Lagebild des digitalen Schulunterrichts in den 16 Bundesländern aus Sicht der Eltern, Berlin 2022; https://initiatived21.de/uploads/03_Studien-Publikationen/eGovernment-MONITOR/21st-Century-Schools/21stcenturyschools.pdf.

94 Vgl. Stiftung Universität Hildesheim / GEW / Max-Traeger-Stiftung: Die Umsetzung des DigitalPakts Schule, Perspektiven der schulischen Praxis auf zentrale Steuerungsfragen und -herausforderungen, Berlin / Hildesheim 2022, S. 56.

95 Vgl. BRH: Bericht nach § 88 Absatz 2 BHO an den Haushaltsausschuss des Deutschen Bundestages über die Prüfung der Steuerung und Wirkungskontrolle des »DigitalPakts Schule« vom 5. August 2022, Bonn, S. 2.

96 Vgl. Birgit Eickelmann et al.: ICILS 2018. Computer- und informationsbezogene Kompetenzen von Schülerinnen und Schülern im zweiten internationalen Vergleich und Kompetenzen im Bereich Computational Thinking, Münster / New York 2019.

97 Vgl. Petra Stanat et al. (Hrsg.): IQB-Bildungstrend 2021. Kompetenzen in den Fächern Deutsch und Mathematik am Ende der 4. Jahrgangsstufe im dritten Ländervergleich, Münster / New York 2022. Die Autoren formulieren drastisch: »Die Ergebnisse des IQB-Bildungstrends liefern ein besorgniserregendes Bild. Die negativen Trends sind erheblich und der Anteil der Viertklässler:innen, die nicht einmal die Mindeststandards erreichen, ist zu hoch. [...] Bei Mindeststandards handelt es sich um Anforderungen, die von allen Schüler:innen erreicht werden sollten – hierfür haben alle Akteursgruppen im Bildungssystem gemeinsam Sorge zu tragen« (S. 32).

98 Vgl. OECD: Pisa Country Notes Deutschland, Paris 2023; https://www.oecd.org/berlin/themen/pisa-studie/.

99 Vgl. Christina Anger / Wido Geis / Axel Plünnecke: IW-Bildungsmonitor 2021. Bildungschancen stärken – Herausforderungen der Coronakrise meistern, Köln 2021, S. 119.

100 Vgl. Bertelsmann Stiftung: Jugendliche ohne Hauptschulabschluss. Demografische Verknappung und qualifikatorische Vergeudung, Gütersloh 2023.
101 Vgl. Kultusministerkonferenz (KMK): Beschulung der schutzsuchenden Kinder und Jugendlichen aus der Ukraine im Schuljahr 2022/2023; https://www.kmk.org/fileadmin/veroeffentlichungen_beschluesse/2022/2022_06_23-Beschulung-Kinder-Ukraine-SJ-22-23_01.pdf.
102 Vgl. Deutscher Städtetag: Aufnahme und Versorgung geflüchteter Menschen. Beschluss des Präsidiums des Deutschen Städtetages vom 25. April 2023; https://www.staedtetag.de/positionen/beschluesse/sonderpraesidium-aufnahme-versorgung-gefluechteter-menschen.
103 In einer repräsentativen Befragung unter ukrainischen Geflüchteten gaben 91 Prozent der Familien mit Kindern im schulpflichtigen Alter an, dass mindestens ein Kind die Schule besucht. Zudem besuchten Anfang 2023 63 Prozent der Kinder im Alter von drei Jahren bis zum Schuleintrittsalter eine Kita. Vgl. Mediendienst Integration: Dossier Flüchtlinge aus der Ukraine https://mediendienst-integration.de/migration/flucht-asyl/ukrainische-fluechtlinge.html.
104 Nach den neueren Wellen der IAB-BiB/FReDA-BAMF-SOEP-Befragung zeigen sich inzwischen spürbare Verbesserungen bei Sprachkenntnissen und Erwerbsbeteiligung. Vgl. Bundesinstitut für Bevölkerungsforschung (BiB): Lebenssituation ukrainischer Geflüchteter. Höhere gesellschaftliche Teilhabe nach eineinhalb Jahren in Deutschland, Bevölkerungsforschung aktuell, Nr. 6, 2023, Wiesbaden, S. 4 ff.
105 Vgl. Bundesagentur für Arbeit (BA): Auswirkungen der Fluchtmigration aus der Ukraine auf den Arbeitsmarkt und die Grundsicherung für Arbeitsuchende, Arbeitsmarkt kompakt, Februar 2024, Nürnberg. Aufgrund der teilweise unvollständigen Erfassung kann die BA folgende Merkmale von ukrainischen Staatsangehörigen aktuell nicht berichten: Aufenthaltsstatus und damit Fluchthintergrund, Migrationshintergrund, Einreisedatum, Schulbildung und Berufsausbildung, Zielberuf/Anforderungsniveau und Zugangsgründe. Eine präzisere Integrationsbilanz ist damit bisher nicht möglich. Zu einem internationalen Vergleich vgl. Dietrich Thränhardt: Die Zukunft der ukrainischen Kriegsflüchtlinge in Europa, Beitrag für die Friedrich-Ebert-Stiftung, 30. November 2023, Berlin.
106 Vgl. BiB: Lebenssituation ukrainischer Geflüchteter. Höhere gesellschaftliche Teilhabe nach eineinhalb Jahren in Deutschland, Bevölkerungsforschung aktuell, Nr. 6, 2023, Wiesbaden, S. 11.
107 Die Erfassung der Beschäftigungseffekte von Fluchtmigration in den BA-Statistiken ist äußerst komplex: »Asylbewerber und Flüchtlinge können in den Arbeitsmarktstatistiken nicht direkt erkannt werden. Es können aber hilfsweise Auswertungen nach der Staatsangehörigkeit vorgenommen werden«. Dazu wurde das Aggregat »Asylherkunftsländer« gebildet, in das die nichteuropäischen Länder aufgenommen wurden, die in den Kalenderjahren 2012 bis 2014 und von Januar bis April 2015 zu den Ländern mit den meisten Asylerstanträgen gehörten: Afghanistan, Eritrea, Irak, Iran, Nigeria, Pakistan, Somalia und Syrien. Darüber hinaus wurden in diesem Zeitraum auch zahlreiche Asylanträge von Staatsangehörigen aus dem Balkan (Albanien, Bosnien-Herzegowina, Kosovo, Nordmazedonien und Serbien) und osteuropäischen Drittstaaten (Russische Föderation und Ukraine) gestellt. Deren Zuwanderung erfolgte aber nicht vorrangig aus Fluchtgründen, sondern es wurde z. B. mit der sog. Westbalkanregelung ein befristeter Zugang in den deutschen Arbeitsmarkt geschaffen. Der Balkan und Osteuropa werden deshalb im Migrationsmonitoring der BA als Region abgebildet, aber nicht den Asylherkunftsländern zugeordnet. Vgl. BA: Beschäftigte aus den acht nichteuropäischen Asylherkunftsländern, Methodische Hinweise, Mai 2023, Nürnberg.
108 Vgl. BA: Faktenblatt Arbeitsmarktsituation von Staatsagenhörigen der Asylherkunftsländer (TOP 8) und Ukraine, Stand Februar 2024, Nürnberg.

109 Vgl. Institut für Arbeitsmarkt- und Berufsforschung (IAB): Gemischte Bilanz – Wie Eingliederungszuschüsse und Arbeitsgelegenheiten die Arbeitsmarktintegration und die soziale Teilhabe von Geflüchteten beeinflussen, IAB-Forum vom 2. Februar, Nürnberg 2023; https://www.iab-forum.de/gemischte-bilanz-wie-eingliederungszuschuesse-und-arbeitsgelegenheiten-die-arbeitsmarktintegration-und-die-soziale-teilhabe-von-gefluechteten-beeinflussen/. Wie groß die Unterschiede bei der Arbeitsmarktintegration sind und welche Nachteile auch mit verfestigten Migrationsmilieus verbunden sein können, zeigt ein regionaler Vergleich der Quoten von Niedrigqualifizierten. Nirgends in Deutschland ist der Anteil der Niedrigqualifizierten so hoch wie im Ruhrgebiet. Insgesamt schneidet Westdeutschland deutlich schlechter ab als der Osten und große Städte schlechter als kleine Städte. Es gibt eine hohe Korrelation zwischen Zuwanderung und fehlenden Bildungsabschlüssen. Vgl. Wido Geis-Thöne: Regionale Verteilung der Niedriqualifizierten in Deutschland, in: IW-Trends, 50. Jg., Heft 1, 2024, S. 75-95.

110 Sachverständigenrat Migration (SVR-Migration): Integrationsklima 2022 – Leicht verbessert mit einzelnen Eintrübungen. SVR-Integrationsbarometer 2022, Berlin, S. 31; https://www.svr-migration.de/publikationen/barometer/integrationsbarometer-2022/.

111 Vgl. OECD / EU-Kommission: Settling In – Integration von Zugewanderten. Indikatoren 2023, Paris / Brüssel 2023.

112 Vgl. Göran Schattauer: Ende eines Mythos: Das beste Gesundheitssystem der Welt? Hört endlich auf damit, in: Focus vom 6. Februar 2023; https://www.focus.de/gesundheit/das-beste-gesundheitssystem-der-welt-hoert-endlich-auf-damit_id_184183772.html. Der Kassenarzt-Chef Andreas Gassen warnt in einer Sitzung des Petitionsausschusses des Bundestages am 19. Februar 2024 mit Blick auf einen Arztmangel: »Wir stehen vor einem Kipppunkt«. Dies scheint angesichts der Datenlage mit einer starken Zunahme von berufstätigen Ärzten und einer stark gesunkenen Zahl von Patienten je Arzt nahe an einer standespolitischen Panikmache zu sein. Vgl. dazu Tabelle 11.4 »Entwicklung der Zahl der Ärztinnen und Ärzte« der Datensammlung des Bundesministeriums für Gesundheit (BMG): »Daten des Gesundheitswesens 2022«, Berlin 2023.

113 Vgl. OECD: Health at a glance: Europe 2022, Paris 2023, besonders S. 175 ff. Allerdings zählt das Land bei der Lebenserwartung zu den Schlusslichtern in Europa. Vgl. dazu Sebastian Klüsener / Domantas Jasilionis: Niedrige Lebenserwartung in Deutschland – ein Warnsignal, in: FAZ vom 19. Juli 2023.

114 Vgl. Sachverständigenrat zur Begutachtung der Entwicklung im Gesundheitswesen (SVR-Gesundheit): Bedarfsgerechte Steuerung der Gesundheitsversorgung, Gutachten 2018, Bonn / Berlin 2018, S. 761.

115 Vgl. SVR-Gesundheit: Digitalisierung für Gesundheit Ziele und Rahmenbedingungen eines dynamisch lernenden Gesundheitssystems, Gutachten 2021, Bonn / Berlin 2021, S. XXIII.

116 Vgl. Franziska Hommes et al.: Überregionale Public-Health-Akteure in Deutschland – eine Bestandsaufnahme und Kategorisierung, in: Bundesgesundheitsblatt, Vol. 65, Heft 1, 2022, S. 96-106.

117 Vgl. Klaus Dieter Grüske / Werner Heinzmann: Ineffizienz im Gesundheitswesen: Ursachen und Reformmöglichkeiten, in: Wirtschaftsdienst, 67. Jg., 1987, Nr. 2, S. 77. In diesem Aufsatz wird umfassend eine Theorie der öffentlichen Verschwendung für das Gesundheitswesen hergeleitet.

118 Vgl. Statistisches Bundesamt: Anteil der Einpersonenhaushalte 2022 mit 41 Prozent mehr als doppelt so hoch wie 1950, Pressemitteilung Nr. N037 vom 22. Juni 2023; Wiesbaden; https://www.destatis.de/DE/Presse/Pressemitteilungen/2023/06/PD23_N037_12_63.html.

119 Vgl. Umweltbundesamt: Wohnfläche. Nachricht vom 28.11.2022, Dessau; https://www.umweltbundesamt.de/daten/private-haushalte-konsum/wohnen/wohnflaeche#zahl-der-wohnungen-gestiegen.

120 Vgl. Deutsche Bank Research: Ausblick auf den deutschen Wohnungsmarkt 2023. Deutschland-Monitor vom 18. April 2023, Frankfurt.
121 Vgl. Michael Voigtländer: War Wohneigentum früher erschwinglicher?, IW-Kurzbericht, Nr. 78, Köln 2023
122 Vgl. Harald Simons / Hannah Dietsche: Frühjahrsgutachten Wohnimmobilien, in: Frühjahrsgutachten Immobilienwirtschaft 2024 des Rates der Immobilienweisen, Gutachten im Auftrag des Zentralen Immobilienausschusses, Berlin 2024, S. 203.
123 Vgl. Expertenkommission Berlin zum Volksentscheid: Vergesellschaftung großer Wohnungsunternehmen, Abschlussbericht, Juni 2023, Berlin, Ziffer 38. Die Nonchalance des Expertenvotums im Umgang mit den Begriffen Vergesellschaftung und Enteignung irritiert. »Dadurch ist dem eigenständigen Anliegen einer Vergesellschaftung Rechnung zu tragen, nämlich der Beendigung privatnütziger Verwertung zur Aufhebung wirtschaftlicher, gesellschaftlicher und politischer Macht« (Ziffer 40).
124 Vgl. Anja Hahn / Konstantin Kholodilin / Sofie Waltl: Die unmittelbaren Auswirkungen des Berliner Mietendeckels: Wohnungen günstiger, aber schwieriger zu finden, in: DIW-Wochenbericht, 88. Jg., Nr. 8, 2021, S. 117-124.
125 Vgl. Konstantin Kholodilin / Sebastian Kohl: Die Regulierung des Wohnungsmarkts hat weltweit zum Siegeszug des Eigenheims beigetragen, in: DIW-Wochenbericht, 86. Jg., Nr. 38, 2019, S. 701-709.
126 Vgl. Bündnis 90 / Die Grünen: Beschluss der 44. Ordentlichen Bundesdelegiertenkonferenz, 16. November 2019, Bielefeld: Bauwende – Nachhaltiges ressourcenschonendes Bauen! »Einfamilienhäuser verbrauchen besonders viele Ressourcen, da im Vergleich zum Mehrfamilienhaus der Außenhautanteil sehr groß ist, zudem verschleißen sie extrem viel Bauland und Infrastruktur. Immer neue Einfamilienhausgebiete auf der grünen Wiese treiben den Flächenverbrauch weiter an und führen vielerorts gleichzeitig zu leerfallenden und öden Ortskernen«. Eine konkrete Ableitung daraus ist: »Um den Flächenverbrauch bis spätestens 2030 auf 30 Hektar zu reduzieren, werden wir Anreize setzen und das erleichterte Bauen im Außenbereich (§ 13b Baugesetzbuch) auslaufen lassen und nicht verlängern«. Vgl. Grünen-Fraktion im Deutschen Bundestag: Bauen, Wohnen & Stadtentwicklung. Für lebenswerte, vielfältige und klimafreundliche Städte und Dörfer; https://www.gruene-bundestag.de/themen/bauen-wohnen-stadtentwicklung.
127 Vgl. »Viel Platz macht nicht glücklich«, DER SPIEGEL vom 13. März 2021, S. 48-50, Interview mit Christine Hanemann: »Rechnerisch bewohnt jeder Mensch in Deutschland gut 45 Quadratmeter. Das ist definitiv zu viel. Für unseren Planeten und das Wohl der meisten Menschen wäre es hilfreich, wenn es weniger wären« (S. 48). Und weiter: »Und vielleicht sind diese kleinen Häuser tatsächlich auch ein Zeichen dafür, dass sich ähnlich wie die Flugscham so etwas wie eine Wohnscham entwickelt. Denn am Ende bleibt die alles entscheidende Frage, wie wir unseren Wohnstil so verändern, dass er klimaverträglicher wird. Wir sind der Ballast dieser Erde. Wir müssen anders wohnen. Oder wir gehen unter« (S. 50).
128 Vgl. Bundesministerium für Digitales und Verkehr (BMDV): Verkehr in Zahlen 2021/2022. 50. Jahrgang, Flensburg, 2021, S. 42-43.
129 Vgl. Michael Grömling / Michael Hüther / Thomas Obst: Verzehrt Deutschland seinen staatlichen Kapitalstock? in: Wirtschaftsdienst, 99. Jg., Heft 1, 2019, S. 25-31.
130 Vgl. MacroscopePharma: Alternder Kapitalstock: Wettbewerbsfähigkeit steht auf der Kippe, Economic Policy Brief, Nr. 5, 2023, S.3; https://www.vfa.de/de/wirtschaft-politik/macroscope/macroscope-alternder-kapitalstock-wettbewerbsfaehigkeit-steht-auf-der-kippe.
131 Vgl. BRH: Bericht nach § 99 BHO zur Dauerkrise der Deutschen Bahn AG. Hinweise für eine strukturelle Weiterentwicklung, Bonn, 15. März 2023.
132 Vgl. BMDV: 1. Fortschrittsbericht zur Umsetzung der Maßnahmenvorschläge der Beschleunigungskommission Schiene, Bonn, Juni 2023, S. 4.

133 BRH, a. a. O., S. 31.
134 Vgl. Deutscher Bundestag: Verkehr – Gesetzentwurf: Bundesregierung will Verkehrsvorhaben beschleunigen, heute im bundestag vom 22. Juni 2023; https://www.bundestag.de/presse/hib/kurzmeldungen-954832.
135 Vgl. Finn Arne Wendland et al., a. a. O., S. 12. Es bedarf der Verständigung über die erforderlichen Antragsunterlagen und Sachverständigengutachten zwischen der Genehmigungsbehörde und dem Träger des Vorhabens, der Erstellung der Antragsunterlagen durch den Träger des Vorhabens und durch beauftragte Sachverständige, der Vollständigkeitsprüfung der Unterlagen durch die Behörde, der Beteiligung von weiteren Behörden, bei förmlichen Verfahren der Beteiligung der Öffentlichkeit (Auslegen der Unterlagen), und abschließend der inhaltlichen Prüfung der Antragsunterlagen und der Entscheidung der Behörde über die Erteilung der Genehmigung (üblicherweise mit Nebenbestimmungen in Form von Bedingungen und Auflagen). Neben der Dauer des Verfahrens selbst bestimmen die vor- und nachgeschalteten Phasen der Flächenausweisung/-akquise und der Projektrealisierung, in welchem Zeithorizont eine Neubaumaßnahme umgesetzt werden kann.
136 Vgl. Bundesministerium für Wirtschaft und Klimaschutz (BMWK): Bericht des Bund-Länder-Kooperationsausschusses zum Stand des Ausbaus der erneuerbaren Energien sowie zu Flächen, Planungen und Genehmigungen für die Windenergienutzung an Land an die Bundesregierung gemäß § 98 EEG, Berichtsjahr 2022, Berlin 2023.
137 Vgl. BMWK: Schnellere Planungs- und Genehmigungsverfahren, Pressemitteilung vom 25. April 2023; https://www.bundesregierung.de/breg-de/suche/planungs-genehmigungsverfahren-2129628. Es geht bei der Beschleunigung um Änderungen im Raumordnungsgesetz, wodurch die Bundesregierung die Aufstellung von Raumordnungsplänen und die Raumverträglichkeitsprüfung modernisieren, vereinfachen und beschleunigen möchte. Weitere Änderungen im Energiewirtschaftsgesetz, im Gesetz zur Umweltverträglichkeitsprüfung und zum Windkraftausbau sollen Planung und Genehmigung Erneuerbarer Energien und Stromnetze weiter voranbringen. Für noch mehr Beschleunigung bei den Verfahren zum Ausbau von Windenergie an Land, Windenergie auf See sowie für Offshore-Anbindungsleitungen und Stromnetze soll die Umsetzung der EU-Notfallverordnung sorgen, die es den Mitgliedstaaten erlaubt, bei Genehmigungsverfahren für Erneuerbare-Energien-Anlagen und für die erforderlichen Stromnetze auf eine Umweltverträglichkeitsprüfung und eine artenschutzrechtliche Prüfung zu verzichten.
138 Vgl. Agora Energiewende: Akzeptanz und lokale Teilhabe in der Energiewende. Handlungsempfehlungen für eine umfassende Akzeptanzpolitik, Berlin 2020. »Unter den Erneuerbaren Energien werden Solaranlagen auf Dächern mit 81 Prozent am stärksten befürwortet, bei Photovoltaik-Freiflächenanlagen liegt die Zustimmung bei 62 und bei Windenergieanlagen an Land bei 51 Prozent« (S. 8).
139 Vgl. Ariadne Transformation Tracker: Sektor Deep Dive Industrie; https://tracker.ariadneprojekt.de/industry.
140 Vgl. Statistisches Bundesamt: Umweltökonomische Gesamtrechnungen. Einführung in die Umweltökonomischen Gesamtrechnungen, Wiesbaden 2014; https://www.destatis.de/DE/Themen/Gesellschaft-Umwelt/Umwelt/UGR/ueberblick/Publikationen/Downloads/einfuehrung-ugr-pdf-5850021.pdf?__blob=publicationFile. Dass.: Umweltökonomische Gesamtrechnungen. Methode der Berechnungen zur globalen Umweltinanspruchnahme durch Produktion, Konsum und Importe, Wiesbaden 2020; https://www.destatis.de/DE/Themen/Gesellschaft-Umwelt/Umwelt/UGR/ueberblick/Publikationen/Downloads/ugr-globale-umweltinanspruchnahme-methode-5851102209004.pdf?__blob=publicationFile.
141 Vgl. Zeke Hausfather: The rapidly shrinking carbon budget. What the latest numbers imply for meeting our climate goals, The Climate Brink, 26. Juni 2023; https://theclimatebrink.substack.com/p/the-rapidly-shrinking-carbon-budget.

142 Vgl. Zeke Hausfather: Emissions are no longer following the worst-case scenario. So where might we be headed instead?, The Climate Brink, 25. Mai 2023; https://theclimatebrink.substack.com/p/emissions-are-no-longer-following.
143 Vgl. Climate Action Tracker: Germany; https://climateactiontracker.org/countries/germany/.
144 Vgl. Ariadne Transformation Tracker: Ist die Energiewende auf Kurs?; https://tracker.ariadneprojekt.de/.
145 Vgl. Umweltbundesamt (UBA): Klimaemissionen sinken 2023 um 10,1 Prozent – größter Rückgang seit 1990 UBA-Projektion: Nationales Klimaziel bis 2030 erreichbar, Pressemitteilung, Nr. 11, 15. März 2024, Dessau-Roßlau.
146 Vgl. Open Energy Tracker: Deutschland; https://openenergytracker.org/de/docs/germany/home/.
147 Vgl. BRH: Bericht nach § 99 BHO zur Umsetzung der Energiewende im Hinblick auf die Versorgungssicherheit, Bezahlbarkeit und Umweltverträglichkeit der Stromversorgung, Stellungnahme vom 7. März 2024, Bonn. »Die Energiewende ist bei der Stromversorgung nicht auf Kurs: Die Versorgungssicherheit ist gefährdet, der Strom ist teuer und Auswirkungen der Energiewende auf Landschaft, Natur und Umwelt kann die Bundesregierung nicht umfassend bewerten. Insgesamt haben sich die Risiken seit der letzten Prüfung des Bundesrechnungshofes im Jahr 2021 verschärft. Die Bundesregierung muss umgehend reagieren, andernfalls droht die Energiewende zu scheitern. Dies hätte gravierende Folgen für den Wirtschaftsstandort Deutschland, die gesellschaftliche Akzeptanz der Transformation sowie das Erreichen der Klimaschutzziele« (S. 6).
148 Vgl. Unterrichtung durch die Wehrbeauftragte: Jahresbericht 2022, Bundestags-Drucksache 20/5700 vom 28. Februar 2023, S. 8, und Jahresbericht 2023, Bundestags-Drucksache 20/10500 vom 12. März 2024. Weiter heißt es im Jahresbericht 2022: »Zum Ende des Berichtsjahres zeigte sich, dass über die genannten positiven Ansätze hinaus viele Prüfaufträge erfolgten, in weiten Teilen jedoch konkrete Entscheidungen und Umsetzungen noch ausstanden. Ausgaben aus dem Sondervermögen hat es bis Ende des Berichtsjahres nicht gegeben. Die seit Jahren für Beschaffungen und Baumaßnahmen der Bundeswehr zutreffende Aussage: ›Es dauert alles viel zu lang‹, hat sich leider auch mit Blick auf die Mittel aus dem Sondervermögen bestätigt«. Im zweiten Bericht 2023 heißt es auf S. 6: »Hinzu kommen überbürokratisierte Prozesse und Strukturen. Gesundheitsakten werden per Post verschickt, Stundenzettel in Excel erstellt, dreifach ausgedruckt und abgeheftet. Digitalisierung? Neuland!«. Eine nur eingeschränkte Verteidigungsfähigkeit auch nach innen wird auch dem Bundesnachrichtendienst attestiert. Vgl. auch: »Kritik am Bundesnachrichtendienst. Darum hat der BND bei der Wagner-Revolte so spät reagiert«, in: Spiegel Online vom 30. Juni 2023; »Pleiten, Pech und Peinlichkeiten beim BND. Der Vegetarier unter den Geheimdiensten«, in: Spiegel Online vom 10. März 2023. Ein schlagender Beleg für die Verletzung harter militärischer Sicherheitsstandards ist das abgehörte und dann veröffentlichte Gespräch ranghoher deutscher Militärs über den Taurus-Einsatz durch russische Geheimdienste. Vgl. »Gespräch von Luftwaffen-Offizieren. Verteidigungsministerium bestätigt Abhörfall, tagesschau.de vom 2. März 2024.
149 Christoph Trebesch / Johannes Marzian: Munich Security Conference 2024. A Debate on Guns vs Butter, 16. Februar 2024, München; https://www.ifw-kiel.de/de/institut/veranstaltungen/translate-to-deutsch-a-debate-on-guns-vs-butter/.
150 Vgl. BRH: Bericht nach § 88 Absatz 2 BHO an den Haushaltsausschuss des Deutschen Bundestages. Information über die Entwicklung des Einzelplans 14 (Bundesministerium der Verteidigung) für die Beratungen zum Bundeshaushalt 2023, Bonn, 30. August 2022, S. 15 f.
151 Vgl. BRH: Korruptionsprävention im größten Beschaffungsamt der Bundeswehr seit Jahren mangelhaft, Bemerkungen 2021, Ergänzungsband Nr. 48, Bonn, 5. April 2022.
152 Vgl. The White House: Remarks by National Security Advisor Jake Sullivan on Renewing

American Economic Leadership at the Brookings Institution, Briefing Room. Speeches and Remarks, 27. April 2023; https://www.whitehouse.gov/briefing-room/speeches-remarks/2023/04/27/remarks-by-national-security-advisor-jake-sullivan-on-renewing-american-economic-leadership-at-the-brookings-institution/.
153 Vgl. Alexandra Gritz / Guntram Wolff: Sicherheit als Generationenfrage. Prioritäten für die nationale Sicherheitsstrategie unter DGAP-Mitgliedern, Deutsche Gesellschaft für Auswärtige Politik (DGAP)-Memo, Nr. 1, Juni 2023, Berlin, S. 1.
154 Vgl. Deutscher Bundestag: Unterrichtung durch die Bundesregierung. Bericht zur Risikoanalyse im Bevölkerungsschutz 2020 bis 2022, Bundestags-Drucksache 20/6300 vom 3. Mai 2023, Berlin, S. 16.
155 Vgl. Deutscher Bundestag: Unterrichtung durch die Bundesregierung. Bericht zur Risikoanalyse im Bevölkerungsschutz 2012, Bundestags-Drucksache 17/12051 vom 3. Januar 2013, Berlin.
156 Vgl. Deutscher Bundestag: Unterrichtung durch die Bundesregierung. Bericht zur Risikoanalyse im Bevölkerungsschutz 2020 bis 2022, Bundestags-Drucksache 20/6300 vom 3. Mai 2023, Berlin, S. 25.
157 Vgl. Erich Schneider: Einführung in die Wirtschaftstheorie, 1. Teil, Tübingen 1967, S. 13.

Kapitel 3: Leitplanken für eine neue Politik: Vier »Reiter der Ertüchtigung«

158 Vgl. Andrew McAffee: Mehr aus Weniger. Die überraschende Geschichte, wie wir mit weniger Ressourcen zu mehr Wachstum und Wohlstand gekommen sind und wie wir jetzt den Planeten retten, dt. Ausgabe München 2020. Darin beschreibt er die »vier Reiter der Optimisten«: technologischen Fortschritt, Kapitalismus, bürgernahe Regierungen und öffentliches Bewusstsein.
159 »Glauben Sie nicht, Sie werden glücklich, allein weil Sie über Ihre Gefühle reden«, Interview mit der psychologischen Psychotherapeutin Gitta Jacob, in: FAS vom 3. März 2024.
160 Vgl. Hans-Werner Bierhoff et al.: Entwicklung eines Fragebogens zur Messung von Eigenverantwortung oder: »Es gibt nichts Gutes, außer man tut es«, in: Zeitschrift für Personalpsychologie, Vol. 4, Nr. 1, 2005, S. 4-18. Bei der demoskopischen Befassung mit dem Thema Eigenverantwortung ist nach dieser Studie stets zu bedenken: »Eine Korrelation zwischen Eigenverantwortung und sozialer Erwünschtheit weist zudem darauf hin, dass dieses Personenmerkmal allgemein positiv beurteilt wird«. Einzelne Befunde gibt es ferner für das Gesundheitswesen, wonach Eigenverantwortung mit Blick auf unterschiedliche gesundheitsschädigende Verhaltensweisen auch unabhängig von der eigenen Interessenslage als Kriterium etwa für Zuzahlungen anerkannt ist. Vgl. Adele Dietrich / Margit Schreier: Zur Akzeptanz von Eigenverantwortung als Posteriorisierungskriterium: Eine empirische Untersuchung, in: Bundesgesundheitsblatt, Vol. 53, Heft 9, 2010, S. 896-902. Auch für das Bildungswesen gibt es verschiedene Facetten einer empirischen Einordnung, welche Bedeutung Eigenverantwortung für die Bildungserfolge hat, doch ist das Bild hier noch kleinteiliger.
161 Vgl. Bernd Meier: Freiheit und Eigenverantwortung, IW-Analyse, Nr. 5, Köln 2004. »So können Freiheit und Eigenverantwortung als entscheidende Erfolgsfaktoren oder -bedingungen eines Staates aufgefasst werden, der das individuelle Recht auf Selbsteigentum nicht verletzt und den Schwachen hilft« (S. 108). Die ordoliberale Perspektive lautet zusammengefasst: »Kümmere du, Staat, dich nicht um meine Angelegenheiten, sondern gib mir so viel Freiheit und lass mir von dem Ertrag meiner Arbeit so viel, dass ich meine

Existenz, mein Schicksal und dasjenige meiner Familie selbst zu gestalten in der Lage bin« (Ludwig Erhard: Wohlstand für Alle, Düsseldorf 1957, S. 251).

162 Vgl. Ludger Heidbrink: »Kulturen der Verantwortung – Zu den kulturellen Voraussetzungen komplexer Verantwortungsgesellschaften«, in: Ludger Heidbrink / Alfred Hirsch (Hrsg.): Verantwortung in der Zivilgesellschaft – zur Konjunktur eines widersprüchlichen Prinzips, Frankfurt / New York 2006, S. 13-37.

163 Vgl. zu den Daten Institut für Demoskopie Allensbach: Werte und Einflussfaktoren – Repräsentativbefragung der Bevölkerung ab 16 Jahre im Januar und November 2019, Untersuchungsbericht und Tabellenband, Allensbach 2019. Vgl. auch BMBF: Zukunft von Wertevorstellungen der Menschen in unserem Land, Berlin 2020, S. 51 und 70.

164 Für Deutschland zeigt eine auf der European Value Study aufbauende Zusatzbefragung der European Business School zu den Auswirkungen der Pandemie auf die Wertewelten folgende Ergebnisse: 1) Die »neue Normalität« sei bestimmt durch das Streben nach persönlicher Freiheit und mit ihr verbundenen Werten wie Unabhängigkeit und Fantasie oder immaterieller Präferenzen. Die Bedeutung von Werten wie Arbeit, gutes Benehmen und Gehorsam nehme dagegen ab. 2) Die Unterstützung eines starken Staates habe zugenommen, gleichzeitig hätten die Wertigkeit der bürgerlichen Mitbestimmung und der freien Meinungsäußerung abgenommen. 3) Es sei eine positive Einstellungsveränderung zu Wissenschaft und Technologie festzustellen sowie der verstärkte Wunsch, Experten sollten anstelle der Regierung entscheiden. Vgl. Wertestiftung / European Business School: Vierte Wertestudie. Wandel von Werten und Einstellungen in der Krise – Eine empirische Erhebung während der COVID-19-Pandemie, Frankfurt / Oestrich-Winkel, Juli 2021.

165 Vgl. Deutscher Bundestag: Stenografischer Bericht, 32. Sitzung, Berlin, Freitag, den 14. März 2003, Abgabe einer Regierungserklärung durch den Bundeskanzler, S. 2479.

166 Exemplarisch dafür steht etwa Friedrich August von Hayek: Die Verfassung der Freiheit, dt. Ausgabe, Tübingen 1971. Aus heutiger Sicht sind einige Überlegungen zur sozialen Sicherheit im 19. Kapitel des Buches kaum mehr anschlussfähig: »Wir haben gesehen, wie die Praktik, aus öffentlichen Mitteln für die wirklich Bedürftigen zu sorgen, in Verbindung mit der Praktik, die Leute zur Vorsorge für diese Bedürfnisse zu zwingen, damit sie nicht den Übrigen zur Last fallen, schließlich fast überall zu einem dritten und anderen System geführt hat, in dem die Leute unter gewissen Umständen, wie Krankheit oder Alter, versorgt werden, ungeachtet ihrer Bedürftigkeit und unabhängig davon, ob sie selbst Vorsorge getroffen haben oder nicht. Unter diesem System wird allen jener Wohlfahrtsstandard geboten, den sie nach irgendjemandes Meinung genießen sollten, ohne Rücksicht auf das, was sie selbst tun können, welche persönlichen Beiträge sie geleistet haben oder welche künftigen Beiträge sie noch zu leisten imstande sind« (S. 371). Zu einer Kritik vgl. Frank Nullmeier: Kritik neoliberaler Menschen- und Gesellschaftsbilder und Konsequenzen für ein neues Verständnis von »sozialer Gerechtigkeit«, Friedrich-Ebert-Stiftung, WISO-Diskurs, November 2019: »Die theoretische Strenge des akademischen Neoliberalismus als Theorie verliert sich auf dem Weg zur öffentlichen Dominanz. Was ›neoliberal‹ ist, hat sich mit der öffentlichen Verbreitung von Inhalt und Begriff durchaus trivialisiert und ist weniger scharf gefasst. Das Wort hat vor allem auch einen Markierungscharakter gewonnen, der es in die Nähe politischer Richtungsbegriffe rückt. Dadurch erhält der Terminus eher die Aufgabe der politischen Schnellverortung« (S. 4).

167 Zitiert nach Arthur F. Utz: Die geistesgeschichtlichen Grundlagen des Subsidiaritätsprinzips, in: Ders. (Hrsg.), Das Subsidiaritätsprinzip, Sammlung Politeia, Heidelberg 1953, o. S. Weiter schreibt Utz: »Der Tenor dieses Prinzips ist das Recht des Einzelmenschen vor dem der Gesellschaft oder des Staates. Der Einzelmensch als Individuum wird zwar nicht im Gegensatz zum Staate gesehen, er wird aber doch als vorstaatlicher Rechtsträger

begriffen, von welchem aus die Gesellschaft und der Staat sich erst aufbauen« (S. 8). Interessant ist auch die Abgrenzung zum Liberalismus: »Das Subsidiaritätsprinzip ist also ein Grundgesetz der Dezentralisierung im vollen Sinne, das nicht nur sog. privatrechtliche Bezirke in sich belässt, sondern auch die Zuständigkeit bezüglich der Gemeinwohlfrage gewissermaßen streut. Es unterscheidet sich jedoch grundsätzlich vom Liberalismus, für den es nur Privatsphären gibt. Aus diesen entsteht nach ihm in automatischer Abwicklung die Ordnung des Ganzen. Nach katholischer Lehre aber ist das Gemeinwohl ein ethisches Ideal, das dem sittlichen Handeln der Gesellschaftsglieder vorgegeben ist. Im Subsidiaritätsprinzip wird dieses Ideal in seiner ganzen Gültigkeit anerkannt« (S. 9).

168 Vgl. Kirchenamt der Evangelischen Kirche in Deutschland und Sekretariat der Deutschen Bischofskonferenz: Für eine Zukunft in Solidarität und Gerechtigkeit. Wort des Rates der Evangelischen Kirche in Deutschland und der Deutschen Bischofskonferenz zur wirtschaftlichen und sozialen Lage in Deutschland, Hannover / Bonn, 1997, S. 14. Wichtig ist der Hinweis, dass Solidarität kein Begriff ist, der wörtlich so im Grundgesetz steht.

169 Vgl. Oswald von Nell-Breuning: Subsidiarität in der Kirche, in: Stimmen der Zeit, 1. März 1986; https://www.herder.de/stz/wiedergelesen/subsidiaritaet-in-der-kirche/. Der Nestor der katholischen Soziallehre, der als eigentlicher Autor der päpstlichen Enzyklika galt, wandte sich gegen jede Vereinnahmung des Subsidiaritätsprinzips als Argumentarium für einen Sozialstaatsabbau und gegen jede Abwertung des Prinzips als »meist abschätzige Bedeutung von behelfs- oder ersatzmäßig im Sinn von Notbehelf oder Lückenbüßer. [...] »Das genaue Gegenteil trifft zu. Das Prinzip proklamiert die Hilfe der Gemeinschaft für ihre Glieder als ›Pflicht‹ (›subsidiarium officium‹!) und fordert näherhin, diese Hilfe solle wirklich echte Hilfe, hilfreiche Hilfe sein, dürfe das Glied nicht bevormunden oder entmündigen, solle ihm vielmehr zur vollen Entfaltung seiner gottgeschenkten Anlagen und Kräfte helfen, und darum solle die Hilfe so viel wie möglich Hilfe zur Selbsthilfe sein«. Aber Papst Pius XII. stellte in der Weiterführung der Enzyklika auch klar: »Was der Einzelmensch aus eigenem Antrieb und aus eigenen Kräften leisten kann, darf ihm nicht entzogen und der Gesellschaftstätigkeit zugewiesen werden«. Vgl. dazu auch Josef Senft: Subsidiarität: Vorfahrt für Eigenverantwortung und Schlüssel zur Zivilgesellschaft – Das Prinzip »von unten« im Sozialwort der Kirchen, in: Bernhard Nacke (Hrsg.): Sozialwort der Kirchen in der Diskussion. Argumente aus Parteien, Verbänden und Wissenschaft, Würzburg 1997, S. 281-302, hier: S. 283: »Bis dahin hatte das Subsidiaritätsprinzip zwar bezüglich des Verhältnisses von Kirche und Staat [...] eine Rolle gespielt; aber generell überwog die Skepsis, weil man dem Subsidiaritätsprinzip in der Tradition der katholischen Soziallehre unterstellte, dass es auf ständestaatlichen Ordnungsvorstellungen basiere und mit ihm die Grundlegung einer bloßen Verbandsgesellschaft intendiert werden könnte«.

170 Vgl. Europäisches Parlament: Kurzdarstellungen: Das Subsidiaritätsprinzip; https://www.europarl.europa.eu/factsheets/de/sheet/7/das-subsidiaritatsprinzip, S. 1; vgl. vertiefend EUR-Lex: Konsolidierte Fassungen des Vertrags über die Europäische Union und des Vertrags über die Arbeitsweise der Europäischen Union, Amtsblatt Nr. C 326 vom 26/10/2012 S. 0001 – 0390; https://eur-lex.europa.eu/legal-content/DE/TXT/?uri=celex:12012E/TXT.

171 Vgl. The European Parliament, the European Council and the European Commission: European Pillar of Social Rights, Preamble, Brussels, Publication Office, o. J.

172 Vgl. zu einer gründlichen Analyse der verfassungsrechtlichen Abwägungen noch vor der Aufnahme in das Grundgesetz Josef Isensee: Subsidiaritätsprinzip und Verfassungsgericht. Eine Studie über das Regulativ des Verhältnisses von Staat und Gesellschaft, 2. Auflage, Berlin 2001. Im Vorwort zur ergänzten Neuauflage der Dissertation aus dem Jahr 1968 heißt es: »Im Diskurs über das Subsidiaritätsprinzip begegneten sich liberale und konservative Überlieferungen, naturrechtliche und positivrechtliche Anschauungen. Das

Prinzip verband zwei bundesrepublikanische Ordnungskonzepte: die soziale Marktwirtschaft und den sozialen Rechtsstaat.« (S. V) [...] »Das Subsidiaritätsprinzip wirkt heute weithin als eine Erscheinung des Mythos und der Mode — eines Mythos allerdings, der seine Dämmerung erlebt, und einer Mode, derer man überdrüssig zu werden beginnt« (S. 9).

173 Vgl. etwa Frank Vandenbroucke: Why we need a European Social Union, CAIRN.Info, Vol. 52, Nr. 2, 2013, S. 97-112; Maurizio Ferrera: The European Social Union: how to piece it together, in: European Trade Union Institute: Social policy in the European Union: state of play, Brussels, 2018, S. 17-33. Wohin die Reise aus der Sicht der deutschen Wohlfahrtsverbände gehen soll, haben sie in einem »europapolitischen Erwartungspapier« formuliert. Darin fordern sie die »Stärkung der sozialen Dimension der Europäischen Union« und weitere Maßnahmen zur Umsetzung der Europäischen Säule Sozialer Rechte, einen sozialen Fokus bei der Ausgestaltung des nächsten EU-Haushalts, Erleichterungen von Rahmenbedingungen bei Förderrichtlinien sowie eine Verbesserung der Rahmenbedingungen für Not-for-Profit-Organisationen in Europa, insbesondere jene der Freien Wohlfahrtspflege. Vgl. Bundesarbeitsgemeinschaft der Freien Wohlfahrtspflege (BAGFW): Wahlen zum Europäischen Parlament im Juni 2024. Europapolitisches Erwartungspapier der BAGFW, 6. März 2024, Brüssel.

174 Vgl. Michael Eilfort / Guido Raddatz: Weiterentwicklung der Sozialpolitik in der EU? Position Nr. 9, Stiftung Marktwirtschaft, Berlin, Juni 2017; Michael Hüther / Markus Vogel: Souveränität und Verantwortung im Mehrebenensystem: Subsidiarität als Leitmotiv? in: Wirtschaftsdienst, 101. Jg., Nr. 6, 2021, S. 439-445; Mark V. Pauly: Income Redistribution as a Local Public Good, in: Journal of Public Economics, Vol. 2, 1973, S. 35-58.

175 Ein Leserbrief aus der FAZ vom 19. Juni 2023 zeigt, dass dies keineswegs eine akademische Debatte ist: »Nach dem aktuellen Gesellschaftsvertrag ist der Staat eine Vollkaskoversicherung zugunsten des deutschen Michel gegen ökonomische und persönliche Unbill (Arbeitslosigkeit, Krankheit, Invalidität, Alter). Nur ist damit weder die Unbill beseitigt noch ihre wirtschaftlichen Folgen. Sie werden beim Staat abgeladen, dessen Versicherungsprämien (Steuern und Abgaben) in die Höhe schießen und jeden Wohlstandszuwachs aufzehren. Gleichzeitig nehmen Preise und Bedingungen ihre Signalfunktion für die Marktteilnehmer nicht mehr wahr, die deshalb für Verhaltensänderungen keinen Anlass sehen. Das Aushebeln des Knappheitsprinzips nennt sich Sozialstaat, es ist aber nichts anderes als Substanzverzehr. Nur will das niemand sehen. Der Staat sieht auch keinen Anlass zum Eingreifen, da Politiker (wieder-)gewählt werden wollen. Ein System der institutionalisierten Verantwortungslosigkeit.« Aus einer wirtschaftswissenschaftlichen Perspektive sachlich formuliert: »Eine optimale Versicherung wägt daher die Vorteile der Versicherung gegen die Verzerrung von Leistungsanreizen ab«. Vgl. Markus Brunnermeier: Die resiliente Gesellschaft. Wie wir künftige Krisen besser meistern können, Berlin 2021, S. 47.

176 Dabei muss man immerhin auf einer Steuerungsebene nicht ganz bei Null anfangen: So gibt es bereits auf der europäischen Ebene das Instrument der Folgenabschätzungen, u. a. auch bezüglich der Befolgung der Grundsätze der Subsidiarität und Verhältnismäßigkeit bei der Erarbeitung von Rechtsvorschriften. Ein verwandtes Instrument sind evidenzbasierte »impact assessments«, die die voraussichtlichen wirtschaftlichen, sozialen und ökologischen Auswirkungen eines öffentlichen Politikvorschlags bewerten. Schließlich ist das Instrument des Mainstreaming etabliert, durch das eine bestimmte inhaltliche Vorgabe zu einem zentralen Bestandteil bei allen Entscheidungen und Prozessen gemacht wird.

177 Vgl. Philipp Eisnecker / Jule Adriaans / Stefan Liebig: Was macht Gerechtigkeit aus? Deutsche WählerInnen befürworten über Parteigrenzen hinweg das Leistungs- und das Bedarfsprinzip, DIW aktuell, Nr. 17, Berlin 2018.

Anmerkungen

178 Vgl. dazu vertiefend und mit Verweisen auf weitere Literatur Dominik Enste / Hans-Peter Klös: Wachstum, Gerechtigkeit und Nachhaltigkeit, in: Kai Thürbach / Rainer Völker (Hrsg.), Globale Verantwortung. Wert und Werte in Marktwirtschaft und Unternehmen, Stuttgart 2023, S. 93-121.

179 Vgl. Georg Cremer: Sozial ist, was stark macht. Warum Deutschland eine Politik der Befähigung braucht und was sie leistet, Freiburg 2021, S. 9. In einer weiteren Arbeit verteidigt Cremer den Befähigungsansatz von Amartya Sen gegen den Vorwurf, er »sei individualistisch und betone Eigenverantwortung statt Solidarität«. Vgl. Ders.: Ist der Befähigungsansatz individualistisch? Zu einigen Vorbehalten, die einem produktiven Leitbild des sozialpolitischen Reformprozesses im Wege stehen, in: Sozialer Fortschritt, 71. Jg., 2022, S. 731-748, hier: S. 731.

180 Vgl. Patricia Zauchner: Die Ablehnung von Rangumkehrungen als Gerechtigkeitsprinzip, sozialpolitikblog vom 15. Juni 2023; https://difis.org/blog/?blog=66.

181 Will eine Volkswirtschaft den Folgen einer demografisch vorgegebenen natürlichen Bevölkerungsentwicklung sowie der durch Zuwanderung bestimmten Entwicklung der Erwerbsbevölkerung mit ihren Folgen für die Wirtschaftsleistung begegnen, kann sie versuchen, (1) die Zahl der Erwerbspersonen bzw. der Erwerbstätigen, (2) das von ihnen geleistete Arbeitsvolumen sowie (3) deren Arbeitsproduktivität zu erhöhen. Auf das von der Bevölkerung geleistete Arbeitsvolumen haben wiederum die Altersstruktur der Bevölkerung, deren altersspezifischen Erwerbsquoten sowie die Wochen-, Jahres- und Lebensarbeitszeit Einfluss.

182 Vgl. David Aschauer: Is Public Expenditure Productive?, in: Journal of Monetary Economics, Vol. 23, No. 2, 1989, S. 177-200.

183 Vgl. Bertelsmann Stiftung: Erfassung zukunftswirksamer Ausgaben der öffentlichen Hand. Eine infrastrukturbezogene Erweiterung des öffentlichen Investitionsbegriffs, Studie des Kompetenzzentrums Öffentliche Wirtschaft, Infrastruktur und Daseinsvorsorge an der Universität Leipzig, Gütersloh / Leipzig 2016.

184 Vgl. Mariana Mazzucato: Das Kapital des Staates. Eine andere Geschichte von Innovation und Wachstum, München 2014. In Deutschland ist es zur Gründung einer Reihe von Thinktanks gekommen, die ein »neues ökonomisches Denken« postulieren. Ihr Anspruch sind dezidiert neue Paradigmen für die Wirtschafts- und Finanzpolitik. Sie setzen sich kritisch mit vermeintlich orthodoxen Wirtschaftswissenschaften auseinander, um zu einem anderen Verständnis staatlichen Agierens beizutragen. Vgl. das Institute for New Economic Thinking (https://www.ineteconomics.org/), das Forum New Economy (https://newforum.org), das regelmäßig »New Paradigm Papers« veröffentlicht, oder das Dezernat Zukunft (https://www.dezernatzukunft.org/).

185 Vgl. Eurostat: Europäisches System Volkswirtschaftlicher Gesamtrechnungen. ESVG 2010, Luxemburg 2014, Abschnitt 20. Der Sektor Staat wird mit folgenden wirtschaftlichen Funktionen verbucht: a) Bereitstellung von Waren und Dienstleistungen für die Allgemeinheit, entweder für den Kollektivkonsum oder für den Individualkonsum, b) die Finanzierung der Bereitstellung aus Steuern oder anderen Einkommen; b) Umverteilung von Einkommen und Vermögen mittels Transferzahlungen; c) Beteiligung an anderen Arten der Nichtmarktproduktion (S. 479). Konsumausgaben des Staates nach Aufgabenbereichen (COFOG) sind dabei Ausgaben für die allgemeine öffentliche Verwaltung, Verteidigung, öffentliche Ordnung und Sicherheit, wirtschaftliche Angelegenheiten, Umweltschutz, Wohnungswesen und kommunale Einrichtungen, Gesundheit, Bildungswesen und Sozialschutz (S. 499).

186 Das Statistische Bundesamt schreibt: »Weiterhin wird angenommen, dass Unternehmen kostenminimierend und profitmaximierend auf kompetitiven Güter- und Arbeitsmärkten agieren. Obwohl diese Bedingungen in der Praxis nicht zwangsläufig erfüllt sind, bieten sie eine vernünftige Annäherung für viele Märkte. Kritisch sind die Annahmen in Wirtschaftsbereichen, in denen der Anteil der Sektoren Staat und Private Organisationen ohne

Erwerbszweck an der Produktion besonders hoch ist. [...] Die Wachstumsrate der Multifaktorproduktivität ergibt sich als Residuum, also als der Teil des Output-Wachstums, der nicht durch das Wachstum des Arbeitseinsatzes und das des Kapitaleinsatzes erklärt werden kann«. Vgl. zum Konzept der Multifaktorproduktivität Statistisches Bundesamt: Berechnung der Multifaktorproduktivität in den Volkswirtschaftlichen Gesamtrechnungen; https://www.destatis.de/DE/Themen/Wirtschaft/Volkswirtschaftliche-Gesamtrechnungen-Inlandsprodukt/Methoden/multifaktorproduktivitaet-berechnung.html.

187 Zu einer dogmengeschichtlichen Einordnung vergleiche aus einer christlichen Perspektive Ludwig Berg: Kritik an der Leistungsgesellschaft, in: Jahrbuch für Christliche Sozialwissenschaften, Bd. 14, 1971, S. 113-149. Für einen breiten Überblick vgl. Günter Hartfiel (Hrsg.): Das Leistungsprinzip. Merkmale – Bedingungen – Probleme, Opladen 1977.

188 Zitiert nach Winfried Kretschmer: Freiheit von Zweck und Nutzen, Rezension, changeX vom 22. Oktober 2022; https://www.changex.de/Article/rezension_byung-chul_han_vita_contemplativa.

189 Vgl. David McClelland: The Achieving Society, New York 1961. Eine besondere Bedeutung schrieb McClelland zunächst der frühkindlichen Erziehung zur Selbstständigkeit als Basis zur Entwicklung der Leistungsmotivation zu. Im neuen Vorwort zur Auflage aus dem Jahr 1976 ergänzt McClelland aber: »By now it has been demonstrated in group after group all over the world that n-Achievement, or some reasonable facsimile thereof, can be raised in short intensive training courses for Adults« (S. E). Auch betonte er einen positiven Zusammenhang zwischen n-Achievement und »entrepreneurial behavior« (S. 205 ff.). Dogmengeschichtlich interessant ist auch seine Bewertung der Marx'schen Entwicklungstheorie: »The only firm conclusion I can draw from these and similar studies is that Marx, as a psychologist, was wrong when he said, »It is not the consciousness of men that determines their existence, but, on the contrary, their social existence that determines their consciousness« (S. F der neuen Einleitung).

190 Vgl. Max Weber: Die protestantische Ethik und der Geist des Kapitalismus, in: Archiv für Sozialwissenschaften, 20. Jg., Heft 1, 1904, S. 8. Auf Seite 11 befindet Weber: »Ein Blick in die Berufsstatistik eines konfessionell gemischten Landes pflegt mit auffallender Häufigkeit eine Erscheinung zu zeigen, welche mehrfach in der katholischen Presse und Literatur und auf den Katholikentagen Deutschlands lebhaft erörtert worden ist: den ganz vorwiegend protestantischen Charakter des Kapitalbesitzes und Unternehmertums [...]«.

191 Vgl. Jason Taylor / Andrea Sullivan: »Timely, Targeted, and Temporary?« An Analysis of Government Expansions over the Past Century, Mercatus Center, George Mason University, Arlington, January 2015. Diese Studie kommt zu einer kritischen Bilanz expansiver Fiskalimpulse in den USA über das letzte Jahrhundert: »We conclude that most countercyclical spending programs do not follow the three Ts, which may undermine their ultimate effectiveness and explain why many economists are skeptical of such policies.

192 Vgl. Bundesregierung: Wir entlasten Deutschland; https://www.bundesregierung.de/breg-de/schwerpunkte/entlastung-fuer-deutschland.

193 Vgl. Martin Beznoska / Tobias Hentze / Judith Niehues / Maximilian Stockhausen: Auswirkungen der Entlastungspakete auf die privaten Haushalte, IW-Policy Paper, Nr. 6, Köln 2023. Zur Zielgenauigkeit der Maßnahmen wird festgehalten: »Trotz einer im Grundsatz angemessenen sozialen Staffelung der staatlichen Hilfen lässt sich kritisch anmerken, dass verschiedene Maßnahmen weder zielgenau noch bedarfsorientiert sind und daher erhebliche Streu- und Mitnahmeeffekte entstehen. Eine restriktivere Ausgestaltung verschiedener Instrumente für Haushalte mit hohen Einkommen hätte die fiskalischen Zusatzkosten begrenzen können« (S. 32).

194 Inzwischen sind die im Dezember 2022 vereinbarten Energiepreisbremsen zum 31. Dezember 2023 ausgelaufen. Der »Abwehrschirm« wurde aber nicht nur für die privaten Haushalte, sondern auch für Energieversorger aufgespannt: So musste der Uniper-

Konzern mit Staatshilfen von rund 20 Mrd. Euro und mit einer Staatsbeteiligung von 99 Prozent vor der Insolvenz gerettet werden. Ein gutes Jahr später macht der Konzern wieder fast zehn Mrd. Euro Gewinn, vor allem in Folge stark gesunkener Gaspreise. Eine Rückführung der Staatsanteile auf unter 25 Prozent ist bis 2028 EU-rechtlich zwingend vorgeschrieben, was ohne einen Kapitalschnitt nicht möglich sein dürfte. Es ist daher dringlich, dass sich der Bund so bald als möglich von den seinerzeit erworbenen Anteilen trennt.

195 Vgl. Veronika Grimm / Christian Gross: Die Energiepreispauschale. Wie zielsicher sie war und welche Schlüsse wir daraus ziehen können, Policy Brief, Sachverständigenrat für Verbraucherfragen, 2023; https://svr-verbraucherfragen.de/publication/SVRV_Policy-Brief_Energiepreispauschale.pdf. Für die Zielgenauigkeit von Direktzahlungen sprechen auch makroökonomische Simulationen, wonach soziale Transferzahlungen den stärksten Effekt auf den privaten Konsum haben, weil sie vor allem den Konsum der Haushalte in den unteren Einkommensquintilen erhöhen. Allerdings dämpfen sie langfristig die Produktion und die Investitionen, da die Transferzahlungen durch Steuererhöhungen mittelfristig gegenfinanziert werden müssen. Vgl. Christian Bayer / Alexander Kriwoluzky / Fabian Seyrich / Antonia Vogel: Makroökonomische Effekte der finanz- und wirtschaftspolitischen Maßnahmen der Entlastungspakete I – III sowie des wirtschaftlichen Abwehrschirms, DIW-Politikberatung kompakt, Berlin, Mai 2023.

196 Vgl. grundlegend dazu Horst Siebert: Institutionelle Arrangements für die Zuweisung von Opportunitätskosten, Kiel Working Paper, No. 719, Kiel 1996. Dieses Papier erinnert an einige der Wirtschaftspolitik immanente Entwicklungen: »Auch bei wirtschaftspolitischen Entscheidungen geht es darum, demjenigen Akteur oder der Gruppe, die den Vorteil einer Entscheidung hat, die Opportunitätskosten dieser Entscheidung zuzuweisen. Der zentrale Punkt ist dabei, dass Akteure, etwa politische Parteien oder Interessengruppen, für sich und ihre Klientel spezifische Vorteile zu schaffen trachten, aber die Belastungen, die mit diesen Vorteilen notwendigerweise verbunden sind, etwa die Finanzierungslasten für die Leistungsangebote des Staates, auf die Allgemeinheit verlagern«. Die daraus abzuleitende Forderung ist »die Notwendigkeit verfassungsmäßiger oder anderer gesetzlicher Regeln, die entweder eine Zuweisung der Opportunitätskosten gewährleisten oder aber der Nichtbeachtung von Opportunitätskosten entgegenwirken« (S. 22).

197 Friedrich August von Hayek hat in seinem Beitrag »Der Wettbewerb als Entdeckungsverfahren« ausführlich die Funktion des Preissystems für eine Marktordnung und dessen Fähigkeit dargelegt, Neues hervorzubringen: »Die wichtigste Funktion der Preise ist aber, dass sie uns sagen, nicht wieviel, sondern was wir leisten sollten«. Nicht weniger grundsätzlich argumentiert Ludwig Erhard im ersten Kapitel seines Grundlagenwerks »Wohlstand für Alle« aus dem Jahr 1957: »Das erfolgversprechendste Mittel zur Erreichung und Sicherung jedes Wohlstandes ist der Wettbewerb. [...] Auf dem Wege über den Wettbewerb wird – im besten Sinne des Wortes – eine Sozialisierung des Fortschritts und des Gewinns bewirkt und dazu noch das persönliche Leistungsstreben wachgehalten«. Vgl. Ludwig Erhard: Wohlstand für Alle, Neuauflage, Köln 2009, S. 15 f.

198 Zu einer (zu engen) Abgrenzung eines Katalogs originärer Staatsaufgaben vgl. Daniel Zimmer: Weniger Politik! Plädoyer für eine freiheitsorientierte Konzeption von Staat und Recht, München 2013.

199 Vgl. Philippe Aghion et al.: Competition and Innovation: An Inverted-U Relationship, in: The Quarterly Journal of Economics, Volume 120, Issue 2, May 2005, S. 701-728; https://doi.org/10.1093/qje/120.2.701. Für eine instruktive empirische Analyse für Österreich vgl. Michael Böheim: Wettbewerb, Wettbewerbspolitik und Wirtschaftswachstum. Theoretische Grundlagen und empirische Evidenz, WIFO-Monatsbericht, Nr. 10, Wien 2004, S. 751-768.

200 Vgl. Thomas R. Coyle / Heiner Rindermann / Dale Hancock: Cognitive Capitalism: Economic Freedom Moderates the Effects of Intellectual and Average Classes on Economic Productivity, in: Psychological Reports, Vol. 119, Nr. 2, 2016; https://journals.sagepub.com/doi/10.1177/0033294116659854.
201 Vgl. Egon Sohmen: Allokationstheorie und Wirtschaftspolitik, Tübingen 1976, S. 4. Das bezeichnete Spannungsverhältnis zwischen Wünschen und Ressourcen hat Max Weber in seinem Hauptwerk »Wirtschaft und Gesellschaft« (1922) etwas umständlicher so formuliert: »Die Sozialökonomik dagegen betrachtet dasjenige tatsächliche Handeln des Menschen, welches durch die Notwendigkeit durch die Orientierung am ›wirtschaftlichen Sachverhalt‹ bedingt ist, in seinen tatsächlichen Zusammenhängen. Die durch die Art des Interessenausgleichs jeweils *einverständnismäßig* (Hervorh. i. O.) entstandene Verteilung der faktischen Verfügungsgewalt über Güter und ökonomische Dienste und die Art, wie beide kraft jener auf Einverständnis ruhenden faktischen Verfügungsgewalt dem gemeinten Sinn nach tatsächlich verwendet werden, nennen wir Wirtschaftsordnung« (S. 181).
202 Vgl. BRH: Bericht nach § 88 Absatz 2 BHO an das Bundesministerium der Finanzen über die Sondervermögen des Bundes und die damit verbundenen Auswirkungen auf die Haushaltstransparenz sowie die Funktionsfähigkeit der Schuldenregel, Bonn, 25. August 2023; https://www.bundesrechnungshof.de/SharedDocs/Kurzmeldungen/DE/2023/sondervermoegen.html.
203 Zu einer Debatte über Fiskalpolitik, Schuldentragfähigkeit und europäische Fiskalregeln einerseits und zur Mobilisierung und Finanzierung von Investitionen andererseits vgl. stellvertretend die unterschiedlichen Positionierungen jeweils zweier Mitglieder des deutschen Sachverständigenrats Wirtschaft im bereits zitierten Jahresgutachten 2021/ 2022, S. 107 ff. und 185 ff., sowie die dort zitierte umfangreiche Literatur (S. 182).
204 Vgl. zu einer Chronologie der Hilfen zur Abfederung der Energiekrise Giovanni Sgaravatti / Simone Tagliapietra / Cecilia Trasi / Georg Zachmann: National policies to shield consumers from rising energy prices, Bruegel Datasets, first published 4 November 2021, Updated 26 June 2023, Reiter Germany; https://www.bruegel.org/dataset/national-policies-shield-consumers-rising-energy-prices.
205 Vgl. Torsten Grothmann / Alexandra Dehnhardt / Josephin Wagner / Malte Welling: Kosten-Nutzen-Analysen in der Klimaanpassungsplanung und -politik. Wofür sie nutzbar sind und was für ihre Nutzbarkeit wichtig ist, Forschungsbericht Universität Oldenburg & Institut für Ökologische Wirtschaftsforschung, Februar 2021, S. 3 f.
206 Schon eine ältere Auswertung der Hertie School of Governance für insgesamt 170 öffentliche Infrastrukturgroßprojekte in Deutschland zeigte, dass für 119 abgeschlossene Projekte die durchschnittliche Kostensteigerung pro Projekt 73 Prozent betrug. 51 unvollendete Projekte wiesen schon vor Fertigstellung durchschnittliche Kostensteigerungen von 41 Prozent pro Projekt auf. Insgesamt sind die 170 Infrastrukturprojekte um 59 Mrd. Euro teurer als geplant ausgefallen. Vgl. Hertie School of Governance: Großprojekte in Deutschland – Zwischen Ambition und Realität. Fact Sheet 1, Berlin 2015. Wie im Brennglas zeigt die erneut zum wiederholten Male verschobene Inbetriebnahme des Stuttgarter Tiefbahnhofs (»Stuttgart 21«) das Ausmaß an Verzögerung und Verteuerung von großen Infrastrukturvorhaben, das inzwischen als »Debakel« und als Beispiel einer »blockierten Republik« bezeichnet wird. Vgl. Ralph Bollmann: Baustelle Deutschland. Das Debakel um den Stuttgarter Tiefbahnhof, FAZ vom 29. März 2024.
207 Allerdings kommt auch der Bundesbeauftragte für Wirtschaftlichkeit in der Verwaltung nicht über eine salvatorische Formel zum Bedarf an Priorisierung hinaus: »Jetzt gilt es, proaktiv zu handeln. Notwendig sind eine klare Analyse, überzeugende Konzepte mit einer Priorisierung der Aufgaben und ein Ausgleich der Interessen«. Vgl. Der Bundesbeauftragte für Wirtschaftlichkeit in der Verwaltung: 12 Impulse für Parlament und Regierung zur 20. Wahlperiode, Bonn 2021, S. 13.

208 Vgl. Mehr Fortschritt wagen. Bündnis für Freiheit, Gerechtigkeit und Nachhaltigkeit. Koalitionsvertrag 2021—2025 zwischen der Sozialdemokratischen Partei Deutschlands (SPD), BÜNDNIS 90/ DIE GRÜNEN und den Freien Demokraten (FDP), Berlin, 7. Dezember 2021, S. 128.
209 Vgl. Michael Thöne: Schafft der Staat die fünf großen Transformationen? in: ifo-Schnelldienst, 75. Jg., Heft 9, München 2022, S. 35-41.
210 Vgl. Alessandra Cepparulo / Gilles Mourre: How & How Much? The Growth-Friendliness of Public Spending Through the Lens, European Commission, Directorate-General for Economic and Financial Affairs, Discussion Paper 132, Brussels, October 2020; https://economy-finance.ec.europa.eu/system/files/2020-10/dp132_en.pdf.
211 Allgemeine Dienste / Verteidigung / Öffentliche Ordnung und Recht / Wirtschaftliche Angelegenheiten / Umweltschutz / Bau, Wohnungen und Kommunale Dienste / Gesundheit / Erholung, Kultur und Religion / Bildung / Soziales.
212 Vgl. Michael Thöne, a. a. O., S. 40: Er folgert: »Effizienzverbesserungen und Aufgabenkritik sind gewiss keine Allheilmittel, auch das haben die internationalen Erfahrungen gezeigt. [...] Doch das ist umso mehr Anlass, [...] die beschleunigte Modernisierung des ganzen öffentlichen Sektors und des öffentlichen Dienstes als eigene Aufgabe Deutschlands zu definieren und sie in allen seinen Gliedern, auf allen föderalen Ebenen (einschließlich unserer Rolle in Europa) systematisch auszuarbeiten, sie kontrovers zu diskutieren – und sie dann vor allem auch umzusetzen. So schwer das auch wird: Ohne tiefgreifende Modernisierung wird Deutschland weder das Geld noch die Leute haben, um als leistungsfähiger Staat die akuten Krisen zu überwinden und zugleich die großen Zukunftsaufgaben zu bewältigen« (S. 41).
213 Vgl. SVR-Wirtschaft: Fiskal- und Geldpolitik nach der Corona-Krise normalisieren, in: Jahresgutachten 2021/2022, Kapitel 2, Wiesbaden 2021, S. 170 und 176.
214 Vgl. Die Linke in der Aussprache nach der Regierungserklärung von Kanzler Scholz am 28.11.23; https://www.bundestag.de/dokumente/textarchiv/2023/kw48-de-regierungserklaerung-979496. Zur vermeintlichen Sozialstaatsbremse vgl. stellvertretend für die Sozialverbände VdK: »Schuldenbremse darf nicht zu einer Sozialstaatsbremse werden. [...] Statt ständig zu sparen (sic!), kann die Regierung die Einnahmen erhöhen«, Pressemitteilung vom 27. November 2023. Beide Positionen verkennen, dass sowohl der Bundesrechnungshof als auch der Beirat für Stabilitätsfragen das Vorgehen der Koalition bezüglich KTF bzw. WSF von Anfang an kritisiert und auf verfassungsrechtliche Risiken hingewiesen haben. Die Regierung ist aber den beim KTF eingeschlagenen Weg mit dem WSF weitergegangen und ist damit bewusst erhebliche finanzpolitische Risiken eingegangen. Vgl. Thiess Büttner: Stellungnahme zur Anhörung des Haushaltsausschusses des Deutschen Bundestages vom 20. November 2023, Berlin.
215 Vgl. SVR-Wirtschaft: Reformperspektiven für die europäische Haushaltspolitik, in: Jahresgutachten 2022/2023, Wiesbaden 2022, Kapitel 4, S. 183. Die Einhaltungsregel liegt aktuell bei unter 50 Prozent. Dabei schneidet Deutschland mit über 60 Prozent für den Zeitraum zwischen 2002 bis 2019 noch mit am besten ab. Frankreich und Italien weisen dagegen nur Einhaltungsquoten von 21 und 29 Prozent auf.
216 Vgl. zur Bedeutung von Fiskalregeln auf die Wachstumsperformance eines Landes Klaus Gründler / Niklas Potrafke: Fiskalregeln und Wirtschaftswachstum: Wirtschaftspolitische Einschätzungen nach Erfolgen durch restriktive Fiskalregeln und expansiven Maßnahmen während der Coronakrise, in: ifo-Forschungsberichte, Nr. 110, München 2020. Zum Zusammenhang zwischen der gesamtstaatlichen Investitionsquote und der Schuldenbremse vgl. Friedrich Naumann Stiftung: Die Schuldenbremse. Ein Garant für nachhaltige Haushaltspolitik, Potsdam-Babelsberg 2023. Zur Wirkung der Schuldenbremse als Sozialstaatsbremse vgl. Norbert Berthold: Wenn implizite Staatsschulden explizit werden. Ein Plädoyer für eine gehärtete Schuldenbremse, in: Wirtschaftliche Freiheit. Das ordnungs-

politische Journal vom 10. Juni 2021; https://wirtschaftlichefreiheit.de/wordpress/?p=29278.
217 Vgl. BRH: 12 Impulse für Parlament und Regierung zur 20. Wahlperiode, Bonn 2021, S. 20.
218 Vgl. Ralph Brinkhaus: »Wir müssen ganz grundlegend ran. Unser bürokratisches System, das uns seit Jahrzehnten gute Dienste geleistet hat, kann nicht mehr reformiert werden. Es muss grundlegend neu aufgestellt, vielleicht sogar revolutioniert werden. [...] Es geht um das komplette System. Was will und kann der Staat überhaupt leisten?«, in: FAZ vom 31. August 2023. Vgl. auch Thomas de Maiziere: »Wir reden sehr viel in Deutschland über die Frage, wer was machen soll, aber wir vernachlässigen die Frage, wie es gemacht wird. Genau das ist aber unser Problem. So wie die Bedingungen sind, unter denen jetzt regiert und verwaltet wird, kann keine Regierung erfolgreich arbeiten. Viele geben sich Mühe, aber so wird es nichts. Deswegen müssen wir nicht nur im System arbeiten, sondern auch am System. Wir sind zu langsam, zu kompliziert, zu sorglos, zu sektoral und zu unverbindlich. Das müssen wir angehen.«, in: FAZ vom 22. Mai 2023.
219 Vgl. BRH: Modernisierung der Verwaltungsbeziehungen von Bund und Ländern, Gutachten des Präsidenten des Bundesrechnungshofes als Bundesbeauftragter für Wirtschaftlichkeit in der Verwaltung, Stuttgart 2007.
220 Vgl. zu einer ersten Bilanz Michael Hüther / Hans-Peter Klös / Rolf Kroker: Föderalismus in Deutschland: Nach der Reform ist vor der Reform, in: Institut der deutschen Wirtschaft (Hrsg.), Föderalismus in Deutschland, Köln 2007, S. 217-238.
221 Vgl. Thomas de Maiziére: a. a. O. (Endnote 218).
222 Vgl. BRH: a. a. O., S. 16 (Endnote 219).
223 Vgl. SVR-Wirtschaft: Mehr Vertrauen in Marktprozesse, Jahresgutachten 2014/2015, Kapitel 8: Reform der Bund-Länder-Finanzbeziehungen, Wiesbaden 2014, S. 317-366.
224 Vgl. Resilienz Akademie: Sieben Säulen der Resilienz; https://www.resilienz-akademie.com/sieben-saeulen-der-resilienz/.
225 Vgl. Hafele, Jakob et al.: The Economic Resilience Index: Assessing the ability of EU economies to thrive in times of change, in: ZOE Institute for Future-fit Economies, Köln 2023.
226 Vgl. European Commission: 2020 Strategic Foresight Report. Charting the Course towards a more resilient Europe, Brussels 2021, S. 6. Zum Dashboard vgl. European Commission: Resilience Dashboards for the Social and Economic, Green, Digital, and Geopolitical Dimensions, Brussels 2021.
227 Vgl. European Commission: 2023 Strategic Foresight Report. Communication from the Commission to the European Parliament and the Council, COM (2023) 376 final, Brussels, 6. Juli 2023.
228 Vgl. Joachim Krause: An deutschen Universitäten fehlen Lehrstühle für Sicherheitspolitik und Strategie. Hätte es mehr sicherheitspolitische Forschung gegeben, wäre die deutsche Russlandpolitik der vergangenen beiden Jahrzehnte womöglich anders ausgefallen, in: FAZ vom 14. September 2023.
229 Vgl. Matthias Matthijs / Sophie Meunier: Europe's Geoeconomic Revolution. How the EU Learned to Wield Its Real Power, in: Foreign Affairs, Vol. 102, No. 5, 2023, S. 168-179. »Four years on, von der Leyen has transformed her Brussels shop from a bureaucratic secretariat implementing the will of European national leaders into a major macroeconomic and geoeconomic actor in its own right.« [...] She is now widely seen as the answer to Henry Kissinger's famous question, »Who do I call when I want to call Europe?«.
230 Vgl. dazu European Commission: Resilience Dashboards for the Social and Economic, Green, Digital, and Geopolitical Dimensions, Brussels, 29. November 2021, S. 12 ff.
231 Vgl. Agatha Demarais: Backfire: How Sanctions Reshape the World Against US Interests, zitiert und übersetzt nach Dmitry Pozhidaev, in: Elusive Development vom 1. April 2023.
232 Zu der überragenden strategischen Bedeutung der Halbleiterchips vgl. umfassend Chris Miller: Chip War. The Fight for the World's most critical technology, London 2022.

233 Vgl. Bundesregierung: Integrierte Sicherheit für Deutschland. Nationale Sicherheitsstrategie, Berlin 2023. Sie verwendet den Begriff Resilienz insgesamt 38-mal und misst sogar der Sozialen Marktwirtschaft eine »besondere sicherheitspolitische Bedeutung« zu (S. 53). Dies macht deutlich, wie beliebig inzwischen der Resilienzbegriff in politischen Papieren verwendet werden kann.

234 Vgl. Angelos Chryssogelos: European sovereignty between autonomy and dependence: A guide for EU policy, Wilfried Martens Centre for European Studies, Brussels, Juni 2023. Der Autor empfiehlt: »Understood in this way as a ›sovereignty of sovereignties‹, European sovereignty can serve as an important guide for EU policy«.

235 Vgl. Prognos / Z_punkt: Zukunft von Wertvorstellungen von Menschen in unserem Land, Studie für das BMBF, Berlin 2020.

236 Vgl. Bundeszentrale für gesundheitliche Aufklärung: Resilienz und Schutzfaktoren. »Wesentlichen Einfluss auf die Resilienzentwicklung haben Schutzfaktoren, die die Auftretenswahrscheinlichkeit von Störungen beim Vorliegen von Belastungen vermindern. Dabei wird zwischen personalen und sozialen Schutzfaktoren unterschieden. Einen zentralen Schutzfaktor stellt eine stabile, wertschätzende Beziehung zu einer Bezugsperson dar.« https://leitbegriffe.bzga.de/alphabetisches-verzeichnis/resilienz-und-schutzfaktoren/.

237 Im bundesweiten Kinder- und Jugendgesundheitssurvey (KiGGS) des Robert-Koch-Instituts wurden zwischen den Jahren 2003 und 2006 insgesamt 17.641 Jugendliche im Alter von 0 bis 17 Jahren sowie deren Eltern befragt, um erstmals umfassende und bundesweit repräsentative Daten zum Gesundheitszustand von Kindern und Jugendlichen zu erheben. Dabei zeigt sich, dass neben dem Elternhaus erwartungsgemäß auch das soziale Umfeld (z. B. Nachbarschaft, Schule), in dem die Kinder sich bewegen und in dem sie Rollenvorbilder durch Gleichaltrige finden, Einfluss auf die gesundheitliche Entwicklung nimmt. Hierunter können auch die sozialen Schutzfaktoren gefasst werden, da sie als vermittelnde Glieder die Wirkung sozialer Unterschiede auf die gesundheitliche Entwicklung beeinflussen können. Vgl. zu Methodik und Ergebnissen Bärbel Kurth: Der Kinder- und Jugendgesundheitssurvey (KiGGS): Ein Überblick über Planung, Durchführung und Ergebnisse unter Berücksichtigung von Aspekten eines Qualitätsmanagements, in: Bundesgesundheitsblatt – Gesundheitsforschung – Gesundheitsschutz, Vol. 50, Heft 5/6, 2007, S. 533-546.

238 Vgl. Bundeszentrale für gesundheitliche Aufklärung, a. a. O., S. 3.

239 Vgl. James Heckman: The Technology and Neuroscience of Capacity Formation, in: Proceedings of the National Academy of Sciences (PNAS), Vol. 104 (33), August 2007, S. 13250-13255.

240 Vgl. Janet Currie / Enrico Moretti: Mother's Education and the Intergenerational Transmission of Human Capital: Evidence from College Openings, in: Quarterly Journal of Economics, Vol. 118, No. 4, 2003, S. 1495-1532.

241 Vgl. TUI-Stiftung: Jugendstudie »Junges Europa 2023«. So denken Menschen zwischen 16 und 26 Jahren, Hannover 2023. DER SPIEGEL attestiert unter Berufung auf den World Happiness Report 2024 den Deutschen bereits wieder »gefährlichen Pessimismus« (Maria Fiedler: Zunehmende Zukunftssorgen. Der gefährliche Pessimismus der Deutschen, in: DER SPIEGEL vom 26. März 2024).

242 Vgl. Silke Fokken / Kristin Haug / Miriam Olbrisch / Armin Himmelrath / Swantje Unterberg: Die ver(w)höhnte Jugend. Viele halten junge Menschen für verhätschelt, dabei bekommen sie die Krisen unserer Zeit besonders zu spüren: Jeder zehnte Jugendliche ist inzwischen »psychisch behandlungsbedürftig«. Wie blickt die nachwachsende Generation in die Zukunft?, in: DER SPIEGEL 27/2023.

243 Vgl. Wikipedia: Prokrastination; https://de.wikipedia.org/wiki/Prokrastination.

244 Vgl. Digital Daily News; https://digitaldaily.de/2023/09/06/anti-prokrastinations-tag/. Eine Stichwortabfrage zum Suchwort Prokrastination bei Google News am 17.09.2023

ergibt die folgenden Top-Five-Schlagzeilen: »Prokrastination und Depressionen: Wann Aufschieben krank macht«; »Bald Semesterstart: Prokrastination ist für viele Studenten ein Problem«; »Prokrastination: Diese Tipps helfen gegen Alltags-Aufschieberitis«; »Essay über Prokrastination: Wie die Aufschieberitis Menschen ausbremst«. DER SPIEGEL bietet dazu in seinem »Smarter leben«-Dossier auch gleich einen Podcast an: https://www.spiegel.de/psychologie/prokrastination-aufgaben-erledigen-und-nichts-mehr-aufschieben-podcast-mit-philipp-barth-a-0d8e1e10-ead2-42f5-9de8-1cca174911d9. Dass sich hier auch ein neues Feld für eine ganze Beratungsindustrie aus Personalern, Coaches und Psychologen auftut, sei nur am Rande erwähnt.

245 Vgl. Walter Mischel: Der Marshmallow-Test: Willensstärke, Belohnungsaufschub und die Entwicklung der Persönlichkeit, Siedler 2015; Werner Stangl: Marshmallow-Test, in: Online-Lexikon für Psychologie & Pädagogik; https://lexikon.stangl.eu/3697/marshmallow-test.

246 Vgl. Silje Steinsbekk / Jacqueline Nesi / Lars Wichstrøm: Social media behaviors and symptoms of anxiety and depression. A four-wave cohort study from age 10-16 years, in: Computers in Human Behavior, Vol. 147, October 2023, S. 1-12.

247 Vgl. Medienpädagogischer Forschungsverbund Südwest: KIM-Studie 2022. Kindheit, Internet, Medien. Medienumgang 6-bis 13-Jähriger, Stuttgart 2023; parallel: JIM-Studie 2022. Jugend, Information, (Multi-)Media. Medienumgang 12- bis 19-Jähriger, Stuttgart 2023. Vgl. Postbank: Digitalstudie 2023. Studie: Deutsche sind 71 Stunden pro Woche online, Pressemitteilung vom 18. Januar 2024. Erstmals ist davon die Rede, dass gesundheitliche Aspekte in den Fokus gerieten. 28 Prozent der über 3.000 Befragten möchten ihre private Internetnutzung einschränken, weil weniger Online-Zeit ihre Konzentration, Produktivität und Kreativität im Alltag steigere und sie sich besser konzentrieren könnten.

248 Allerdings stammt diese Einschätzung aus dem Jahr 2019. Vgl. Philippe Wampfler: Generation »Social Media«. Wie digitale Kommunikation Leben, Beziehungen und Lernen Jugendlicher verändert, Göttingen 2019. In früheren Studien gibt es sowohl Indizien für einen negativen als auch einen positiven Einfluss von Social Media. Danach biete etwa die Identitätskonstruktion auf der Plattform Instagram gute Möglichkeiten für kreativen Selbstausdruck. Doch ihr Einfluss auf die psychosoziale Entwicklung in der Adoleszenz wird tendenziell negativ wahrgenommen. Nach einer Umfrage der Royal Society for Public Health (RSPH) unter 1.479 Nutzern im Alter von 14 bis 27 Jahren der Plattformen YouTube, Twitter, Facebook, Snapchat und Instagram hatte nur YouTube einen eher positiven Effekt auf die psychische Gesundheit, während die vier anderen Plattformen negativ bilanzierten, darunter besonders Instagram. Vgl. Vera Pirker: Social Media und psychische Gesundheit, in: Communio Socialis, Heft 4, 2018, S. 467-480. Diese Quelle enthält auf den Seiten 471 und 472 eine ausgesprochen instruktive Notation der negativen und positiven Effekte der Social Media-Nutzung durch Jugendliche. Auf der positiven Seite wird gefunden, dass Medienkompetenz für das Jugend- und frühe Erwachsenalter ein großes Potential als Resilienzfaktor auch über die Individualebene hinaus für die Gesellschaft berge und einen noch stärkeren Einfluss als Intelligenz auf die leistungsbezogenen Fähigkeiten ausübe. Vgl. Carolin Braun / Verena Maria Gralke / Gerhild Nieding: Medien und gesellschaftlicher Wandel. Eine empirische Studie zu der Frage, ob Medienkompetenz im Jugend- und frühen Erwachsenenalter einen Resilienzfaktor darstellt, in: Maria Karide / Martin Schneider / Rebecca Gutwald (Hrsg.): Resilienz. Interdisziplinäre Perspektiven zu Wandel und Transformation, Berlin 2018, S. 177-202.

249 Vgl. Meta-Internet: Was ist Narzissmus?; https://meta-internet.de/soziale-medien-und-narzissmus.

250 Vgl. Julia Brailovskaia / Hans-Werner Bierhoff: Generation Me: Soziale Medien und Narzissmus, in: Psychotherapie im Dialog, Vol. 20, Heft 3, 2019, S. 26-30; https://www.medsach.de/berichte-informationen/generation-me-soziale-medien-und-narzissmus.

251 Vgl. DER SPIEGEL: Volk der Erschöpften, Nr. 4/2011; Maren Hoffmann: Mehr als die Hälfte der Deutschen fühlt sich erschöpft, DER SPIEGEL vom 13. September 2023; Pronova BKK: Deutschlands Arbeitnehmer*innen zwischen Burn-out und Bore-out, 13. Februar 2024, Leverkusen. Danach sehen sich 61 Prozent der Beschäftigten als gefährdet an, an Überlastung zu erkranken. Eine Gegenbuchung ist die sog. »Bettkantenentscheidung«, nach der sich ebenfalls deutlich mehr als die Hälfte der Beschäftigten für eine Krankmeldung entscheiden, obwohl sie arbeitsfähig werden. Vgl. Pronova BKK: 6 von 10 Arbeitnehmer*innen melden sich trotz Arbeitsfähigkeit krank, Pressemeldung, 22. Januar 2024, Leverkusen. Zu Führungskräften vgl. Auctority: Erschöpfung bei Führungskräften, Januar 2024, Freiburg. Zur Vorgängerstudie vgl. Auctority: Mehrheit der Bevölkerung ist erschöpft, Freiburg, 2022. Arbeit sei »oft Hauptursache für Erschöpfung«, die Altersgruppe zwischen 30 und 40 Jahren sei besonders betroffen, Studierende und Auszubildende seien oft am Limit.

252 Vgl. STADA: STADA Health Report 2022: Der mentale Gesundheitszustand der Deutschen verschlechtert sich; https://www.stada.de/news/stada-health-report-2022. Vgl. Kaufmännische Krankenkasse: Fehlzeiten wegen Depressionen & Co. stark gestiegen, Pressemeldung vom 9. August 2023, Hannover; https://www.kkh.de/presse/pressemeldungen/au-psyche. Zu neuen Befunden für Jugendliche von 11 bis 15 Jahren vgl. Alina Cosma et al.: A focus on adolescent mental health and well- being in Europe, central Asia and Canada. Health Behaviour in School-aged Children. International report from the 2021/2022 survey. Volume 1, Copenhagen, 2023. Vgl. zur mentalen Belastung durch den Klimawandel Vincenza Gianfredi et al.: Climate Change Perception and Mental Health. Results from a Systematic Review of the Literature, in: European Journal of Investigation in Health, Psychology and Education, Vol. 14, No. 1, 2024, S. 215–229; https://doi.org/10.3390/ejihpe14010014 .

253 Vgl. Robert-Koch-Institut: Psychische Gesundheit in Deutschland. Schwerpunktbericht Teil 1 – Erwachsene. Fokus: Depression und kognitive Leistungsfähigkeit, Berlin 2021.

254 Vgl. Bundesanstalt für Arbeitsschutz und Arbeitsmedizin (BAuA): Psychische Gesundheit in der Arbeitswelt. Wissenschaftliche Standortbestimmung, Dortmund / Berlin / Dresden 2017, S. 7.

255 Vgl. Sarie Ann Haisch et al.: Burn-out und Neurasthenie – Zeitdiagnosen der Jahrhunderte?, in: Swiss Archives of Neurology, Psychiatry and Psychotherapy, Vol. 169, Heft 2, 2018, S. 54-57.

256 Vgl. Christina Guthier / Christian Dormann / Manuel Voelkle: Reciprocal effects between job stressors and burnout: A continuous time meta-analysis of longitudinal studies, in: Psychological Bulletin, Vol. 146, No. 12, 2020, S. 1146-1173; https://doi.org/10.1037/bul0000304.

257 Vgl. Bundesministerium für Arbeit und Sozialordnung (BMAS): Physische und psychische Gesundheit in deutschen Betrieben, Forschungsbericht 622, Berlin 2023.

258 Vgl. Andrea Hammermann / Oliver Stettes: Bewältigung von Stress in einer vernetzten Arbeitswelt – Befunde aus der BIBB/BAuA-Erwerbstätigenbefragung, in: IW-Trends, 42. Jg., Heft 2, 2015, S. 113-135.

259 Vgl. Avantgarde Experts: Arbeitszufriedenheit auf Rekordhoch – Studie 2023, https://www.avantgarde-experts.de/de/magazin/arbeitszufriedenheit-studie-2023/#c10704.

260 Vgl. BMAS: Arbeitszufriedenheit und Arbeitsbedingungen, Forschungsbericht 590, Berlin 2021.

261 Vgl. Steffen Schlüter: Einflussfaktoren von Arbeitszufriedenheit im Kontext der digitalen Transformation. Eine empirische Untersuchung in den Branchen Logistik, IT und Gesundheitswesen, Dissertation an der TU Dortmund, 2022, S. 307.

262 Vgl. für einen Überblick über Konzepte und Daten Mandy Stobbe: Lebenszufriedenheit und subjektives Wohlbefinden, Bundeszentrale für politische Bildung, 19. Mai 2020, Bonn;

https://www.bpb.de/themen/deutsche-einheit/lange-wege-der-deutschen-einheit/47331/lebenszufriedenheit-und-subjektives-wohlbefinden/.

263 Vgl. SKL-Glücksatlas: Die Erholung setzt sich langsam fort. Glücksatlas 2023, München 2023. Der World Happiness Report 2024 bescheinigt Deutschland sogar einen Positionsverlust von acht Rängen von 16 auf 24. Deutschland gehört auch zu den Ländern, in denen das Glücksempfinden junger Menschen gesunken und geringer ist als das von älteren Menschen. Beim Gesamtranking für junge Menschen liegt das Land auf Rang 47, bei Menschen Ü-60 dagegen auf Rang 21. Vgl. Helliwell, John F. et al. (Hrsg.): World Happiness Report 2024. University of Oxford: Wellbeing Research Centre, 2024. Zudem gibt es als Befund für ältere Personen über 80 Jahre zwei weitere Datenpunkte aus nationalen Quellen für die Jahre 2020 und 2021. Danach sind mehr als drei von vier hochaltrigen Menschen in Deutschland mit ihrem Leben alles in allem zufrieden. Vgl. Roman Kaspar / Annika C. Ernst / Susanne Zank: Lebenszufriedenheit und subjektives Wohlbefinden in der Hochaltrigkeit, in: Roman Kaspar et al. (Hrsg.): Hohes Alter in Deutschland, Schriften zu Gesundheit und Gesellschaft, Berlin, S. 255-287.

264 Vgl. Dominik Enste / Theresa Eyerund / Anna-Carina Tschörner / Lena Suling: Glück für Alle? Eine interdisziplinäre Bilanz zur Lebenszufriedenheit, Berlin, S. 192. Zum engen Zusammenhang zwischen den endogenen biologischen Gesundheitsfaktoren und »Happiness« vgl. Dariush Dfarhud / Maryam Malmir / Mohammad Khanahmadi: Happiness & Health: The Biological Factors – Systematic Review Article, in: Iranian Journal of Public Health, Vol. 43, Nr. 11, 2014, S. 1468-1477.

265 Vgl. Dana Hajek: Das unsichtbare Leiden am Alleinsein. Einsamkeit ist keine Krankheit, macht aber viele krank – und stellt so auch ein volkswirtschaftliches Problem dar, in: FAZ vom 4. September 2023; vgl. Timo Steppat: Krankheit Alleinsein, in: FAZ vom 6. Januar 2024. Deutsche Bahn Stiftung / Stiftung Deutsche Präventionshilfe und Suizidprävention: Weniger Sozialkontakte und Gefühl tiefer Einsamkeit in der Depression, Pressemitteilung vom 7. November 2023, Leipzig / Berlin. Nach dieser Studie berichten 25 Prozent der erwachsenen Bevölkerung, sich sehr einsam zu fühlen. Dieses subjektive Erleben ist zu einem großen Teil unabhängig von der tatsächlichen Zahl der Sozialkontakte. Nach einer Longevity-Studie bürden psychologische Faktoren, wie Einsamkeits- und Unglücksempfinden, dem biologischen Alter zusätzliche 1,65 Lebensjahre auf. Vgl. Fedor Galkin et al.: Psychological factors substantially contribute to biological aging: evidence from the aging rate in Chinese older adults, in: Aging, Vol. 14, No. 18, 2022, S. 7206-7222. An der University of Glasgow wird derzeit schon mit sozialen Robotern gegen Einsamkeit experimentiert.

266 Vgl. Henning Beck: Optimismus rettet die Welt, in: NZZ vom 7. September 2023. »Ob der übermäßige Pessimismus westlicher Industrieländer vielleicht eher ein Indikator für den bevorstehenden Abstieg ist? Aus kognitiver Sicht würde nichts dagegensprechen. Denn laut Untersuchungen sind optimistische Menschen oftmals kreativer und proaktiver als pessimistische. Optimisten sind in Kreativitätstests leistungsfähiger, leben fast 15 Prozent länger als Schwarzseher, halten Stress besser aus, leben im Alter glücklicher und erholen sich von Krankheiten besser. Dennoch scheinen Menschen den Pessimismus zu lieben und behalten deshalb immer den Worst Case vor Augen«.

267 Vgl. Justus Bender: Nation der Sensibelchen. Die Deutschen werden immer empfindsamer. Ständig vermuten sie, falsch behandelt zu werden. Wo soll das enden? in: FAS vom 3. September 2023.

268 Die Forschung dazu zeigt, dass es im internationalen Ländervergleich nahezu keinen Zusammenhang zwischen der tatsächlichen Verteilung der Einkommen und der subjektiven Bewertung der Einkommensunterschiede gibt. Ein wesentlich besserer Erklärungsfaktor für die Bewertung der Verteilung ist die subjektive Einschätzung der Ungleichheit innerhalb einer Gesellschaft. Ebenso werden auch die Umverteilungspräferenzen nicht

durch die tatsächliche Verteilung, sondern vorwiegend durch die wahrgenommene Ungleichheit beeinflusst. Vgl. Judith Niehues: Subjektive Ungleichheitswahrnehmung und Umverteilungspräferenzen, in: IW-Trends, 41. Jg., Nr. 2, 2014, S. 75-91.
269 Vgl Svenja Flasspöhler: Sensibel – Über moderne Empfindlichkeit und die Grenzen des Zumutbaren, Stuttgart 2021.
270 Vgl. Identity Foundation: Deutschland auf der Flucht vor der Wirklichkeit, Studie des Rheingold-Instituts, Köln 2023; https://identity-foundation.de/studien/deutschland-auf-der-flucht-vor-der-wirklichkeit/. Diese Zuschreibungen erinnern an wenig an die Studie des Rheingold-Gründers Stephan Grünewald: Deutschland auf der Couch. Eine Gesellschaft zwischen Stillstand und Leidenschaft, Frankfurt / New York 2006. Dort heißt es: »Die Gesellschaft und nicht nur der Einzelne ist in den letzten Jahren in einen Zustand überdrehter Erstarrung geraten. [...] Was ist das für eine Gesellschaft, die solch eine überdrehte Form des Stillstandes erzeugt? Woran liegt es, dass in Deutschland seit Jahren Reformanstrengungen scheitern? Wieso fühlen sich die Menschen trotz dieses gesellschaftlichen Tatenstaus so ausgelaugt und erschöpft?« (S. 7 f.). Dieses Buch ist inzwischen 18 Jahre alt. Eine Lektüre ist auch deshalb interessant, um nachzulesen, ob und wo das damals Geschriebene auch heute noch gilt und wo es komplett danebenlag.
271 In der wissenschaftlichen Literatur wird gefunden, dass elterliche Angst positiv mit »Überelternschaft« (overparenting) verbunden war und dass elterliches Bedauern über größere Angst eine indirekte Auswirkung auf Überelternschaft hatte. Vgl. dazu Chris Segrin / Alesia Woszidlo / Michelle Givertz / Neil Montgomery: Parent and Child Traits associated with Overparenting, in: Journal of Social and Clinical Psychology, Vol. 32, No. 5, 2013, S. 569-595.
272 Vgl. Nicole Althaus: Je jünger, desto kränker, in: NZZ am Sonntag vom 17. September 2023.
273 Vgl. Isolde Charim: Die Qualen des Narzissmus. Über freiwillige Unterwerfung, München 2022; ein Interview zum Buch findet sich in FUTURZWEI N 23 der taz vom 22. Dezember 2022; https://taz.de/Philosophin-Isolde-Charim-ueber-Narzissmus/!5904379/.
274 Vgl. Kinder sind viel robuster und kompetenter, als wir sie heute sein lassen. Interview mit Norbert Schneider, in: DER SPIEGEL vom 25. Juli 2023. »Sämtliche mir bekannten empirischen Studien zeigen, dass Kinder noch nie so sicher, umsorgt, gesund und zufrieden aufgewachsen sind wie derzeit. Dieser Widerspruch zwischen der konstruierten Bedrohung und der empirischen Erkenntnis, dass Kinder zufrieden und sicher sind – von Ausnahmen natürlich abgesehen – muss aufgelöst werden.«
275 Vgl. David McClelland: a. a. O., S. 393 (eigene Übersetzung).

Kapitel 4: Die »10 Gebote«: Auswege aus der Krise

276 Vgl. R+V-Studie: Die Ängste der Deutschen, Ausgabe 2023. Der Langzeitvergleich zeigt einen in den letzten beiden Jahren deutlich angestiegenen »Angst-Index«, der aber noch nicht wieder die Höchststände der Jahre 2003, 2005, 2010 und 2016 erreicht. Terrorängste waren schon einmal 2016 und 2017 die »Top-Ängste«, derzeit sind es steigende Lebenshaltungskosten. Vgl. auch Ipsos: Migrationssorgen steigen sprunghaft an, Sorge wegen Inflation auf Jahreshoch, Presse-Information vom 6. November 2023; https://www.ipsos.com/de-de/migrationssorgen-steigen-sprunghaft-sorge-wegen-inflation-auf-jahreshoch.
277 Vgl. Bundesbeauftragter für Wirtschaftlichkeit in der Verwaltung: 12 Impulse für Parlament und Regierung zur 20. Wahlperiode, Bonn 2021. Wörtlich heißt es dort: »Die Erosion staatlicher Handlungsfähigkeit muss gestoppt werden«. [...] »In vielen zentralen Bereichen ist der Staat seinen Aufgaben nicht mehr angemessen nachgekommen und konnte keine vernünftigen Lösungen anbieten. Das muss sich ändern. [...] Ein schwacher, in Kernbereichen der staatlichen Daseinsvorsorge und des Schutzes seiner Bürgerinnen

und Bürger lethargischer, überforderter oder sich verweigernder Staat verliert die Unterstützung der Menschen und schwächt sich selbst. Zudem nehmen gesellschaftliche Konflikte zu« (S. 28).

278 »Polykrisen, Weltunordnung, neue Bipolarität, hybride Kriege und ein konfrontatives internationales System: Mehrheitlich wollen die Deutschen nicht wahrhaben, in welcher Welt sie zukünftig leben werden. [...] In Deutschland gibt es in der breiten Bevölkerung kein Bewusstsein über die lauernden Gefahren und auch nur wenig Kenntnisse, wie man sich im Notfall durchschlagen kann.« Vgl. Carlo Masala, Deutschland braucht jetzt eine wirkliche Zeitenwende, Gastbeitrag in: DER SPIEGEL vom 12. Oktober 2023. Vgl. vertiefend Ders., Bedingt abwehrbereit. Deutschlands Schwäche in der Zeitenwende, München 2023.

279 Vgl. Jahresbericht 2022 durch die Wehrbeauftragte, Deutscher Bundestag, Bundestags-Drucksache 20/5700 vom 28. Februar 2023, und Jahresbericht 2023, Bundestags-Drucksache 20/10500 vom 12. März 2024.

280 Vgl. Bundesministerium der Verteidigung: Verteidigungspolitische Richtlinien 2023, Berlin. Der Opposition geht das Papier indes nicht weit genug: Jeder gute Ansatz scheitere an der Bundesregierung und am Kanzleramt, »das weder für eine gesellschaftspolitische Umpriorisierung der Ausgaben sorgt noch dafür, dass Abschreckung in Europa künftig überhaupt noch ausreicht«, sagte der CDU-Bundestagsabgeordnete Kiesewetter. Vgl. Spiegel-Online vom 10. November 2023.

281 Vgl. Deutscher Bundestag: Spitzen der Nachrichtendienste vor dem Kontrollgremium, Anhörung Inneres und Heimat, heute im bundestag, Nr. 752/2023; https://www.bundestag.de/presse/hib/kurzmeldungen-972252.

282 Aus Sicht der Raumforschung zählen dazu zum einen schnelles Internet, ÖPNV, Kinderbetreuung, Hausärzte, Pflegeleistungen mit einer Versorgung direkt am Wohnort. Zum anderen sollte etwa bei Fachärzten, Kultur und Freizeiteinrichtungen zumindest eine gute Erreichbarkeit gewährleistet sein. Vgl. Zentrum für Sozialforschung Halle / Institut für Politikwissenschaft Jena / Leibniz-Institut für Sozialwissenschaften: Deutschlandmonitor. Gesellschaftliche und politische Einstellungen. Themenschwerpunkt: Stadt und Land, Berlin / Halle / Jena / Mannheim, Januar 2024, S. 63 ff.

283 Vgl. Fritz W. Scharpf: Die Politikverflechtungs-Falle: Europäische Integration und deutscher Föderalismus im Vergleich, in: Politische Vierteljahresschrift. 26. Jg., Heft 4, 1985, S. 323–356; Nationaler Normenkontrollrat: Wege aus der Komplexitätsfalle, Gutachten, Berlin 2024.

284 Vgl. den offenen Brief der Oberbürgermeister der Städte Schwäbisch Gmünd, Tübingen und Esslingen an den Bundeskanzler vom 9. Oktober 2023. Darin werden insgesamt 26 Beispiele absurder Verwaltungsvorschriften aufgearbeitet und deren nachteiligen Folgen für die Problemlösungskapazität von Kommunen beschrieben. Resigniert heißt es u. a.: »Trotzdem wird über Bürokratieabbau immer nur geredet. Der Grund ist einfach: Mit bürokratischen Methoden erzeugt man immer nur neue Bürokratie. Kommissionen zum Abbau von Bürokratie sind ein Widerspruch in sich. Das ›Deutschlandtempo‹ [...] setzt ein grundsätzliches Umdenken voraus.« Vgl. https://www.tuebingen.de/Dateien/482_brief_buerokratie_scholz_anlage.pdf, S. 12. Vgl. zu 25 weiteren »Beispielen aus Absurdistan« Patrick Bernau: Deutschland versinkt in Antragswust und Planungsstau, in: FAZ vom 5. März 2023. Zu zahlreichen Beispielen verschwendeter Steuergelder vgl. Bund der Steuerzahler: Schwarzbuch 2023/2024, Berlin 2023; https://www.steuerzahler.de/aktuelles/detail/das-51-schwarzbuch-ist-da/.

285 Vgl. Brussels Playbook from Politico, 25. Oktober 2023. Das neueste Beispiel ist die EU-Richtlinie zur Nachhaltigkeitsberichterstattung von Unternehmen. Dieser wird nach dem Gesetzentwurf des BMJ zu einem laufenden Erfüllungsaufwand für die Unternehmen von ca. 1,4 Mrd. Euro jährlich führen. Das ist gerade das Gegenteil des allseits versprochenen Bürokratieabbaus.

286 Für eine luzide Einführung schon vor fast 50 Jahren vgl. Charles Beat Blankart: Zur ökonomischen Theorie der Bürokratie, Diskussionsbeiträge des Fachbereichs Wirtschaftswissenschaften der Universität Konstanz, Nr. 75, 1975.

287 Vgl. William Niskanen: The Peculiar Economics of Bureaucracy, in: American Economic Review, Vol. 58, No. 2, 1968, S. 293-305.

288 Vgl. Harvey Leibenstein: Allocative Efficiency versus »X-Efficiency«, in: American Economic Review, Vol. 56, 1966, No. 3, S. 392-415. Interessant ist auch die danach folgende Kritik von George Stigler und die Replik darauf von Leibenstein, jeweils in der American Economic Review.

289 Vgl. Cyril Northcote Parkinson: Parkinson's Law or The Pursuit of Progress, Harmondsworth, 1965. Pointiert formulierte dazu Schnellenbach: »Die Politik, die den Expansionsdrang der Bürokratie kontrollieren sollte, spricht sich stattdessen mit dieser ab und sorgt aus ihrem Eigeninteresse heraus für stetig wachsende Budgets. An der Wahlurne wird dieses Verhalten kaum bestraft«. Vgl. Jan Schnellenbach: Staat Nimmersatt, in: Corrigenda, 5. Dezember 2022.

290 Vgl. Paul Kirchhoff: Die Macht der Schreibstuben begrenzen, in: FAZ vom 27. Juli 2023. Drastisch formuliert er: »Genehmigungs-, Förderungs- und Steuerverfahren stellen Anforderungen an das Wissen, die Organisationskraft und das computertechnische Geschick eines Bürgers, die er nicht erfüllen kann. [...]. Aus der eigenverantwortlichen wird eine fremdbestimmte Erklärung. [...] Die Selbstgewissheit des anständigen Bürgers schwindet mit der Abhängigkeit von einem unverständlichen Recht und überfordernden Verfahrensabläufen«. Wolfgang Schön warnt sogar vor einem drohenden Regulierungsbankrott: »Jeder muss verstehen, dass es nicht der überforderte Einzelne sein darf, der persönlich für die legislative Überschuldung unserer Gesellschaft haftbar gemacht werden darf. Den drohenden Regulierungsbankrott haben wir gemeinsam verursacht, und wir müssen ihn gemeinsam abwenden.« Vgl. Wolfgang Schön: Vor dem Regulierungsbankrott, in: FAZ vom 23. Juni 2023.

291 Vgl. Bundesministerium der Justiz: Sonderbericht der Bundesregierung: Bessere Rechtsetzung und Bürokratieabbau in der 20. Legislaturperiode. Diesem Bericht ist eine Verbändeabfrage zum Bürokratieabbau und ein Monitoring-Bericht des Statistischen Bundesamtes vorausgegangen: https://www.bmj.de/SharedDocs/Pressemitteilungen/DE/2023/1025_Buerokratie_Sonderbericht.html. Nach einer ausführlichen Bewertung aus Wirtschaftssicht (BDI: Eckpunkte Bürokratieentlastungsgesetz, Position Wirtschaftspolitik, 18. September 2023, Berlin) bleiben die geplanten Maßnahmen aber deutlich hinter den Erwartungen und den Notwendigkeiten zurück. Es bestehe dringender und unmittelbarer Handlungsbedarf beim Lieferkettensorgfaltsgesetz, beim Außensteuergesetz, bei der Verwaltungsmodernisierung, der Genehmigung von Groß- und Schwertransporten, den Nachweis- und Stichtagspflichten beim Immissionsschutzgesetz sowie im Baurecht. Auch der Nationale Normenkontrollrat (NKR) kommt in seiner Stellungnahme zum Sonderbericht zu dem Ergebnis, dass es bisher trotz breiter Debatten noch nicht zu einer Trendwende bei der Bürokratisierung von Gesellschaft und Wirtschaft gekommen sei. Vgl. auch NKR-Stellungnahme vom 23. Oktober 2023, Bonn; https://www.normenkontrollrat.bund.de/Webs/NKR/DE/veroeffentlichungen/nkr-stellungnahmen/nkr-stellungnahmen_node.html.

292 Vgl. u. a. das Positionspapier von BDA, BDI, DIHK und ZDH vor der Bundestagswahl 2021: Drei Handlungsfelder für einen modernen und lebensnahen Regulierungsrahmen, Berlin 2021, S. 3. Zur »Bürokratiebremse« und ihren Effekten vgl. Bundesregierung: Die Bürokratiebremse – One in, one out-Regel; https://www.bundesregierung.de/breg-de/aktuelles/die-buerokratiebremse-one-in-one-out-regel-1964512. Die Liste an Positionspapieren zum Bürokratieabbau aus verschiedenen gesellschaftlichen Gruppen ist nahezu unübersehbar.

293 Vgl. NKR: Positionspapier des Nationalen Normenkontrollrates zu dem Pakt zur Be-

schleunigung von Planungs- und Genehmigungsverfahren, 17. Juli 2023, Berlin. Dass man trotz aller vollmundigen Pakte und Pläne keine zu hohen Erwartungen hegen sollte, zeigt die Erfahrung mit früheren großangelegten Aktionsprogrammen, aus denen letztlich nichts gefolgt ist. Vgl. Deutscher Bundestag: Unterrichtung durch die Bundesregierung: Erster Bericht und Fortschreibung des Aktionsprogramms zur weiteren Steigerung von Effektivität und Wirtschaftlichkeit der Bundesverwaltung, Drucksache 13/9980 vom 19. Februar 1998 (sic!).

294 Vgl. Klaus-Heiner Röhl, Bürokratieabbau und bessere Rechtsetzung: Wer macht was in EU, Bund und Ländern? IW Policy Paper, Nr. 1, Köln 2020. Zu einer insgesamt zurückhaltenden Einschätzung der Potenziale von »OIIO« vgl. Elisabeth Golberg: The Jury Is Still Out on One-In-One-Out, The regulatory review, February 2020; https://www.theregreview.org/2020/02/03/golberg-jury-still-out-one-in-out/.

295 Vgl. European Commission: The European Union's action to simplify legislation. Annual Burden Survey 2022, Brussels; https://commission.europa.eu/system/files/2023-09/ABS_20230912_0.pdf, S. 10 ff.

296 Vgl. statt aller NKR: Positionspapier des nationalen Normenkontrollrates zum Entwurf eines Gesetzes zur Änderung des Onlinezugangsgesetzes sowie weiterer Vorschriften, Bericht vom 9. Februar 2023, Berlin. Zu einem internationalen Vergleich Oliver Georgi: Digitalwüste Deutschland. In anderen Ländern erledigen die Bürger ihre Behördengänge online. Warum geht das bei uns nicht? in: FAS vom 18. Juni 2023. Lediglich ein Viertel aller bis Ende 2022 geplanten OZG-Vorhaben sind bis zum Herbst 2023 umgesetzt.

297 Vgl. Initiative Neue Soziale Marktwirtschaft (INSM): INSM-Umfrage zur Bürokratie: Fast jeder Zweite hält sich nicht an Vorschriften/Bürokratie erzeugt vor allem Wut bei den Bürgern, Pressemitteilung, 20. Februar 2024, Berlin; vgl. auch dbb-beamtenbund und tarifunion: dbb-Bürgerbefragung Öffentlicher Dienst. Einschätzungen, Erfahrungen und Erwartungen der Bürger, Berlin 2023. So könnten durch eine verstärkte Digitalisierung und durch mehr Angebote zur Erledigung von Aufgaben per Internet nach Einschätzung der Befragten vor allem bei den Bürgerämtern (70 Prozent) Verbesserungen erreicht werden, aber auch bei den Genehmigungsverfahren (64 Prozent), der Steuerverwaltung (58 Prozent) oder den Arbeitsämtern (51 Prozent).

298 Vgl. Nationales E-Government Kompetenzzentrum (NEGZ): Government as a Platform in Deutschland, Berlin 2023. Eine zentrale Herausforderung der Digitalisierung der öffentlichen Verwaltung ist das »in die Fläche kommen«, denn es müssen dafür IT-Systeme über Bundesländergrenzen hinweg verknüpft werden, etwa durch »Einer-für-Alle« (EfA)-Dienste. Bedingt durch föderale Strukturen und das Ressortprinzip weist diese Verknüpfung jedoch technische und organisatorische Hürden auf. Analog zu Autobahnen im Verkehrsbereich muss daher eine Komplexitätsreduktion bei der Verwaltungsdigitalisierung durch eine zentral designte IT-Infrastruktur erreicht werden, mit der eine »Datenautobahn« für die technische Verknüpfung zwischen IT-Systemen sorgen und damit das »in die Fläche kommen« vereinfachen kann.

299 Vgl. Sebastian Blesse et al.: Was verhindert einen leistungssteigernden Wettbewerb im Bildungsföderalismus? in: ifo-Schnelldienst, 76. Jg., Heft 4, 2023, S. 48-52.

300 Vgl. NKR: BEG IV-Eckpunkte müssen Auftakt für umfassende Entlastungsstrategie der Bundesregierung werden; https://www.normenkontrollrat.bund.de/Webs/NKR/SharedDocs/Newsletter/DE/2023/2023-1/artikel-1-buerokratieentlastungsgesetz.html.

301 Auf publizistischer Ebene vgl. Sascha Lobo: Föderalismus ist nur noch ein Euphemismus für Kleinstaaterei, in: DER SPIEGEL vom 13. September 2023; auf politischer Ebene Thomas De Maiziere: Die Veränderungen, die es jetzt braucht, in: FAZ vom 18. Oktober 2021. Zuletzt Lutz Göbel mit der Forderung nach einer Staatsreform: Interview in Table. Media vom 23. Oktober 2023; https://table.media/europe/analyse/nkr-chef-goebel-die-energiewende-ist-nicht-moeglich-wenn-wir-buerokratie-nicht-systematisch-abbauen/.

Auf Stiftungsebene vgl. Konrad-Adenauer-Stiftung: Für einen handlungsfähigen deutschen Staat. Vorschläge für eine Staatsmodernisierung in der Legislaturperiode 2021-2025, Berlin 2021; auf Parteienebene inzwischen auch CDU: In Freiheit leben. Deutschland sicher führen. Grundsatzprogramm. Antrag des Bundesvorstands der CDU Deutschlands an den 36. Parteitag, Berlin 2024, Zeile 95 f.

302 Vgl. Präsident des Bundesrechnungshofes als Bundesbeauftragter für Wirtschaftlichkeit in der Verwaltung: Modernisierung der Verwaltungsbeziehungen von Bund und Ländern, Gutachten, Bonn 2007.

303 Vgl. ebd., S. 15.

304 Vgl. ebd., S. 16.

305 Vgl. Oliver Koppel / Karl Lichtblau: Föderalismustheorie: Ökonomische Kriterien für die Konstruktion eines föderalen Systems, in: Institut der deutschen Wirtschaft Köln (Hrsg.), Föderalismus in Deutschland. Ökonomische Analyse und Reformbedarf, Köln 2007, S. 9-43.

306 Vgl. Christian Baretti: Anreizwirkungen des Länderfinanzausgleichs – Theoretische und empirische Analyse, München, 2001; Bernd Huber / Karl Lichtblau: Konfiskatorischer Finanzausgleich verlangt eine Reform, in: Wirtschaftsdienst, 78. Jg., Nr. 3, 1998, S. 142-147; zu weiteren Reformoptionen vgl. Thomas Lenk: Reformbedarf und Reformmöglichkeiten des deutschen Finanzausgleichs – Eine Simulationsstudie, Baden-Baden 1993.

307 Vgl. Ralph Brügelmann: Föderalismusreform: Die Unzulänglichkeiten des Finanzausgleichs unter den Ländern, IW-Policy Paper, Nr. 16, Köln 2014. Dort werden auch die bereits vorliegenden Vorschläge, u. a. des Sachverständigenrates Wirtschaft, für die Einführung von Zuschlägen zur Einkommen- und Körperschaftsteuer durch die Länder zitiert, die zum Teil auch detailliert durchgerechnet wurden und positive Ergebnisse auf das Gesamtsteueraufkommen zeigten.

308 Vgl. Klaus-Heiner Röhl: Optionen für die deutsche Regionalpolitik. Mehr regionaler Wettbewerb im Föderalstaat, in: Institut der deutschen Wirtschaft Köln (Hrsg.), Föderalismus in Deutschland. Ökonomische Analyse und Reformbedarf, Köln 2007, S. 155-178.

309 Vgl. Expertenkommission zum Volksentscheid »Vergesellschaftung großer Wohnungsunternehmen«. Abschlussbericht, Juni 2023, 2. Auflage, Berlin. Dort heißt es: »Ein Vergesellschaftungsgesetz steht tatbestandlich im Einklang mit den in Art. 15 GG ausdrücklich genannten Voraussetzungen« (Ziff. 37). »Nach Auffassung der Kommissionsmehrheit steht das Gebot der Verhältnismäßigkeit der Vergesellschaftung in Berlin belegener Immobilienbestände großer Wohnungsunternehmen nicht entgegen.« (Ziff. 38). »Nach mehrheitlicher Auffassung ist das Gebot jedoch im Falle einer Vergesellschaftung (Art. 15 GG) gegenüber einem Fall einer Enteignung (Art. 14 Abs. 3 GG) zu modifizieren. Dadurch ist dem eigenständigen Anliegen einer Vergesellschaftung Rechnung zu tragen, nämlich der Beendigung privatnütziger Verwertung zur Aufhebung wirtschaftlicher, gesellschaftlicher und politischer Macht.« (Ziff. 40). Zum ganzen Hintergrund dieser Kommission vergleiche Haufe Online Redaktion, News vom 27. September 2023; https://www.haufe.de/immobilien/wirtschaft-politik/berlin-debatte-um-enteignungen-geht-weiter_84342_487722.html.

310 Vgl. Karsten Seibel: Leergefegte Ex-Hauptstadt? Der Regierungssitz in Bonn wächst wieder, in: Die Welt vom 26. März 2024; vgl. auch Ursula Weidenfeld: Öffentlicher Dienst. Kostet ja nix. Der öffentliche Dienst wird immer größer und teurer, aber nicht produktiver, in: DER SPIEGEL vom 29. März 2023. Gerade angesichts der Personalausstattung der Arbeitsagenturen irritiert die mit der geplanten Einführung der Kindergrundsicherung verbundene Schaffung von zusätzlichen 5.000 Stellen für eine neue eigene Organisationsstruktur sehr. Gleichzeitig wird berichtet, dass derzeit rund 4,5 Mrd. Euro an vom Bund vorgestreckten Unterhaltszahlungen nicht von den eigentlichen Unterhaltspflichtigen zurückgeholt werden können, weil die dafür erforderlichen personellen Kapazitäten fehlen. Vgl. NZZ vom 1. April 2024.

311 Vgl. Economist vom 4. November 2023.
312 Vgl. Adolph Wagner: Erste Hauptabteilung: Grundlegung der politischen Oekonomie, Dritte Auflage. Erster Theil: Grundlagen der Volkswirthschaft, Leipzig 1893: »Der Staat speciell, als Wirtschaft zur Fürsorge der Bevölkerung mit gewissen Gütern, insbesondere Gemeingütern für gewisse Bedürfnisse aufgefasst, wird dabei absolut immer wichtiger für die Volkswirtschaft und für den Einzelnen. Aber auch seine relative Bedeutung steigt, d. h. eine immer größere und wichtigere Quote der Gesammtbedürfnisse eines fortschreitenden Culturvolks wird durch den Staat statt durch andere Gemeinwirtschaften und Privatwirtschaften befriedigt.« (S. 893 f.).
313 Vgl. Bundesverfassungsgericht: Urteil des Zweiten Senats vom 15. November 2023 – 2BvF 1/22, Rn. 1-231; https://www.bundesverfassungsgericht.de/SharedDocs/Entscheidungen/DE/2023/11/fs20231115_2bvf000122.html.
314 Der Subventionsbericht der Bundesregierung definiert: »Der Berichtsgegenstand des Subventionsberichts ist durch § 12 Stabilitäts- und Wachstumsgesetz (StabG) festgelegt und umfasst Leistungen bzw. Vergünstigungen für private Unternehmen und Wirtschaftszweige. Unter Finanzhilfen werden Geldleistungen des Bundes an Stellen außerhalb der Bundesverwaltung verstanden, die privaten Unternehmen und Wirtschaftszweigen zugutekommen, während es sich bei Steuervergünstigungen um spezielle steuerliche Ausnahmeregelungen handelt, die für die öffentliche Hand zu Mindereinnahmen führen.« (S. 12). Die umfangreichen Ausführungen zum Subventionsbegriff machen deutlich, wie komplex die finanzwirtschaftliche Abgrenzung von Subventionen ist. Vgl. BMF: Bundeskabinett beschließt 29. Subventionsbericht. Subventionspolitik in Zeiten von Krise und Transformation – Evaluierung der Subventionspolitik bleibt Daueraufgabe, Pressemitteilung vom 30. August 2023, Berlin.
315 Vgl. BMF: a. a. O., S. 40.
316 Vgl. Kieler Subventionsbericht 2023: Subventionen des Bundes in Zeiten von Ukrainekrieg und Energiekrise, Kieler Beiträge zur Wirtschaftspolitik, Nr. 44, Oktober 2023, Kiel, S. 10. Zu den großen methodischen und empirischen Unterschieden bei der Subventionsmessung vgl. schon Deutsche Bundesbank: Die Entwicklung der Subventionen in Deutschland seit Beginn der neunziger Jahre, in: Monatsbericht Dezember 2000, Frankfurt, S. 15-29, besonders S. 17. Besonders nachteilig sind Subventionen, wenn ihre Effekte ihren eigenen Zielen zuwiderlaufen. So waren Subventionen für Plug-In-Hybride umweltschädlich, weil sie zum vermehrten Kauf von großen und schweren Fahrzeugen geführt haben. Vgl. Ilona Tsanko: Would You Like to Super-Size Your Car? The Effect of Environmental Subsidies on Emission, ZEW Discussion Paper, No. 23-033, Mannheim 2023.
317 Zu einer Übersicht über die Instrumente vgl. Europäische Union: Finanzmittel, Darlehen und Zuschüsse der Europäischen Union; https://european-union.europa.eu/live-work-study/funding-grants-subsidies_de. Kritisch zur Ausgabenpolitik der EU vgl. Europäischer Rechnungshof, Ausgaben der EU: mehr Fehler und größere Risiken. Jahresbericht zum Haushaltsjahr 2022. Luxemburg; https://www.eca.europa.eu/de/news/NEWS-AR-2022. Wichtig ist auch, dass nicht alle national erfassten Subventionen auch Beihilfen im Sinne des EU-Beihilferechts darstellen. Bei knapp drei Vierteln der im nationalen Subventionsbericht erfassten Finanzhilfen handelt es sich gleichzeitig auch um Beihilfen nach europäischem Beihilferecht. Dies zeigt einerseits die Nähe zwischen Beihilfe- und Subventionsbegriff, andererseits aber auch, dass die beiden Begriffe nicht synonym verwendet werden können.
318 Vgl. BMF: a. a. O., Übersicht 6, S. 36. In seinem Sonderbericht zur Umsetzung der Energiewende im Hinblick auf die Versorgungssicherheit, Bezahlbarkeit und Umweltverträglichkeit der Stromversorgung (7. März 2024, Bonn, S. 9) moniert der Bundesrechnungshof: »Punktuelle staatliche Subventionierungen des Energiesystems nach Kassenlage unter-

graben die Transparenz und Steuerungswirkung der Preise. Stattdessen muss die Bundesregierung auf Grundlage einer systematischen Betrachtung nachvollziehbar festlegen, in welcher Form die Kosten der Transformation zu tragen sind«. Man möchte hinzufügen: Elementar ist es, die Kosten der Transformation so gering als möglich zu halten, um nicht ihre Akzeptanz in der Bevölkerung zu gefährden.

319 Vgl. IfW Kiel, a. a. O., S. 19. Die Bundesregierung stellt dazu im Subventionsbericht fest: »Die Abgrenzung der im Subventionsbericht ausgewiesenen Subventionen wird kontinuierlich überprüft und auch anhand von Fallbeispielen weiterentwickelt. Der Subventionsbegriff in § 12 StabG ist nicht abschließend definiert. Was unter einer Subvention zu verstehen ist, wird in Wissenschaft und Politik unterschiedlich weit ausgelegt. Mit der generellen Beschränkung des Subventionsberichts in § 12 StabG auf Hilfen für private Unternehmen und Wirtschaftszweige werden weite Bereiche des Bundeshaushalts nicht erfasst, die nach anderen Abgrenzungen den Subventionen zuzurechnen sind«.

320 Vgl. BMF: 29. Subventionsbericht des Bundes, 2023, S. 11. Weiter unten heißt es: »Eine regelmäßige interne oder externe Erfolgskontrolle zielt insbesondere auch darauf ab, Potenziale für einen gezielten und ökonomisch sinnvollen Subventionsabbau oder eine Optimierung bzw. Feinjustierung – bspw. mit sozialer und ökologischer Wirkung – in der Subventionsausgestaltung zu erschließen« (S. 65).

321 Vgl. Herbert Giersch: Konjunktur- und Wachstumspolitik, Wiesbaden 1977, S. 148. Besonders drastisch hat im Jahr 2003 der Managerkreis der Friedrich-Ebert-Stiftung formuliert: »Subventionsabbau bleibt in jedem Fall ein mühsames, risikoreiches Geschäft für jeden Politiker, der sich darauf einlässt. Allerdings gilt: am Subventionsabbau führt kein Weg vorbei. *Die Bürger sollten wissen, wer sich heute gegen gewisse Abbauhärten sperrt, wird morgen zur Unzeit Kürzungsbrutalitäten hinnehmen müssen. Wenn heute keine Spielräume für privates Vorsorgesparen entstehen, wird morgen Einkommen im Alter fehlen* (Hervorh. i. O.). Die Logik des Problems ist einfach. Es kommt darauf an, sie zu verbreiten.« Vgl. Nachhaltige Finanzpolitik: Subventionen auf dem Prüfstand. Thesenpapier, Berlin 2003, S. 9/10. Wie verzerrt Wahrnehmungen sein können, zeigt die Einlassung einer 24-jährigen Abgeordneten des Brandenburger Landtages aus dem Jahr 2023: »Wir haben die letzten 30 Jahre Transformation ohne Geld gemacht«. Angesichts der in die Billionen gehenden Ausgaben für die Herstellung der deutschen Einheit löst eine solche Aussage nur Kopfschütteln aus. Vgl. Berlin.Table # 177 vom 2. November 2023.

322 Vgl. ZEW: Die ermäßigte Mehrwertsteuer in der Gastronomie. Bewertung und subventionspolitische Schlussfolgerungen, ZEW-Kurzexpertise, Nr. 4, 9. Oktober 2023, Mannheim. Die Diskussion erinnert fatal an die Ermäßigung der Mehrwertsteuersätze für Beherbergungsleistungen im Jahr 2010, von der sich die FDP ordnungspolitisch faktisch nicht erholt hat. Diese Hotelsubvention gibt es bis heute und beträgt deutlich mehr als 1,4 Mrd. Euro im Jahr. Die Effekte der damaligen Absenkung sind zudem nicht überwiegend bei den Konsumenten, sondern bei den Unternehmen angekommen.

323 Vgl. Rolf Peffekoven: Reformbedarf bei der Mehrwertsteuer: Steuerausfälle, Wettbewerbsverzerrungen und Ineffizienzen vermeiden, in: Wirtschaftsdienst, Zeitgespräch: Brauchen wir eine Reform des Mehrwertsteuersystems?, 90. Jg., Heft 9, 2010, S. 575 ff.; vgl. zu den Möglichkeiten einer Entscheidungsheuristik für Mehrwertsteuersatzvariationen Ralph Brügelmann: Die Mehrwertsteuer: Große Reform oder Subventionsabbau?, a. a. O., S. 582 ff. Wie aus so vielen Impulsen zu einer grundlegenden Steuerreform ist auch aus den seinerzeitigen Plänen der damaligen CDU/FDP-Koalition zu einem vereinheitlichten Mehrwertsteuersatz nichts geworden. Vgl. auch »Erhard heute« – Der aktuelle Kommentar von Roland Koch: Willkürliche Mehrwertsteuer und andere Subventionen, 13. Oktober 2023: »Das System der Mehrwertsteuer lebt von einer gewissen Ignoranz und Gleichmäßigkeit gegenüber allen Lebenssachverhalten. Es wäre dringend an der Zeit, Ausnahmen abzuschaffen, anstatt neue zu begründen«.

324 Vgl. BMF: 29. Subventionsbericht des Bundes, Berlin 2023, Ziffer 185.
325 Vgl. ebd., Ziffer 179.
326 Die Bundesbank schlug eine »gekappte Goldene Regel« vor, bei der die konjunkturbereinigte Defizitquote in Abhängigkeit von der gesamtstaatlichen Bruttoschuldenstandsquote höher ausfallen könne. Vgl. zur Debatte um die Schuldenbremse zusammenfassend Projektgruppe Gemeinschaftsdiagnose: Deutsche Wirtschaft kränkelt – Reform der Schuldenbremse kein Allheilmittel, Gemeinschaftsdiagnose Frühjahr 2024, Kiel 2024, S. 66 f.
327 Vgl. zur Evaluation FiFo / ZEW / ifo / Fraunhofer-FIT: Evaluierung von Steuervergünstigungen. Ergebnisüberblick, Evaluationsschema, Methoden, Köln 2019; vgl. auch BMF, a. a. O., S. 68.
328 Vgl. BMF: 29. Subventionsbericht des Bundes, Berlin 2023, Ziffer 190.
329 Vgl. BMF, ebd, S. 11.
330 Vgl. grundlegend Egon Sohmen: Allokationstheorie und Wirtschaftspolitik, Tübingen 1976, S. 230 ff.
331 Vgl. Ronald H. Coase: The Problem of Social Cost, in: Journal of Law and Economics, Vol. 3, Nr. 1, 1960, S. 1-44.
332 Vgl. Wissenschaftliche Dienste des Deutschen Bundestages: Zu umwelt- und klimaschädlichen öffentlichen Leistungen, Dokumentation WD 8-3000-032/23 vom 29. Juni 2023. Dort gibt es eine instruktive Übersicht über die unterschiedlichen Abgrenzungskonzepte von klimaschädlichen öffentlichen Ausgaben. Vgl. zu konkreten Berechnungen über die ökonomischen Effekte von umweltrelevanten Subventionen Bertelsmann-Stiftung: Reform umweltschädlicher Subventionen. Auswirkungen auf Klima, Gesellschaft und Wirtschaft, Gütersloh 2023.
333 Vgl. Monopolkommission: Strommärkte weiterentwickeln, Preisbremse wettbewerbskonform ausgestalten, Policy Brief, Ausgabe 10, Oktober 2022; https://www.monopolkommission.de/images/Policy_Brief/MK_Policy_Brief_10.pdf.
334 Vgl. BMWK: Wettbewerbsfähige Strompreise für die energieintensiven Unternehmen in Deutschland und Europa sicherstellen. Arbeitspapier des BMWK zum Industriestrompreis für das Treffen Bündnis »Zukunft der Industrie«, 5. Mai 2023, Berlin. Das Papier sollte als ein wirtschaftshistorisch bedeutsamer Beleg dafür archiviert werden, wie sich eine analytisch hochkompetente Ministerialbürokratie auf sechs Seiten in einer ehrlichen Gestaltungsabsicht in einer Feinsteuerung des Energiemarktes verstrickt, um selbstgesteckten Zielen gerecht zu werden: »Die hohe Begründungspflicht muss sich auch in strenge Maßstäbe bei der Ausgestaltung des Brückenstrompreises übersetzen. Negative Effekte – z. B. auf Anstrengungen zur Energieeffizienzsteigerung oder auf zunehmende Flexibilität – müssen so weit wie möglich begrenzt werden«.
335 Vgl. Wissenschaftlicher Beirat beim BMF. Ein Industriestromtarif für Deutschland? Stellungnahme vom 11. Juli 2023; https://www.bundesfinanzministerium.de/Content/DE/Downloads/Ministerium/Wissenschaftlicher-Beirat/Gutachten/industriestromtarif-fuer-deutschland.html.
336 1) Die Stromsteuer von gegenwärtig 15,37 Euro/MWh wird für alle Unternehmen des Produzierenden Gewerbes (rund 700.000) durch die Erhöhung des Entlastungsbetrages auf den europäisch zulässigen Mindestwert auf 0,50 Euro/MWh gesenkt. 2) In dieser Stromsteuersenkung geht der bisherige Spitzenausgleich auf und wird damit verstetigt. Davon profitieren nicht nur die Unternehmen, die bislang den Spitzenausgleich nutzen konnten, sondern alle Unternehmen des produzierenden Gewerbes. 3) Die bestehenden Regelungen für die Strompreiskompensation im KTF, die für die rund 350 am stärksten im internationalen Wettbewerb stehenden Unternehmen gelten, werden für fünf Jahre verlängert und durch den Wegfall des Selbstbehalts nochmals ausgeweitet. 4) Mit der Strompreiskompensation und dem »Super-Cap« werden 90 besonders stromintensive Unternehmen von den Kosten entlastet, die im Zusammenhang mit emissionshandelsbe-

dingten indirekten CO_2-Kosten entstehen. Vgl. Bundesregierung: Energie bezahlbar halten, Pressemeldung vom 9. November 2023; und Bundesregierung: Strompreispaket für produzierende Unternehmen – Bundesregierung entlastet stromintensive Unternehmen, Pressemitteilung 239, vom 9. November 2023, Berlin; https://www.bundesregierung.de/breg-de/aktuelles/pressemitteilungen/strompreispaket-fuer-produzierende-unternehmen-bundesregierung-entlastet-stromintensive-unternehmen-2235602.

337 Carbon Contracts for Difference (CCfD) werden zwischen dem Staat und dem investierenden Unternehmen abgeschlossen. Der Vertrag garantiert die Differenz zwischen dem vereinbarten Vertragspreis und dem Preis eines CO_2-Zertifikats für Emissionsminderungen gegenüber einem Benchmarkwert einer konventionellen Referenztechnologie. Bei einem Vertragspreis über dem aktuellen CO_2-Preisniveau bezuschusst der Staat das Projekt in den ersten Jahren. Steigt der CO_2-Zertifikatepreis jedoch über den Vertragspreis hinaus, ist das Unternehmen verpflichtet, die Differenz an den Staat zurückzuzahlen. Vgl. Mats Kröger / Karsten Neuhoff / Jörn Richstein: Differenzverträge fördern den Ausbau erneuerbarer Energien und mindern Strompreisrisiken, in: DIW-Wochenbericht, 89. Jg., Nr. 35, 2022, S. 440-447.

338 Vgl. Ricarda Kampmann: Instrumente einer gestaltenden Strukturpolitik. Überlegungen zum 28. Subventionsbericht 2021, in: Wirtschaftsdienst, 102. Jg., Heft 1, 2022, S. 52-58.

339 Vgl. Robert Habeck: Video zum Urteil des Bundesverfassungsgerichts zum Nachtragshaushalt 2021; https://www.bmwk.de/Redaktion/DE/Videos/2023/11/231116-habeck-ktf/video.html. Dort heißt es wörtlich: »Es fehlen 60 Mrd. für die Transformation und die Unterstützung der Industrie. Der Industrie, die wir schon haben, der Stahlindustrie, der chemischen Industrie, dem Hochlauf der Wasserstoffwirtschaft und auch dem Aufbau von neuer Industrie, sagen wir der Solarindustrie, die wir ja hier wieder heimisch machen wollen, in Deutschland. Mit der Industrie und der Bedrohung der industriellen Kraft dieses Landes ist natürlich auch eine Bedrohung der Arbeitsplätze in der Industrie verbunden. Die sind durch das Urteil besonders bedroht«.

340 Vgl. BMWK: Industriepolitik in der Zeitenwende. Industriestandort sichern, Wohlstand erneuern, Wirtschaftssicherheit stärken, Oktober 2023, Berlin; vgl. zum Zitat Tagesschau vom 24. Oktober 2023; https://www.tagesschau.de/inland/innenpolitik/habeck-industriestrategie-102.html.

341 Vgl. Deutscher Bundestag: Antwort der Bundesregierung auf die Kleine Anfrage der Abgeordneten Barbara Benkstein, Eugen Schmidt, Steffen Janich, weiterer Abgeordneter und der Fraktion der AfD, Drucksache 20/8936 vom 19. Oktober 2023, Berlin.

342 Vgl.: Chipindustrie schlägt Alarm. Wegen des Finanzierungslochs des Bundes sind Milliardensubventionen für die Chipindustrie fraglich. Firmen und Politiker warnen vor enormen Schäden, in: Handelsblatt vom 23. November 2023.

343 Vgl. BMWK: a. a. O., S. 3.

344 Vgl. zur deutschen Perspektive Lydia Korinek et al.: Drei W-Fragen der Industriepolitik Wer? Wofür? Wie? Ein Rahmen für zielgerichtete staatliche Unterstützung für ein zukunftsfähiges Deutschland. ZOE Institut für zukunftsfähige Ökonomien, Köln 2023; Michael Hüther et al.: Industriepolitik in der Zeitenwende, IW-Policy Paper, Nr. 7, Köln 2023; Kronberger Kreis: Wirtschafts- und Industriestandort Deutschland in Gefahr? Was zu tun ist und was man unterlassen sollte, Nr. 71, Berlin 2023; Managerkreis der Friedrich-Ebert-Stiftung: Die Industriepolitik von der Energiepolitik emanzipieren – Plädoyer für einen neuen strategischen Ansatz, Impulse, Oktober 2023, Berlin; zu einer internationalen Perspektive vgl. Réka Juhász / Nathan Lane / Dani Rodrik: The New Economics of Industrial Policy, NBER Working Paper, Nr. 31538, Cambridge (MA), August 2023; zu einer europaweiten Metastudie mit den bisherigen Ergebnissen industriepolitischer Initiativen vgl. Fabio Bulfone: Industrial policy and comparative political economy: A literature review and research agenda, in: Competition and Change, Vol. 27, Nr. 1, 2023, S. 22-43;

Wiener Institut für Internationale Wirtschaftsvergleiche (wiiw): Industrial Policy for a New Growth Model: A Toolbox for EU-CEE Countries, Research Report 469, Juli 2023, Wien.

345 Vgl. Michael Hüther: Chancen für mehr Wachstum durch eine mutige Steuer- und Finanzpolitik, in: Wirtschaftsdienst, 103. Jg., Heft 10, 2023, S. 10.

346 Vgl. BMWK: a. a. O., S. 2.

347 Vgl. SVR-Wirtschaft: Den Strukturwandel meistern, Jahresgutachten 2019/2020, Wiesbaden 2019, Kapitel 3: Industriepolitik – Strukturwandel als Chance, S. 143. Dort wird auch sehr differenziert diskutiert, ob Airbus ein Beispiel für eine erfolgreiche Industriepolitik ist (S. 149 f.).

348 Vgl. zum endogenen Wachstum Paul Romer: Endogenous Technological Growth, in: Journal of Political Economy, Vol. 98, Nr. 5, 1990, S. 71-102; zum Zusammenhang zwischen staatlicher Förderung und räumlicher Entwicklung vgl. Edward Glaeser: Triumph of the city: How urban spaces make us human, London 2011; Enrico Moretti: The new geography of jobs, New York, 2012.

349 Vgl. Michael Hüther et al.: Industriepolitik in der Zeitenwende, IW-Policy Paper, Nr. 7, , Köln 2023.

350 Vgl. Elga Bartsch / Johannes Vatter: Zeit für eine Transformative Angebotspolitik, in: Schlaglichter der Wirtschaftspolitik, Heft 5, 2023, S. 14-17.

351 Vgl. BMWK: a. a. O., S. 35 ff. Am 5. Dezember 2023 erfolgte der Startschuss für ein erstes europäisches Datenverarbeitungssystem (IPCEI CIS) mit Beihilfen von bis zu 1,2 Mrd. Euro.

352 Vgl. Nicholas Stern: The Economics of Climate Change, in: American Economic Review, Papers and Proceedings, Vol. 98, Nr. 3, 2008, S. 1.

353 Vgl. Andreas Bett / Ralf Breu / Jochen Rentsch: Eine resiliente europäische Photovoltaik-Produktion ist wichtig und machbar, in: PV-Magazin Deutschland, Beitrag vom 17. Oktober 2023. Zu einer kritischen Bewertung vgl. Reinhilde Veugelers / Simone Tagliapietra / Cecilia Trasi: Green Industrial Policy in Europe: Past, Present, and Prospects, in: Journal of Industry, Competition and Trade, Vol. 24, No. 4, December 2024, S. 1-22.

354 Vgl. Andreas Fischer / Malte Küper: Net-Zero Industry Act: Europas Aufholbedarf bei grünen Technologien, IW-Kurzbericht Nr. 77, Köln 2023.

355 Vgl. SVR-Wirtschaft: Der Inflation Reduction Act: Ist die neue US-Industriepolitik eine Gefahr für Europa? Policy Brief 1/2023, Berlin. Vgl. dazu auch Michael Hüther / Jürgen Matthes: Schadet der US Inflation Reduction Act der deutschen Wirtschaft? Ein Einspruch gegen Übertreibungen, Atlantik-Brücke; https://www.atlantik-bruecke.org/schadet-der-us-inflation-reduction-act-der-deutschen-wirtschaft/.

356 Vgl. zur wirtschaftstheoretischen Argumentation Sachverständigenrat Wirtschaft, Jahresgutachten 2019/2020, a. a. O., S. 148 ff., zu einer praktischen Anwendung bezüglich der Bedeutung großer KI-Modelle für die digitale Souveränität Europas vgl. KI-Bundesverband: Große KI-Modelle für Deutschland, Berlin 2023.

357 Vgl. Hans-Peter Klös: Nach dem Corona-Schock: Digitalisierungspotenziale für Deutschland, IW-Policy Paper, Nr. 20, Köln 2020.

358 Vgl. Öffentliches Gesundheitsportal Österreichs: Gesundheitsreform: »Digital vor ambulant vor stationär«, Nachricht vom 23. November 2023; https://www.gesundheit.gv.at/news/aktuelles/aktuell-2023/gesundheitsreform.html.

359 Vgl. Deutscher Bundestag: Gesetzentwurf der Bundesregierung – Entwurf eines Gesetzes zur verbesserten Nutzung von Gesundheitsdaten (Gesundheitsdatennutzungsgesetz – GDNG), Drucksache 20/9046 vom 1. November 2023, S. 2.

360 Vgl. Bayern innovativ (Hrsg.): Standortfaktor Gesundheitsdaten. Zugang zu Gesundheitsdaten als Standortfaktor für Unternehmen in Medizintechnologie und Biotechnologie, Nürnberg 2023.

361 Vgl. Oliver Ganser: Datenraum statt Blackbox, FAZ vom 28. November 2023.

362 Zu einem instruktiven Vergleich der beiden Acts vgl. Bundesverband der Deutschen Industrie: Vergleich und Erfahrungen US versus EU Chips Act. 11 Lehren aus dem US Chips Act für den EU Chips Act, Berlin 2023.
363 Vgl Chris Miller: Chip War. The Fight for the World's Most Critical Technology, London 2022.
364 Vgl. Zukunft von Intel: »Es gibt nur drei Möglichkeiten: groß, Nische oder tot«, in: DER SPIEGEL, Nr. 49, 2023.
365 Vgl. Mariana Mazzucato: a.a.O. In einem Strategiepapier für den Wirtschaftsausschuss des Europäischen Parlaments zur Erhöhung der Wettbewerbsfähigkeit Europas wird u.a. ein EU-ARPA (Advanced Research Projects Agency) vorgeschlagen. Vgl. David Pinkus et al.: Coordination for EU competitiveness. Study, Requested by the ECON committee, Brussels, 2024.
366 Vgl. World Economic Forum: Generative AI: a game-changer that society and industry need to be ready for, Davos 2023; https://www.weforum.org/agenda/2023/01/davos23-generative-ai-a-game-changer-industries-and-society-code-developers/.
367 Auf der Seite der politischen Aktivitäten möchte die Bundesregierung mit der nationalen Initiative für Künstliche Intelligenz und Datenökonomie das Wachstum vertrauensvoller, marktfähiger KI-Anwendungen in Deutschland unterstützen. Dazu wurde ein Konsortium auf den Weg gebracht, das einheitliche KI-Qualitätsstandards als Basis eines freiwilligen deutschen KI-Gütesiegels entwickelt. In der Europäischen Union wurde mit dem AI Act eine präventive Regulierung von KI auf den Weg gebracht. In den USA gab es, beschleunigt von einer von führenden KI-Experten verfassten Warnung vor einem Kontrollverlust bei der Entwicklung von generativer KI (»Oppenheimer Moment«), eine »Executive Order« des Präsidenten für eine sichere und vertrauenswürdige KI, dem schon vorher den Entwurf einer »AI Bill of Rights« vorausging. Andererseits sind die Warnungen vor einem nicht mehr einzuholenden Rückstand Europas bei großen KI-Modellen sehr pointiert. Vgl. KI-Bundesverband: Large European AI Models (LEAM) als Leuchtturmprojekt für Europa, Berlin 2023, und David Bomhard: KI-Verordnung ante portas, NJW-Editorial vom 14. Februar 2024: »Eine 33-monatige Odyssee des EU-Gesetzgebers geht zu Ende. Die KI-Verordnung steht. Das Ergebnis ist ernüchternd: Getrieben durch Angst, die EU könne nach der Europawahl die »Leadership in AI Governance« verlieren, wurde mit heißer Nadel an einem innovationsfeindlichen Verbotsgesetz gestrickt.«
368 Vgl. European Commission: Commission opens access to EU supercomputers to speed up artificial intelligence development, Press release, 16. November, Brussels; https://digital-strategy.ec.europa.eu/de/news/commission-opens-access-eu-supercomputers-speed-artificial-intelligence-development.
369 Vgl. Dominik Rehse: Industriepolitik unter dem Deckmantel der KI-Regulierung? in: Tagesspiegel Background vom 13. Dezember 2023.
370 Vgl. Jan Büchel / Hans-Peter Klös: Metaverse: Hype oder »next big thing«? IW-Report, Nr. 42, Köln 2023.
371 Zu einer umfassenden Sachverhaltsdarstellung zur Halbleiterproduktion vgl. Wissenschaftliche Dienste des Deutschen Bundestages: Einzelfragen zur Halbleiterproduktion, Dokumentation WD 5 – 3000 – 004/22, Berlin 2022.
372 Vgl Reint Gropp: Subventionen für Halbleiter? in: Wirtschaft im Wandel, 29. Jg., Nr. 1, 2023, S. 3. Vgl. auch ein Interview mit ihm bei ntv: »Brennt die Industrie lichterloh? Volkswirt: Wer Staatshilfen will, kann gehen« vom 15. Februar 2024; https://www.n-tv.de/wirtschaft/Wer-Staatshilfen-will-kann-gehen-Volkswirt-Reint-Gropp-im-Klima-Labor-article24738136.html.
373 Vgl. Gene Grossman / Elhanan Helpman / Hugo Lhuillier: Supply Chain Resilience: Should Policy Promote International Diversification or Reshoring? in: Journal of Political Economy, Vol. 131, No. 12, December 2023, S. 3462-3496.

374 Vgl. Kronberger Kreis: Wirtschafts- und Industriestandort Deutschland in Gefahr? Was zu tun ist und was man unterlassen sollte, Berlin 2023.
375 Vgl. Joseph Alois Schumpeter: Die Theorie der wirtschaftlichen Entwicklung, Eine Untersuchung über Unternehmergewinn, Kapital, Kredit, Zins und Konjunkturzyklus, 6. Auflage, Wien 1911; Ders.: Kapitalismus, Sozialismus und Demokratie, zuerst erschienen in englischer Sprache 1942 in New York; fünfte deutsche Auflage, München 1980. Im ersten Werk heißt es: [...] dass das Neue in der Regel nicht aus dem Alten herauswächst, sondern neben das Alte tritt und es niederkonkurriert [...]« (S. 322), im zweiten Werk: »Die Eröffnung neuer, fremder oder einheimischer Märkte und die organisatorische Entwicklung [...] illustrieren den gleichen Prozess der industriellen Mutation – wenn ich diesen biologischen Ausdruck verwenden darf – , der unaufhörlich die alte Struktur zerstört und unaufhörlich eine neue schafft. Dieser Prozess der ›schöpferischen Zerstörung‹ ist das für den Kapitalismus wesentliche Faktum« (S. 138). Komplementär dazu entwickelte Nikolai D. Kondratieff 1926 die Theorie der langen Wellen, wonach technische Innovationen langfristige Konjunkturbewegungen auslösen. Dazu und zum Wesen der später so genannten »Kondratieff-Zyklen« vgl. Nikolai Kondratieff: Die langen Wellen der Konjunktur, in: Archiv für Sozialwissenschaften und Sozialpolitik, Bd. 56, 1926, S. 573-609.
376 Vgl. George A. Akerlof / Robert J. Shiller: Animal Spirits. Wie Wirtschaft wirklich funktioniert, deutsche Ausgabe, Frankfurt / New York 2009, S. 10.
377 Vgl. Bosch Tech Compass 2022: We asked the world, Stuttgart, January 2022. Die Empirie zur Technikakzeptanz ist eher überschaubar und beschränkt sich auf das Technikradar von acatech und Körberstiftung zu ausgewählten Technologiefeldern (Digitalisierung, Gesundheit, Bioökonomie, Wohnen). Das Büro für Technikfolgenabschätzung beim Deutschen Bundestag hat sich zuletzt 1996/1997 (sic!) mit einem Monitoring von Technikakzeptanz beschäftigt.
378 Das ganze Transkript zur Sendung Markus Lanz am 29. Juni 2023 lautet: Wissenschaftler Jürgen Schmidhuber, der als einer der Pioniere der »modernen KI« gilt, erklärte daraufhin, dass Deutschland noch vor rund 30 Jahren führend in der Grundlagenforschung künstlicher Intelligenz gewesen sei. Doch statt auf den Fortschritt aufzubauen und in die Wissenschaft zu investieren, seien die USA und China laut Schmidhuber viel besser darin gewesen, »diese Erfindungen zu kommerzialisieren«. Der Informatiker ergänzte: »Woanders werden mehr Möglichkeiten gesehen – in Deutschland guckt man immer als Erstes nach Risiken.« Während einige Experten schon seit Jahren vor allem im Bereich KI existenzielle Risiken für die Menschheit vermuten, prognostizierte Schmidhuber auch, dass wir schon bald von der Technologie überholt werden könnten. Allerdings verband er damit keine Warnung oder düstere Prophezeiung. Im Gespräch mit Lanz erklärte er: »Es gibt doch Erhabenheit in der Erkenntnis, dass die Menschheit nicht die letzte Stufe ist auf dem Weg des Universums vom Urknall hin zu einer immer höheren Komplexität.« Markus Lanz wollte daraufhin wissen: »Warum macht Ihnen das keine Angst?« Der Wissenschaftler stellte klar, dass knapp »95 Prozent aller KI-Forschung« darauf abziele, »Menschenleben länger, gesünder und leichter zu machen«. Für den KI-Pionier seien die vielen warnenden Stimmen eher eine Frage der Logik von Massenmedien: »Wenn man Dystopien predigt, dann kriegt man viel mehr Aufmerksamkeit.«
379 Vgl. Vitalik Buterin: My techno-optimism, Blogbeitrag 27. November 2023; https://vitalik.eth.limo/general/2023/11/27/techno_optimism.html.
380 Vgl. Marc Andreessen: The Techno-Optimist Manifesto; https://a16z.com/the-techno-optimist-manifesto/.
381 Vgl. Andrew McAfee: Weniger aus mehr. Die überraschende Geschichte, wie wir mit weniger Ressourcen zu mehr Wachstum und Wohlstand gekommen sind und wie wir jetzt unseren Planeten retten, dt. Ausgabe München 2020. Eine ähnliche Position wird

auch in einem neuen Buch von Hannah Ritchie vertreten: »Not the End of the World. How We Can Be the First Generation to Build a Sustainable Planet«, London 2024.
382 Vgl. Patrick Bernau: Deutschland hält nicht durch, in: FAS vom 31. Dezember 2023.
383 Vgl. EFI-Kommission: Gutachten 2023, Berlin 2023, S. 15/23.
384 Vgl. Stifterverband: Wirtschaft trotzt der Krise – mit einem starken Plus bei Forschung und Entwicklung, Pressemitteilung vom 30. November 2023, Berlin. Innovationsausgaben beziehen sich auf Ausgaben für laufende, abgeschlossene und abgebrochene Innovationsaktivitäten. Sie setzen sich aus laufenden Aufwendungen (Personal- und Sachaufwendungen inkl. extern bezogener Leistungen) und Ausgaben für Investitionen in Sachanlagen und immaterielle Wirtschaftsgüter zusammen und umfassen alle internen und externen Ausgaben für Forschung und Entwicklung; https://www.stifterverband.org/pressemitteilungen/2023_11_30_forschung_und_entwicklung.
385 Vgl. Mariana Mazzucato: a.a.O. In diesem Band argumentiert die Autorin für einen fundamentalen Paradigmenwechsel in der Wahrnehmung staatlicher Aktivität: »Der Staat als ›tollkühner‹ Initiator von Innovationen? Ja, bei den meisten radikalen, revolutionären Innovationen, die den Kapitalismus vorangetrieben haben – von Eisenbahnen über das Internet bis aktuell zur Nanotechnologie und Pharmaforschung – kamen die frühesten, mutigsten und kapitalintensivsten ›unternehmerischen‹ Investitionen vom Staat« [...] Solche radikalen Investitionen – zu denen radikale Unsicherheit gehört – wurden weder durch Wagniskapitalgeber noch ›Garagenbastler‹ getätigt, sondern durch die sichtbare Hand des Staates, der damit Innovationen ermöglichte« (Vorwort). Zu einer Kritik an diesem Ansatz vergleiche Alberto Mingardi: Der Staat als Unternehmer? Eine kritische Analyse von Mariana Mazzucatos »Das Kapital des Staates«, Austrian Institute Paper Nr. 15, 2017, Wien.
386 Vgl. Deutscher Bundestag: Unterrichtung durch die Bundesregierung. Bericht der Bundesregierung zur Umsetzung der Zukunftsstrategie Forschung und Innovation, Drucksache 20/9756 vom 7. Dezember 2023. So sehr die Formulierung verschiedener Missionsfelder der Innovationspolitik (z. B. Kreislaufwirtschaft, Klimaschutz, Gesundheit, digitale Souveränität, Raumfahrt) einen zusätzlichen Priorisierungsnutzen bieten könnte, so ungelöst bleibt damit das Problem, dass durch die Etablierung einer Allianz für Transformation, eines Zukunftsrates, von Missionsteams und Missionspaten, einer Prozessbegleitung und eines Projektbüros nur eine neue administrative Infrastruktur an die Stelle der oder neben die bisherigen Strukturen tritt, statt den gesamten Innovationsprozess zu beschleunigen.
387 Eine repräsentative Insa-Befragung zu den Bereichen Cybersicherheit und Observability zeigt u. a. Sorgen vor einem Identitätsdiebstahl und Desinformationen auf. Vgl. AD HOC NEWS: Deutschland bleibt risikoscheu bei der Nutzung und dem Einsatz von Künstlicher Intelligenz, Aktuelle Umfrage vom 28. Februar 2024; https://www.ad-hoc-news.de/wirtschaft/aktuelle-umfrage-deutschland-bleibt-risikoscheu-bei-der-nutzung-und-dem/6490 3311.
388 Vgl. KfW-Research: Wunsch nach Selbstständigkeit verharrt auf niedrigem Niveau; Sicherheitsbedürfnis sticht Gründungsgeist aus, Fokus Volkswirtschaft, Nr. 449 vom 26. Januar 2024; Dass.: Enger Zusammenhang zwischen Risikobereitschaft und Selbstständigkeit, Fokus Volkswirtschaft, Nr. 317 vom 12. Februar 2021, Frankfurt.
389 Vgl. Lakestar / dealroom: The 2023 European Deep-Tech Report, London 2023, S. 112. Das Zitat stammt von Hermann Hauser, Mitgründer von Amadeus Capital. Der Chef der deutschen Innovationsagentur, Rafael Laguna de la Vera, formulierte es so: »In Deutschland leben 83 Mio. Menschen, in Norwegen rund 5,5 Mio. – sie haben 1,3 Billionen in ihrem Fonds. Ich finde sogar, man muss diese Ambitionen haben. Das geht nicht von heute auf morgen«. Vgl. zur These, dass ein positiver Umgang mit Risiken für die wirtschaftliche Entwicklung und für die Herausbildung gesellschaftlicher Resilienz hoch-

bedeutsam ist, Markus Brunnermeier: Die resiliente Gesellschaft. Wie wir künftige Krisen besser meistern können, Berlin 2021.

390 Damit gibt es eine institutionelle Ergänzung zu den bisherigen Instrumenten der Finanzierung von Start-ups, wie der ERP/EIF-Dachfonds oder das ERP-Venture Capital-Fondsinvestmentprogramm der KfW Capital, die sich an privaten Wagniskapitalfonds beteiligt, sowie unmittelbar über öffentliche Fonds wie dem High-Tech Gründerfonds (HTGF) oder coparion, die direkt in Start-ups investieren.

391 Dieser Fortschritt wird auch vom Start-up-Verband gewürdigt: Der »10 Mrd. Euro umfassende Zukunftsfonds sei eine entscheidende Maßnahme, die den Start-ups einen verbesserten Zugang zu Kapital ermögliche. Besonders hervorzuheben sei der Wachstumsfonds als ein neues Modul des Zukunftsfonds. Erstmals würden dadurch Investitionen auf Fondsebene von privaten institutionellen Investoren mobilisiert. Das sei ein entscheidender Hebel, um den Venture Capital-Markt in Deutschland zu stärken und den Wachstumskurs deutscher Startups zu unterstützen«. Vgl. Start-up-Verband, Pressemitteilung vom 7. Januar 2023.

392 Vgl. BMF: Zukunft finanzieren. Nachricht vom 17. November 2023, Berlin; https://www.bundesfinanzministerium.de/Content/DE/Standardartikel/Themen/Schlaglichter/Startups/zukunftsfinanzierungsgesetz.html.

393 »Unter Venture Debt werden im Allgemeinen Fremdkapital-Instrumente verstanden, mit denen sich Startups Liquidität zum Erreichen wertsteigernder Meilensteine (organisches Wachstum oder Zukäufe) sichern können. Im Vergleich zu Venture Capital ist Venture Debt also darauf ausgelegt, dass das geliehene Kapital unter der Entrichtung von Zinsen vollständig zurückgeführt wird.« Vgl. Steffen Viete: Venture Debt in Deutschland und Europa: eine Bestandsaufnahme, KfW-Research, Fokus Volkswirtschaft, Nr. 441, 20. November 2023, S. 1.

394 Vgl. BMWK: Das Ökosystem für KI-Startups in Deutschland. Vermarktung, Finanzierung, Fachkräfte und Vernetzung in Unternehmensgründungen im Bereich Künstliche Intelligenz, Berlin, Juli 2023.

395 Vgl. Start-up-Verband: Vorstandswahl beim Start-up-Verband – Verena Pausder ist neue Vorsitzende. Pausder: »Unternehmerischer Aufbruch für Deutschland«, Pressemitteilung vom 5. Dezember 2023: »Deutschland muss seine vorhandenen Stärken in Forschung und Entwicklung besser nutzen und einfacher kommerzialisieren. Wir stehen uns zu oft selbst im Weg und verspielen dabei unsere Zukunftschancen. [...] Ein Blick in die USA zeige, wie essenziell junge Unternehmen für die Erneuerung und Weiterentwicklung einer Volkswirtschaft seien. [...] Zu oft heißt es: ›Das können wir uns nicht leisten‹ oder ›das ist zu riskant‹. Dabei ist nichts riskanter, als kein Risiko einzugehen. Und die Folgen eines Unterlassens sind oft viel teurer als entschiedenes Handeln. [...] Um deutsche Start-ups nachhaltig zu stärken, ist es darüber hinaus für Pausder essenziell, mehr Kapital zu aktivieren, besonders für Deep-Tech-Gründungen und große Finanzierungsrunden. Zudem sei es notwendig, die Exit-Bedingungen zu verbessern. [...] Das Kapital ist da, es muss aber auch zukunftsorientiert investiert werden«.

396 Vgl. Lake Star / Walden Catalyst / Dealroom: The 2023 European Deep-Tech Report, November 2023, London, S. 9. Etwas weniger pragmatisch formuliert es das European Institute of Innovation & Technology (EIT): »Deep technology or Deep-Tech is a classification of an institution, an organisation or a startup company, with the expressed objective of providing advanced and emerging technology solutions to deep societal challenges«. Vgl. EIT: Deep-Tech Definitions, January 2023, Brussels.

397 Vgl. Mustafa Suleyman / Michael Bhaskar: Die Technologie des Lebens, in: FAZ vom 12. Februar 2024. Vgl. auch Joshua March / Kasia Gora: We're entering a golden age of engineering biology, in: Noahpinion vom 18. Februar 2024; We're entering a golden age of engineering biology https://www.noahpinion.blog/p/were-entering-a-golden-age-of-engineering.

398 Vgl. planqc: Creating quantum computers atom by atom; https://www.planqc.eu/#pitch. Zu weiteren Hinweisen zum Thema Quantencomputer vgl. Tagesspiegel Background: https://background.tagesspiegel.de/tag/di/Quantencomputer.

399 Vgl. Bundesministerium für Bildung und Forschung (BMBF): Aktionsplan Robotikforschung, Berlin; https://www.bmbf.de/bmbf/de/forschung/digitale-wirtschaft-und-gesellschaft/robotik/aktionsplan-robotik.html.

400 Vgl. Rafael Laguna de la Vera / Maximilian Sachse: Roboterkinder: Verbotslogiken helfen wenig: Damit KI-Systeme uns nützen, müssen wir sie erziehen – wie unsere Kinder, in: FAZ vom 28. August 2023.

401 Vgl. Leopoldina: Kernfusion: eine Option für Energiesicherheit und Klimaschutz in Deutschland?, Fokus Nr. 1, Oktober 2023; zum Stand der Debatte vgl. Wissenschaftliche Dienste des Deutschen Bundestages: Aktueller Begriff Kernfusion: Unterschiede zur Kernspaltung und Stand der Forschung, Nr. 4, 7. Februar 2024, Berlin.

402 Vgl. Deutscher Bundestag: Antrag der Union zur Stärkung der Fusionsforschung abgelehnt, Ausschuss Bildung, Forschung und Technikfolgenabschätzung, heute im bundestag, Nr. 903/2023 vom 29. November 2023, Berlin; https://www.bundestag.de/presse/hib/kurzmeldungen-980390.

403 Vgl. Munich Startup: Marvel Fusion und LMU erforschen gemeinsam laserbasierte Kernfusion; https://www.munich-startup.de/84076/marvel-fusion-und-lmu-erforschen-gemeinsam-laserbasierte-kernfusion/. Seitens der Bundesregierung werden Maßnahmen in der Magnet- und Laserfusionsforschung und mögliche Maßnahmen einer Förderstrategie diskutiert. Nach Auffassung des BMBF gehört Deutschland im Bereich der Magnetfusion zu den führenden Akteuren weltweit. Vgl. BMBF: Positionspapier Fusionsforschung. Auf dem Weg zur Energieversorgung von morgen, Berlin, Juni 2023.

404 Vgl. Enno Kohlisch / Oliver Koppel / Thomas Puls: Transformation der Automobilindustrie: Deutschlands Investitionsperformance im internationalen Vergleich, in: IW-Trends, 49. Jg., Heft 4, 2023, S. 23-44. Fast neun von zehn aller internationalen Patentanmeldungen der Kfz-Industrie stammen aus nur sechs Ländern. Aus Deutschland kam im Jahr 2020 die absolut größte Anzahl an internationalen Kfz-Patenten. In China hat sich aber deren Zahl zwischen 2015 und 2020 verdreifacht.

405 Vgl. zusammenfassend Martin Wilming: Productivity versus Quality at the EPO: A rare glimpse behind the curtain that's worrying, in: Patenlitigation, 26. Juli 2023; https://www.patentlitigation.ch/productivity-vs-quality-at-the-epo-a-rare-glimpse-behind-the-curtain-thats-worrying/. Vgl. auch https://www.stuttgarter-nachrichten.de/inhalt.kritik-am-europaeischen-patentamt-patente-ohne-wert.ea1e3fe-74a8-42dd-a623-bd31404c8646.html.

406 Vgl. SVR-Wirtschaft: Industriepolitik: Strukturwandel als Chance, Kapitel 3 des Jahresgutachtens 2019/2020, a.a.O., Wiesbaden 2019, S. 146 ff. Nebenbei erhöhen hochwertige Patente den Marktwert von innovativen Firmen in Form »intangibler« Assets.

407 Vgl. Daron Acemoglu: Get Ready for the Great AI Disappointment, in: WIRED vom 10. Januar 2024; https://www.wired.com/story/get-ready-for-the-great-ai-disappointment/: »In the decades to come, 2023 may be remembered as the year of generative AI hype, where ChatGPT became arguably the fastest-spreading new technology in human history and expectations of AI-powered riches became commonplace. The year 2024 will be the time for recalibrating expectations«.

408 Vgl. Gartner: Was gibt es Neues im Gartner Hype Cycle 2023 für neue Technologien?; https://www.gartner.de/de/artikel/was-ist-neu-im-2023-gartner-hype-cycle-fuer-neue-technologien#.

409 Vgl. Max Roser: The Brief History of Artificial Intelligence: The World Has Changed Fast—What Might Be Next? In: Singularity Hub vom Dezember 2022; https://singularityhub.com/2022/12/29/the-brief-history-of-artificial-intelligence-the-world-has-changed-fast-what-might-be-next/. Die Mission des Hub lautet: »Singularity Hub chronicles technolo-

gical progress by highlighting the breakthroughs, players, and issues shaping the future as well as supporting a global community of smart, passionate, action-oriented people who want to change the world.«

410 Vgl. Joshua Bengio et al.: Managing AI Risks in an Era of Rapid Progress; ar-Xiv:2310.17688v2 [cs.CY] 12. November 2023; https://managing-ai-risks.com/.

411 Vgl. Christian Stöcker: »Effective Accelerationism«. Die neue Silicon-Valley-Ideologie ist dunkel und kalt, in: DER SPIEGEL, 7. Januar 2024.

412 Vgl. Katja Grace et al.: Thousands of AI Authors on the Future of AI, Preprint, January 2024. In der Zusammenfassung heißt es übersetzt: »Die aggregierten Prognosen zeigen einerseits eine mindestens 50-prozentige Chance, dass KI-Systeme bis 2028 mehrere von vorab definierten 40 technischen Meilensteinen erreichen werden (darunter den autonomen Aufbau einer Zahlungsabwicklung, das Kreieren eines Liedes, der von einem neuen Lied eines bekannten Musikers nicht zu unterscheiden ist, und das autonome Herunterladen und die Feinabstimmung eines umfangreichen Sprachmodells). Wenn die Wissenschaft ungestört weitermache, wird die Chance, dass Maschinen ohne fremde Hilfe den Menschen bei allen möglichen Aufgaben übertreffen, auf 10 Prozent bis zum Jahr 2027 und auf 50 Prozent bis zum Jahr 2047 veranschlagt. Die letztgenannte Schätzung liegt 13 Jahre vor derjenigen, die in einer ähnlichen Umfrage aus dem Jahr 2022 ermittelt wurden. Die Wahrscheinlichkeit, dass alle menschlichen Berufe durch KI automatisiert werden, wird bis zum Jahr 2037 auf 10 Prozent und bis zum Jahr 2116 auf 50 Prozent beziffert (im Vergleich noch zum Jahr 2164 in der Umfrage ein Jahr zuvor)«.

413 Vgl. Fabrizio Dell'Acqua et al.: Navigating the Jagged Technological Frontier: Field Experimental Evidence of the Effects of AI on Knowledge Worker Productivity and Quality, Harvard Business School, Technology & Operations Management Unit Working Paper, No. 24-013, Boston 2024. Die »zerklüftete Grenze« (jagged frontier) meint dabei, dass KI bei einigen Aufgaben, die für Menschen schwierig erscheinen, hervorragend und bei einigen Aufgaben, die einfach erscheinen, schlecht ist. Daher ist es schwierig, im Voraus zu wissen, worin sie gut ist. Vgl. zu den bisher bekannten und zum Teil gegenläufigen Effekten von KI auf den Jobmarkt Ethan Mollick: Centaurs and Cyborgs on the Jagged Frontier; https://www.oneusefulthing.org/p/centaurs-and-cyborgs-on-the-jagged ?utm_source=substack&utm_medium=email. Eine neue Studie des Internationalen Währungsfonds findet als erste konsistente Muster der Auswirkungen von KI auf den Arbeitsmarkt, dass Frauen und Personen mit Hochschulbildung stärker von KI betroffen sind, aber auch bessere Voraussetzungen haben, die Vorteile der KI zu nutzen. Die Ungleichheit der Arbeitseinkommen kann zunehmen, wenn die Komplementarität zwischen KI und einkommensstarken Arbeitnehmern hoch ist, und die Kapitalerträge können die Vermögensungleichheit erhöhen. Vgl. Mauro Cazzaniga et al.: Gen-AI: Artificial Intelligence and the Future of Work, IMF-Staff Discussion Note, Nr. 1, Washington 2024.

414 Vgl. Erik Brynjolfsson / Gabriel Unger: The Macroeconomics of Artificial Intelligence, in: IMF (ed.), Finance and Development, December 2023, S. 20-25.

415 Zu einer guten Übersicht der Argumente vgl. Bericht über die Konferenz »Rise of AI« 2023: Welche Rolle spielt Deutschland künftig bei KI und Quantencomputing?; https://www.heise.de/hintergrund/Rise-of-AI-Welche-Rolle-spielt-Deutschland-kuenftig-bei-KI-und-Quantencomputing-9058893.html.

416 Vgl. zu einer positiven Einschätzung des AI Act Johannes Eichenhofer / Oliver Rottmann: Wie Vertrauensschutz die KI-Regulierung prägen kann, in: Faznet vom 1. Dezember 2023; https://www.faz.net/einspruch/wie-vertrauensschutz-die-ki-regulierung-praegen-kann-19355236.html. Die Autoren berufen sich dabei auf drei Anforderungen einer hochrangigen Expertengruppe mit einem dreistufigen Schutzkonzept mit vier ethischen Prinzipien für die Entwicklung von KI: Achtung der menschlichen Autonomie, Schadensverhütung,

Fairness und Erklärbarkeit. Um sie einzuhalten, müssten KI-Entwickler nach dem Konzept der Expertengruppe sieben technisch-organisatorische Anforderungen einhalten: menschliche Handlungsfähigkeit und Aufsicht, technische Robustheit und Sicherheit, Datenschutz und Datenverwaltung, Transparenz, Vielfalt, Nichtdiskriminierung und Fairness, ökologisches und gesellschaftliches Wohlergehen sowie Rechenschaftspflicht. Zu einer Bilanzierung von Stärken und Schwächen des europäischen AI Act und einem guten Vergleich der internationalen Aktivitäten zu einer KI-Regulierung vgl. aus einer rechtswissenschaftlichen Perspektive Manuel Wörsdörfer: The EU's AI Act Shows How To Regulate AI. It Could Be Improved, in: Stigler Center for the Study of the Economy and the State, Promarket, 2. November 2023; https://www.promarket.org/2023/11/02/the-eus-ai-act-shows-how-to-regulate-ai-it-could-be-improved/.

417 Vgl. TÜV-Verband: Große Mehrheit fordert gesetzliche Vorgaben für sichere KI. 83 Prozent der Bundesbürger:innen sind für eine Regulierung Künstlicher Intelligenz. Pressemeldung vom 9. November 2023, Berlin; https://www.tuev-verband.de/pressemitteilungen/grosse-mehrheit-fordert-gesetzliche-vorgaben-fuer-sichere-ki.

418 Vgl. European Commission: Commission welcomes political agreement on Artificial Intelligence Act, Press Release, 9. Dezember 2023, Brussels; https://ec.europa.eu/commission/presscorner/detail/de/ip_23_6473.

419 Vgl. aus verfassungsrechtlicher Sicht Andreas Müller: Orwell'sche Gleichgültigkeit und Europäische Demokratie. Das (Nicht-)Verbot biometrischer Fernidentifizierung im AI Act, in: Verfassungsblog vom 23. Januar 2024, und Philipp Hacker: What's Missing from the EU AI Act. Addressing the Four Key Challenges of Large Language Models, in: Verfassungsblog vom 13. Dezember 2023.

420 Eine kleine Auswahl: »Bisher hat Europa zwar immer den Wettkampf um die Regeln zum Schutz der Bürger gewonnen, doch den um den Markt immer verloren. Die Giganten des Internets sind fast alle Amerikaner. ... Bei der künstlichen Intelligenz hat sich das Drehbuch nicht geändert. Die USA und China führen das Spiel an, Europa hinkt hinterher« (La Stampa). »Die EU bindet damit den Unternehmen einen regulatorischen Klotz ans Bein. Das Risiko ist groß, dass europäische Unternehmen durch nicht praxistaugliche Vorgaben der rasanten technologischen Entwicklung künftig nicht folgen können. So wurde unnötigerweise vom bislang angestrebten anwendungsbezogenen und risikobasierten Ansatz abgewichen. Die sog. General Purpose AI Models werden als Technologie an sich reguliert, unabhängig von der konkreten Anwendung« (BITKOM, Bernhard Rohleder). »Die Erfindung des Rades und des Buchdrucks würden heute in Europa wohl auf deutliche Vorbehalte treffen und streng reguliert werden. Die Regulierung von Basismodellen wird den Markt für europäische KI-Innovationen belasten« (Thomas Langkabel, Microsoft). »Es herrscht ein schädlicher Mix aus Ignoranz, Unkenntnis und Technologieaversion. Statt Regulierungen zu erlassen, sollte die EU lieber große Player formen« (Andreas Liebl). »Verhältnismäßigkeit sollte ein zentrales Element jeder Regulierung sein. Insbesondere in den Abschnitten zu den so genannten Hochrisikoanwendungen und zur Regulierung von generativer KI droht der AI Act dieses Ziel jedoch zu verfehlen, indem er stellenweise zu einer pauschalen Technologieregulierung statt zu einer anwendungs- und risikobasierten KI-Regulierung gerät« (KI- Bundesverband). Alle zitierten Quellen können beim Autor angefordert werden.

421 Vgl. Badri Narayanan / Hosuk Lee-Makiyama: Economic Costs of Ex ante Regulations, European Centre for International Political Economy, Occasional Paper, Nr. 7, Brussels 2020.

422 Vgl. »Wir brauchen ein CERN für KI«, Interview mit Holger Hoos, in: FAZ vom 16. Oktober 2023; Philipp Slusallek: Made in Germany: Von der Dampfmaschine über das Auto zur vertrauenswürdigen KI, in: FAZ vom 25. September 2023.

423 Vgl. McKinsey Global Institute: Accelerating Europe: Competitiveness for a new era, January

16, 2024; https://www.mckinsey.com/mgi/our-research/accelerating-europe-competitiveness-for-a-new-era.
424 Vgl. Axel Voss / Kai Zenner / Tobias O. Keber / Rolf Schwartmann: Künstliche Intelligenz: Europäische Werte für die digitale Welt, FAZ vom 22. Januar 2024. Vgl. auch Patrick Bernau: Die letzte Hoffnung, in: FAS vom 21. Januar 2024. Darin wird die deutsche Meta-Managerin Angelika Clifford zitiert: »Der KI-Bus fährt jetzt los. Als deutsche Gesellschaft müssen wir sicherstellen, dass wir an Bord sind. Aber wir müssen uns darauf einigen, wer den Bus fahren soll, wie schnell er fahren soll und wer in ihm sitzen soll.«
425 Vgl. Dana Nuccitelli: Scientists warned the US president about global warming 50 years ago today, in: The Guardian, 5. November 2015; https://www.theguardian.com/environment/climate-consensus-97-per-cent/2015/nov/05/scientists-warned-the-president-about-global-warming-50-years-ago-today.
426 Vgl. Lord Ritchie-Calder: Mortgaging the Old Homestead, in: Foreign Affairs, Vol. 48, Nr. 2, January 1970, S. 207-220.
427 Vgl. Charles F. Cooper: What Might Man-Induced Climate Change Mean? in: Foreign Affairs: The backstory, 3. Dezember 2023.
428 Vgl. Garrett Hardin, The Tragedy of the Commons, in: Science, Vol. 162, No. 3859, December 1968, S. 1243-1248. In der Umweltökologie werden inzwischen auch sog. »planetare Gemeinschaftsgüter« (wie etwa Permafrostböden, Hohe See und Tiefseeböden) definiert, bei denen Kipppunkte nicht nur für ein Land, sondern für den ganzen Globus drohen.
429 Vgl. stellvertretend Climate Overshoot Commission: Reducing the Risks of Climate Overshoot, September 2023; United Nations University, Institute for Environment and Human Security: Interconnected Disaster Risks. Risk Tipping Points, September 2023, Bonn; Intergovernmental Panel on Climate Change (IPCC): Human Influence on the Climate System, Chapter 3; UN Environment Programme: Broken Record. Emissions Gap Report 2023, Nairobi 2023; International Energy Agency: CO_2 Emissions in 2023. A new record high, but is there light at the end of the tunnel? Paris, February 2024; World Meteorological Organization: State of the Global Climate 2023, Genf 2024.
430 Vgl. Timothy Lenton et al.: Global Tipping Points Report 2023, University of Exeter, 2023.
431 Vgl. Pierre Friedlingstein et al.: Global Carbon Budget 2023, in: Earth System Science Data, Vol. 15, Nr. 12, S. 5301–5369; https://doi.org/10.5194/essd-15-5301-2023, 2023. Als 1,5-Grad-Ziel wird die Begrenzung des Anstiegs der menschengemachten durchschnittlichen Erderwärmung gegenüber der vorindustriellen Zeit im 20-Jahresmittel um 1,5 Grad Celsius bezeichnet.
432 Vgl. stellvertretend für Europa insgesamt EU Climate Advisory Board: Towards EU climate neutrality. Progress, policy gaps and opportunities. Assessment Report 2024, Luxemburg 2024; European Environment Agency: European climate risk assessment. Executive summary, EEA-Report 01/2024, Copenhagen 2024. Für Deutschland stellvertretend Umweltbundesamt: Monitoringbericht 2023 zur Deutschen Anpassungsstrategie an den Klimawandel, Dessau-Roßlau, November 2023 (mit zahlreichen weiteren Nachweisen in Kapitel 2); Sachverständigenrat für Umweltfragen: Wo stehen wir beim CO_2-Budget? Eine Aktualisierung, Stellungnahme, März 2024, Berlin. Immerhin gab es 2023 einen Rückgang der Treibhausgasemissionen um rund 10 Prozent. Das Umweltbundesamt hält inzwischen die nationalen Klimaziele bis 2030 für erreichbar. Dieser Einschätzung ist aber u. a. auch deshalb widersprochen worden, weil ein Teil der Emissionssenkung der industriellen Rezession geschuldet ist.
433 Vgl. Klimaforscher über Doomism: »Kein Ende der Welt in Sicht«, Interview mit Zeke Hausfather, in: wochentaz vom 18. Dezember 2023. Vgl. auch Richard Tol: »Das Ende ist noch nicht nah«, in: FAZ vom 15. August 2023. »Der Klimawandel ist ein Problem, aber nicht die Apokalypse. Die fehlgeleitete Angst vor dem Untergang verursacht

Extremismus und eine übertriebene Klimaschutzpolitik«. Zu einer grundlegenden Auseinandersetzung mit dem Thema Doom (Untergang) vgl. Niall Ferguson: Doom: Die großen Katastrophen der Vergangenheit und einige Lehren für die Zukunft, München 2022.
434 Vgl. Robert Ayres: Toward a non-linear dynamics of technological progress, in: Journal of Economic Behavior & Organization, Vol. 24, Nr. 1, June 1994, S. 35-69; Jason Crawford: Innovation is not linear, in: Works in Progress, 19. Oktober 2020; https://worksinprogress.co/issue/innovation-is-not-linear/.
435 Vgl. Max Roser: Why did renewables become so cheap so fast? Published online at OurWorldInData.org. Retrieved from: https://ourworldindata.org/cheap-renewables-growth [Online Resource].
436 Vgl. Sam Butler-Sloss: The Eight Deadly Sins of Analyzing the Energy Transition; https://rmi.org/the-eight-deadly-sins-of-analyzing-the-energy-transition/?utm_source=substack&utm_medium=email.
437 Vgl. zu einem Energiemonitoring Statistisches Bundesamt: Dashboard Deutschland, Pulsmesser Wirtschaft: Energie; https://www.dashboard-deutschland.de/energie/energie. Für einen internationalen Faktencheck vgl. Hannah Ritchie / Pablo Rosado / Max Roser: CO_2 and Greenhouse Gas Emissions, Our World in Data; https://ourworldindata.org/CO_2-and-greenhouse-gas-emissions. Auch auf einer europäischen Ebene gab es 2023 einen Rekordrückgang der Kohle-, Gas- und CO_2-Emissionen und einen saubereren Strommix als je zuvor, da die erneuerbaren Energien große Fortschritte machten. Vgl. Ember: European Electricity Review 2024, London 2024.
438 Vgl. Andrew McAfee, a. a. O., S. 92 ff; Jesse Ausubel: The return of Nature, in: Breakthrough Journal, Nr. 5, 2015; https://thebreakthrough.org/journal/issue-5/the-return-of-nature.
439 Vgl. Martin Lenzen et al.: Implementing the material footprint to measure progress towards Sustainable Development Goals 8 and 12, in: Nature Sustainability, Vol. 5, 2022, S. 157–166; https://doi.org/10.1038/s41893-021-00811-6.gl. Vgl. auch Mark Harris: Can we balance our carbon budget by using less stuff?, in: Anthropocene, 22. September 2022; https://www.anthropocenemagazine.org/2022/09/can-we-balance-our-carbon-budget-by-using-less-stuff/. Zu einer kritischen Auseinandersetzung mit den Thesen von McAfee vgl. Leon Vlieger: Book Review: More from Less: The Surprising Story of how we learned to prosper using fewer resources – and what happens next, in: The Inquisitive Biologist; https://inquisitivebiologist.com/2020/04/27/book-review-more-from-less-the-surprising-story-of-how-we-learned-to-prosper-using-fewer-resources-and-what-happens-next/. Eine Sharing Economy kann zur Dematerialisierung beitragen, Kreislaufwirtschaft den Stoffverbrauch reduzieren. Nach Angaben der Europäischen Kommission haben die Europäer im Jahr 2015 18 Prozent weniger »Sachen« konsumiert als im Jahr 2008. Die Menge verbrauchten Materials im Vereinigten Königreich ist seit dem Höchststand im Jahr 2001 beständig gesunken. Umgekehrt bedeutet dies eine gestiegene Materialproduktivität, weil mit jeder Einheit Material ein doppelt so hohes BIP erzeugt werden kann.
440 Vgl. Sachverständigenrat für Umweltfragen (SRU): Suffizienz als »Strategie des Genug«: Eine Einladung zur Diskussion, Diskussionspapier, März 2024, Berlin; Ille C. Gebeshuber: Bionik: Was wir von der Natur lernen können, Der Pragmaticus, 21. März 2024; https://www.derpragmaticus.com/r/bionik.
441 Vgl. Danny T. Quah: The Invisible Hand and the Weightless Economy, LSE Centre for Economic Performance, Occasional Paper, Nr. 2, April 1996. Das war das genaue Gegenteil der neomalthusianischen Überzeugung etwa von William Jevons und Alfred Marshall, die am Beispiel der endlichen britischen Kohlevorkommen wegen der Unendlichkeit der menschlichen Bedürfnisse eine pessimistische Prognose für die Entwicklung der Menschheit stellten. Diese Perspektive hatte aber auch mit der Annahme zu tun, dass die Effizienzgewinne bei der Nutzung der Kohle nicht zu einem insgesamt gerin-

geren Verbrauch führten, sondern die Nachfrage nur weiter steigern würden (»Jevon's Paradox«).

442 Vgl. Erik Brynjolfsson /Andrew McAfee: The Second Machine Age. Work, Progress and Prosperity in a Time of Brilliant Technologies, New York 2014.

443 Zu einer breiten Übersicht über die Nachhaltigkeitseffekte der Digitalisierung vgl. technopolis group / Institut für ökologische Wirtschaftsforschung: Metastudie »Nachhaltigkeitseffekte der Digitalisierung, Endbericht im Auftrag des BMBF, Februar 2024. Zu einer Einschätzung hinsichtlich der Energiewirtschaft aus wirtschaftlicher Perspektive vgl. Vereinigung der bayerischen Wirtschaft: Digitalisierung der Energiewirtschaft, Position, Dezember 2023, München. Darin heißt es: »Die Digitalisierung der Energiewirtschaft in Deutschland ist noch nicht dort, wo sie sein könnte. [...] Gerade dem breiten Smart-Meter-Rollout kommt eine Schlüsselrolle zu. [...] Zudem müssen wir Daten intelligenter nutzen. Insbesondere der Einsatz von Künstlicher Intelligenz verspricht große Fortschritte etwa bei der Steuerung und Stabilisierung von Stromnetzen«. Nach einer BITKOM-Studie können digitale Technologien rund ein Viertel zum Erreichen des Klimaziels 2030 beitragen; https://www.bitkom.org/Bitkom/Publikationen/Studie-Klimaeffekte-der-Digitalisierung.

444 Vgl. Fred Pearce: Consumption. Are We Approaching Peak Stuff?, in: Anthropocene; https://www.anthropocenemagazine.org/2018/09/are-we-approaching-peak-stuff/.

445 Vgl. zu einer wissenschaftlichen Fundierung vor allem verschiedene Arbeiten von Nico Paech, die auf der Plattform »postwachstumsoekonomie.de« ebenso dokumentiert sind wie aktuelle Einlassungen zum Thema: http://www.postwachstumsoekonomie.de/. Zu einer journalistischen Schilderung der Debattenlage in Deutschland vgl. Patrick Bernau / Morten Freidel: Degrowth-Bewegung: Müssen wir die Wirtschaft für das Klima schrumpfen? in: FAS vom 29. März 2023.

446 Vgl. Andrew McAfee: a.a.O.; Nico Paech: All you need is less – Wege aus dem Wachstumsdogma; http://www.postwachstumsoekonomie.de/termine/all-you-need-is-less-wege-aus-dem-wachstumsdogma/.

447 Vgl. ARK Invest: The Learning Curve or The Cumulative Average Model. What is Wright's Law?, https://www.ark-invest.com/wrights-law/. Zur Bedeutung von Lernkurven vgl. Max Roser: Learning curves: What does it mean for a technology to follow Wright's Law?; Vgl. auch: Our World in Data vom 18. April 2023; https://ourworldindata.org/learning-curve?utm_source=OWID+Newsletter&utm_campaign=2095d47639-biweekly-digest-2023-05-19&utm_medium=email&utm_term=0_-eb78a3a726-Prozent5BLIST_EMAIL_ID-Prozent5D. Zur rasanten technologischen Entwicklung in den vergangenen beiden Jahrhunderten vgl. Max Roser: Technology over the long run: zoom out to see how dramatically the world can change within a lifetime, Our World in Data vom 22. Februar 2023; https://ourworldindata.org/technology-long-run.

448 Vgl. William D. Nordhaus: Climate change: The Ultimate Challenge for Economics, Nobel Prize Lecture, 8. Dezember 2018, S. 439-466. Schon davor speziell zu den Klimaclubs: Climate Clubs: Overcoming Free-Riding in International Climate Policy, in: American Economic Review, Vol. 105, Nr. 4, 2015, S. 1339-1370.

449 Vgl. William Nordhaus: a.a.O., S. 447.

450 Vgl. ebd., S. 462.

451 Vgl. James Buchanan: An Economic Theory of Clubs, in: Economica, New Series, Vol. 32, No. 125, 1965, S. 1-14. Am Beispiel der heutigen EU können die Vor- und Nachteile unterschiedlicher Clubgrößen und von »Clubs im Club« gut dargelegt werden. Stets stellt sich dabei die Frage nach einer optimalen Clubgröße. Vgl. dazu Renate Ohr: Clubs im Club – Europas Zukunft? in: ORDO, Bd. 58, 2007, S. 67-82.

452 »Ziel des Klimaclubs ist es, die schnelle und ambitionierte Umsetzung des Pariser Klimaabkommens zu unterstützen, die Erderwärmung auf 1,5 C zu begrenzen [...] und die

Risiken einer Verlagerung von Unternehmen in Länder mit weniger strengen Klimaauflagen (»Carbon Leakage«) zu begrenzen«. Vgl. Bundesregierung: Klimaclub: Task Force nimmt Arbeit auf, 8. Mai 2023, Berlin; vgl. Dies.: Anfang vom Ende des fossilen Zeitalters, 13. Dezember 2023, Berlin; zu den Terms of Reference vgl. https://www.g7germany.de/resource/blob/974430/2153140/a04dde2adecf0ddd38cb9829a99c322d/2022-12-12-g7-erklaerung-data.pdf?download=1. Der Club-Gedanke wird inzwischen auch auf einen »Critical Raw Materials Club« ausgedehnt.

453 Vgl. European Commission: GHG emissions of all world countries. 2023 report, Publications Office of the European Union, Luxembourg 2023; https://edgar.jrc.ec.europa.eu/report_2023.

454 Vgl. William Nordhaus: a. a. O., S. 462.

455 Vgl. »Ich bin für eine Klima-Zentralbank«, Interview mit Otmar Edenhofer, in: FAZ vom 6. November 2023.

456 Vgl. Umweltbundesamt: Der EU-Emissionshandel wird umfassend reformiert, 6. Juli 2023, Dessau-Roßlau; https://www.umweltbundesamt.de/themen/der-eu-emissionshandel-wird-umfassend-reformiert.

457 Vgl. Davide Furceri / Michael Ganslmeier / Jonathan Ostry: Climate policies carry political costs, but those costs can be mitigated, Bruegel-Analysis, 25. Januar 2024, Brussels; vgl. auch zu der tatsächlichen und wahrgenommenen Unterstützung von klimaschützenden Maßnahmen durch die Bevölkerung Peter Andre / Teodora Boneva / Felix Chopra / Armin Falk: Globally representative evidence on the actual and perceived support for climate action, in: nature climate change, 2024; https://doi.org/10.1038/s41558-024-01925-3.

458 Vgl. Berlin.Table vom 29. Februar 2024 unter Bezug auf eine Studie von Lennart Hagemeyer / Rainer Faus / Lukas Bernhard: Vertrauensfrage Klimaschutz. Mehrheiten für eine ambitionierte Klimapolitik gewinnen, Friedrich-Ebert-Stiftung, Reihe FES-Diskurs, Januar 2024, Berlin.

459 Vgl. Sebastian Blesse / Holger Dietrich / Sarah Necker / Michael Zürn: Wollen die Deutschen beim Klimaschutz Vorreiter sein und wenn ja, wie? Maßnahmen aus Bevölkerungsperspektive, in: ifo-Schnelldienst, 77. Jg., Heft 1, 2024, S. 39-43. Die Autoren konkludieren: »Insgesamt zeigt sich entgegen dem Rat vieler Ökonomen eine Präferenz für planerische bzw. interventionistische und wenig marktbasierte Lösungsansätze auf dem Weg zur Klimaneutralität in der breiten Bevölkerung« (S. 43). Welche kontraproduktiven Folgen eine beabsichtigte politische Feinsteuerung haben kann, lässt sich an den Reaktionen der Haushalte auf das Gebäudeenergiegesetz ablesen: Im Jahr 2023 gab es einen neuen Rekordabsatz bei Gasheizungen und eine Verdoppelung bei Ölheizungen – dies ist genau das Gegenteil des von der Regierung intendierten Ziels eines Ausbaus erneuerbarer Energien in der privaten Wärmegewinnung.

460 Vgl. Matthias Kalkuhl et al.: Optionen zur Verwendung der Einnahmen aus der CO_2-Bepreisung, Kopernikus-Projekt Ariadne, Potsdam 2022; Manuel Frondel: Soziale Auswirkungen der CO_2-Bepreisung in Deutschland: Das Versprechen zur Rückverteilung der Einnahmen gänzlich einlösen! Gutachten für die INSM, Berlin 4. Januar 2024.

461 Ein vollständiger Überblick über die Verästelungen der klimapolitischen Debatte kann hier nicht gegeben werden. Einen analytischen Einblick in die verschiedenen Debatten- und Handlungsstränge der europäischen Politik, die bei einem genuinen gemeinschaftlichen Gut wie der Klimatransformation auch der richtige Adressat von Empfehlungen ist, bietet das wissenschaftliche Beratergremium der EU (European Scientific Advisory Board on Climate Change) in seinem aktuellen »Assessment Report 2024«, Luxembourg 2024.

462 Vgl. etwa für den Bereich der Stromnetze Bundesnetzagentur: Energie, Eckpunktepapier, Bonn, 18. Januar 2024; zu einer makroökonomischen Modellierung vgl. Tom Krebs: Transformative Investitionen als Treiber eines neuen Wirtschaftsbooms?, in: Forum New Econo-

my, Working Papers, Nr. 1, 2024; Handelsblatt Research Institute: Das Billionenprojekt, in: Handelsblatt vom 9. Januar 2024; Amine Benayad et al.: The Climate Financing Roadmap. How Development Finance Institutions Can Build Bridges to Unlock Private Capital, Boston Consulting Group + Kreditanstalt für Wiederaufbau, November 2023.

463 Vgl. BMWK: Carbon Capture and Utilisation (CCU)/Carbon Capture an Storage (CCS): Baustein für eine klimaneutrale und wettbewerbsfähige Industrie, Berlin; https://www.bmwk.de/Redaktion/DE/Artikel/Industrie/weitere-entwicklung-ccs-technologien.html. In zahlreichen energieintensiven Industriebranchen (insbesondere in der Zement-, Kalk- und Glasindustrie) entstehen Emissionen, die nach heutigem Kenntnisstand auch in Zukunft schwer vermeidbar sein werden. Dort liegt ein Betätigungsfeld für Carbon Capture zur Abscheidung von Kohlenstoffdioxid und dessen Gewinnung als Rohstoff. Vgl. Kompetenzzentrum Klimaschutz in energieintensiven Industrien: CCU-Technologie. Auf dem Weg zur klimaneutralen Industrie; https://www.klimaschutz-industrie.de/themen/technologien-und-querschnittsthemen/ccu-technologie/. Inzwischen hat sich sogar ein ungewöhnliches Bündnis aus WWW, NABU, BDI und DGB für eine Verpressung von abgeschiedenem CO_2 ausgesprochen. Für einen Praxisbericht aus der Sicht von Equinor, eines führenden CCS-Anbieters, vgl. CCS: Carbon capture and storage – making net zero possible; https://www.equinor.com/energy/carbon-capture-utilisation-and-storage?msg_pos=1.

464 Vgl. zu einer umfassenden ersten Bewertung der verschiedenen Optionen Berit Erlach et al.: »Was sind negative Emissionen, und warum brauchen wir sie? (Kurz erklärt!)«, Akademieprojekt »Energiesysteme der Zukunft« (ESYS), 2022; https://doi.org/10.48669/ESYS_2022-2.

465 Vgl. Klimafakten: Ist eine unterirdische CO_2-Speicherung (CCS) für den Klimaschutz nötig?; https://www.klimafakten.de/klimawissen/was-nuetzt/ist-eine-unterirdische-CO2-speicherung-ccs-fuer-den-klimaschutz-noetig.

466 Vgl. Godefroy Grosjean / William Acworth / Christian Flachsland / Robert Marschinski: After Monetary Policy, Climate Policy: Is Delegation the Key to EU ETS Reform? In: Climate Policy, Vol. 16, No. 1, 2016, S. 1-25; vgl. auch: COP28 In Dubai: »Ich bin für eine Klima-Zentralbank«, Interview mit Otmar Edenhofer, in: FAZ vom 6. November 2023.

467 Vgl. Jan Grossarth: Zirkulärwirtschaft. Das Ende der Verschwendung, in: FAZ vom 31. Januar 2024.

468 Vgl. Hannah Ritchie: The world has enough minerals for low-carbon electricity. Total reserves are not the issue – mine construction and geopolitical risks are likely to be larger barriers to progress. Blogbeitrag vom 13. November 2023; https://www.sustainabilitybynumbers.com/p/minerals-for-electricity. Vgl. auch Seaver Wang et al.: Future demand for electricity generation materials under different climate mitigation scenarios, in: Joule, Bd. 7, Heft 2, 2023, S. 309-332.

469 Vgl. »Habeck verteidigt Kürzungen als ›einzig denkbare Antwort‹«, in: DER SPIEGEL vom 14. Dezember 2023.

470 Vgl. Ben McWilliams / Georg Zachmann / Giovanni Sgaravatti / Simone Tagliapietra: Electricity pricing is Europe's hidden industrial policy, in: Euractiv, 12. Januar 2024; https://www.euractiv.com/section/electricity/opinion/electricity-pricing-is-europes-hidden-industrial-policy/.

471 Vgl. Bundesnetzagentur: Energie Eckpunktepapier, 18. Januar 2024, vgl. dazu auch Dieselbe: Netzregulierung soll schneller und unbürokratischer werden, Pressemeldung vom 18. Januar 2024; https://www.bundesnetzagentur.de/SharedDocs/Pressemitteilungen/DE/2024/20240118_EckpunkteRegulierung.html.

472 Vgl. Bundesregierung: Einigung zur Kraftwerksstrategie. Gemeinsame Pressemitteilung vom 5. Februar 2024; zur Bedeutsamkeit des Strommarktdesigns vgl. Achim Wambach: Strommarktdesign muss überholt werden, ZEW-Kommentar vom 7. Februar 2024, Mannheim.

473 »Die Energiewende, so hatte es der damalige ›grüne‹ Umweltminister Jürgen Trittin im Jahr 2004 versprochen, werde den Durchschnittshaushalt umgerechnet nicht mehr als eine Kugel Eis im Monat kosten. Damals kostete ein Kugel Eis 50 Cent. Daraus wurde bekanntlich nichts. Heute ist ein Privathaushalt nur für die Ökostromförderung mit 46 Kugeln im Monat dabei«. Vgl. Arbeitsgemeinschaft Windenergie: Die Energiewende ist nicht teurer als eine Kugel Eis; https://ag-w.de/energiewende/mythen/nicht-teurer-als-eine-kugel-eis/.

474 Instruktiv-praktisch dazu der Hinweis der in den USA lehrenden Wirtschaftsweisen Ulrike Malmendier: »Klar ist, wofür es die Steuergutschriften gibt: nachhaltige Energie, E-Autos, den Umbau der Industrie. Aber wie genau Bürger und Unternehmen das machen, ist weitgehend ihnen überlassen.«, in: DER SPIEGEL vom 21. Februar 2024.

475 Vgl. RWI – Leibniz Institut für Wirtschaftsforschung (RWI): Automobilität: Fahrverbote, Rabatte und Subventionen senken CO_2-Emissionen kaum und sind teuer, Pressemitteilung vom 18. Dezember 2023; Grundlage dafür ist die Studie von Anna Alberini und Colin Vance: Competing Forces in the German New Car Market: How do they Affect Diesel, PHEV, and BEV sales? Ruhr Economic Papers, 1047, Essen 2023. Ein weiteres Beispiel für eine verfehlte Subventionspolitik sind die Förderungen für Solaranlagen und für Elektromobile. Beide Förderungen waren rasch überzeichnet und begünstigten ohnehin kaufkräftige Zielgruppen. Die Abschaffung der Kaufprämien für E-Mobile führte dann zu einem deutlichen Preisrückgang durch die Hersteller, die natürlich die Förderung »abgegriffen« hatten. Vgl. dazu auch Roland Koch: Subventionen gegen China? Der aktuelle Kommentar, 1. März 2024, Ludwig-Erhard-Stiftung, Bonn.

476 Vgl. Andreas Löschel: Energie- und Klimapolitik gibt es nicht umsonst, in: ifo Schnelldienst, 74. Jg., Heft 6, 2021, S. 3-6. Löschel formuliert ein umfassendes Plädoyer für die steuernden Effekte des Marktmechanismus: »Dazu braucht es eine große Hebelwirkung statt einer Vielzahl von kleinteiligen Anreizsystemen und flexible Anpassung an sich ändernde Rahmenbedingungen statt diskretionärem Nachschärfen. Marktwirtschaftliche Instrumente erfüllen diese Anforderungen am besten: Sie erlauben eine einfache Koordination der Transformation über Märkte und ohne Festlegung auf spezielle Technologien zum Klimaschutz. [...] Bei marktwirtschaftlichen Preis- oder Mengeninstrumenten, die ihre Wirkung durch den Marktmechanismus entfalten, braucht der Staat – im Gegensatz zur Nutzung ordnungsrechtlicher Maßnahmen wie Gebote, Verbote, Auflagen oder Grenzwerten – diese Informationen nicht. Es genügt zur kosteneffizienten Erreichung der Ziele, klimaschädlichen Aktivitäten ein angemessenes einheitliches CO_2-Preisschild anzuhängen. Noch dazu generiert die CO_2-Bepreisung Einnahmen, die eine gerechte Transformation ermöglichen« (S. 3). Wer dagegen die Realität umweltpolitischer Feinsteuerung besichtigen möchte, dem sei nur der Bericht über die Sitzung des Ausschusses für Klimaschutz und Energie am 17. Januar 2024 als Beleg dafür empfohlen, wie sich Umweltpolitik permanent verhebt; https://www.bundestag.de/presse/hib/kurzmeldungen-986734.

477 Vgl. Ernst Forsthoff: Die Verwaltung als Leistungsträger, Königsberger rechtswissenschaftliche Forschungen, Bd. 2, Stuttgart u. a. 1938.

478 Vgl. Peter Techet: Das Konzept der Daseinsvorsorge bei Ernst Forsthoff als Legitimation des autoritären Staates, in: Historia Constitucional, Nr. 23, 2022, S. 324-362, hier S. 327. Es darf auch darauf verwiesen werden, dass mit der Fiktion der »staatsentlastenden Tätigkeiten« gleichsam ex negativo ein Konstrukt salonfähig wurde, mit dem sich vielfach eine Begründung für bestimmte Privilegierungen einzelner Tätigkeitsfelder verbindet. Insbesondere die TÜV berufen sich auf diese Rechtsfigur, aber auch die sog. Freien Berufe hängen diesem Staatsverständnis an.

479 Vgl. Ernst-Wolfgang Böckenförde: Die Entstehung des Staates als Vorgang der Säkularisation, in: Recht, Staat, Freiheit. Studien zur Rechtsphilosophie, Staatstheorie und Verfassungsgeschichte, Frankfurt 1991, (erweiterte Ausgabe 2006), S. 12.

480 Zitiert nach Anna Katharina Mangold: Das Böckenförde-Diktum, in: Verfassungsblog vom 9. Mai 2019, S. 232, Hervorh. i. O.; https://verfassungsblog.de/das-boeckenfoerde-diktum/.
481 Es gibt immerhin Versuche, einen »Kanon der Daseinsvorsorge« zu definieren. Gesamthafte empirische Abgrenzungen der Ausgaben aller föderalen Ebenen für Daseinsvorsorge sind bisher nicht bekannt. Vgl. Michael Schäfer: Stichwort Daseinsvorsorge, Gabler Wirtschaftslexikon vom 26. Juli 2021; https://wirtschaftslexikon.gabler.de/definition/daseinsvorsorge-28469/version-384680.
482 Vgl. Christian Holz-Rau / Stephan Güntner / Florian Krummheuer: Daseinsvorsorge ist keine Dortseinsvorsorge, in: Informationen zur Raumentwicklung, Heft 7, 2010, S. 489-504.
483 So endet der Artikel mit dem raunenden Absatz: »Niemand weiß, wo der Belastungspunkt liegt, bei dem staatliche Obsorge umschlägt in den ernsten Willen der Bürger, die benötigten Mittel nicht mehr ausreichend bereitzustellen, mehr noch, den Regierungen die Legitimation selbst bei der Verfolgung legitimer Ziele zu entziehen. Wie es scheint, sind die Regierenden und Parteien nahe daran«. Zeitgeschichtlich instruktiv auch Hermann Rudolph: Was kann Politik noch leisten? in: ZEIT vom 4. Dezember 1981. Auch in größeren Werken wird aus unterschiedlichen politischen Richtungen und im Abstand von vier Jahrzehnten, also offenbar zeitinvariant, ein »überlasteter« oder »erschöpfter« Staat diagnostiziert. Vgl. z. B. Helmut Klages: Überlasteter Staat, verdrossene Bürger? Zu den Dissonanzen der Wohlfahrtsgesellschaft, Frankfurt / New York 1981, und mit Schwerpunkt auf den USA Ariane Leenderts: Der erschöpfte Staat. Eine andere Geschichte des Neoliberalismus, Hamburg 2022.
484 Vgl. Sinus: »Die Mitte ist nicht mehr das aufstiegsorientierte Milieu von einst«, Interview mit Silke Borgstedt, Berlin.Table vom 19. November 2023. In einer neuen Studie verlören Menschen in der Mitte der Gesellschaft und insbesondere aus dem »Nostalgisch-Bürgerlichen Milieu« an Zuversicht. »Der Innovationsstau, die hängende Digitalisierung, die ausufernde Bürokratie, der Fachkräftemangel – das alles macht den Mitte-Milieus zu schaffen«. Vgl. Robert Vehrkamp / Silke Borgstedt: Die Mitte stärken. Warum die Mitte an Zuversicht verliert – und was Ampel und Union jetzt tun sollten, um die Mitte nicht zu verlieren, Bertelsmann-Stiftung, Einwurf Nr. 2, 2024, Gütersloh. Allerdings wird methodische Kritik am SINUS-Konzept geäußert: Es gebe keine Angaben zu Gütekriterien (z. B. Validität, Reliabilität) für den verwendeten Fragebogen und keine Angaben zur Stratifizierung und Repräsentativität. Offen bleibe, wer warum eingeschlossen und welche Gruppe ausgeschlossen bleibe, und der Forschungsgegenstand liege im Dunklen. Da es keine Hauptgütekriterien und damit keine überprüfbare Herleitung und Operationalisierung der Konstrukte gebe, seien die Ergebnisse nicht bewertbar. Vgl. Jörg Wittkewitz, Psychologe, Fernuni Hagen, LinkedIn-Post vom 30. November 2023.
485 Zu einer fundamentalen Kritik an der »Beherrschungsthese« von Dirk Oschmann et al. vgl. Richard Schröder: Wer beherrscht den Osten? in: FAZ vom 27. Dezember 2023: »Knapp 35 Jahre nach der Herbstrevolution hat sich eine lange Litanei ostdeutscher Benachteiligungen gebildet, die von manchen nachgerade hingebungsvoll heruntergebetet wird. Richtiger werden viele Behauptungen dadurch nicht.«
486 Vgl. Forschungsbericht Gesellschaftlicher Zusammenhalt: Entkoppelte Lebenswelten? Soziale Beziehungen und gesellschaftlicher Zusammenhalt in Deutschland, Fact Sheet, Berlin, 8. November 2023. Zum GenZ-Effekt vgl. Thomas Holl: Die gespaltene Generation Z, in: FAZ vom 11. April 2024.
487 Vgl. Steffen Mau / Thomas Lux / Linus Westheuser: Triggerpunkte. Konsens und Konflikt in der Gegenwartsgesellschaft, Frankfurt 2023.
488 Eher anekdotisch, aber doch auch sinnbildlich für eine mögliche Trendwende steht die neugegründete Geschäftsstelle der Kleinstadtakademie in Wittenberge, die der Entwicklung zu eher kleinstädtischen Milieus mehr Sichtbarkeit verleiht. Hinzu kommen neue Herausforderungen für die Großstädte. Fast alle der über 50 Großstädte in Deutschland

verzeichneten einen Bevölkerungszuwachs (+ 7 Prozent 2021 gegenüber 2011). Alle Städte verzeichneten im Untersuchungszeitraum Zuwanderungsgewinne aus dem Ausland, und dies schon vor den beiden letzten Rekordjahren bei der Zuwanderung. Jeder Fünfte hatte in den Großstädten im Jahr 2021 keine deutsche Staatsangehörigkeit. Der Bevölkerungszuwachs betrifft besonders Stadtteile, die ohnehin von einer hohen Fluktuation geprägt sind und als »Ankunftsquartiere« eine wichtige Funktion für die Integration von Zuwandernden spielen. Trotz des allgemeinen Bevölkerungswachstums verloren aber die meisten Städte durch Binnenwanderung Bevölkerung an das direkte Umland, wobei viele Familien zu den Abwandernden gehörten. Vgl. Bundesinstitut für Bau-, Stadt- und Raumforschung (BBSR): Deutsche Großstädte unter Anpassungsdruck, Bonn 2023.

489 Das Leitbild der Vielfalt der räumlichen Entwicklung mit einem fördermittelübergreifenden Ansatz ist seit etwa 40 Jahren immer wieder gefordert worden. Mit dem ressortübergreifenden Ansatz durch ein »gesamtdeutsches Fördersystem« mit der Bündelung der 22 Bundesprogramme ist seit dem Jahr 2020 aber ein Leitbildwechsel eingeleitet worden. Eine Neuabgrenzung der Fördergebiete erscheint auch deswegen sinnvoll, weil Versuche, etwa das Phänomen »Silicon Valley« in Deutschland zu reproduzieren, bisher stets gescheitert sind. Nach mehrheitlicher Auffassung kann der Staat zwar eine Infrastruktur schaffen, aber nicht die Initialzündung selbst. Auch Clusterförderung und Investitionsförderung scheinen bisher nur bedingt funktioniert zu haben, auch wenn Investitionszuschüsse in Ostdeutschland einen Beitrag zur Reindustrialisierung geleistet haben. Besser funktioniert haben offenbar Infrastrukturansiedlungen sowie die Ansiedlung von Behörden und Universitätsstandorten. Ein höherer Infrastrukturanteil und ein breiterer Infrastrukturbegriff, der auch die Wissensinfrastruktur einbezieht, sollte damit den Kern von Regionalpolitik ausmachen. Interessant sind neue Ansätze zur (Wieder-)Belebung von Innenstädten und Stadtkernen mit einer veränderten Mischung aus Arbeit, Wohnen und Freizeit. Vgl. zu einem Beispiel etwa CORE Oldenburg (https://www.core-oldenburg.de/ueberuns). Dies kann ein Anwendungsbeispiel für das Konzept sozialer Orte sein. Vgl. dazu Jens Kersten / Claudia Neu / Berthold Vogel: Das Soziale-Orte-Konzept. Zusammenhalt in einer vulnerablen Gesellschaft, Berlin 2022.

490 Vgl. Monopolkommission: Bahn 2023: Time to GO: Endlich qualitätswirksam in den Wettbewerb! 9. Sektorgutachten, Bonn, Juli 2023.

491 Vgl. BRH: Bericht nach § 99 BHO zur Dauerkrise der Deutschen Bahn AG. Hinweise für eine strukturelle Weiterentwicklung, 15. März 2023, Bonn.

492 Vgl. Empirica: Wohnungsleerstände zwischen Stadt und Land, Analyse vom 31. Juli 2023; https://www.empirica-regio.de/blog/230731_leerstand_wohnungsmarkt/.

493 Von der Grundidee her ist der Denkmalschutz von Bedeutung, denn er bietet u. a. durch Fördermöglichkeiten den Eigentümern auch die Chance zum Erhalt teurer und kulturell wertvoller Bausubstanz. Der Schutz umfasst allerdings immer häufiger auch Bauwerke, deren kultureller Mehrwert sich den Bürgern häufig nicht einmal bei großzügiger Auslegung erschließt. Im kommunalen Bereich wird so vielfach die Ortsentwicklung behindert. Die Verlagerung der Pflicht zur Anhörung bei der Unterschutzstellung von Bauwerken auf den Zeitpunkt nach der Festsetzung durch die Behörde lässt den Betroffenen im Ergebnis nur noch den Klageweg offen. Der verfassungsrechtliche Schutz des rechtlichen Gehörs ist durch die Verlagerung ins Widerspruchsverfahren unangemessen verkürzt worden. Eine Berücksichtigung von Ortsentwicklung im öffentlichen Interesse und von privaten Investitionsinteressen kommt vielfach zu kurz. Durch die Auflagen zur Denkmalpflege können Bauwerke und betroffene Grundstücke auch erheblich an Wert verlieren, da die Verfügungsmöglichkeiten stark eingeschränkt werden. Eine Unterdenkmalschutzstellung kann in zweifelhaften Fällen dazu führen, dass sich insbesondere in ländlichen Regionen die denkmalschützenden und -pflegerischen Befugnisse als ein Investitionshemmnis für einen potenziellen Modernisierungserwerb erwiesen haben.

494 Vgl. dazu SVR-Wirtschaft: Wachstumsschwäche überwinden – in die Zukunft investieren, Jahresgutachten 2023/2024, Kapitel 1, Abschnitt 6, S. 73 ff. Vertiefend dazu: Produktionspotenzial durch Investitionen und Innovationen stärken, Pressemeldung vom 8. November 2023, Berlin.

495 Einen besonders weitreichenden Vorschlag macht Guntram Wolff, Direktor der DGAP: »Neben der aktuell diskutierten Kompromissformel könnte die Ampel die Abschaffung von Feiertagen in den Blick nehmen, um die Ausgaben für Klima und Verteidigung zu finanzieren«. Gastkommentar, in: Handelsblatt vom 28. November 2023.

496 Vgl. NKR: Wege aus der Komplexitätsfalle. Vereinfachung und Automatisierung von Sozialleistungen, März 2024, Berlin. Weiter heißt es: »Zuständig sind diverse Stellen auf Bundes-, Landes- und Kommunalebene. Dies erzeugt Wechselbeziehungen und Anrechnungsverhältnisse, die Mehrfachprüfungen erforderlich machen. [...] Das System der Sozialleistungen sollte insgesamt entflochten, die Aufgabenverteilung verbessert und Automatisierung sinnvoll genutzt werden. Anspruchsberechtigte sollten die Leistungen möglichst antragslos erhalten. [...] Die geplante Einführung der Kindergrundsicherung hat das Potenzial für einen Einstieg in eine größere Reform« (S. 5 f.). Sehr plastisch zum Status quo etwa für Alleinerziehende Alexander Neubacher: Bürokratie für Familien. Mit Lisa Paus ins Kafka-Jahr, in: DER SPIEGEL vom 6. April 2024. »Acht verschiedene Bürokratien muss eine Alleinerziehende kontaktieren, um zwölf verschiedene Leistungen zu beantragen. Und wenn es nach der grünen Familienministerin geht, wird es künftig noch irrer«.

497 Zu den juristischen Erwägungen einer Sinnhaftigkeit des Lohnabstandsgebotes und zu seiner gesetzgeberischen Umsetzung, insbesondere mit Bezug zum Urteil des Bundesverfassungsgerichts zur Berechnung des »menschenwürdigen Existenzminimums« aus dem Jahr 2010, vgl. Wissenschaftliche Dienste des Deutschen Bundestages: Sachstand Zur Entwicklung des Lohnabstandsgebots, WD 6 – 3000 – 049/23 vom 19. Juli 2023, Berlin. Zu einer umfassenden Sichtung der Argumente im Umfeld der Einführung des Bürgergeldes zum 1. Januar 2023 vgl. Deutscher Bundestag, Ausschuss für Arbeit und Soziales, Materialzusammenstellung zur öffentlichen Anhörung von Sachverständigen, Ausschussdrucksache 20(11)240, 4. November 2022, Berlin.

498 Vgl. Maximilian Blömer / Lilly Fischer / Manuel Pannier / Andreas Peichl: »Lohnt« sich Arbeit noch? Lohnabstand und Arbeitsanreize im Jahr 2024, in: ifo Schnelldienst, 77. Jg., Heft 1, 2024, S. 35-38. Um den wissenschaftlichen Befund etwas näher mit der in Tageszeitungen gespiegelten Lebenswirklichkeit zu konfrontieren, seien hier fünf Zitate aus verschiedenen Zeitungen des politischen Spektrums wiedergegeben: »Wir bekommen mehr Geld vom Staat, wenn keiner von uns arbeitet, habe ihr die Ukrainerin erklärt. Auch rechnete sie ihrer Gastgeberin vor, wie diese mit ein paar Kniffen die monatlichen Mietzahlungen hochschrauben könne, die Rieger für die Unterbringung der Ukrainer vom Amt erhält«, in: Ukrainer in Deutschland. Vorläufig angekommen – oder nur davongekommen?, in: DER SPIEGEL vom 9. Februar 2024 (Silke Fokken et al.). »Es gebe in Essen unzählige offene Stellen, in der Gastronomie, in der Logistik, sagt Renzel. Doch im Vergleich zu den Vorjahren habe das Jobcenter 2023 rund 15 Prozent weniger Menschen vermittelt. Viele wollen für den Mindestlohn nicht arbeiten gehen. Sie glauben, mit dem Bürgergeld und etwas Schwarzarbeit obendrauf gut zurechtzukommen«. Streit über das Bürgergeld. Mehr Brutto, weniger Netto, in: DER SPIEGEL vom 15. Dezember 2023 (Florian Diekmann, Markus Dettmer, Lukas Eberle). »Es reicht nicht, hier und da Sozialleistungen zu kürzen, sondern die Botschaft müsste sein: So, du gehst jetzt gemeinnützig arbeiten. Da müssten Arbeitsfähige schlicht in die Pflicht genommen werden«. Interview mit Bernd Siggelkow, in: Tagesspiegel vom 6. Januar 2024 (Karen Christmann). »Die Unternehmerin berichtete von Bewerbern, die ihr vorgerechnet haben, wie viel sie – ohne etwas zu tun – vom Staat bekommen. Mit einem kleinen Nebenjob und Geld schwarz

auf die Hand verdienten diese schnell 400 bis 500 Euro mehr als jemand, der von Montag bis Freitag arbeiten gehe«, in: Handelsblatt vom 13. November 2023 (Katrin Terpitz, Anja Müller). »Interessant sind deshalb Ergebnisse einer neuen Erhebung im deutschen Reinigungsgewerbe, das allein 700.000 Beschäftigte zählt: Mehr als zwei Drittel der Unternehmer dort haben demnach schon die Erfahrung gemacht, dass Beschäftigte ihre Arbeit aufgeben und zur Begründung die Möglichkeit des Bürgergeldbezugs anführen«, in: FAZ vom 12. Oktober 2023 (Dietrich Creutzburg).

499 Vgl. Denis Haak / Ulrich Schmidt: Bürgergeld und Lohnabstand: Warum eine Erhöhung des Kindergeldes für untere Einkommensgruppen sowie eine Reform des Ehegattensplittings ratsam sind, Institut für Weltwirtschaft, Kurzbericht Nr. 11, 2022, Kiel. Eine sehr eingängige Visualisierung bietet der Sozialleistungsrechner von ZEIT und ifo-Institut, der deutlich macht, dass sich ab einem Bruttoeinkommen von etwa 2.700 Euro Mehrarbeit für eine vierköpfige Familie nur noch wenig lohnt und damit auch der Anreiz zum Wechsel von Teilzeit in Vollzeit empfindlich gedämpft wird. Zum interaktiven Tool vgl. https://www.zeit.de/arbeit/2024-02/sozialleistungen-buergergeld-wohngeld-arbeit-rechner?mj_campaign=nl_ref&mj_content=zeitde_text_link_x&mj_medium=nl&mj_source=int_zonaudev_UnsereProzent20EmpfehlungenProzent20derProzent20Woche. Das aktuell vorgebrachte Argument, die Wechsel aus Arbeit in den Bürgergeldbezug seien rückläufig, ist keine Entkräftung der hier vertretenen Position, dass das Bürgergeld in der heutigen Form den Anreiz zu einem Wechsel aus der Grundsicherung in eine Erwerbstätigkeit, also in die umgekehrte Richtung, schwächt.

500 Nach einer Studie des Pestel-Instituts Hannover für das »Verbändebündnis Soziales Wohnen« müssen insgesamt rund 20 Mrd. Euro für die Kosten der Unterkunft der Bezieher von Bürgergeld aufgewendet werden. Dabei liegen die Ausgaben für die Miete im Rahmen der Grundsicherung keineswegs durchgängig unter den regionalen Durchschnittsmieten: Nur in 38 von 124 Regionen lagen die Kosten der Unterkunft je m² und Monat (netto-kalt) um 5 Prozent oder mehr unterhalb der im Mikrozensus ermittelten Durchschnittsmiete, aber in 58 Regionen oberhalb der Durchschnittsmiete. So werden etwa in München 19,40 Euro pro Quadratmeter an Bürgergeldempfänger erstattet, während die Durchschnitts-Miete bei 12,80 Euro liegt. Vgl. Pestel-Institut: Bauen und Wohnen 2024 in Deutschland, Januar 2024, Hannover, S. 15 f. Vgl. Heizung und Mieten kosten Steuerzahler 20 Mrd. Euro, in: Berliner Morgenpost vom 3. Oktober 2023; Vgl. auch die Forderung der IG BAU, Sozialwohnungen zu bauen statt die stark steigenden Kosten der Unterkunft zu erstatten, https://igbau.de/Job-Center-zahlen-erstmals-mehr-als-20-Mrd.-Euro-an-Kosten-fuer-Unterkunft.html. Allerdings haben gleich mehrere Länder die für 2023 bereitgestellten Bundesmittel für Sozialwohnungen bisher nicht abgerufen.

501 Vgl. SVR-Wirtschaft: Jahresgutachten 2023/2024, a. a. O., Kapitel 1, S. 62.

502 Vgl. Bundesverfassungsgericht: Leitsätze zum Urteil des Ersten Senats vom 5. November 2019 – 1 / BvL 7/16 (Sanktionen im Sozialrecht). Die Mitwirkungspflicht ist sehr zentral, denn wenn Menschen »es selbst in der Hand haben, durch Aufnahme einer ihnen angebotenen zumutbaren Arbeit ihre menschenwürdige Existenz tatsächlich und unmittelbar durch die Erzielung von Einkommen selbst zu sichern«, könnte ein vollständiger Entzug der Leistungen gerechtfertigt sein, weil dann eigentlich gar keine Bedürftigkeit vorliegt und damit die Voraussetzung dafür entfällt, überhaupt das Recht auf eine Grundsicherung zu haben. Leistungsminderungen bei Pflichtverletzungen und Meldeversäumnissen sind seit Anfang 2023 von Beginn des Leistungsbezugs an möglich. Bei einem Meldeversäumnis wird der Regelbedarf um zehn Prozent für einen Monat gemindert. Auch bei der ersten Pflichtverletzung, etwa der Ablehnung eines zumutbaren Arbeitsangebotes, wird der Regelbedarf um zehn Prozent für einen Monat gemindert. Bei einer zweiten Pflichtverletzung sind es 20 Prozent für zwei Monate und in der dritten Pflichtverletzung 30 Prozent für drei Monate. Anfang 2024 wurde zudem beschlossen, dass

Jobcenter Betroffenen das Bürgergeld für maximal zwei Monate komplett streichen können, wenn sie die Aufnahme einer zumutbaren Arbeit beharrlich verweigern, und nur noch die Miete zahlen. Minderungen wegen Weigerungen seien bisher seltener als Minderungen wegen Meldeversäumnissen. Vgl. »Neue Grundsicherung« angekündigt. CDU will das Bürgergeld umbauen und Sanktionen verschärfen, in: Legal Tribune Online, 19. März 2024.

503 Dass Sanktionen einen Einfluss haben, zeigen Berechnungen: »Seit Juni 2022 fielen die Jobaufnahmen aus der Grundsicherung um ca. 20 Prozent. Das Sanktionsmoratorium erklärt davon – statistisch hochsignifikant – 6,9 Prozentpunkte«. Vgl. Enzo Weber: Bürgergeld, Sanktionsmoratorium, Wirtschaftsabschwung: Was verlängert die Arbeitslosigkeit?; https://www.linkedin.com/pulse/bProzentC3ProzentBCrgergeld-sanktionsmoratorium-wirtschaftsabschwung-verlProzentC3ProzentA4ngert-weber-olsgf/. Zu einer Einschätzung der Bevölkerung vgl. Mattias Collischon / Jens Stegmaier / Markus Wolf / Joachim Wolff: Eine Mehrheit in der Bevölkerung befürwortet Sanktionen mit Augenmaß, in: IAB-Forum, 20. Dezember 2023, Nürnberg.

504 Vgl. Renate Köcher: Die demotivierte Gesellschaft, in: FAZ vom 25. Januar 2024. Darin findet sich eine ganze Reihe von Befunden, warum die Bevölkerung bei fehlender Arbeitsbereitschaft von Transferempfängern mehrheitlich ein gestörtes Gerechtigkeitsempfinden hat.

505 Vgl. RTL / ntv-Trendbarometer, verschiedene Ausgaben: https://media.rtl.com/meldung/RTL-ntv-Trendbarometer-00250/?text=true; https://www.n-tv.de/politik/Mehrheit-fuer-Arbeitsrecht-und-Arbeitspflicht-bei-Fluechtlingen-article24469905.html.

506 Vgl. dazu exemplarisch die sehr unterschiedlichen Positionen der beiden früheren Volksparteien: »Es braucht mehr Anreize, Arbeit anzunehmen. Wer arbeiten kann, soll arbeiten. Arbeit ist eine solidarische Verpflichtung gegenüber der Gemeinschaft. Das kann auch öffentliche, gemeinnützige Beschäftigung beinhalten. Wer arbeitsfähig ist und sich angebotener Arbeit, Ausbildung oder Qualifizierung verweigert, muss finanziell spürbar schlechter stehen als jemand, der sich aktiv um Arbeit bemüht. Das ist Solidarität gegenüber denjenigen, die arbeiten und mit ihren Steuern und Abgaben die Sozialleistungen finanzieren. Der Grundsatz Fördern und Fordern muss immer gelten«, in: CDU: In Freiheit leben. Deutschland sicher in die Zukunft führen. Grundsatzprogramm-Entwurf der CDU Deutschlands (Zeilen 1563 ff.). Vgl. auch CDU: Die Neue Grundsicherung. Beschlussvorlage für die Sitzung des Bundesvorstandes am 18. März 2024. Die SPD sieht bisher keinen Reformbedarf: »Mit der Bürgergeldreform, einer der größten Sozialreformen der letzten 20 Jahre, haben wir die Beratung von Arbeitsuchenden und deren Familien ausgebaut, individualisiert und mehr an deren Lebenslagen angepasst.« Vgl. Positionspapier der SPD-Bundestagsfraktion zum Bundesparteitag: Das Leben leichter machen – Der Sozialstaat als Partner, 11. Januar 2024, Berlin, S. 3. Zu den Einschätzungen über Vor- und Nachteile der Bürgergeldeinführung vgl. Matthias Diermeier/ Jan Felix Engler / Holger Schäfer: Zu viel oder zu wenig Reform? Die öffentliche Verhandlung des Bürgergeldes, in: IW-Trends, 49. Jg., Heft 1, 2023, S. 101-124. Zu einer sehr übersichtlichen Zusammenfassung des aktuellen Sachstandes zum Bürgergeld vgl. Deutscher Caritasverband: Fact Sheet zur aktuellen Debatte um das Bürgergeld, Berlin / Freiburg, 8. Dezember 2023. Das Potenzial für eine stärkere Aktivierung besteht im März 2024 aus knapp 4 Mio. erwerbsfähigen Leistungsberechtigten, davon waren knapp 1,7 Mio. Menschen arbeitslos gemeldet. Damit erhielten ca. 2,25 Mio. erwerbsfähige Menschen Leistungen aus der Grundsicherung für Arbeitsuchende, ohne arbeitslos zu sein. Rund 800.000 Bürgergeldbezieher waren als Aufstocker erwerbstätig. Nach IAB-Angaben gab es im vierten Quartal 2023 über 1,7 Mio. offene Stellen in Deutschland.

507 Vgl. zum Stand der früheren Forschung stellvertretend Holger Bonin / Armin Falk / Hilmar Schneider: Workfare – praktikabel und gerecht, in: ifo-Schnelldienst, 60. Jg., Nr. 4,

2007, S. 33-37: »Wer soziale Leistungen ohne Gegenleistung in Anspruch nimmt, obwohl er zu einer solchen Gegenleistung in der Lage wäre, bürdet der Solidargemeinschaft negative externe Effekte in Form von Kosten auf. Es handelt sich dabei um eine Störung der Gegenseitigkeit, die als unkooperativ und unfair wahrgenommen wird. Die Gegenleistung stellt somit die Gegenseitigkeit wieder her und wird deshalb als fair und gerecht empfunden. [...] Wer sich der Gegenleistung ohne substanziellen Grund entzieht, gibt sich als unkooperativ zu erkennen und verwirkt damit auch das Recht auf die Unterstützung durch die Solidargemeinschaft« (S. 37). Vgl. auch Deutsche Forschungsgemeinschaft: Workfare statt Welfare: Anreizwirkungen und Humankapital, Projektergebnisse, Projektnummer 5429350, Berlin 2012, sowie die dort zitierte umfangreiche Literatur.

508 Vgl. Streit über das Bürgergeld. Mehr Brutto, weniger Netto, in: DER SPIEGEL vom 16. Dezember 2023 (Florian Diekmann / Markus Dettmer / Lukas Eberle).

509 Vgl. ifo-Institut / ZEW: Forschungsbericht Zur Reform der Transferentzugsraten und Verbesserung der Erwerbsanreize – Kurzversion, Forschungsbericht 629K des BMAS, Dezember 2023, Berlin, S. 13 ff. Die Simulationen umfassen auf der Steuer- und Abgabenseite vor allem die Einkommensteuer einschließlich des Solidaritätszuschlags und die Beiträge zu den vier gesetzlichen Sozialversicherungen, auf der Seite der Sozialtransfers das Arbeitslosengeld, das Bürgergeld, das Wohngeld, den Kinderzuschlag, das Kindergeld und den Unterhaltsvorschuss. Zur Grundsicherungsreform allgemein vgl. Wissenschaftlicher Beirat beim Bundesministerium der Finanzen: Reform der Grundsicherung, Stellungnahme 05/2023 vom 7. September 2023, Berlin, S. 17 f.

510 Vgl. Deutscher Bundestag: Deutliche Kritik an der Kindergrundsicherung, Anhörung im Ausschuss Familie, Senioren, Frauen und Jugend vom 13. November 2023, heute im bundestag, Nr. 848/2023, Berlin. Vgl. vor allem Ronnie Schöb: Stellungnahme zum Entwurf eines Gesetzes zur Einführung einer Kindergrundsicherung vom 8. November 2023 mit alternativen Empfehlungen zum Regierungsentwurf, nach dem die bisherigen Leistungen Kindergeld, Bürgergeld, Sozialhilfe, Kinderzuschlag und die Leistungen des Bildungs- und Teilhabepaketes zusammengeführt und von einem neu zu schaffenden »Familienservice« bei der Bundesagentur für Arbeit (in Anlehnung an die bisherigen Familienkassen) bearbeitet werden sollen. Auch über die Höhe der Kosten für diese neue Grundsicherungsform ist ein heftiger Streit entbrannt. Zu einer Fundamentalkritik an der bisherigen Grundsicherung und Empfehlungen zu deren Reform vgl. Tom Günther / Svenja Miltner / Ronnie Schöb: Ungelöste Probleme der Grundsicherung, in: ifo-Schnelldienst, 76. Jg., Nr. 3, 2023, S. 41-47. Die Verfasser kritisieren eine Alimentierungsspirale: »Wenn sich der Sozialstaat in der Folge zum Handeln gezwungen fühlt, droht der Beginn einer Alimentationsspirale, die sich im Lohngefüge mit jeder neuen Lohnrunde weiter nach oben fräst« (S. 45).

511 Vgl. ifo-Institut / ZEW: a. a. O., S. 13 ff.

512 Nach einer Expertise des RWI für die FAZ betragen die staatlichen Einnahmenausfälle durch Teilzeitarbeit etwa 40 Mrd. Euro jährlich. Vgl. Patrick Bernau: Trotz Fachkräftemangel. Teilzeit kostet uns Milliarden, in: FAZ vom 13. August 2023; Christian Reiermann: Arbeitszeitverkürzung und Lohnausgleich. Ein Volk von Teilzeitkräften, in: DER SPIEGEL vom 14. Februar 2024.

513 Vgl. Robin Jessen: Ehegattensplitting: Abschaffung könnte Fachkräftemangel reduzieren, RWI-Research Notes, April 2023, Essen. Zum Familiensplitting vgl. ifo-Institut: Beschäftigungseffekte steuer- und sozialpolitischer Maßnahmen, Studie im Auftrag der IHK für München und Oberbayern, München 2019.

514 Vgl. zu einer zusammenfassenden Abwägung von Pro und Contra Ehegattensplitting etwa Hanjo Allinger: Ehegattensplitting: Besteuerung nach Leistungsfähigkeit und Arbeitsanreizneutralität sind kein Widerspruch, in: ORDO – Jahrbuch für die Ordnung von Wirtschaft und Gesellschaft, 69. Jg., 2019, S. 188-214. Zu einer Ablösung des Splittings

früher sehr kritisch Sachverständigenrat Wirtschaft: Steuerpolitik: vor falschen Weichenstellungen, Kapitel 8 des Jahresgutachtens 2013/2014, Wiesbaden 2013, S. 358 ff.; aktuell dagegen fordert der SVR: Keine Privilegien für die Alleinverdiener-Ehe, in: FAZ vom 22. Juli 2023. Vgl. auch Florian Diekmann: Steuer, Rente, Krankenversicherung. So begünstigt der Staat die Alleinverdiener-Ehe, in: DER SPIEGEL vom 11. Juli 2023, und auch Michael Sauga: Mitversicherung bei der Krankenkasse: Wer arbeitet, ist der Dumme, in: DER SPIEGEL vom 27. Juni 2023.
515 Vgl. ifo-Institut: Beschäftigungseffekte steuer- und sozialpolitischer Maßnahmen, Studie im Auftrag der IHK für München und Oberbayern, München 2019, S. 12 f.
516 Vgl. SVR-Wirtschaft: Gegen eine rückwärtsgewandte Wirtschaftspolitik, Jahresgutachten 2013/2014, Kapitel 8: Steuerpolitik: vor falschen Weichenstellungen, Wiesbaden 2013, S. 337 ff.
517 Vgl. zur Initiative, zum Konzept und zu den Unterstützern die Website https://www.mein-grundeinkommen.de/. Wissenschaftlich begleitet wird die Initiative vom DIW, dessen Präsident das BGE für finanzierbar hält. Vgl. Marcel Fratzscher: https://www.mein-grundeinkommen.de/magazin/grundeinkommen-finanzierbar-fratzscher-diw.
518 Vgl. nur Roland Blaschke: Grundeinkommen-Modelle in Deutschland, Juni 2023 – Eine Auswahl; https://www.grundeinkommen.de/grundeinkommen/modelle; vgl. für weitere Fundstellen und Nachweisplattformen auch Bundeszentrale für politische Bildung: Arbeitsmarktpolitik: Das (bedingungslose) Grundeinkommen: Literatur und Quellen; https://www.bpb.de/themen/arbeit/arbeitsmarktpolitik/328953/das-bedingungslose-grundeinkommen-literatur-und-quellen/.
519 Vgl. Stefan Bach / Mark Hamburg: Simulationsanalysen zur Finanzierbarkeit des bedingungslosen Grundeinkommens, DIW-Politikberatung kompakt, Nr. 195, 2023, Berlin. Um das bedingungslose Grundeinkommen zu finanzieren, wären deutliche Steuererhöhungen notwendig. Je nach Ausgestaltung würde das einen einheitlichen Steuersatz von 61,2 bis 66,1 Prozent erfordern.
520 Vgl. RWI / Universität Stuttgart – Institut für Volkswirtschaftslehre und Recht: Ersatz von (ausgewählten) Sozialleistungen und -abgaben in Deutschland durch ein bedingungsloses Grundeinkommen und ein reformiertes Einkommensteuersystem. Endbericht, September 2022, Essen.
521 Vgl. Statistisches Bundesamt: 1,1 Mio. weniger Niedriglohnjobs im April 2023 gegenüber April 2022, Pressemitteilung Nr. 050 vom 8. Februar 2024, Wiesbaden.
522 Vgl. IAB: Mit der Erhöhung auf 12 Euro liegt die Entwicklung des gesetzlichen Mindestlohns über der Tariflohn- und Preisentwicklung, IAB-Forum vom 11. Dezember 2023, Nürnberg.
523 Vgl. IZA: Auswirkungen des gesetzlichen Mindestlohns auf Beschäftigung und Arbeitslosigkeit. Studie im Auftrag der Mindestlohnkommission, 31. Januar 2020, Bonn.
524 Zu einer ganzen Reihe von Reformüberlegungen aus der Sicht des Verfassers vgl. Hans-Peter Klös: Nach dem Corona-Schock: Digitalisierungspotenziale für Deutschland, IW-Policy Paper, Nr. 20, Köln 2020, und Ders.: Megatrends des Arbeitsmarktes und »New Work«: sozialpolitische Implikationen, in: Peter Mudra / Mathias Sellinger / Rainer Völker (Hrsg.): New Work. Gestaltung der digitalen Arbeitswelt, Stuttgart 2024, S. 260-275.
525 »Das Streikrecht ist nicht in der Verfassung verbürgt, aber vom BVerfG und auch vom BAG aus Art. 9 Abs. 3 GG hergeleitet worden. Eine einfachgesetzliche Ausgestaltung hat der Gesetzgeber aber nicht vorgenommen, daher ist das Streikrecht heute vielleicht die größte richterrechtliche Materie, die wir in Deutschland haben«. Die Verhältnismäßigkeitsprüfung sei seit 2007 abgeschafft worden. Für eine Änderung des Streikrechts sei keine Grundgesetzänderung erfolgreich. Vgl. »Weselsky-Bashing hilft nicht weiter«, Interview mit Richard Giesen, in: beck-aktuell, Heute im Recht, 8. März 2024. Vgl. auch

Arnd Diringer: Regelt! Endlich! Das! Streikrecht!«, in: Expertenforum Arbeitsrecht, Beitrag vom 16. März 2024. Hinzu kommt im Fall der Lokführer noch, dass sie von zwei Gewerkschaften organisiert werden und beide unterschiedliche Tarifverhandlungen führen. Dies sollte eigentlich mit dem Tarifeinheitsgesetz verhindert werden, wonach eine Gewerkschaft die Arbeitsbedingungen in einem Betrieb verhandeln soll. Dieses Gesetz aus dem Jahr 2015 gilt aber inzwischen als gescheitert.

526 Die regelmäßigen Bildungsmonitorings der OECD, der UNESCO, des Statistischen Bundesamtes und durch den Bildungsmonitor des Instituts der deutschen Wirtschaft sowie die umfangreichen Vergleichsstudien wie PISA, IGLU, TIMMS, TALIS und die nationalen IQB-Bildungstrends machen das Bildungssystem zu dem empirisch am besten erforschten Politikbereich. Doch die Ergebnisse des Bildungssystems sind vielfach schlecht und haben Mitte Februar zur Gründung einer privatwirtschaftlichen Initiative zahlreicher Unternehmen und Verbände unter der Überschrift »Zukunftsmission Bildung« geführt; https://zukunftsmission-bildung.de/.

527 Vgl. Statistisches Bundesamt: Öffentliche Bildungsausgaben 2022 um 5,3 Prozent gestiegen. Pressemitteilung Nr. 478 vom 14. Dezember 2023, Wiesbaden.

528 Vgl. Ständige Wissenschaftlichen Kommission der Kultusministerkonferenz: Basale Kompetenzen vermitteln – Bildungschancen sichern. Perspektiven für die Grundschule, Gutachten, Bonn 2022.

529 Vgl. BMBF: Startchancen-Programm, Pressemeldung vom 22. September 2023 mit weiteren Materialien, Berlin; https://www.bmbf.de/bmbf/de/bildung/startchancen/startchancen-programm.html.

530 Zur nicht zu überschätzenden Bedeutung der Grundschulen für die Fähigkeiten im Lesen, Schreiben und Rechnen und zur Relevanz der Deutschstunden vgl. Wido Geis-Thöne: Unterrichtsstunden an Grundschulen im Ländervergleich, IW-Report, Nr. 7, Köln 2024.

531 Vgl. Bernd Siggelkow / Wolfgang Büscher: Das Verbrechen an unseren Kindern. Warum junge Menschen scheitern und was wir dagegen tun müssen, Paderborn 2024.

532 Vgl. Oluwafemi Sunday / Olusola Adesope / Patricia Maarhuis: The effects of smartphone addiction on learning: A meta-analysis, in: Computers in Human Behavior Reports, Vol. 4, No. 2, 2021, S. 1-9.

533 Vgl. UNESCO: Global Education Monitoring Report 2023: Technology in education: A tool on whose terms? Paris 2023. Die Studie betont: »Smartphones in School? Only when they clearly support learning«. Der Bericht zeigt weiter, dass einige Technologien das Lernen in bestimmten Kontexten unterstützen können, aber nicht, wenn sie übermäßig oder unangemessen eingesetzt werden. Vor allem die Verwendung von Smartphones kann das Lernen im Klassenzimmer stören. Eine Studie, die sich mit der Vorschul- bis hin zur Hochschulbildung in 14 Ländern befasste, stellte fest, dass dies die Schüler vom Lernen ablenkt. Schon die bloße Anwesenheit eines Mobiltelefons mit Benachrichtigungen reicht aus, um die Schüler von der eigentlichen Aufgabe abzulenken.

534 Vgl. Florentine Anders: Handyfreier Tag. Handyverbot, ja oder nein? Wie eine Schule nach einem neuen Weg sucht, in: Deutsches Schulportal, 18. März 2024; https://deutsches-schulportal.de/schulkultur/handyverbot-ja-oder-nein-wie-eine-schule-nach-einem-neuen-weg-sucht/ mit weiteren Verweisen.

535 Die Studie war zu dem Ergebnis gekommen: »Es ist offensichtlich, dass Bildschirme große Nachteile für kleine Kinder haben. Sie behindern das Lernen und die Sprachentwicklung. Zu viel Bildschirmzeit kann zu Konzentrationsschwierigkeiten führen und die körperliche Aktivität verdrängen«. Vgl. Gesellschaft für Bildung und Wissen: Wissenschaftler fordern Moratorium der Digitalisierung in KITAs und Schulen, 17. November 2023; https://bildung-wissen.eu/fachbeitraege/wissenschaftler-fordern-moratorium-der-digitalisierung-in-kitas-und-schulen.html. Vgl. auch: »Forscherin über Smartphones und Gedächtnisleistung: Dem Zweijährigen das Handy geben, um ihn ruhig zu stellen – keine gute Idee«, Interview mit

Hannah Monyer, in: DER SPIEGEL vom 24. Februar 2024: »Das Gehirn schaltet ungenutzte Synapsen ab, also die Verbindungsstellen zwischen zwei Nervenzellen im Gehirn. Die Information fließt nicht mehr von einer Zelle zur anderen. Und was einmal weg ist, ist weg. Für das Gehirn gilt: Use it or lose it«.

536 Vgl. hessenschau: Lernforscher im Interview. »Digitales Lesen muss gelernt werden«, veröffentlicht am 3. Februar 2024; https://www.hessenschau.de/kultur/lernforscher-digitales-lesen-muss-gelernt-werden-v1,lesen-print-oder-digital-100.html.

537 Vgl. European Cooperation in Science and Technology / Evolution of Reading in the Age of Digitisation: Stavanger Declaration Concerning the Future of Reading; https://ereadcost.eu/stavanger-declaration/. The Ljubljana Reading Manifesto: Why higher-level reading is important; https://readingmanifesto.org/. Vgl. dazu als vertiefendes White Paper Andre Schüller-Zwierlein / Anne Mangen / Miha Kovac / Adriaan van der Weel: Why higher-level reading is important; https://firstmonday.org/ojs/index.php/fm/article/download/12770/10709.

538 Vgl. Ruud Van der Weel / Audrey L. H. Van der Meer: Handwriting but not typewriting leads to widespread brain connectivity: a high-density EEG study with implications for the classroom, in: Frontiers in Psychology, Vol. 14, January 2024, S. 1-9; https://www.frontiersin.org/journals/psychology/articles/10.3389/fpsyg.2023.1219945/full.

539 Vgl. Ständige Wissenschaftlichen Kommission der Kultusministerkonferenz (SWK): Large Language Models und ihre Potenziale im Bildungssystem, Impulspapier, Bonn 2024.

540 Vgl. Bundesinstitut für Berufsbildung (BIBB): Datenreport zum Berufsbildungsbericht 2023. Informationen und Analysen zur Entwicklung der beruflichen Bildung, Bonn 2023, S. 71 ff.

541 Vgl. Caroline Schnelle / Clemens Wieland: Abgehängt oder nur am Abhängen? Faktencheck NEETs »Not in Education, Employment or Training«, Bertelsmann Stiftung, Chance Ausbildung vom 11. August 2023. Zu den NEETs zählen vier Teilgruppen: Nicht-Erwerbsfähige, erwerbsfähige Arbeitsuchende, Erwerbsfähige auf der Suche nach einem Ausbildungs- oder Studienplatz und erwerbsfähige Nichtarbeitsuchende. Es handelt sich bei den NEETs erkennbar auch um unterschiedliche Zielgruppen für eine Aktivierungsstrategie.

542 Vgl. Ludwig Erhard: Wohlstand für Alle, Neuauflage Köln 2009, S. 290; Olaf Scholz: Rede beim Ordentlichen Bundesparteitag der SPD am 9. Dezember 2023, Berlin.

543 Vgl. SPD: Beschluss-Antrag »Zusammen für eine starkes Deutschland«, Ordentlicher Bundesparteitag 2023, S. 39 f. Etwas elaborierter, aber mit der gleichen Intention dazu das Strategiepapier des Seeheimer Kreises in der SPD-Bundestagsfraktion: Schritte auf dem Weg zu einem modernen, digitalen und transparenten Sozialstaat, der das Leben einfacher macht, Februar 2024, Berlin: »In diesem Zusammenhang muss über eine weitere Steuerfinanzierung öffentlicher Sozialleistungen und -strukturen nachgedacht werden, um zusätzliche Belastungen für Arbeitnehmer:innen durch steigende Sozialabgaben zu vermeiden. Der Sozialstaat als Garant des sozialen Friedens und Grundlage unserer starken Wirtschaft muss auch hinsichtlich seiner Finanzierung weiterentwickelt und den Herausforderungen der Zukunft angepasst werden«.

544 Vgl. Ursula Weidenfeld: Warum die Schuldenbremse richtig ist – trotz allem, in: DER SPIEGEL vom 22. November 2023. »Selbst wenn man die Schuldenbremse nur für die Investitionen im Staatshaushalt aussetzen würde, würde sich die Schieflage verschärfen: Die regulären Haushalte würden nach und nach zu reinen Sozialetats, die Investitionen dagegen nur noch auf Pump finanziert. Für die Kinder und Enkelinnen der heutigen Politikergeneration wäre das eine dreifache Schummelei: Über ihre Sozialabgaben würden sie die Sozialleistungen, die Rente und die Gesundheitskosten der Alten bezahlen. Als Steuerzahler würden sie für das aufkommen, was beim besten Willen als Versicherungsbeitrag nicht einzutreiben ist. Und als Überlebende würden

sie am Ende die Kredite ablösen, die einstmals in ihrem Namen als ›Investitionen‹ aufgenommen worden waren.«

545 Die Baumol'sche Kostenkrankheit (nach William J. Baumol, 1967) bezeichnet die Problematik der schlechteren Rationalisierbarkeit von bestimmten Dienstleistungen im Gegensatz zu anderen Sektoren, etwa in der Industrie. Um die Qualität der Dienstleistungen aufrechtzuerhalten, müssten die Löhne jedoch mit der allgemeinen Lohnerhöhung in anderen Berufen mithalten. Das führt zu einer relativen Verteuerung von bestimmten Dienstleistungen, namentlich im sozialen Bereich. Vgl. zu einer Würdigung des Theorems von William J. Baumol Jochen Hartwig / Hagen Krämer: 50 Jahre Baumol'sche Kostenkrankheit, in: Wirtschaftsdienst, 97. Jg., Heft 11, 2017, S. 793-800.

546 Vgl. zu allen Angaben SVR-Wirtschaft: Armutsgefährdung senken, Erwerbsanreize stärken: Reformen im Steuer-Transfer-System, Kapitel 4 des Jahresgutachtens 2023/2024, a. a. O., Berlin 2023, S. 226 ff. Vgl. auch Maximilian Stockhausen: Einstellungen zur sozialen Mobilität, IW-Verteilungsreport 2023, IW-Report Nr. 58, Köln 2023.

547 Zudem haben sich im Zeitablauf auch die realen Bruttostundenlohnniveaus nach den unterschiedlichen Anforderungsniveaus auseinanderentwickelt. Die sog. Lohnprämien für hochkomplexe und komplexe Tätigkeiten nehmen relativ zu anderen Anforderungsniveaus zu. Dabei ist die Entwicklung für Vollzeitbeschäftigte gegenüber Teilzeitbeschäftigten und für ältere gegenüber jüngeren Beschäftigten noch einmal besonders günstig verlaufen. Vgl. Markus Grabka: Niedriglohnsektor in Deutschland schrumpft seit 2017, DIW-Wochenbericht, 91. Jg., Nr. 5, 2024, S. 67-76; vgl. auch Holger Lengfeld: Soziale Ungleichheit in Deutschland. Es geht uns weit besser, als wir denken. Essay, in: DER SPIEGEL vom 12. April 2023; vgl. auch Armut und Ungleichheit. »In den letzten zwei Jahrtausenden gab es keine gerechtere Gesellschaft als heute«, Interview mit Jürgen Kocka, in: DER SPIEGEL vom 20. März 2023.

548 Zu einem guten Überblick über die konzeptionelle Abgrenzung und politische Umsetzung verschiedener Elemente eines aktivierenden Sozialstaates vgl. Frank Oschmiansky / Julia Berthold: Aktivierender Staat und aktivierende Arbeitsmarktpolitik, Bundeszentale für politische Bildung, 27. Februar 2020, Bonn; https://www.bpb.de/themen/arbeit/arbeits marktpolitik/305858/aktivierender-staat-und-aktivierende-arbeitsmarktpolitik/.

549 Vgl. Martin Werding / Benjamin Läpple: Finanzrisiken für den Bund durch die demografische Entwicklung in der Sozialversicherung, Studie im Auftrag des Bundesrechnungshofs, FiFo-Berichte, Nr. 29, August 2020, Köln.

550 Vgl. grundlegend zu einem Befähigungsansatz für die deutsche Sozialpolitik Georg Cremer: Sozial ist, was stark macht, Freiburg 2021.

551 Vgl. Anton Hemerijck / Stefano Ronchi / Ilze Plavgo: Social investment as a conceptual framework for analyzing well-being returns and reforms in 21st century welfare states, in: Socio-Economic Review, Vol. 21, No. 1, 2023, S. 479-500. Vgl. auch Hans-Peter Klös / Gerhard Naegele: Prioritätensetzung in der Sozialpolitik – eine vernachlässigte Debatte, in: sozialpolitikblog, Nr. 61 vom 11. Mai 2023; https://difis.org/blog/?blog=61.

552 Arbeiten von Michael Thöne gehen verschiedenen anderen Spielarten eines erweiterten Investitionsbegriffs nach: Vgl. Zukunftsinvestitionen. Empirische Befunde zur Wirkung öffentlicher Ausgaben auf inklusives Wachstum, Gütersloh 2015; Wachstums- und nachhaltigkeitswirksame öffentliche Ausgaben (WNA), FiFo-Berichte, Köln 2005. Jüngst hat das ZEW den neuen Indikator »Zukunftsquote« eingeführt. Sie klassifiziert und gewichtet alle Ausgaben nach Zukunftsorientierung. Hierfür werden die Ausgaben anhand folgender Kriterien bewertet: wachstumsrelevante Infrastruktur, technisches Wissen, Humankapital und Naturkapital. Vgl. Albrecht Bohne / Friedrich Heinemann / Thomas Niebel: Berechnung der Zukunftsquote 2018 bis 2023: Zukunftsausrichtung des Bundeshaushalts erholt vom Corona-Tief, ZEW policy brief, Nr. 2, März 2024, Mannheim; vgl. auch Karin Heitzmann / Sandra Matzinger: Zur Konzeptualisierung von Sozialinvestitionen auf Basis

der ökonomischen Humankapitaltheorie, in: Zeitschrift für Sozialreform, Vol. 64, Heft 3, S. 363-386. Auch der Bericht der EU-High Level Group »The Future of Social Protection and of the Welfare State in the EU« (Brussels 2023) bleibt hier trotz ihrer weitreichenden Forderung sogar nach einer »golden rule« für die Herausnahme von Sozialschutzinvestitionen aus den Maastricht-Regeln für eine Schuldenbremse für den vermuteten Investitionsertrag empirisch ohne Beleg.

553 Vgl. Bundesministerium für Wohnen, Stadtentwicklung und Bauwesen (BMWSB): Überwindung der Obdach- und Wohnungslosigkeit in Deutschland bis 2030. Nationaler Aktionsplan Wohnungslosigkeit und Wohnungslosenberichterstattung, Berlin; https://www.bmwsb.bund.de/Webs/BMWSB/DE/themen/stadt-wohnen/nap-gegen-wohnungslosigkeit/nap-gegen-wohnungslosigkeit-node.html.

554 Vgl. BMWSB: Der Bau-Turbo-Pakt für Deutschland. Schneller planen, schneller genehmigen, schneller Wohnraum schaffen, 6. November 2023, Berlin; https://www.bmwsb.bund.de/SharedDocs/kurzmeldungen/Webs/BMWSB/DE/2023/11/mpk-bau-turbo.html.

555 Vgl. diverse Pressemeldungen des BMG zu Eckpunkten zur Notfallreform und zur Organisation der Rettungsdienste, einer Krankenhausreform mit einem Krankenhaustransparenzgesetz und einem Krankenhausfinanzierungsgesetz, einem Gesetz zur Beschleunigung der Digitalisierung im Gesundheitswesen, für eine nationale Pharmastrategie und eine Reform der Pflegeausbildung. Insbesondere die Krankenhausstrukturreform ist als ein mutiger und weitreichender Schritt zur Kostendämpfung zu würdigen und steht daher naturgemäß in der Kritik durch die einschlägigen Interessenverbände.

556 Vgl. zu den GKV-Ausgaben BMG: Finanzentwicklung der GKV im 1. bis 3. Quartal 2023, 8. Dezember 2023, Berlin; zu den Ausgaben für die Gesundheitswirtschaft vgl. BMWK: Gesundheitswirtschaft. Fakten & Zahlen, Berlin 2023. Diese Berechnungen erfolgen im Rahmen einer Gesundheitswirtschaftlichen Gesamtrechnung (GGR), mit der angelehnt an das Kontensystem der VGR die volkswirtschaftliche Bedeutung der Gesundheitswirtschaft approximiert werden kann.

557 Als eine frühe Quelle für ein nahezu nicht steuerbares System bereits vor rund 25 Jahren vgl. Josef Maus: Kostendämpfung im Gesundheitswesen: Der lange Weg in die Verwaltungsmedizin, in: Deutsches Ärzteblatt, Supplement, 96. Jg., Nr. 21, 1999, S. 42-45. »Mitte der 70er Jahre machte erstmals eine folgenreiche Wortschöpfung die Runde: die Kostenexplosion im Gesundheitswesen. Seither löst eine Gesundheitsreform die andere ab. Jetzt sollen die Krankenkassen an die Macht« (S. 42). Schon damals sei die GKV seit Mitte der 1970er Jahre mit 50 Gesetzen und 7.000 Einzelbestimmungen »überzogen« worden. Die ökonomische Literatur dazu füllt Regale. Als Beispiele für eine frühe Analyse vgl. Eckhard Knappe: Ausgabenexplosion im Gesundheitssektor, Folge einer ordnungspolitischen Fehlsteuerung, in: Otmar Issing (Hrsg.): Zukunftsprobleme der Sozialen Marktwirtschaft, Schriften des Vereins für Socialpolitik, N. F., Band 116, Berlin 1981, S. 499-528. Vgl. auch Alfred Boss: Kostendämpfung im Gesundheitswesen – aber wie? Kiel Working Paper, No. 301, Kiel 1987; zu einem Überblick über wichtige Wegmarken der Gesundheitspolitik vgl. Thomas Gerlinger: Etappen der Gesundheitspolitik 1975 bis 2016, Bundeszentrale für politische Bildung vom 22. September 2017; zu einem guten Überblick über aktuelle Vorschläge zur Effizienzsteigerung in der GKV vgl. Techniker Krankenkasse: Effizienz braucht Wettbewerb, Hamburg 2023.

558 Vgl. BMG: Eckpunktepapier Krankenhausreform, Juli 2023, Berlin; https://www.bundesgesundheitsministerium.de/themen/krankenhaus/krankenhausreform.html. Im März 2024 wurde dazu ein Referentenentwurf vorgelegt. Danach soll eine medizinische Behandlung in maximal 40 Fahrminuten zu erreichen sein.

559 Vgl. dazu sehr umfassend Sachverständigenrat zur Begutachtung der Entwicklung im Gesundheitswesen: Digitalisierung für Gesundheit. Ziele und Rahmenbedingungen eines dynamisch lernenden Gesundheitssystems, Gutachten 2021, Bonn / Berlin, März 2021.

Zur Ambivalenz des Datenschutzes allgemein bei der Abwägung zwischen berechtigten Schutzinteressen und dysfunktionaler Bürokratie vgl. David Pfau: Mehr Pragmatismus beim Datenschutz wagen. Standpunkte, Tagesspiegel Background vom 5. März 2024.

560 Zu einer ersten Kommentierung in Leitmedien (alle am 5. März) vgl. Florian Diekmann: Die Koalition macht keine Rentenpolitik, sie verweigert sie, in: DER SPIEGEL; Bert Rürup: Das Rentenpaket verfolgt sicher nicht das Prinzip des Generationenausgleichs, in: Handelsblatt; Dietrich Creutzburg / Manfred Schäfers: Das Rentenpaket treibt den Beitragssatz hoch, in: FAZ; Ursula Weidenfeld: Die Rücksichtslosigkeit der Alten, in: DER SPIEGEL. Die Vorsitzende der Wirtschaftsweisen, Monika Schnitzer, kritisiert die Rentenpläne: »Dadurch belasten sie vor allem die junge Generation«. Sie fordert, die Menschen in Deutschland müssten länger arbeiten und mehr fürs Alter sparen. Gleichzeitig könnten die Renten nicht mehr so stark wie bisher erhöht werden, in: DER SPIEGEL vom 11. März 2024. Für einen umfassenden aktuellen wirtschaftswissenschaftlichen Stand der Debatte vor dem beschlossenen Regierungspaket vgl. SVR-Wirtschaft: Alterungsschub und Rentenreformen, Kapitel 5 des Jahresgutachtens 2023/2024, a. a. O., S. 284-387, Berlin 2023. Zu einem informierten ökonomiekritischen Überblick über die kontroverse langjährige Reformdebatte in der GRV schon vor mehr als 25 Jahren vgl. Friedbert Rüb: Die Entstaatlichung staatlicher Aufgaben, in: Vorgänge, Nr. 135, Heft 3, 1996, S. 77-88.

561 Vgl. zu einer solchen pragmatischen Empfehlung für einen Politikmix Axel Börsch-Supan: Rentenpolitik nach dem Haushaltsurteil: keine Maximalforderungen, in: Wirtschaftsdienst, 104. Jg., Heft 2, 2024, S. 102-105.

562 Vgl. SVR-Wirtschaft: Alterungsschub und Rentenreformen, Kapitel 5 des Jahresgutachtens 2023/2024, a. a. O., S. 327 ff., Berlin 2023.

563 Franz Ruland, der langjährige Geschäftsführer der Deutschen Rentenversicherungsträger, lehnt diesen Vorschlag mit folgender Begründung ab: »Niedrige Renten sollen aufgestockt werden, um Armut im Alter zu begrenzen. Doch haben 2022 nur 2,8 Prozent der Altersrentner ergänzend Leistungen der Grundsicherung erhalten, der Anteil ist seit 2015 fast unverändert. Menschen mit geringerem Einkommen sollen eine niedrigere Lebenserwartung haben als Menschen mit höherem Einkommen. Daraus zu folgern, dass es in der Rentenversicherung wegen unterschiedlich langer Rentenbezugszeiten eine Umverteilung von arm zu reich gebe, die auszugleichen sei, ist unzutreffend. Vor allem Frauen beziehen niedrigere Renten, leben aber fünf Jahre länger als Männer«. Vgl. Franz Ruland: Reformoptionen – die keine sind, in: Wirtschaftsdienst, 104. Jg., Heft 2, 2024, S. 98-101.

564 In der Regel sind jene, die eine Aufhebung der Schuldenbremse fordern, um »Zukunftsinvestitionen« zu finanzieren, auch überwiegend gegen eine ursachenadäquate Rentenreform, durch die die massive Beanspruchung des Bundeshaushalts und der jüngeren Generation vermindert und mehr Spielraum für Investitionen geschaffen werden könnte.

565 Zu einer instruktiven Übersicht über verschiedene Konzepte einer kapitalgedeckten Altersvorsorge vgl. Marlene Haupt / Sandra Zimmermann: Ausgewählte Rentenpläne des Koalitionsvertrags 2021 im Spiegel erster Reaktionen, DIFIS-Studie Nr. 2, Bremen 2023.

566 Vgl. Koalitionsvertrag: a. a. O., S. 81. Nach aktuellen Plänen des BMG sollen die Eigenanteile in der stationären Pflege künftig auf drei Jahre begrenzt sein und maximal 700 Euro betragen. Doch die Begrenzung der Eigenanteile an den Pflegekosten hat erstens fragwürdige Verteilungswirkungen, denn sie entlastet auch Personen, die sich auch über vier oder fünf Jahre eine Versorgung im Pflegeheim aus eigener Kraft leisten könnten. Zweitens müsste dann auch die private Pflegeversicherung in den Genuss von Steuermitteln kommen.

567 Vgl. Wissenschaftlicher Beirat beim BMWK: Nachhaltige Finanzierungen von Pflegeleistungen. Gutachten des Wissenschaftlichen Beirats beim Bundesministerium für Wirtschaft und Klimaschutz, 24. Juni 2022, Berlin.

568 Vgl. Josef Hilbert / Hans-Peter Klös / Gerhard Naegele: Digitalisierung und Kommunalisierung in der Pflegeversorgung, in: sozialpolitikblog, Nr. 105 vom 27. März 2024; https://difis.org/blog/?blog=105.
569 Vgl. »Fachkräftemangel in Kitas. Der Betreuungsmangel gefährdet unser Geschäftsmodell«, in: Die Zeit vom 22. Februar 2024.
570 Vgl. Konsortium IZA-ifo-ZEW: Abschätzung der Arbeitsangebotswirkungen der Kindergrundsicherung (gemäß Gesetzentwurf vom 6. November 2023), Gutachten, Februar 2024, Berlin.
571 Vgl. das systematische Monitoring der Bundesagentur für Arbeit im Rahmen ihrer Engpassanalyse (https://statistik.arbeitsagentur.de/DE/Navigation/Statistiken/Interaktive-Statistiken/Fachkraeftebedarf/Engpassanalyse-Nav.html) und des Kompetenzzentrums Fachkräftesicherung (https://www.kofa.de/). Zur wirtschaftspolitischen Bedeutung der Fachkräftesicherung vgl. zusammenfassend BMWK: Jahreswirtschaftsbericht der Bundesregierung. Wettbewerbsfähigkeit nachhaltig stärken, Februar 2024, Berlin; zum Zusammenhang zwischen Demografie, Arbeitsvolumen, Zuwanderung und Potenzialwachstum vgl. SVR-Wirtschaft, Jahresgutachten 2023/2024, a. a. O., vor allem S. 307 ff., Berlin 2023.
572 Vgl. Deutsche Wirtschaft kränkelt – Reform der Schuldenbremse kein Allheilmittel. Gemeinschaftsdiagnose Frühjahr 2024, S. 84, Kiel.
573 Vgl. Portal Make it in Germany: Das neue Fachkräfteeinwanderungsgesetz auf einen Blick; (https://www.make-it-in-germany.com/de/visum-aufenthalt/fachkraefteeinwanderungsgesetz?gad_source=1&gclid=EAIaIQobChMIoavasqTHhAMVD0BBAh0zfQoeEAAYASAAEgL1CvD_BwE). Allein diese Übersicht veranschaulicht eindrücklich die Komplexität der Materie, die nur von Experten zu durchschauen ist, und erklärt, warum Deutschland für Arbeitsmigration ein schwieriges bürokratisches Pflaster ist. Entsprechend einhellig fällt die Kritik am neuen Fachkräfteeinwanderungsgesetz in den Medien aus. Vgl. zu einem Stimmungsbild eine Google-Suchabfrage zum Stichwort »Kritik Bürokratie Zuwanderung« vom 25. Februar 2024 mit ungefähr 113.000 Ergebnissen. Zu einer informierten Chronologie der gesetzlichen Grundlagen für die Zuwanderung nach Deutschland aus einer sehr asylfreundlichen Position vgl. LabourNet Germany: (Fachkräfte)Einwanderungsgesetz – und die Debatte, Dossier vom 22. Februar 2024; https://www.labournet.de/interventionen/asyl/arbeitsmigration/migrationsarbeit/einwanderungsgesetz-die-wichtigsten-punkte-des-entwurfs-und-die-debatte/. Exemplarisch konnte die Vielzahl der Perspektiven auf das Zuwanderungsrecht schon bei einer Anhörung im Bundestag inspiziert werden. Vgl. Deutscher Bundestag: Anhörung des Innenausschusses: Chancen-Aufenthaltsrecht ist unter Experten umstritten, 28. November 2022, Berlin; https://www.bundestag.de/dokumente/textarchiv/2022/kw48-pa-inneres-chancen-aufenthaltsrechts-921220. Zu einer positiven Würdigung des Punktesystems mit seiner Chancenkarte vgl. Daniel Thym: Regierung erleichtert Anerkennung ausländischer Abschlüsse: Punktesystem für die Fachkräfteeinwanderung, in: Legal Tribune Online vom 13. Juli 2023.
574 Vgl. zur Vorschriftensammlung Walhalla Fachredaktion: Ausländerrecht, Migrations- und Flüchtlingsrecht. Vorschriftensammlung für Ausbildung und Praxis; 19. Auflage, Regensburg 2024; vgl. Winfried Kluth et al.: Handbuch Zuwanderungsrecht. Allgemeines Zuwanderungs- und Aufenthaltsrecht nach deutschem und europäischem Recht, 3. Auflage, München 2020.
575 Vgl. stellvertretend ARD-DeutschlandTrend vom 28. September 2023; https://www.tagesschau.de/inland/deutschlandtrend/deutschlandtrend-3406.html. Zu einer empirischen Einordnung der subjektiven Lebenswirklichkeit und der Bedeutung von Zuwanderung innerhalb der sonstigen Alltagsstressfaktoren vgl. Zentrum für Sozialforschung Halle / Institut für Politikwissenschaft Jena / Leibniz-Institut für Sozialwissenschaften: Deutschlandmonitor. Gesellschaftliche und politische Einstellungen. Themenschwerpunkt: Stadt und Land, Berlin / Halle / Jena / Mannheim, Januar 2024. »Obwohl vereinzelt auch

positive Beispiele für die Integration von Geflüchteten zur Sprache kommen, wird deutlich, dass die aktuelle Migrationspolitik aus Sicht der Befragten in Ost und West kaum Antworten findet, die der aktuellen – als zunehmend krisenhaft wahrgenommenen – Situation gerecht wird. Häufig wird kritisiert, dass der überwiegende Teil der Zugewanderten nicht in den Arbeitsmarkt integriert wird und somit zwangsläufig knapper werdende Ressourcen wie staatliche Leistungen, Wohnungen oder auch Kitaplätze beansprucht. Diese Entwicklung wird als zunehmender ›Kontrollverlust‹ der Politik wahrgenommen, die zu wenig wirksame Steuerungsinstrumente zu haben scheint, zu starke materielle Anreize setzt und ›Alle‹ nach Deutschland einwandern lässt, was Unverständnis und auch Wut erzeugt, die in den ostdeutschen Befragungsgebieten erneut expliziter wird« (S. 218). Vgl. auch Thomas Petersen: Einwanderung stärkt die AfD, in: FAZ vom 24. August 2023.

576 Zu einer sehr praxisnahen juristischen Schilderung des derzeitigen Verwaltungsvollzugs und seiner Defizite vgl. die Rechtsanwältinnen Bettina Offer / Gabriele Mastmann: Gutachterliche Stellungnahme zu dem Entwurf eines Gesetzes zur Weiterentwicklung der Fachkräfteeinwanderung, Deutscher Bundestag, Ausschuss für Inneres und Heimat, Drucksache 29(4)219 H vom 22. Mai 2023, Berlin. Dort heißt es nüchtern: »Angesichts der derzeitigen Situation im Themenbereich Zuwanderungsmanagement und Visabestimmungen erscheint es allerdings als illusorisch, die mit dem vorliegenden Gesetzesentwurf angestrebte Erhöhung um jährlich 65.000 zusätzliche Erwerbsmigranten zu erreichen.« Zu einer Bewertung des FEG-Gesetzentwurfs aus der betrieblichen Praxis vgl. BDA: Mehr Mut bei der Zuwanderung in Beschäftigung – Tempo machen bei den Verwaltungsverfahren. Stellungnahme zum Referentenentwurf eines Gesetzes zur Weiterentwicklung der Fachkräfteeinwanderung und zum Referentenentwurf einer Verordnung zur Weiterentwicklung der Fachkräfteeinwanderung, 7. März 2023, Berlin.

577 62 Prozent der Bürgergeld-Empfänger im Juli 2023 hatten keine deutsche Staatsangehörigkeit, davon nur rund 15 Prozent aus einem EU-Mitgliedstaat. Über 700.000 der derzeit rund 1,2 Mio. Ukrainer in Deutschland erhielten Maßnahmen der Grundsicherung für Arbeitsuchende. 526.000 Personen mit ukrainischer Staatsangehörigkeit waren im März 2024 als erwerbsfähig gemeldet, rund 215.000 waren sozialversicherungspflichtig oder geringfügig beschäftigt. Die Zahl der Personen mit ausländischer Nationalität im Grundsicherungsbezug ist von 1,3 Mio. Personen im Januar 2007 auf 2,7 Mio. im Juni 2023 gestiegen, ca. 47 Prozent der SGB-II-Bezieher. Vgl. zu den Daten SVR-Wirtschaft: Jahresgutachten 2023/2024, a. a. O., Ziffer 303, Kasten 21, S. 245 ff., Berlin 2023, und Bundesagentur für Arbeit: Auswirkungen der Fluchtmigration aus der Ukraine auf den Arbeitsmarkt und die Grundsicherung für Arbeitsuchende, Arbeitsmarkt kompakt, März 2024, Nürnberg.

578 Zum einen dauerte im Jahr 2021 ein Asylverfahren bis zur behördlichen Entscheidung durchschnittlich 6,6 Monate, mit deutlichen Unterschieden je nach Herkunftsland. Ende Februar 2024 hatte das BAMF über 240.000 Anträge noch nicht entschieden (sog. anhängige Verfahren). Zum anderen hat in den letzten Jahren die Zahl der Klagen gegen erstinstanzliche Asylentscheidungen vor deutschen Verwaltungsgerichten stark zugenommen. Wahrscheinlich auch deswegen soll nun (Anfang März 2024) das Personal des BAMF um über 1.000 Stellen aufgestockt werden.

579 Ausreisehemmnisse sind z. B. die Situation im Zielland, die mangelhafte Kooperationsbereitschaft des Herkunftslands und fehlende Papiere oder schwerwiegende Erkrankungen. Auf der anderen Seite kommen besonders viele Folgeanträge von Ankömmlingen aus Südosteuropa, die keine Chance auf Anerkennung haben. Von BAMF-Mitarbeitern wird beobachtet, dass die Anträge vorzugsweise im späten Herbst gestellt würden, wenn auch in der Heimat nicht viel zu tun sei. Vgl. Julius Betschka: »Im Winter rein, im Sommer raus«, in: Berlin.Table vom 1. November 2023. Insgesamt gab es Ende 2023 etwa 242.000

ausreisepflichtige Personen, davon rund 80 Prozent mit einer Duldung. Dies ist der erste Rückgang seit 2015. Vgl. Mediendienst Integration; https://mediendienst-integration.de/migration/flucht-asyl/duldung.html. Die durchschnittliche Verweildauer in der Ausreisepflicht, also nach einem abgelehnten Asylverfahren, beträgt fast vier Jahre. Vgl. Laura Peitz: Wege aus der Ausreisepflicht nach ablehnender Asylentscheidung, BAMF-Kurzanalyse, Nr. 1/2023, Nürnberg. Es ist auch diese »Bugwelle« unerledigter Verfahren, die Kapazitäten von Gerichten und anderen Einrichtungen bindet und zügigere Entscheidungsverfahren verhindert.

580 Vgl. Bundesinnenministerium: Begrenzung irregulärer Migration: Neue Regelungen sollen für mehr und schnellere Rückführungen sorgen. Abstimmung des Gesetzentwurfs heute eingeleitet, Pressemitteilung vom 11. Oktober 2023. Am 10. April 2024 hat das Europäische Parlament das neue Migrations- und Asylpaket endgültig angenommen. Kernpunkte sind eine schnellere Prüfung von Asylanträgen, darunter an den EU-Außengrenzen, und eine wirksamere Rückführung, eine verbesserte Identifizierung bei der Ankunft und verpflichtende Sicherheits- und Gesundheitskontrollen sowie Prüfungen der Schutzbedürftigkeit für Menschen, die irregulär in die EU einreisen. Mitgliedstaaten können wählen, ob sie Verantwortung für Asylbewerber übernehmen, finanzielle Beiträge leisten oder operative Unterstützung bieten wollen; https://www.europarl.europa.eu/news/de/press-room/20240408IPR20290/parlament-nimmt-neues-migrations-und-asylpaket-endgultig-an.

581 Vgl. Güner Yasemin Balci: Arabboy. Eine Jugend in Deutschland oder Das kurze Leben des Rashid A., Frankfurt 2008; Kirsten Heisig: Das Ende der Geduld. Konsequent gegen jugendliche Gewalttäter, Freiburg / Basel / Wien 2010; Ahmad Mansour: Operation Allah. Wie der politische Islam unsere Demokratie unterwandern will, Frankfurt 2022.

582 Vgl. Bundeskriminalamt: Organisierte Kriminalität – Bundeslagebild 2021, Wiesbaden 2022. Danach umfasst Clankriminalität »das delinquente Verhalten von Clanangehörigen. Die Clanzugehörigkeit stellt dabei eine verbindende, die Tatbegehung fördernde oder die Aufklärung der Tat hindernde Komponente dar, wobei die eigenen Normen und Werte über die in Deutschland geltende Rechtsordnung gestellt werden können. Die Taten müssen im Einzelnen oder in ihrer Gesamtheit für das Phänomen von Bedeutung sein« (S. 23). Die von 41 auf 47 gestiegene Anzahl von OK-Gruppierungen, die dem Bereich der Clankriminalität zugeordnet werden, verdeutlicht die Bedeutung des Phänomens. Bedeutsam für diese Entwicklung sind auch die Defizite beim Vollzug des Ausländerrechts: Viele Angehörige der Großfamilien verfügen über den Status einer Duldung, die auf 10 bis 30 Prozent aller Angehörigen der Großfamilien zutreffen dürfte, darunter auch Personen der zweiten und dritten Generation. Mit dieser »Kettenduldung« müssen Angehörige der Großfamilien halbjährlich zur lokalen Ausländerbehörde, um ihre Duldung zu verlängern, und können nicht frei reisen, nicht standesamtlich heiraten, haben nur eingeschränkte Arbeits- und Ausbildungsmöglichkeiten und dürfen teilweise kein Bankkonto eröffnen. Vgl. Mediendienst Integration: Arabisch-türkische Großfamilien: Familienstruktur und Clankriminalität, Expertise, Januar 2023, Nürnberg, S. 4.

583 Zum Thema Scheinvaterschaften vgl. tagesschau.de vom 23. Februar 2024: Bleiberecht durch »Ankerkinder«: Das kriminelle Geschäft mit Scheinvaterschaften. Vgl. auch: Lücke im Zuwanderungsrecht: Das Geschäft mit den Scheinvaterschaften, in: DER SPIEGEL vom 23. April 2023. Neben Standesämtern können Jugendämter und Konsularbeamte in Botschaften Vaterschaftsanerkennungen beurkunden. Die Ämter können vor einer Vaterschaftsanerkennung nicht einsehen, wie viele Kinder ein Antragsteller bereits anerkannt hat; das können nur Ausländerbehörden. Ein zentrales Personenstandsregister gibt es aus Datenschutzgründen in Deutschland bisher nicht. Es ist daher unbedingt zu begrüßen, dass ein behördliches Verfahren zur Prüfung des Vorliegens einer missbräuchlichen Vaterschaftsanerkennung in das Aufenthaltsgesetz aufgenommen werden soll.

584 Vgl. die Selbstkritik von Herbert Reul: Politiker, traut Euch zu sagen, was ist! in: FAZ vom

6. März 2024: »Noch trauen die Bürger uns Politikern zu, die Probleme zu lösen, und das sollten wir. Denn wir sind mit schuld. Wir Politiker sind verantwortlich für den Vertrauensverlust. Wir müssen uns trauen zu sagen, was ist! [...] Wir müssen es anders machen. Was es braucht, ist eine Politik aus Ehrlichkeit, Pragmatismus und realistischen Versprechen. Wir sollten sagen, was ist, und tun, was wir sagen; kleine Schritte statt großer Sprüche wagen«.

585 Vgl. z. B. das Schreiben des Landrates des Landrates Miltenberg und des Oberbürgermeisters von Tübingen an Bundeskanzler Scholz vom 14. März 2023; »Stuttgarter Erklärung« für eine realitätsbezogene Flüchtlingspolitik – 12-Punkte-Plan der Kommunalen Landesverbände Baden-Württemberg, Stuttgart, 7. März 2023; Deutscher Städte- und Gemeindebund: Neustart in der Migrationspolitik einleiten. Migrationsgesetzbuch schaffen – Verantwortung von Bund und Ländern als Gemeinschaftsaufgabe im Grundgesetz festschreiben, Pressemitteilung vom 12. Juni 2023, Berlin. Vgl. auch Lehrerverband schlägt Alarm: Immer mehr Schüler lehnen Grundwerte ab. Antisemitismus und Homophobie in Schulen – Verbandspräsident: Brauchen zeitgemäße Medienbildung, in: Neue Osnabrücker Zeitung vom 25. Januar 2024. Nach einer dpa-Umfrage im März 2024 haben Gewaltvorfälle in Schulen stark zugenommen, mehr Schüler nähmen Waffen mit in die Schule. Nach der neuesten Polizeilichen Kriminalstatistik 2023 hat die Zahl der Delikte in der Altersgruppe der bis zu 14-Jährigen, darunter besonders nichtdeutsche Kinder, überproportional zugenommen.

586 Vgl. Deutscher Bundestag: Bundestag stimmt Gesetz zur Verbesserung von Rückführungen zu; https://www.bundestag.de/dokumente/textarchiv/2024/kw03-de-rueckfuehrung-986284. Wie umstritten das Thema Rückführung ist, zeigen die Reaktionen unterschiedlicher Richterverbände wie auch von Pro Asyl; https://www.lto.de/recht/hintergruende/h/asylrecht-verfahren-beschleunigung-abschiebungen-ruckfuehrung-mpk-kabinett-nrv-drb-rav/.

587 Schon mit dem im Rahmen des Asylpakets II eingeführten Asylbewerberleistungsgesetz aus dem Jahr 2015 wurden nahezu die gleichen Ziele wie heute verfolgt und auch die gleichen politischen Debatten zwischen zuwanderungsfreundlichen und zuwanderungskritischen politischen Lagern geführt. Danach ging die Anzahl der Abschiebungen für einige Jahre auf in der Spitze rund 25.000 hoch und danach bis zum Jahr 2020 wieder auf knapp 11.000 zurück, um dann wieder auf 16.500 im Jahr 2023 anzusteigen. Sehr anschaulich ist ein Bericht über die aktuellen Schwierigkeiten bei der Rückführung von Asylbewerbern aus der Türkei, einem Land mit einer Schutzquote von nur 13 Prozent, u. a. wegen fehlender Papiere, fehlender Antreffbarkeit und fehlender Linienflüge, in: DER SPIEGEL vom 12. Februar 2024: »Hohe Asylbewerberzahlen. Regierung beklagt Probleme bei Abschiebungen in die Türkei«. Sehr deutlich urteilt der Migrationsforscher Ruud Koopmans: »Bis Ende 2020 konnten in Deutschland fast zwei Drittel aller Personen aus den wichtigsten acht Asylherkunftsländern nur mit Hilfe staatlicher Leistungen ihren Lebensunterhalt bestreiten. Nichts davon ist ein angemessener Preis für die humanitären Prinzipien des Asylrechts. All diese Fehlentwicklungen sind Folgen eines Asylregimes, das die Bedürfnisse der Schutzsuchenden nicht mit den Aufnahmekapazitäten und den Sicherheitsinteressen der aufnehmenden Gesellschaften in Einklang bringen kann«. Ein besseres Asylrecht ist möglich, in: Der Pragmaticus vom 30. Mai 2023; vgl. Ders., Interview »Die Flüchtlingsfrage ist eine Bedrohung der Demokratie«, in: Handelsblatt vom 13./14./15. Oktober 2023. Koopmans bejaht dort für Deutschland auch die Existenz eines Pullfaktors: »Natürlich. Nicht unbedingt für die Frage, ob sich Migranten überhaupt auf den Weg machen. Aber für die Frage, wo sie dann in Europa hängen bleiben«. Finanzminister Lindner spricht von einem »Magnetismus« des deutschen Sozialstaats.

588 Vgl. zu einem umfassenden Überblick über generelle Erfahrungen mit »Fast Track«-Ansätzen zur Arbeitsmarktintegration Andrea Bernert-Bürkle / Paolo Federighi / Fran-

cesca Torlone (Hrsg.): The Fast Track Labour Market Integration of Immigrants. Work-related Learning of Culture, Language and Profession, Bielefeld 2023.
589 Dieser Hinweis ist wichtig, denn Leistungskürzungen erlöschen derzeit automatisch, wenn eine Duldung gewährt wird. Eine Duldungserteilung trifft aber keine Aussage darüber, dass jemand in Deutschland bleiben soll, sondern nur darüber, dass jemand derzeit nicht zwangsweise zurückgeführt oder abgeschoben werden kann, ändert also auch nichts an der grundsätzlichen Ausreisepflicht.
590 Zu einem sehr gründlichen Bericht über die Governance der Migrantenintegration in Dänemark vgl. European Website on Integration: Governance of migrant integration in Denmark. [Last update published: January 2024]; https://migrant-integration.ec.europa.eu/country-governance/governance-migrant-integration-denmark_en.
591 Vgl. BMAS: Job-Turbo zur Arbeitsmarktintegration von Geflüchteten; https://www.bmas.de/DE/Arbeit/Migration-und-Arbeit/Flucht-und-Aysl/Turbo-zur-Arbeitsmarktintegration-von-Gefluechteten/turbo-zur-arbeitsmarktintegration-von-gefluechteten.html; zu den bisherigen Arbeitsmarkterfolgen vgl. Bundesregierung: Geflüchtete aus der Ukraine in Deutschland. Gut angekommen auf dem Arbeitsmarkt, Nachricht vom 12. Februar 2024; zu Hilfestellungen auf europäischer Ebene vgl. Europäische Kommission: EU will Geflüchtete aus der Ukraine schneller in den Arbeitsmarkt eingliedern, Presseartikel vom 15. Juni 2022; https://germany.representation.ec.europa.eu/news/eu-will-gefluchtete-aus-der-ukraine-schneller-den-arbeitsmarkt-eingliedern-2022-06-15_de. Nur jeder sechste der über 700.000 Ukrainer im erwerbsfähigen Alter war im November 2023 sozialversicherungspflichtig beschäftigt, aber fast sechs von zehn waren im Grundsicherungsbezug. Vgl. zu Fehlanreizen Debatte über Bürgergeld. Warum nur 19 Prozent der ukrainischen Geflüchteten arbeiten, in: DER SPIEGEL vom 4. November 2023. Über eine mögliche Missbrauchsform berichtet der SPIEGEL vom 9. Februar 2024 (»Ukrainer in Deutschland. Vorläufig angekommen – oder nur davongekommen?«): Zahlreiche Personen mit ukrainischem Pass, besonders aus Großfamilien, meldeten sich bei den Jobcentern, ohne des Ukrainischen mächtig zu sein, um den Zugang zu den Bürgergeldleistungen zu erhalten.
592 Vgl. zu diesen Daten BMI / BAMF: Migrationsbericht 2022, Berlin 2023, Abschnitt 3.4. Zum Dublin-Verfahren vgl. S. 198 ff. Als Hypothese für den eklatanten Unterschied der Zahlen zwischen Ungarn und Deutschland wird angeführt: »In Hungary, probably since 2020, applicants are required to submit a declaration of intent at a Hungarian embassy in a non-EU country before they can enter the country and apply for international protection«. Vgl. European Agency for Asylum (euaa): Latest Asylum Trends 2023, 28. February 2024, Valetta. Wie komplex das Verhältnis des deutschen zum europäischen Recht ist und dass es daher kein Rechtsbruch sein muss, wenn Deutschland die Dublin-Regeln nicht strenger handhabt, argumentiert Daniel Thym: Der Rechtsbruch-Mythos und wie man ihn widerlegt, Verfassungsblog vom 2. Mai 2018; https://verfassungsblog.de/der-rechtsbruch-mythos-und-wie-man-ihn-widerlegt/. Der sächsische Innenminister Schuster zieht aber inzwischen in Betracht, Migranten, die bereits in einem anderen EU-Land Asyl beantragt haben, an der Grenze zurückzuweisen. Vgl. Berlin.Table vom 11. März 2024.
593 Vgl. BMI / BAMF: Migrationsbericht der Bundesregierung 2022, Berlin 2023, S. 175.
594 Vgl. Daniel Thym: Humanität und Härte: Die Asylobergrenze, in: FAZ vom 1. November 2023.
595 Vgl. Wido Geis / Anja Katrin Orth: Flüchtlinge regional besser verteilen. Ausgangslage und Ansatzpunkte für einen neuen Verteilungsmechanismus, IW-Gutachten für die Robert Bosch Stiftung, 24. Februar 2016, Köln.
596 Vgl. Sachverständigenrat für Integration und Migration: Positionspapier zur Weiterentwicklung des Staatsangehörigkeitsrechts, 23. November 2023, Berlin. Zu einer sehr kritischen Einschätzung zur Modernisierung des Staatsangehörigkeitsrechts vgl. Deutscher

Landkreistag: Stellungnahme zur öffentlichen Anhörung zum Gesetzentwurf der Bundesregierung: Entwurf eines Gesetzes zur Modernisierung des Staatsangehörigkeitsrechts (BT-Drucksache 20/9044) vom 7. Dezember 2023, Berlin.
597 Vgl. Europäische Kommission, Migration und Inneres: Was ist der neue Migrations- und Asylpakt der EU? 20. Dezember 2023, Brüssel; vgl. auch Mediendienst Integration: Zahlen und Fakten. Europäische Asylpolitik und Grenzschutz; https://mediendienst-integration.de/migration/flucht-asyl/eu-asylpolitik.html.
598 Vgl. Daniel Thym: Mindestanforderungen des EU-Primärrechts und des Flüchtlingsvölkerrechts an sekundärrechtliche Regelungen, die vorsehen, Asylanträge mit Blick auf Schutz- und Unterkunftsmöglichkeiten in dritten Staaten (Transitstaaten, sonstige Staaten) oder einzelnen Teilgebieten solcher Staaten ohne Sachprüfung abzulehnen. Gutachterliche Stellungnahme für das Bundesministerium des Innern, 19. Januar 2017, Konstanz; zu einer summarischen Einschätzung vgl. Derselbe: Humanität und Härte, in: FAZ vom 1. November 2023.
599 Vgl. dazu Andreas Reckwitz: Die Gesellschaft der Singularitäten, Berlin 2017, und Ders.: Das Ende der Illusionen. Politik, Ökonomie und Kultur in der Spätmoderne, Berlin 2019.
600 Vgl. Andreas Reckwitz: Die Gesellschaft der Singularitäten, Berlin 2017, S. 272.
601 Vgl. Erwin Teufel (Hrsg.): Von der Risikogesellschaft zur Chancengesellschaft, Frankfurt 2001.
602 Vgl. Ingeborg Gabriel: Wozu taugt die Tugend? Überlegungen zur Aktualität der Tugendethik, in: Karl Baier / Markus Riedenauer (Hrsg.): Die Spannweite des Daseins: Philosophie, Theologie, Psychotherapie und Religionswissenschaft im Gespräch, Wien, 2011, S. 199-219.
603 Vgl. ebd, S. 200.
604 Dieser Satz wird Novalis zugeschrieben. Vgl. Carsten Knop: Glauben in einer Welt voller Krisen, in: FAZ vom 24. Dezember 2023.
605 Vgl. Wilhelm Röpke: Maß und Mitte, Erlenbach-Zürich 1950. In einer christich-humanistischen Auseinandersetzung mit einem wohlverstandenen Liberalismus gelangt er zu dem Schluss: »Der Liberale glaubt nicht, dass ein Gesellschafts- und Wirtschaftssystem praktisch sei, welches Heilige oder Helden voraussetzt, sondern nur ein solches, das mit den Menschen rechnet, wie sie bestenfalls im Durchschnitt sind. [...] Für eine glückliche Einrichtung hält er das Eigentum, für eine andere nicht minder glückliche die Konkurrenz [...] und schließlich für eine ebenso glückliche das System von automatischen und unpersönlichen Sanktionen und Belohnungen, das einem solchen auf Eigentum, Selbstverantwortung und Konkurrenz beruhenden Wirtschaftssystem entspricht. Der Liberale hält das alles für eminent praktisch, nicht weil er Optimist, sondern weil er Realist ist« (S. 21).
606 Vgl. stellvertretend das Zeitgespräch »Mittelschicht zwischen Abstiegsängsten und hoher Belastung«, in: Wirtschaftsdienst, 91. Jg., Heft 11, 2011, S. 507-525.
607 Vgl. als instruktive Übersicht über die damit verbundenen Bezüge zwischen Statusangst und »auffälligem Konsum« (Veblen sprach von »demonstrativem« Konsum) aus einer interessanten finanzmarktnahen Perspektive fastercapital: Statusangst und auffälliger Konsum. Ein Teufelskreis, Beitrag vom 12. Dezember 2023, aktualisiert am 4. März 2024; https://fastercapital.com/de/inhalt/Statusangst-und-auffaelliger-Konsum–Ein-Teufelskreis.html.
608 Vgl. Thorstein Veblen: The Theory of the Leisure Class. An Economic Study in the Evolution of Institutions, New York / London, 1899; John Kenneth Galbraith: The Affluent Society, Boston 1958.
609 Vgl. Loek Halman / Tim Reeskens / Inge Sieben / Marga van Zundert: Atlas of European Values: Change and Continuity in Turbulent Times. European Values Series, Volume 1, Tilburg 2022: »Welfare has an impact on people's priorities and their values. When food, shelter and physical security are scarce, people give top priority to satisfy their imme-

diate material needs. However, in times of economic security, as is the case in affluent welfare states, people no longer focus on survival, but shift priorities to issues such as belonging, esteem, freedom of choice and self-development. These priorities come with different values: not materialistic but postmaterialistic ones. [...] However, postmaterialists are not ›nonmaterialistic‹; the satisfaction of their materialistic needs is simply not a priority« (S. 50).

610 Vgl. Das Parlament: Verpflichtendes Engagement: Überfällig oder überfordernd? Der Streit um die Dienstpflicht, Beitrag vom 5. September 2022; Die CDU fordert im Entwurf ihres neuen Grundsatzprogramms ein verpflichtendes Gesellschaftsjahr und die Stärkung des Ehrenamtes (Zeile 45).

611 Vgl. Robert D. Putnam: Bowling Alone, New York, 2000.

612 Vgl. Wissenschaftliche Dienste des Deutschen Bundestages: Fragen zur Einführung eines allgemeinen gesellschaftlichen und sozialen Pflichtdienstes. Rechtliche Grenzen und internationale Beispiele – Ausarbeitung WD 3 – 371/07 vom 31. Oktober 2007, Berlin.

613 Vgl. Liz Mohn Center / IPSOS (Hrsg.): Gesellschaftliches Engagement in Deutschland. Einstellung der deutschen Bevölkerung zu sozialem Engagement, Gütersloh, 28. Oktober 2022. In der Altersgruppe der 14- bis 26-Jährigen lehnten allerdings drei von fünf Befragten ein solches Jahr direkt im Anschluss an die Schule als unnötige Verzögerung von Ausbildung oder Studium ab. Zu einer etwas anderen Einschätzung gelangt eine Befragung nur junger Menschen im Alter von 16 bis 35 Jahren aus dem Jahr 2018, nach der eine Mehrheit ein verpflichtendes soziales Jahr befürwortet. Vgl. Appinio Research: Junge Generation stimmt für ein verpflichtendes soziales Jahr, Beitrag vom 14. August 2018; https://www.appinio.com/de/blog/insights/politische-wehrpflicht-debatte.

614 Vgl. Kommission Gemeinsame Sicherheit und Zukunft der Bundeswehr: Bericht der Kommission an die Bundesregierung, Berlin / Bonn, Mai 2000. Juristen weisen darauf hin, dass das Grundgesetz seit der Wiederbewaffnung in den 1950er Jahren in Art. 12a GG ausdrücklich die Möglichkeit der Wehrpflicht vorsieht. Daher wäre für die Wiedereinführung der Wehrpflicht auch keine Verfassungsänderung erforderlich. Vgl. Wiedereinführung der Wehrpflicht – aber wie? Interview mit Sebastian Graf von Kielmansegg, in: beck-aktuell. Heute im Recht, 20. März 2024.

615 Vgl. zur demokratietheoretischen Seite Peter Esaiasson: NIMBYism – A re-examination of the phenomenon, in: Social Science Research, Vol. 48, November 2014, S. 185-195; zu einer Einordnung aus der Technikperspektive vgl. Helmuth Trischler / Cordula Kropp: NIMBY: Konflikte um die Verteilung von Risiken, Gefahren und Kosten, in: Jakobs, Eva-Maria / Renn, Ortwin (Hrsg.): Technischer Wandel – wirksam kommunizieren und beteiligen. 12 Denkanstöße aus der Wissenschaft. Technologischen Wandel gestalten, München 2023, S. 22-31; zu einer journalistischen Aufarbeitung vgl. Christian Stöcker: Not-in-my-backyard-Politik. Wie egoistische Verhinderer die Republik lahmlegen, in: DER SPIEGEL vom 8. Oktober 2023.

616 Vgl. Richard Sennett: Verfall und Ende des öffentlichen Lebens. Die Tyrannei der Intimität, dt. Ausgabe Frankfurt, 2004.

617 Vgl. Adrian Vatter / Anja Heidelberger: Volksentscheide nach dem NIMBY-Prinzip? – Eine Analyse des Abstimmungsverhaltens zu Stuttgart 21, in: Politische Vierteljahresschrift, 54. Jg., Heft 2, 2013, S. 317-336. Allerdings gibt es auch Hinweise darauf, dass extern implementierte Anreizsysteme zur Überwindung des NIMBY-Phänomens auch in die entgegengesetzte Richtung wirken können. Vgl. Joachim Weimann: Politikberatung und die Verhaltensökonomie: Eine Fallstudie zu einem schwierigen Verhältnis, Working Paper Series, Nr. 13, Universität Magdeburg, 2010, S. 9. Zu einer kurzen Übersicht über mögliche Optionen gegen NIMBY vgl. Carlo Stagnaro: A phenomenology of the ›NIMBY‹ syndrome and some of its best remedies, in: infra:The Mundays Journal; https://www.infrajournal.com/en/w/nimby-syndrome-what-is.

618 Vgl. Matthias Diermeier / Judith Niehues: Erwartungen und Enttäuschungen. Trägt der Sozialstaat noch? in: Politikum, Heft 2, 2023, S. 32-36.
619 Vgl. Thomas de Maiziere: »Die Schule soll Erziehungsdefizite lösen. Der Staat soll alle sozialen Probleme lösen. Externe Schocks dürfen bei Bürgern und Unternehmen nicht ankommen. Wenn eine vorübergehende Maßnahme eingeführt wird, z. B. eine Mehrwertsteuersenkung in der Krise, dann ist es selbstverständlich, dass sie verlängert werden muss.« De Maizière richtet seinen Appell auch an die Bundesregierung. »Wenn die Regierung jetzt Geld einspart, hätte ich mir auch gewünscht, dass sie gesagt hätten: ›Wir fangen bei uns an‹. Es gehe darum, den Stellenabbau in den Behörden anzugehen. »Jeder muss seinen Beitrag leisten.« Damit meint de Maizière auch die Wirtschaft. Interview mit Berlin.Table, 1. Februar 2024.
620 Vgl. das Schreiben von 13 Verbänden an die Abgeordneten des Bundestages: »Aus Verantwortung für unser Land – die geplante Cannabislegalisierung stoppen«, 8. Dezember 2023, Berlin. Vgl. zu einer unterstützenden Gegenposition durch eine interdisziplinäre Expertengruppe: »Aus Verantwortung für die Menschen – CanG jetzt unterstützen«, 19. Februar 2024, Berlin. Besonders befremdet, dass als Erfolg des Gesetzes gefeiert wird, dass das Konsumverbot nur noch in Sichtweite (maximal 100 Meter) von Schulen und Kitas anstelle des ursprünglich vorgesehenen Abstandes von 200 Metern gelten soll (sic!). Vgl. dazu auch das Schreiben des Bundesministers vom 23. Februar 2024, Berlin, S. 3. Zum Bundestagsbeschluss vgl. BMG: Lauterbach: Gesundheitsschutz hat Priorität. Bundestag beschließt kontrollierte Abgabe von Cannabis zu Konsumzwecken, Pressemitteilung vom 23. Februar 2024, Berlin.
621 Vgl. Markus Brunnermeier: Die resiliente Gesellschaft. Wie wir künftige Krisen besser meistern können, Berlin 2021, S. 45/46.
622 Vgl. Karl-Rudolf Korte zur Lage der Nation: Das Grundvertrauen erodiert, Interview mit Table.Media vom 16. Januar 2024.
623 Vgl. ebd.

Kapitel 5: Starke Demokratie: »mit Bürgern Staat machen«

624 Vgl. Karl Hohmann (Hrsg.): Ludwig Erhard. Gedanken aus fünf Jahrzehnten. Reden und Schriften. Düsseldorf / Wien, 1988, S. 729-737. Hintergrund der Rede war wohl die Halbierung der Wachstumsraten in den beiden Jahren 1961 und 1962 gegenüber den beiden Vorjahren von über acht auf gut vier Prozent. Offenbar sind auch Problemwahrnehmungen nicht zeitinvariant.
625 Vgl. einen zugespitzten LinkedIn-Post von Bert Losse, Ressortleiter Wirtschaft & Politik der Wirtschaftswoche, vom Januar 2024: »Vor einigen Monaten forderte der Unternehmer Arndt Kirchhoff in einer bemerkenswerten Rede ›eine Agenda für die Fleißigen‹. Als guter Vorsatz für 2024 wäre das wahrlich keine schlechte Idee für die sieche Ampel. Denn es gibt viele Menschen, die von einer solchen Agenda profitieren würden. Es sind die, die sich anstrengen und sich Mühe geben, im Beruf, aber auch zu Hause, in der Familie und im sozialen Umfeld. Es sind die, bei denen die Work-Life-Balance nicht nur aus Life und Balance besteht, die keinen Burn-out bekommen, wenn sie mal eine Woche ganztags arbeiten müssen und die sich nicht drei Wochen krankschreiben lassen, wenn es in der Wade zwickt. Es sind die, die sich tapfer in schlecht bezahlten Jobs abrackern, anstatt sich den Lebensunterhalt von der Gemeinschaft finanzieren zu lassen. Es sind die, die zum Deutschkurs gehen, anstatt ihn zu schwänzen. Es sind die, die keine Boni bekommen und trotzdem motiviert sind, die Steuern zahlen, anstatt sie zu hinterziehen und sich zugleich fragen, warum vom Brutto so wenig netto übrigbleibt. Es sind die Eltern, die zum Elternabend gehen, anstatt nicht zu gehen, und die nach Feierabend in

unterfinanzierten Kitas die Wände streichen. Die als berufstätige Doppelverdiener immer und überall Höchstsatz zahlen, aber nie billiger in den Zoo kommen. Es sind die, die das Auto stehen lassen und sich die tagtägliche Qual der Deutschen Bahn antun, und die im Wald den Müll aufheben, auch wenn er nicht von ihnen stammt. Die bei Problemen selbst nach einer Lösung suchen anstatt nach der schnellsten Staatshilfe und die für persönliche Misserfolge nicht am liebsten die anderen und die Umstände verantwortlich machen. Es sind die, die ihren Kopf nicht in einer Blase verstecken, die nicht jammern, sondern anpacken, die reden statt zu krakeelen und helfen statt zu schaden. Es sind die, die erzogen sind, aber nicht umerzogen werden wollen, die Freiheit lieben, aber nicht die Regellosigkeit. Die »Guten Morgen« sagen, anstatt zu grunzen, wenn sie in den Raum kommen. Die an vielen Dingen verzweifeln, aber trotzdem nicht aufgeben«.

626 Vgl. Otfried Höffe: Ethik. Eine Einführung, Abschnitt 3, München, 2013.
627 Vgl. den Wikipedia-Eintrag: »Als der gesunde Menschenverstand, auch Gemeinsinn, von lateinisch sensus communis oder Hausverstand, wird zum einen ein normaler oder natürlicher Verstand bzw. das Denkvermögen eines Menschen bezeichnet, zum anderen das einfache, erfahrungsbezogene und allgemein geteilte Verständnis einer Sache, so wie sie sich einem ›natürlichen Urteilsvermögen‹ darstellt«; https://de.wikipedia.org/wiki/Gesunder_Menschenverstand#:~:text=GesunderProzent20MenschenverstandProzent20bezeichnetProzent20imProzent20Alltagsgebrauch,einemProzent20alsProzent20ProzentE2ProzentE80Prozent9EabstraktProzentE2Prozent80Prozent9CProzent20bzw.
628 Vgl. David Dunning: Chapter five – The Dunning–Kruger Effect: On Being Ignorant of One's Own Ignorance, in: Advances in Experimental Social Psychology, Vol. 44, 2011, S. 247-296; https://www.sciencedirect.com/science/article/abs/pii/B9780123855220000056. Die sprichwörtlichen Millionen besseren Bundestrainer sind uns allen bestens bekannt.
629 Der Spiegel attestierte bereits 2011 den Deutschen, ein »Volk der notorischen Nörgler« zu sein. Vgl. Frank Patalong: OECD-Zufriedenheitsindex. Volk der notorischen Nörgler, in: DER SPIEGEL vom 25. Mai 2011; https://www.spiegel.de/panorama/gesellschaft/oecd-zufriedenheitsindex-volk-der-notorischen-noergler-a-764779.html. Eine Theorie des Nörgelns ist bisher nicht bekannt, wissenschaftliche Abhandlungen über dessen Ursachen und Folgen ebenfalls nicht. Eine populärwissenschaftliche kulturgeschichtliche Annäherung bietet Eric Hansen: Nörgeln! Des Deutschen größte Lust, Frankfurt 2010; vgl. auch Annika Lohstroh / Michael Thiel: Deutschland, einig Jammerland. Warum uns Nörgeln nach vorn bringt, Gütersloh 2011. Zu einem Definitionsversuch vgl. Julian Brink: nörgeln, in: poeticon.net vom 15. März 2011. »Nörgeln meint ein griesgrämiges Üben von Kritik an Sachverhalten, Dingen oder Menschen. Ob als Teil eines konstruktiven Gedanken- oder Meinungsaustausches oder als kommunikativer Selbstzweck: Nörgeln ist prinzipiell negierend«; http://www.poeticon.net/norgeln/.
630 Vgl. Carolin Amlinger / Oliver Nachtwey: Gekränkte Freiheit, Berlin 2022; Douglas Murray: Krieg dem Westen, München 2022. Allerdings muten Vorschläge, wegen des Glaubwürdigkeitsverlusts der Politik bei den Wählern von der Parteiendemokratie weg und stärker hin zu einer Expertenregierung zu kommen, ein wenig institutionenblind an. Vgl. Martina Lackner: Reformen: Von der Parteiendemokratie zur Expertenregierung? in: The European vom 9. April 2024.
631 Vgl. stellvertretend Körber Stiftung: Mehr Respekt bitte! Diskussionskultur in der deutschen Kommunalpolitik, Hamburg 2022, und forsa: Die Situation ehrenamtlicher Bürgermeisterinnen und Bürgermeister. Ergebnisse einer Befragung für die Körber-Stiftung, 4. April 2024, Berlin. Vgl. auch Jürgen Kaube: Wen können wir noch ertragen? Sophie Schönberger sieht in ihrem Buch die Demokratie in Gefahr, weil eine wichtige Voraussetzung immer weniger gegeben sei: die Fähigkeit der Bürger, sich gegenseitig auszuhalten, in: FAS vom 5. März 2023. »Demokratie verlangt, die eigene Person nicht so wichtig zu nehmen und damit leben zu können, kaum einen Einfluss auf politische

Entscheidungen zu haben. Wir machen es so, auch wenn ich es mir anders vorgestellt hätte. Die Krise der Demokratie sei insofern eine Krise dieses Wir, eine Krise des Gemeinschaftsgefühls«.

632 Vgl. Ahmad Mansour: »Jahrelang haben wir unermüdlich auf die alarmierenden Folgen der Identitätspolitik und den tiefgreifenden Einfluss der sog. postkolonialen Theorien hingewiesen, die sich wie ein schleichendes Gift an unseren Universitäten ausbreiten. Anstatt sich mit echtem Wissen und Bildung zu beschäftigen, verfallen unsere Studenten zunehmend in ideologischen Wahn, gepaart mit einer beunruhigenden Intoleranz und einem aufkeimenden Antisemitismus. Diese monströse Verzerrung der Realität, dieses Ungeheuer der Gedankenkontrolle und des kulturellen Nihilismus, hat seine Wurzeln nicht im Nahen Osten, sondern hier, in unserem eigenen, scheinbar aufgeklärten Westen. Es gedeiht in den Hörsälen unserer Universitäten, infiltriert unsere Kunst- und Kulturszenen und versteckt sich hinter der Maske des Antirassismus. Doch anstatt dieses Problem zu erkennen und anzugehen, werden wir, die Warner und Mahner, als Störenfriede und Problemverursacher abgestempelt. Ein tragischer, fast orwellscher Akt der Realitätsverleugnung, der zeigt, wie tief wir bereits in dieser ideologischen Falle stecken« (X, vormals twitter, 20. November 2023).

633 Vgl. Hans-Jürgen Papier: Wirtschaftsordnung und Grundgesetz, in: Aus Politik und Zeitgeschichte vom 19. März 2007. Dennoch statuiert das Grundgesetz die wirtschaftsbezogenen Grundrechte, vor allem in Artikel 14 das Privateigentum, das unternehmensbestimmte Eigentum und seine ökonomischen Nutzbarkeit, in Art. 12 Abs. 1 Satz 1 die Berufs- und damit auch Gewerbe- und Unternehmerfreiheit sowie das Recht der freien Wahl des Arbeitsplatzes und der Ausbildungsstätte, in Art. 9 Abs. 1 GG das Recht der Gründung von Handelsgesellschaften soziärer und korporativer Art und in Art. 9 Abs. 3 GG das Recht, Koalitionen zu gründen, ihnen beizutreten oder fernzubleiben und über Koalitionen die Arbeits- und Wirtschaftsbedingungen in einer Ordnung der sozialen Selbstverwaltung privatautonom festzulegen.

634 Vgl. »Ex-NATO-Generalsekretär: Freiheit ist wichtiger als Frieden«, in: Handelsblatt vom 20. Mai 2022.

635 Vgl. Risikoforscher im Interview: »Die meisten sterben nicht an den Dingen, über die sie besorgt sind«, in: FAZ vom 26. Dezember 2023.

636 Vgl. ausschnittsweise eine Reihe aktueller Berichte in den Medien: Das Netzwerk Wissenschaftsfreiheit »ist ein Zusammenschluss von Wissenschaftlerinnen und Wissenschaftlern mit dem gemeinsamen Anliegen, die Freiheit von Forschung und Lehre gegen ideologisch motivierte Einschränkungen zu verteidigen und zur Stärkung eines freiheitlichen Wissenschaftsklimas beizutragen«, das Beispiele für solche Einschränkungen sammelt (https://www.netzwerk-wissenschaftsfreiheit.de/dokumentation/). Ihm wird aber von der Präsidentin der TU Berlin vorgeworfen, das Narrativ der Neuen Rechten zu stärken. Das Netzwerk hat auf X vom 6. Februar 2024 dagegen Stellung genommen (https://twitter.com/NetzwerkW/status/1757027059648369047). Zur Debatte hinter der Debatte vgl. »Ringen um die Wissenschaftsfreiheit« (https://www.wissenschaftskommunikation.de/ringen-um-die-wissenschaftsfreiheit-74867/). Vgl. auch den Bericht bei 3sat: »Cancel Culture: Allianz Islamismus und universitärer Linken« (https://www.3sat.de/kultur/kulturzeit/susanne-schroeter-ueber-wokeness-und-cancel-culture-an-universitaeten-100.html); vgl. weiter den etwas anders gelagerten Fall der gestörten Hannah-Arendt-Lesung in Berlin: https://www.faz.net/aktuell/feuilleton/hannah-arendt-lesung-in-berlin-was-bds-wirklich-heisst-19514246.html. Für einen Blick von außen vgl. Josef Ernst: Puff Goes the Magic Dragon of Wokeism, in: The Globalist vom 21. Februar 2024 (https://www.theglobalist.com/wokeism-collectivism-culture-society-the-west-democracy/).

637 Vgl. Konrad Paul Liessmann: Weg mit dem Bekenntniszwang!, in: DER PRAGMATICUS vom 5. April 2024.

638 Vgl. Julian Nida-Rümelin: »Cancel Culture« – Ende der Aufklärung? München 2023, S. 19.
639 Vgl. Elisabeth Noelle-Neumann: Die Schweigespirale. Öffentliche Meinung – unsere soziale Haut, Zürich / München 1980. Zu einer aktuellen Studie über die öffentlich-rechtlichen Nachrichtenformate vgl. Marcus Maurer / Simon Kruschinski / Pablo Jost: Fehlt da was? Perspektivenvielfalt in den öffentlich-rechtlichen Nachrichtenformaten, Institut für Publizistik der Universität Mainz / Mercator Stiftung, o. O., o. J. Vgl. zu demoskopischen Befunden zur Entwicklung der Meinungsfreiheit Thomas Petersen / Ralph Erich Schmidt: Erosion der subjektiven Meinungsfreiheit: Tiefster Stand seit Erhebungsbeginn vor 70 Jahren, in: Roland Schatz / Thomas Petersen / Ralph Erich Schmidt: Bricht die Mauer des Schweigens. Freiheitsindex 2023 – das Forschungsprojekt des Instituts für Demoskopie Allensbach und Media Tenor International, Zürich 2023, S. 17-24.
640 Vgl. Thomas Petersen: Der Freiheitsindex Deutschland 2023, in: Roland Schatz / Thomas Petersen / Ralph Erich Schmidt, a. a. O., S. 72. Vgl. zu weiteren demoskopischen Befunden zur Entwicklung der Meinungsfreiheit im gleichen Band Thomas Petersen / Ralph Erich Schmidt, a. a. O., S. 17-324.
641 Vgl. dazu Maren Ulmer: Schluss mit dem täglichen Weltuntergang. Wie wir uns gegen die digitale Vermüllung unserer Gehirne wehren, München 2019. Vgl. auch Ulrik Haagerup: Constructive News, Copenhagen 2014; zu den verhaltenspsychologisch fundierten kognitiven Verzerrungen vgl. Katja Ehrenberg / Margarida Alpuim: Verzerrtes Weltbild: Kognitive Filter und Denkfehler verstehen und vermeiden, bonn institute, 19. Januar 2023; https://www.bonn-institute.org/news/psychologie-im-journalismus-1, und Jan Scheper: Wir sind noch zu retten. So geht Konstruktiver Journalismus, GoodImpact vom 5. Juli 2023; https://goodimpact.eu/uncategorized/in-eigener-sache/so-geht-konstruktiver-journalismus. Gelegentlicher Optimismus stünde auch wissenschaftlichen Publizisten gut zu Gesicht, statt vorschnell das »Zeitenende« auszurufen. Vgl. Harald Welzer: Zeitenende. Politik ohne Leitbild, Gesellschaft in Gefahr, Frankfurt 2023.
642 Vgl. Hans Rosling: Factfulness, München 2018. »As a possibilist, I see all this progress, and it fills me with conviction and hope that further progress is possible. This is not optimistic. It is having a clear and reasonable idea about how things are. It is having a worldview that is constructive and useful.« Einen guten Zugang zu konstruktivem Denken bieten Zitatensammlungen zu Hans Rosling https://quotefancy.com/hans-rosling-quotes. Von ihm begründete öffentlichkeitswirksame Formate sind seit 2005 TED-Talks, das umfassende datengestützte Informationsangebot »Gapminder«, »an independent educational non-profit fighting global misconceptions« (https://www.gapminder.org/). Einen ähnlichen Faktencheck-Ansatz verfolgt das 2011 gegründete Portal »Our World in Data« (https://ourworldindata.org/).
643 Vgl. Steven Pinker: Aufklärung Jetzt. Für Vernunft, Wissenschaft, Humanismus und Fortschritt, dt. Ausgabe Frankfurt 2018; Ders., Mehr Rationalität. Eine Anleitung zum besseren Gebrauch des Verstandes, dt. Ausgabe Frankfurt, 2021; für Europa vgl. Guillaume Lafortune et al.: European Elections, Europe's Future and the SDGs: Europe Sustainable Development Report 2023/24, Dublin 2024; für Deutschland Martin Schröder: Warum es uns noch nie so gut ging und wir trotzdem ständig von Krisen reden, Salzburg-München 2018.
644 Vgl. Alexander Görlach: Wir wollen Euch scheitern sehen! Wie die Häme unser Land zerfrisst, Frankfurt / New York 2014, S. 24.
645 Vgl. Utz Schliesky: Das Ende der parlamentarischen Öffentlichkeit? Schäden durch die Digitalisierung, in: FAZ vom 21. März 2024; vgl. auch Das NETTZ, Gesellschaft für Medienpädagogik und Kommunikationskultur, HateAid und Neue deutsche Medienmacher*innen als Teil des Kompetenznetzwerks gegen Hass im Netz (Hrsg.): Lauter Hass – leiser Rückzug. Wie Hass im Netz den demokratischen Diskurs bedroht. Ergebnisse einer repräsentativen Befragung, Berlin 2024. Eine Schlussfolgerung der Studie lautet: »Viel-

mehr muss man von einem offenen und unverhohlenen Versuch sprechen, die Grundwerte und Prinzipien unserer Demokratie durch Hass im Netz systematisch zu untergraben« (S.63). Vgl. auch Philipp Hübl: Die aufgeregte Gesellschaft, München 2019. »Beide Kollektive, also autoritäre Staaten wie internationale Monopole im Bereich der Sozialen Medien, sind natürlich Feinde einer auf Überlegung und Abwägung beruhenden Demokratie« (S. 329).

646 Vgl. Udo di Fabio: Schwankender Westen. Wie sich ein Gesellschaftsmodell neu erfinden muss, München 2015, S. 185.

647 Vgl. Richard Schröder: Wer beherrscht den Osten? Knapp 35 Jahre nach der Herbstrevolution hat sich eine lange Litanei ostdeutscher Benachteiligungen gebildet, die von manchen nachgerade hingebungsvoll heruntergebetet wird. Richtiger werden viele Behauptungen dadurch nicht, in: FAZ vom 27. Dezember 2023.

648 Vgl. Hedwig Richter: Demokratie in Gefahr. Mehr Disziplin wagen, Debattenbeitrag in: DER SPIEGEL vom 26. Januar 2024. »Im Wohlstand lebend, auf den Straßen des Landes fahrend, die Sicherheit für selbstverständlich nehmend und von vielfältigen sozialen Transfers lebend (von den Schulen über die Polizeisicherheit während des Fußballspiels bis hin zur subventionierten Konzertkarte) – kurz: von den Segnungen unserer Republik profitierend ballen sie die Fäuste und wollen nicht wahrhaben, dass wir in einer Zeit dramatischer Änderungen leben, die uns allen viel abverlangen wird. Sie wählen die Extremisten, die ihnen versprechen, dass alles so wird, wie es angeblich einmal war, und jede Änderung illegitim sei.«

649 Vgl. Steven Pinker: Aufklärung jetzt. Für Vernunft, Wissenschaft, Humanismus und Fortschritt. Eine Verteidigung, dt. Ausgabe Frankfurt, 2018.